GLANZ UND ELEND
DER MEISTER ·

VERLAG
FRITZ
MOLDEN

HEINZ POLITZER

FRANZ GRILLPARZER

ODER

DAS ABGRÜNDIGE BIEDERMEIER

VERLAG FRITZ MOLDEN · WIEN-MÜNCHEN-ZÜRICH

Umschlagbild: Franz Grillparzer.
Stahlstich von Karl Kotterba nach einer Radierung von Matthias Grilhofer
(Bildarchiv der Österreichischen Nationalbibliothek).

HERAUSGEBER:
WOLFGANG KRAUS, REINHARD URBACH, HANS WEIGEL

1. Auflage

Copyright © 1972 by Verlag Fritz Molden, Wien-München-Zürich
Alle Rechte vorbehalten
Schutzumschlag und Ausstattung: Hans Schaumberger, Wien
Lektor: Leo Mazakarini
Technischer Betreuer: Werner Weibert
Schrift: Borgis Garamond-Antiqua
Satz und Druck: R. Spies & Co., Wien
Bindearbeit: Albert Günther, Wien
ISBN 3-217-00392-6

Inhalt

Der verfluchte Name

"*Grillparzer—a devil of a name, to be sure, for posterity, but they* must *learn to pronounce it*", schrieb Lord Byron in sein Tagebuch, nachdem er 1821 die italienische Übersetzung der *Sappho* gelesen hatte. Der Träger dieses Teufelsnamens fand es schwer, sich mit ihm abzufinden, um so mehr, als er beträchtliche Zweifel daran hegte, daß die Nachwelt dem englischen Bewunderer folgen und ihn auszusprechen lernen würde. Er war, erinnert er sich in seiner Selbstbiographie, als junger Mensch derart schüchtern, „daß ich in große Verlegenheit geriet, sooft mich jemand Fremder ansprach, und daher jeden solchen Anlaß vermied. So wie mir auch mein Name so häßlich vorkam, daß ich mich erst spät entschließen konnte, ihn meinen Stücken auf dem Theaterzettel beisetzen zu lassen."

Noch der Vierzigjährige unterbricht die Lektüre bei Fürst Pückler-Muskaus *Briefen eines Verstorbenen*, weil er bei einer Stelle auf den Namen Grillparzer gestoßen war. „Ich las den Namen, wie den eines Fremden, eines selbst Verstorbenen", schreibt er ins Tagebuch. „Ich muß mich oft recht besinnen um mir bewußt zu werden, daß ich derselbe bin, dessen Werke einiges Aufsehen in der Welt gemacht haben. Der Dichter Grillparzer. Der verfluchte Name hat mich immer geärgert. Geschrieben kann ich ihn sehen, gedruckt entsetzt er mich. Derlei Namen kommen nicht auf die Nachwelt, Lord Byron mag sagen was er will. O weh, o weh, der verflossenen Zeiten! und der kommenden, setz' ich hinzu.!" Grillparzer beklagt sich über die Vergangenheit, wobei es ungewiß bleibt, ob die Klage dem Umstand gilt, daß die Zeit verflossen, oder der Einsicht, daß es damals auch nicht besser gewesen ist als heute. Die kommenden Zeiten, so übel sie auch sein mögen, werden immerhin nicht schlecht genug sein, um seinen Namen zu bewahren. Das Ich aber, dem das Gewesene so beklagenswert erscheint wie das Künftige, auf das es nicht kommt, besitzt eben darum auch keine Gegenwart.

Nun war die Mitwelt mit diesem Namen wirklich nicht allzu freundlich umgegangen. Kaum hatte ihn *Die Ahnfrau* mit einem Schlag bekannt gemacht, da hieß es in den *Heidelberger Jahrbüchern* von 1818, „daß die Parzen, die diese Tragödie gesponnen, eitel Grillen sind". 1832 nahm dann August Wilhelm Schlegel das nicht eben kostbare Wortspiel auf und verkündete, abermals in den *Heidelberger Jahrbüchern:*

> Wo Grillen mit den Parzen sich vereinen,
> Da müssen grause Trauerspiel' erscheinen.

Darauf antwortete der Dichter mit einem Rätsel:

> Wenn mein Zweites dich schreckt, ist mein Erstes die Heilung des Schreckens,
> Machtlos und ohne Gefahr liegt es als friedliches Heu.

Triumphierend und in Sperrschrift setzt er die Antwort darunter: „H e u s c h r e c k e". Aber der Witz ist schal. Dieser Grillparzer war alles eher denn eine Heuschrecke und „machtlos und ohne Gefahr" gewesen; er wußte dies, obwohl er seine Macht vor allem gegen sich selbst gewandt und, von einigen Frauen abgesehen, sein eigenes Ich am meisten gefährdet hatte. „Heuschrecke", das war etwas allgemein Verständliches, aber nur, weil es gewöhnlich war und „friedlich" wie das Heu, diese überaus fragwürdig-metaphorische „Heilung des Schreckens". „Grillparzer" jedoch und das lebenslange Leiden an dem Namen waren außergewöhnlich und mißverständlich; der verteufelte Name stand für die Identität dessen, der ihn führte. Zudem wies er auf jenen zurück, von dem der Dichter ihn geerbt hatte, und in die Jugend, in der er seiner selbst bewußt geworden war.

Franziskus Seraphicus war am 15. Jänner 1791 als Sohn des Hof- und Gerichtsadvokaten Wenzel Grillparzer und dessen Frau, der Hof- und Gerichtsadvokaten-Tochter Anna Maria Sonnleithner, getauft und in das Kirchenbuch der Pfarre St. Peter in der Wiener Innenstadt eingetragen worden. Im Einschreibbuch der Mutter findet das freudige Ereignis folgenden Niederschlag: „Franz Serfikus den 15. Jenner vormitag um halb 11 Uhr *Anno* 1791 gebohren worden." Am selben Tag trägt der Vater ins Gebetbuch der Mutter ein: „Heute wurde mir mein Sohn Franz geboren, Gott lasse ihn gedeihen zu unserer Freude und zur Ehre des Vaterlandes."

Nicht ohne Grund unterschlug der Vater den Seraphicus. Wenzel Ernst Josef Grillparzer war Josefiner und überzeugter Anhänger der Aufklärung; er war — zumindest nach außen hin — Verstandesmensch und als solcher den Wechselfällen eines ihm unverständlichen Schicksals hilflos ausgeliefert; die politischen und ökonomischen Kalamitäten der Napoleonischen Kriege sollten zum Ende des Mannes — er starb 1809 im Alter von neunundvierzig Jahren — Beträchtliches beitragen. Er stammte aus einer oberösterreichischen Bauernfamilie (wie „Parzelle" bedeutet „Parzer" ein Grundstück) und war der erste seines Namens, der es zu einem akademischen Grad und einer gewissen Bürgerlichkeit gebracht hatte. Was sich dem Sohn vom Charakter des Vaters vor allem einprägte, war seine Unnahbarkeit, sein Unvermögen, sich seinen Nächsten mitzuteilen. In der Selbstbiographie aus dem Jahre 1853 stellt Franz ihn mit den Worten vor: „Sein äußres Benehmen hatte etwas Kaltes und Schroffes; er vermied jede Gesellschaft, war aber ein leidenschaftlicher Freund der Natur." Und so nimmt er ebenda von ihm Abschied: „Ich habe meinen Vater eigentlich zärtlich nie geliebt. Er war zu schroff. Indem er mit einem höchst erfolgreichen Bemühen jeden Ausdruck der eigenen Empfindung in sich verschloß, machte er die Annäherung jeder fremden beinahe unmöglich."

Schon der dreiundzwanzigjährige Sohn beurteilt 1814 den Vater mit jener Distanz, die er von dem Älteren entweder geerbt oder gelernt hatte: „Er besaß genug Stärke das Böse zu hassen, aber nicht es zu verachten, er würde um keinen Gewinn der Welt Unrecht getan haben, aber er war doch zugleich schwach genug die Unrecht tuenden um diesen Gewinn zu beneiden. Er war daher stets mißmutig, und feindete die Bösen an, statt sie zu übersehen; sein cholerisch melancholisches Temperament trug das letzte dazu bei, ihn zu einem wirklich unglücklichen Manne zu machen." Zehn Jahre später noch spricht er von der „hypochondrischen Zurückgezogenheit des Vaters" und erblickt in ihr den Grund dafür, daß er selbst „die erste Jugend in fast völliger Einsamkeit zubrachte".

Die Selbstbiographie des Zweiundsechzigjährigen zeichnet dann das Bild, wie Vater und Sohn in den Donau-Auen spazierengehen und der Ältere den Inseln im Strom, „nach Art der Weltumsegler, selbstgewählte Namen" gab. Vertrauten Dingen fremdartige Namen zu geben, so daß sie neu erscheinen wie am ersten Tag, ist ein Vorrecht der dilettantischen, sie zum Leben zu erwecken, die Aufgabe der gestaltenden Phantasie. Die Erziehung, die Wenzel Grillparzer seinem Sohn angedeihen ließ, zeigt aufs deutlichste, daß es ihm nicht gegeben war, dem Sohn viel mehr als den Vatersnamen zu vermachen. Phantasie war dem Älteren kaum etwas anderes als eine unverbindliche Ausflucht, ein Ausflug aus der Wirklichkeit. So kam es denn auch, daß der junge Grillparzer im Bücherschrank des Alten vor allem Reise- und Geschichtsbücher vorfand, sowie „eine Theater-Bibliothek mit allen in Wien aufgeführten Stücken, unter denen von Schiller und Goethe gar nichts, von Shakespeare aber nur Hamlet und Lear in der Schröderischen Bearbeitung vorkam". Den Halbwüchsigen machte die allgemeine Naturgeschichte des Grafen Buffon „bald verrückt", die „mehr als neunzig Bände" der Weltgeschichte von

Guthrie und Gray verschlang er mehr, als er sie las; den Vater aber zeichnete er ein wenig später als den ernsten Mann, der, „am schwedischen Ofen stehend und ein Glas Bier dazu trinkend, bis in die späte Nacht hinein ... ausschließlich Ritter- und Geistergeschichten" las, Bücher, die er sich von keinem anderen hatte besorgen lassen als von seinem Sohn.

Wenzel Grillparzer vermochte nur zu verstehen, was seinesgleichen war. Was er nicht verstehen wollte oder konnte, übersah er. Um Widersprüche zu vermeiden, redete er lieber erst gar nicht. „Früher einen eigenen, später einen gemieteten Garten selbst zu bearbeiten und Blumen aller Art zu ziehen, machte beinahe seine einzige Erheiterung aus." Blumen widersprechen nicht. Wenn der Vater aber unter Menschen ging, verbreitete er Schweigen wie eine Gewitterwolke. Als der Bub mit anderen Kindern Theater spielte, machte sich der Mann nicht einmal über das Treiben der Jugend lustig. „Mein Vater nahm scheinbar oder wirklich von unseren Kunstbestrebungen keine Notiz, ja ich erinnere mich nicht, daß er unsern Darstellungen auch nur ein einziges Mal einen Blick gegönnt hätte."

Später dann, als ihm der Gymnasiast die ersten literarischen Versuche zeigte, kämpfte der Stolz auf den Sohn mit immer heftigerem Unwillen. Schließlich trug die Kritik den Sieg davon; sie gipfelte in einem Satz, den der Selbstbiograph als „stehende Phrase" bezeichnete. Der Sohn, so lautete das leitmotivische Urteil des Vaters, „würde noch auf dem Mist krepieren". Die Situation ist uralt; Wenzel Grillparzer konnte sein Vor- und Ebenbild unschwer auf der Bildungsbühne des Burgtheaters und in den Possen wiederfinden, die draußen in der Vorstadt gegeben wurden. Die Sprache jedoch ist persönlich; es ist die Mundart des Bauernenkels, der der Advokat auch in der Stadt geblieben war. Ein neuralgischer Punkt im Lebenssystem des Älteren war berührt worden; der Mann vom Lande erwehrte sich, grobschlächtig und tölpelhaft, einer Gefahr, die auf ihn eindrang, er wußte selbst nicht genau, woher. Grillparzer vermutet, daß sich der Zorn, den der Vater über seine „schöngeistigen Hervorbringungen" ausschüttete, vor allem gegen den Literaten Josef von Sonnleithner gerichtet habe, einen Bruder seiner Mutter, der ihm bei seinen ersten Versuchen ein Vorbild gewesen sei. (Es ist für Wenzel Grillparzer bezeichnend, daß er den Sohn auf Vermutungen angewiesen bleiben ließ und die wahre Adresse verschwieg, gegen die sich seine Anwürfe richteten.) Dieser Onkel Sonnleithner „machte Gedichte, übersetzte Theaterstücke aus dem Französischen, wobei denn äußerst wenig herauskam". Uns will es freilich scheinen, daß die Angst, die sich unter der Verwünschung verbarg, weniger ihm als seiner Schwester, Wenzel Grillparzers Frau, und ihrem Erbteil, wie es sich in dem Jungen ankündigte, gegolten habe.

Daß Anna Maria Sonnleithner ihrem Erstgeborenen den Beinamen „Seraphicus" gab, weist auf die Erwartungen, die sie in ihren Sohn setzte, und auf die Richtung, in die ihre Wünsche gingen; daß der Vater diesen „Seraphicus" bei seiner Eintragung überging, legt die Vermutung nahe, die Mutter sei es gewesen, die ihn vorgeschlagen und durchgesetzt habe. Grillparzer selbst legte auf den Beinamen wenig Gewicht; der erste Brief an die Mutter, der von ihm erhalten ist, trägt die Unterschrift „Serafin Klodius", die dann auch ein Jahr später, 1808, auf der ersten Seite seines Tagebuchs erscheint. Der Seraph hat sich in eine Rokoko-Figur, beinahe in einen Cherubino, verwandelt.

Nicht nur Wenzel Grillparzer, sondern auch Anna Maria Sonnleithner war eine gefährdete Natur. Hielt den Vater seine Liebe zu Natur und Vaterland aufrecht, so klammerte sich die Mutter an die Kirche. „Die Mutter", verzeichnet die Selbstbiographie, „ging alle Sonntage in die Messe, mit dem Bedienten, der ihr das Gebetbuch nachtrug." Daß der Bub sich während eines frühen Landaufenthalts in Enzersdorf für die Heiligen- und Wundergeschichten des Kapuzinerpaters Kochem begeisterte und beschloß, Geistlicher zu werden, mag auf das frühe Leitbild, auf die fromme Mutter, zurückzuführen sein. „In die Stadt zurückgekehrt wurde ein Meßkleid aus Goldpapier verfertigt. Ich las die Messe, wobei mein zweiter Bruder, der Klingel wegen, bereitwillig ministrierte. Ich predigte von einer Stuhllehne herab, wobei ich freilich als einzige Zuhörerin unsre alte Köchin hatte." Die Ähnlichkeit dieser Szene mit den Kindheitserlebnissen des jungen Friedrich Schiller tritt hervor, schon darum, weil auch in ihr das Theatralische das Religiöse überwiegt. Die Mutter ist in dieser Erinnerung Grillparzers aufs deutlichste abwesend; ihr Interesse reichte vermutlich nicht weiter als ihr Einfluß. Die Erziehung des Knaben erfolgte vorwiegend im Sinne des Vaters. „Ich erinnere mich noch", hält die Selbstbiographie fest, „daß ich später im Gymnasium, wo jeder Schultag mit einer Messe begonnen wurde, immer, wie ein Wilder, meine Kameraden ansehen mußte, um aus ihrem Vorgange zu merken, wo man aufzustehen, niederzuknieen, oder an die Brust zu schlagen habe." Der Wille Wenzel Grillparzers war es, der diese Absonderung erzeugt hatte; es kann kein Zweifel daran bestehen, daß seine Frau ihren Seraphicus nicht nur aus religiösen, sondern auch aus gesellschaftlichen Gründen gern zur Kirche geschickt hätte.

Das Geschlecht der Sonnleithner war schon im siebzehnten Jahrhundert in den Wiener Vorstädten aufgetaucht. Dem Großvater Christoph gelang der Sprung ins Patriziat der Kaiserstadt; er wurde Hofrichter des Schottenstifts und Dekan der juridischen Fakultät. Schon früh machte sich bei den Sonnleithners eine gewisse Anfälligkeit bemerkbar; der

„Morbus Viennensis", die Tuberkulose, ging in der Familie um. Zugleich ist ein Hang zur Vergeistigung und zur Musik als mütterliches Erbteil wahrzunehmen. Christoph Sonnleithner komponierte, von seinen vier Söhnen wurden zwar drei Juristen wie er: Ignaz, der jüngste und bedeutendste, verwandelte das Haus am Michaelerplatz in einen jener musikalischen Salons, die der Stadt nach dem Wiener Kongreß ihr Gepräge gaben. „In den Jahren 1815—1824 war es der Mittelpunkt des musikalischen Lebens, der Vereinigungsort für die vorzüglichsten Künstler, die eigentliche Geburtsstätte von Schuberts Ruhm" (August Sauer). Der dritte, Josef, hatte sich den Künsten verschrieben; er war die *bête noire* Wenzel Grillparzers.

Anna Maria Sonnleithner war eine von sechs Töchtern. Als ihr Vater vorzeitig starb, gab sie die Obligation, die ihre Mutter als Mitgift erlegt hatte, wieder an die Familie zurück. Wie die Orthographie der Eintragungen in ihrem Einschreibbuch beweist, hatte sie „nach der Art der weiblichen Zeitgenossen ihrer Jugend wenig sogenannte Bildung, von Lernen besonders war damals bei dem weiblichen Geschlechte wenig die Rede, aber nach dem Künstlerischen ihrer musikalischen Natur fehlte es ihr nicht an Sinn für jedes, und sie konnte in alles eingehen, wenn sies auch nicht verstand". Und wiederum ist es der erste Ansatz zu einer Selbstbiographie aus dem Jahre 1814, in welcher der Dreiundzwanzigjährige ein intimeres Portrait der damals noch lebenden Mutter entwirft: „Ich habe nicht bald Stärke und Schwäche so sonderbar, so liebenswürdig gemischt gesehen ... Lebhaft, munter ganz aufs Sinnliche gestellt könnte sie sehr glücklich sein, wenn sie nicht meinen unglücklichen Hang zur Selbstpeinigung hätte." Zu dieser Zeit war Wenzel Grillparzer schon fünf Jahre tot, und der Sohn hatte die Führung des Haushalts übernommen. Die Mutter hatte sich ihm bereitwillig, beinahe begierig, untergeordnet. So wird die Fehlleistung verständlich, nach der nicht er die masochistischen Züge von ihr geerbt, sondern sie die ihren von ihm übernommen hatte. Jedenfalls sind ihre Persönlichkeiten in dieser Umkehr der natürlichen Geschlechterfolge aufs innigste miteinander verschmolzen. „Das Unglück findet sie fest", fährt die frühe Charakteristik fort, „sie klagt, sie jammert, sie will verzweifeln, und trägt es doch klug und besonnen, aber sie begnügt sich auch es zu tragen, sie kann sich nie entschließen etwas zu tun um es abzuwenden ... Unrecht zu haben ist ihr ein ebenso schrecklicher Gedanke, als es meinem armen Vater war; wenn sie daher bei einem zwischen ihnen entstandenen Zwiste dem Ansehen des Gatten weichen mußte, so versäumte sie doch nie durch ein wohlangebrachtes ‚Hm' einen verhaltenen Seufzer zu erkennen zu geben, daß denn doch eigentlich sie recht habe, und den Streit von neuem durchzufechten."

Die Ehe der Eltern war nicht glücklich gewesen; an keiner Stelle seiner Erinnerungen erwähnt Grillparzer, daß sie miteinander aufgetreten wären, geschweige denn zusammengewirkt hätten. Es mußte den Vater verlockt haben, in eine Familie von Juristen einzuheiraten, wie ihn auch die bürgerlich-behagliche Bildungsatmosphäre, die im Haus Sonnleithner herrschte, angezogen haben mag. Aber eine Ehe ist kein Assimilationsexperiment; wie er die Erwartungen Anna Marias unerfüllt ließ und sie damit immer tiefer in Depressionen trieb, so enttäuschte sie ihn, nachdem sie ihm einmal den Zugang zu einer höheren Existenzschicht erschlossen hatte. Sie raunzte, sie stritt, sie leistete passiven Widerstand. Vor allem aber ließ sie den Mann allein; die Eltern waren beide in ihrem eigenen Hause heimatlos geworden.

Die Zuflucht und Ausflucht, welche für den Anwalt die Natur bildete, bedeutete für seine Frau die Musik. „Sie liebt die Musik mit Leidenschaft", heißt es 1814, „und ausschließend von allen schönen Künsten, es scheint als ob die dunkeln Empfindungen, die diese erregt, ihrem Gemüte, das mehr Erregsamkeit als Tiefe hat, mehr zusagten." Schon die Mutter erlebte die holde Kunst als Phantasie und Dämon, als ein Verhängnis. Sie war mehr als bereit, den Sohn in das Geheimnis der Töne einzuführen, und sie scheiterte kläglich. Die Selbstbiographie von 1853 berichtet: „Ehe ich noch den vollkommenen Gebrauch meiner Gliedmaßen hatte, setzte sich ... meine für Musik begeisterte Mutter vor, mich in die Geheimnisse des Klavierspiels einzuweihen. Noch gellt in meinen Ohren der Ton, mit dem die sonst nachsichtige Frau in ihrem Eifer die Lagen der Noten: ober den Linien, unter den Linien, auf den Linien, zwischen den Linien in mich hineinschrie. Wenn nun gar der Versuch auf dem Klavier gemacht wurde, und sie mir bei jedem verfehlten Tone die Hand von den Tasten riß, duldete ich Höllenqualen." Die Unselige hatte zu früh begonnen, das Kind in jenes Reich einzuführen, in dem sie sich selbst zu Hause fühlte. Grillparzer war kein Mozart, der schon mit drei Jahren Dreiklänge auf dem Spinett griff. Ihre Leidenschaft wurde für ihn zum Zwang. Den überaus fragwürdigen Himmel, den ihr die Tonkunst erschloß, machte sie ihm zur Hölle. Sie selbst, die sonst sanft und gut zu ihm war, erschien ihm auf einmal als Megäre. Nicht die Fülle des Wohllauts wurde dem kleinen Buben zuteil; das besessene und besitzergreifende Geschrei der Mutter und die Gewalt, die sie ihm antat, wenn sie seine Finger von den Tasten wegfegte, verfolgten ihn bis ins Alter. Zwar spielte er mit sechs oder sieben Jahren „schon ziemlich geläufig". Was ihm jedoch von diesem Spiel in Erinnerung blieb, war ein Marsch, der die Hinrichtung Ludwigs XVI. begleitet hatte oder doch das welterschütternde Ereignis als Programmusik rekapitulierte. „Zu Anfang des zweiten Teils desselben, kam ein Rutsch mit dem Zeigefinger über eine ganze C-Oktave vor, der das Fallen des Mordeisens und das Rollen des Strickes ausdrücken sollte. Sooft ich diesen Rutsch auf dem Klavier machte, stand die ganze Hinrichtungsszene mit einer Lebhaftigkeit vor meinen Augen, die kaum hinter der Wirklichkeit zurückblieb." (Die einzige Zuhörerin dieses dramatischen Tongemäldes war wieder eine alte, fromme Köchin, vielleicht dieselbe, die bei seinen religiösen Exerzitien assistiert hatte.) Im übrigen fürchtete er, sich in der Welt der Töne zu verlieren. 1828 nannte er Paganini einen „Selbstmörder":

Des eignen Leibs, der eignen Seele Mörder;
Und auch der meine — doch ich weich dir aus!

Von allem Anfang an war sein Verhältnis zur Musik zwiespältig und gestört, ein Beispiel aller Verhältnisse, die in die Tiefe seiner Seele führen sollten. Das Klavierspiel war ihm durch den Schrecken, den ihm seine Mutter eingejagt hatte, verleidet. „Diese Abneigung nahm mit den Jahren zu, ohne darum eine Abneigung gegen die Musik zu sein." Sein jüngerer Bruder erhielt Geigenunterricht und versagte prompt, da ihm der Lernprozeß überhaupt zuwider war. Franz aber nahm „bei jeder Gelegenheit seine Violine zur Hand, übte Skalen und Beispiele und spielte endlich mit dem Meister leichte Duetten, ohne je die geringste Anweisung erhalten zu haben". Aber das Geigenspiel wurde ihm verweigert, die Violine aus der Hand genommen und der Lehrer entlassen, „da mein Bruder doch nichts lernte". Umsonst beschwor der alte Geigenmeister die Eltern, den Hochbegabten fortfahren zu lassen. Die Eltern — das war vor allem der Vater, der „eine Anlage zum Verwachsen" in der Schulter Franzens zum Vorwand nahm, den Unterricht zu beenden. Bedenkt man die Rolle, die Musik in Grillparzers Leben spielen sollte, und das Trauma, das ihm erst die Mutter durch die Unbeherrschtheit ihres Klavierunterrichts, dann der Vater zufügten, als er ihm aus Kargheit den Geigenunterricht untersagte, dann erscheint Josef Nadlers Urteil zu kategorisch und gleichzeitig zu generell, wenn er in seiner Biographie erklärt: „Alles, was dunkel war, was Kummer machte und Pflichten auferlegte, alles Einsame und Verschlossene hieß Grillparzer; das Lichte, was Ehre machte und Rechte gab, was zu Umgang und Geselligkeit lockte, das war Sonnleithner." In die Erblast und die Erziehung des Sohnes haben sich die Eltern wohl zu ungefähr gleichen Hälften geteilt.

Freilich ist einzuräumen, daß Grillparzer dem Dunklen, Wahn- und Krankhaften gern den Namen seines Vaters gab, die Anfälligkeiten und nervösen Schwankungen der Mutter jedoch milderte und verschleierte, soweit sein scharfer Blick dies nur zuließ. Da nimmt er sich einmal vor:

„Ich werde nur suchen, die Familienkrankheit der Söhne meines Vaters nicht in ganzem Maße auf mich übergehen zu lassen." Die Familienkrankheit, die er meinte, bestand in Melancholieschüben von wechselnder Frequenz und Heftigkeit, in Depressionen und dem sie begleitenden Wirklichkeitsverlust, in Selbsthaß bis zur Selbstzerstörung, in unverstandenen Schuldgefühlen. Sein Bruder Karl, der ein Jahr nach ihm zur Welt gekommen war, litt schon früh an nervösen Anfällen; als Siebenjähriger stürzte er aus dem Fenster und steigerte damit seine Anfälligkeit; zeitlebens blieb er von dem älteren Bruder abhängig; als reifer Mann entfernte er sich plötzlich aus seinem Amt in Großgmein, tauchte in Wien auf und bezichtigte sich der Unterschlagung (wahrscheinlich zurecht) sowie des Mordes (was der reine Wahnsinn war). Franz setzte sich mit einem Bericht an das Wiener Kriminalgericht für den Bruder ein; schon 1912 hat Otto Rank darauf hingewiesen, daß der Dichter den Anfall Karls mit seiner eigenen Abwesenheit von der Hauptstadt, d. h. mit der Abhängigkeit des Bruders von ihm in Verbindung gebracht habe. Die Ärzte bezeichneten denn auch Karls Zustand als „melancholischen Wahnsinn"; die Diagnose verschaffte ihm eine Pension mit halben Bezügen. — Der nächstjüngere Bruder, Kamillo, hatte von der Mutter den Hang zur Musik geerbt; wurde demgemäß verhätschelt; stickte und strickte als Kind wie ein Mädchen; sein Leben verbrachte er in den dämmrigen Amtsstuben der Provinz. Franz ging er auf die Nerven; noch der Einundvierzigjährige schrieb: „Der Mensch scheint unverbesserlich. Ich habe kaum ein Herz zu ihm. Laß ihm uns hilfreich sein, wenn es geschehen kann, und damit basta! O verkehrte Söhne *eines* Vaters, so muß denn jeder auf eine andere Art sich zwecklos abmartern!" — Adolph, der Jüngste, neun Jahre nach dem Dichter und sieben nach Kamillo geboren, ging mit siebzehn in die Donau. Er hinterließ diesen Brief: „Lieber Franz oder Mama wer es findet. — Da ich immer mehr und mehr in das Stellen [Stehlen] hineingekommen wäre, so habe ich den Entschluß gefaßt mir selbst das Leben zu nehmen. — Viel belogen und betrogen haben [!] ich die Mama und den Franz, doch bitte ich um Verzeihung, und mir nicht fluchen. O! Gott vielleicht werde ich in der andern Welt noch viel läuden [leiden] müssen, und wenn einstens der Franz sich verheuraten sollte, und Kinder bekommt, so soll er ihnen warnen, daß sie nicht mir gleich werden. Wenn ich um eine Gnade noch bitten darf, so ist es die, daß der Kögel Bepi von meinem Gewand etwas bekömmt. Lebe die Mama und der Franz recht vergnügt, und denket öfter auf mich Unglücklichen." Von Adolphs Schuldgefühlen, seiner Angst, ein schlechter Mensch zu werden, bis zu der Gebärde, mit welcher der Arme sein letztes Gewand einem offenbar noch Ärmeren vermachte, ist die Wahnwelt dieses Jungen von religiösen Vorstellungen erregt. Um so erstaunlicher bleibt es, daß Grillparzer darauf beharrte, diese „Familienkrankheit" seinem Vater anzulasten. Kamillo wußte es besser. Am 1. Juni 1818 schrieb er dem Ältesten: „Franz, einen Aufschluß kann ich dir übers Wachen unserer Mutter bei Nacht geben. Ich selbst bin unwillkürlich, gleich ihr darauf gekommen, mir platterdings den Schlaf zu rauben, und wirklich schlafe ich selten mehr als 3. Stunden, und zwar unter steten Schmerzen, die ich mir geflissentlich am Körper zuzog, um mich für Leiden, die ich mir durch vorsätzliche Unterlassungen oder Handlungen zu meinem Unglück bereitete, zu bestrafen, und zugleich auch Buße zu tun." Was Adolph in den Tod, Karl in einen Zusammenbruch und sogar den vergleichsweise ungefährdeten Kamillo zu selbstzerstörerischen Kasteiungen getrieben hatte, dieses Erbteil der Mutter setzte sich bei Franz in die Sensibilität des Schöpferischen um.

Nicht weniger problematisch als seine Brüder, gebot er doch von allem Anfang an über einen Zuschuß an Vitalität, der den Jüngeren versagt geblieben war. Die Großmutter Sonnleithner hatte als erste die Lebenskräfte erkannt, über die der Bub verfügte. „Ich stand", berichtet die Selbstbiographie, „in ziemlicher Gunst bei der alten, gescheiten und energischen Frau. Noch erinnere ich mich, daß einmal, als meine Mutter über mein abgeschlossenes Wesen klagte, sie erwiderte: Laßt ihn gehen, er hats wie die Geiß zwischen den Füßen. Wobei sie in derber, altwienerischer Manier wahrscheinlich den wertvollsten Teil der Ziege, den Euter meinte, den diese halbverborgen zwischen den Füßen trägt." Man konnte es nicht deutlicher sagen. Grillparzer besaß, was den Brüdern abging: Vitalität und, in seiner Jugend zumindest, die Gabe, sie nach außen zu kehren. So kam es, daß der junge Franz seiner körperlichen Behinderungen Herr wurde, teils, indem er sie auswuchs wie etwa die „emporgehobene Schulter", welche die nämliche Großmutter mit den tröstlichen Worten bei ihm feststellte: „Ja er wird bucklich, aber es schadet nicht, da er doch Geistlicher werden will"; teils, indem er selbst das Seine dazu tat, dem Übelstand abzuhelfen. Seine ausgeprägte Kurzsichtigkeit scheint seine Lesewut nur gesteigert zu haben. Er hatte einen Sprachfehler wie Heinrich von Kleist, den seine schwere Zunge gezwungen hatte, das körperliche Hindernis in den Monumentalstrukturen seiner Dichtsprache zu sublimieren. Während aber Kleist seinen Sprachfehler beibehielt und stotterte, wann immer er sich im Gespräch erregte, verfuhr der junge Grillparzer streng mit sich: „Als ich von Demosthenes las, daß er einen vielleicht ähnlichen Fehler der Zunge dadurch bezwang, daß er mit in den Mund genommenen kleinen Kieselsteinen laut und anhaltend las, wurde ich, indem ich sein Beispiel nachahmte, des Zischlautes bis zum Unmerklichen mächtig." Aus seiner späteren Zeit ist unseres Wissens kein Zeugnis dieses Sprachfehlers erhalten. Doch mag manche Schwerfälligkeit und Ungeschicklichkeit seines dichterischen Tons letztlich auf die frühe, nie ganz beseitigte Hemmung zurückzuführen sein. Auch sonst ließ er nichts unversucht, den Körper in seine Gewalt zu bekommen und sich beherrschen zu lernen; aus der Rückschau des Alternden wird freilich die Vergeblichkeit dieser frühen Übungen deutlich: „Ich habe alles getrieben was der Mensch treiben kann; Tanzen und Jagen, Reiten und Fechten, Zeichnen und Schwimmen, nichts ist mir fremd geblieben, ja ich habe es, mit Ausnahme der Jägerei, mit einer bestimmten Anlage getrieben, und das alles ist mir fremd geworden. So war ich einer der besten, oder wenigstens der elegantesten Schwimmer, und wenn man mich heute ins Wasser würfe, ich würde gewiß ertrinken."

Auch seiner seelischen Anfechtungen sollte er in einem Maße Herr werden, das es ihm gerade noch erlaubte, sein bürgerliches Gleichgewicht zu bewahren, obwohl es ihm bis ans Ende seiner Tage schwer wurde, eine Autorität über sich anzuerkennen, und er in verhältnismäßig frühem Alter die Rolle eines biedermeierlichen Don Juans mit der eines restaurativ gesinnten Hagestolzes vertauschte. Als Liebhaber neigte er, sogar nach den Maßstäben des zwanzigsten Jahrhunderts, zur Exzentrizität. Trotz aller persönlichen Krisen ist jedoch sein dichterisches Werk nicht brüchiger, als es sein mußte, wenn er, in seiner Zeit und an seinem Ort, sich selber treu bleiben wollte. Schon über seine Jugend schrieb er: „Die Inspiration war mein Gott und ist es geblieben." Sein Mißgeschick lag lediglich darin, daß dieser Gott mehr als launisch war.

So hat er es schwer gehabt, mit sich selbst und mit den andern. Sein Vaterhaus — Bauernmarkt 10 — war kein Paradies, sondern ein Labyrinth, noch dazu ein von Ratten heimgesuchtes; das Landhaus in Enzersdorf wurde alsbald der Schauplatz von Familienstreitigkeiten; das Haus Grünangergasse 10, in das man übersiedelte, als der Bub neun Jahre alt war, erschöpfte das Vermögen des Vaters: „Da wurden Türen vermauert und neue durchgebrochen, Parketten gelegt, Tapeten gezogen und seidene Möbel angeschafft, was umso sonderbarer war, da uns niemand besuchte, aber es schien einmal der Grundsatz meines Vaters, alles was er machte, vollständig zu tun." Wieder taucht die Gestalt des Vaters in aller Ambivalenz auf. Die Verbindung von starrer Rechtlichkeit und fixer Idee, wird er für den Sohn geradezu zum Träger des Schicksals.

Kaum hatte der Student in Georg Altmütter seinen ersten, schwärmerisch geliebten Freund gefunden und mit ihm am 14. Mai 1808 eine

„Gesellschaft zur gegenseitigen Bildung" gegründet, kaum hatte er im Haus des Hofsekretärs Franz Xaver Wohlgemuth eine Geselligkeit gefunden, die sich vor allem um das Privattheater des wohlsituierten Beamten zusammenschloß, kaum hatte er zu führen begonnen, was er noch in seiner Selbstbiographie mit einem hörbaren Seufzer der Erleichterung ein „sorgloses Schlaraffenleben" nannte, da begann Wenzel Grillparzer zu kränkeln. „Die, wenn auch entfernte Gefahr, erschütterte uns, wie natürlich, alle sehr. Ich blieb mehr zu Hause und fühlte mich auch sonst melancholisch gestimmt." Die Schwermut des Jungen wird nicht nur von seiner erneuten Isolierung, sondern auch von Schuldgefühlen dem Mann gegenüber erzeugt worden sein, den er verehren mußte und doch nicht lieben durfte und dessen Einfluß er mit seinen ersten selbständigen Ausflügen in die Gesellschaft der Menschen zu brechen getrachtet hatte.

Zu dieser Zeit scheint es zu der einzigen Annäherung gekommen zu sein, die zwischen Vater und Sohn je stattgefunden hat. Franz hatte Goethes „König von Thule" komponiert und sang das Lied mit seiner „leidlichen Tenorstimme". Der Vater konnte sich an diesem Lied nicht satt hören, was der Sohn als Zustimmung und als eine Bestätigung seiner künstlerischen Neigungen deutete. In Wahrheit aber dürfte das, was den Vater bewegte, nicht Grillparzers Vertonung, sondern Goethes Text gewesen sein. Der Todkranke sah den Becher des Balladenkönigs sinken und trinken und stürzen, als wäre es sein eigener. „Als es sich mit seiner Krankheit zu Ende neigte, ließ er mir sagen, ich möchte es nicht mehr singen, es mache ihn traurig."

Die Krankheit Wenzel Grillparzers hatte sich „auf der Brust festgesetzt", was freilich eine mehr als unbestimmte Diagnose ist. Nicht mehr ließ der behandelnde Arzt verlauten, als daß es „ein organisches Übel" sei. Erst später und in einem amtlichen Gesuch legten sich die Doktoren auf „Lungensucht" fest. Eine gewisse Ironie liegt darin, daß Wenzel Grillparzer von Tuberkulose, der Familienkrankheit der Sonnleithners, dahingerafft werden sollte. Einstweilen aber erklärte Dr. Closset, der Patient könne „bei gehöriger Diät noch viele Jahre leben".

Daß sich dieser Optimismus nicht bewahrheitete, führt der Autor der Selbstbiographie auf die „Zeitumstände" zurück. Allzu genau wußte der Dramatiker Grillparzer um die psychosomatische Richtung der Wiener Medizinischen Schule Bescheid, die mindestens bis auf Gerhard van Swieten, den Leibarzt der Kaiserin Maria Theresia, zurückweist:

Streitsüchtige Nachbarsherrn sind Geist und Körper,
Die Grenzen wechseln und verwirren sie,
Man weiß oft nicht, auf wessen Grund man steht,

heißt es im *Treuen Diener*. Daß Grillparzer jedoch über die unglückliche Ehe seiner Eltern hinwegsah, wenn er die Todeskrankheit seines Vaters schilderte, erklärt sich aus seinem Zwang, die Mutter zu schonen, soweit dies eben nur anging.

Es ist, als habe der Vater die Franzosenkriege, zumal die beiden Okkupationen Wiens in den Jahren 1805 und 1809, als persönliche Beleidigung empfunden. „Die Stadt vom Feinde besetzt zu wissen war ihm ein Greuel, und jeder ihm begegnende Franzose ein Dolchstich. Und doch ging er gegen seine Gewohnheit jeden Abend in den Straßen spazieren, aber nur um bei jedem Zwist zwischen Franzosen und Bürgern die Partei des Landsmanns zu nehmen." Die Beobachtung bezieht sich auf das Jahr 1809, als der Vater schon vom Tode gezeichnet war.

Dazu kam die Angst um seinen Ältesten, der sich während der Belagerung, wie er dies selbst formulierte, nicht hatte aus dem Studentenkorps ausschließen können und mit der Freischar auf den Wällen stand. Als die Stadt übergeben war, berichtet die Selbstbiographie, „erschien meine Mutter . . . weinend auf der Bastei und beschwor mich, doch sogleich nach Hause zu kommen und meinen Vater von meinem Leben zu überzeugen. Er empfing mich ganz kalt, ja es war als ob er einen Teil seines Unwillens auf mich übertrüge." Der Starrsinn Wenzel Grillparzers löste sich auch auf dem Totenbett nicht.

Der junge Grillparzer haßte Napoleon. Dennoch wurde er mit „magischer Gewalt" von der Dämonie des Franzosenkaisers angezogen. „Er bezauberte mich wie die Schlange den Vogel." (Ähnliche Gefühle hat dann hundert Jahre später Arthur Schnitzler seinem *Jungen Medardus* eingeflößt.) Der Fall der Stadt erfüllte ihn mit Unwillen gegen die Wiener, „denen ihre Dächer lieber als ihre Ehre" waren. Dem Sieger aber galt sein ganzer Zorn. Und doch lief er dem Franzosenkaiser überall nach, was freilich auch der Wiener Schau- und Sensationslust zuzuschreiben war. „Mein Vater mochte mit diesen unpatriotischen Exkursionen wenig zufrieden sein, doch verbot er sie nie."

Die ökonomische Misere tat das Ihre. Österreich trug die Hauptlast des Krieges. Steuern und Kontributionen lasteten schwer auf der Bürgerschaft. Nun hatte der Vater, wie er in einem Gesuch in seinen letzten Wochen schrieb, sich „nie in Geldnegotien oder andere nicht strenge zur Advokatur gehörige Geschäfte eingemenget". Hypertrophe Redlichkeit, verbunden mit Perfektionssucht, schloß alle Ersparnisse aus, die der Teuerung und den Kosten der Krankheit hätten entgegenwirken können. Der Sohn bewahrte das Einschreibbuch des Vaters auf, in dem er jeden Monat Soll und Haben aufzeichnete. „Während die Ausgaben, mit den steigenden Preisen, fortwährend wuchsen, fielen die Einnahmen stufenweise bis zum Unbedeutenden herab, bis er in den letzten Monaten mit unsicherer Hand Nihil einschrieb. Er mußte sogar ein Darlehen aufnehmen, er, für den Schuldenmacher und Dieb gleich bedeutende Worte waren." So endete der Vater mit dem Gefühl, den Namen Grillparzer um seinen guten Klang gebracht zu haben.

Dieses Ende kam mit dem Wiener Frieden, in dem die Monarchie Salzburg, die adriatischen Besitzungen und bedeutende Teile Polens abzutreten hatte. Vergebens versuchte die Familie, dem nun schon Bettlägerigen die böse Zeitung zu verheimlichen. Angst macht hellhörig. Der Patriot ahnte, was geschehen war, und verlangte, als die Nachricht sich nicht länger verheimlichen ließ, das Friedensdokument zu sehen. „Er las die Druckschrift ganz durch, legte sie dann von sich und kehrte sich gegen die Wand. Von da an hat er kaum mehr ein Wort gesprochen. Nur als ich an einem der folgenden Tage von einer dunkeln Ahnung eines baldigen Endes ergriffen, an seinem Bette auf die Kniee sank und seine Hand weinend küßte, sagte er: Nun ists zu spät!" Es war durchaus möglich, in diesen Worten die Summe zu hören, die der Sterbende aus seinem armen Leben oder der politischen Katastrophe Österreichs gezogen hatte. Aber der Sohn bezog sie auf sich. In einem bezeichnenden *understatement* meinte er, der Vater habe andeuten wollen, „daß er mit meinem Wesen und Treiben nicht völlig zufrieden sei". Wie die Dinge im Hause des Sterbenden lagen, hatte der Sohn vermutlich auf seine Weise recht.

So trat denn der Achtzehnjährige sein Erbe an, das vor allem in der Verantwortung für seine Mutter und seine labilen Brüder Karl und Adolph bestand. Als Hofmeister und dann als Beamter an der Hofbibliothek und im Finanzdienst versuchte er, die „beinahe hilflose Lage" zu mildern. Der ökonomischen Unsicherheit entsprach ein häufiger Wohnungswechsel. Zwischen dem Todesjahr des Vaters (1809) und dem Selbstmord der Mutter zehn Jahre später ist die Familie nicht weniger als sechsmal umgezogen, wobei die Wohnung, die Grillparzer im Entstehungsjahr der *Ahnfrau* (1816) innehatte, die Adresse „Im Elend" (der heutige „Tiefe Graben") führte und dem Totenschauamt gegenüber lag; eine handgreifliche Symbolik seiner Umstände, deren Ironie Grillparzer nicht entging. Im übrigen waren auch alle späteren Wohnungen des Dichters innerhalb des Glacis gelegen, auch dann, als die Wiener im Jahre 1858 begannen, die Basteien zu schleifen und Innen- und Vorstadt durch den „Ring" zu verbinden. Er war und blieb der Dichter des ersten Bezirks, mit seiner Nähe zu Hofburg und Burgtheater, der literarische Anwalt des Wiener Bürgertums und seines Besitzes an Bildung; ein Kenner der Vorstädte und ihrer Bühnen, aber doch nur ein

Connaisseur und gelegentlicher Zuschauer. Zwar vermochte er noch 1844 zu schreiben: „Die Jugendeindrücke wird man nicht los. Meinen eigenen Arbeiten merkt man an, daß ich in der Kindheit mich an den Geister- und Feen-Märchen des Leopoldstädter Theaters ergötzt habe." Das Burgtheater jedoch war und blieb für ihn der Träger der Humanität, einer Wiener Menschlichkeit gewiß, die aber gerade darin der klassischen griechischen Bühne verwandt war, daß sie sich an die Gesamtheit der Stadt, das Patriziat im Parkett und das Volk auf dem „Juchheh", der vierten Galerie, wandte. „Als Leute gehen sie hinein", schrieb er, „und kommen, wenn auch nur für kurze Zeit, als Menschen heraus." So gesehen, war Ferdinand Raimund sein Gegenspieler, der, in der Vorstadt Mariahilf geboren, nichts sehnlicher wünschte, als die Szene des Burgtheaters zu erobern und den Ansprüchen der Inneren Stadt zu genügen. Johann Nestroy, auch er ein Advokatensohn und noch dazu im geradezu patrizischen „Sternhof" geboren, vollbrachte den Sprung auf die Bretter der Vorstadt, aber nur als Schauspieler; es bedurfte der Zeit, den Schriftsteller Nestroy für die große Literatur zu reklamieren und das Burgtheater auf ihn vorzubereiten. Karl Kraus, auch er ein Repräsentant der Inneren Stadt, hat Nestroy in der Bildungswelt, aus der sie beide hervorgegangen waren, heimisch gemacht und eingewurzelt.

Auf vielfache Weise waren die Jahre im Elend für Grillparzer bestimmend. Die Misere des Alltags umschloß die Idylle seines Zusammenlebens mit der Mutter. „Seit ich nach dem Versiegen ihrer eigenen Hilfsquellen allein die Bedürfnisse des Hauses bestritt, vereinigte sich für sie in mir der Sohn und der Gatte. Sie hatte keinen Willen als den meinigen, mir fiel aber auch nicht ein einen Willen zu haben, der nicht der ihrige gewesen wäre. Alles Äußere überließ ich ihr blindlings, wogegen sie sich aber auch alles Einmengens in meine Gedanken, Empfindungen, Arbeiten und Überzeugungen gleicherweise enthielt." Auf ihren Gatten hatte sie kaum Einfluß besessen, der Sohn fügte sich und gestattete ihr eine Zärtlichkeit, die nicht frei von Herrschsucht war. Kamillo schrieb am 1. Juni 1818 an Franz: „Gleichwie ... ein Geldgeiziger alles Geld in seinem Kasten aufzuhäufen bemüht ist, ist sie es, in allem und zwar in Ehre, Glück, Zufriedenheit und Geld geizig, [um] dir immer mehr Vergnügen zu bringen, sie suchet daher immer neue Verhältnisse auf, um dich in selbe zu zwingen." Ressentiments hatten Kamillo die Augen geöffnet; Franz hingegen folgte der Mutter, wie er später keiner Frau mehr nachzugeben vermochte, wohl darum, weil sie in einer Art von instinktivem Einverständnis mit ihrem Herrschaftsanspruch vor den Grenzen seines Innenlebens haltmachte. Die Bindung war ausschließlich und für seine Zukunft bedeutsam. Caroline Pichler erinnert sich in ihren *Denkwürdigkeiten* seines Ausspruchs, „daß wenn die [Mutter] sterben sollte, man ihn nur gleich mit ihr begraben möchte, weil er sonst Niemand auf der Welt habe!" Er selbst fügt — rückschauend — in der Selbstbiographie hinzu: „Aus unserm Zusammenleben konnte ich abnehmen, daß ein eheliches Verhältnis meinem Wesen gar nicht entgegengesetzt war, obwohl ein solches Verhältnis sich nicht gefunden hat... Ich hätte müssen allein sein können in einer Ehe, indem ich vergessen hätte, daß meine Frau ein anderes sei... Aber eigentlich zu zweien zu sein, verbot mir das Einsame meines Wesens."

Mit dem Blick des Tiefenpsychologen läßt Grillparzer diese Reflexion unmittelbar dem Bericht vom Sterben der Mutter folgen: In der Nacht vom 23. auf den 24. Jänner 1819 fand er sie „halb angekleidet an der Wand zu Häupten ihres Bettes stehend. Ich beschwor sie, sich keiner Verkältung auszusetzen und sich wieder niederzulegen, erhielt aber keine Antwort. Ich faßte sie an, um allenfalls ihrer Schwäche nachzuhelfen, da, bei dem Scheine des von der Magd gehaltenen Lichtes, sehe ich ihre Züge starr und leblos. Ich hielt meine Mutter tot in meinen Armen. Wahrscheinlich war ihr während der Nacht der Gedanke wiedergekommen, in die Kirche zur Kommunion zu gehen. Während sie sich ankleiden wollte, traf sie ein Schlagfluß." Das Protokoll der Leichenkammer verzeichnet dagegen trocken: „NB. hat sich erhängt." Obwohl er wußte, daß sie „periodenweise eine eigentliche Geistesverwirrung" heimgesucht hatte, vermochte er doch nicht, sich die Wahrheit einzugestehen. Seelenkenner und Skeptiker, der er war, tabuisierte er doch ihren Tod, wie er vorher ihre Liebe zu ihm mit Geheimnis umgeben hatte. So, und nur so, vermochte er sich's zu erklären, daß nur der Umgang mit einer Unberührbaren, eine Ehe ohne Ehe, seinem innersten Bedürfnis entgegenkam. Nur mit seiner Mutter hatte er wahrhaft allein und doch zu zweien sein können. So hoch hielt er ihr Andenken, so heilig war ihm die Erinnerung, daß es ihm unmöglich wurde, in einem seiner Dramen die Mutter eines Mannes auftreten zu lassen.

Die Jugendgeschichte Franz Grillparzers ist eine Geschichte der Katastrophen, die sein Vaterland und seine Familie befallen hatten. Erstaunlich an ihr ist, wie weit er ihr entwachsen konnte. Schließlich ist er über achtzig Jahre alt geworden und hat seinen „traurige[n] Zeiten, / Vom Schicksal bezeichnet mit: *halb*", ein überaus beträchtliches Werk abgewonnen. Freilich vermögen wir nicht, über die Störungen in Grillparzers Natur hinwegzusehen, da sie an der Brüchigkeit seines Werks beteiligt sind, zumindest so beteiligt wie seine Zeit, die sich selbst fragwürdig geworden war. Aber diese Störungen stehen in dem lebendigsten Wechselbezug mit einer Sensitivität, die, in Erinnerung und Vorahnung, seine schriftstellerische Arbeit gerade dadurch vorantrieb, daß sie ihn immer wieder am Gelingen verzweifeln ließ. Die Zweifel selbst wurden durch die großen Verstandeskräfte, die ihn vor seinen Brüdern und wohl auch seinen Eltern auszeichneten, zur Potenz erhoben.

So war es ihm nicht wohl in seiner Haut; so übertrug er dieses Unbehagen auf die Bühne, die er haßte, der er verfallen war und die er in bestem Mannesalter verließ wie eine Geliebte, die ihm zugleich lästig und untreu geworden war. Seine dramatischen Figuren sind dem Mythos und der Geschichte entlehnt; aber die Psychologie, nach deren Gesetzen er diese Gestalten agieren ließ, war der peinlichen Beobachtung seiner selbst abgewonnen, seinem „Hypochonder", wie Goethe dieses Phänomen nannte und als „Krankheit" abtat, als es ihm im Drama Heinrich von Kleists begegnet war.

Neurosen aber sind nicht nur Krankheiten; dem schöpferischen Menschen vor allem bieten sie die Möglichkeit einer großen Akkomodation. Dann stellen sie sozusagen die Nadelstiche dar, die sich das Ich selbst zufügt, in der nicht immer unberechtigten Erwartung, das Schicksal, solcherart besänftigt, würde daraufhin von seinen schlimmsten Schlägen absehen. Auch Nadelstiche schmerzen, zumal wenn sie Tag für Tag und Traum für Traum appliziert werden. Solange sie jedoch unter der Kontrolle des Leidenden bleiben, vermag dieser, sich sein Leben mit ihnen einzurichten. Grillparzers „ewige Brautschaft" mit Katharina Fröhlich war solch eine Akkomodation. Eine andere findet sich im Vorgang seines Schaffens.

Das Tagebuch von 1827 weist folgende Eintragung auf: „Von Natur war ihm eine gewisse mißmutige Redescheu angeboren, die er aber nach Willkür ablegen, und das Gegenteil derselben bis zu einer vorlautnaseweisen Redseligkeit steigern konnte. Doch war ihm letzterer Zustand ein äußerst widerlicher, und er warf sich ihm nur dann in die Arme, wenn er, in Gesellschaft, bei Aussicht auf höchste Langeweile in Gefahr war, ganz zu verstummen. Die ihm angeborene Rede- und Menschenscheu ward in seiner Jugend auch noch dadurch gehegt und verstärkt . . ., daß er einen Widerwillen gegen den Klang seines Namens hatte, und in die größte Verlegenheit geraten konnte, wenn ihn jemand bei demselben nannte."

Die Stelle erweckt in uns ein Gefühl, das auch Grillparzer gekannt und beschrieben hat: die Sensation des *déjà vu*. Wir müssen Ähnliches schon einmal gelesen haben und haben es doch so noch nie gesehen. Tatsächlich sind wir in diesem Kapitel von dem verteufelten Namen ausgegangen, über den sich Grillparzer noch sechsundzwanzig Jahre nach dieser Eintragung in der Selbstbiographie beschweren sollte. Immer wieder hat er sich über diesen Namen beklagt. Aber die Formen der Klage wechselten; nur der Selbsthaß blieb, der sie hervorgebracht hatte. Das Thema, das er seit seiner Jugend mit sich herumschleppte, taucht in Abwandlungen und Variationen stets von neuem auf. So ist auch dieser Passus zugleich neu und alt. Das Unbekannte an dieser Tagebuchstelle findet sich darin, daß sie nicht mehr dem Ich Franz Grillparzers, sondern einem gewissen Serafin Klodius Fixlmillner zugeschrieben wird, einem Halbgenie, dessen „Leben, Abentheuer, Einbildungen, Himmel- und Höllenfahrt" erzählt werden sollen. Mit dem Tagebuch ist die Fiktion freilich dadurch verbunden, daß auch die persönlichen Aufzeichnungen von einem Serafin Klodius geführt worden sind; der Vatersname aber ist jetzt verschwunden, Grillparzer zu einem Fixlmillner geworden, der sich auch Fixlmüllner schreibt. In der Gestalt dieses Fixlmüllner hatte sich Grillparzer schon jahrelang parodiert und damit eine Freiheit von sich selbst gewonnen, die ihm beispielsweise das Geständnis erlaubte, seine Namens- und Menschenscheu sei manipulierbar und „nach Willkür" in ihr Gegenteil zu verwandeln gewesen. Als sich dann aber der äußere Erfolg einstellte, verschwand Fixlmüllner aus dem Tagebuch, nicht etwa, weil er überflüssig geworden wäre, sondern weil Grillparzer sich mit seinem Namen und dem Menschen, den er bezeichnete, allmählich schlecht und recht abgefunden zu haben schien.

Da aber dem Menschen nichts geschenkt wird, stellt ein solches „Arrangement" des Neurotikers (Alfred Adler) nicht nur ein Anpassungsmanöver dar, sondern auch einen Verarmungsprozeß. Es ist Grillparzer gelungen, die Familienkrankheit von seines Vaters Söhnen „nicht in ganzem Maße auf [sich] übergehen zu lassen". Er wurde Direktor des Hofkammerarchivs und Hofrat gar; der späten Ehren gab es einen Kranz. Der verteufelte Name wurde angehimmelt, was den alten Herrn in Rage zu versetzen pflegte. Er wußte über sich Bescheid und zog daraus seine Konsequenzen. Seine späten Jahre waren von starrer Dürftigkeit, gelegentlich unterbrochen von Augenblicken der Helle. Und dennoch konnte Marie von Ebner-Eschenbach, die ihn erst als Greis kennenlernte, ein Bild von ihm zeichnen, das beinahe ans Sinnbildliche grenzte: „Die Stirn prachtvoll, breit und klar und wie umwoben von den Geistern großer Gedanken, größerer vielleicht noch als die, die der Unstern, der über ihm gewaltet hatte, sich ausgestalten ließ, Gedanken auch einer wahrhaft genialen Selbstquälerei und vielleicht nie ausgesprochener Reue ... Was dieser Mann gelitten hatte, verriet am ergreifendsten der auch im Schweigen beredte Mund, mit seinen so deutlichen Spuren verbissener Schmerzen und niedergezwungenen Ingrimms."

Diese Stilisierung hätte Grillparzer, der nicht nur ein in Ehren verbitterter Greis, sondern auch ein alter Zaubermeister war, vermutlich am Ende noch gefreut.

Fülle des Wohllauts: *Zauberflöte* und Cherubino

Grillparzer schrieb in seinem achtundsechzigsten Jahr:

> Will meine Zeit mich bestreiten,
> Ich laß es ruhig geschehn,
> Ich komme aus anderen Zeiten
> Und hoffe in andre zu gehn.

Mit dieser Art, dem Vergangenen nachzuhängen und, nicht ohne Skepsis, dem Kommenden entgegenzudenken, ersparte er es sich, der Gegenwart ins Gesicht zu sehen.

Die „anderen Zeiten", aus denen er kam, waren die der österreichischen Aufklärung, des Josefinismus. Claudio Magris hat in seinem Werk *Der habsburgische Mythos in der österreichischen Literatur* (1966) Kaiser Josef II. als einen „radikalen" Herrscher bezeichnet, der „mit seinem Impuls des Germanisierens, seiner Mißachtung der Traditionen und seiner maßvollen Vorsicht die totalste und absoluteste Antithese zum Habsburgischen System und seiner Mittelmäßigkeit" darstellte, „nämlich den stürmischen Glauben an die schlagartige Veränderung der Welt". In der Tat war die Dekade von Josefs Alleinherrschaft (er starb 1790, im Jahr vor Grillparzers Geburt) die Ära der Toleranzpatente und der aufgehobenen Leibeigenschaft. Klöster wurden säkularisiert, Universitäten verstaatlicht, Krankenhäuser errichtet, Volksschulen reformiert, und sogar die Juden erhielten bürgerliche Namen. Für das Volk stellte der Monarch das Vaterbild des guten Kaisers dar: das milde Licht der Phantasien, die er weckte, fällt noch auf Grillparzers Rudolf I. zurück, wenn dieser in *König Ottokars Glück und Ende* in seinem grauen Röcklein die Donau herabgefahren kommt; wie Kaiser Franz Joseph nach ihm fühlte sich Josef II. am wohlsten in der einfachen Felduniform. Dabei hat er mit allen Reformen seinen Staat bis an den Rand des Abgrunds gesteuert und mußte kurz vor seinem Ende bekennen: „Nie hat es einen gefährlicheren Augenblick für die Monarchie gegeben."

In der Tat war Kaiser Josef weniger ein Volks- als ein Beamtenkaiser, „ein besonders stark profilierter Vertreter des typisch österreichischen Bürokratismus, jener Weltweisheit, die sich bereits zufrieden gibt, wenn sie alles genau schriftlich aufgezeichnet hat, indem sie glaubt, daß es dann schon da ist" (Egon Friedell). Mit Hilfe seiner Beamtenschaft zentralisierte der Kaiser das Imperium zu einer Art von restaurativem Wohlfahrtsstaat, in der Absicht, auf diese Weise allen Revolutionen vorzubeugen. Von nun an wird die österreichische Bürokratie die Monarchie als einen Rechts- und Verwaltungsraum zusammenhalten; neben der Armee ist sie die eigentliche Trägerin und Bewahrerin des Staatsgedankens, eine Elite, ergeben und kritisch, selbstkritisch, treu und schlampig in einem. (Der Herr von Trotta in Joseph Roths *Radetzkymarsch* stellt dann die erhaltende, der Hofrat Nepallek in Karl Kraus' *Letzten Tagen der Menschheit* die giftige Abart der Spezies österreichischer Beamter dar.)

Von der Spitze dieser von allem Anfang an nicht völlig standfesten Pyramide trat er, der Leutselige, herab und mischte sich unter das Volk: „Meinen Namen sollt ihr nie erfahren: ich bin der Kaiser Josef." Er erschien sozusagen cognito. In Fritz von Herzmanovsky-Orlandos *Kaiser Joseph und die Bahnwärterstochter* singt er, ein wahrhafter Repräsentant der Nation:

> Insgeheim ist man sich zwar im klaren,
> Wer was ang'stellt hat und wo es brennt,
> Doch den Namen wird man trotzdem nie erfahren,
> Weil sonst eine Mischkulanz entstehen könnt.

Der öffentlichen Anonymität der kaiserlichen Majestät entsprach die als selbstverständlich vorausgesetzte Allgegenwart seiner Geheimpolizei, all der Vertrauten, Spitzel und Naderer, die nicht weniger systematisch organisiert waren als die Bürokratie, deren Wirken sie ständig streng überwachte. Schon Josefs Geheimdienst folgte der Devise des Reportierens und *Nur-net-Ignorierens;* eine chinesische Mauer aus Aktenfaszikeln baute sich auf; im allgemeinen genügte dieser monumentale Wall von Polizeiberichten sich selber; von Eingriffen, die diesen Bau strapaziert hätten, hielt man sich lieber zurück. Ließ sich aber die Konfusion, die „Mischkulanz", nicht vermeiden, dann wurde bedenkenlos und nicht immer berechtigt verhaftet und eingesperrt. Hier lag das Fundament jener vormärzlichen Zensur, die Grillparzer beträchtlich zu schaffen machen sollte.

Der Josefinismus war eine Aufklärung, aber eine österreichische. Der Kampf, den Josef von Sonnenfels noch unter Maria Theresia gegen Stegreifbühne und Hanswurst zu führen begonnen hatte, war zwar unerläßlich gewesen, wenn das Theater nächst der Burg zu einem Hof- und Nationaltheater erhoben werden sollte, das „nichts als gute regelmäßige Originale und wohlgeratene Übersetzungen" spielte. Doch hatte Sonnenfels, der übrigens dem Hanswurst weit unbefangener gegenüberstand als Gottsched und selbst Lessing, seine Rechnung ohne die Wiener gemacht. Aus dem Jahr 1776, in dem das Burgtheater endlich gegründet wurde, hat sich der Bericht eines Chronisten über die Wiener Vorstädte erhalten: „Hier liegen alle Theatermusen durcheinandergeworfen, unter ihrer Gesellschaft hat sich Nonsensé, Farce, Skaramutz, Kasperl, Land-, Dorf- und Stadtabenteuer gedrängt." Der Hanswurst wanderte aus der Inneren Stadt aus, aber nur um sich auf der anderen Seite des Glacis desto häuslicher niederzulassen und in ungeahntem Maße zu florieren. Es ist nicht anzunehmen, daß das den Kaiser allzusehr genierte. Im Grunde hätte auch er die Worte schreiben können, die seine Mutter, Maria Theresia, unter eine Akte setzte: „Die Komödianten sind eine Bagage und bleiben eine Bagage, und Herr von Sonnenfels könnte auch etwas Besseres thun, als Kritiken schreiben." Der Kasperl war ein Stück Natur: halben Herzens ausgetrieben, kehrte er alsbald in unverminderter Frische und verklärter Gestalt zurück.

Genau achteinhalb Monate nach Grillparzers Geburt hatte im Theater auf der Wieden, im sogenannten Freihaustheater, die *Zauberflöte* Premiere. Die Bühne lag in der Vorstadt, daher konnte sich's der Librettist und erfahrene Theatermann Emanuel Schikaneder leisten, die Zauber- und Maschinenwelt der Altwiener Volkskomödie vor seinen Zuschauern aufzubauen. Sich selbst hat er die Rolle des Papageno auf den Leib geschrieben, eines „materiell gerichteten, pfiffigen, naschhaften und trinklustigen Kasperls" (Oskar Kokoschka). Dieser Kasperl aber bewegt sich, wenn auch widerwillig, zwischen mythischen Gestalten, der Königin der Nacht und des Obskurantismus und Sarastro, dem Herrn des Lichts und der Erkenntnis. Sarastros Sonnenreich ist zugleich ein Denkmal der Josefinität, ihrer Toleranz, ihrer Resignation und ihrer Gefährdung (der Sitz der Weisheit selbst ist unterminiert; unmittelbar vor dem triumphalen Ende erscheinen die Kräfte des Dunkels sogar unter der Schwelle von Sarastros Sonnentempel). Die Brücke zwischen Kasperltheater und einer durch freimaurerische Rituale vergegenwärtigten Mythenwelt wird durch Mozart geschlagen, von dessen Musik G. B. Shaw gesagt hat, sie sei die einzige, die auf Gottes Lippen passe.

Ein Szenenbild aus der Zeit der ersten Aufführung zeigt Tamino vor den in klassizistischem Geschmack gehaltenen Toren Sarastros und auf diesen die Leitworte der Aufklärung: „Weisheit", „Vernunft" und „Natur". Eben hat der Prinz die Flöte abgesetzt; gleich wird er singen:

> Wie stark ist nicht dein Zauberton,
> Weil, holde Flöte, durch dein Spielen
> Selbst wilde Tiere Freude fühlen.

Die wilden Tiere sind denn auch erschienen, und zwar in der Gestalt von acht Menschenaffen; schwarz das Fell und die Gesichter bis zur Unkenntlichkeit vermummt, tanzen sie, gemütlich und ungeschlacht, um den Tenor herum.

Einen dieser Affen hatte das Grillparzersche Dienstmädchen gegeben, das den etwa sechsjährigen Buben in die Oper, und damit in die Literatur überhaupt, einführte. Sie „betrachtete jenes Ereignis als den Glanzpunkt ihres Lebens. Außer ihrem Gebetbuche besaß sie kein anderes [Buch] als diesen Operntext, den sie so hoch hielt, daß, als ihr die Anfangsblätter abhandengekommen waren, sie mit eigener Hand mühselig das Fehlende abschrieb und dem Buche beilegte. Auf dem Schoße des Mädchens sitzend, las ich mit ihr abwechselnd die wunderlichen Dinge, von denen wir beide nicht zweifelten, daß es das Höchste sei, zu dem sich der menschliche Geist aufschwingen könne." Soweit die Selbstbiographie. Der Ansatz zu seinen Jugenderinnerungen, den Grillparzer im Jahre 1822 abfaßte, führt die Szene weiter aus: „Das Personenverzeichnis fehlte. Ich verstand nichts davon, glaubte aber doch lauter Sprüche der Weisheit zu lesen. Der Prinz, von einer Schlange verfolgt, die drei Damen, die Königin der Nacht, die Flöte, das Glockenspiel, alles entzückte mich. Daß die Personen bald in langausgeschriebenen, bald in gebrochenen, übereinklingenden Zeilen sprachen, war mir unerklärlich. Daß man mir sagte, letztere würden gesungen, verwirrte mich noch mehr und nahm mir zuletzt die Freude an dem Buche, von dem ich nur die mir zusagensten Momente im Gedächtnis behielt. Vor allen aber die Schlange und den von ihr verfolgten Prinzen." So sehr sagte ihm der Anfang der Oper zu, daß er das Motiv von Jäger und Schlange als Beginn von Rustans nächtlichen Abenteuern in *Der Traum ein Leben,* allerdings mythisch vertieft, wiederholte.

An der *Zauberflöte* hat der kleine Grillparzer erfahren, daß Verse „unerklärlich" und die Künste der Musik „verwirrend" sind. Und doch darf man vermuten, daß ihm bei der frühen Begegnung mit dem Textbuch das Wesen des Theaters aufgegangen ist, geheimnisvoll und anschaulich, wie es sich nun einmal auf der Bühne Mozarts abspielt. Tatsächlich sind die Bilder der alten Oper so einleuchtend und aus sich selbst verständlich, daß keiner sie besser erfassen kann als ein Kind: Wer lügt, erhält ein Schloß vor den Mund. Wer unbefugt der Schönheit nachsteigt, bekommt „siebenundsiebzig Sohlenstreich'". Verbrechen und Verrat machen sich nicht bezahlt. Liebe wird durch Prüfung gewonnen; um Liebe und Leben zu bewahren, gehen die Liebenden mitsammen nicht nur durch Feuer, sondern auch durch Wasser. So schreiten sie durch die Tale des Todes, dessen Schrecken von ihnen abgleitet. Aber selbst die

Liebe ist nicht die letzte Stufe der Menschwerdung, sondern erst die Aufnahme in die „heil'gen Hallen", wo man „die Rache nicht" kennt, „wo Mensch den Menschen liebt" und dem Feind vergeben wird. All dies ist, ins Volkstümliche gewandt und auf die eindeutigste Formel gebracht, die Weisheitslehre der Aufklärung und, wenn man will, das in Wirklichkeit nie erreichte Grundkonzept der josefinischen Politik. Darum ist es vielleicht nicht ohne Bedeutung, daß, wie Friedrich Heer gezeigt hat, nach Josefs II. Tod die *Zauberflöte* in Wien als Trauergesang für den verstorbenen Kaiser verstanden wurde.

Nur ein Kind kann sich ohne weiteres mit dem Bruch abfinden, der mitten durch den Text der *Zauberflöte* läuft und sowohl die Kritik wie die Regie der Oper bis heute beschäftigt. Daß wir uns mit dem Ablauf der Handlung aus dem Reich des Dunkels in das des Lichts bewegen, so daß, was im ersten Akt gut und schön gewesen ist, im zweiten bös und häßlich erscheint; daß wir zunächst genötigt sind, der „sternflammenden Königin" der Nacht zu huldigen und dann der strahlenden Weisheitskrone Sarastros, all dies bereitet der Phantasie eines Kindes keinerlei Schwierigkeit. Mit dem Prinzen und dem Vogelfänger werden wir aus dem einen Reich in das andere versetzt, wobei es uns nicht weiter zu stören braucht, daß die von der Königin der Nacht verheißenen drei Knaben sich allmählich selbständig gemacht haben und zugleich mit uns in die Regionen der Wahrheit und Versöhnlichkeit hinübergewechselt sind. Sie sind so unparteiisch wie das Licht und so geschlechtslos wie die Engel. Ihre Reinheit leidet nicht unter der Wandlung, die so natürlich und zugleich so mythisch ist wie der Übergang des Morgens von Dunkel zu Licht.

> Die Strahlen der Sonne vertreiben die Nacht,
> Zernichten der Heuchler erschlichene Macht,

singt Sarastro denn auch am Ende.

Aber selbst der Siegeston dieses Schlußgesangs kann uns nicht darüber hinwegtäuschen, daß die „Heuchler" — die Königin der Nacht, die drei Damen und der Mohr Monostatos — die einzig Handelnden der Oper sind. Sarastro und seine Priester verharren in milder Passivität, schreiten in solennen Märschen hin und her, zelebrieren ihre Zeremonien, prüfen und nehmen auf, wehren den Taten der Schlechten und beschränken sich im übrigen darauf, in abschließenden Weisheitsworten die Lehre von der Menschlichkeit zu verkünden. Die Untertanen der Nacht hingegen regen und bewegen sich; sie töten die Schlange, pressen den Dolch in die Hand Paminas und führen auf ein Haar die Katastrophe des Umsturzes herbei; das Licht beschränkt sich darauf, die Übeltaten an seinem Zauberkreis scheitern zu lassen. Schon hier hat das Reich der wahren Weisheit einen deutlich sehr passiven und konservativen Charakter. Das Glück des Endes, dessentwillen die Liebenden ihre Prüfungen erlitten haben, ist der innere Frieden der Kontemplation. Der Weg, der von Mozarts strahlendem Sarastro zum dunklen Kaiser Rudolf II. in Grillparzers *Bruderzwist* führt, ist der Weg von der besten aller Welten zur schlechtesten aller Wirklichkeiten, von Toleranz zur Verzweiflung an allem Tun, ein Weg, der mit den oft mißverstandenen Worten von der Gefährlichkeit der Größe und dem leeren Spiel des Ruhms aus *Der Traum ein Leben* seine Scheitelhöhe erreicht hat.

Aber auch die Brüchigkeit des *Zauberflöten*-Textes hat sich Grillparzer mitgeteilt. Keines seiner Stücke ist vollkommen geschlossen, was man leicht damit erklären kann, daß die seelischen Schwierigkeiten des Dichters auf die sozialen und politischen Spannungen seiner Zeit zurückzuführen sind und daß damit seine Unfähigkeit, ein reines Ganzes herzustellen, vor allem dokumentarischen Wert für die gesellschaftlichen Zustände Österreichs zwischen dem Wiener Kongreß und der Revolution von 1848 besitzt. Das mag wohl sein. Ebensosehr aber hatte schon das Kind Grillparzer an Mozarts Opernbuch erkennen können, daß das Theater seine eigenen Magien besitzt; daß der Stückeschreiber, auch wenn er der Szene lediglich suppliert, dennoch ein Höchstes hervorbringen kann: ja daß ein phantastischer Text der Phantasie des Lesers oder Hörers entgegenkommt, indem er ihr die Freiheit zu eigenen Flügen gibt. Von der Rolle, die der Musik bei der *Zauberflöte* zugemessen ist, konnte der Sechsjährige noch nichts wissen; später freilich hat der Dramatiker Grillparzer gerne zu Musik gegriffen, wenn er andeuten wollte, was sein Wort nicht mehr faßte.

Was sich jedoch dem Kind schon eingeprägt haben mochte, als es, hingegeben, auf dem Schoß der Dienstmagd sitzend, die *Zauberflöte* las, war, daß es in Mozarts und Schikaneders Welt kaum mehr Herren und Diener gab. Der Kasperl ist der Tradition nach ein Domestik; Papageno jedoch erscheint als ungezwungener Naturbursch, der nach seiner eigenen Fasson selig werden darf. Aller Zwang, der auf ihn ausgeübt wird, kommt von den Damen der Dunkelheit. Dem Prinzen Tamino ist er weniger durch seinen Stand als durch seine Natur unterlegen. Monostatos hinwiederum, dessen erster Auftritt ihn auch musikalisch auf gleicher Ebene mit Papageno zeigt, unterscheidet sich von ihm durch seine schwarze Seele. Auf der Bühne der *Zauberflöte* sind alle Wesen gleich, wenn sie es nur wollen und können. So erhält Papageno zu Beginn einen Talisman: was dem Prinzen die Flöte, ist ihm sein Glockenspiel. Wenn Tamino seine Erfüllung im Weisheitstempel findet, so begegnet der Pansfigur, die sich unter dem bunten Federkleid des Vogelfängers verbirgt, das ihr gemäße *happy end* in einer Gestalt, die seinesgleichen ist, in Papagena mit ihrem reichen Kindersegen. Für die Zeit der Abenteuer, die sie gemeinsam durchmachen, besteht zwischen Tamino und Papageno eine Sympathie, in der Vertrauen gelegentlich in Vertraulichkeit überzugehen droht, und zwar von beiden Seiten. Die Menschlichkeit des Dienstverhältnisses ist ein konstituierendes Element des österreichischen Dramas nach der *Zauberflöte:* die Nähe der Amme Gora zu Grillparzers Medea und der Tempeldienerin Janthe zu Hero ist über alle Standesunterschiede hinweg die kreatürliche Gemeinschaft von Schicksalsgenossen. Die Grundhandlung von *Ein treuer Diener seines Herrn* ist durch den Titel des Stücks gegeben; was den König und seinen Statthalter aneinanderbindet, ist Treue; und eben diese Treue wird einer solchen Zerreißprobe unterworfen, daß am Ende der Diener in seiner verbissenen Bescheidenheit beinahe zum Herrn seines Herrn wird. Der Negersklave Zanga in *Der Traum ein Leben* ist weit weniger der mephistophelische Verführer Rustans als dessen *frère et cochon;* folgerichtig wird er, wenn der Träumer aus seinem Traum erwacht ist, freigelassen. Die Geste, mit der sich in *König Ottokars Glück und Ende* der Kanzler Braun von Olmütz über seinen geschlagenen Herrn beugt, ist von ähnlich respektvoller Innigkeit geprägt wie die Sorge des Tischlers Valentin um seinen Gebieter Flottwell in Ferdinand Raimunds *Verschwender,* und noch die geradezu mütterliche Behutsamkeit, mit der in Hofmannsthals *Schwierigem* der „erste Diener" Lukas den Grafen Karl umhegt. Mit der *Zauberflöte* hat die Humanität begonnen, sich — zumindest auf der Bühne — als die Dezenz der Menschen im Umgang miteinander darzustellen.

So ist für Grillparzer Mozart zum Schöpfer und Beweis des Humanen geworden. Das Tagebuch aus dem Jahre 1809 verzeichnet: „Es ist mir schon oft eingefallen unsere Tonkünstler mit den Werken der Schöpfungstage zu vergleichen. Das Chaos — Beethoven. Es werde Licht! — Cherubini! Es entstehen Berge! (große aber sehr unbeholfne Massen) — Josef Haydn ... Der Mensch — *Mozart!*" Was er mit dieser Zuordnung im Sinne haben mochte, geht wiederum aus einer Szene der *Zauberflöte* hervor, vielleicht der überraschendsten des mit Staunenswertem nicht eben spärlich bedachten Werks. Da sind Papageno und Pamina, die lustige Person und die Geisterprinzessin, einander zum ersten Male begegnet und finden sich zum Duett:

> *Pamina.* Bei Männern, welche Liebe fühlen,
>   Fehlt auch ein gutes Herze nicht.
> *Papageno.* Die süßen Triebe mitzufühlen,
>   Ist dann der Weiber erste Pflicht.

Beide. Wir wollen uns der Liebe freun,
   Wir leben durch die Lieb' allein.
Pamina. Die Lieb' versüßet jede Plage,
   Ihr opfert jede Kreatur.
Papageno. Sie würzet unsre Lebenstage,
   Sie wirkt im Kreise der Natur.
Beide. Ihr hoher Zweck zeigt deutlich an,
   Nichts Edlers sei als Weib und Mann.
   Mann und Weib und Weib und Mann
   Reichen an die Gottheit an.

Wer singt hier und wovon? Wenn aus Papageno der Trieb spricht, kindlich verspielt und närrisch auf nichts als seine Stillung und Fortpflanzung bedacht, dann spricht aus Pamina die schöne Seele. Noch kennt sie den Geliebten nicht, der sie befreien soll, aber schon weiß sie, daß ihre Liebe Opfer sein wird, während diese für den Vogelfänger, der am liebsten „ein Netz für Mädchen" (im Plural!) besäße, die Würze der Existenz bedeutet und bestenfalls die Fülle einer Lebenskraft, in der die vergängliche Natur Dauer gewinnt. Keiner von beiden hat noch erfahren, wie die Liebe beschaffen ist, von der sie singen; keiner meint den anderen, mit dem er sich zum Loblied auf eben diese Liebe verbindet; und doch sind sie beide schon davon durchdrungen, daß erst sie, die Liebe, den ganzen Menschen ausmacht, der dann in dieser Vereinigung an das Göttliche, wenn auch an eine sehr menschliche Divinität, zu rühren vermag. Von der Weiberfeindschaft der Freimaurer, welche die Priester des Lichts in ihrem Kampf gegen die Mächte der Dunkelheit aller Versöhnlichkeit zum Trotz an den Tag legen, ist hier nicht die Rede. Die hohe Pamina läßt sich nicht zum Wurstel Papageno herab; der Vogelmensch braucht sich nicht zu dem göttlichen Mädchen emporzuschwingen; in neuer Ganzheit steht, wie in Haydns Oratorium ein Menschenpaar als Krone der Schöpfung da.

Den ganzen Menschen als das Geschöpf Gottes — auch Grillparzer hat ihn gekannt und, völlig im Sinn der Aufklärung, gepriesen:

   Den Menschen, den du hingesetzt zur Lust,
   Ein Zweck, ein Selbst, im Weltall eine Welt —
   Gebaut hast du ihn als ein Wunderwerk,
   Mit hoher Stirn und aufgerichtem Nacken,
   Gekleidet in der Schönheit Feierkleid,
   Und wunderbar mit Wundern ihn umringt.
   Er hört und sieht und fühlt und freut sich.
   Die Speise nimmt er auf in seinen Leib,
   Da treten wirkende Gewalten auf

Und weben fort und fort mit Fasern und Gefäß
Und zimmern ihm sein Haus; kein Königsschloß
Mag sich vergleichen mit dem Menschenleib!

Der Unterschied besteht freilich darin, daß diese Worte dem zu Tode gehetzten König Ottokar in den Mund gelegt sind, der zeit seines Lebens kein Liebesglück erfahren und dessen Ende von dieser Lieblosigkeit seinen Ausgang genommen hat; daß sie Illusion sind und nicht Utopie; daß hier von tragischer Ironie umwittert wird, was bei Mozart und Schikaneder noch in aller Naivität die Vision des dem Menschen Erreichbaren gewesen ist. Der unselige Böhmenkönig spricht von Freude und Wunder wie der Blinde von den Farben. Es ist kein Zufall, daß sich gerade die Zerrissenheit von Grillparzers Figuren, ihre Entfremdung von dem eigenen Ich und ihr Zerfallensein mit sich selbst in der Unfähigkeit äußert, sich mehr als einen Augenblick lang ihrer Liebe zu freuen. Und doch wird das kindliche Wunschbild vom ganzen und guten Menschen nie völlig ausgelöscht. „Der Mensch ist gut", verkündet Libussa, „er hat nur viel zu schaffen", wobei der Realismus des Nach- und Einschränkungssatzes die einfache Aussage über die Güte des Menschen wenn möglich noch erhöht. Grillparzer wußte zu viel vom Menschen, um noch ungebrochen an ihn glauben zu können; schon dem Kind war „das Höchste, zu dem sich der menschliche Geist aufschwingen kann", als ein „wunderliches Ding" erschienen; sein Leben als Erwachsener sorgte dafür, daß diesem „wunderlichen Ding" das Wunder mehr und mehr abhanden kam. Er kannte die Ekstasen und Abstürze der Leidenschaft wie nur wenige in seinem Jahrhundert; eine in sich ruhende Liebe blieb ihm ein schöner Traum. Das Österreichische an ihm jedoch besteht unter anderem darin, daß ihm, wenn er sich an diesen Traum erinnerte, der Name des *Zauberflöten*-Komponisten einzufallen pflegte.

Dennoch sollte man sich davor hüten, das Mozart-Bild Grillparzers als streng klassizistisch zu bezeichnen und mit gewissen restaurativen Grundzügen seines Wesens und Schaffens in Einklang zu bringen. Zwar hat Grillparzer Mozart „den großen Meister in dem Reich der Töne" genannt,

Der nie zu wenig tat und nie zu viel,
Der stets erreicht, nie überschritt sein Ziel,
Das mit ihm eins und einig war: das Schöne;

zwar hat er ihn mit Calderón und Raffael zusammen genannt und ausgerufen, Shakespeare dürfe „bis zum Gräßlichen gehen, Mozarts Grenze war das Schöne". Als 1821 *Der Freyschützen* in Wien aufgeführt wurde, erschien ihm Mozart als „der größte Tonsetzer" und „Maria Weber" als „nicht der größte". Und dennoch hat er in der gleichen

Kritik die *„dunkeln* Gefühle" als „das eigentliche Gebiet der Musik" bezeichnet. „Hierin", fährt er fort, „muß ihr die Poesie nachstehen. Wo Worte nicht mehr hinreichen, sprechen die Töne. Was Gestalten nicht auszudrücken vermögen, malt ein Laut. Die sprachlose Sehnsucht; das schweigende Verlangen; der Liebe Wünsche; die Wehmut, die einen Gegenstand sucht und zittert ihn zu finden in sich selbst; der Glaube der sich aufschwingt; das Gebet das lallt und stammelt; alles was höher geht und tiefer als Worte gehen können, das gehört der Musik an, da ist sie unerreicht." Wie nur irgendein Romantiker schrieb er der Musik die Macht zu, das weite Land der Seele erhellend zu durchdringen.

Auch diese „dunkeln Gefühle" hatte der junge Grillparzer auf der Bühne Mozarts kennengelernt, und zwar in der Gestalt des Pagen Cherubino aus *Die Hochzeit des Figaro.* Was ihm diese Figur vermittelte, war zunächst die „unklare Schwermut", die 1843 der melancholische Søren Kierkegaard in der Musik zu entdecken glaubte, mit der Mozart seinen Pagen begleitet hat: „Die Stimmung selber kann vom Wort nicht ausgedrückt werden, sie ist zu schwer und lastend, als daß das Wort sie zu tragen vermöchte, allein die Musik vermag sie wiederzugeben."

Grillparzer war einundzwanzig Jahre alt, als er 1812 die sechzehnjährige Henriette Theimer als Cherubino sah. Der *Figaro* im Freihaustheater war eine berühmte Vorstellung. Joseph von Eichendorff hatte sie im Jahr zuvor besucht und den Pagen der *„Dem. Teimer"* namentlich hervorgehoben. „Herrlicher Genuß", hatte sich der Fremde in seinem Tagebuch notiert. Grillparzer erinnerte sich in der *Selbstbiographie* noch einundvierzig Jahre nach der Vorstellung an die Sängerin, die „in der doppelten Verklärung der herrlichen Musik und ihrer eignen frischen jugendlichen Schönheit sich meiner ganzen Einbildungskraft bemächtigte. Ich schrieb ein Gedicht an sie, das man wohl gut nennen kann, obwohl die Glut darin ein wenig an das Verrückte, wohl gar Unsittliche streifte." In der ursprünglichen Fassung von 1812 lautet sein „Cherubin":

> Wer bist du, die in meines Herzens Tiefen,
> Die nie der Liebe Sonnenblick durchstrahlt,
> Mit unbekannter Zauberkraft gegriffen?
> Wer bist du, süße, reizende Gestalt?
> Gefühle, die im Grund der Seele schliefen,
> Hast du geweckt mit magischer Gewalt;
> Gefesselt ist mein ganzes, tiefstes Wesen,
> Und Kraft und Wille fehlt, das Band zu lösen!
>
> Seh ich der Glieder zarte Fülle prangen,
> Entstellt durchs schöngeschmückte Knabenkleid,

Das süße Rot der schamgefärbten Wangen,
Die blöde, knabenhafte Schüchternheit,
Das dunkle, erst erwachende Verlangen,
Das brennend wünscht und zu begehren scheut,
Den Flammenblick scheu in den Grund gegraben;
So scheinst du mir der reizendste der Knaben!

Doch seh ich dieses Busens Wallen wieder,
Verräterisch durchs neidsche Kleid gebläht,
Des Nacken Silber, gleich des Schwans Gefieder,
Vom weichen, seidnen Lockenhaar umweht,
Hör ich den hellen Klang der Zauberlieder,
Und was ein jeder Sinn noch leis erspäht,
Horch ich des Herzens ahndungsvollen Tönen;
So nenn ich dich die Krone aller Schönen.

Schlicht diesen Streit von kämpfenden Gefühlen,
Bezähme dieses siedend heiße Blut,
Laß meinen Blick in diesen Reizen wühlen,
Laß mich der Lippen fieberische Glut
In dieses Busens regen Wellen kühlen,
Und meiner Küsse räuberische Flut
Soll das Geheimnis dir im Sturm entreißen,
Welch ein Geschlecht du würdigst sein zu heißen.

Grillparzer hatte recht, wenn er das Gedicht für gelungen hielt. Zwar
sind die erste und die dritte Strophe in ihrer Form so konventionell
wie in ihrer Sprache; hier vor allem haben sich Spuren von Wielands
flüssiger Handschrift und Schillers ausgewogener Rhetorik erhalten. Die
zweite und die Schlußstrophe jedoch sind drängender in ihrem Duktus
und ursprünglicher in der Wahl ihrer Bilder. Ihr Atem geht heißer;
Persönlicheres spricht aus ihnen. Die gebändigte Gestalt der Stanze ist
sozusagen im Begriff, vom Aufruhr der Sinne überzuschäumen. Eine
Verwirrung der Seele hatte den jugendlichen Dichter befallen, die er in
ihrer Tragweite nicht verstand; und weil er sie nicht verstand, vermochte
er den Zwiespalt, der sie erregt hatte, preiszugeben und so den echten
Ton zu finden.

Das Ganze ist von einer Spannung erfüllt, die sich in der ersten
Zeile der letzten Strophe entlädt und „diesen Streit von kämpfenden
Gefühlen" schlichtet, indem sie den Konflikt bei Namen nennt.

Offenbar kämpfen die Gefühle um das Geschlecht des Pagen, dessen
männliche Züge den Dichter nicht minder erregt haben als seine weib-

lichen. Daß dem so war, daß die Zweigeschlechtlichkeit Cherubinos in der Psyche des jungen Grillparzer gleichgestimmte Saiten zum Schwingen gebracht hatte, wird aus der zweiten Fassung des Gedichts von 1816 deutlich, in welcher der über das „Verrückte, wohl gar Unsittliche" des Originals erschrockene Dichter gerade dieses Wort „Streit" zu „Sturm" abgeschwächt hat. Ein Sturm rast über den ihm Ausgesetzten hinweg und verliert sich am Ende. Ein Streit, und nun gar einer von Gefühlen, tobt im Innern und begehrt nach Schlichtung, einem Akt des Willens, von dem Grillparzer schon in der letzten Zeile der ersten Strophe bekannt hatte, daß er ihm fehle. (Auch sprachlich läßt sich ein Sturm nicht schlichten.) Einen solchen Sturm zu entfesseln, hat sich schon der Dichter der Erstfassung an ihrem Ende entschieden: eine Umarmung soll dem Pagen das Geheimnis seines Geschlechts entreißen. Aber der Beschluß wird nicht ausgeführt; die Umarmung findet nicht statt; das Rätsel versagt sich der Lösung. Das Gedicht selbst klingt unentschieden aus; sein Ende bleibt offen.

All dies ist natürlich die reine Phantasie des Dichters. In Wirklichkeit hätte sich das Geheimnis Cherubinos spätestens nach dem letzten Vorhang der Oper lösen lassen, wenn die Sängerin die Livree des Pagen abgelegt und sich als das entpuppt hätte, was sie trotz aller Verkleidung immer schon gewesen ist: als Weib. Ein Gang zur Bühnentür hätte Grillparzer aller Zweifel enthoben. Aber der Konflikt wütete innen. Das Gedicht ist nicht Wirklichkeit, sondern selbst Schauspiel, ein Theater der Sinne, das die Maske des Pagen nur zum Vorwand nimmt. Nicht der Demoiselle Theimer galt die Begierde des Dichters, sondern der Zwiegestalt des Pagen, die sie verkörperte. Wiederum ist die zweite Fassung verräterisch. In ihr lautet die letzte Zeile: „Welches Geschlecht sich rühmt, dich sein zu heißen." Wird also im Original die Entscheidung zwischen Mann und Weib dem Pagen überlassen („Welch' ein Geschlecht du würdigst . . ."), so reklamiert in der purgierten Version das Geschlecht — und nunmehr unzweifelhaft das weibliche — die Darstellerin für sich. Damit aber löst sich das Mysterium in Wohlgefallen auf, und der Dichter kann nach Hause gehen, verwundert, was es denn gewesen sei, das all den Aufruhr, all die Verzauberung hervorgerufen habe. Denn um Verzauberung handelte es sich wohl; nicht umsonst hat Grillparzer, als er 1816 aus ihr erwacht war, die „süße, reizende Gestalt" des Pagen in eine „holde, himmlische" abgeschwächt und die „magische Gewalt", der er ursprünglich erlegen war, durch eine „himmlische" ersetzt, die ihn zu erheben vermochte. So war es vier Jahre später wirklich nichts als der „helle Klang der Zauberlieder" Mozarts, der ihn in diese Ekstase versetzt hatte. Der Bann war gebrochen, in den ihn Cherubino einst geschlagen und der darin bestanden hatte, daß er in der mann-weiblichen Gestalt des Pagen sein eigenes Spiegelbild gesehen hatte.

Daß Grillparzer sich 1812 mit Cherubino identifizierte, machen Wendungen wie die „schamgefärbten Wangen" oder die „blöde, knabenhafte Schüchternheit" deutlich, die er an dem Pagen wahrgenommen haben wollte. Im selben Jahr schreibt er ins Tagebuch: „Ich hörte einmal von jemand sagen (oder war ich es selbst?), er sei verliebt, er wisse aber noch nicht in wen. Ich habe nie etwas gehört, was wahrer und den Jüngling charakterisierender wäre", und er fährt fort: „Beaumarchais' Cherubin in Figaros Hochzeit ist bei weitem nicht alles, was man in dieser Hinsicht verlangen kann, nichtsdestoweniger ist er aber, besonders mit Mozarts Seelenmusik, hinreißend." Der Page des Beaumarchais ist nun wirklich ein kecker, kleiner Kobold, der sich mit unverhohlenem Vergnügen hinter Stühlen versteckt, voller Bravour aus Fenstern springt und sich bedenkenlos den Kommandos der Erwachsenen entzieht. Ein göttlicher Lausbub wird er erst von Mozarts Gnaden. Die Wiener aber kannten ihren Mozart, und der Demoiselle Theimer wäre bei ihnen kaum ein Erfolg beschieden gewesen, hätte sie den Kleinen lediglich als blöden Knaben aufgefaßt. Schamröte dürfte eher auf den Wangen Grillparzers als auf jenen der blutjungen Sängerin aufgestiegen sein. Scham worüber und wofür? Über diese Liebe ohne Ziel, über dieses Spiel mit dem erwachenden Geschlecht? Ober über dieses ganze freche *Quid pro quo* des Männlichen und des Weiblichen, über den Gegensatz zwischen dem Knabenkleid und dem „weichen, seidnen Lockenhaar" des Mädchens, das die Sängerin statt der heute üblichen Rokokoperücke des Pagen offen trug, Scham des Dichters über sich selbst, daß er der Anziehung erlegen war, welche die „zarte Fülle" der Sängerin, ihres „Busens rege Wellen" auf ihn ausgeübt hatten, der Zauber, der durch ihre Pagenlivree, die es ihm gleichfalls angetan hatte, „entstellt" wird. (Prompt wird dieses „entstellt" in der zweiten Fassung zensiert und durch ein „gehüllt" ersetzt.) Scham endlich für einen Zuschauer, der versucht und über dem Versuch beinahe zum Voyeur wird, hinter das Geheimnis dieses Cherubino zu kommen, das für unbefangene Blicke keinerlei Mysterium bildete, sondern einfach in der Darstellung einer Hosenrolle bestand, wie sie, zumal auf der Bühne jener Zeit, durchaus üblich war.

Eine solche Hosenrolle schrieb sich Grillparzer selber zu, als er seiner Scham Herr werden und die Unsicherheit überwinden wollte, die ihn dazu verführte, zwischen dem Männlichen und dem Weiblichen in der Erscheinung dieses Cherubino der Demoiselle Theimer hin- und herzuschwanken:

Laß meinen Blick in diesen Reizen wühlen,
Laß mich der Lippen fieberische Glut
In dieses Busens regen Wellen kühlen . . .

Diese Zeilen waren in der Tat kühn, so kühn wie jede Flucht nach vorne. Hier spricht auf einmal ein Mann oder doch zumindest einer, der es werden will.

Wenn aber Grillparzer in Scham und Schüchternheit dieses Cherubino Züge seines eigenen Wesens zu erblicken glaubte, dann gilt auch jenes „dunkle, erst erwachende Verlangen, / Das brennend wünscht und zu begehren scheut", für ihn, eine Begierde, welche der junge Grillparzer nun wirklich mit dem Pagen Mozarts teilte und welche die Demoiselle Theimer dargestellt haben muß, wenn sie die Schauspielerin war, als die man sie rühmte. Diese Begierde nun war es, die ihn, den Zuschauer, trieb, das Weibliche, das in dem Pagen verborgen war, von dem Männlichen loszulösen, es zu entdecken und zu erobern oder — mit den Worten des Gedichts — in seinen „Reizen" zu „wühlen". Erst an der Enthüllung des Weiblichen, an seiner Eroberung, vermochte das Gefühl seiner eigenen Virilität, seine Liebeskraft, zu wachsen. Erst wenn er diesem Cherubino das Geheimnis seines Geschlechts entrissen und wenn sich dieses Geschlecht als das weibliche entpuppt hatte, vermochte der Dichter seiner Liebe zu dieser Sängerin, seines eigenen Triebs, seiner Identität als Mann gewiß zu sein. Damit aber rührte Grillparzer weniger an das Geheimnis von Mozarts Pagen als an die psychologische Problematik seines erotischen Erwachens, vielleicht des Frühlingserwachens überhaupt. Der Zwiespalt lag zwischen der Scheu zu begehren und dem Wunsch zu besitzen, einem Wunsch, der mehr der Bestätigung seiner eigenen Männlichkeit als der Vereinigung mit der Geliebten galt, so hektisch sich auch manche Zeilen des Gedichts gebärden. Das Ich des Gedichts mußte die Liebe zu dem Knaben Cherubino überwinden, um der Liebe zu der Sängerin fähig zu werden, die diesen Pagen gab. Dies die Grundspannung, die den Versen ihre eigentümliche Dynamik verleiht; dies der selbstquälerische Zweifel des Dichters an sich selbst, den auch die letzten Zeilen seines Gedichts — und gerade sie — nicht zu beschwichtigen vermögen.

Der Philosoph Otto Weininger stellte 1903 ein sehr einfach klingendes Gesetz über die Anziehung zwischen den Geschlechtern auf. Es lautete: „Zur sexuellen Vereinigung trachten immer ein ganzer Mann (M) und ein ganzes Weib (W) zusammen zu kommen, wenn auch auf die zwei verschiedenen Individuen in jedem einzelnen Fall in verschiedenen Verhältnissen verteilt." Die Liebe Grillparzers zur Demoiselle Theimer war von allem Anfang an zu scheitern verdammt, weil in ihrem

Cherubino das Männliche und Weibliche in einem so verwirrenden Verhältnis verteilt waren, daß dem Dichter nichts anderes übrigblieb, als eben dieses Gedicht zu schreiben. Die Glut, die er darin bändigte, streifte weniger, wie er annahm, an die Pathologie, als sie die seelische Differenziertheit der Moderne vorwegnahm. Sein Cherubin hat wenig mehr mit den intimen Ironien und eleganten Rebellionen zu tun, welche die Welt Mozarts, da Pontes und Beaumarchais', das achtzehnte Jahrhundert, bewegten, und Beträchtliches mit Grillparzers persönlichen Nöten und schöpferischen Sensitivitäten. So wurde der anmutige Page Mozarts, ohne sich dessen zu versehen, zum Ahnherrn all jener fragwürdig liebenden jungen Männer, die Grillparzer später in breiter Skala auf seine Bühne stellte.

Mozarts munterer Elf verflüchtigt sich vor dem „*Contessa perdono!*" des Grafen, der Verzeihung, die der Ungetreue findet, und dem heiterfeierlichen „*Corriam tutti a festeggiar!*" des Finales. Grillparzers Cherubin dagegen steht vor uns nicht so sehr als Hermaphrodit wie als früher und seltsamer Zeuge in jenem „zwischen den Geschlechtern anhängigen großen Prozeß" Friedrich Hebbels, in dem kein Pardon mehr gegeben und das Urteil von den Angeklagten an sich selbst vollstreckt wird.

An Mozart hat Grillparzer das Licht und das Dunkel erfahren: das Kind wurde vom Mythos der *Zauberflöte* angesprochen, von den Riesengestalten Sarastros und der Königin der Nacht, von den hohen Liebenden, Tamino und Pamina, und den niedrigen, Papageno und seiner Freundin, die schließlich und endlich auch aus mythischen Eiern gekrochen sind. Er ist der alten Oper treu geblieben und hat sogar, wie Goethe, einen zweiten Teil zu ihr verfaßt. Anders als Goethe aber, der aus den „Unwahrscheinlichkeiten und Späße[n]" des Schikanederschen Buches ihren, wie er sagte, „höheren Sinn" herauszuarbeiten wünschte, hat Grillparzer die Zaubereien Mozarts zu einer Beamtensatire entmythologisiert. Aber noch ein Stammbuchblatt aus dem Jahre 1860 nimmt die mythische Polarität der *Zauberflöte* auf und zieht eine ästhetische Verallgemeinerung aus ihr:

> Aus Tag und Nacht hat wohlbedacht
> Der Herr alles Lebens die Welt gemacht,
> Die Dichtung ist Tag in klarer Pracht,
> Musik die Welten verkündende Nacht.

Das Dunkel hingegen, dem der Einundzwanzigjährige im Pagen Cherubin begegnete, entsprang nicht der Polarität, sondern der Berührung der Extreme. Nicht mehr reichen in seinem Gedicht „Mann und Weib ... an die Gottheit an", sondern männliche und weibliche Elemente vermengen sich spannungsreich und verwirrend in seiner Seele. Verständlicherweise. Eine schöpferische Phantasie, der Medea und Jason, Hero und Leander, die Jüdin von Toledo und ihr König entspringen sollten, mußte am Weiblichen nicht weniger Anteil haben als am Männlichen. Für den Menschen Grillparzer ist es freilich charakteristisch, daß er ungewöhnlich lange brauchte, um sich zwischen den Geschlechtern zu entscheiden, daß er sozusagen an einer verschleppten Adoleszenz litt.

In der Begegnung mit dem Pagen Cherubin war er sich selbst zum Rätsel geworden und hat dieses Rätsel zu lösen versucht, indem er die Beobachtungen, die er an sich selbst gemacht hatte, in Verse goß. In diesen Strophen verbindet sich die Musik Mozarts mit Grillparzers hypochondrischer Seele. Was er hier trieb, war Nervenkunde, Nervenkunst. „Wenn eine Violinsaite gestrichen wird, so klingen die Saiten einer daneben liegenden unberührten Geige mit", schrieb er etwa fünf Jahre später in das Tagebuch. „Wie, wenn ein ähnliches Nachbeben unserer Nerven Ursache an der so großen Wirkung der Musik wäre. Bei *mir* wenigstens liegt gewiß so etwas zu Grunde, denn ich darf nur einen Ton hören, ohne noch Melodie zu unterscheiden, so gerät schon mein ganzes Wesen in eine zitternde Bewegung, derer ich nicht Herr werden kann." So schwangen seine Nerven bei der Seelenmusik von Mozarts rastlosem Pagen mit und zeichneten die Schwingungen auf: ein Psychogramm. Beinahe könnte man sagen, er habe bei Mozart nicht nur den Sinn für das Mythische, sondern auch für die Geheimnisse der Seele gelernt, der eigenen zuerst und dann der anderen.

Die Frage, was ein Dichter war, ehe er wurde, was er ist, erscheint auf den ersten Blick als müßig. Wir sind gewohnt, einen Augenblick des Durchbruchs anzunehmen, an dem zum ersten Mal die Gestalt des Künstlers hervortritt und, bewegt von welchen Kräften auch immer, die Züge aufzuweisen beginnt, in der sie sich der Nachwelt präsentieren wird. Was *vor* diesem Moment und dem Werk, in dem er sich anzeigt, entstanden ist, erscheint als dumpfe Ahnung; als Versprechen, dessen Einlösung sich erst dann einstellt, wenn die neue, die eigentliche Gestalt des Dichters aufgetreten ist; als Chaos, in das der Strahl der Schöpfung einbricht, um das Nebulose zu erhellen, das Wirre zu ordnen und dem Vorläufigen eine Bedeutung zuzumessen, die es nie erhalten hätte, wäre der Durchbruch ausgeblieben. Schillers *Räubern* ist eine solche Rolle zugefallen, Goethes *Werther* nicht anders als Thomas Manns *Tonio Kröger* und Franz Kafkas *Urteil*. Die Literaturgeschichte scheint lediglich sich selbst zu befriedigen, wenn sie mit ihren tastenden Spekulationen in den Vorwerken die künftige Form des Werks aufzuspüren unternimmt.

Nun ist die Idee des Durchbruchs selbst ein romantisierender Einfall der Geistesgeschichte, im Grunde ein Phänomen der Säkularisation religiöser Grundvorstellungen. Wie auf dem Fresko Michelangelos der Finger Gottes auf den des ersten Menschen den Funken des Lebens überspringen läßt, so rührt den schöpferischen Menschen der Geist (oft, aber nicht immer, als Eros verkleidet); Trance überfällt den Wartenden; und das erste Werk, das seinen Namen zu tragen würdig ist, ersteht zum Leben. Dieser Gedanke ist so schön wie metaphorisch. Denn was in einem solchen Durchbruch durchbricht, ist nichts als die aufgestaute Fülle des lange schon Vorhandenen, die nun, in der Begegnung mit einer ihr geneigten Öffentlichkeit, von eben jenem schöpferischen Gesetz geprägt zu werden scheint, nach dem ihr Schöpfer lang schon angetreten war. „Die Eltern prophezeien, wenn sie reden!" hat Grillparzer ausgerufen, als die Kräfte seiner Phantasie schon im Schwinden begriffen waren. Aber nicht nur die Eltern sind es, die mit ihren Worten die Zukunft des Kindes bestimmen, die Urlandschaft der Jugend, in der die Dinge erst ihre Namen gewinnen, wuchert fort, und der „Durchbruch" ist kaum etwas anderes als die Stunde, zu der diese Namen Gültigkeit gewinnen; sei es, weil die intime Welt des Dichters allgemein verständlich geworden ist, sei es, weil sie nun Kraft und Dichte genug angereichert hat, um die Mitwelt zu sich zu überreden oder von sich zu überzeugen.

Die dramatischen Fingerübungen und Skizzen, die Grillparzer bis zum Tod seines Vaters entworfen hat, füllen drei stattliche Bände. Man kann nicht sagen, daß das Ableben Wenzel Grillparzers am 10. November 1809 dem Jungen die Freiheit verliehen hätte, sich selbst zu bestätigen; er brauchte weitere acht Jahre und noch einen Band von Vorarbeiten, bis ihm mit der Aufführung der *Ahnfrau* der „Durchbruch" gelungen und das ihm gemäße Publikum gefunden war. Dennoch konnte Josef Nadler beobachten, daß Grillparzer von diesem „Durchbruch" bis zum Ende des *Bruderzwists* keine Bühnendichtung mehr geschrieben hat, „die nicht mit Zügen des Stiles oder mit Urbeständen der Handlung in den ersten Entwürfen des reifenden Jünglings keimhaft enthalten wäre".

Unter diesen Jugendarbeiten, diesen Skizzen und Einaktern, die von der *Commedia dell'arte* bis zum Mythenspiel, von der Oper bis zur hohen Tragödie die Möglichkeiten der Bühne auf die Probe stellen, hebt sich das fünfaktige Trauerspiel *Blanka von Kastilien* dadurch ab, daß es trotz der noch schülerhaften Breite von mehr als fünftausend Versen abgeschlossen vorliegt und unter dem historisierenden Kostüm ein Menschenbild darbietet, das für den späteren Grillparzer vorbildlich werden sollte.

1808 begonnen, wurde das Stück im Todesjahr des Vaters abgeschlossen. Die Familientragödie im eigenen Haus hatte ihn sein Trauerspiel zeitweilig vergessen lassen. Wenn wir der Selbstbiographie glauben dürfen, nahm Grillparzer das Manuskript erst wieder vor, als er der äußeren Notlage abhelfen wollte: „Vielleicht, daß sich dadurch etwas verdienen ließ. Ich schrieb es ... ab und überreichte es dem Bruder meiner Mutter, demselben mit dessen Beispiel mich mein Vater von der Poesie abgeschreckt hatte und der damals, in Folge einer der vielen Phasen seines Lebensplanes, als Sekretär und Dramaturg bei dem Wiener Hofburgtheater angestellt war. Ich wartete lange auf Entscheidung, endlich erhielt ich es mit der Äußerung zurück, daß es nicht anwendbar sei." Der Tod des Vaters legte die Bahn frei, die zu dem „Verführer" seiner Jugend, zu Josef von Sonnleithner, zurückführte. Familienrücksichten zwangen den jungen Menschen, Familienkonnektionen zu benützen, und er beugte sich nicht ungern dem Zwang. Er wollte hoch hinaus; er wußte es und litt zugleich an der Angst vor seiner Courage. Noch während der Arbeit träumte er, „ich sei im Theater, und meine Blanka werde ausgepfiffen. Ich hörte nur den ersten Akt, und unmöglich kann ich das Gefühl beschreiben, das mich beim I^{ten} Pfiff ergriff. Ich wachte darüber auf, und stellte nun halbwachend Betrachtungen an, indem ich mich damit tröstete, es könne nicht mein Stück gewesen sein, da ich es noch unvollendet im Schranke liegen habe." Die Faszination durch eine wirkliche Aufführung und der panische Schrecken vor einer solchen Verwirklichung sollte ihn verfolgen, solange er unmittelbar für die Bühne schrieb. Onkel Sonnleithner war in seiner persönlichen Beziehung zu dem Dichter der rechte Mann, diese Verwirklichung in den Bereich des Möglichen zu rücken und die Angstgefühle des jungen Menschen zu beschwichtigen. So nahm er die Rolle vorweg, die später der Burgtheatersekretär Josef Schreyvogel zu spielen bestimmt war. Sonnleithner scheint freilich das Manuskript nicht einmal zu Ende gelesen zu haben.

Nun waren die Ängste, die Grillparzer empfand, durchaus in der Jugend des Autors und der Schwierigkeit der Aufgabe begründet, die er sich gestellt hatte. Mit erstaunlicher Einsicht heißt es im Tagebuch aus dem Jahre 1808: „Ich zweifle sehr oft [ob] ich Anlage zur dramatischen Poësie habe, der erste Akt der Blanka von Kastilien überweist mich ziemlich deutlich vom Gegenteil. Oder sollte ich vielleicht etwa für diesen Zweig der Dichtkunst allzu jung sein?" Die Selbstbiographie wird noch deutlicher: „Um diese Zeit waren mir auch die ersten Dramen Schillers in die Hände gekommen. Die Räuber, Kabale und Liebe, — Fiesco hatte ich aufführen gesehen — und Don Carlos. Das letztere Stück entzückte mich und ich ging daran auch ein Trauerspiel zu schreiben. Ich wählte dazu aus der Geschichte Peters des Grausamen die Ermordung seiner Gattin, Blanka von Kastilien, und diese letztere gab den Titel her. Ich übereilte mich nicht und schrieb ziemlich lange daran, wobei ich immer den Don Carlos im Auge hatte, mit dem es übrigens auch zwei Fehler gemein hatte; daß ich nämlich in der Mitte des Stückes am Plane änderte, und es so ungeheuer lang geriet, daß man gut zwei volle Abende daran zu spielen gehabt hätte."

Sollte die Änderung seines Plans mit der Gestalt der Intrigantin Maria de Padilla zu tun haben, so wird es sich erweisen lassen, daß schon hier seine Kenntnis der weiblichen Psyche (besonders der krankhaften) größer war, als ihm seine Selbstkritik dies zugestehen wollte. Auch was seine Abhängigkeit von Schillers *Don Carlos* anlangt, war sein Blick durch die zeitliche Nähe zu dem klassischen Modell noch allzu getrübt, um ihm die Erkenntnis zu gestatten, daß diese Tragödie weit mehr war als eine Schülerarbeit.

Von allem Anfang an hat Grillparzer den Schillerschen Blankvers sordiniert, die Schillersche Tirade sozusagen von Dur nach Moll transponiert. Dabei ergaben sich Zwischen- und Untertöne, die dem Klassiker fremd in den Ohren geklungen hätten. Immer wieder schleicht sich der Reim in Grillparzers Verse ein; aber er dient nicht, wie bei Schiller, der Emphase, besitzt nicht die Prägnanz, die Schillers Poesie zur Zitatengrube gemacht hat; die Stimmhöhe des Dichters bleibt auf gleicher Ebene; nur die Musik wird vernehmbar, die seinem Wort zugrunde liegt. Ein Bild gibt bei ihm das andere; die Rede der Figuren verwandelt sich in ein angenehmes Fließen, hinter dem die Umrisse der Redenden selbst verschwimmen und undeutlich werden. Schon hier zeigt sich die Freude des Dichters an der nervösen Sicherheit, mit der er spielend die Seelenregungen seiner Gestalten ins Unbewußte und Unaussprechliche verfolgt. Aber in einer kontrapunktisch zu nennenden Gegenbewegung sammelt er, zumal in den Aktschlüssen, die disparaten lyrischen Einlagen wieder ein und läßt die klaren Linien des Konflikts mit der notwendigen Brutalität des tragischen Dichters hervortreten.

So stellt sich das Frühwerk als eine Haupt- und Staatsaktion dar, deren Ursprünge weit hinter Schiller zurück ins Barock verweisen. Zu gleicher Zeit aber erschließt sich ein Intimkonflikt von beträchtlichem psychologischem Tiefgang, wie er für Grillparzer charakteristisch werden sollte. Alphons XI. von Kastilien besaß von seiner rechtmäßigen Gattin einen Sohn, Don Pedro; seine Geliebte, Eleonore de Guzman, hatte ihm die Brüder Fedriko de Guzman und Heinrich de Trastamara geboren. Nach dem Tod des Königs kam es zwischen dem legitimen Nachfolger und Trastamara zum Bürgerkrieg. Die Grundstruktur der Tragödie beruht zunächst auf dem Einfall, den aufständischen Trastamara nicht auf- treten zu lassen. Von jenseits der Bühne, unsichtbar und niemals recht zu fassen, setzt er die Handlung in eine Bewegung, deren Tempo fulminant gesteigert wird. Diese Öffnung ins Unbestimmte wurde wohl von der Einsicht mitdiktiert, daß Trastamara den einzig Aufrechten und Zielstrebigen unter den handelnden Personen des Trauerspiels bildet. Jedenfalls sind dies die Umrisse des Schattens, den der Verborgene über die Handlung wirft.

Man mag bei diesem Stück des Siebzehnjährigen wie bei Grillparzers späteren historischen Dramen darüber streiten, ob der politische Gedanke das persönliche Schicksal der von ihm Erfaßten überwiege oder ob die psychologische Durchdringung der Einzelgestalten den Vorrang habe vor der Idee der geschichtlichen Aktion. So viel jedoch wird sich schon anläßlich dieses Erstlings sagen lassen, daß sein Grundgedanke wenig mehr zu bieten hat als die Abwandlung eines nicht eben überraschenden Themas, des Konfliktes zwischen Pflicht und Neigung nämlich. Die Reflexionen seiner Charaktere über sich selbst und übereinander sind jedoch von einer Konsequenz und Verflechtungsdichte, die ungleich mehr darstellen als „einen eindeutigen Befähigungsnachweis für den Beruf des Dramatikers" (Friedrich Torberg). Was hier gespielt wird, ist eine Tragödie der Schwäche, und zwar der Schwäche *aller* Figuren, die auf der Szene erscheinen.

Diese Schwäche haben die feindlichen Brüder Don Pedro und Fedriko von ihrem Vater geerbt. Bedeutungsvoll hängt das Bild des Königs Alphons über der entscheidenden Szene des Stücks; Fedriko aber decouvriert ihn, indem er den Toten als „Mann mit dem weichen, sanften Herzen" anspricht. Das „weiche, sanfte Herz" findet sich in dem Bastard wieder, der, von seinem Gewissen verfolgt, sich vor jeder Tat entschuldigt, so lange, bis es zu spät ist und er sich nur mehr zwischen Tod und Tod zu entscheiden vermag. Fedriko weiß nicht, was und ob er will:

> Nichts als ein Wollen kostets, und ich will nicht!
> Ich will nicht? Wer sagt das? Fedriko will,
> ich will, und wenn die ganze Hölle mir
> ein tausendfaches „Nein" entgegenbrüllte,
> ich will!

Von Worten zwischen Wollen und Nicht-Wollen hin- und hergerissen, versäumt er es, sich dem Aufstand seines Bruders Heinrich anzuschließen, fällt und reißt in seinem Sturz die Geliebte mit. Hinter der spanischen Maske erscheint von allem Anfang an das Antlitz des schwermütigen Dänenprinzen Hamlet. Deutlicher noch als der „süße Prinz" Shakespeares ist Fedriko an die eigene Kindheit rückgebunden. „Wollen? — Wollen! Schönes Spielzeug!" hält er dem Emissär Trastamaras entgegen. Darauf dieser: „Guzman, ich staun, Ihr seid ein Kind geworden", was Fedriko zu einer Arie veranlaßt, die mit dem Ausruf: „Ein Kind? Laß mich zum Kinde werden, Mann", einsetzt und in eine Vision vom Paradies der Jugend ausklingt, das in seiner Unschuld den Haß so wenig gekannt hat wie die Tat:

> Da konnt ich noch den schönen Apfel teilen,
> nach dem des Bruders Aug verlangend blickte,
> ihn teilen oder ganz dem Teuren schenken.
> O, kehre wieder, goldne, heilge Zeit!

Auch den Augenblick, in dem die Tür zu diesem Paradies ins Schloß fiel, vermögen wir zu erkennen. Alonzo de Lara, Trastamaras Bote, nennt ihn unmißverständlich bei Namen, wenn er Fedriko an den Tod seiner Mutter erinnert:

> Da lag sie vor uns, die Unglückliche,
> bedeckt mit hundert fürchterlichen Wunden,

die mit weitgähnendem, blutigem Mund
um Rache laut zu unsern Herzen riefen.
Ha, Geist Eleonorens, schweb hernieder
und zeige dem entnervten Schwächling dich.

Gymnasiastenpoesie? Unverkennbar. Dennoch wird mit dem ein-
drucksstarken Bild der aus den Mündern ihrer Wunden blutenden Mutter
das Schicksal Fedrikos selbst heraufgerufen. Die Schreckenstat bestimmt
den Charakter des Nicht-Helden, indem sie ihm den Schrecken vor
jeglicher Tat in die schwachen Nerven jagt.

Wie der Bastard ist auch der legitime König ein „entnervter Schwächling". Mag ihn das Volk auch als den „Grausamen", der Halbbruder
als einen „blutgen, goldgekrönten Tiger" sehen, er ist doch nichts als
ein „Knabe", ein „Weichling", „ein Opfer seiner kränkelnden Begierden",
und „dies königliche Wiegenkind". Maria de Padilla häuft diese Namen
auf ihn; als seine Mätresse muß sie wissen, wovon sie redet. Wenn sie
sich weigert, „in ersterbender, markloser Schlappheit" an der Seite
Don Pedros ein „Pflanzenleben" zu führen und „seiner matten Stimme
kurze[n] Kitzel" zu bedienen, so legt der junge Grillparzer mit erstaunlicher Klarsicht die geschlechtlichen Motive des Zerwürfnisses zwischen
König und Kurtisane bloß und zeichnet mit flüchtigen, aber ätzenden
Strichen in das Portrait des Despoten den Zusammenhang zwischen
Grausamkeit und Nervenschwäche ein.

Daß Don Pedro die schöne Blanka von Kastilien geheiratet hat, ohne
sie jemals zu Gesicht zu bekommen, gehört ebenso zu den Unwahrscheinlichkeiten des Buchs wie der Umstand, daß sie einem so theo-
retischen Gatten unbedingte Treue zu halten gewillt ist. Diese Treue
hält die Unglückliche freilich nicht davon ab, mit den aufständischen
Kastiliern zu sympathisieren. Daß sich der König daraufhin der „gräm-
lichen Französin" zu versichern gezwungen fühlt, ergibt sich beinahe von
selbst. Als ihren Kerkermeister findet Blanka jenen Fedriko wieder, der
sie im Paradies seiner Jugend und der ihren — in Frankreich nämlich —
getroffen und geliebt hat. So haben sie beide ihren Sündenfall getan:
Er ist in den Dienst seines Bruders getreten, obwohl dieser seine Mutter
umgebracht hat, ist Großmeister des Ordens von Sant Jago geworden
und hat „den Trieben der Natur, der Menschlichkeit" entsagt, als er sich
von Don Pedro „ans Kreuz von Kompostella" schlagen ließ. (Daß er den
Eintritt in einen geistlichen Orden mit dem Tod des Erlösers gleichzusetzen wagt, macht aus diesem Ritter einen sonderbaren Heiligen.)
Blanka hingegen hat Don Pedro die Hand gereicht, „die ein Vertrag
seit lang ihm schon verkauft". Der Mann jedoch, der den Vertrag
geschlossen hat, war ihr Vater gewesen:

Ich flehte, bat, doch was ein Fürst beschließt,
kann eines Weibes Flehn nicht wankend machen,
und ich ward Königin von Kastilien!

Eine Königin wider Willen, den eignen Willen und den Willen des
Königs, überläßt sie sich schwärmerischer Melancholie und gehört, wie
Leo Tönz gezeigt hat, „in die Reihe jener rührenden Dulderinnen, die
damals auf den Wiener Bühnen hoch im Schwange waren, zu den
Paminen und Constanzen und Iphigenien, den leidenden Schönen der
Ritterstücke".

Die Handlung ist so geführt, daß Blanka beim ersten Aktschluß Fedriko
wiederfindet und ihm zugleich den Abschied gibt, beim zweiten aber
dem König unter die Augen tritt. Dieser mechanische Parallelismus hat
sein Störendes; doch wird man dem jungen Autor zugestehen müssen,
daß er das zweite Finale mit der Ökonomie eines Meisters eingerichtet
hat. In genau zwanzig Zeilen hat sich der König in Blanka verliebt,
haben Maria und ihr Bruder Rodrigo die Positionen bezogen, die zum
Untergang der Protagonisten führen, hat Fedriko seine Leidenschaft zur
Königin und diese ihr Einverständnis mit ihm verraten. All dies ist
auf Gebärde und stummes Spiel abgestimmt und mehr im Sinn der Oper
als des Schauspiels gehalten; zugleich aber nimmt das Schlußwort dieses
Aktes, Pedros Frage „Blanka?", alle möglichen dramatischen Kompli-
kationen vorweg, ohne sich schon festzulegen, wirkt also als ein dramatischer Spannungsträger von beträchtlicher Eigenkraft.

Nun gehört das Motiv vom Ehemann, der sich, ohne es zu wissen,
in seine eigene Frau verliebt, eher dem Schwank an als dem Trauerspiel.
Dennoch ist es Grillparzer gelungen, das Thema so durchzuführen, daß
jeder Ton des Ridikülen vermieden wird. Er hat hier die historische
Überlieferung, der zufolge Pedro Blanka um Marias willen verstößt,
in ihr striktes Gegenteil umgekehrt: gebannt läuft der König hinter
seiner Gemahlin her, als wäre sie die Unbekannte, die sie tatsächlich für
ihn ist; hieran hindert ihn auch nicht, daß er von den Intriganten Pedro
und Maria erfahren muß, daß sich die Begehrte — mit seinen eigenen
Worten: „ein schönes Weib, ein gutes Weib" — mit den Rebellen
zusammengetan habe, um ihn vom Thron zu stoßen. Erst als Blankas
Leiche vor ihm liegt, vermag er, und gleich zweimal, zu fragen: „Wo ist
mein Weib?", so als hätte sein Unbewußtes ihm erst jetzt die Augen für
die Verirrung von Liebe und Legitimität geöffnet, an der er gelitten hat.
Es gehört Meisterschaft dazu, einem solchen Handlungsverlauf, einer
solchen Charakterzeichnung die Dringlichkeit des Tragischen und die
Stimmigkeit tiefenpsychologischer Motivation zu bewahren. Eben diese
Souveränität hat der Anfänger mit seinem Portrait Pedros bewiesen, das

mit geradezu beängstigender Sicherheit zwischen dem Grotesken und dem Pathetischen die Mitte hält.

Das sinnfällige Zeichen von Pedros Seelenkampf bildet das Todesurteil gegen Blanka und ihren Freund, das Maria dem König gerade noch abzulisten versteht. Und wieder beweist es Grillparzers Bühnenverstand und Seelenkenntnis, wie er das konventionelle Requisit handhabt, um damit die Abgründe von Pedros Triebwelt freizulegen. Die kundige Intrigantin spielt mit der Eifersucht des Königs, wohl wissend, daß diese bei schwachen Naturen die Leidenschaft bei weitem überwiegt. Unversehens erscheint am Grunde dieser Eifersucht die nackte Angst. Die paradoxe Dynamik dieser Angst zwingt den König zwar für einen Augenblick in die Arme des Intrigantenpaares zurück; sie entreißt ihn aber auch wieder der falschen Sicherung und peitscht ihn hinter Blanka, der neuen Geliebten, her. Auf der Suche nach Schlaf, „wild hereinstürzend, halb entkleidet, ein ausgelöschtes Licht in der Hand", bietet Pedro am Ende das Bild eines Menschen, der sich selbst zum Henker geworden ist. Besessen von Schuldgefühlen, entschuldigt er sich; die „grämliche Französin" wird ihm auf einmal zu einer Art Madonna,

> deren Herz ich zu entweihn geglaubt,
> durch meine heiße, ungemeßne Liebe;

die Lüge wird in den Stand der Heiligkeit versetzt und die eben noch Verachtete zur Unberührbaren erhoben. (Ein gerüttelt Maß von tragischer Ironie liegt darin, daß Blanka tatsächlich zu einer Unberührbaren geworden ist; erkaltet nämlich an ihrer Unschlüssigkeit, ihrem Unvermögen, sich zwischen Gattenpflicht und Herzensneigung zu entscheiden.) So groß ist Pedros Furcht, Blanka könne eine Ehe brechen, die er nie genossen hat, daß er imstande ist, an den Schein zu glauben, mit dem er seine neue Heilige umgeben hat. Wie alle Angst hat sich auch die seine um einen Schwundrest von Wirklichkeit angesetzt: mit einem Ehebruch hätte Blanka nicht nur die Ehre ihres — *pour ainsi dire* — Gatten in den Schmutz gezogen; sie hätte ihn auch durch ihre Verbindung mit Fedriko an die Verschworenen verraten. Und wie alle Angst leistet auch die seine dem Unheil Vorschub, dem sie vorbeugen will; Pedro tut in der Tat alles Menschenmögliche, die Liebenden zueinander zu scheuchen, und nur an der Schwäche Blankas und Fedrikos liegt es, daß die trüben Angstgesichte des Königs nicht wahr werden. So sterben sie, noch im Tod voneinander getrennt, während der König die siegreichen Verschwörer erwartet: „Hier sollen sie mich finden!" Der Hinrichtung Pedros durch Trastamara beizuwohnen, hat Grillparzer sich und uns erspart. Sie wäre auch eine reine Formalität gewesen: Die Exekution eines Menschen, der sich selbst schon lange zuvor zum Opfer gefallen war.

Die Gestalt des morbiden Liebhabers, des Leidenschaftlichen aus Kraftlosigkeit, wird im Werk Grillparzers immer wieder auftauchen. Der Herzog Otto von Meran aus dem *Treuen Diener* und Don Cäsar, der natürliche Sohn Rudolfs II. aus dem *Bruderzwist*, sind Blutsverwandte dieses anämischen Neurasthenikers. Die Vielschichtigkeit und der Facettenreichtum dieser Figur bereiteten dem Dichter keinerlei Schwierigkeiten; er holte sich das Seine aus dem reichen Arsenal der Weltliteratur: Shakespeares Richard II. hat an dem sinistren König ebenso mitgewirkt wie Schillers König Philipp, selbst Spuren aus Onkel Sonnleithners Text zu Beethovens *Fidelio* haben sich feststellen lassen (Leo Tönz); und wo die Tradition nicht reichte, hat wohl ein Blick Grillparzers in den eigenen Spiegel zu der Angstvision beigetragen.

Maria, die Intrigantin, jedoch machte ihm zu schaffen. Wie in Zukunft sollte auch hier die mühsamst erarbeitete, dem dramatischen Ingenium gegen die größten Hindernisse abgerungene Figur die interessanteste des Ganzen werden. „Ich mag tun was ich will", schreibt er 1809 ins Tagebuch, „ich kann über den Charakter der Maria de Padilla nicht einig mit mir selbst werden; bei jeder neuen Rede mißgreife ich ihn. Es ist ausgemacht; ihr hervorstechendster Zug ist Herrschbegierde, nicht Neigung zum Großen ... Es ist nicht so viel Geldgeiz, Hang zum Laster, was sie gleich anfangs an den König fesselte, als vielmehr, eine ungezähmte Begierde, viel zu sein, zu heißen, zu gelten, mit einem Worte bekannt (berühmt oder berüchtigt, einerlei), gefürchtet zu werden, zu herrschen."

In dieser Tragödie der Schwäche erscheint Maria de Padilla als der Inbegriff der ungebrochen-zielbewußten Kraft. Vom blassen Adel ihrer Nebenbuhlerin Blanka unterscheidet sie zunächst ihre Vitalität. Sie selbst spricht von ihrem „früher reife[n] Körper"; ihr Bruder erinnert sie an eine Schlachtszene, in der sie, die „Heldin", jüngst

> die Glieder in der Rüstung Eisen schmiegte,
> die zarte Brust mit rauhem Stahl bedeckte,
> das Schwert ergriff mit ungewohnter Hand,
> des Renners Rücken männlich stark umspannte,
> und an der neubelebten Knechte Spitze
> mit mächtger Hand den unbeständgen Sieg
> an ihres Rosses Hufe kettete.

Mit anderen Worten: sie gibt sich als ein Mannweib, eine ins kastilianische Zeremoniell verschlagene Penthesilea. Tatsächlich fällt das Wort „Mannweib" auch; aber Maria ist es, die damit den hilflosen König von sich abschiebt: „Mir ekelt vor dem Anschaun dieses Mannweibs!" Keiner sieht den König mit so scharfem Aug wie sie, und sie vermag ihn darum so klar zu erkennen, weil auch in ihr die männlichen und weiblichen

Elemente in trüber Mischung vereinigt sind. (Schließlich ist dieses Trauerspiel drei Jahre vor dem „Cherubin"-Gedicht entstanden.) Zugleich aber hindert die mannweibliche Mischung ihres Wesens Maria daran, ihre Rolle als Kurtisane auszufüllen und die Bedürfnisse ihres königlichen Liebhabers zu befriedigen. Damit aber wird Don Pedros plötzliche Hinwendung zu Blanka noch einmal, aus dem Charakter Marias, begründet. Selbst ihr Wunsch, die Nebenbuhlerin so rasch und radikal wie möglich von der Szene zu entfernen, entspringt kaum der Eifersucht; er dringt aus ihrem Anspruch auf ungeteilte Herrschaft.

Maria kann nicht dienen. Und da sie sich nicht hinzugeben vermag, muß sie kommandieren. Sie täuscht sich über sich selbst, wenn sie gesellschaftliche Ambitionen als das Grundmotiv ihres Tun und Lassens geltend macht, sich die „niedere Maria" nennt, die tiefer noch „gefallen" ist, als sie auf Geheiß ihres Bruders den König zum Liebhaber nahm. Zwar zieht sich Fedriko ihren unverhohlenen Zorn zu, wenn er sie bei Hof schneidet, und gar, wenn er sie „Buhlerin" nennt; und dennoch trifft der Schimpf daneben, da sie nicht das Bett des Königs, sondern der Thron angezogen, nicht Liebesdienst, sondern Machtlust fasziniert hat. Sie sagt es ja selbst:

> Als noch Kastilien ihm huldigte, ...
>
> da schmeckt ich auf Minuten hohe Wonne,
> zu sein die Seele dieses Riesenkörpers,
> nach eignem Willen des Kolosses Kraft
> dahin, wohin es mir gefiel, zu lenken,
> zu spielen auf der Wollust Schwanenbett,
> mit Donnern, die die Welt erbeben machten,
> zu kämpfen mit des Schicksals blinder Macht,
> ihm mit Gewalt die Güter abzustreiten,
> die es bei meiner Wiege mir versagt,
> das machte mich an Pedros Seite selig —.

Wiederum versucht sie, ihren Herrschaftsanspruch mit der Niedrigkeit ihrer Geburt zu begründen; aber die Motivation klingt hohl gegenüber der Sinnlichkeit, mit der sie die „Wonne" der Macht „schmeckt". Keinem Mann ist diese „Gefallene" erlegen, sondern dem Wunschtraum von der Gewalt über den Staat, die sie ins Riesenhafte, Kolossale gesteigert hat. Diese Mätresse ist kein Königsliebchen, sondern ein Kronschatz. Im Innersten reizt sie nicht, was sie mit poetischer Lizenz das Spiel „auf der Wollust Schwanenbett" genannt hat; was sie begehrt, ist die „tiefverborgne geistge Wollust" des Herrschens, die sie sich mit dem Sturz Don Pedros entgleiten sieht. Ein König ohne Macht ist kein Mann für sie. „Maria ist nicht grausam, nicht lasterhaft, sie ist nur herrschsüchtig, und eben hieraus glaube ich fließt natürlich ihr Beistimmen in den gräßlichen Plan ihres Bruders", hat es in der Vorstudie des Tagebuchs geheißen. Weil Rodrigos politische Kabale in die gleiche Richtung zielt wie ihre persönlichen Beweggründe, bilden die Geschwister ein gleichgesinntes Paar. Die Manipulationen ihres Bruders haben die Lust am Spiel um die Macht in ihr erweckt; die Erwachte aber überragt um mehrere Haupteslängen den Erwecker, der nichts anderes darstellt als das Klischee all der hämisch-blassen Bösewichter, die vor ihm über die Bühne des europäischen Theaters geschlichen sind. So wenig war Grillparzer an der Gestalt Rodrigos gelegen, daß er ihn über den Schluß des Trauerspiels hinaus weiterleben ließ. Vermutlich wird er fortfahren, gegen den siegreichen Trastamara seine Ränke zu spinnen, wie er gegen den Verlierer Pedro intrigiert hatte.

Maria aber entdeckt unter den Trümmern der Herrschaft ihre eigene Femininität. Nun ist sie plötzlich nichts mehr als „ein Weib, / ein armes, schwaches, fühlend Weib". Vom König verlassen, von ihrem Bruder sich selbst überantwortet, bittet die Frau um Gnade — für ihr Opfer Blanka. Worauf Rodrigo gebaut, womit sie Don Pedro gereizt hat, der mannweibliche Zwiespalt in ihrem Wesen, lockert sich nun. Vorm Tod gilt der Ehrgeiz wenig. Nun fleht sie um Tränen als Gnadenspende für ihre verwüstete Seele. Der Bitte wird stattgegeben. *„Sie hebt die Hände zum Himmel empor, Tränen überströmen ihr Gesicht, sie fängt sie mit dem Tuche auf und blickt dies mit flammenden Augen an."* Es ist ebenso charakteristisch für Grillparzer, daß er noch der reuigen Sünderin den flammenden Blick bewahrt, wie daß er sein Wissen um die Konstanz der menschlichen Natur, zumal in ihrer Gefährdung, einer Bühnenanweisung vorbehalten hat. Die endgültige Lösung von Marias seelischem Konflikt kann nur durch ihr Ende herbeigeführt werden. Sie hat ausgespielt, und der König entläßt sie mit einem Achselzucken:

Sie mag geruhig sterben, ihr Gewissen
hab ich von einer schweren Last entbunden!

Das Spiel vom Glück und Ende der Intrigantin bildet eine geschlossene Episode am Rande der sonst weit weniger geschlossenen Handlung.

In ihrem letzten Monolog hat sich Maria an das Haus, „das friedliche, das engbegrenzte Haus / der Väter" erinnert. Sie ist so heimatlos wie der Rest der Gestalten, die mit ihr spielen. Nicht nur der unsichtbare Heinrich de Trastamara, sondern auch die Welt der Väter, deren Vollstrecker er ist, wirkt lediglich als ordnendes und sicherndes Prinzip hinter den Kulissen mit.

Über der ganzen Tragödie liegt die Atmosphäre eines Spiels von Kindern, die unbeaufsichtigt zu Hause geblieben sind. Auch die Bösen versuchen nur herauszufinden, wie weit sie gehen können, ehe das Geschick strafend zurückschlägt. Das Maß für all den Mord und Totschlag findet sich außerhalb der Handlung; die Tragödie und ihre bitterste Ironie bestehen darin, daß am Ende aus diesem Außerhalb nicht mehr die zurechtweisende Hand einer Autorität, sondern lediglich das rächende Schwert Trastamaras auftaucht. Wir haben es mit einem privaten Konflikt von historischer Konsequenz zu tun.

Dieses Schauspiel der Schwäche ist zugleich eine Tragödie der Elternlosigkeit. Keiner weiß dies besser als Maria, die sich nach „des väterlichen Gartens Grenzen" sehnt, die

> genügsam meine ganze Welt umspannten,
> wo noch des Vaters Lob mein größter Stolz,
> sein Lächeln noch das höchste Glück mir war!

Nicht nur Fedriko, sondern auch sie erinnert sich ihrer Jugend als eines verlorenen Paradieses. Gerade durch seine Grenzen bot der väterliche Garten dem Kind Maria Sicherheit. Sie war wohl nicht so niedrig geboren, wie sie tief gefallen ist: sie hatte lediglich vergessen, woher sie kam. Nun aber taucht's am Ende wieder empor, wenn auch nur, um ihr die Fallhöhe ihres Elends zu erweisen.

Grillparzer hat uns über das Schicksal des alten Padilla im unklaren gelassen; es genügt zu wissen, daß er für Maria so verloren ist wie ihre Kindheit. Blankas Vater, der Herzog von Bourbon, aber lebt noch, wenn auch im fernen Frankreich, „an der Loire himmlische[m] Gestade". Sie hat ihm längst vergeben, wenn es sie je bekümmerte, daß er sie an den König von Kastilien „verkauft" hatte. Auch er greift unsichtbar in die Handlung ein, wenn er sein Kind, das offenkundig in schlechte Gesellschaft geraten ist, zurückfordert. Die unberührte Unberührbare bleibt ihrer Kindheit verhaftet. Noch im Schatten des Todes, und in diesem erst recht, träumt sie von ihrer Heimkehr:

> Umschließen soll ich wieder meines Vaters
> gebeugten Nacken, durch der Tochter Unglück
> gebeugt! Den Mund an seine Lippen pressen,
> mit diesen Armen seine Schritte stützen,
> mit liebender Gewalt ihn aus des Grabes
> schon ausgestreckten Armen sorgsam ziehn,
> an meinem Busen, seinem greisen Haupt,
> das mein Geschick auf Dornen ihm gebettet,
> ein weiches, süßes Lager zubereiten — ...
> Vater, du rufst, ich folge deiner Stimme!

Die Erotik von Blankas Vaterbindung verleiht dem blassen Pflichtgefühl, das sie zwingt, sich Fedriko zu verweigern, die Wahrscheinlichkeit des Lebens. Zugleich aber verklärt sich die Liebe zu ihrem irdischen Vater, bis sie auch den himmlischen miteinbegreift:

> Ach, Vater, Vater, leih mir einen Strahl
> von deiner Weisheit, der die dunkle Nacht
> der Ungewißheit hellt, die mich umgibt!
> Erbarmen! Deine Geister prüfe so,
> nicht dieser Welt gebrechliche Bewohner!

Vom „himmlischen Gestade der Loire" ist es nur ein Schritt in jenes Geister- und Gottesreich, vor dem der Mensch in seiner ganzen Gebrechlichkeit nackt und frierend dasteht.

Auch Heinrich von Kleist hat das Wort von der Gebrechlichkeit alles Menschlichen geliebt. Die Marquise von O., vatergebunden wie Blanka, vergibt ihrem Verführer „um der gebrechlichen Einrichtung der Welt willen". Gebrechlich ist auch, angesichts der Passion der Amazone Penthesilea, der Mensch. Man hat Kleist, nicht zu Unrecht, einen existentialistischen Dichter genannt: seine Tragik ist aus der Hinfälligkeit der Schöpfung selbst abgeleitet, aus dem Rätsel eines Schicksals, fragwürdig genug, „ein so hülfloses Ding, wie der Mensch ist, bei der Nase herum zu führen".

Grillparzer hingegen streift lediglich die Grenzen der menschlichen Existenz. Immer wieder hat er das fragwürdige Sein der menschlichen Kreatur beklagt und belächelt. Dahinter aber hat er, in der Offenheit seiner Szene, stets das Dauerhafte der Welt und ihrer Institutionen ahnen lassen. Zu den Figuren seiner *Blanka* gehören nicht nur das feindliche Brüderpaar Don Pedro und Fedriko, die Intriganten und die Schranzen, die Schwankenden und Schwachen, sondern auch Trastamara, der verborgene Vollstrecker der Legitimität, und der Herzog von Bourbon, der wie ein Gott im fernen Frankreich lebt. Für diesen Dichter gibt die Welt das Maß, und ihre Institutionen gelten noch, seien sie nun der Staat oder die Kirche. Vor allem aber ist es das Theater, auf dem sich das Gleichgewicht einer schon von Grund auf gestörten Wirklichkeit wiederherstellt. Kleists Dramen sprengen die Möglichkeiten der Bühne mit dem explosiven Stoff der Sprache und der Verlorenheit der Gedanken, die in ihr Gestalt werden; eine poetische Gerechtigkeit liegt darin, daß es ihm nie vergönnt war, die Aufführung eines seiner Stücke mit eigenen Augen zu sehen, mit eigenen Ohren zu hören. Grillparzers dramatisches Werk hat sich, von allem Anfang an, den Regelmäßigkeiten des Theaters als einer menschlichen Einrichtung angepaßt; seine Figuren bleiben im schönsten Sinn des Wortes selbst dann zivil, wenn sie Könige oder große Herren sind; wo Kleist donnert, zittert die Bühne unseres Dichters schon, wenn er nur ein wenig seine Stimme erhebt. Steht in diesen beiden Dramatikern Preußentum gegen Österreich? Die Krise des Friderizianismus gegen die der Josefinität? Der Norden Deutschlands gegen seinen Süden? Säkularisierter Protestantismus gegen skeptischen Katholizismus? Wir wissen die Antwort nicht. Nur so viel wird sich sagen lassen, daß sich hier eine schöpferische Individualität von der anderen unterscheidet und daß Grillparzers dichterisches Wesen so beschaffen war, daß, bei aller Verzweiflung und Abgründigkeit, bei aller Menschenkenntnis und dem sich aus ihr ergebenden Mißtrauen gegenüber dem Nächsten, um seine Gestalten doch immer noch das Nachbeben einer ersterbenden Gläubigkeit wahrnehmbar bleibt. Daher eignet seinen Figuren, auch dort, wo sie nicht mehr tastende Versuche wie diese *Blanka,* sondern Meisterstücke sind, eine gewisse Kindlichkeit; selbst wenn sie fallen, stürzen sie nicht ins völlig Ungewisse hinab; die Unschlüssigkeit seines dramatischen Stils besteht gerade darin, daß er, der das Zeug zu einem radikalen Nihilisten in sich hatte, dennoch stets einen Schwundrest von Hoffnung bewahrte. Dies trägt zur Rätselhaftigkeit seiner Stücke bei, die nicht aufgehen wie Gleichungen, sondern Gleichnisse darstellen, denen gelegentlich das Wort ausgeht, so daß sie sich vieldeutig in stummes Spiel oder gar Musik auflösen.

Mag der Vater auch, wie in dieser *Blanka,* von der Bühne verbannt sein, sein Wille, gebrochen wie der seiner Kinder, bleibt dennoch spürbar. „Denn Gottes Hand ists, die mich niederwirft", sagt Maria am Ende,

> sein glühnder Finger brennt auf meinem Herzen.
> Was Gott tut, das ist wohlgetan!

Zwischen persönlicher Metapher und sprichwörtlicher Fügung verläuft die Gotteswelt Grillparzers. Der glühende Gottesfinger ist die eigene Vision des Dichters; die wohlgetanen Taten des Weltenvaters sind zur Galerie gesprochen. Nicht mehr imstande, an einen persönlichen Schöpfer zu glauben, hat dieser Randkatholik doch immer wieder versucht, den lieben Gott zumindest hinter den Kulissen seines Theaters ahnbar zu machen, so wie sein *Armer Spielmann* ihn insgeheim auf seiner Violine zu spielen trachtet. Von allem Anfang an war Grillparzer ein Dichter der Gottesdämmerung und nicht des Gottestodes.

Inwieweit der Verlust eines gültigen Gottesbilds mit der Vaterlosigkeit der Figuren und die Vaterlosigkeit dieser *Blanka* mit dem abschreckenden Vaterbild und der Todeskrankheit Wenzel Grillparzers zusammenhängen, vermögen wir nicht zu entscheiden. Wir sind bei jener Schicht des schöpferischen Prozesses angelangt, der gegenüber nur Fragen statthaft sind und Antworten sich selbst wieder in Frage stellen. Immerhin wird sich anmerken lassen, daß Fedriko zwar ein Ersatzvater entgegentritt, jedoch als Substitut zu völliger Wirkungslosigkeit verurteilt bleibt. Der alte Fernando de Gomez ist das Episodenfigur gewordene Über-Ich der hin- und hergerissenen Hauptgestalt. „Verderben über dich", ruft er dem Schwankenden zu,

> der alle Bande der Natur vergißt,
> nach seines Bruders Leben, seinem Weibe
> die gottesräuberischen Hände streckt,

und steigert sich, da seine Warnung auf taube Ohren zu stoßen scheint, bis zum Gebet:

> Sieh, Tränen stürzen von den bleichen Wangen.
> O, Allerbarmer, sieh sie nicht,
> der Vater weint sie dem verlornen Sohn.
> *weich und innig*
> O Fedriko, o mein teurer Sohn!

Einen Augenblick lang herrscht hier eine Familiarität, die mit der Beschwörung des „Allerbarmers" weit über die Versöhnung des Vaters mit seinem Sohn hinausweist. Demgemäß wirft sich Fedriko laut weinend an die Brust des Alten. Aber der Augenblick geht vorüber; das Trauerspiel nimmt seinen Fortgang, den Grillparzer mit dem schärfsten Wort bezeichnet, dessen er mächtig ist: „gottesräuberisch".

Das Wort „gottesräuberisch" wird uns in der *Ahnfrau* wiederbegegnen, und zwar in jener Szene, da Jaromir, ein nicht minder unheldischer Held als dieser Fedriko, sich selbst des Vatermords bezichtigt. Die Vokabel ist undurchsichtig. Raubt Fedriko, der seinen Bruder zu erschlagen beabsichtigt und dessen Weib begehrt, mit diesem Wunsch der Welt ihren Gott? Erschlägt der Parricid Jaromir in seinem Vater das Ebenbild des Schöpfers? Oder bedeutet die Anrufung des Allmächtigen und Allwissenden nichts als ein, allerdings ins Unerhörte hinaufgetriebenes Präfix des Verbrechens, des Raubs? Ist dies „gottesräuberisch" lediglich eine Weiterbildung einer so gebräuchlichen Wendung wie „gottesjämmerlich"? Dem sei, wie auch immer; zumindest in der Verneinung, im Verbot, als Gott der Rache und der Sühne, wirkt der Verborgene fort. Und vielleicht ist diese Anfälligkeit seines Menschenbilds für das Metaphysische das Merkmal, welches das Jugendwerk Grillparzers mit seinen späteren Arbeiten verbindet und diese in seinem Jahrhundert als exemplarisch hervortreten läßt.

Blanka von Kastilien wurde, wie berichtet, von Josef von Sonnleithner für das Burgtheater abgelehnt. Die Uraufführung fand am 26. September 1958 am Wiener Volkstheater statt. Wenn wir uns recht entsinnen, ging die Vorstellung in weit geöffneten und expressionistisch ausgeleuchteten Bühnenräumen vor sich. Was die Schauspieler sprachen, bestand zumeist aus verhinderten Zitaten. Dem Regisseur schien entgangen zu sein, daß es sich bei diesem Stück weniger um eine Fleißaufgabe Grillparzers in deutscher Nachklassik handelte (die demgemäß dem modernen Empfinden nahegebracht werden mußte) als um eine Art von vorzeitigem Kammerspiel, auch heute noch bemerkenswert durch seine Aussage über den Zustand der vaterlos gewordenen Menschen als „dieser Welt gebrechliche Bewohner".

Ödipus in Wien: *Die Ahnfrau*

Das Schicksal war nur für die Griechen wahr?
Warum aber, christliche Leute,
Wenn wahr es allein für jene war,
Erschüttert Ödip euch noch heute?

F. Grillparzer, 1859

Am 15. Oktober 1897, kaum sechzehn Jahre nach Grillparzers Tod, schrieb Sigmund Freud an seinen Freund Wilhelm Fließ: „Ich habe die Verliebtheit in die Mutter und die Eifersucht gegen den Vater auch bei mir gefunden und halte sie jetzt für ein allgemeines Ereignis früher Kindheit ... Wenn das so ist, so versteht man die packende Macht des Königs Ödipus trotz aller Einwendungen, die der Verstand gegen die Fatumsvoraussetzung erhebt, und versteht, warum das spätere Schicksalsdrama so elend scheitern mußte. Gegen jeden willkürlichen Einzelzwang, wie er in der Ahnfrau etc. Voraussetzung ist, bäumt sich unsere Empfindung, aber die griechische Sage greift einen Zwang auf, den jeder anerkennt, weil er dessen Existenz in sich verspürt hat." Es war die Zeit, in der Freud das Unmögliche möglich gemacht und sich selbst einer Psychoanalyse unterworfen hatte. Während dieser Arbeit entdeckte er, was später unter dem Namen des Ödipus-Komplexes in die Literatur eingehen und sie ebenso beunruhigen wie anregen sollte. Zwölf Tage bevor er diesen Brief schrieb, hatte Freud dem Freunde Fließ gegenüber zum ersten Mal seinen Fund erwähnt und die Entdeckung mit den Worten begleitet: „Von der intellektuellen Schönheit der Arbeit kann ich Dir eine Vorstellung nicht verschaffen." So bedeutend schien ihm die Nähe seiner Entdeckung zu der Tragik des Sophokleischen Bühnenspiels und so zwingend ihre Abgrenzung gegenüber dem romantischen Schicksalsdrama, daß er diesen Gedanken in seiner *Traumdeutung* aus dem Jahre 1899 weiter fortspann. Da heißt es: „Wenn der König Ödipus den modernen Menschen nicht minder zu erschüttern weiß als den zeitgenössischen Griechen, so kann die Lösung wohl nur darin liegen, daß die Wirkung der griechischen Tragödie nicht auf dem Gegensatz zwischen Schicksal und Menschenwillen ruht, sondern in der Besonderheit des Stoffes zu suchen ist, an welchem dieser Gegensatz erwiesen wird. Es muß eine Stimme in unserem Innern geben, welche die zwingende Gewalt des Schicksals im Ödipus anzuerkennen bereit ist, während wir Verfügungen wie in der ‚Ahnfrau' oder in anderen Schicksalstragödien als willkürliche zurückzuweisen vermögen." Mit magistralem Griff rückte Freud die Maße des griechischen Trauerspiels für die

Nachwelt zurecht: das Schicksal wird den Händen der Götter oder der Vorsehung entwunden und der „Besonderheit" überantwortet, mit welcher der Einzelmensch auf den Anspruch seiner Lebensumstände zu antworten imstande ist. Was uns am Schicksal des thebanischen Königs ergreift, ist Erinnerung; eine Rückerinnerung an das ewige Dreieck Vater-Mutter-Kind in ihrer Brechung durch die Erlebnisse, die der einzelne in den gestaltenden Jahren seiner Kindheit durchgemacht hat. Dabei wird das Erwachen des Menschen zum Erlebnis der Gesellschaft, wie sie in der Grundkonstellation der Familie gegeben ist, mit der dramatischen Gewalt eines Urerlebnisses ausgestattet. Die *Ahnfrau,* von Freud als Beispiel für das Schicksalsdrama gesetzt, beraubt den tragischen Aspekt dieser Tiefendimension, indem sie das Urerlebnis auf das abzieht, was Freud „Verfügungen" nannte und worunter er vermutlich Flüche und Verwünschungen, Requisiten, wie etwa den im Hause Borotin geisternden Dolch, und Gespenster, wie die Ahnfrau selber, verstanden hat.

Nun war sich Freud aber der Tatsache unbewußt geblieben, daß Grillparzer selbst unter der Bezeichnung seines Dramas als Schicksalstragödie über Gebühr gelitten hatte und bis in sein Alter nicht müde geworden war, dieser Klassifikation, die er als Schimpfwort verstand, zu widersprechen. Noch in der Selbstbiographie von 1853 erklärt er: „Genau genommen nun, findet sich die Schicksals-Idee gar nicht in der Ahnfrau", und am 6. Jänner 1866 ereifert er sich im Gespräch mit Robert Zimmermann: „Die Ahnfrau? ja, die Ahnfrau! die ist mir immer noch lieb, ich halte sie für ein gutes Stück: Was da vom Schicksal drinnen steht, das ist nicht von mir ... Ich möchte es wohl einmal drucken lassen, wie es ursprünglich war. Aber so, jetzt bin ich nun einmal der Schicksalsdichter! Als ob es kein Schicksal gäbe? Sie, ich, jeder hat sein Schicksal. Ist denn die Vorsehung was andres? Ists denn nicht ein Beweis, daß alles aufs beste eingerichtet sein muß, weils überhaupt noch aushält! ... Aber das Gespenst in der Ahnfrau, das hat man mir nicht verziehn? Glaub ich etwa an Gespenster, weil die Personen im Stück daran glauben?" Deutlich schiebt er dem einzelnen die Verantwortung an seinem Fatum zu, distanziert sich von dem Gespensterglauben seiner Figuren, zieht damit eine Grenze gegen die autobiographische Deutung seines Stücks und gibt schließlich eine Art von verraunzter Theodizee: die Welt, wie sie ist, ist die einzig mögliche und damit die beste, die sich vorstellen läßt; wäre sie's nicht, sie wäre längst dahin. Man sieht, das Trauma, das ihm seine erste Begegnung mit der Öffentlichkeit geschlagen hatte, wirkte bis ins Alter fort und schuf selbst dort eine nicht unbeträchtliche Konfusion.

Er selbst mußte freilich berichten, daß nach zwei Aufführungen der Erfolg der *Ahnfrau* gesichert war und er seinen „Durchbruch" als Dichter erfahren habe: „Bei der dritten Vorstellung fand sich das Theater wie belagert und das Stück machte in Wien und in ganz Deutschland die ungeheuerste Wirkung." In der Tat gemahnten diese frühen Vorstellungen im Theater an der Wien — die Premiere hatte am 31. Jänner 1817 stattgefunden — an das Furore, das Schillers *Räuber* sechsunddreißig Jahre zuvor in Mannheim hervorgerufen hatten. So schrieb die Freifrau Emilie Binzer, die dabeigewesen war, noch fünfundfünfzig Jahre nach der Premiere der *Ahnfrau:* „Ich habe mancherlei Vorstellungen gesehen, aber nie eine, die das Publikum so durch und durch gepackt hätte, wie diese... Wie vom Entsetzen der Geisterwelt ergriffen, verließ man das Haus, von der obersten Galerie bis zu den ersten Ranglogen war die Erregung gleich; es gab keinen Freigeist mehr, ein Jeder hatte die schreckliche Erscheinung mit seinen Augen gesehen; in dieser Nacht gab es keinen ruhigen Schlaf." Die Dame hatte den Autor offenbar mißverstanden, nicht anders als die Gräfin Hahn-Hahn, die den Dichter 1843 in Konstantinopel getroffen und ihrer Mutter gemeldet hatte: „Das ist ein freundlicher schlichter Mann, dem man seine schauerliche Tragödie gar nicht anmerkt."

Auf Grillparzer hingegen machte die Vorstellung, „obgleich vortrefflich... den widerlichsten Eindruck, es war mir als ob ich einen bösen Traum verkörpert vor mir hätte". Das Ganze war ein Nachtmahr, aber der Alptraum ließ ihn nicht mehr los. Er rezitierte, ohne es zu wissen, den Text mit. Seine Mutter flüsterte ihm zu: „Um Gotteswillen, Franz, mäßige dich, du wirst krank." An ihrer anderen Seite betete sein kleiner Bruder. Hinter den Grillparzers saß ein ganz gut aussehender Unbekannter, der sich „nicht enthalten konnte, ein oft wiederholtes: grell, grell! an [seinen] Ohren vorbeitönen zu lassen". Das sind die Premierennöte eines Anfängers. Die folgende Tagebucheintragung ist es nicht mehr: „Woher kömmt wohl die unbeschreiblich widerliche Empfindung, die mich abhält, oder es mir vielmehr unmöglich macht, noch einmal einer Vorstellung meiner Ahnfrau beizuwohnen? Teilweise lassen sich wohl Erklärungen geben, aber ganz vermag ich es nicht. Ich werde in meinem Leben nicht vergessen, wie mir bei der ersten Vorstellung zu Mute war. Ich denke wenn man mir unvermutet mein eigenes lebensgroßes Bild, in Wachs geformt nach der Natur bemalt und doch in seiner ganzen toten Starrheit, vor die Augen brächte, würde mein Gefühl viel ähnliches mit jener Empfindung haben" (1817).

Ihm hatte vor seiner *Ahnfrau* gegraust, noch ehe er das Grauen, das er in seinem Drama geschildert hatte, auf der Bühne verkörpert sah.

Vorsorglich hatte er das Stück ohne den Namen des Verfassers ankündigen lassen. Als dann aber seine Figuren vor ihm standen und agierten, da ergriff ihn Doppelgängerangst, die Furcht vor einem ganz besonderen Doppelgänger, nämlich einem Toten. In einem Aufsatz aus dem Jahre 1919 hat Sigmund Freud die Todesfurcht als ein Motiv dieser Phobien angeführt und hinzugefügt: „Der Charakter des Unheimlichen kann doch nur daher rühren, daß der Doppelgänger eine den überwundenen seelischen Urzeiten angehörige Bildung ist, die damals allerdings einen freundlicheren Sinn hatte. Der Doppelgänger ist zum Schreckbild geworden, wie die Götter nach dem Sturz ihrer Religion zu Dämonen werden" (*Das Unheimliche*).

Es ist anzunehmen, daß Grillparzer vor allem in der Gestalt des Räuberhauptmanns Jaromir sein Double sah, das ihm nun wie aus einem Wachsfigurenkabinett entgegentrat. In dieser Puppe aber verbargen sich, wenn wir Freud glauben dürfen, Erinnerungen an einen Schrecken, die das populär-romantische Kostüm, in das sie der Dramatiker gesteckt hatte, in seiner ganzen Fadenscheinigkeit decouvrieren. An das Geheimnis dieses Schreckens rührt Grillparzers Tagebuch, wenn es fortfährt: „Die Aufführung meines Stückes hat auch offenbar mein Schamgefühl verletzt. Es ist etwas in mir, das sagt, es sei ebenso unschicklich das Innere nackt zu zeigen als das Äußere." Die Tragödie vom Sohn, der seinen Vater erschlägt, um von der Mutter des Geschlechts erlöst und nach Hause geleitet zu werden, rührte allerdings an Tiefen von Grillparzers schöpferischem Inneren, die auf dem Theater entblößt und zur Schau gestellt zu haben er sich mit guten Gründen schämen mochte.

Diese Grundvision der *Ahnfrau* hatte wenig mit den Gruselmechanismen zu tun, welche die Vorgänger des jungen Dichters — etwa Zacharias Werner in seinem *24. Februar* oder Adolf Müllner in seiner *Schuld* — auf die Bühne gebracht hatten. (Freilich lassen sich auch diese Modelle von Trivialromantik am Ende auf uralt-ehrwürdige Vorbilder zurückführen.) Wenn Grillparzer also in der Folgezeit darauf bestand, das Stück sei kein Schicksalsdrama im hergebrachten Sinne, so bekannte er sich zu den großen Umrissen der griechischen Tragödie, in der das Fatum weder Gespenster noch verwünschte Dolche benötigte, um sich den Protagonisten mitzuteilen. Das hatte er vermutlich im Sinn, als er noch am 1. März 1860 die *Ahnfrau* „meisterhaft" nannte und ausrief: „Das Ganze kann bestehn, auch wenn man die Ahnfrau herausnimmt ... Übrigens", fügte er hinzu, „haben ja die Griechen auch schon ein Fatum in allen ihren Dramen angenommen."

Daß aber die Bezeichnung der *Ahnfrau* als Schicksalsdrama weiterleben und einen so eigenwilligen Blick wie den Sigmund Freuds kurzsichtig machen konnte, das hängt mit einer jener literarischen Intrigen zusammen, die in Wien mit einem besonderen Gusto zelebriert werden. Außerdem weist die Verletzlichkeit, die Grillparzer allen Anwürfen gegen seine *Ahnfrau* entgegenbrachte, auf Störungen zurück, deren Ursprünge tiefer liegen als literarische Klassifikationen.

Das Stück war von dem Burgtheatersekretär Josef Schreyvogel angenommen und in glänzender Besetzung aufgeführt worden. Dem Josefinismus verpflichtet wie Wenzel Grillparzer und dreiundzwanzig Jahre älter als dessen Sohn, hatte Schreyvogel an der deutschen Klassik seinen Geschmack gebildet und als Redakteur des *Sonntagsblattes* und später von der Direktionskanzlei der Burgtheaters aus den Kampf Josef von Sonnenfels' um eine eigenständige deutsche Nationalbühne österreichischer Prägung weitergeführt. Seine erste Begegnung mit dem Haus Grillparzer war nicht gerade unter günstigen Sternen gestanden. Er war, berichtet die Selbstbiographie, „in unserer Familie, zufolge eines ausgangslosen Liebesverhältnisses mit einer Schwester meiner Mutter, nicht im besten Andenken. Trotz eines heimlichen Grauens verehrte ich ihn aber schon in meinen Knabenjahren." Selbst als Grillparzer erwachsen war, sollte sein Verhältnis zu dem Burgtheatersekretär nichts von der Brisanz verlieren, die dieser Mischung aus Verdacht und Respekt innewohnte.

Auch die zweite Begegnung mit Schreyvogel ließ sich übel genug an. Unter dem *nom de guerre* Karl August West hatte der Sekretär im Juni 1816 seine Übersetzung von Calderóns *Das Leben ein Traum* am Theater an der Wien aufführen lassen, das zu jener Zeit mit dem Burgtheater in einer Art Personalunion verbunden war. Grillparzer hatte eben begonnen, Spanisch zu studieren, und übersetzte gleichfalls Calderóns Text, „um das Brett zu bohren, wo es am dicksten war". Die Exerzitien, die lediglich die Hälfte des ersten Aktes umfaßten, gerieten in die Hände des Redakteurs der *Wiener Zeitschrift für Kunst, Literatur und Mode,* Wilhelm Hebenstreit, der seinerseits mit Schreyvogel zerstritten und nur allzu begierig war, dem hochmögenden Dramaturgen eins am Zeug zu flicken. „Endlich wird Leben ein Traum mit Beifall aufgeführt und des nächsten Morgens gibt die Modenzeitung mein Fragment, das, unter den höchsten Lobpreisungen zum Angriffspunkt gewählt wird, um über die aufgeführte Übersetzung aufs feindlichste herzufallen."

Die Selbstbiographie versichert Grillparzers Unschuld. Nun steht es aber seltsam um die immer wieder beteuerte Zurückhaltung des jungen Dichters: „Ich war von jeher ein Feind der Öffentlichkeit und habe, außer einem Gedichte ..., früher nie etwas drucken lassen." Während der ersten Besatzung Wiens durch die Franzosen hatte der damals Fünfzehnjährige ein Verspamphlet „Das Rechte und das Schlechte" geschrieben. Der Vater verbot dem Sohn, das im übrigen herzlich lahme Produkt unter die Leute zu bringen, weil der patriotische Gassenhauer die Sicherheit des Verfassers gefährden konnte. Auf wunderbare Weise machte das Pasquill aber doch die Runde durch die Wiener Gasthäuser, zur heftigsten Bestürzung des Vaters, der sich nicht ohne Berechtigung hintergangen sah. Auch das „Cherubin"-Gedicht war in die Hände der Demoiselle Theimer geraten, die darüber vor Liebe fast wahnsinnig geworden sein und beschlossen haben soll, unter Hintansetzung aller persönlichen Interessen dem unbekannten Verfasser ihre Gunst zu gewähren. Und all dies, nachdem der Dichter seine Verse eingeschlossen hatte, mit dem „demütigenden Gefühle", daß nichts in der Welt ihn bewegen könne, sie jemandem mitzuteilen. Ihm selbst nicht voll bewußt, scheint immer wieder Mitteilungsdrang seine Scheu vor der Bekanntgabe seiner Erzeugnisse überwogen zu haben. Dies war ein Grundkonflikt der Spannung, die zwischen ihm und seiner Umwelt bestand, im übrigen eine bei einem jungen Dichter keineswegs überraschende Erscheinung. Diesmal jedoch war ihm übel mitgespielt worden: Hebenstreit hatte den Ehrgeiz des Anfängers ungehemmt ausgenützt und sozusagen den jungen unbekannten Übersetzer seinem Feind Schreyvogel zum Fraß vorgeworfen.

Der Burgtheatersekretär reagierte überraschend auf diese Provokation. Er ließ sich Grillparzer kommen und empfing ihn, wie die Selbstbiographie aufzeichnet, „wahrhaft väterlich". Tatsächlich hat er, was Grillparzers Eintritt in die Welt des Theaters anlangt, die Rolle eines Vaters übernommen, eines mehr als anspruchsvollen Vaters. Zumal in jenem ersten Gespräch scheint er die Struktur der noch ungeschriebenen Tragödie entscheidender bestimmt zu haben, als aus den Änderungen ersichtlich wird, die der Dichter später auf seinen Rat hin vornehmen sollte.

Schreyvogel fragte Grillparzer damals, ob er nicht den Stoff zu einem Drama im Kopf trage. In diesem Augenblick erwähnt die Selbstbiographie die Quellen der *Ahnfrau*:

„Ich hatte in der Geschichte eines französischen Räubers, Jules Mandrin glaub ich, die Art seiner Gefangennehmung gelesen. Von den Häschern verfolgt, flüchtete er in ein herrschaftliches Schloß, wo er mit dem Kammermädchen ein Liebesverhältnis unterhielt, ohne daß diese, ein rechtliches Mädchen ahnte, welch einem Verworfenen sie Kammer und Herz geöffnet hatte. In ihrem Zimmer wurde er gefangen ...

Ebenso war mir ein Volksmärchen in die Hände gefallen, wo die letzte Enkelin eines alten Geschlechtes, vermöge ihrer Ähnlichkeit mit der als Gespenst umwandelnden Urmutter, zu den schauerlichsten Verwechslungen Anlaß gab, indem ihr Liebhaber einmal das Mädchen für das Gespenst, dann wieder, besonders bei einer beabsichtigten Entführung, das Gespenst für das Mädchen nahm ...

Einmal des Morgens im Bette liegend, begegnen sich beide Gedanken und ergänzen sich wechselseitig. Der Räuber fand sich durch das Verhängnis über der Urmutter eines Geschlechtes, dem auch er angehören mußte, geadelt; die Gespenstergeschichte bekam einen Inhalt. Eh ich aufstand und mich ankleidete, war der Plan zur Ahnfrau fertig."

War er es wirklich? Es war zwar ein leichtes gewesen, das Dienstmädchen, das Grillparzer in der *Histoire de Louis Mandrin* gefunden hatte, in eine Adlige zu verwandeln und den Räuber zu ihrem Liebhaber und damit zum Opfer jener Urmutter zu machen, die aus Josef Alois Gleichs Geisterroman *Die blutende Gestalt mit Dolch und Lampe oder die Beschwörung im Schlosse Stern bey Prag* aufgetaucht war. Die Gestalt des alten Grafen Borotin jedoch ist ebenso der Eingebung Grillparzers zu verdanken wie das Motiv des Vatermords. Die entscheidende Wendung und vermutlich das, was Grillparzer die „bedeutende menschliche Grundlage" des Gespenstermärchens nannte, fand er in der Gegenüberstellung von Vater und Sohn und in dem tödlichen Ausgang der Begegnung. Diese war in seinen Quellen nicht vorgegeben und muß ihm während des Interviews mit Schreyvogel eingefallen sein. Denn dieser rief, nachdem er den jungen Dichter zu Ende gehört hatte: „Das Stück ist fertig, Sie brauchen es nur niederzuschreiben." Der alte Bühnenpraktiker wäre wohl nicht in „Feuer und Flamme" geraten, wenn dem Grundriß der Tragödie der klimaktische Abschluß, die Ermordung des Vaters durch seinen Sohn, gefehlt hätte. Jedenfalls hatte der Gedanke, den Generationskonflikt in die Peripetie des Dramas zu rücken, vor Grillparzers Begegnung mit Schreyvogel nicht bestanden.

Zuerst schien sich alles aufs beste anzulassen. Was ihm die Schroffheit und Kunstangst seines Vaters versagte, was ihm Onkel Sonnleithner vorenthalten hatte, das wurde Grillparzer nun von dem Burgtheatersekretär in Überfluß zuteil. Schreyvogel ermunterte und bestätigte ihn. Er lehrte den Anfänger auch, daß eine gewisse Leichtigkeit der Hand Vorbedingung und Vorrecht des Schaffenden sei. So warf Grillparzer denn das Manuskript der *Ahnfrau* in raschen, an Krankheit gemahnenden Rausch- und Trancezuständen in weniger als einem Monat aufs Papier. Als aber die Arbeit abgeschlossen war, ließ der Katzenjammer nicht auf sich warten, und zwar sowohl bei dem Dichter wie bei seinem väterlichen Freund: dieser „wußte nun nicht recht, wohin er mein Mondkalb anreihen sollte, und war ängstlich. Nicht als ob er den Gespensterspuk oder die sogenannte Schicksalsidee verworfen hätte, er verlangte vielmehr, daß letztere mehr herausgebildet werden sollte, namentlich der ganz unberührt gebliebene Umstand, daß das jetzt lebende Geschlecht geradezu die Frucht der Sünde der Ahnfrau sei. Als ich mich darein nicht finden wollte, erbot er sich sogar mein Stück zu überarbeiten, es sollte dann als unser gemeinschaftliches Werk erscheinen. Dagegen protestierte ich, es sollte entweder gar nicht aufgeführt werden, oder als mir angehörig."

Einen jungen Menschen heranzuziehen ist das Vorrecht des Älteren; ihm im entscheidenden Augenblick die Freiheit zurückzuerstatten das Zeichen, an dem der Erziehende seine eigene Reife erweist. Dieses Zeichen hat Schreyvogel dem jungen Grillparzer nicht gegeben. Daß er den Geschmack seiner Wiener, den er selbst hatte bilden helfen, kannte, beweist der Erfolg des Stückes; die „bedeutende menschliche Grundlage", die der Dichter seinem Gruseldrama hatte geben wollen, vermochte er entweder nicht wahrzunehmen, oder er wollte sie nicht wahrhaben. Daß er sich anbot, das Stück zu überarbeiten, spricht für den Eifer seiner Hilfsbereitschaft; daß er dem an sich Zweifelnden und von ihm Abhängigen die Mitarbeiterschaft antrug, mochte dem unbefangenen Beobachter vielleicht als Ehre erscheinen, kam aber bei näherer Betrachtung einer Besitzergreifung zum Verwechseln nahe. Man wird es Grillparzer nicht verübeln können, wenn er diesen Antrag entschieden zurückwies.

Als das Stück in seiner revidierten Fassung ein Erfolg geworden war, litt dieser Erfolg darunter, daß Schreyvogel den Schutzpatron gespielt hatte. Schon zwei Tage nach der Premiere trug der Dramaturg in sein Tagebuch ein: „Ich selbst schade dem Verfasser durch zu vieles Lob." Er wußte nicht, wie recht er hatte. Hebenstreit druckte in seiner Zeitschrift einen Aufsatz von Aloys Jeitteles ab, in dem dieser den christlichen Vorsehungsglauben Calderóns gegen die Schicksalsgebundenheit der romantischen Tragödie ausspielte. Damit die Pointe nur ja nicht verlorengehe, fügte Hebenstreit selbst ein *Post Scriptum* bei, in dem es hieß: „Ich habe die Ahnfrau von der ersten Vorstellung an für eine Verirrung eines poetischen Gemüts gehalten, entstanden aus falschen Begriffen vom Wesen der Tragödie und ausgeführt in der Meinung, das Hohe und Ansprechende in der Romantik getroffen zu haben." Der Hieb war vor allem gegen den Sekretär des Burgtheaters gerichtet (und war ungerecht, da Schreyvogel ja selbst *La vida es sueño* übersetzt und aufgeführt hatte); aber er traf im Feuer des Gefechts vor allem das

Werk seines Protegés. Grillparzer mußte sich von beiden Seiten verraten und verkauft fühlen; besonders da er sich bewußt war, genug Poesie im Leibe zu haben, um eine Geistergeschichte so auszustatten, „daß man ein Dummkopf oder ein deutscher Gelehrter sein müsse um viel dagegen einwenden zu können". Die deutschen Gelehrten ließen sich das nicht zweimal sagen und haben, von Georg Gottfried Gervinus bis zu Friedrich Gundolf und über diesen hinaus, den Autor der *Ahnfrau* als Schicksalsdichter abgestempelt und mit diesem Stempel gebrandmarkt. Was war daher verständlicher, als daß Grillparzer diesen Vorwurf auf den Mann abwälzte, unter dessen Einfluß er tatsächlich sein Manuskript geändert und der ihm so durch seine Mitarbeit das „meisterhafte" Werk für immer verdorben hatte? Mehr als sein Schöpferstolz war verletzt worden, als er sich den Ratschlägen des Besserwissenden fügte; dies erwies sich daran, daß er gelegentlich des Guten zuviel tat und in seinem Drama aus dem Schicksal eine wahre Höllenmaschine machte. Sein Ichgefühl war getroffen.

So schrieb er in der Antwort auf einen Brief, den der Schicksalsdramatiker Adolf Müllner an Schreyvogel gerichtet hatte, einer Antwort freilich, die Fragment blieb und nie abgeschickt wurde, „daß die Ahnfrau in ihrer gegenwärtigen Gestalt nicht *meine* Ahnfrau ... ist, und daß bei diesem Stücke überhaupt, der ursprünglichen Anlage nach, von Realisierung einer abstrakten allgemeinen Idee nie eine Rede war". Er schüttete das Kind mit dem Bade aus; genauer gesagt, er verleugnete die Vaterschaft an diesem Kinde, weil er sie mit einem anderen teilen sollte. Die schneidende Aggression gegen seinen Protektor ist nicht zu überhören. Zugleich aber wird es deutlich, daß das Problem der legitimen Kindschaft und dessen tödliche Lösung, die der *Ahnfrau* zugrunde liegen, von allem Anfang an von den ambivalenten Gefühlen mitbestimmt worden waren, die er dem „wahrhaft väterlichen" Schreyvogel entgegenbrachte.

Außerdem aber wiesen diese Konflikte über die Person Schreyvogels hinaus und hinter sie zurück. Der frühe Tod Wenzel Grillparzers, seine letzten Worte: „Nun ists zu spät" und das „Idyllische" des späteren Zusammenlebens von Sohn und Mutter wirkten in dem zarten Gewissen des Dichters als Ängste, Selbstvorwürfe und Schuldgefühle fort. Sie waren fruchtbar geworden in dem Augenblick, da sich der Plan des Dramas unter dem Einfluß Schreyvogels in seiner Gesamtheit abzeichnete, das Stück „fertig" wurde und Graf Zdenko von Borotin auf die Bühne der *Ahnfrau* trat.

Nicht zufällig sind daher die ersten Worte des Trauerspiels dem alten Grafen in den Mund gelegt:

> Nun wohlan, was muß, geschehe!
> Fallen seh ich Zweig auf Zweige,
> Kaum noch hält der morsche Stamm.

Wie *Blanka von Kastilien* ist auch die *Ahnfrau* ein Familiendrama vor einem Hintergrund, der den großen Fragen der Menschheit offensteht. Ging es in dem Erstlingsdrama um die Freiheit des einzelnen und seine Möglichkeit zum Guten, so geht es hier um das Problem des Wechselspiels zwischen Schicksal und Charakter. Nur daß eben dieses Problem keineswegs durch die „Realisierung einer abstrakten allgemeinen Idee" gestellt oder gar gelöst werden sollte, wie Grillparzer acht Jahre nach der *Ahnfrau* notierte, sondern in der vollen Anschaulichkeit des dramatischen Konflikts seinen Ausdruck fand. „Die Unverständlichkeit, der Unsinn lauern geschäftig auf jeden Fehltritt, und nur die *Anschauung* kann retten, indes der *Begriff* rein nutzlos wird, und zurückbleibt." Und eben diese Anschaulichkeit, das Personen- und Requisitenhafte des Schicksals war es, was das Trauerspiel in Verruf brachte. Worin aber äußert sich das Schicksal des Menschengeschlechts vorbildlicher als im Gegenspiel von Vater und Sohn? So tritt uns hier zum erstenmal im Drama Grillparzers eine Vatergestalt entgegen — ein schwacher, müder, schuldbeladener Greis. Die erste Zeile, die er spricht, beantwortet die Grundfrage des Trauerspiels im Sinn einer geradezu programmatischen Passivität: das Geschlecht der Borotins treibt seinem Ende entgegen; an ihm vollzieht sich, „geschieht", was vorbestimmt ist und nicht anders sein kann, als es eben sein muß.

Leitmotivisch durchwirken die Bilder von Stamm und Stammbaum die Sprache der Dichtung, so daß man beinahe von einer Vererbungstragödie im Sinne von Henrik Ibsens *Gespenstern* sprechen könnte. Wenn Bertha ihren Geliebten als Jaromir von Eschen einführt (der Räuber, Bruder, Sohn hat nun seinerseits den Namen eines Baums gewählt, um sich hinter ihm zu verbergen), fragt der Alte:

> Ist mein Name denn das Höchste?
> Leb ich nur für meinen Stamm?

und meint die Frage rhetorisch; die Antwort, die er sich im Laufe der Begebenheiten selber gibt, ist ein unmißverständliches Ja. Der Hauptmann, der im zweiten Akt auftritt, um den Räubern von Staats wegen das Handwerk zu legen, kleidet seinen Auftrag in die gleiche Metapher:

> Ist der Stamm gleich schon gefallen,
> Haften doch noch manche Wurzeln,

und Jaromir nimmt dieses Bild sogleich auf, indem er von dem „gefallnen Bruder", dem Räuber, als von einer „gebrochnen Eiche" spricht.

Dabei sagt er mehr, als er wissen kann: die Symbolik der Sprache enthüllt ihn schon hier als den letzten Zweig am Borotinschen Stamm.

Zu voller ironischer Entfaltung aber kommt dieses Bildgeflecht in der Frühlingsvision, der sich der Graf kurz nach dem Aufgehen des ersten Vorhangs hingibt:

> Jeder Baum, der jetzt im Sturme
> Seine nackten, dürren Arme
> Hilfeflehend streckt zum Himmel,
> Wird mit neuem Grün sich kleiden.
> Alles, was nur lebt und webt
> In dem Hause der Natur,
> Weit umher, in Wald und Flur,
> Wird sich frischen Lebens freuen,
> Wird im Lenze sich erneuen:
> Nie erneut sich Borotin!

Schon hier erweist sich die verhängnisvolle Neigung des Grafen, sich selbst mit seinem Stammbaum gleichzusetzen und seine Tochter, vor der er sich in seiner Jeremiade ergeht, zu übersehen. Gleich wird er ihr mit der ganzen Brutalität des Selbstmitleids entgegenhalten: „Und ich sterbe kinderlos!" Daß er nach dem feudalistischen Vorurteil seiner Kaste nur den männlichen Erben als vollgültiges Familienmitglied gelten zu lassen vermag, kann noch an der Oberfläche als Motivation hingehen; die hemmungslose Trauer um den Sohn, der vor beinah einem Mannesalter im Schloßteich ertrunken ist, mag erklärlich, wenn auch nicht eben plausibel erscheinen; und dennoch müßte das Wissen um die Geschichte seines Hauses den Alten eines Besseren belehren, diese Geschichte, die von keinem Mann, sondern von einer Frau, der Urmutter des Geschlechts, bestimmt worden ist. Seine Passivität dem Schicksal gegenüber wird nur durch den Fluch verständlich, der von den Zeiten der Urherrin her über seinem Hause hängt und den er so tief verdrängt hat, daß er ihn der Tochter in all den Jahren verschweigen konnte und es erst des Kastellans bedarf, ihn auszusprechen:

> Wandeln muß sie ohne Rast,
> Bis das Haus ist ausgestorben,
> Dessen Mutter sie gewesen,
> Bis weit auf der Erde hin
> Sich kein einzger Zweig mehr findet,
> Von dem Stamm, den sie gegründet,
> Von dem Stamm der Borotin.

Selbst der Diener knüpft den Borotinschen Fluch an das Bild des Stammbaums. Dabei ist es aber gerade dieser Fluch, der die Familie aus dem natürlichen Kreislauf von Werden und Vergehen gerissen und unter ein eigenes Gesetz gestellt hat. Wenn nämlich die Frühlingsvision des Alten das Wesen der Natur als den ewigen Hang zur Selbsterneuerung bezeichnet hat und wenn es dagegen dem „morschen Stamm" dieses Hauses verwehrt ist, an diesem natürlichen Regenerationsprozeß teilzunehmen, dann ist, was sich diesem Prozeß entgegengestellt hat, schlechterdings das Über- und Widernatürliche. Indem der alte Borotin zum Gespenst seines eigenen Untergangs geworden ist, lädt er in seiner ungebrochenen Fixierung an den totgeglaubten Sohn das Gespenst der Ahnfrau ein, sich wiederum zu zeigen. So stellt von allem Anfang an die Bindung des Vaters an den Sohn die eigentliche Hybris des alten Borotin dar. Er ruft gleichsam von sich aus die Tragödie auf sein Schloß herab.

So deutlich das Auftreten der Ahnfrau durch den Charakter des alten Borotin vorbereitet wird — in der Aktualität des Bühnenvorgangs bleibt es an das Erscheinen des verlorenen Sohnes geknüpft. Wie sein Vater wird auch Jaromir durch seine erste Zeile aufs schärfste exponiert: „Bis hierher! — Ich kann nicht weiter!" Er ist, von allem Anfang an, am Ende; ein Gehetzter, der sich wie ein Ertrinkender an jede Hand hängt, die ihm geboten wird; ein vor seiner eigenen Vergangenheit Flüchtender, der nur darum vorwärts stürzt, weil ihm ein Zurück nicht gelassen ist. Er ist in der Form der großen Zerrissenen gegosssen, aus welcher der *Werther*, der *Manfred* und am Ende noch der *Fremde* Camus' hervorgegangen sind, Gestalten, die vor allem das eine gemeinsam haben, daß an ihnen die Moralbegriffe der letzten zwei Jahrhunderte und des unseren mit der größten Selbstverständlichkeit zuschanden werden. Wenn überhaupt eine Eigenschaft diesseits von Gut und Böse an dem Räuberhauptmann wahrnehmbar wird, dann ist es die Solidarität mit seinen Miträubern, und diese hat er von Schillers Karl Moor geerbt. In der Tonart dieser Räuber-Romantik rezitiert er im zweiten Akt seine große Arie: „Wie? Ich sollte einen Armen...", in der er sich zu einem so furiosen Brio steigert, daß die besorgte Bertha ihn unterbricht: „Er ist krank, gefährlich krank." Krank ist er wohl, aber die Krankheit ist eine der Seele, deren Ursachen weit zurückliegen und in seiner Kindheit zu suchen sind. Es liegt im analytischen Schema der Tragödie begründet, daß diese Krankheit Jaromir erst ins Bewußtsein zu treten vermag, wenn sie für ihn und seine Umgebung tödlich geworden ist. Wenn ihm sein Pflegevater, der Räuber Boleslav, im Schlußakt eingesteht, er habe ihn geraubt, da bricht er aus; vielmehr es bricht aus ihm:

> Ungeheuer! Ungeheuer!
> Und du konntest mirs verhehlen,
> Sahst mich giftge Martern quälen,

> Sahst des Innern blutgen Krieg,
> Ha, und deine Lippe schwieg!
> Schlichst dich kirchenräuberisch
> In des reinen Kinderbusens
> Unentweihtes Heiligtum;
> Stahlst des teuren Vaters Bild
> Von der gottgeweihten Schwelle,
> Setztest deines an die Stelle!

Drei Jahre war er alt gewesen, als Boleslav ihn am Weiher, in dem man ihn ertrunken glaubte, gefunden und mit sich genommen hatte. (In Träumen und Märchen ist der Teich ein Symbol der Geburt; in grauser Umkehrung wird das Motiv hier dazu eingesetzt, die Miß-Geburt des Helden als Räuber zu bezeichnen.) Mit diesem Raub ist der Zusammenhang zwischen dem Kind und seiner Herkunft zerrissen, und Jaromir wäre nicht seines Vaters Sohn, wenn er diesen Riß nicht als ewig offene Wunde mit sich durch die Welt trüge. So hat er das Bild seines Vaters in seinem Unbewußten mit sich geführt; seine Räuberschaft ist nichts anderes gewesen als eine Suche nach diesem Bild. Die tragische Verkettung der Generationen drückt Grillparzer im Kunstmittel der Sprache so aus, daß die Worte, mit denen sich Jaromir der Geliebten als Räuber zu erkennen gibt:

> Bins, den jene Wälder kennen,
> Bins, den Mörder: Bruder nennen ...

in geradezu kontrapunktischer Umkehrung wieder auftauchen, wenn Boleslav als den wahren Vater seines Ziehsohnes jenen bezeichnet,

> Den des Landes Höchste kennen,
> Und den Fürsten Bruder nennen.

Hier ist lange vor Richard Wagner und seinen literarischen Nachfolgern das Leitmotiv als Schicksalsträger Sprache geworden.

Zugleich aber wird das Bild des verlorenen leiblichen Vaters zum Gottesbild erhoben, das gleichfalls verlorengegangen ist: der „Kirchenräuber" Boleslav ist zum Pflegevater eines Gottesräubers geworden. Mit dem Wort „gottesräuberisch", das der Dichter schon in der *Blanka* verwendet hatte, wird der Vatermord bezeichnet und als Untat über allen Untaten verdammt. Der Chor aus der Schloßkapelle stimmt dazu an:

> Und den Blinden
> Wird er finden,
> Wie er Abels Mörder fand,
> Das Verbrechen
> Wird er rächen
> Mit des Richters schwerer Hand.

Jaromir selbst weiß schon lange, daß er ein Gezeichneter ist, daß ihm das „blutge Kainszeichen / Flammend auf der Mörderstirn" geschrieben steht. Brudermord und Vatermord sind aufs engste miteinander verwandt, nämlich als der Urmord, den die Gemeinschaft der Menschen an sich selbst begangen hat, und die Ahnfrau variiert nur scheinbar den biblischen Bericht, wenn sie dreimal, leise mahnend zuerst, dann „steigend" und schließlich „mit starker Stimme" den Mörder fragt: „Wo ist dein Vater?"

Dennoch kann man Hoff und Cermak nur bedingt beipflichten, wenn sie in ihrer Pathographie Grillparzers summarisch sagen: „Was immer Jaromir tun mag, wohin er auch fliehen möge, seine Anstrengungen sind vergeblich, da sein Weg ihm durch die Schuld der Ahnin vorgezeichnet ist." Dies hieße die Idee einer Schicksalstragödie im romantischen Sinn akzeptieren. Die Konfiguration der Tragödie ist feiner ersonnen; das Schicksal des Helden tiefer begründet. Er selbst versucht zwar, die Schuld des Vatermordes nach außen abzuwälzen und dem Schicksal — und das heißt im Zusammenhang des Spiels: der Ahnfrau — aufzubürden:

> Ich schlug den, der mich geschlagen,
> Meinen Vater schlugest du! —

Daraus folgt eine Schicksalsergebenheit, die zwangsläufig alles Tun als sinnlos erscheinen läßt:

> Unsre Taten sind nur Würfe
> In des Zufalls blinde Nacht.
> Ob sie frommen, ob sie töten?
> Wer weiß das in seinem Schlaf!

Mit diesen Worten weist sich Jaromir als legitimer Sohn seines willensschwachen Vaters, als echtbürtiger Borotin aus. Außerdem ist das Schlüsselwort „Schlaf" vieldeutig. Zunächst steht es für jene Passivität, die den Menschen zum verantwortungslosen Opfer des Fatums herabmindert. Freilich deutet die Wendung „ob sie *frommen*" sprachlich in jene Bereiche des Glaubens, in denen sich eine solche Passivität als Ergebung in die Allmacht Gottes rechtfertigt. Das Motiv von Calderóns *Leben ein Traum* klingt an und ruft jene barocke Einsicht in Erinnerung, nach welcher der Mensch nichts ist als „Zeug wie das zu Träumen". „*We are such stuff / As dreams are made on, and our little life / Is rounded by a sleep*", heißt es bei Shakespeare. Sodann ist dieser Schlaf an die „blinde Nacht" des Zufalls gebunden; das Erwachen aus ihm würde bedeuten, daß die Binde von den Augen des Menschen fiele und er erkennte, wo die Grenze liegt, die Zufall von Schicksal scheidet. Eine solche Erkenntnis wäre dann die Befreiung von der Haft, in der er durch seine Schicksalsgebundenheit gehalten wird. Daher auch Jaromirs wilder Aufschrei: „Ich will sehen, sehen, sehen!" Schließlich aber rührt das Wort Schlaf an die Kräfte, die im Innern der Menschenseele schlummern. Nur dies kann der Mörder meinen, wenn er ausruft:

> Ja, der Wille ist der meine,
> Doch die Tat ist dem Geschick.

„Die Tat ist im Schlaf getan, der Traum ist das Leben ... Das Handeln wird auf den Traum verwiesen, der Tag ist Resignation, ‚inneres Brüten'", hat Hans Weigel diese Stelle kommentiert. Der Traum aber steigt, wie wir nicht erst seit Sigmund Freud wissen, aus dem Unbewußten auf.

Die Zerrissenheit der großen Zerrissenen besteht ja gerade darin, daß zwischen ihrer Innenwelt, in der das herrscht, was Jaromir in seltsamer Verwandtschaft mit Schopenhauer seinen „Willen" nennt, und der Außenwelt, wo die Taten fallen und Konsequenzen ihre Kreise ziehen, der große Weltriß klafft. Sie wollen; aber sowie die Schwelle der Realität überschritten ist, erscheint das Getane als Zerrbild des Intendierten, so daß sie sich fragen müssen, ob diese Verkehrung des Gewollten durch die Tat nicht am Ende von ihnen selbst beabsichtigt und bezweckt worden ist. Johann Nestroys *Zerrissener* wird 1844 diesen komplizierten Tatbestand auf die einfachste aller Formeln bringen:

> Meiner Seel', 's is a fürchterlich's G'fühl,
> Wenn man selber nicht weiß, was man will.

Auch Jaromir ist durch einen Augenblick hindurchgegangen, in dem er selbst nicht wußte, was es in ihm wollte:

> Als ich fliehend in den Gang,
> Der Verfolger nach mir sprang, ...
> Da riefs warnend tief in mir,
> Deine Waffen wirf von dir
> Und dich hin zu seinen Füßen,
> Süß ists, durch den Tod zu büßen!
> Aber rasch, mit neuer Glut
> Flammt empor die Räuberwut ...
> Und der Dolch in meiner Hand
> Glühet wie ein Höllenbrand!
> Rette, ruft es, rette dich!
> Und blind stoß ich hinter mich.
> Ha, es traf.

In diesem Augenblick, in dem innere und äußere Stimmen auf ihn einstürzten, war ihm die Entscheidung über Tod und Leben überantwortet gewesen; genauer gesagt, über Tod und Tod, den Tod des

Verfolgers oder seinen eigenen. Noch hat er in jenem nicht seinen Vater erkannt, noch ist ihm die eigene Identität unbewußt; ja die Tragik der Situation liegt darin, daß sie weder dem Verfolgten noch dem Verfolger Zeit läßt, sich einander zuzuwenden und zu erkennen zu geben. Zugleich wohnt dem Moment eine aufschließende Symbolkraft inne: so sind die beiden ein Leben lang hintereinander hergestürzt, Jaromirs Leben lang. Noch glaubt er, es sei die alte „Räuberwut", die seine „blinde" Hand hinter seinen eigenen Rücken führt, um dort mit dem Schicksalsrequisit des Dolches die Mordtat zu begehen. Daß dieses Verbrechen wörtlich hinter seinem Rücken vor sich geht, ist zwar nach den Gesetzen der Wirklichkeit nicht recht vorstellbar, setzt aber, mit der Freiheit der dichterischen Sprache, die „Blindheit" des Mörders in eine Gebärde seines Körpers um. Der Dolch — es ist der gleiche, mit dem auch die Ahnfrau getötet wurde — macht sich sozusagen selbständig und liegt doch in der Hand dessen, der nicht mehr weiß, ob er noch wollen will oder schon müssen muß. Die Leiche, die er hinter sich zurückläßt, gibt uns — und bald auch ihm — die Antwort auf diese Frage.

Man solle, sagt Grillparzer in der Selbstbiographie, nicht „den Umstand vergessen, daß ein Trauerspiel, so traurig es sein mag, doch immer auch ein Spiel bleibt". Gerade wenn wir die *Ahnfrau* für nichts als Spiel nehmen, erscheint die extreme Ironie dieses Stücks darin, daß in der Mordszene, die der Dichter fürsorglich hinter die Bühne und in den Zwischenakt verlegt hat, die zwei Figuren, die sich seit seinem Beginn unausgesetzt aufeinander zu bewegt haben, im Augenblick der höchsten Nähe aneinander zugrunde gehen. Dies ist der Kampf zwischen den Geschlechtern, der Konflikt des Sophokleischen Ödipus. Ödipus war nach Delphi gezogen, um die Wahrheit über seine Herkunft zu erfahren, und mit Laios zusammengestoßen, der sich des Orakelspruchs vergewissern wollte, nach dem sein Leben an den Tod seines Sohnes geknüpft war. Auch hier waren Vater und Sohn blind aufeinandergeprallt; der Kreuzweg des Vatermords liegt überall und immer. Und wie Ödipus erst sehend wurde, nachdem er sich in der Erkenntnis seiner Tat geblendet hatte, so fallen die Schuppen des Schicksals von Jaromirs Augen, geht sein Wunsch zu sehen erst in Erfüllung, wenn er im Begriff steht, seinen Geist aufzugeben.

So barock in Grillparzers Trauerspiel der Strom der spanischen Trochäen daherkommt, so unleugbar der lange Schatten Schillers über diesen Räuber fällt (Jaromir ist unter vielem anderen auch Karl und Franz Moor in einem), so deutlich ist das Fundament des Stückes auf dem Gegensatz von Vater und Sohn errichtet, so innig ist es Sophokles' *König Ödipus* verpflichtet, den Grillparzer schon in seinem letzten Jahr am Gymnasium „am Schnürchen hatte". In einer ausgreifenden Studie hat Hinrich C. Seeba die Nähe der beiden Stücke zueinander aus dem aristotelischen Begriff der Anagnorisis, der Wiederkennung, abgeleitet: „Katastrophal ist die Anagnorisis, weil sie in der *Ahnfrau* wie im *Oidipus* zur Selbsterkenntnis des Menschen vertieft ist: Sobald Oidipus weiß, wer er ist, weiß er auch, daß er seinen Vater getötet und seine Mutter geheiratet hat; sobald Jaromir weiß, wer er ist, weiß er auch, daß er seinen Vater getötet und seine Schwester geliebt hat. Die katastrophale Anagnorisis enthüllt den bis dahin unbekannten Familienzusammenhang, der Jaromirs wie Oidipus' Schicksal ist ... Aber", schränkt Seeba sogleich seinen Vergleich ein, „während im *Oidipus* die Selbstvergewisserung des Menschen noch ein objektiver Vollzug der von Göttern und Orakeln garantierten Wahrheit ist, wird sie im 19. Jahrhundert, da die Götter ,in die Brust des Menschen zurückgekehrt' sind (Schiller), psychologisch subjektiviert zur Bewußtseinskrise des problematischen Helden." Es ist unzweifelhaft richtig, daß Grillparzers Jaromir die Tragik des menschlichen Schicksals nicht mehr aus der Hand der Götter und durch den Mund ihrer Orakel erfahren hat, sondern vor allem an sich selbst. Die Gestalt der Ahnfrau ist gewissermaßen das Bindeglied zwischen seiner Seelenkrise und dem Universalkonflikt des griechischen Vorbilds. Sie ist noch Verhängnis und schon die Wahnvorstellung eines im modernen Sinn Nervösen. Darum endet auch Jaromir nicht mehr wie sein mythischer Vetter mit der Buße eines Lebens in sehender Blindheit, sondern im Wahnsinn, aus dem ihn die mütterliche Ahnfrau sacht in ihr Reich hinübernimmt. Mehr noch, er *weiß*, daß er wahnsinnig ist — „Wahnsinn zuckt mir durchs Gehirn" —, und stellt am Ende aufs präziseste seine Selbstentfremdung als Persönlichkeitsspaltung dar. *„Seine Hände begegnen sich"*, schreibt ihm der Dichter vor und läßt ihn voll Entsetzen fragen:

Ha, wer faßt so kalt mich an? —
Meine Hand? — Ja, 's ist die meine.

(Ein ähnliches Bild mit ähnlichem Sinngehalt wird dann König Alphons im Schlußakt der *Jüdin von Toledo* bieten.) Mit anderen Worten: der *Ahnfrau* liegt weniger eine Gespenster- oder Räubergeschichte als vielmehr die Anamnese einer Seelenkrankheit zugrunde. Woran diese Seele erkrankt ist, ist das eigene Ich. Es versteht sich am Rande, daß ein solcherart an seinem Ich Erkrankter, von seinem Ich Besessener nicht mehr zu lieben vermag; Bertha erkennt dies deutlich, wenn sie zu ihrem Geliebten von jenen „leichten Menschen" spricht, „die die Liebe lieben, / Aber nicht den Gegenstand". Die Stelle ist mit Anzüglichkeit geladen. Bertha selbst fühlt, daß sie für Jaromir nichts ist als ein „Gegenstand", ein entbehrliches, vertauschbares Objekt, ohne eigenes Ich und eignen Wert. Freilich vermag sie hier noch nicht zu erkennen (vermöchte sie dies je?), daß ihr Freund nicht so sehr die „Liebe liebt", wie er von der unwiderstehlichen Verstrickung seines Schicksals in den Abgrund von Inzest und Vatermord gerissen wird. Hier ist er wirklich ein Ödipus auf der Bühne des Wiener Theaters.

Apollos Orakel im *König Ödipus* war von äußerster Einfachheit und Eindeutigkeit:

> Der Mutter müßte ich mich mischen . . .
> Und ihn, der mich erzeugte, morden: Vater.

Die moderne Seelenverfassung, in der Grillparzers *Ahnfrau* entstanden ist, läßt es als folgerichtig erscheinen, daß das Wesen der Urmutter von der gleichen Zwiespältigkeit geprägt ist wie das ihrer Nachfahren. Aus Zwiespalt wurde sie zur Ahnfrau eines Geschlechts, das schon zu Lebzeiten im Grunde heimatlos über die Erde geisterte. „In den Armen ihres Buhlen" (in der ersten Fassung noch deutlicher: „ihres Knechtes") hat sie der Gemahl erschlagen; der Stamm der Borotins ist einem Ehebruch entwachsen. Zwiespältig wie ihre Sünde erscheint auch die Strafe der Ahnfrau: sie darf nur warnen und bezeugen; zu handeln und das Unheil aufzuhalten ist ihr nicht gestattet. Das Motiv aber, das sie zur Erscheinung bringt, ist so ambivalent wie die Gefühle jener, denen sie sich prophetisch zeigt:

> Und in jedem Enkelkinde,
> Das entsproß aus ihrem Blut,
> Haßt sie die vergangne Sünde,
> Liebt sie die vergangne Glut.

Haßliebe ist es, was die Ahnfrau ihren Abkömmlingen mitgegeben hat; Haßliebe bindet die beiden Borotins — Vater und Sohn — aneinander, und Haßliebe ist es schließlich, was Bertha auch dann an ihren Jaromir fesselt, wenn sie die Wahrheit über den Räuber erfahren hat. Alle drei Gestalten führt ihre Ambivalenz in den Tod, der sodann, gleichsam retroaktiv, die Stifterin des Unheils, die Ahnfrau, von ihrem Zwiespalt erlöst, so daß auch sie endlich in ihren Frieden heimkehren kann.

Mit der Liebe zwischen dem letzten Borotin und seiner Schwester taucht nun auch das Inzestmotiv in aller Schärfe auf. Schon Otto Rank hat 1912 darauf hingewiesen, daß erst mit diesem Seitenthema das ewige Dreieck der Ödipus-Situation zur Gänze hergestellt wird: „Der Sohn tötet den Vater und liebt — die Schwester, statt der Mutter." Dabei ist ihm jedoch entgangen, daß Bertha nicht nur den Rufnamen der Urmutter trägt, sondern auch ihrem Bild zum Verwechseln ähnlich sieht. So wird das Inzestmotiv dadurch bis an die Grenze des Erträglichen gesteigert, daß das Gespenst sowohl Vater wie Sohn zu täuschen vermag und daß zwischen der Ahnfrau und ihrer Enkelin Spiegelwirkungen von spukhafter Ironie entstehen. Von allem Anfang an wurden die beiden von derselben Schauspielerin dargestellt.

Bertha führt sozusagen ein Doppelleben. Als Tochter ihres Vaters und Geliebte ihres Bruders bietet sie ein Kabinettstück psychologischer Motivierung. „Braut und Mutter zugleich", das ist es, was Jaromir an seiner Schwester gefunden hat, als er, ohne es zu wissen, in das Schloß seiner Väter heimkehrte. Auf der Höhe der Erkennungsszene mit Bertha, in der die Liebenden mit dem von beiden gesprochenen Schicksalswort „Es ist geschehn!" einander als Schloßfräulein und Räuber gegenüberstehen und er die *„nur schwach sich Sträubende"* trotzdem zu sich hinüberziehen muß, bricht es mit manischen Worten aus ihm hervor:

Mild, wie eine Mutter, leite
Mich, dein Kind, wies dir gefällt,
Daß mein Fuß nicht strauchelnd gleite
In der neuen, fremden Welt.

Er besitzt die Überredungskraft vieler Neurotiker, die darin besteht, daß ihre zweckgerichtete Sprache die unbewußten Schichten ihrer gestörten Seele aufreißt und damit auch an das Unbewußte der Angeredeten rührt. (Es sind jene Schichten, in denen die Krankheit schöpferisch wird.) Und Bertha ist ihm denn auch gefügig. *„Halb ohnmächtig"*, wie Grillparzer anweist, spricht sie: „Ich will!"; wie Jaromirs Willen ist auch der ihre von Schwäche gezeugt und geboren. So hat sie gelebt, so wird sie sterben: eine Ohnmacht ereilt sie, ehe sie am Ende des vierten Aktes den Tisch erreicht, auf dem der Giftbecher sie erwartet. Ihre letzten Worte sind: „Aber leise — leise — leise."

Damit ist die Bühne für die Ahnfrau freigegeben. Sie sammelt sozusagen die Sünden ihrer Enkel ein, um sich mit ihnen den Eintritt in ihre „stille Klause" zu erkaufen. Als sie zu Beginn des Spiels dem schlafenden Grafen erschienen war, da hielt dieser sie in seinem Traum für seine Tochter und begegnete ihr mit der Frage: „Willst du deinen Vater töten?" Die Frage ist zunächst unverständlich, da sein Verhältnis zu Bertha noch ungetrübt erscheint. Aber er spricht ja aus Schlaf und Traum, aus dem Unbewußten. Hat er sie nicht wenige dramatische Minuten zuvor selbst mit der Klage, er „sterbe kinderlos", aus der Welt geschafft, so daß sein Schuldgefühl ihr nun Revanchegedanken unterschieben muß? Lebt nicht die Angst seines Ahnherrn in ihm fort, der seine Frau tatsächlich erschlagen hat und für seine Mordtat die Rache aus dem Jenseits fürchten muß? Die Ahnfrau betreibt ein gespenstisches Geschäft, wenn sie sich zeigt, aber sie tut dies auf durchaus tiefenpsychologische

Manier. Den Räuber Jaromir zieht sie ins Verderben, weniger dadurch, daß sie ihn auf den Dolch stößt, mit dem er den Vatermord begehen wird, als durch ihre Erscheinung in der Gestalt ihrer Enkelin. So erweckt sie in ihm jene Inzestgelüste, die ihn schließlich in ihre Arme, die tödliche Umarmung der Urmutter, führen. Dabei bleibt sie ihrer Aufgabe, die Kinder zu warnen, bis zum letzten Atemzug treu, sofern man bei Gespenstern von Atemzügen sprechen darf. Dem sinnverwirrten Jaromir, der sie immer noch mit ihrer Enkelin verwechselt, hält sie entgegen:

> Deine Bertha bin ich nicht!
> Bin die Ahnfrau deines Hauses,
> Deine Mutter, Sündensohn!

Mehr noch, diese Mutter zeigt ihm die Leiche seiner Schwester, worauf er, die Gleichung Bertha=Ahnfrau zu Ende führend, mit dem Ausruf:

> Das ist Berthas Angesicht,
> Und bei dem ist meine Stelle!

auf die Ahnfrau zueilt. Hiermit schließt sich nicht nur das Trauerspiel, sondern auch die ödipale Grundkonstellation, auf der es beruht.

Friedrich Gundolf hat von diesem Stück gesagt, „die atemlose Hatz" sei „überhaupt [sein] einzig dichterischer, nämlich echter Wert". Er bezeichnet damit den Wurf des fünfundzwanzigjährigen Dramatikers als einen Fiebertraum. Das erstaunliche an Grillparzers erregter Vision ist jedoch nicht das Tempo, in dem sich seine Verse überstürzen, zu Reimen bündeln und dennoch ungebunden aus Dunkel in Dunkel verlieren — das erstaunliche ist die Einheitlichkeit der szenischen Führung und die Präzision des tragischen Ablaufs. Der Dichter, der dem Diktat eines Angstgesichtes folgte, war ein intuitiver Praktiker des wirksamen Theaters.

Auf geradezu klassische Art sind die Einheiten von Zeit und Handlung analytisch gewahrt; die Einheit des Orts hingegen wird nur scheinbar durch die Verlegung des Geschehens aus der „gotischen Halle" des Schlosses in sein Inneres, den Zwinger und schließlich die Grabkapelle, durchbrochen. In Wahrheit hat der Dichter die Kulissen seines Stücks als Bilder verwendet, als Bühnen-Bilder im eigentlichen Verstand dieses Wortes, als Symbole nämlich, die im Verlauf des Dramas und durch diesen transparent werden.

Der „späte Winterabend", der zu Anfang herrscht, deutet auf Spätzeit. Wie das Jahr sich seinem Ende zuneigt, wird auch der Stammbaum derer von Borotin verwelken und zerbrechen. Das Licht, das auf dem Tische steht, wird ausgehn, sowie Jaromir den Vatermord vollbracht hat, die einzige Tat, die zu tun dem letzten Erben des Hauses noch möglich ist. Das Schloß selbst ist dem *Castle of Otranto* des englischen Grusel-romantikers Horace Walpole nachgebildet. Aber es liegt nicht mehr, wie das Schloß Stern von Grillparzers unmittelbarem Vorbild, in Prag, sondern näher bei Wien, in Mähren; noch im Slawischen, das den Wienern immer schon zugleich vertraut und suspekt gewesen ist, und doch sozu-sagen bereits vor den Toren der Stadt. Was sich dort zugetragen hat, hätte auch in Wien passieren können.

Schloß Borotin ist baufällig, unterminiert und labyrinthisch. Seine Wälle beschützen es nicht mehr, sondern bieten in ihrer Hinfälligkeit allerlei Raubgesindel Schutz. Hier muß sich Boleslav aufgehalten haben, bevor er das Kind Jaromir geraubt hat.

> Dieses Schlosses Außenwerke,
> Seine halbverfallnen Gänge
> Sind dem Räuber längst bekannt,

gesteht der erwachsene Ziehsohn des Räubers; er spricht aus Erfahrung. Auch der Hauptmann der königlichen Soldateska erwähnt die Gänge,

> Die in wildverworrner Menge,
> Halb verfallen, weit umhin
> Dieses Schlosses Wall umziehn.

Während die Halle des ersten Akts hochgelegen ist (Jaromir muß eine Linde hinabklettern, wenn er aus seinem der Halle benachbarten Schlaf-zimmer unbemerkt das Freie gewinnen und sich seinen Gesellen anschließen will), führen diese unterirdischen Gänge ins Innerste, in die Grabkapelle, die in der Mitte des labyrinthischen Gewirrs anzu-nehmen ist.

Es ist nun auffällig, daß der alte Graf dem Hauptmann den Zutritt zu diesem Schloßinneren verweigern will. Der Grund, den er hierfür geltend macht, ist fadenscheinig genug:

> Ich gedachte meiner Ahnen,
> Deren Wort hier, weit und breit,
> Mehr galt, als der höchste Eid,
> Unter denen der Verdacht
> Und des Argwohns finstre Macht
> Schamrot sich geweigert hätten,
> Diese Hallen zu betreten.
> Doch ich bin der Letzte und ein Greis.

Wozu die vielen Worte, die in der letzten Zeile auch noch das Versmaß überbürden? Im Grunde sollte der Alte glücklich sein darüber, daß das Raubgesindel, das bis ins Gemäuer seines Hauses gedrungen ist, endlich ausgehoben wird. Er ist ein romantischer Edelmann und müßte genug vom Kriegshandwerk verstehen, um sich zu sagen, daß eine solche

Säuberungsaktion ohne eine gründliche Untersuchung des Schauplatzes unmöglich ist. Zeigt er nichts als gekränkte Eitelkeit? Sind sein Wissen um die Unentrinnbarkeit des Endes, seine Verbitterung im allgemeinen, so groß, daß er sich dem Selbstverständlichen widersetzt? Oder ist er schlicht und einfach senil?

Wir wissen es nicht. Wohl aber wissen wir, daß diese Stelle in der ersten Fassung fehlte, die Schreyvogel vorgelegen war. Dort erscheint Borotin mehr als willig, den Hauptmann ohne viel Federlesens gewähren zu lassen; ja er stellt sich ihm enthusiastisch zur Verfügung:

> Dieses Schloß ist nicht mehr mein;
> Bis ihr euer Werk vollendet
> Ist es euer, ists des Königs,
> Und ich selbst in eurer Mitte
> Will der Späher Schritte leiten,
> Denn ich kenne diese Gegend,
> Denn ich kenne dieses Schloß.

Die Parallelkonstruktion der letzten beiden Zeilen verleiht den durchaus rationalen Gedankengängen des Grafen sogar einen besonderen Nachdruck.

Nun unterscheidet sich, wie wir wissen, die zweite Fassung des Stücks von der ersten vor allem dadurch, daß sich Grillparzer in jener an die Vorschriften des Dramaturgen zu halten versucht hat. Schreyvogel hatte an den Rand des Manuskripts geschrieben: „Die Einwirkung der Ahnfrau auf das Schicksal ihrer Familie muß tiefer begründet werden ... Dieses geschieht, wenn ihre Nachkommen ... *die Kinder ihrer Sünde sind* ...“ Dieser Weisung ist Grillparzer auch aufs peinlichste gefolgt, wobei er seinen Widerwillen damit bezeigt hat, daß er gelegentlich über das im Sinne Schreyvogels Notwendige und von ihm Geforderte hinausgegangen ist. (Ein Einschiebsel, dem zufolge Jaromir vor der Hochzeit seiner Eltern geboren wurde, ist eine solche Fleißaufgabe.) Niemand aber kann behaupten, daß Borotins Weigerung, sein Schloß durchsuchen zu lassen, danach angetan sei, den schicksalhaften Zusammenhang innerhalb der Familie Borotin herauszuarbeiten oder zu straffen. Grillparzer muß daher die Änderung unabhängig von seinem väterlichen Freund in eigener Regie unternommen haben.

Was war ihm dabei vorgeschwebt? Der Hauptmann hatte um die Erlaubnis gebeten,

> Daß ich eures Schlosses Innres
> Noch vor allem erst durchforsche.

Wir vermuten, daß Grillparzers Phantasie am Wort „Innres“ haftenblieb. Hatte er nicht nach der Erstaufführung des Stückes geschrieben,

„es sei ebenso unschicklich das Innere nackt zu zeigen als das Äußere"? So hat Grillparzer das Innere des Schlosses dem Innern von Borotins Seele gleichgesetzt, und wohl nicht Borotins allein. Dies würde dann dazu beitragen, die Weigerung des Grafen, dem Hauptmann eben dieses Innere freizugeben, verständlicher erscheinen zu lassen. In diesem Inneren des Schlosses, tief drunten in den verfallenen Verliesen und Grüften, begeben sich der Vatermord und der Inzest. Das Schloß Borotin stellt mehr dar als eine Theaterkulisse; sein Inneres deutet zugleich auf das Unbewußte in den Seelen der handelnden Figuren und letztlich auch ihres Dichters. Und wenn es am Ende erscheinen will, als zerstörte sich das Stammschloß der Borotins durch die letzten seiner Insassen, dann besagt dieses Bild auch, daß hier ein unbewußter Konflikt auf tragische Weise bis zum völligen Untergang derer ausgefochten worden ist, die ihm von allem Anfang an verfallen gewesen waren. Der wurzellose Stammbaum und die willensschwachen und heimatlosen Seelen der Protagonisten verschmelzen auf diese Weise. Sie haben einander immer schon gespiegelt und ergänzt.

Grillparzer hat in diesem Trauerspiel das gotische Schloß der Schicksalsromantik in einer Landschaft der modernen Seele angesiedelt und, statt Gruseln zu lehren, das Schaudern des Menschen vor seinem eigenen Verhängnis zum Gleichnis werden lassen. Die alte Sage des griechischen Ödipus ist damit ins Theater des neunzehnten Jahrhunderts eingekehrt und hat bei dieser Einkehr entscheidende Züge von Freuds Seelenlehre vorweggenommen, die ihrerseits dem Sophokleischen Mythos verpflichtet ist. Es ließe sich denken, daß aus diesen Tiefen der „Rausch des Beifalls, aber auch des Entsetzens" stammte, der, wie die Freifrau von Binzer berichtet, bei der Premiere der *Ahnfrau* „durch ganz Wien" gegangen ist.

Der unfruchtbare Lorbeer: *Sappho*

Im August 1826 reiste Grillparzer nach Deutschland. Die Fahrt galt vor allem Weimar und Goethe. Schon unterwegs notierte er: „Mit welcher Empfindung werde ich den hiesigen Literatoren entgegen treten? Nicht als ob ich sie scheute, dazu achte ich sie zu wenig, und erst bei Goethe wird mir Bangigkeit ankommen." Diese Bangigkeit entsprang einem inneren Zwiespalt. Er stand auf der Höhe seines Ruhms, war Theaterdichter des Burgtheaters gewesen und hatte mit seinen Stücken enorme Erfolge daheim und im Ausland geerntet. Trotzdem fährt er im Tagebuch fort: „Selbstschätzung war mir immer fremd, und ich kann nicht begreifen, wie einer dadurch besser sein kann, weil ein anderer schlechter ist. Aut Caesar aut nihil."

Der letzte Satz deutet auf größeren Stolz, als Grillparzer wahrhaben wollte. In der Selbstbiographie berichtet er über die Zeit, in der er den ihm unerträglichen Erfolg der *Ahnfrau* dadurch ausmerzen wollte, daß er einen „möglichst einfachen Stoff" wählte, mit dem er der Welt zeigen konnte, „daß ich durch die bloße Macht der Poesie Wirkungen hervorzubringen imstande sei": „Mein Gemüt war verbittert", fährt er fort, „Goethe hatte sich der Wissenschaft zugewendet und förderte in einem großartigen Quietismus nur das Gemäßigte und Wirkungslose, indes in mir alle Brandfackeln der Phantasie sprühten." Im Grunde war er — ebenso wie Kleist vor ihm — ausgezogen, um dem leidenschaftlich Bewunderten „den Kranz von der Stirne [zu] reißen". Zumal in der *Sappho* glaubte er, sich auf den Boden von Goethes Reich begeben, sich das edle Maß der priesterlichen *Iphigenie* angeeignet und eine Künstlertragödie geschaffen zu haben, die mit dem *Tasso* zu wetteifern vermochte. Kein Wunder also, wenn er die Pilgerfahrt nach Weimar mit einem einigermaßen belasteten Gewissen antrat. Er wollte zugleich verehren und sich davon überzeugen, daß er selbst nicht unwürdig war.

Schon am ersten Tag stöhnte er: „Weiß Gott, ich zwinge mich zu dieser Reise, und ich appliziere sie mir wie eine Vesikatur, als letztes Mittel um zu sehen, obs noch zieht und ob noch ein Rest von Lebenskraft vorhanden." Nach wenig mehr als einer Woche vertraute er dem Tagebuch an: „Wie leicht vorauszusehen war, die Lust zu diesen

Kritzeleien verloren." Er fühlte sich „krank" und „mißmutig"; je näher er seinem Ziel kam, desto mehr erregte sein Zustand Besorgnis, seine Besorgnis: „Mein Übel verschlimmert sich; die vergangene Nacht nicht geschlafen, mich verkühlt, weil ich in Federbetten nicht aushalten konnte, und daher auf dem bloßen Strohe schlief. Grimmen, Durchfall."

Immer mehr nahm die Reise, die er vor sich selbst damit gerechtfertigt hatte, daß er Zerstreuung und vielleicht eine Arbeitsstätte fern vom gehaßten und geliebten Wien werde finden können, den Charakter einer Bußfahrt an: er bettete sich auf Stroh und erwartete die Schläge, die ihm sein eigener Körper versetzen sollte. In Berlin fand er für sein Unbehagen geradezu biblische Töne: „Meine Seele ist betrübt bis in den Tod." (Diesen Satz liebte er so, daß er ihn dem Herzog Otto von Meran aus dem zur gleichen Zeit entstehenden *Treuen Diener seines Herrn* in den Mund legte. Zitierte er seine dem Wahnsinn nahe Figur? Nahm diese ihr Stichwort von Grillparzer, der sich an der Grenze des Erträglichen fühlte? Noch einmal sollte das Christuswort wiederkehren, als ihn im Folgejahr Zweifel an der eigenen Schaffenskraft befielen.) Er erlebte den Triumph der Niederlage, die er sich selbst bereitet hatte, als er endlich in das Tagebuch eintragen konnte: „Habe mir mit dem Barbiermesser den Zeigefinger der rechten Hand halb gespalten, muß daher mit der Schreiberei für einige Zeit aussetzen. Laus Deo." Er wütete gegen sich, indem er aus Angst vor dem kommenden Besuch in Weimar den rechten Zeigefinger, dieses unentbehrliche Instrument seiner Schöpfertätigkeit, lahmlegte. Seinen eigenen Schöpfer pries er sodann dafür, daß er nun das Kommende mit Schweigen verhüllen und dem Vergessen anheimgeben durfte. Tatsächlich bricht das Tagebuch einige Eintragungen später ab.

Endlich war es soweit. Goethe hatte zwar vermutlich nicht gelesen, was er in seinem Tagebuch als „Ahnenfrau" bezeichnete, kam aber dem Gast mit vorsichtigem Wohlwollen entgegen. Den Eindruck, den er von dem Österreicher empfangen hatte, faßte er am 11. Oktober 1826 in einem Brief an Karl Friedrich Zelter zusammen: „Grillparzer ist ein angenehmer wohlgefälliger Mann; ein angebornes poetisches Talent darf man ihm wohl zuschreiben; wohin es langt und wie es ausreicht, will ich nicht sagen. Daß er in unserm freien Leben etwas gedrückt erschien, ist natürlich." Offenbar schwante dem großen Manne nicht, daß die Begegnung mit ihm selbst und seinem Werke die Ursache dieser Bedrückung gewesen war.

Grillparzer wurde für den Abend eingeladen, und er mußte „das Ideal [m]einer Jugend ... als steifen Minister zu sehen, der seinen Gästen den Tee gesegnete". Am nächsten Tag war er bei dem Herrn Minister zu Tisch. Als Goethe seine Hand ergriff, um ihn ins Speisezimmer zu führen, brach Grillparzer in Tränen aus. Vom Mittagmahl blieb ihm lediglich in Erinnerung, „daß ich im Eifer des Gespräches, nach löblicher Gewohnheit, in dem neben mir liegenden Stücke Brot krümmelte und dadurch unschöne Brosamen erzeugte. Da tippte denn Goethe mit dem Finger auf jedes einzelne und legte sie auf ein regelmäßiges Häufchen zusammen. Spät erst bemerkte ich es und unterließ denn meine Hand-arbeit." Hier sah er in eine wirkliche Gebärde zusammengefaßt, was er in mächtiger Hyperbole dem Priester aus *Des Meeres und der Liebe Wellen* in den Mund legen sollte: jene Sammlung, die „selbst das Kleine näher rückt den Sternen". Er aber fühlte sich zerstreut und fürchtete mit erstaunlicher Selbsteinsicht, der Alte habe ihn durchschaut und erkannt, „daß Unmännlichkeit des Charakters auch ein bedeutendes Talent zu Grunde richten müsse". Er konnte sich nicht entschließen, die Einladung Goethes anzunehmen, einen Abend mit ihm allein im Gespräch zuzu-bringen.

Schon vorher hatte der Herr Geheimbderat ihn aufgefordert, sich für seine Sammlung zeichnen zu lassen. „Als ich mich des andern Vormittags einstellte", berichtet er in der Selbstbiographie, „war der Maler noch nicht gekommen. Man wies mich daher zu Goethe, der in seinem Hausgärtchen auf und nieder ging ... Sein Anblick in dieser natürlichen Stellung mit einem langen Hausrock bekleidet, ein kleines Schirm-Käppchen auf den weißen Haaren hatte etwas unendlich Rührendes. Er sah halb wie ein König aus und halb wie ein Vater. Wir sprachen im Auf- und Niedergehen. Er erwähnte meiner Sappho, die er zu billigen schien, worin er freilich gewissermaßen sich selbst lobte, denn ich hatte so ziemlich mit seinem Kalbe gepflügt ..."

Ausgesetzt dem Charisma des ebenso Gefürchteten wie Verehrten, hatte Grillparzer vergessen, daß es ihm in der *Sappho* nicht nur darum gegangen war, das Ebenmaß der Weimarer Klassik in das mildere und lauere Klima des Wiener Burgtheaters zu übertragen, sondern auch und zuvörderst den Bann des Gewaltigen zu brechen und ein eigenständiges österreichisches Drama an die Stelle von Goethes „großartigem Quie-tismus" zu setzen. Denn es verdroß ihn, „daß ein östreichischer Dichter durchaus eine fremde, wenn auch deutsche Protektion nötig haben sollte". Freilich blieb es ihm mehr als bewußt, daß er sich in der *Sappho* der Goetheschen Beschränkung aufs Einheitliche und Erlesen-Wesentliche bedient hatte, ebenso wie er zuvor den heroischen Kadenzen Schillers gefolgt war. Indem er sich aber der griechischen Klassizität der *Iphigenie* stellte und zugleich jenes Künstlerthema aufgriff, das Goethe mit seinem *Tasso* ins konziliante und wirklichkeitsgerechte Gleichgewicht gebändigt hatte, meldete er seinen Anspruch auf eine Nachfolge an, die mehr war als die Geste eines Epigonen. Aus diesem Anspruch, der sich mit den quälenden Zweifeln an seiner eigenen Berufung verband, ist sein seltsames Benehmen während der Reise nach Weimar zu verstehen. Er war als Prätendent, als wahrer und falscher Demetrius zugleich, gekommen.

Der Acker, den er mit „Goethes Kalbe" gepflügt hatte, war sein Eigentum. Werner Vordtriede hat erkannt, daß der Tasso des Klassikers ins Maßlose gerät, „weil die Gesellschaft seine hohe Lebensfestlichkeit, seine besondere Art zu sein, als fremd empfindet und ablehnt, während Sappho im Gegenteil das Fest des Lebens im nicht-dichterischen Bereich erblickt und, so wie später Tonio Kröger, nun auch einmal mittanzen möchte". Der Lorbeer, nach dem Goethes Held langt, ist der Kranz der Caesaren, bewahrt über die Jahrhunderte hin, bis die Renaissance ihn zur Krone des Ruhmes umwertete, die dem Poeten als Thronfolger im Reiche der Kunst verliehen wird. Der Kranz jedoch, den Sappho trägt, ist ein Dornenreif. Kaum ist sie mit dem Siegeszeichen um die Schläfen aufgetreten, da entringt sich ihr das Bekenntnis:

> Umsonst nicht hat zum Schmuck der Musen Chor
> Den unfruchtbaren Lorbeer sich erwählt,
> Kalt, frucht- und duftlos drücket er das Haupt,
> Dem er Ersatz versprach für manches Opfer,
> Gar ängstlich steht sichs auf der Menschheit Höhn
> Und ewig ist die arme Kunst gezwungen,
> *mit ausgebreiteten Armen gegen Phaon*
> Zu betteln von des Lebens Überfluß.

Die arme Kunst! Sappho leidet, weil ihr ein Gott gegeben hat zu singen. Gesang ist nicht mehr Überfluß, Begeisterung, Enthusiasmus, sondern der Stachel im Fleisch, das sich gern anders besänne. Kunst und Wirklichkeit sind nicht mehr dialektisch gegeneinander gesetzt, um sich in heilsamer Synthese am Ende doch noch zum Wohl des Allgemeinen zu verpflichten, sondern die Dichtung wird als Geißel verstanden, unter deren Schlägen sich das verletzte und verabsäumte Leben in mörderischen Zuckungen windet. Auch Goethes Tasso weigert sich dem Kranz; doch wenn er's tut, dann leitet ihn „Bescheidenheit"; eine Bescheidenheit zudem, die nichts inniger ersehnt als den Griff nach dem schönen Zeichen,

> das den Dichter ehrt.
> Das selbst der Held, der seiner stets bedarf,
> Ihm ohne Neid ums Haupt gewunden sieht.

Hier ist die Tradition des Bildes, das Motiv des Lorbeerkranzes, noch intakt geblieben. Sappho aber vollzieht den Bruch mit der Tradition, wenn sie das Sinnbild dichterisch-heroischen Triumphes „kalt, frucht- und duftlos" nennt. Sie spricht nicht mehr die Sprache Tassos, sondern Grillparzers selbst, der zwei Jahre nach der Beendigung des Dramas mit seinem Gedicht „Der Bann" Kunst und Leben als feindliche Schwestern einander in die Schlangenhaare geraten sah. Und das Leben ist es, welches dem unseligen Dichter zuruft:

> Verdammet Schatten nachzujagen,
> Buhl doch um Augenblickes Kuß.
> Es fehle Kraft dir zum Entsagen
> Und Selbstbegrenzung zum Genuß.
>
> Die Sprache will ich dir verwandeln,
> Dein Hörer sei der Mißverstand,
> Mißlingen sei mit deinem Handeln,
> Entzweit auf immer Kopf und Hand ...
>
> Zieh hin um all dein Glück betrogen,
> und buhl um meiner Schwester Gunst,
> Sieh, was das *Leben* dir entzogen,
> Ob dirs ersetzen kann die *Kunst*.

Wieder fällt das bittere Wort von der Kunst als Lebensersatz. Kein Künstler aber ist schwerer von dieser Ersatzhandlung betroffen als der Sprachkünstler, der Dichter. Die Sprache trägt ihre Botschaft nicht mehr. Der Angesprochene ist ärger als taub: er verhört sich. Handeln ist sinnlos, da die Hand, die es ausführt, ungelenkt bleibt von einem Verstand, der nur mehr sich selbst reflektiert. Auch Sappho ist eine Zerrissene, der nichts geblieben ist als die Verklärung der Zerrissenheit durch ihre endgültige Aufhebung: den Selbstmord. „Wer hat hier noch zu klagen außer mir?"

Was Sappho beklagt, ist die Verwandlung des dichterischen Berufs in eine Lebensatrophie. Leitmotivisch zieht das Bild vom Lorbeerkranz durch das Stück, von der Eingangsszene an, da sie ihn an der Seite des geliebten Phaon fortgeben will für die „Myrte" und ihre Leier umzustimmen gedenkt „zum Preise nur von häuslich stillen Freuden", bis zu ihrem Abschiedslied, in dem sie eben diesen Kranz um den Kelch des Lebens schlingt und doch von ihren Lippen absetzt, ohne ihn je geleert zu haben. Von der Unfruchtbarkeit ihres Lorbeerkranzes ist es nun wirklich kaum ein Schritt mehr zu der Tödlichkeit der Kunstübung, von der Thomas Manns Tonio Kröger zu berichten weiß, zu der

Erkenntnis, daß man auch kein Blättchen pflücken dürfe, kein einziges, „vom Lorbeerbaume der Kunst, ohne mit seinem Leben dafür zu zahlen". Und wie Tonio sich am Ende durch die Krise seiner Kunst gezwungen sieht, nach seiner Identität als Geschlechtswesen zu fragen — „Ist der Künstler überhaupt ein Mann?" —, so sieht schon Sappho in ihrem Konflikt mit dem Leben ihr eigentliches Ich, ihre Existenz als Frau, auf die Probe gestellt. „Bin ich dieselbe Sappho denn nicht mehr", fragt sie,

> Die Könige zu ihren Füßen sah,
> Und, spielend mit der dargebotnen Krone,
> Die Stolzen sah und hörte und entließ!

Sie hat vergessen, daß es die Dichterin war und nicht die Frau, welche die Mächtigen dieser Erde bewundernd in den Staub zwang, und will nicht wahrhaben, daß sie als Frau der „Liebe Täuschungen" erlebt und erfahren hat,

> Wie ungestillte Sehnsucht sich verzehret,
> Und wie verschmähte Liebe nagend quält.

Die erfahrene Dichterin ist eine Anfängerin in der Kunst der Liebe. Jetzt scheint sie zum ersten Mal zu lieben, in dem Sinn, daß der junge und von ihr geblendete Phaon der erste ist, der, zumindest für die kurzen Stunden der Reise von Olympia nach Leukas, ihr Gefühl erwidert hat. Ob es eine eingeborene Kälte, ob es die Tyrannis der Kunst, ob es beides war, was ihre früheren Niederlagen auf dem Feld der Liebe verschuldet hat, erfahren wir nicht. Wir sehen nur, daß sie zum ersten Mal glaubt, wiedergeliebt zu werden, und daß sie sogleich den Fehler begeht, nicht das Du des andern, sondern sich selbst in den Armen ihres Partners zu suchen. Weil es ihr vor allem um die Entdeckung der eigenen Identität und nicht um die Gegenliebe Phaons zu tun ist, vermag sie mit der grausamen Paradoxie der menschlichen Existenz ihr eigenes Wesen erst dann zu begreifen, wenn sie endgültig auf den Besitz des Geliebten verzichtet hat: „Ich suchte dich und habe mich gefunden", gesteht sie Phaon zum Abschied. Es ist ein Frauenschicksal, das Grillparzer hier darstellt, und ein Künstlerdrama nur insofern, als der Ruhm des Dichters dieser Frau lediglich als ein Makel oder wie ein körperliches Gebrechen anhaftet. Erst am Ende, wenn sie ihren Tod auf sich nimmt, vollendet sich diese Sappho als Dichterin und damit tragische Figur. Für den Rest des Spiels — und dieser Rest ist beträchtlich — gelten die Worte, die Grillparzer am 19. Feber 1844 zu Adolf Foglar gesagt hat: „Was man meiner Sappho zum Vorwurf machte, ist vielmehr ein Vorzug des Stückes — daß ich nämlich mehr das liebende Weib als ihr poetisches Element hervorhob." Die Selbstbiographie fügt hinzu: „Ich war ...

immer ein Feind der Künstler-Dramen ... Ich wollte ... Sappho einer wahren Leidenschaft und nicht einer Verirrung der Phantasie zum Opfer werden lassen."

Daß Sappho, wenn auch spät und unglücklich, zu lieben vermag, unterscheidet sie aufs lebhafteste von einem andern Vorbild: von Goethes Iphigenie. Das Enkelkind des Tantalus ist Priesterin und Prinzessin: sie behandelt Thoas mit der Kondeszenz des Adels und verkehrt mit den Überirdischen auch im Augenblick der höchsten Gefahr sozusagen von Angesicht zu Angesicht. Am blutigen Verkehr der Menschen untereinander teilzunehmen ist ihr in den unbewußten Gründen ihrer Seele versagt; völlig unvorstellbar wäre es, sie mit dem Dolch in der Hand hinter einer Nebenbuhlerin herjagen zu sehen. Eben dies aber tut Grillparzers Sappho und erweist sich so als ein Frauenzimmer aus Fleisch und Blut. Unsere Schwierigkeiten mit Goethes Iphigenie rühren nicht zuletzt daher, daß sie der unwahrscheinlichen Ehe Johann Joachim Winckelmanns mit Charlotte von Stein zu entstammen scheint (Schwester Cornelia stand Pate); daß sie zu gut ist, um wahr zu sein, und daß der blaugeäderte Marmor ihres Bilds nicht mehr standhalten will, seit Nietzsche und Bachofen das wilde Blut entdeckt haben, von dem der Mythos der Griechen starrt. Was aber der siebenundzwanzigjährige Grillparzer in seiner Sappho mit einem klassizistischen Faltenwurf verhüllt hat, ist nichts anderes als die Tragödie der alternden Frau, deren Ängste und Wallungen er mit einer Kenntnis und Diskretion wiedergegeben hat, wie nach ihm nur Hugo von Hofmannsthal in der Marschallin aus dem *Rosenkavalier*. Die Fürstin Marie Theres von Werdenberg weiß um das Allgemeine im Schicksal der Verlassenen: „Das alles kommt halt über jede Frau." Aber Grillparzer, dessen Sappho der Marschallin um beinahe ein Jahrhundert vorausgeht, hat seine Alternde auch darin realistischer gefaßt, daß er ihr einen kaum merklichen Stich ins Bürgerlich-Ordinäre verliehen hat. Wie sie den Geliebten ihrem Haus als neuen Herrn vorstellt und nicht merkt, daß sie damit Phaon ebenso verletzt wie sie seine Stellung gegenüber den Dienstleuten unmöglich macht; wie sie Melitta als dummes Mädel behandelt und damit genau das Gegenteil ihrer Wünsche erreicht; wie sie die Nebenbuhlerin aus Leukas fortexpedieren will und so dem Geliebten den Gedanken suggeriert, selbst zu fliehen; das ist — ganz abgesehen von der Dolchszene — ebenso verständlich wie aller Subtilität bar. Hierin gleicht sie den „rasenden Weibern in der deutschen Tragödie des 18. Jahrhunderts", deren soziale Herkunft aus dem zu Selbstbewußtsein erwachenden Bürgertum des vorindustriellen Deutschland Emil Staiger exemplarisch dargestellt hat. Die Dämonien, welche unsere Enttäuschte über die geruhige Szene eines klassizistischen Bildungstheaters peitschen, entsprechen weniger dem „mänadischen Gehaben" einer Elektra (Adolf D. Klarmann) als der außer sich geratenen Moralität des gehobenen Mittelstands.

Werner Vordtriede hat denn auch Sappho als „ein Unding" charakterisiert, als „eine Bürgerin im Lorbeerkranz". Das ist richtig, gewissermaßen. Gleich in der ersten Szene stellt der Diener Rhamnes, von dem die Dichterin ihre Kunst erlernt hat, das kommende Geschehen unter das Gesetz bürgerlicher Konvention und präjudiziert damit das Schicksal seiner Herrin von allem Anfang an:

> Der *Mann* mag das Geliebte laut begrüßen,
> Geschäftig für sein Wohl liebt still das *Weib*.

Ungefähr das gleiche sagt auch Schiller in seiner *Glocke,* und der bourgeoise Revolutionär Ludwig Börne fand 1820, daß durch diese Sklavenworte Sappho, „noch ehe sie herannaht, ... schon verurteilt" ist.

Bürgerlich ist ferner, daß die Dichterin selbst ihr Liebesbündnis als eine Art Vertrag aufgefaßt sehen will, der beide Partner befriedigen muß:

> seinem Reichtum
> Kann gleichen Reichtum ich entgegensetzen,
> Der Gegenwart mir dargebotnem Kranz
> Die Blüten der Vergangenheit und Zukunft.

Das Leitwort vom Kranz erweckt sofort den Verdacht, daß es mit diesem Lebensplan der Heldin seine besondere Bewandtnis habe. Die Metapher hinkt auf beängstigende Art; und was an ihr nicht stimmt, was ihre Ober- und Zwischentöne zu ironischer Disharmonie entstellt, ist sie selbst, die falsche Wendung, auf die Sappho verfallen ist, um ihr Gefühl für Phaon auszusprechen. Der Kranz der Gegenwart und die Blüten von Vergangenheit und Zukunft, sie gehen nicht miteinander und können nicht zur Einheit *eines* Bildes zusammenwachsen. Genauer gesagt und auf die Situation vor uns angewendet: die körperliche Schönheit und Jugend Phaons und der Ruhm, der schon erworbene und noch zu erwerbende, der Dichterin, sind keine Tauschobjekte. Unzweifelhaft sind sie Reichtümer; aber es verrät die Sinnesart Sapphos, daß sie aus diesen Reichtümern Kapital schlagen will. Freilich irrt sie, im Bereich der Sprache wie in jenem des Lebens, denn der Besitz dieser Güter ist nicht um den gleichen Preis zu haben; sie sind, selbst und gerade als Objekte der Leidenschaft, nicht miteinander zu verhandeln. (Auf einer ähnlichen, wenn auch gewollten Inkongruenz des dichterischen Bilds beruht der Abschied der Jugend von dem Millionär Wurzel in Ferdinand Raimunds *Mädchen aus der Feenwelt,* einem anderen Sittenbild, das dem Bürgertum des Vormärz seinen Seelenspiegel vorhielt: „Jugend kauft man nicht ums Geld.") Daß Sappho auf die Sprache des Kommerzes verfallen kann, wenn sie vom Schicksal ihrer Liebe spricht, deutet an, daß sie eine Rechnung wird bezahlen müssen, deren Werte sie, von bürgerlichen Vorurteilen befangen, falsch eingesetzt hat.

Bürgerlich ist es endlich, daß sie zunächst für den Abfall des Geliebten kein anderes Wort zu finden vermag als „Undank":

Der Mord ist wohl ein gräßliches Verbrechen,
Und Raub und Trug, und wie sie alle heißen, . . .
Doch kenn ich eins, vor dessen dunkelm Abstich
Die andern alle lilienweiß erscheinen,
Und *Undank* ist sein Nam! Er übt allein,
Was alle andern einzeln nur verüben.
Er lügt, er raubt, betrügt, schwört falsche Eide,
Verrät und tötet! Undank! Undank! Undank!

Sie berauscht sich förmlich an diesem Wort, das dem Sittenkodex eines Knigge angemessener ist als der freien Welt dichterischer Leidenschaft. Und wieder sagt sie, nun im Zwiegespräch mit Rhamnes:

Kennst du ein schwärzres Laster als den Undank? . . .
Der Undank ist die Schlange! Nicht? Die Schlange!

Die Heldinnen der klassischen Tragödie pflegen unter ähnlichen Umständen von Verrat zu sprechen. Und das mit Recht. Verrat ist im Spiel, wenn derjenige, dem sich ein Wesen in seiner kreatürlichen Nacktheit anvertraut hat, eben diese Hüllen- und Hilflosigkeit seines Opfers an einen andern preisgibt. So intim und verschwiegen diese Preisgabe auch vor sich gehen mag, der Möglichkeit nach geht auch der bestverborgene Verrat in der Öffentlichkeit vor sich. Denn der andere, an den das Opfer verraten wurde, steht für jene Allgemeinheit, deren Blick und Zugriff die Hingabe entzogen war, ehe sie verraten wurde. Mit dem Verrat bricht die Welt auf den Verratenen ein und über ihm zusammen. Undank aber setzt nichts weiter voraus als die Überreichung einer Gabe, die offenbar von dem Empfangenden nicht nach Gebühr geschätzt worden ist. Wenn Sappho Phaon des Undanks bezichtigt und sich in dieses Wort als eine Rasende verbeißt, dann gesteht sie zu gleicher Zeit ein, daß sie ihm ihre Neigung und seine Erhöhung um eines Entgelts willen hat angedeihen lassen, und wäre dieses Entgelt nichts als das Dankeschön, das sie nun einzufordern kommt. Wäre ihre Hingabe wahr gewesen, dann fragte sie jetzt nicht mehr insgeheim danach, ob der geopferte Reichtum auch dem Reichtum entspräche, der um seinetwillen auf dem Austauschweg erhalten worden ist; sie aber deutet geradezu an, daß die Gabe, die sie erhalten hat, von geringerem Gewicht gewesen sei als die ihre; denn wozu bedürfte es sonst noch eines Danks? In diesen Augenblicken einer maßlosen Enttäuschung setzt Sappho ihren Geliebten zu einer Art von griechischem *playboy* herab.

Melitta, die ihr nun wirklich Leben und Bildung schuldet, soll ihre Undankbarkeit durch die Trennung von dem Geliebten büßen. Als hätte erst Melittas Verhalten sie belehrt, was Undank sei, ist Sappho plötzlich imstande, Phaon einen „Verräter" zu heißen, wobei die Hoffnung mitschwingen mag, er werde an der Sklavin wiederholen, was er an der Herrin verübt hat. Melitta muß von Leukas fort, und ein Zeichen von Sapphos Verwirrung ist es, daß sie diesen nicht eben originellen Einfall einer göttlichen Inspiration zuschreibt: „Unsterbliche, habt Dank für diesen Wink!"

Der Vorwurf des Verrats zielt nach Vernichtung; nur das Ende aller Mitwissenden kann die Preisgabe des verratenen Geheimnisses sühnen. Undank meldet lediglich eine Schädigung der Partei an, an der er begangen wurde. Er ist nicht tödlich: so wird das Leben Phaons und Melittas am Ende geschont. Und Undank ist es, zu dem Sapphos Gedanken bis zum Schluß zurückkehren. Mit anderen Worten: in den Reden dieser griechischen Dichterin schlummern die vom Handel und Wandel des Bürgertums bestimmten Sittenbegriffe aus der Zeit des Vormärz. Das Drama ist so tragisch wie intim, so klassisch wie wienerisch gestaltet, als wäre Leukas eine Donauinsel. Vielleicht ist die „unglaubliche Sensation", die das Stück bei seiner Premiere im Burgtheater am 21. April 1818 hervorrief, zum Teil dem Umstand zu verdanken, daß in ihm die große Welt der Griechen den moralischen Regungen und Wertungen der europäischen Bourgeoisie zwischen den beiden Revolutionen von 1789 und 1848 erschlossen wurde.

Dennoch machen wir uns der Einseitigkeit schuldig, wenn wir versuchen, die Gestalt Sapphos lediglich nach ihren gesellschaftlichen Motivationen zu bestimmen. Die „Bürgerin im Lorbeerkranz" ist vor allem eine von der Leidenschaft gejagte Frau. Mitten in Flucht und Sturz hält sie inne und sinnt ihrem Schicksal nach:

> Nach Frauenglut mißt Männerliebe nicht,
> Wer Liebe kennt und Leben, Mann und Frau!

Wie Goethes Iphigenie versucht sie, ihr eigenes Handeln am Wesensunterschied der Geschlechter zu messen und zu begreifen. Während aber die klassische Heroine der mythisch-historischen Gegensätzlichkeit zwischen Mann und Frau auf den Grund zu kommen trachtet, schaudert Grillparzers modernere Heldin vor dem Abgrund, der sich gerade in dem Augenblick auftut, in dem die Liebende den Geliebten zu fassen und zu halten glaubt:

> Er kennet nicht die stille, mächtge Glut,
> Die Liebe weckt in eines Weibes Busen!
> Wie all ihr Sein, ihr Denken und Begehren,
> Um diesen einzgen Punkt sich einzig dreht . . .

Dem Dichter unbewußt, klingt hier das Wort Mephistos von dem *einen* Punkt an, aus dem der Weiber „ewig Weh und Ach / So tausend-fach / . . . zu kurieren" sei. Die schmatzende Ironie von Goethes Teufel erscheint als eine vorwegnehmende Parodie des blutigen Ernstes, der über Sapphos Worten waltet. Um nichts Geringeres ist es ihr zu tun als darum, das allgemeine Verhängnis zu begreifen, das sie in ihrer Liebe erfahren hat. So allgemein weiß sie ihr persönliches Erleben zu fassen, daß sie über Phaon, der sie im wahren Sinn des Bildes *sub rosa* an Melitta verraten hat, hinwegsehen und den Mann schlechthin ansprechen kann:

> Er liebt, allein in seinem weiten Busen
> Ist noch für andres Raum als bloß für Liebe!

Libussa wird dann diesen Gedanken Sapphos weiterdenken.

Hier fällt auch das Wort „Liebe", das sich in der Ekstase ihres Hasses so rar gemacht hat. Sappho nennt den Jüngling, der schlafend vor ihr liegt, „lieblichen Verräter". Die Spannweite zwischen Eigenschafts- und Hauptwort zeigt die Dynamik ihrer Tragödie an; der Mann, dessen Gefühl weiter reicht, als Liebe hofft und bangt, kann gar nicht anders als zum Verräter werden an der, die ihn „lieblich", das heißt zur Liebe geboren und bestellt, findet. Weil er anders und mehr zu sein wünscht als bloß „lieblich", ist der Betrug der männlichen Erotik gleichsam eingeboren. Gleich wird Phaon aus dem Traume sprechen und Melitta rufen. Daß in seinem Busen doch für nichts anderes Raum ist als für Liebe, daß Phaon lediglich *ein* Frauenbild durch ein anderes ersetzt, beweist nur, wie wenig Sappho ihren Geliebten kennt, und zugleich, wie weit sie in diesem Monolog ihr eigenes Schicksal im Rücken gelassen und das Grundsätzliche in der Moral der Geschlechter erkannt hat. Wir Heutigen werden freilich an der Gültigkeit dieser Moral unsere gelinden Zweifel anzumelden haben; dies aber nur darum, weil für uns der Zusammenhang der Tradition, in der selbst Grillparzer noch stand, fragwürdig geworden ist. Für unser Verständnis Sapphos bleibt die Beobachtung bestehen, daß sie hier, knapp vor dem Einbruch der Katastrophe, über die Bedingtheit der eigenen Lebenssituation hinaus-strebt und nach der universalen Bedeutung ihres Intimkonflikts fragt. Sie muß dies tun, nicht so sehr, weil sie Dichterin, sondern weil sie beinahe eine alternde Frau ist.

Wie alt ist Sappho? Auguste von Littrow-Bischoff berichtet, sie habe im Winter 1866/67 Grillparzer die Meinung vorgetragen, „daß Sappho, wie sie in der Tragödie erscheint, griechische Frühreife angenommen, etwa fünf- bis sechsundzwanzig Jahre alt sein mochte". „So hatte ich mir sie gedacht", lautete die Antwort. Aber der Text des Stücks deutet ein anderes Alter an. „Erinnerst du dich noch des Tages", fragt sie Melitta,

> da
> Vor dreizehn Jahren man dich zu mir brachte?
> Es hatten wilde Männer dich geraubt.
> Du weintest, jammertest in lauten Klagen,
> Mich dauerte der heimatlosen Kleinen,
> Ihr Flehen rührte mich, ich bot den Preis
> Und schloß dich, selber noch ein kindlich Wesen,
> mit heißer Liebe an die junge Brust.

Knapp zuvor hat Melitta ihr geklagt, daß sie, die Geraubte, über ihr Alter im ungewissen sei. Sie wäre gerne sechzehn. Als Sappho, die sie stets als Kind behandelt und angesprochen hat, ihr empört entgegenhält: „Du zählst kaum fünfzehn!", fügt sich die Jüngere mit einem ergebenen: „Leicht mag es so sein!" Behielte Sappho recht, dann wäre sie selbst, nach Frau von Littrow-Bischoffs Rechnung, zwölf Jahre alt gewesen, als sie den Räubern die Zweijährige abgewann. Eine Zwölfjährige aber ist selbst unter dem heitern Himmel Griechenlands eine unwahrscheinliche Kontrahentin im Handel mit rauhen Piraten. Eher dürften wir vermuten, daß sie, als sie ein anderes Wesen an Kindes Statt annahm, ungefähr so alt war wie Melitta jetzt. Dann stünde, was nach den Wiener Verhältnissen von 1818 verständlicher ist, einer Achtzehnjährigen eine Einunddreißigjährige gegenüber. Daß Sappho sich daran erinnert, „selbst noch ein kindlich Wesen" besessen zu haben, als sie Melitta von den Räubern erhielt, stimmt durchaus mit ihrem Wunsch überein, sich und ihre Rivalin jünger zu machen; diese, um sie als Liebende zu disqualifizieren, sich selbst, um den Altersunterschied gegenüber dem Geliebten herabzumindern. Außerdem erhält auf diese Weise die „heiße Liebe", die sie vom ersten Augenblick an zu der Sklavin gefaßt hat, den Hauch von kindlich-schwesterlicher Unschuld.

Wenn Grillparzer zu Frau von Littrow-Bischoff gesagt hat, es sei dem Geist seines Stückes entgegen, „daß ältere oder reizlose Frauen diese Rolle spielten, weil Entsagung in der Liebe von seiten der Frau in reiferen Jahren allzusehr in der Ordnung der Natur liegt", dann legte er den Akzent weit mehr auf die Reizlosigkeit als auf das Alter. (Sophie Schröder, welche die Rolle der Sappho als Siebenunddreißigjährige kreiert hatte, war zwei Jahre vor der Premiere im Mittelpunkt einer Wiener *affaire scandaleuse* gestanden, als sie den sechsundzwanzigjährigen Maler Moritz Daffinger zum Geliebten nahm.) Noch deutlicher wurde der Dichter, als er am 6. Jänner 1866 zu Robert Zimmermann sagte: „Die Sappho muß um ein gut Stück älter aussehen [als Melitta] und doch nicht übel sein." Mit nachtwandlerischer Sicherheit hat er in Sappho eine Frau hingestellt, die schon nicht mehr jung und doch noch nicht alt ist; die durch ihre Kunst und den mit ihr fast identischen Mangel an Liebe so etwas wie ein Mädchen bleiben durfte; und deren Jahre doch schon fortgeschritten genug sind, um sie einmal, einmal noch, zum ersten und einzigen Mal hemmungslos ihrem Gefühl zu überantworten.

Sie begeht dabei eine Dummheit nach der anderen, aber ihre Dummheiten sind sozusagen auf dem Goldgrund ihrer allgemeinen Frauenweisheit gewachsen. Sie selbst nimmt sich tragisch (wie könnte sie anders?); aber ihr Dichter hat sie nicht ohne die Blitzlichter der Ironie gezeichnet. So hat er sowohl von der „gesättigten Ruhe" gesprochen, mit der sie auftritt, wie von der Katastrophe, in der sie „ein verliebtes, eifersüchtiges, in der Leidenschaft sich vergessendes Weib" wird; „ein Weib das einen *jüngeren* Mann liebt. — In der gewöhnlichen Welt", hat er hinzugefügt, „ist ein solches Weib ein ekelhafter Gegenstand." Er wußte, was er tat, als er seiner Heldin alles Monumentale nahm und ihr dafür den Atem des Elements einblies. Diese Sappho rast und endet in einer Falle, in die sie sehenden Auges geraten ist und deren Tür bis zum letzten Augenblick offensteht. Wie sie, unerbittlich Schritt vor Schritt setzend, in ihr Verderben geht, zeigt sie, daß nicht nur die Kunst, sondern auch die Liebe ein sublimer Weg der Selbstzerstörung ist. Hierin unterscheidet sie sich von ihrer lässigeren und eleganteren Nachfahrin, der Marschallin aus dem *Rosenkavalier,* die ungefähr so alt und sicher so jung ist wie sie. (Richard Strauss zumindest hat das Alter der Fürstin Werdenberg auf „höchstens zweiunddreißig" geschätzt.) Es ist bezeichnend für die Komödie Hofmannsthals, daß Marie Theres von niemandem für alt gehalten wird als von sich selbst. Grillparzers Sappho nennt sich nicht einmal alt; und doch sickert ihr Altern aus ihrer Leidenschaft, die schon eine Passion ist.

Aber auch die Liebe zwischen Quinquin und Sophie hat Hofmannsthal den Verhältnissen in Grillparzers Trauerspiel nachgebildet. Der ältere Dichter, für den Phaon ein „halb poetisch gestimmter, aber doch nur ein junger Mensch" und Melitta ein „albernes Mädel" war, hat die Grundlage des ganzen Stückes eine „Fiakeridee" genannt: „Da heißt's: Gleich und Gleich gesellt sich gern." Dem entsprechend hat Hofmannsthal von seinem Fräulein Faninal gesagt: „Sie ist ein recht hübsches gutes Dutzendmädchen ... Eben daß Quinquin ... an die *erste beste* Junge gerät, das ist ja der Witz, der das Ganze zu einer Einheit macht." Wie der Witz der Komödie liegt die Tragik des Trauerspiels darin, daß über der Begegnung Melittas mit Phaon tatsächlich der Zufall zu walten scheint. Den Unterschied macht lediglich, daß Sappho mit vielfachen Banden an ihre Sklavin geknüpft ist. Die „Gebieterin" hat die „Kleine" befreit und gebildet; die Schülerin ist weitgehend das Geschöpf, das der pädagogische Eros ihrer Meisterin geformt und erweckt hat. Mit den delikatesten Tönen deutet Grillparzer an, daß Sapphos Neigung nicht nur dem Manne gilt, den sie so triumphal aus seiner Namenlosigkeit ins Feierlicht des Ruhms gehoben hat, sondern auch der Dienerin, zu der sich der Junge mit der Unvermeidbarkeit eines Naturereignisses hingezogen fühlt. So läßt sich die von Eifersucht schon mehr als Erregte aufs ausführlichste die Nebenbuhlerin im Bade schildern: „Ich fand sie dort im klaren Wasser stehn", berichtet Eucharis, die Dienerin:

> Die Kleider lagen ringsumher am Ufer,
> Und hoch geschürzt — sie dachte keines Lauschers —
> Wusch, mit den kleinen Händen Wasser schöpfend,
> Sie sorgsam reibend Arme und Gesicht,
> Die von dem Schein der Sonne durch die Blätter,
> Von ihrem Eifer und der rauhen Weise,
> Mit der die Kleine eilig rasch verfuhr,
> In hellem Purpur feurig glühten.
> Wie sie da stand, für eine ihrer Nymphen,
> Der jüngsten eine, hätte sie Diana ...

Darauf Sappho:

> Erzählung wollt ich hören und nicht Lob!

Warum unterbricht sie die Dienerin erst hier? Zweierlei ist mit diesem Erotikon in den Farben Watteaus erreicht: der reifen Frau wird der körperliche Reiz ihrer Nebenbuhlerin entgegengehalten, und kein Zufall ist es, daß Sappho erst bei der Erwähnung von Melittas Jugend auffährt und der Erzählerin Einhalt gebietet. Zugleich aber scheint sie von dem Bild gebannt, das Eucharis, wohl selbst nicht völlig unbeteiligt, vor ihr entwirft. Nicht nur auf Phaon, auch auf Melitta ist Sappho eifersüchtig, wenn sie in die Worte ausbricht, welche die ganze Skala der Amplitude zwischen Hohn und Selbsttortur und Leidenschaft durchschwingen:

> Melitten! — Ach ein süßer, weicher Name,
> Ein ohrbezaubernd, liebevoller Name!
> Melitta — Sappho!

Die beiden Namen, ihr eigener und der der geliebten Dienerin, stehen ebenso in Gegensatz zueinander, wie sie in quälender Dissonanz miteinander durch den gleichen Atem verbunden sind. Wenn die Angerufene dann erscheint und Sappho zurückfährt: „Ah! — Beim Himmel, sie ist schön!", dann leidet die Liebende nicht nur unter dem Schmerz, vor dieser Anmut und Jugend den kürzeren ziehen zu müssen, sie erschrickt auch vor der Einsicht, daß sie um seiner Schönheit willen dieses Geschöpf verlieren muß, das eben noch ihr „Kind", ihr „Werk" gewesen war. An der Geliebten des Geliebten erlebt die Künstlerin das Los Pygmalions.

Schließlich sind die Ältere und die Jüngere durch eine Art von Schicksalsgemeinschaft miteinander gleichgestimmt gewesen. Hatte Melitta geklagt, sie müsse „fern von der Eltern Herd im fremden Land" dahinleben, so öffnet Sappho kaum zum ersten Mal den Mund, bevor sie der „Zypressen von der Eltern Grab" gedenkt. Wie sehr ihr Leben von den Schatten der „Frühverblichnen" verdüstert ist, gesteht sie, wiederum beinah als erstes, ihrem Phaon ein:

> Die beiden Eltern sanken früh ins Grab,
> Und die Geschwister, nach so mancher Wunde,
> Die sie dem treuen Schwesterherzen schlugen,
> Teils Schicksals Laune und teils eigne Schuld
> Stieß früh sie schon zum Acheron hinunter.

Zwei Einsame, jede auf ihre Art von den Ihrigen abgeschieden, haben sich als Herrin und Dienerin, als Lehrerin und Schülerin, in ihre Liebe geteilt. Zwischen sie tritt nun Phaon, ein guter Junge aus bescheidenen Verhältnissen. Sappho phantasiert, wenn sie ihn als „von den Besten stammend" einführt; seine Eltern leben noch an ihrem „niedern Herde"; der Vater hat ihn zu den Wettspielen nach Olympia gesandt; es ist wohl das erste Mal, daß er „der Eltern stilles Haus ... unterm breiten Lindendach" verlassen hat. Er hat auch eine Schwester, die „gute", „sinnige" Theano; sie war es, die ihn zuerst mit der Lyrik Sapphos vertraut machte. So ist von allem Anfang sein Gefühl für Sappho an das Bild seiner Schwester gebunden und gleichsam immunisiert. Seine Familienbande sind intakt. Dies verleiht ihm zunächst eine Sicherheit des Auftretens, ein Vertrauen in die Richtigkeit seines Gefühls, das den außerdem noch schönen jungen Menschen sogleich den Instinkten der beiden einsamen Frauen empfiehlt. Phaons unschuldige Schuld besteht darin, daß er gleich zweien die Wohltat seiner Gegenwart angedeihen lassen will. („Wer allzuviel umarmt, der hält nichts fest", wird dann die Marschallin im *Rosenkavalier* ein wenig sentenziös singen.) Den großbürgerlichen Zügen im Wesen Sapphos entsprechen prononciert kleinbürgerliche in der Herkunft ihres Geliebten.

> Wie kann ich so viel Güte je bezahlen?
> Stets wachsend fast erdrückt mich meine Schuld,

fragt er sie und mindert noch die Handelssprache zum Klischee herab. Er genießt mit vollen Zügen die Aufnahme in die höheren Kreise, die

Sapphos Liebe ihm verheißt, und glaubt gar, er vergäbe sich etwas, wenn er eine Künstlerin heimführt. So muß er sich selbst Mut zusprechen:

Ich steh für sie, seis gegen eine Welt!
Und selbst mein Vater, sieht er sie nur erst,
Gern legt er ab das alte Vorurteil,
Das frecher Zitherspielerinnen Anblick
Mit frommer Scheu ihm in die Brust geprägt.

Einen Augenblick lang öffnet sich der Horizont des griechischen Trauerspiels, und wir sehen einen Wiener Komödienvater, wie er dem Sohn den Umgang mit dem Mitglied einer Damenkapelle untersagt. Seiner Herkunft nach muß Phaon in der lyrischen Leier der Geliebten eine Zither, in der Freiheit der Dichterin die Frechheit der Außenseiterin erblicken. Diese Zitherspielerin wird in *Tonio Kröger* in Gestalt der „Zigeuner im grünen Wagen" wiederkehren.

Im Grunde ist es Phaon gar nicht wohl zumute, wenn er zu Sappho aufblicken muß. Er ruft sie „erhabne Frau", „hohe" und „Hellas erste Frau", sich selbst aber bezeichnet er als „Hellas letzten Jüngling", kann sich „in all dem Glück nicht finden" und versäumt keine Gelegenheit, den eignen Rang herabzusetzen, was immer das Zeichen eines in Aufruhr geratenen Selbstbewußtseins ist:

Wie fiel dein Auge denn auf einen Jüngling,
Der dunkel, ohne Namen, ohne Ruf,
Sich höhern Werts nicht rühmt als — diese Leier,
Die man verehrt, weil *du* sie hast berührt.

Die Selbsterniedrigung wird vollkommen, wenn man diese Leier auf die Zither reduziert, als die sie seinem Vater erscheinen muß.

Seiner „Melittion" hingegen tritt er vom ersten Augenblick an als ein höheres Wesen entgegen. (Wie beneidenswert war dieser Dichter, der bei seinem Publikum noch die Kenntnis eines griechischen Diminutivs voraussetzen durfte!) Für sie bewahrt er die „glänzende Gestalt", in der er sich ihr zu Beginn gezeigt hat; sie vermag ihn gar nicht anders zu sehen als in der Art, „wie man der Leier und des Bogens Gott / Zu bilden pflegt", im Bild Apollos also, das schon in der Exposition des Dramas das Bild ihrer Meisterin Sappho zu verdrängen droht. Dabei ist diese Melitta keineswegs ein Kind oder ein süßes Wiener Mädel, sondern eine Schwester der Hero aus *Des Meeres und der Liebe Wellen*, ein argloses Geschöpf, das von dem Vorgang der Reife überwältigt wird. Sie nimmt es mit dem Leben nicht leicht; sie braucht ihre Zeit, ehe sich die dumpfe Ahnung ihrer Zuneigung zum Bewußtsein der Liebe abklärt; dann aber tritt ihr der Konflikt, in den sie einbezogen wird, mit aller Schärfe in die Sinne und öffnet ihr die Augen:

Ich kann nicht leben, wenn sie mich verdammt! . . .
Was muß sie leiden, die gekränkte Frau!

Sie ist sich nicht nur ihres niedern Stands, sondern auch ihrer Würde bewußt; und diese Würde ist es, mehr noch als die Liebe, die sie der Gebieterin trotzen und Phaons Rose verteidigen läßt. Grillparzer hat ihr, einer der unmittelbarsten Gestalten seiner Phantasie, nachgesagt, man müsse „so unschuldig ja *geistesarm* sein als Melitta, um noch nicht zu merken woran man ist". Es war wohl seine Art, das zu verleugnen, woran sein Herz am meisten hing. In Wirklichkeit ist Melitta für lange Strecken in diesem Drama die einzige, die sich der Tragweite des Dilemmas als eines menschlichen Konflikts bewußt zu sein scheint. Ihr geht es nicht um Kunst oder Leben, sondern um das Leben, das Leben der Gebieterin, des Geliebten und ihr eigenes. Sappho sieht die Dienerin, trotz ihrer ahnungsvollen Herablassung, richtig, wenn sie Melittion dem „stillen Gartenwürmchen" vergleicht, das „stets fertig" ist,

> bei dem leisesten Geräusche
> Erschreckt sich in sich selbst zurückzuziehn . . .
> Doch fest sich saugt, wenn es einmal ergriffen,
> Und sterbend das Ergriffne nur verläßt.

Vorurteilsloser und sensitiver als ihre Herrin, bekennt Melitta selbst:

> Ein jedes leisgesprochne Wort fiel schmerzend
> Hernieder, wie auf fleischentblößte Fibern,

und bezeichnet damit die Dichtung, die sie ist, als Nervenkunst. Sie mag zu Beginn des Dramas die „erste beste Junge" gewesen sein, an die Phaon geraten ist, am Ende erscheint sie als gereift und gut. Indem Sappho ihr Schicksal als Dichterin auf sich nimmt, gibt sie Melitta den Weg des Lebens frei: „Die tote Mutter schickt dir diesen Kuß!"

Und Phaon? Er hat geglaubt, seine Liebe zu Sappho ablegen zu können wie einen Mantel, als ihm danach zumute war. Er hat die Ältere maßlos gereizt, am maßlosesten wohl durch die Entdeckung seines Unbewußten, seinen Traum. Die ganze Vertracktheit seines schwankenden Gefühls bricht in der Erzählung dieses Traums durch; wie sich da ein „Kindesangesicht" vor die „hohe Stirn" mit dem Lorbeerkranz schiebt, wie er es der solcherart Verdrängten überläßt, die allzu offenbare Lösung dieses Rätsels zu finden, und wie er den verzweifelten Schrei „Melitta!" der Gekränkten auch noch mit einem „Ich wußt es selber kaum!" quittiert; all dies ist in seiner scheinbar absichtslosen Grausamkeit der reine Seelenmord. Maßlos hat Sappho denn auch auf die Herausforderung geantwortet: der gegen die Dienerin gezückte Dolch und ihre heimliche Verschiffung nach Chios müssen dem Verliebten als furiose Racheakte vorkommen. So wird die „holde Zauberin" der

Eingangsszenen unter der Hand zur „heuchlerischen Circe"; er aber, der erst einer freundlichen, dann einer schwarzen Magie erlegen war, bleibt hier wie dort ihr Opfer.

Dennoch hat Grillparzer auch ihm Gerechtigkeit widerfahren lassen. Melitta hat ihn verändert: „*Sie* ist es oder keine dieser Erde", vermag er nun zu sagen,

> Die in der Brust die zweite Hälfte trägt
> Von dem, was hier im Busen sehnend klopfte!

Die „Fiakeridee" des Stücks grenzt mit diesen Worten an die des platonischen Eros. Phaon gelingt es schließlich, das Wort zu finden, das Sappho aus ihrer hysterischen Starrheit erlöst. Wenn seine Flucht mit Melitta vereitelt, das Drama auf seine äußerste Spitze getrieben und ihm nichts mehr übriggelassen ist als jene Vertraulichkeit der Ehrfurcht, die sonst Gebeten vorbehalten wird, spricht er zu ihr:

> Wenn ich dir Liebe schwur, es war nicht Täuschung,
> Ich liebte dich, so wie man Götter wohl,
> Wie man das Gute liebet und das Schöne.
> Mit höhern, Sappho, halte du Gemeinschaft,
> Man steigt nicht ungestraft vom Göttermahle
> Herunter in den Kreis der Sterblichen.
> Der Arm, in dem die goldne Leier ruhte,
> Er ist geweiht, er fasse Niedres nicht!

Hier ist die Pracht seiner Sprache mit dem Dichter durchgegangen: der nach der Wahrheit tastende Junge klänge glaubhafter, hätte Grillparzer ihn stammeln lassen. Was er in mythischen Bildern ausdrücken will, ist sein Wissen, daß diese Frau unerreichbar ist, für ihn und wohl auch für alle andern. Er wünscht, ihr's leicht zu machen, indem er sie vergöttlicht. Die Verlassene muß ihn dahin mißverstehen, daß er sie unter die Götter versetzt, um sie im Olymp unschädlich zu machen:

> Hinab in Meeresgrund die goldne Leier,
> Wird ihr Besitz um solchen Preis erkauft!

Hier spricht nicht die Dichterin, sondern die Frau.

Dann aber findet Phaon den reinen, einfachen Satz, die einzige Tonart, die diesem Gespräch angemessen, das letzte Wort, mit dem die Betrogene noch zu erreichen ist: „Bedenke, was du tust und wer du bist!" Niemals ist Phaon Sappho ferner gewesen als hier, und niemals hat er sie so genau gesehen wie in diesen Worten. Ihr Trieb hat in der Tat nicht ihm gegolten, sondern der Entdeckung, wer sie sei. Es war die Liebe des Narziß, die Liebe des Künstlers und der Kunst zu sich selber. Zugleich aber wird die Kunst der Sappho durchscheinend und zum Zeichen einer auf sich selbst beschränkten, in sich selbst verhafteten

Frauenseele. Phaon klingt anmaßend, aber er ist, zum ersten Mal, bescheiden. Er verläßt eine Szene, von der er erkannt hat, daß er ihr nicht gewachsen war. Aber noch sein letzter Satz ist in all seiner Simplizität zweideutig: Was Phaon die Götter genannt hat, heißt für sie der Tod. Der starre Blick, den sie auf die beiden Liebenden heftet, umfaßt denn auch beides: die Antwort eines Götterbilds und eines Toten.

Sogar der kritische Thomas Carlyle hat der letzten Szene des Dramas ihr „dichterisches Verdienst" nachgerühmt. Er wollte wohl sagen, daß Grillparzer den Tod seiner Heldin voll orchestriert habe. Wie sie „im Kreis von Marmorbildern, fast als ihresgleichen" dasteht; wie sie die Leier von der Wand holt, in Purpur und Siegeskranz wiederkommt; wie sie, ihr eigenes Ende zelebrierend, sich selbst den Grabspruch spricht und dabei nur wiederholt, was Phaon ihr vorgesagt hatte:

Es tönt mein goldnes Lied von fremden Zungen,
Und mit der Erde nur wird Sappho untergehn;

wie die Begeisterung, der Enthusiasmus, sie sichtbar überfällt, „die Flamme lodert und die Sonne steigt"; wie sie „die letzte Schuld des Lebens" (immer noch) zahlt und wie sie sich vom höchsten Felsen der Insel ins Meer stürzt, das ist Theater, großes Theater, Musiktheater. Schließlich ist, wie Adolf D. Klarmann erkannt hat, „der Tod der Dichterin ihr größtes Gedicht" und der *actus tragicus* identisch mit dem Schöpfungsakt.

Freilich hat es immer sein Mißliches, wenn ein Dichter auf der Bühne beim Dichten gezeigt wird. Auch Grillparzer konnte, wie er selbst gesagt hat, „der Versuchung nicht widerstehen, die zweite der beiden übriggebliebenen Oden Sapphos, die mir zu passen schienen, in dem Stücke, das ihren Namen führt, aufzunehmen, damit man mir doch nicht sagen könnte, es sei *gar nichts* von ihrem Geiste darin". Er hätte sich nicht zu sorgen brauchen. Wie sich die ganze Strahlenbreite eines reifen weiblichen Gefühls in Sapphos großen Reden entfaltet, wie sich dieses Gefühl an dem des jungen Paares bricht, mit ihm verkettet und von ihm löst, das ist, wenn auch nicht große Tragödie, so doch unvergängliche Lyrik. Dennoch wäre dieser Stoff nichts als Theater geblieben, hätte Grillparzer zu dem lyrischen Glanz von Sapphos Versen nicht auch den Kontrapunkt hörbar gemacht: das fruchtlose Rollen des Meers, in das die Einsame mit ihrem Lorbeer am Ende heimkehrt. Auf dem Weg von Goethe und der deutschen Klassik fort, war der Dichter unversehens an die Grenze geraten, die nicht nur Sappho, sondern dem Gedicht überhaupt gesetzt ist.

Ein „sicherer Grillparzer":
Frauen und andere Schwierigkeiten

Die politischen und erotischen Abenteuer des jungen Grillparzer ergänzen einander. Er wuchs in eine Zeit hinein, in der der Staat mehr und mehr die Vormundschaft über seine Untertanen übernahm. Das Österreich des Kaisers Franz und seines Kanzlers Metternich war ein Polizeistaat mit Brutwärme. Der Schaden, den ein Mann wie Grillparzer nehmen mußte, wirkte vor allem nach innen. Ins Innere schlug sich der Freiheitsdrang des Menschen; dort setzte er sich in die Freiheiten um, die er sich mit den Frauen nahm. Vermutlich besteht zwischen politischer Unfreiheit und erotischer Libertinage ein ursächlicher Zusammenhang, gilt ein Gesetz über die Erhaltung der libidinösen Energie. Die Seelenkräfte des einzelnen, die das politische Leben nicht bindet, schweifen frei und ungenutzt und verflüchtigen sich in den kleinen Ungewittern amouröser Passionen. Die Folie Don Juans sollte eigentlich die spanische Inquisition bilden.

Dazu kam im Fall Grillparzers noch ein unglückseliges Temperament. Schon der Siebzehnjährige hatte in sein Tagebuch eingetragen: „Ich glaube daß nach einer zugefügten Beleidigung mich Unmöglichkeit der Rache töten würde. Diese Leidenschaft äußert sich besonders wenn die *Eifersucht* ins Spiel kömmt. Diese letzte ist aber trotz allen übrigen dennoch die heftigste in meinem Herzen, so daß weder Liebe noch Wollust, die doch von außerordentlicher Stärke sind, ihr die Waage halten können..." Hier fällt nicht nur der hypochondrische Zug des jungen Menschen zur Selbstbeobachtung auf, sondern auch die psychologische Stimmigkeit des Beobachteten: bei Menschen von schwankendem Selbstbesitz tritt leicht die Eifersucht als alles beherrschende Leidenschaft hervor. (Dabei wird schon die psychologische Spannung freigelegt, die eine Figur wie den Don Cäsar aus dem *Bruderzwist in Habsburg* vorwärtstreibt.)

Allerdings fährt das Tagebuch kurz darauf fort: „... Unbegrenzt, wie meine Eifersucht ist mein *Hang* zur *Liebe* und *Wollust*. Es ist sonderbar, wie sehr diese beiden Triebe in meinem Herzen abgesöndert sind; wo ich den einen empfinde ist für den andern kein Raum. Als ich Theresen liebte (und sie liebte ich reiner als ich vielleicht je noch lieben werde) wußte ich nie daß sie einen schönen Busen habe; und das ist doch wahrlich viel bei mir gesagt. Bei Antoinetten bemerkte ich dies allerdings, auch war meine Leidenschaft nichts weniger als sehr geistig. Wenn ich N** sehe, denke ich an nichts als an die — Schäferstunde. — Wenn ich liebe, liebe ich so wie vielleicht noch niemand, oder doch nur sehr wenige geliebt haben, mein Gefühl läßt sich nicht beschreiben, mit nichts vergleichen. Ich fühle wirklich körperliche Schmerzen dabei, mein Herz schmerzt als ob es brechen wollte und, sonderbar, nur solange ich unglücklich liebe steht meine Leidenschaft auf diesem hohen Grade, bin ich einmal erhört *(ich verstehe hierunter nicht soviel als: habe ich genossen; nein nur: habe ich Gegenliebe erhalten)* dann nimmt meine Liebe ab, wie die Gegenliebe wächst, und allmählich erkalte ich. Wie mit der Liebe geht es auch mit meinem Hange zur Wollust; nur solange ich Widerstand finde ist er brennend, findet er Erhörung, so ist er vernichtet. Sonderbar!"

Der junge Mensch, der sich hier so sonderbar vorkommt, ist in der Tat merkwürdig; merkwürdig um der Klarheit willen, mit der er seine Gefühle auseinanderhält und sich selbst Rechenschaft über sie ablegt. Zu jener Zeit war er noch nicht imstande, seinen scharf einteilenden Verstand als den eigentlichen Gegner seines Gefühls anzusprechen und ihn als ein entscheidendes Element seines Seelenlebens zu diagnostizieren. Neun Jahre später aber steht er am Totenbett einer Frau, Charlotte von Paumgartten, die ihm gesagt hatte, sie stürbe aus Liebe zu ihm (er zweifelte keinen Augenblick lang an ihren Worten), und vermag nach Hause zu gehen und in sein Tagebuch zu schreiben: „Ich wollte was schuldig sein um einen Schmerz, ein Unglück, eine Verzweiflung, die — und wärs nur für eine Stunde — mein Wesen ganz aufgehen machte in eine Empfindung, und mich — nur für eine Stunde — von dieser lauernden Verstandeskälte freimachte, die wie ein hohnlachender Narr hinter jedem Vorhang hervorguckt." Zwei Jahre später trifft er die Kinder der Toten mit ihrer Stiefmutter und notiert: „Es sind zwei Seelen in mir. Die eine ist empört, daß die andere so unempfindlich ist."

Schon der Siebzehnjährige sieht sein Gefühlsleben gespalten in das, was er „Liebe", und das, was er „Wollust" nennt. Wahrscheinlich wußte er, daß der Platz, den er der hohen Liebe eingeräumt hatte, von seiner Mutter besetzt sei, und tatsächlich erlaubte er sich keine ernsthafte Affaire, solange Anna Maria lebte. Was er aber dennoch liebte, beraubte er der Körperlichkeit; zugleich aber setzte sich sein Begehren nach Gegenliebe in ihm selbst in starke körperliche Schmerzen um. Er legt großen Wert auf die Feststellung, daß er die Erwiderung seiner Liebe lediglich im Seelischen erwarte; die Schäferstunde blieb der Wollust vorbehalten. Aber auch im Bezirk des Seelisch-Geistigen galt, was im Körperlichen verständlicher ist: es war der Akt des Eroberns, der ihn reizte;

seine Angriffslust ließ nach, wenn der Widerstand, den er erwartete, schwächer wurde. Die Seele, die er in Besitz genommen hatte, bedrückte ihn bald als Last. Dennoch muß es ihm immer wieder um den Besitz des geliebten Wesens gegangen sein; anders ließe sich die Eifersucht nicht erklären, unter der er ernsthaft gelitten zu haben scheint. Am Grunde dieser Eifersucht aber liegt ein Liebesentzug, der seinerseits in die Kindheit zurückweist. Sosehr ihn die Mutter geliebt hatte, sie kann seinem übermäßigen Bedürfnis nach Liebe nicht Genüge getan haben. Er mußte halten, wonach er sich sehnte, und erlebte dennoch immer wieder die Enttäuschung, erkennen zu müssen, daß die Sicherheit des Haltens und der Reiz der Sehnsucht einander ausschließen. Gewiß ist eine solche Dynamik des Seelenlebens adoleszent; im wesentlichen aber beherrschte sie auch die Erotik des reifen Dichters, ehe sie frühe, um sein vierzigstes Lebensjahr, leerzulaufen und zu erlahmen begann.

Caroline Pichler, in deren Salon Schreyvogel den Dichter bald nach dem Erfolg der *Ahnfrau* einführte, war von der jugendlichen Erscheinung des etwa Sechsundzwanzigjährigen gepackt: „*Grillparzer* war nicht hübsch zu nennen, aber eine schlanke Gestalt von mehr als Mittelgröße, schöne blaue Augen, die über die blassen Züge den Ausdruck von Geistestiefe und Güte verbreiteten und eine Fülle von dunkelblonden Locken machten ihn zu einer Erscheinung, die man gewiß nicht so leicht vergaß ..." Das Ölgemälde, das Johann Nepomuk Höfel um etwa die gleiche Zeit angefertigt hat, zeigt ihn als einen hochaufgeschossenen und gleichsam unfertigen Menschen mit beherrschenden Augen, einer bäuerlich-groben Nase (sie tritt auf seinen Bildern erst wieder in seinem späteren Alter, etwa seit dem Portrait Ferdinand Waldmüllers aus dem Jahr 1844, hervor) und einem vollen, sinnlichen Mund.

In der Tat ist an der Vitalität des jungen Grillparzer nicht zu zweifeln. Aber sie brach sich nicht nur an den hypochondrischen Reflexionen seiner stets wachen Verstandeskräfte, es waren ihr auch in Wirklichkeit immer wieder Schranken gesetzt, die sie auf sich selber zurückwiesen.

Grillparzer war nicht nur ein Dichter, sondern auch ein österreichischer Untertan und Staatsbeamter. Er hatte sich aus seiner häuslichen Misere in das Amt gerettet, und obgleich er sich immer wieder (und meistens mit Recht) zurückgesetzt und übergangen fühlte, war seine bürgerliche Laufbahn nicht unregelmäßig und blieb nicht völlig ohne Anerkennung. Dies ist um so beachtenswerter, als er sich um seine Amtsarbeit nicht gerade riß und von allem Anfang an ein ebenso mißmutig-aufsässiger Untergebener war wie er später zu einem mißmutigen und launenhaften Vorgesetzten werden sollte. Die amtliche Laufbahn, die er nahm, erschien ihm oft als ein Passionsweg; sie war aber auch zugleich der Weg des geringsten Widerstands. Zerrissen, wie er seiner Natur nach war, fand er im Büro den nötigen Zwang, der ihn und sein Tagewerk, wenn auch mit Mühen und unter Stöhnen, zusammenhielt. Zugleich sah er sich als Dichter von einer stattlichen Reihe von Protektoren und Mäzenen vor allzu großem Neid und allzu großer Willkür beschützt, und man muß ihm zugestehen, daß er die Geheimwege der österreichischen Amtshierarchie in ihrer labyrinthischen Verschlungenheit beherrscht und nicht ohne sarkastischen Grimm benutzt hat. Er hätte das alles gern anders gewollt, aber da er klug genug war, zu wissen, daß die Stunde zur Änderung der Verhältnisse noch nicht geschlagen hatte (und daß er mit der Änderung ebenso unzufrieden sein würde wie mit den bestehenden Verhältnissen), fügte er sich, wenn auch mit Klagen und Murren. Im Grunde war er ein Mandarin unter Mandarinen. Das Metternichsche System gab ihm nicht nur Anlaß zu ständiger Unruhe und Unlust, es verlieh ihm auch eine Art von widerwilliger Identität. Damit wiederholte sich das Familienschicksal Grillparzers sozusagen im National-Politischen. Er litt unter dem Namen seines Vaters nicht anders als unter seinem Österreichertum; und hat doch nie daran gedacht, sich anders zu nennen als Grillparzer und einen Österreicher. Die Konflikte, die es auszufechten, das Dilemma, das es bei den Hörnern zu packen galt, waren im Grunde familiärer Natur; darum waren sie grundsätzlich unlösbar (etwa durch eine Auswanderung, wie sie Grillparzer in kritischen Zeiten immer wieder erwog); sie schmerzten und hielten sich doch immer in den Grenzen des Gerade-noch-Erträglichen.

Er erhielt sich ein Stück Unselbständigkeit, das ihn für Frauen ebenso anziehend wie gefährlich machte. Anläßlich seiner Begegnung mit Goethe hatte er selbst von der „Unmännlichkeit" seines Charakters gesprochen und hatte vielleicht so unrecht nicht, wenn er seine widersprüchliche Natur an der Reife des großen Alten maß. Reife im Goetheschen Sinn ist ihm wohl nie zuteil geworden; dazu war er am Anfang seines Lebens zu fügsam, am Ende zu bitter. Aber er wußte, daß jedem Wagnis immer auch ein Element des Spielerischen innewohnt; indem er in seinem Leben (dem politischen wie dem erotischen) immer wieder den letzten Konsequenzen des Wagnisses auswich, bewahrte er das volle Gleichgewicht zwischen Wagnis und Spiel für seine Dichtungen auf. In diesen hat er mehr zu sagen gewagt als seine Zeitgenossen, nicht nur weil er mit einer größeren Feinheit der Nerven und einer geradezu unbestechlichen Schärfe des Verstands begabt war, sondern auch weil er sich des unverbindlichen Spielcharakters seiner Schöpfungen bewußt war. In seinem Leben nahm freilich das Pathetische leicht einen Stich ins Absurde, das Bizarre gelegentlich einen Anflug von Theatralik an. Aber auch dies blieb ihm nicht verborgen; seine persönlichen Aufzeichnungen schimmern immer wieder vom Changeant einer von seinem Ich ironisch distanzierten Weisheit, die alles für möglich hält, weil sie das meiste schon an sich erfahren hat.

Im März 1819 war Grillparzer nach Italien gereist, vor allem, um den Schock über den Selbstmord der Mutter zu überwinden. Der Kaiser selbst und der Hof waren um diese Zeit in Rom und Neapel angelangt, und da die Reise eines Beamten ins Ausland an die Bewilligung des Monarchen oder seines Stellvertreters geknüpft war, verzögerte sich die Abfahrt. Der Kampf um den Reisepaß, vielmehr die Umgehung dieses Kampfes, bildet ein Kapitel österreichischer Beamtengeschichte, das seinen Gipfel darin fand, daß der Dichter, halb geschoben, halb gezogen, sich in offiziöser Eigenschaft der kaiserlichen Suite attachierte.

Donnerstag vor Ostern kam er also in der Ewigen Stadt an; ein Satz aus der Selbstbiographie zeigt, wie sich die Stimmung dieses Romfahrers zwischen Hingerissenheit und Hypochondrie hin- und herbewegte: „Das wunderbare Miserere von Allegri durch die herrlichsten Stimmen ausgeführt, wobei man mit theatralischer Kunst, den Zeitpunkt abwartet, wo die sixtinische Kapelle mit Michelangelos Meisterwerken sich schon in Dunkelheit zu hüllen anfängt, und nun aus dem allein erleuchteten Chor die Töne wie aus dem Himmel herabsteigen, die Fußwaschung, die Pontifikalmesse mit dem Segen des Papstes, dazu der Drang, in den freien Zwischenzeiten die Gemälde und Antiken bis zu näherer Betrachtung, wenigstens zu durchkosten, das alles verbunden mit den Beschwerden der übereilten Reise und den vorhergegangenen erschütternden Ereignissen, machten auf mich einen Eindruck, der allenfalls einen Schlagfluß begreiflich gemacht hätte."

Grillparzers Laune schwankte in diesen Tagen: das Altertum trat ihm mächtig entgegen, während für ihn die Gegenwart, vor allem die Präsenz des Papstes, ein immerwährendes Ärgernis bildete. Einem Handkuß vermochte er sich zu entziehen; dafür wurde ihm ein „Spezialsegen in aller Form" zuteil; auch traf es sich so, daß er, der „dem Papste nicht hatte die Hände küssen wollen, nunmehr seinen Fuß" zu küssen hatte. Resigniert setzte er dem Bericht hinzu: „Alles rächt sich in dieser Welt." Aus diesen widerstreitenden Gefühlen ist dann auch das Gedicht „Campo Vaccino" entstanden, das er angesichts des römischen Forums verfaßte und das schon im nächsten Jahr in dem von Josef Schreyvogel herausgegebenen Taschenbuch *Aglaja* abgedruckt wurde.

„Campo Vaccino" ist vor allem ein sehr schlechtes Gedicht. Mehr Gymnasiasten- als Epigonenlyrik, versucht es, aus der Erwähnung historischer Reminiszenzen Bedeutung zu gewinnen und eine Atmosphäre heraufzubeschwören, die das triviale, aus vier mechanischen Schlägen bestehende Metrum sogleich wieder zerstreut. Namen fallen; von Jupiter Stator über den römischen Kaiser Septimius Severus zur Curia spannt sich ein papierener Bilderbogen von seltener Unanschaulichkeit. Dazwischen aber finden sich zwei Strophen, in denen sich das Gefühl des Dichters unmittelbar ausspricht:

> Kolosseum, Riesenschatten
> Von der Vorwelt Machtkoloß,
> Liegst du da in Todsermatten,
> Selber noch im Sterben groß?
> Und damit, verhöhnt, zerschlagen,
> Du den *Martertod* erwarbst,
> Mußtest du das *Kreuz* noch *tragen*,
> An dem, Herrlicher, du starbst!

> Nehmt es weg, dies heilge Zeichen!
> Alle Welt gehört ja dir;
> Übrall, nur bei diesen Leichen,
> Übrall stehe, nur nicht hier!
> Wenn ein Stamm sich losgerissen
> Und den Vater mir erschlug,
> Soll ich wohl das Werkzeug küssen,
> Wenns auch Gottes Zeichen trug?

Die sechzehn Zeilen mußten auffallen; nicht nur wegen ihres aufgeregten Tons. Sie spielen zunächst auf ein aktuelles Zeitgeschehen an: Papst Pius VII. hatte das Kolosseum wiederherstellen und darin an sichtbarer Stelle ein Kreuz zum Gedenken an die frühchristlichen Märtyrer errichten lassen. An diesem Kreuz nun nahm Grillparzer Anstoß; in kühner, wenn auch nicht ganz überzeugender Metapher wird das Kolosseum selbst zum Märtyrer; die ganze Geschichte des klassischen Altertums hängt auf einmal an diesem Marterpfahl, den sich die Kirche, nicht in bestem Geschmack, als Memento ihrer eigenen Geschichte dort aufgerichtet hatte. Aber es sind nicht ausschließlich antikirchliche, antipapistische Sentiments, die diese rhetorischen Fragen diktiert haben. Der Dichter war seines eignen Zorns nicht allzu sicher. Wie anders vermöchte er trotz allem vom Kreuz als einem „heilgen Zeichen" zu sprechen und zu versichern, alle Welt gehöre sowieso ihm? Er glaubte seinem eigenen Unglauben nicht ganz. Die Wendung vom erschlagenen Vater ist vollends nur auf Grund persönlicher Assoziationen zu erklären. Seine, des Dichters, unbewußte Vergangenheit macht sich in diesem unerwarteten

Vergleich bemerkbar. Wir fühlen, dieser Vergleich kommt aus Grillparzers Biographie und hat in dem historisierenden Großpanorama des Gedichts nichts zu suchen. Allzu leicht fiel diesem Dichter das Bild seines toten Vaters ein.

Grillparzer selbst hat von „Campo Vaccino" nicht allzuviel gehalten. „Das übelste was man von dem Gedichte sagen kann", verzeichnet er aus dem Abstand der Selbstbiographie, „ist, daß der Grundgedanke schon unzählige Male da war und nur die topographische Aneinanderreihung sämtlicher, als mit Empfindung begabt angenommener Denkmäler, allenfalls eine neue Wendung genannt werden kann." Der Kaiser war anderer Ansicht. Er nahm vor allem übel, daß „indem ihm in Rom alle Ehre widerfahren war, jemand, der Rom in seinem Gefolge besucht hatte, sich derlei Äußerungen zuschulden kommen lasse". Ob die Wiener kirchliche Partei oder der bayrische Kronprinz, dessen Gattin das Taschenbuch gewidmet war, den Sturm entfesselt hatte, läßt sich nicht mehr ausmachen. Jedenfalls wurde das Gedicht von der Zensur aus allen noch in Wien befindlichen Exemplaren herausgerissen. Freilich waren schon vierhundert Stück des Almanachs vor dem Skandal ins Ausland gelangt. „Diese ließen nun die Liebhaber verbotener Schriften, und des Skandals überhaupt, mit großen Kosten sämtlich wieder zurückbringen. Wer sich kein gedrucktes Exemplar verschaffen konnte, schrieb wenigstens aus einem solchen mein Gedicht ab und nie hat irgend eine meiner Arbeiten eine solche Verbreitung in meinem Vaterlande erhalten als dieses Gedicht, das, wenn man es unbeachtet gelassen hätte, von dem verehrungswürdigen Publikum ohne Geschmack auf der Zunge gefressen worden wäre wie Gras." Trotz des Verbotes erschien das Gedicht am 2. August 1820 in der von dem Grafen Karl Albert Festetics in Pest herausgegebenen Zeitschrift *Pannonia,* was prompt dazu führte, daß von nun an das ungarische Journal vor seinem Erscheinen der Wiener Zentralzensurbehörde vorgelegt werden mußte.

Aber der Skandal zog weitere Kreise; Metternichs Bericht an den Kaiser vom 24. November 1820 hat sich erhalten: „Dieses Gedicht ist nicht allein mit offenbarer Leidenschaftlichkeit gegen die Regierung, welche heute die Stadt beherrscht, sondern mit einer für die Gewichtigkeit des Gegenstandes sicher nicht ziemenden Einseitigkeit gegen die christliche Religion als die Ursache des Verfalls des Römischen Reiches geschrieben. Die Stelle, welche das Collisäum betrifft, liefert in dieser Hinsicht besonders einen nicht nur verwerflichen, sondern selbst geschmacklosen Ausfall auf die Aufstellung des heute auf dem Boden, den so viele Tausende von Märtirern mit ihrem Blute düngten, errichteten Kreuzes ... Obwohl dieser poetische Aufsatz an sich tadelswürdig ist, so dürfte vielleicht der Dichter in Rücksicht seiner Jugend zu entschuldigen sein, der Censor aber ..." Selbst dieses Dokument hält zwischen Denunziation und Protektion die Mitte. Zwischen dem Einerseits der Religionsbeleidigung und dem Andererseits der Schutzbedürftigkeit, auf die der „junge" Dichter Anspruch erheben durfte, saß dieser, fast dreißig Jahre alt und für seine Äußerungen durchaus verantwortlich, in der Klemme. Diese Klemme war um so peinlicher, als der für das Taschenbuch zuständige Zensor mit dem Herausgeber der *Aglaja* identisch war und Grillparzer Schreyvogel unmöglich desavouieren konnte. Nichts blieb ihm übrig, als zu Kreuze zu kriechen, zu jenem Kreuz, von dem er in seinem Entschuldigungsschreiben an den Polizeipräsidenten Graf Sedlnitzky sagte, es möge überall stehen, „nur nicht am Kolosseum, nur nicht auf diesem Kampfplatz für wilde Tiere, nur nicht in diesem durchaus heidnischen Gebäude, *wo es nicht hingehört*". Welche Demütigung! Auf einmal fühlte er sich berufen, das Zeichen des Ärgernisses, das Kreuz, vor dem Angriff wilder Tiere zu schützen, die geheimnisvoll aus der grauen Vergangenheit aufgestiegen schienen, um das „durchaus heidnische Gebäude" noch weiter zu entweihen! Dies war päpstlicher als der Papst, dessen Fuß er hier noch einmal küßte. So ist es vielleicht kein Zufall, daß in das Jahr dieses Skandals, 1820, die ersten Aufzeichnungen Grillparzers zu *Weh dem, der lügt!* fallen, diesem Lustspiel, das der Relativität von Wahrheit und Lüge auf die Spur zu kommen trachtet. Der ganze lange Brief an den Polizeipräsidenten könnte auch dem Küchenjungen Leon auf seiner Fahrt durch das Land der barbarischen Chatten eingefallen sein; er hat etwas von der um ein Haar allzu deutlichen Bußfertigkeit eines bösen Buben und verbirgt kaum das Vergnügen an der eigenen Pfiffigkeit.

Aber es gab eine Schicht in Grillparzers Wesen, die dieses Heulen mit den Wölfen seiner unwürdig fand. Gerade wo das Schreiben allzu prononciert wirkt, deutet sich das Unbehagen an. Wenn es auch erlaubt, ja geradezu geboten war, einem Polizeipräsidenten ein X für ein U vorzumachen, es mußte Grillparzer empören, daß er gezwungen wurde, sein eigenes Wort zurückzunehmen und den Sinn seines Gedichts ins Gegenteil zu verkehren.

Der Untertanengeist, zu dem das Österreich Metternichs seine Bürger erzog, schlug Wunden, die nie vollständig heilten, und erzeugte eine ungemeine Empfindlichkeit. So registrierte Grillparzer aufs feinfühligste den Schaden, der durch die Veröffentlichung des Gedichtes entstanden war und der erhalten blieb, nachdem die ganze Affaire mit einem Verweis an Zensor *und* Dichter im Sande verlaufen war. „Von da an glaubte jeder Lump sich an mir reiben, mich angreifen und verlästern zu können. Jeder Wunsch und jede Aussicht wurde durch die stehende Formel von oben ‚ja wenn er die Geschichte mit dem Papst nicht gehabt hätte' ... im Keime vereitelt." Mehr noch: ein „von höchstem Orte ergangenes Handschreiben" hatte ihn durch die sonst polizeilichen Steckbriefen vorbehaltene Bezeichnung „ein *sicherer* Grillparzer" in seiner bürgerlichen und menschlichen Sicherheit tief verletzt. Die Anrede stempelte ihn zum Verbrecher und erschütterte sein seelisches Gleichgewicht. Und da sein Verhältnis zu dem Namen „Grillparzer" zumindest prekär war, wurde der Dichter durch das vorangesetzte „ein sicherer" vollends an sich selbst irre. Daß es der Kaiser, der Landesvater, oder einer seiner höchsten Stellvertreter gewesen war, der ihn so diffamiert hatte, bestärkte jene Zweifel an der eigenen Identität, die seine Erziehung in ihm geweckt hatte. Der Staat setzte fort, was das Elternhaus begonnen hatte.

Ein derart erschüttertes Ich gibt einen unbeständigen Liebhaber ab. Zu Grillparzers Glück (und Unglück) hatte die Zeit der Restauration in Wien eine hochgespannte Gefühlskultur hervorgebracht, in der sich das Weibliche kräftig in den Vordergrund drängte. Wir werden Grillparzer glauben dürfen, wenn er versichert: „Ich habe nie eine Neigung betrogen, die ich hervorgerufen hätte. Vielmehr näherte ich mich nie einem Weibe, das nicht vorher sich mir genähert." Dies ist natürlich im Ton einer Entschuldigung gesprochen: in Wirklichkeit werden die guten Wienerinnen des Biedermeiers schon gewußt haben, wenn sie sich nähern durften. Zweifellos hat Grillparzer es vorgezogen, den Wartenden und Umworbenen zu spielen. War es dann aber soweit, dann hatten die Eroberinnen das Nachsehen. Er, der politisch immer wieder Gedemütigte, der Schwache, der Muttersohn, erwies sich als uneinnehmbar, auch wenn er gefallen war. Er entzog sich, machte sich unfaßbar, verschwand. Noch im Winter 1840 trägt der fast Fünfzigjährige anläßlich des Todes von Bertha Breuer in sein Tagebuch ein: „Die Frauenzimmer die je Interesse an mir genommen, haben sich alle frühzeitig aus der Welt gemacht." Es war der alte Zweifel und eine neue, bitterböse Gewißheit: Wer ihm, wem er erlegen war, tat gut daran, das Weite zu suchen.

1832, als sich der Vierzigjährige altern fühlte, trug er ins Tagebuch ein: „Gestern den Tag in der Briel bei Hartmut zugebracht. Eigentlich entzückt gewesen von dem Anblick seiner vier hübschen, gesunden, lieben Buben. So hätte ichs auch haben können. Man ist denn doch nur ein vagierender Räuber und Spitzbube wenn man das dreißigste Jahr überschritten hat, ohne verheiratet zu sein." Dies ist die wienerische Version eines Satzes, den Caroline Commanville, die Nichte Gustave Flauberts, in ihren *Souvenirs* überliefert hat. Auf einem ihrer gemeinsamen Spaziergänge hatten der Schriftsteller und seine Nichte eine Freundin Carolines besucht. Sie fanden sie von einer glücklichen Kinderschar umgeben. Auf dem Heimweg habe Flaubert dann bemerkt: *„Ils sont dans le vrai"*, sein Urteil darüber, daß er selbst, der diese Wahrheit der Literatur geopfert hatte, einem falschen Leben zum Opfer gefallen sei. Franz Kafka hat diesen Satz geliebt, ohne zu wissen, daß ihn ein Landsmann schon im Biedermeier mit großer Präzision vorweggenommen hatte.

Am Ende des gleichen Jahres, 1832, hält Grillparzer eine Art von Rückschau, wie sie nur möglich ist, wenn man an ein Ende gelangt zu sein glaubt: „Eine neue Wohnung bezogen. Von vier Zimmern, aus denen meine vorige bestand, in zwei, meine gegenwärtige. Das sieht fast einem Herabkommen ähnlich; möge es aber eine Vorbedeutung sein, daß auch das Gemüt in seine vorige, glückliche Enge sich wieder zurückziehen wolle. Weite, Enge! Das sind die Gegensätze nicht... Die menschlichen Dinge interessieren mich kaum mehr. Die Liebe? Habe ich je geliebt? ... Mein Gemüt hat Katty am meisten interessiert. Die Süßigkeit der Nähe war bei Marien am stärksten. Das Körperliche fand sich im Anfange des Verhältnisses mit Charlotten in der höchsten Aufregung. Und doch konnte ich schon am zweiten Tage der letzteren gegenüber Entschlüsse fassen und Grenzen denken, wenn auch noch nicht ziehen —"

Charlotte war die Frau seines Cousins und Freundes Ferdinand von Paumgartten und daher für ihn gleich doppelt tabu. Zur Geburt ihres ersten Kindes Karoline stellte sich Grillparzer mit einem Gedicht, „An der Wiege eines Kindes", ein, das Josef Nadler „eines der unvergänglichen deutschen Gelegenheitsgedichte" nennt. Was aber war die Gelegenheit, zu der es entstanden ist?

> Wie rein die Stirn sich hebt,
> Die Wangen strotzend leuchten,
> Die Unterlippe, als zum Kuß geformt,
> Ein Rosenblatt, sich schwellend hebt,
> Vom Oberlippchen zierlich überrandet
> Und Wang und Kinn mit ihrem Grübchen
> Zur strengen Schönheit fügen süßen Reiz!
> Du bist schön, o Kleine!
> Und wirst es mehr noch sein, wenn nicht mehr klein.

Das lyrische Gebilde ist überaus reizvoll in seinem Wechselspiel zwischen der idealischen Vorstellung von der Engelhaftigkeit eines Säuglings und den realistischeren Zügen einer Dame *en miniature*, die ganz und gar nicht auf ein Baby in der Wiege passen. Und damit das Kompliment seine Adresse nur ja nicht verfehle, heißt es bald darauf ausdrücklich:

Der Mutter Mund ob deinem weichen Kinn,
Er wird von Geist ertönen wie bei ihr,
Und fester Sinn wird thronen in den Brauen.

Das alles ist ebenso unschuldig wie raffiniert. „Was man wünscht, kommt uns entgegen", heißt es im Opernbuch zu *Melusina*. Wenn Grillparzer dann, nach dem Tod seiner Mutter und der Rückkehr aus Italien, über einen Besuch im Hause Paumgarttens in sein Tagebuch einträgt: „Wie sie trotzig war den ganzen Abend und höhnisch fast und unhöflich, beim Fortgehen aber das Licht auf den Boden setzte und sprach: ich muß dich küssen und mich nun umfing und an sich drückte mit all der verzehrenden Glut der Leidenschaft und des Verlangens", dann hatte er das Wiegenlied für die kleine Karoline schon lange vergessen und durfte die Umarmung der Angriffslust der Frau zuschreiben. Die Tagebucheintragung aus dem Jahre 1819 setzt hinzu: „Studiere diesen Charakter genau. Dem Dichter kommt nicht leicht ein interessanterer vor." Die Grenzen, die er zwar denken, nicht aber ziehen konnte und wollte, waren keine Grenzen des Handelns oder Lassens, sondern einzig und allein solche der Kunst. So konnte es geschehen, daß er im Todesjahr Charlottens, 1827, die Erinnerung an jenen Abend wieder hervorholen und an den Rand des Manuskripts von *Des Meeres und der Liebe Wellen* schreiben konnte: „Im 3. Akt zu gebrauchen, wie damals Charlotte, als sie den ganzen Abend wortkarger und kälter gewesen war als sonst, beim Weggehen, an der Haustür das Licht auf den Boden setzte, und sagte: ich muß mir die Arme freimachen, um dich zu küssen." Die verquere Stellung, die er dem politischen Leben gegenüber einnahm, blieb ihm auch angesichts der Frauen nicht erspart. Keiner sah dies deutlicher als er selbst. „Lügner, Lügner, abscheulicher Lügner! Was heuchelst du Gefühle, die du nicht hast?" ruft er sich im Tagebuch von 1827 zu und schreibt ein wenig später in einem Anfall von Selbstverteidigung: „Für mich gab es nie eine andere Wahrheit als die Dichtkunst. In ihr habe ich mir nie den kleinsten Betrug, die kleinste Abwesenheit vom Stoffe erlaubt ... Mein ganzer Anteil blieb immer der Poesie vorbehalten, und ich schaudere über meinen Zustand als Mensch, wenn die immer seltener und schwächer werdenden Anmahnungen von Poesie endlich ganz aufhören sollten." Er hätte hinzufügen können, daß ihm die Dichtung von Jahr zu Jahr schwerer fiel, weil er das Seine zu ihrer Desillusionierung beigetragen hatte, weil er, unter dem Antrieb seines Verstandes, zu begierig nach der Wahrheit fragte, die sich in ihr, der göttlichen Kunst, verbarg, und weil ihn, je weiter das neunzehnte Jahrhundert und damit sein Leben fortschritt, desto kühler die Angst anwehte, daß der Thron, von dem aus die Kunst als Wahrheit die Welt regierte, leer stehe und das Leben, das er geopfert hatte, umsonst hingegeben sei.

Katharina Fröhlich lernte er im Winter von 1820 auf 1821 im Hause des Bankiers Johann Heinrich von Geymüller kennen. Sie war die dritte von vier Schwestern, die jede auf ihre Weise der Kunst verbunden war: Anna als Gesangslehrerin, Barbara als Malerin und Josefine, die jüngste, als Sängerin. Katharinas Ambitionen waren aufs Theater gerichtet. In einem Brief an seinen Jugendfreund Georg Altmütter hat Grillparzer die erste Begegnung geschildert. Das Schreiben, das vermutlich aus dem Frühjahr 1821, also aus der Zeit seiner jungen Liebe, stammt, beginnt mit der Klage: „Ich bin der Liebe nicht fähig!" Der Ausruf wird begründet: „Ich glaube bemerkt zu haben, daß ich selbst in der Geliebten nur das Bild liebe, das sich meine Phantasie von ihr gemacht habe", und gipfelt in der Bitte: „Bedaure mich und sie, die es wahrlich verdiente, wahrhaft und um ihrer selbst willen geliebt zu werden." Darauf folgt die immer noch allgemein gehaltene Erklärung, er habe sich „am meisten, oder vielmehr ausschließlich" zu den Frauen hingezogen gefühlt, „die eigentlich am wenigsten für mich passen: zu denen nämlich von entschiedenen Charakterzügen, die meinem Hang zu psychologischer Forschung und dem Stoff-umbildenden Dichtersinn in der Idee die meiste Nahrung geben; auf der anderen Seite aber durch ihr Sprödes und Abgeschlossenes im Wirklichen jedes Zusammenschmelzen nur noch unmöglicher machen." Das Wort vom Zusammenschmelzen hat für ihn verbindliche, geradezu zwingende Kraft. „In Glutumfassen stürzten wir zusammen", heißt es 1833 in dem Gedicht *Jugenderinnerungen im Grünen,* „Wir glühten, aber ach, wir schmolzen nicht."

Endlich ist der Bericht bei den Schwestern Fröhlich angelangt: „Einer der Anwesenden stellte mir die vier Schwestern vor, mit dem Ausdrucke: vier ihrer wärmsten Verehrerinnen! Wer wäre das nicht! rief lebhaft die eben hinzugetretene Nicht-Sängerin." Es mag nicht gleichgültig sein, daß Grillparzer Katharina mit einer Bezeichnung dessen, was sie *nicht* ist, einführt: als Nicht-Sängerin. Seine nächste Regung besteht darin, dem Mädchen das gewiß nicht allzu aufdringliche Lob übelzunehmen, das sie ihm soeben gespendet hat. (Das Gegenteil wäre ihm vermutlich noch unsympathischer gewesen.) Man sieht geradezu, wie er sich den Anblick Katharinas, deren Schönheit viel gerühmt wurde, mit Rationalismen aller Art verbaut: „Sooft ich meiner Lobrednerin zufällig nahe kam, fiel mir an ihr, sowie an ihren Schwestern, ein gewisses beinahe demütiges, einen Unterschied zwischen sich und der Gesellschaft setzendes Betragen auf, dessen Ursache sich mir bald erklärte. Ich erfuhr, daß Vater und Mutter der guten Kinder sehr arm, und die Älteste von ihnen Musiklehrerin im Hause des Festgebenden sei." Das Gefühl für die soziale Nuance in Rede und Gebärde, das seine Dramen und besonders den *Armen Spielmann* auszeichnet, ist hier wirksam. Immerhin bereitet es ihm eine gewisse Genugtuung, zwischen sich und den Schwestern die Verwandtschaft der Unbemittelten zu konstatieren; dies erlaubt ihm, sie — immer noch im Plural! — „gute Kinder" zu nennen.

Beinahe ein Vierteljahr verstreicht, ehe er Katharina wiedersieht. Wieder ist es eine musikalische Gesellschaft, wieder treten die Schwestern zu viert auf. „Drei von ihnen kenne ich, aber wer ist jene vierte in der Mitte der andern, über sie hervorragend an Gestalt und durch eine gewisse Sicherheit des Benehmens, in rotem Kleid, mit dem geringelten schwarzbraunen Haar? Jene — mit den Augen, hätte ich bald gesagt; denn es war, als hätte niemand Augen als sie, und als wäre sie selbst nur da in ihren Augen, so blitzten die dunkelbraunen Bälle, scharffassend, leicht beweglich, alles bemerkend, jede Bewegung, jedes Wort einträchtig begleitend ..." Und wieder: „Sie setzte sich gleich nach dem Eintreten in dem Vorsaale, in dem sich die männlichen Zuhörer befanden, rechts und links Bekannte grüßend, und wohl auch eine zum Willkomm dargebotene Hand nach Männerart fassend, aufs Sofa nieder, und fing nun an, den auf sie Eindringenden unter Lachen — so zu sagen — mit obligater Begleitung der herumschießenden, dunkelrollenden Augen die Ursachen der Verspätung auseinanderzusetzen." Dies ist zunächst eine der schönsten Stellen Prosa, die Grillparzer geschrieben hat, und sicher unter den schönen die heiterste. Es ist, als setzte sich das Spiel von Katharinas Augen unmittelbar in den Fluß und Flug der Sprache um, die den Zauber der „dunkelbraunen Bälle" nicht nachzeichnet, sondern verkörpert. Die Bezeichnung „dunkelbraune Bälle" hat etwas Kindliches; so als hätte es vor Katharinas Augen noch nie Augen gegeben und als nennte er sie zum ersten Mal bei Namen; zugleich wird er durch das Spiel dieser Blicke getroffen, als wären sie Pfeile des Liebesgotts. Der Augenmensch und Sprachbildkünstler Grillparzer erlag dem Augenblick. Als er seiner Liebe dann ein Denkmal setzte, das höchste, das zu ersinnen er fähig war, als er Katharinas Namen von der Bühne des Burgtheaters herunter verkünden ließ, als wäre sie eine Prinzessin oder sonst eine historische Gestalt, da waren es wiederum diese Augen, um derentwillen er sie so hoch erhoben hatte. „Katharina, / Katharina Fröhlich, Bürgerskind aus Wien", so wird in *König Ottokars Glück und Ende* die in den Stand der Kindheit sowie ins dreizehnte Jahrhundert zurückversetzte Geliebte dem Kaiser vorgestellt. Darauf der sonst weiblichen Reizen nicht eben zugängliche Rudolf:

> Fall nicht Kathrina! Ei, was ist sie hübsch!
> Wie fromm sie aus den braunen Augen blickt,
> Und schelmisch doch. Zierst du dich auch schon, Kröte?

Freilich wird die Huldigung, in der die zärtlichen Gefühle des Dichters wie in einem Medaillon aus dem Biedermeier zusammengefaßt sind, von der Warnung des Kaisers, nicht zu fallen, und dem Wort „Kröte" eingefaßt, denen beiden eine gewisse Ambivalenz nicht abzusprechen ist. Ähnlich fährt der Brief an Altmütter fort: „Ich habe immer ein geregeltes, umsichtiges Benehmen bei Weibern, vielleicht zu sehr, geliebt; die Ungebundenheit des Mädchens mit den schönen Augen, obgleich fern aller Unbescheidenheit, konnte mir daher nicht eigentlich gefallen; obgleich ich einen gewissen Reiz in dem allen mir nicht ableugnen konnte." Der Reiz lag wohl in jener Knabenhaftigkeit, mit der Katharina unter den Männern des Vorsaals Platz genommen, nach „Männerart" Hände geschüttelt und sich selbst „ein wenig im Tone und der Gebärde des Schulknabenjux" Schweigen auferlegt hatte, als ihre Schwestern sangen.

Die „Ungebundenheit" Katharina Fröhlichs, die Grillparzer sowohl heimisch wie unheimlich und jedenfalls ungemein anziehend vorkam, mag ihn an die Fessellosigkeit Cherubinos und seines Gedichtes an den Pagen erinnert haben. Dagegen aber sprachen die Augen, die seinem eigenen *mal'occhio* entgegenwirkten und ihn, zumindest für eine Weile, die Gespaltenheit seines Gemüts vergessen ließen. Er hat vermutlich nie gelöstere Verse geschrieben als die Schlußstrophe des Gedichtes „Allgegenwart" von Anfang März 1821:

> Abends, wenns dämmert noch,
> Steig ich vier Treppen hoch,
> Poch ans Tor,
> Streckt sich ein Hälslein vor,
> Wangen rund,
> Purpurmund,
> Nächtig Haar,
> Stirne klar,
> Drunter mein Augenpaar!

Die Strophe ist beinahe subjektlos; das persönliche Fürwort „ich" ertönt nur einmal, gleichsam in der ersten Senkung der zweiten Zeile versteckt; der Versuchung, es an der gleichen Stelle der dritten Reihe zu wiederholen, widersteht der Dichter, obwohl Syntax wie Rhythmus ihn dazu einladen mußten. So sehr ist er von Katharina gefangengenommen, daß am Ende ihr Augenpaar zu dem seinen geworden ist. Aber diese letzte Zeile, dieses „Drunter mein Augenpaar", hat nichts von Besitznahme, von einer Bestätigung des Ich durch eine Eroberung des Du, an sich; das besitzanzeigende Fürwort wird in spielerischer und doch profunder Paradoxie zu einem Pronomen der unbedingten Hingabe. Ohne Zögern und Zurücknahme steigt er zu diesen Augen empor, die schon die seinen gewesen sind, ehe er sie oder sie ihn erblickt haben. Dem Pochen am Tor, dessen Laut schon in den Reimsilben der ersten zwei Zeilen hörbar geworden ist, wird dementsprechend rückhaltlos aufgetan. Ganz von seinem Gefühl getragen, vergißt der glückliche Dichter doch nicht, uns mitzuteilen, wie viele Stockwerke hoch die Freundin wohnt. Dies deutet nicht nur auf Grillparzers Wirklichkeitssinn; es erhöht auch die Wartende und macht die Ersehnte doch, nur vier Treppen hoch, erreichbar. Der Rest ist, wie in Goethes „Mailied", Aufzählung; die Leidenschaft erklärt sich in den einfachsten Worten, deren sie fähig ist, und besitzt Kraft genug, selbst das Triviale und Abgegriffene als allgemein und gültig erscheinen zu lassen. Grillparzer verläßt sich darauf, daß die Züge der Geliebten den Hörer des Gedichts bezaubern, wie sie ihn bezaubert haben; er betet einen erotischen Rosenkranz, und das Vertrauen tut, Sprache geworden, seine Wirkung.

Dies konnte nicht gut enden. Offenbar auf einem der Höhepunkte seiner Leidenschaft notiert er: „Daß diese Liebe je abnehmen könnte, das ist mir ein so schrecklicher Gedanke, und daß dies sein müsse, hält mich vom Heiraten ab, denn daß man sich vor einander waschen soll..." Und schon aus dem Sommer 1821 stammt die Tagebucheintragung: „Von zu viel getrunkenem Wein verdüstert kam ich von Hitzing zurück und fand die Gute, geschmückt, im holden Bewußtsein heute einmal den Tag ganz in meinem Sinn zugebracht zu haben. Wie hatte sie sich auf den Abend, auf mich, gefreut! Und nun — Ohne Ursache komme ich in üble Laune. Aus — ich weiß nicht was — tue und spreche ich Dinge, die sie verletzen mußten. Woher kommt mir denn die teuflische Lust, sie zu quälen, und mich mit ihr?" Kurze Zeit vorher schreibt er sich Kapitel und Vers aus Lord Byrons Bibel der Zerrissenen ab, jene Stelle, die mit den Worten endet:

> *Her faults were mine—her virtues were her own—*
> *I loved her, and destroy'd her!*

und dazu die Auslegung: „Eben habe ich diese Stelle in Byrons gräßlichen [sic!] Manfred gelesen. Sie passen auf eine furchtbare Art auf mich und sie. Aber der letzte Vers paßt nicht; soll nie passen!" Dennoch wird er auf einem nicht genau datierbaren Blatt, mindestens acht Jahre später, vermutlich noch weit später, sich eingestehen können: „Und doch ist es vielleicht das Beste wenn sie stirbt. Da ist keine andere Entwicklung möglich. Das zu sagen ist weder eigennützig noch hart, denn ich würde ebenso gern, ja lieber durch meinen eigenen Tod den unauflösbar geschlungenen Knoten trennen. Sie gebe mir ihre Krankheit und ich bins zufrieden. Dieses treue, edle Herz! Aber weiß Gott! es ist mehr ihre Schuld, als meine. Ihre Schuld? Muß denn überhaupt irgend jemand die Schuld haben? Gibts kein Unglück, durch den Lauf der Dinge und unabänderliche Beschaffenheit herbeigeführt? Oh weh, weh denen, die ein Herz haben, wenn sie betrachten, und keins, wenn sie handeln!"

Die Katastrophe der meisten menschlichen Krisen entsteht daraus, daß ihnen nicht die Zeit zur Austragung gelassen ist. Sie drängen nicht danach, begriffen, sondern gelöst zu werden, und bei der Lösung mag es dann erscheinen, daß, wie Grillparzer klagt, jener, der beim Betrachten ein Herz zu haben glaubte, sich herzlos vorkommt, weil er handeln muß. Dies gilt insbesondere für Krisen erotischer Natur, in denen alles nach Erfüllung und Bereinigung drängt. Romeo und Julia gehen letztlich daran zugrunde, daß ihr Stundenglas zu rasch leerläuft, und Grillparzer wußte sehr wohl, was er tat, als er in *Des Meeres und der Liebe Wellen* einen ganzen langen Akt, den vierten, der Seelendeutung seiner Liebenden vorbehielt. Er gab seinen tragischen Figuren Bedenkzeit, was in der Geschichte des Dramas ein Novum, der Wirkung des Stückes jedoch mehr als abträglich war.

Auch in seinem Leben, in seiner Beziehung zu Katharina, hat er sich ungemein Zeit gelassen. Mit sechsundfünfzig Jahren zog er mit den Schwestern Fröhlich zusammen in die Wohnung Spiegelgasse 1097; nach seinem achtzigsten Geburtstag beschied er Katharina um sechs Uhr früh in die Stephanskirche, um sich mit ihr trauen zu lassen. Da soll die entrüstete Kathi in Tränen ausgebrochen sein und gerufen haben: „Das hieße der Aufopferung eines langen Lebens den Stempel der Gemeinheit aufdrücken, ich bin keine alte Hofratsköchin."

Katharina muß auf seltene Art Stolz und Hingabe verbunden haben. Sie war ihm ebenbürtig: feinnervig, aber nicht zerbrechlich und, im Gegensatz zu ihm, keineswegs wehleidig. Sie krankte lange Zeit körperlich an ihrer Liebe, und er schrieb im September 1830 an die Schwester Pepi: „Sie selbst wissen nur zu gut, daß seit mehreren Jahren mein Verhältnis zu den Ihrigen nur durch die Besorgnis aufrechterhalten wird, daß eine Trennung dem Gemüts- und Gesundheitszustande Ihrer Schwester Katti verderblich werden könnte." Sie litt, und er machte den

Märtyrer. Den Brief an Josefine schließt er: „Meinen kommenden Namenstag werde ich schon allein feiern müssen." Dabei ist in den Briefen Katharinas kein Zug jener Männlichkeit zu spüren, die er bei den ersten Begegnungen an ihr wahrgenommen haben wollte und die vermutlich einen Reflex seiner eigenen Liebesbedürfnisse bildete. Er hat ihr viel und Widersprüchliches vorgeworfen und ist sich oft dabei bewußt gewesen, daß sie's ihm doch nie und nimmer recht machen konnte und daß es ihn ebenso gestört hätte, wenn das Gegenteil dessen, was er an ihr aussetzte, wahr gewesen wäre. Ihre Geradheit und Spontaneität: „Solange sie auf der Welt ist, hat sie sich noch nie einfallen lassen, daß eine Sache zwei Seiten haben könne. Bei ihrer Herzensgüte und ihrem eigentlich richtigen Verstande würde sie gewiß nach Überlegung handeln, wenn die Lebhaftigkeit des ersten Eindrucks nur irgend dem Gedanken Raum lassen könnte: es sei hier überhaupt etwas zu überlegen oder zu zweifeln" (1822). Ihre Lebhaftigkeit und Wißbegier: „Sie wäre ein Schatz für jemanden, der, nach abspannenden Geschäften, zu Hause Anregung brauchte; einem, der von seinem aufregenden Streben Abspannung sucht, muß sie notwendig zur Qual werden" (1825). Ihre Musikalität: „Wie Säufer in Wein, so betrinkt sie sich in Musik. Sie ist ihrer selbst nicht mehr mächtig, wenn sie gute Musik gehört hat" (1822). Die Stelle klingt, als beschwöre sie die Erinnerung an die Zeit herauf, in der er noch mit seiner Mutter zusammen gelebt und musiziert hatte. Tatsächlich waren es wohl auch die mütterlichen Züge Katharinas, die „Aufopferung eines langen Lebens", die dieses ungleich gleiche Gespann am Ende doch noch zusammenhielten. Er liebte sie um ihrer selbst willen und leistete ihr wegen ihrer Ähnlichkeit mit einer anderen Widerstand, mit seiner Mutter, die in sein Leben früher noch als sie, und darum noch weniger überwindlich, eingegriffen hatte. Vielleicht ist Grillparzer niemals einer Einsicht in sein Verhältnis zu Katharina näher gekommen als mit seiner Antwort auf die Frage des Schriftstellers Johann Ludwig Deinhartstein, warum er sie denn nicht heirate. Da sagte er schlicht: „I fürcht' mi."

Er fürchtete sich, Katharina zu besitzen, und hatte Angst, sie zu verlieren. Zunächst verrät er seine Furcht in einem Besitzanspruch, der sich über sich selbst lustig macht. 1823 schreibt er an sie: „[Der Arzt] Flury hat mir gesagt, du habest seiner Frau einen Besuch gemacht. Obgleich jeder Schritt über die Gasse eigentlich meinen Befehlen zuwiderläuft, so freut es mich doch ..." Sonst ist der Brief gut gelaunt, und wir werden annehmen dürfen, daß Grillparzer hier ein wenig den grimmigen Osmin aus Mozarts *Entführung aus dem Serail* gemimt hat. Und doch schwingt unter aller Travestie ein Herrschaftsanspruch mit, der im Grunde das

Bedürfnis eines Kindes ist, das sich den Gegenstand seiner Liebe nicht entgleiten lassen will. Katharinas Gesicht beim Lesen des Wortes „Befehle" kann man sich vorstellen.

Aus dem Jahr 1826, fünf Jahre nach Begegnung, Verlobung und nicht vollzogener Heirat, stammt die folgende Eintragung: „Am Ende war es doch hauptsächlich mein grillenhaft beobachteter Vorsatz, das Mädchen *nicht* zu genießen, was mich in diesen kläglichen Zustand versetzt hat. Grillenhaft beobachtet, sage ich, denn es war kein eigentlich tugendhafter Entschluß, er war erzeugt durch ein vielleicht bloß ästhetisches, künstlerisches Wohlgefallen an des Mädchens Reinheit, was mich zurückhielt das zu tun, wozu alle Gefühle und Gedanken mich beinahe unwiderstehlich hintrieben . . ." Es ist wahrscheinlich, daß die folgende Eintragung die Fortsetzung der vorigen Notiz darstellt: „Meine Phantasie kann sich übrigens von jener Niederlage noch immer nicht erholen. Es ist als ob mir die Darstellung aller innigen Gefühle unmöglich geworden wäre, nachdem ich ein selbstempfundenes, so überschönes in Kälte und Gemeinheit übergehn gesehn hatte." Ernst Alker vermutet, daß der Passus „jene Niederlage" auf „ein Versagen Grillparzers als Mann" hindeutet, und fragt nach den Gründen. Diese, stellt er fest, „waren nicht seelischer, sondern physischer Art: er fürchtete — wohl aus einer gewissen Erfahrung heraus —, daß entweder seine Ehe niemals ein *matrimonium consummatum* (wie das kanonische Recht sagt) werden würde, oder daß er physisch der Leidenschaft Kattis keine ausreichende Befriedigung bieten könnte". Mit der letzten Vermutung aber hat Alker den Bereich der Physiologie verlassen und öffnet einer psychologischen Deutung den Weg. Grillparzer kannte seine Katharina gut und liebte sie. Er kannte aber auch sich und liebte sich nicht. Seine Selbstunterschätzung, die beinahe aus jedem seiner Stücke ein „Mondkalb" hat werden lassen, mag ihm die Phobie eingeflößt haben, er würde Katharina nicht genügen. Mehr als dieser Furcht bedurfte es nicht, um ihn auch körperlich zu lähmen. Obwohl diese Angst unergründlich und irrational bleibt (und darin, daß sie dies bleibt, liegt ein gut Teil ihrer paralysierenden Gewalt beschlossen), wird man nicht fehlgehen, wenn man ihre Ursprünge in der Vergangenheit des von der Angst Ergriffenen sucht. Es wäre sogar möglich, daß Grillparzers Unbewußtes sich zu verraten *wünschte*, indem es ihn dazu verführte, in den ersten beiden Sätzen der ersten Eintragung das Wort „Grille" zu gebrauchen. „Grille", das war ein Teil seines Namens, an dem er litt, wenn er sich selbst verfolgte. Zugleich war dieser Name mit der ganzen Last seiner Kindheit befrachtet. Die Kälte, die er damals an dem eigentlichen Grillparzer, dem Vater, wahrgenommen hatte, ist gewiß der Härte des „Vorsatzes" nicht unverwandt, den er Katharina gegenüber gefaßt hatte. Andererseits aber scheint bei diesem „Vorsatz" auch ein Plan der Selbsterhaltung mitgewirkt zu haben, und es beweist die mütterliche Weisheit und unerschütterliche Neigung Katharinas, daß sie sich am Ende diesem „Vorsatz" fügte, ohne ihn erkannt zu haben. Nur wenn Grillparzer sie im Stande der Unberührtheit erhielt, konnte er mit ihr im Andenken an die „Idylle" zusammenleben, die er mit seiner Mutter genossen hatte. Erst am Ende ihrer Beziehung, da der „Vorsatz" gegen alle Lebenswahrscheinlichkeit doch gewirkt hatte und Wirklichkeit geworden war, wurde sein tieferer Sinn überhaupt wahrnehmbar. Von diesem Ende her aber würde dann auch deutlich, daß es keineswegs „ein vielleicht bloß ästhetisches künstlerisches Wohlgefallen an des Mädchens Reinheit" war, was ihn zurückgehalten hatte, sondern das Tabu seiner Bindung an die Mutter, gepaart mit einer gewissen Ökonomie seines Unbewußten: er konnte sich Katharina nur erhalten, wenn er auf sie verzichtete. Er sparte sich die Braut vom Leibe ab, um die Wirtschafterin der Seele erhalten zu können. Ein gerüttelt Maß an Selbstquälerei wird wohl auch mitgewirkt haben, wenn er seinem „Vorsatz" treu blieb. Denn er war Frauenkenner genug, um sich nicht zu verhehlen, daß sein Verhalten bei der reschen, lebenslustigen und temperamentvollen Wienerin Katharina „alle Wirkungen der unbefriedigten Geschlechtsliebe" hervorrufen mußte. „Sie ward argwöhnisch, heftig, zänkisch sogar, und so ward dieses Verhältnis auch in seinen geistigen Bestandteilen gestört, die es so fabelhaft schön gemacht hatten."

Ein weiteres Jahrfünft später hatte er seine Diagnose vergessen. Wieder einmal war es zwischen ihm und Katharina zum Streit gekommen, über Musik natürlich: „Das Mädchen", schreibt er nachher, „ist durch Liebe und Achtung lenksam bis zur Willenlosigkeit, aber gleich auf gleich die größte Rechthaberin von der Welt; und solange die Aufregung dauert, nicht im Stande zu schweigen, oder den Streit liegen zu lassen, wenn es auch alles gälte, was zu erhalten sie sonst das Übermenschliche tut und duldet. Warum mußte dieses Wesen in meine Hände geraten, oder je darauf verfallen sich gleich auf gleich mir gegenüber zu stellen!" Aber Katharina war alles andere als hartnäckig; sie versuchte auszuweichen, 1830 durch eine angebliche Verlobung mit dem Verwalter des Schlosses in der Sommerfrische Achau. Damit regte sie die Phantasie des Eifersüchtigen auf, nichts anderes als am Ende dieses Jahres durch eine Reise mit Schwester Pepi, der Sängerin, nach Mailand. 1832 gab es wieder Streit zwischen ihr und Grillparzer. „Es erwachte, wie jedesmal nach Versöhnung eine Art Verlangen in mir. Ich nahm sie auf den Schoß und liebkoste ihr; das erstemal seit langer Zeit. Aber die Empfindung ist erloschen. Ich möchte sie gar zu gern wieder anfachen, aber es geht nicht.

O des Abstands der frühern Zeit. Sie ist verwelkt. Wir sind beide älter geworden."

Katharina hat Grillparzer gelassen, was sie selbst in ihren jungen Jahren nicht verschwenden durfte: Zeit. Damit erhielt sie sich ihn, soweit sich irgend jemand einen Grillparzer erhalten konnte. Er war oft und heftig geliebt worden. 1822 war Marie von Piquot gestorben, ein junges Mädchen aus der Entourage Caroline Pichlers, ein „höchst geistreiche[s], gebildete[s], gute[s] Mädchen, ... das, wenn auch nicht gerade schön, doch, besonders durch ihren über allen Ausdruck schönen Wuchs, auch äußere Vorzüge genug besaß". Grillparzer hatte ihr den Hof gemacht, sich dann aber von ihr zurückgezogen; er zeigte gerade Interesse genug, um über ihre Todeskrankheit Informationen einzuholen, ohne sich zu einem Krankenbesuch aufraffen zu können. Er ging an der Stephanskirche vorbei, als man das Begräbnis vorbereitete. „Ich ärgerte mich über meine Gefühllosigkeit und ging in die Kirche, um mich auf die Probe zu stellen, wie weit das ginge. Der Leichenzug kam, die Bahre mit dem Jungfrauenkranz geziert, hinterher der alte, grämliche Bediente, der mir oft, wenn ich neben dem Mädchen saß, die Teller gewechselt, sonst barsch, fast grob, jetzt in Tränen zerfließend, fast wankend bei all seiner derben Beleibtheit." Die Miniatur des Bedienten ist meisterhaft; aber gerade die Präzision der Beobachtung und die Leidenschaft des Dramatikers für das gestische Detail erweisen, wie weit seine Gefühllosigkeit der Toten gegenüber reichte. Er fühlte nur Furcht, Gespensterfurcht, wie er sie von der Zeit her kannte, als er an der *Ahnfrau* schrieb; auch sonst hatte er sie erfahren, nicht, wie er sich bei dieser Gelegenheit eingestand, „bei meines Vaters, wohl aber sehr bei meiner Mutter Tode".

Da läßt ihn eines Tages die Mutter der toten Marie kommen und teilt ihm mit, das Mädchen habe ihn geliebt, ihre heftige Neigung aber erst in ihrem Testament verraten. „Die Tochter hatte in ihrem letzten Willen die Eltern gebeten, daß sie für mich sorgen, mich in ihr Haus nehmen, Verwandtenstelle an mir vertreten sollten; das alles ward mir angeboten — und ich? Kalt, zerstreut hörte ich das alles an, schlug aus, lehnte ab, spielte ein wenig Komödie, ward aber keiner Träne Meister, und war froh als ich wieder gehen konnte." Immerhin ließ er sich herbei, die Grabschrift zu verfassen. Sie lautete: „Jung ging sie aus der Welt; zwar ohne Genuß, dafür aber ohne Reue." Der Spruch enthält mehr Anteil, als er verrät; das stoische Diktum verbirgt wohl auch ein wenig Neid auf die Tote, deren frühes Ende ihr das alles erspart hatte, die Reue und, vor allem, den Genuß.

119

Der Himmel läßt in Tropfen sich hernieder,
Die Erde wallt in Düften ihm entgegen
Und, weich ausbreitend ihre matten Glieder,
Empfängt ihr Schoß den zeugungswarmen Regen.

Diese vier Zeilen, vermutlich 1825 oder 1826 geschrieben und trotz ihrer völlig geschlossenen Aussage Fragment, haben einen für Grillparzer fremden Ton. Die zarte Schwüle nimmt eine Stimmung voraus, wie sie im Wien der Jahrhundertwende zwar niemals so vollendet in Versen ausgesprochen, wohl aber von Gustav Klimt in Gemälden eingefangen werden sollte. Was hier Wort wird, ist die Sanftmut eines österreichischen Landregens und zugleich ein mythischer Vorgang von unmittelbarer Triebhaftigkeit. Der Himmel läßt sich liebesbedürftig hernieder, die Erde empfängt als Weib den zeugungswarmen Gott. Durch Bildwahl und lässig-gewährenden Rhythmus wird die Unausweichlichkeit eines Naturereignisses so moduliert, daß es zum Gleichnis eines menschlichen Aktes wird, der ebenso unausweichlich scheint wie, nach einem heißen Tag, der Regen. Selten ist nach Grillparzer das erotische Charisma des Regens so vollendet im Gedicht dargestellt worden, von Verlaine etwa oder in den Zeilen Edith Sitwells

> *The mauve summer rain*
> *Is falling again,*

aber nie mit solch kosmischer Anzüglichkeit.

Grillparzer verdankt dieses Gedicht seiner Begegnung mit Marie Smolk von Smolenitz. Sie war ihm schon 1823 als Fünfzehnjährige in der Ballgasse aufgefallen; vier Jahre später heiratete sie seinen Freund, den Maler Moritz Daffinger. Daffinger hat sie gemalt; das Aquarell strahlt noch heute die „Süßigkeit der Nähe" aus, die Grillparzer von dieser Affaire vor allem im Gedächtnis geblieben ist. Als wollte er diese Nähe auch im Wort bewahren, hat er sie im Jahre ihrer Heirat in Briefen geschildert, die er vorsorglich nur seinem Tagebuch anvertraute: „Ich habe keine Waffen gegen dich! Was ist es denn auch? Daß dein glattgescheiteltes, lockenloses Haar sich wie ein schwarzer Höllenfluß um die für einen Himmel viel zu wenig lichte Stirn hinschlängelt, um eine Stirn, die vielleicht zu niedrig ist, und die du — Falsche! Kokette! — durch ein quer darüber hin laufendes schwarzes Schnürchen teilst, um sicherer zu berücken? Daß diese deine lohbraunen Augen, mit denen du nur zu freigebig bist, freigebig gegen jedermann, und an denen mir einmal der Schnitt und die Lage der inneren Augenwinkel mißfiel, daß diese Augen so fromm tun können und so warm? Daß diese deine unschuldigen Wangen — Ja, Marie, das alles ists, — und ists nicht; und wenn nicht, so ist keine Treue in der Welt, und Gott und Natur hat gelogen. Dort, inmitten der niedern Stirn, ober den beiden Augen, eingefaßt von den schwarzglänzenden Haaren, dort inmitten sitzt die Wahrheit, und macht mich zum Sklaven deines kindisch plaudernden Selbst." Wiederum ist, wie bei der Begegnung mit Katharina, die quälende Spannung zwischen Sucht und Durchschauen mit im Spiel; nur daß sich diesmal beides auf das Körperliche beschränkt. Wiederum sind es Augen, die auf ihn ihre Faszination ausgeübt haben; er weiß dies; und wogegen er sich wehrt, ist die physische Anziehung allein. Er verliert sich ins Bizarre, wenn er an Schnitt und Sitz von Maries Augen Anstoß nimmt. Die niedere Stirn ist der Sitz der Wahrheit, jener Wahrheit nämlich, daß er der Sinnlichkeit eines Geschöpfs verfallen ist, das dann gar nicht anders kann, als „kindisch" zu plaudern und durch eben dieses Geplauder zu verführen.

Die Geschichte begann wohl um die Zeit, als er das „Regen"-Gedicht schrieb, und dauerte, mehr oder minder unter den Augen Katharinas, bis in die frühen dreißiger Jahre, in denen er sich klar wurde, daß der Abschied von Marie „die Trennung von dem letzten wohltuenden Lebens-Gefühl" bedeutete. (Seine Eifersucht auf Katharina erklärt sich zum Teil daraus, daß er ihr lange Zeit mehr als Anlaß zur Eifersucht gegeben hatte. Er beugte vor: er war auf Katharina eifersüchtig, damit sie ihm nicht vergelte, was er ihr angetan hatte.) Unter den Affairen dieses gewiegten Frauenkenners war die mit Marie die erschütterndste, weil sie sich völlig im Sinnlichen vollzog. In Marie war Grillparzer das „Weib als solches" begegnet, wie es in der *Jüdin von Toledo* als ein Elementarwesen vor uns hintritt. Da sich seit der Urmutter Lilith die Möglichkeiten der Frau nicht wesentlich verändert haben dürften, lag die erschreckende Neuheit von Grillparzers Erlebnis weniger in Maries Natur als in seinen verfeinerten und aufgeregten Nerven, die ihn erleben ließen, was mit solcher Intensität und Nacktheit erst kommenden Geschlechtern verständlich werden sollte. Auch hierin war Grillparzer ein Vorläufer: er maß seinen Zusammenstoß mit Marie nicht an der Moralität seiner Zeit (die freilich im Wien des Vormärz nicht allzu verkrampft gewesen zu sein scheint), sondern einzig an der Polarität ihrer Naturen. Die Tragödie lag darin, daß dieser Mann und diese Frau unvereinbare Charaktere besaßen: sie gipfelte in den harmlos-verräterischen Zeilen aus dem Jahr 1831:

> Ich weiß ein Haar, das ist so schwarz,
> Ich weiß ein Aug, das ist so groß,
> Ich weiß ein Herz, das ist so gut,
> Und einen Mund, der spricht so süß.

> Ich weiß ein Bett, das ist so weich . . .

Ihre Peripetie jedoch findet sich schon in einem Satz aus dem Jahre 1827: „Ich habe dich nie verstanden."

Daß Marie mit einem Freund verheiratet war, hat Grillparzer ebensowenig zu schaffen gemacht wie die Erinnerung an seine Affaire mit Charlotte von Paumgartten. Tabus zogen ihn an. Noch als alles vorüber war (und damals vermutlich erst recht), regten den Dramatiker die Verwicklungen des Lebens an. Eines Tages — es war im September 1832 — kam Daffinger „und holte mich ab, den Schiedsrichter zwischen ihm und seiner Frau zu machen, von der er sich eben auf immer zu trennen im Begriffe stehe... Die Ursache der gegenwärtigen Verhältnisse aber ist ... ein neuer Liebhaber. Je nu! ich habe kein Recht mich darüber zu beklagen... Ich setzte der Frau den Kopf zurecht, las dem Manne ein Kapitel, versprach in ihrem Namen Aufgabe der Liebschaft, ... versöhnte das Ehepaar (freilich wirds nicht lange währen) und ging endlich wie ein Komödien-Vormund, ich der ich noch vor Jahr und Tag selbst der Liebhaber war und die nämlichen Trennungs-Vorbereitungen um meinetwillen erlebt hatte."

Moritz Daffinger hatte übrigens bei einer anderen Lebensverwicklung Grillparzers eine verhängnisvolle, wenn auch nicht eben durchsichtige Rolle gespielt: in dem für den Dichter auch sonst kritischen Jahr 1826 war die sogenannte „Ludlamshöhle" aufgelöst, über ihn selbst Hausarrest und Haussuchung verhängt worden. Die „Ludlamshöhle" trug ihren Namen nach einem Drama von Adam Oehlenschläger, das im Dezember 1817 in Wien aufgeführt worden war, und tagte zur Zeit, da Grillparzer ihr beitrat, im Gasthaus „Haidvogel" im Schlossergaßl unfern des Stephansplatzes. Es waren Herrenabende, eine hybride Mischung von Freimaurerritual und Künstlerstammtisch, und es ging recht gemischt an ihnen zu. Otto Zausmer, der 1933 der „Ludlamshöhle" einen ganzen Aufsatz gewidmet hat, berichtet, „daß die Ludlamiten überhaupt die Verdauung sehr oft zu Witz und Spott erwähnen und daß ihre geistige Kost so gewürzt gewesen sei, daß sich selbst die abgebrühtesten Mitglieder der Runde scheuten, sie an die Nachwelt weiterzugeben". Dem widerspricht Grillparzers Erinnerung, daß die Leute „teils durch natürliche Anlage, teils durch lange Gewohnheit eine Virtuosität im nicht unanständigen Spaß" besessen hätten. „Vorlesungen, improvisierte Parodien am nämlichen Abend im Theater neu aufgeführter Stücke, Gesang, Musik, unschuldiger Spott ließen die Stunden im Flug vorübergehen." Er selbst debütierte in der „Höhle" mit acht „Kritischen Briefen" über seinen *König Ottokar;* auch die Satire *Der Zauberflöte zweiter Teil* war vermutlich für die „Ludlamshöhle" geschrieben. Nach Grillparzers Beiträgen zu schließen, trieb man Ironie gegen sich selbst und Polemik nach außen. Daß der Polizei solche Versammlungen verdächtig waren, ist weiter nicht verwunderlich: Man konnte nie wissen, welcher Zündstoff sich da ansammelte und gegen wen er sich entladen würde. Wenn der Geist polizeiliche Sperrstunde hat, verbirgt er sich gern im Dunkel von Wirts- oder Kaffeehäusern.

Die Gesellschaft, der Grillparzer nicht länger als acht Wochen angehört hatte, wurde in der Nacht zum 17. April 1826 ausgehoben. Der Historiker Josef von Hormayr behauptete, das Unglück sei passiert, weil der Maler Daffinger dem Polizeidirektor Persa bei einer schönen Frau Konkurrenz gemacht habe. Jedenfalls wurde Daffinger in derselben Nacht arretiert, obwohl er kein Ludlamite gewesen war. Die Tatsache, daß der Maler schon ein halbes Jahr früher wegen Renitenz verhaftet worden war (wobei Grillparzer der Sicherheit halber gleich mitgenommen wurde und nachher einen scharfen Verweis einstecken mußte), widerspricht Hormayrs Hypothese keineswegs.

Jedenfalls fand die Polizei in der „Ludlamshöhle" wenig mehr als eine Tafel mit der Inschrift: „Diesmal ist Sonnabend Freitag", was sich alsbald als die vereinsinterne Mitteilung herausstellte, daß die übliche Samstagsitzung auf den Vorabend verlegt worden sei. Auch die übrige Untersuchung brach zusammen. Die Selbstbiographie aber verzeichnet: „Obschon die Polizeibehörde noch am Abende des nämlichen Tages merkte, daß sie eine Dummheit begangen habe, trieb sie es doch bis zum wirklichen Urteilsspruche, der, als über ein schweres Polizei-Vergehen, die bürgerliche Stellung der in der Gesellschaft befindlichen Beamten gefährdet hätte. Das Urteil wurde nun zwar von der politischen Oberbehörde als lächerlich kassiert; für die Ängstlichen und Schwarzseher blieb aber immer ein Makel auf denjenigen kleben, die der Gesellschaft angehört hatten." Grillparzer glaubte ernstlich noch in seinen späteren Jahren daran, daß sein Beitritt die Katastrophe der „Ludlamshöhle" herbeigeführt oder doch zumindest beschleunigt hätte.

Amt und Wirtshaus, Theater, Salon und Landschaft, das waren die praktikablen Versatzstücke, zwischen denen die Mannesjahre Grillparzers spielten. Dahinter aber spannte sich ein schwarzer Hintergrund aus Willkür und Absurdität. Da es jedoch um die Existenz ging und nicht um ein Schauspiel, wirkte die dämonische Unberechenbarkeit dieses sogenannten Biedermeiers in den intimen Entscheidungen des Menschen nach. Vor die Frage gestellt, ob es der Schriftsteller oder der Beamte gewesen sei, dem die Polizei so übel mitgespielt hatte, vergaß Grillparzer, daß es vor allem der Mann gewesen war, an dem sich die Autoritäten vergriffen. Zu Leidenschaft begabt, zu Kritik erzogen, mußte er erfahren, daß es, schon für ihn, keine bürgerliche Sicherheit mehr gab, in der sich die Gegensätze zwischen seiner Natur und seiner Bildung hätten ausgleichen und versöhnen können. Ein „sicherer" Grillparzer war ein der Polizei verdächtiger Untertan. In der Zerrissenheit von Grillparzers Charakter, in seinen Passionen, seinen Verzweiflungen und seiner allzu frühen Resignation finden wir auch jene Zweifel an der eigenen Identität gespiegelt, die das Österreich des Vormärz in seinen Untertanen züchtete, um sie zu geschmeidigen Staatsbürgern zu modeln. Wo diese persönliche Zerrissenheit Brüche in seinem Werk erzeugt hat, verdanken wir es Grillparzers Wahrhaftigkeit auch im Literarischen, daß er diese Ritzen und Risse nicht verschmiert, sondern realistisch beibehalten hat. Am Ende sind sie es, die ihn als einen Künstler legitimieren, der von der Klassik ebenso weit entfernt war wie von ihren Epigonen.

In den Märztagen 1848 erhielt Grillparzer den Brief einer Frau Heloise Costinescu aus Jassy. Darin heißt es: „Der Moment ist für Sie gekommen, viel war Ihnen gegeben; viel wird Gott von Ihnen fordern! Ihr Volk braucht Sie, warum wendet sich die Jugend nicht an Sie, warum finde ich nirgends Ihren Namen, den ich begierig suche? . . ."
Grillparzer hatte sie geliebt, als sie noch in Wien wohnte und Hoechner hieß. Vermutlich gilt ihr das Gedicht „Begegnung" aus dem Jahre 1830; sicher eines aus dem Jahre 1836, das „Entsagung" heißt und endet:

> All, was du hältst, davon bist du gehalten,
> Und wo du herrschest, bist du auch der Knecht.
> Es sieht Genuß sich vom Bedarf gespalten,
> Und eine Pflicht knüpft sich an jedes Recht.
>
> Nur was du abweist, kann dir wieder kommen.
> Was du verschmähst, naht ewig schmeichelnd sich,
> Und in dem Abschied, vom Besitz genommen,
> Erhältst du dir das einzig deine: Dich!

Er hatte ihr zugeraten, als sich ein junger Rumäne namens Costinescu um ihre Hand bewarb. Josef Nadler meint, sie wäre, „bildsam und verständig und willenskräftig, . . . die rechte Frau für Grillparzer geworden". Uns, denen eine solche imaginäre Brautschau ferner liegt, genügt es, zu beobachten, daß sich in ihrem letzten Brief persönliche und politische Freiheit leidenschaftlich verbanden. Grillparzer hat dieses Schreiben nicht beantwortet. Warum, das gehört in ein anderes Kapitel*.

---

* Siehe Seite 292.

Mythos und Psychologie: *Das goldene Vließ*

In einer Schicksalsstunde der deutschen Literatur, am 10. Feber 1933, fragte Thomas Mann: „Was erhebt das Werk [Richard] Wagners so hoch über das Niveau alles älteren Schauspiels?" Und, „Leiden und Größe" des Bayreuther Meisters kühn fixierend, antwortete er sich selbst: „Es sind zwei Mächte, die sich zu dieser Erhebung zusammenfinden, Mächte und geniale Begabungen, die man für feindlich einander entgegengesetzt halten sollte und deren kontradiktorisches Wesen man wirklich gerade heute wieder gern behauptet: sie heißen *Psychologie* und *Mythos.*"

Mythos und Psychologie — sie waren nicht nur für Richard Wagner und, wie Mann im selben Atem hinzufügt, für Friedrich Nietzsche eine organische Einheit. Kleist war hier vorausgegangen und, auf eine stillere Weise, Grillparzer. Auch der Wiener Dichter schuf unter den Spannungen und Erschütterungen seiner Zeit ein Werk, das von allem Anfang an den großen Leitbildern und Archetypen menschlicher und österreichischer Vergangenheit folgte; und menschlich und österreichisch war für ihn ebenso das gleiche wie für die griechischen Tragiker human und hellenisch. Aber auch er hielt die mythischen Bilder fest, indem er sie aufs modernste seelenkundig von innen her erhellte.

Wie bewußt sich Grillparzer der Zeitgenossenschaft mit Richard Wagner war, geht aus der Selbstbiographie hervor. „Das goldene Vließ", heißt es da, „war mir als ein sinnliches Zeichen des ungerechten Gutes, als eine Art Nibelungenhort, obgleich an einen Nibelungenhort damals niemand dachte, höchst willkommen." (Damals: das war der Sommer 1818.) Von Wagners *Rheingold* unterscheidet sich sein *Goldenes Vließ* freilich von allem Anfang an dadurch, daß dieses „ungerechte Gut" keineswegs ökonomisch, antikapitalistisch, „bakunistisch" (Hans Mayer) gedeutet werden kann, sondern „als ein sinnliches Zeichen des Wünschenswerten, des mit Begierde Gesuchten, mit Unrecht Erworbenen", also psychologisch-moralisch zu verstehen ist. Von Friedrich Hebbels monumental-vordergründiger *Nibelungen*-Trilogie unterscheidet sich Grillparzers *Vließ* vor allem durch die Verfeinerung alles Seelischen ins Tragische, leidet aber wie jene und wie Wagners *Ring* unter dem Zug zur Massenhaftigkeit, die das Bildungstheater des deutschen Bürgers seit Schillers *Wallenstein* bestimmte. Ihm selbst entging das Großmaß seines Vorhabens nicht; 1822 notierte er im Tagebuch: „Wenn meine Phantasie die Schranken nicht fühlt, geht sie aus dem Weiten ins Weitere, und ermattet sie bei der Länge des Weges nur für einen Augenblick, so faßt die Hypochondrie Posto, und zerstört mit ihrer Selbstkritik alles Gewonnene wieder. Man erzählt von einem General, daß er gesagt haben soll: Eine Armee von 24 000 Mann kann ich kommandieren, eine von 100 000 kommandiert mich." Freilich werden zumindest die letzten beiden Abende der Trilogie durch Grillparzers Angstgesicht von der seelischen Unmöglichkeit der Ehe zusammengeschlossen, wobei die Verbindung zwischen Medea und Jason so grundsätzlich aufgefaßt ist, daß sie für jede Beziehung zwischen zwei Menschen zu stehen vermag. Kein Wunder, daß sich diese Schreckvision aus mythischem Nachtmahr und erbarmungsloser Beobachtung einem Ehelosen aufgedrängt hatte, so als wollte er sich selbst davor warnen, in den Abgrund zu stürzen, den er aufgeschlossen hatte. Ängste sind am furchtbarsten, wenn es ihnen nicht gestattet ist, Wirklichkeit zu werden.

Wie es Grillparzers Art war, hielt er auch diese Arbeit für „*nicht* gelungen". Zunächst wollte es ihm scheinen, als läge der Fehler daran, daß er das Vließ nicht zum geistigen Mittelpunkt des Ganzen gemacht habe, und dies, obwohl er sich schon während der Vorarbeiten aufgezeichnet hatte: „Halte dir immer gegenwärtig, daß das Stück eigentlich nichts ist als eine Ausführung des Satzes: Das eben ist der Fluch der bösen Tat, daß sie, fortzeugend, böses muß gebären. Dieser Satz ist so wichtig als irgend einer in der Welt. Das Vließ ist nur ein *sinnliches Zeichen* dieses Satzes. Es ist da nicht von *Schicksal* die Rede. Ein Unrecht hat ohne Nötigung das andre zur Folge und das Vließ *begleitet* sinnbildlich die Begebenheiten ohne sie zu *bewirken*." Dies ist das *Ahnfrau*-Trauma: er mußte unter allen Umständen vermeiden, daß das neue Drama als eine Schicksalstragödie mißverstanden werden könne, in der das Vließ dieselbe prekäre Rolle spielte wie der Dolch im Hause Borotin, und fürchtete dennoch dauernd, die Einheit des Stücks aufs Spiel zu setzen, wenn er das zentrale Motiv vernachlässigte. Er hat sich auf bewundernswerte Art aus diesem Dilemma gezogen, und zwar dadurch, daß er das zentrale durch ein Leitmotiv ersetzte; dies aber weist wiederum auf seine Verwandtschaft mit Richard Wagner hin. Wie das Rheingold ist auch das Vließ ein Urgegenstand, eine Ur-Sache der Dichtung. Während jenes aber bei Wagner mit allem Bühnenzauber den ersten Abend der Tetralogie beherrscht, taucht dieses bei dem feineren Grillparzer erst allmählich aus einer unbestimmten Vergangenheit auf.

Phryxus, der Gastfreund, dem das Vließ in einem prophetischen Traum zu Delphi erschienen war, hatte es von den Schultern des Gottes, der den Traum überdauert hat, gelöst und hält es *„in der Gestalt eines Paniers"* in der Rechten, wenn er die Bühne betritt. Und während am Ende von Wagners *Götterdämmerung* die Rheintöchter ihren Schatz heimholen, tritt Medea, *„das Vließ wie einen Mantel um ihre Schultern tragend"*, am Schluß von Grillparzers Trauerspiel hinaus auf die Straße zum Heiligtum Apollos, in dem sie „dem dunklen Gott das Seine" wiedergeben wird. Wagners Tetralogie schließt sich mit genauem Kalkül; Grillparzers Dramenreihe kommt aus dem Geheimnis und öffnet sich am Ende ins Unbestimmte. Dazwischen aber sendet das Vließ, dieses mythische Relikt, seinen blutigen Glanz in alle Ecken, um die der jähe, aber folgerichtige Weg Medeas führt.

Von ihrer Amme Gora begleitet, ist sie die einzige Gestalt, die alle drei Stücke durchläuft. (Gora, die Confidante, stellt jene merkwürdige Verbindung aus Medeas Unbewußtem und Über-Ich dar, die gern als *alter ego* bezeichnet wird, gehört also in einem tieferen Sinn zu ihr.) Das Schicksal wird nicht an dem toten Vließ, sondern an dem Menschen, der Frau, offenbar, aber weder als Fluch, obwohl ein solcher *auch* ausgesprochen, noch als Zwang, der *ebenfalls* von den Verhältnissen geübt wird, sondern als jene Unausweichlichkeit der Existenz, welche die Heldin, im wahren Wortsinn, vor uns ent-wickelt. Ein Lebensfaden wird abgespult und zum Strang geflochten. *Das goldene Vließ* ist eine Tragödie in der Zeit und damit zugleich eine Tragödie der Zeit. Am Ende weiß auch Medea:

Wenn ich das Märchen meines Lebens mir erzähle,

Dünkt mir, ein andrer spräch, ich hörte zu,

Ihn unterbrechend: Freund, das kann nicht sein!

Nach der Aufführung notiert Grillparzer dann im Tagebuch: „Als Motto zum Vließ; die Stelle aus Rousseaus *Confessions* L. IX p 226: *L'on a remarqué que la plupart des hommes sont dans le cour de leur vie souvent dissemblables à eux mêmes, et semblent se transformer en des hommes tout différens"* („Man hat beobachtet, daß die meisten Menschen sich selbst im Laufe ihres Lebens unähnlich werden und sich in ganz andere Menschen zu verwandeln scheinen"). Da aber der Mensch der Träger und Erdulder der Zeit ist, verwandelt sich diese mit ihm, leidet an ihrer Entstellung, die die seine ist, und geht, ein „sonderbar Ding", sich selbst verloren, indem sie ihm entschwindet. Je weiter die Trilogie fortschreitet, desto dringlicher begeben sich ihre Protagonisten auf eine *recherche du temps perdu*. Erinnerungen werden beschworen und entziehen sich gerade in ihrer Wiederkunft den Menschen. So wird der Fluß der Zeit zum Helden dieses Trauerspiels.

Darum ist es auch nicht recht einzusehen, warum sich Grillparzer noch in der Selbstbiographie über die Gestalt der Trilogie Sorgen machte: „Einmal ist die Trilogie, oder überhaupt die Behandlung eines dramatischen Stoffes in mehreren Teilen für sich eine schlechte Form. Das Drama ist eine Gegenwart, es muß alles, was zur Handlung gehört in sich enthalten. Die Beziehung eines Teils auf den andern gibt dem ganzen etwas Episches, wodurch es vielleicht an Großartigkeit gewinnt, aber an Wirklichkeit und Prägnanz verliert." Einer der Gründe dieser Selbstkritik war unzweifelhaft der „ziemlich unbestimmte" Erfolg der Erstaufführung. „Ich habe immer viel auf das Urteil des Publikums gehalten." Grillparzer schrieb alle Wirkung Medeas ihrer Darstellerin Sophie Schröder zu, sah, daß die beiden „Vorstücke" — *Der Gastfreund* und *Die Argonauten* — bald verschwanden und nur die *Medea* von den deutschen Bühnen gegeben wurde. Und doch hat er charakteristischerweise seine Skrupel selbst entkräftet, noch ehe er sie aussprechen konnte: „Da mich vor allem der Charakter der Medea und die Art und Weise interessierte, wie sie zu der für eine neuere Anschauungsweise abscheulichen Katastrophe geführt wird, mußten die Ereignisse in drei Abteilungen auseinanderfallen." Der Brand des Königshauses in Korinth, die Erledigung ihrer Nebenbuhlerin Kreusa und der Mord an ihren eigenen Kindern waren weitere mythische Gegebenheiten, die einer „neueren Anschauungsweise" verständlich gemacht werden sollten. Der Weg, den der Dichter zu diesem Ziele wählte, war der des zeitlichen Ablaufs, die Biographie, genauer gesagt: die Geschichte einer Seele in ihrem Kampf um ihr eigenes Bestehen. Daß Grillparzer genug von der Seele dieser Frau verstand, um ihr am Ende die Würde tragischer Integrität zu bewahren, legitimiert seinen Griff nach dem mythischen Stoff ebenso wie die Form der Trilogie, die diesem Griff gleichsam spontan entgegenkam. Das goldene Vließ sorgt als Leitmotiv dafür, daß der Mythos am Grund der Erinnerungen und Träume sichtbar wird und daß wir ihn im Ebben und Fluten des dramatischen Dialogs nicht überhören. So kämpfen die beiden Grundelemente des Stücks, Mythos und Psychologie, ständig miteinander; drohen, einander zu stören, ja aufzuheben; verbinden sich aber immer und immer wieder zu wechselvoll-überraschenden neuen Einheiten. Zwischen den erratischen Blöcken des tragischen Geschehens begibt sich eine nicht minder erratische Gegenwart. Dies hatte Hugo von Hofmannsthal vermutlich im Sinn, als er in seiner *Rede auf Grillparzer* sagte: „Das ‚Goldene Vlies' . . . knüpft wohl an Euripides und auch an Schillers Stil an, verbindet aber in einer ganz neuen Weise das Mythische mit einer Zergliederung der Seelen, die ganz der neueren Zeit angehört."

Kaum hat sich der Vorhang über dem Einakter *Der Gastfreund* gehoben, sehen wir die junge Medea über ein Reh gebeugt, das sie eben erlegt hat. Im Anfang ist schon das Ende, der Kindermord, sinnbildlich gespiegelt. Als jungfräuliche Jägerin wird sie vor uns hingestellt; wäre sie eine Griechin, so wäre sie eine Dienerin der Diana. Sie aber ist Kolcherin und Königstochter:

> Mein Garten ist die ungemeßne Erde,
> Des Himmels blaue Säulen sind mein Haus.

Was immer Medea sagt, ist wörtlich zu verstehen; ihre Wörtlichkeit ist es, an der sie in Korinth scheitern wird. Dafür, daß sie sich als Bewahrerin, ja als Beherrscherin der Welt fühlt, hat sie ihre guten Gründe. Sie ist mit Zauberkräften begabt, die ihr so Erde wie Himmel unterwerfen. Nach der Tradition des Wiener Märchentheaters zeigen farbige Zeichen, der „schwarze Stab, der blutigrote Schleier", ihre Magie an. Noch im vierten Akt der *Medea* spricht sie von der

> Macht, die mir von meiner Mutter ward,
> Der ernsten Kolcherfürstin Hekate,
> Die mir zum Dienste dunkle Götter band.

Der Hexenname Hekate aber — ein griechischer, nebenbei gesagt, kein kolchischer Name — weist in das lunare Reich des Matriarchats zurück. Medea ist durchaus ein chthonisches Geschöpf, und wiederum ist sie ganz wörtlich zu verstehen, wenn sie von der „mütterlichen" Erde spricht, an deren Schoß sie durch ihre Mutter gebunden bleibt. Der Erde gehört sie an; ganz bühnenbildlich wird sie aus dem Innern der Erde hervorsteigen (*„Eine Falltüre öffnet sich am Boden"*, schreibt der Dichter vor), wenn sie Jason nach der Eroberung des Vließes zu den Seinen zurückführt. Aber dennoch ist Medea keine Penthesilea. Das Mutterrecht, das die Amazone besitzt, gilt nicht für sie. Sie steht unter keinem anderen Gesetz als dem der Weiblichkeit. Darum wird sie auch im Kern der Weiblichkeit getroffen.

Das *Goldene Vließ* ist keine Tragödie, die sich mit den Maßen der Kommodität oder gar der Moral messen ließe. 1826 trägt Grillparzer ins Tagebuch ein: „Wer Sittlichkeit zum alleinigen Zwecke des Menschen macht, kommt mir vor, wie einer, der die Bestimmung einer Uhr darin fände: daß sie nicht falsch gehe. Das erste bei der Uhr aber ist: daß sie gehe; das Nicht-Falsch-Gehen kommt dann erst als regulative Bestimmung hinzu. Wenn das Nicht-Fehlen das Höchste bei Uhren wäre, so möchten die unaufgezogenen die besten sein." So grundsätzlich hat der Dichter die Ehe jenseits von Gut und Böse aufgefaßt, daß, verglichen mit der *Medea*, August Strindbergs *Vater* in bürgerlichen Vorurteilen befangen erscheint. Denn hat nicht der frühere Dichter den Fehler des neueren begangen und die Frau mit den Augen des Mannes betrachtet; er hat, indem er den Mythos psychologisch freilegte, nichts anderes dargestellt als die Unvereinbarkeit der Menschen miteinander und mit sich selbst. Um bei seiner eigenen Metapher zu bleiben: ihm, der am Gang der Uhr interessiert ist, ist es selbstverständlich, daß nicht eine jede die gleiche Stunde zeigt; der Dramatiker zeichnet lediglich ihren Irrgang auf, in dem sich die Zeit selbst widerspricht. *Medea* ist eine Ehetragödie im Sinne der unentrinnbaren Differenz zwischen den Geschlechtern, die erste moderne Ehetragödie.

„Halb Charis steht sie da und halb Mänade", so erscheint Medea dem Gastfreund Phryxus. Hier beginnt das Mißverständnis. Der Grieche, der gekommen ist, um unterm Zeichen des Vließes das Land der Kolcher für Griechenland zu gewinnen, nennt Medea mit griechischen Worten. Er differenziert; er meint es durchaus als Kompliment, wenn er, mit erotisch tastenden Blicken, das Mädchen als komplizierten, und deshalb faszinierenden, Charakter begrüßt:

> Die roten Lippen und der Wange Licht,
> Sie scheinen Huld und Liebe zu verheißen,
> Streng widersprochen von dem finstern Aug,
> Das blitzend wie ein drohender Komet
> Hervorstrahlt aus der Locken schwarzem Dunkel.

Bis zu diesem Augenblick ist sie, was sie gewesen, die Tochter der Hekate und des Aietes, den sie, wie wir schon zu Beginn sehen, so verachtet und beherrscht, wie sie es von ihrer Mutter gelernt haben dürfte. Indem Phryxus ihren Widerspruch in Worte faßt, zerbricht er für sie, die Wörtliche, die Einheit ihrer Person, führt er, lange vor Jason, den ersten Schlag, der sie in der Wurzel ihres Weltverständnisses trifft. Indem er griechische Mythologeme im Munde führt (an die er schon lange nicht mehr glaubt, sonst verwendete er sie nicht aus Galanterie), indem er mit Kennerblick die Widersprüchlichkeit ihrer Natur in artige Formeln faßt, macht er Medea sich selbst zum Problem, zu einem psychologischen Problem, das sie, mythischem Mutterboden entsprungen, bis an ihr Ende nicht wird zu lösen verstehen. Der Rest folgt aus dieser Begrüßung: „Wo du bist, da ist Frieden", sagt er ihr, wenn sie ihm auf Geheiß ihres Vaters das Schwert abnimmt, und kurz darauf, wenn es sich herausstellt, daß er Aietes in die Falle gegangen ist: „Schlange". Sie aber hat inzwischen sein Wesen und damit das Wesen der Griechen überhaupt so zusammengefaßt: „Er spricht und spricht; / Mir widerts."

Weil Medea die Welt und die Geschöpfe wörtlich nimmt, hat auch der Fluch, den der Sterbende gegen Aietes schleudert, für sie bindende Gewalt:

Was er am liebsten liebt — verderb ihn! —
Und dieses Vließ, das jetzt in seiner Hand,
Soll niederschaun auf seiner Kinder Tod!

Weil sie von dieser bindenden Gewalt in ihrem Unbewußten durch-
drungen ist, trägt sie das Ihre dazu bei, den Fluch wahr zu machen.
Nicht das Vließ oder das von ihm repräsentierte Schicksal ist es, was sie
dazu bewegt, den Fluch des Phryxus noch zu übertreffen, sondern ihre
Seelenlage, die keinen Abstand erlaubt zwischen dem Wort und dem
Gegenstand, den es bezeichnet. Ironie ist Medeas Sache nicht. In diesem
Sinn ist sie, wenn auch keine Barbarin, so doch eine Primitive, mit aller
Unbedingtheit und Gewalt, die dem Primitiven innewohnt. Ihre Vision
von der Unterwelt, die sie am Ende des Einakters heraufbeschwört, ist
keineswegs Dichtung wie etwa das Parzenlied in Goethes *Iphigenie*, sondern eine Wirklichkeit, deren Herbeiführung für sie nichts anderes
darstellt als eine mythische Formalität. Jason hat sich noch lange nicht
gezeigt.

Aber schon ist die Welt der Griechen in Kolchis eingedrungen, und
zwar auf dem Weg der Götter, genauer gesagt, durch den kolchischen
Landesgott Peronto. Zumindest behauptet Phryxus, dieser Gott sei ihm
in Delphi im Traum erschienen, was Aietes, der Peronto für sein
Eigentum hält, in nicht geringe Aufregung versetzt. „Nimm Sieg und
Rache hin", habe der Gott gesagt. So besteht die Anziehung, die das
Widderfell auf jeden seiner Eroberer ausübt, vor allem darin, daß jeder
den Sieg und die Rache für sich in Anspruch nimmt. Es war ein Grieche,
dessen Traum dem kolchischen Gott einen Satz in den Mund legte, der
sich zwischen Platitüde und Doppelzüngigkeit hin- und herbewegt. „Ich
aber deutete des Gottes Rat", berichtet der Gastfreund, um daraufhin
prompt das Sakrileg des Tempelraubs zu begehen. Von nun an werden
sie alle das Orakel deuten, wobei nach dem Gesetz der Tragödie seine
Reihenfolge umgekehrt wird und eine mißverstandene Rache einem Sieg
vorangeht, der dann von dem nächsten Racheakt unweigerlich in Frage
gestellt werden wird. Die Satzordnung des göttlichen Worts wird also
von der Kausalität der Geschichte eigenmächtig geändert, ohne daß die
Rache und Sieg Übenden, von Sieg und Rache Betroffenen, dies merkten.
Erst Medea, für die der Sieg über Kreusa der Rache an Jason, dem
Kindermord, vorangeht, stellt die Satzordnung, die sie mit der Gesetzmäßigkeit des Schicksals identifiziert, wieder her. Erst wenn der Augen-
schein des brennenden Palastes sie vom Tod ihrer Nebenbuhlerin überzeugt hat, vermag sie sich zum Kindermord aufzuraffen. Auch dies ist
ein Triumph ihrer Wörtlichkeit. Erst ganz am Ende versteht sie, daß
zwischen Sieg und Rache kein Unterschied besteht, und nun schon gar

kein zeitlicher, daß Sieg und Rache identisch sind und daß sie so Sieg
wie Rache an sich selbst geübt hat:

Nicht trau ich, daß die Kinder nicht mehr sind.
Ich traure, daß sie *waren* und daß *wir* sind.

In der Stunde ihres Siegs hat sie die Niederlage und in der Niederlage
die Rache ereilt. Zum Zeichen ihres Verständnisses gibt sie das Vließ
zurück. Was bleibt, sind die drei Wörter, die sie auf der Bühne zwar
Jason, in Wirklichkeit aber sich selbst zuruft: „Trage! ... Dulde! ...
Büße!", Wörter, die keineswegs als religiöse Imperative, sondern als
Entschlüsse ihrer Selbsterkenntnis zu verstehen sind. Nicht nur der Palast
des korinthischen Königs — ihre Seele selbst ist ausgebrannt. Unmensch-
lich ist sie nun; kalt wie ein Sternbild. Was Jason anlangt, so wird er,
wie seine Reaktion — „Verloren! ... könnt ich sterben!" — klarmacht,
auch weiter an ihr vorübergehen.

Das Mißverständnis zwischen Jason und Medea ist in Medeas Wesen
begründet und weist auf den Mythos zurück. „Ich sage dir, es war ein
Gott!", erklärt sie, *„mit freudeglänzenden Blicken"*, der Amme nach
der ersten Begegnung mit Jason. Sie glaubt, was sie sagt. Die Szene ist
ein düsteres Gewölbe im Innern des Turms, in den Medea nach der
Ermordung des Gastfreunds geflüchtet ist und aus dem sie Aietes und
ihr Bruder Absyrtus aufgescheucht haben. Die Männer haben ihr die
Ankunft der Argonauten angekündigt und sie um Hilfe gegen die Ein-
dringlinge gebeten. Welche Zeit zwischen der Ermordung des Phryxus
und der Ankunft Jasons vergangen ist, wissen wir nicht; für Medea ist
es wie ein Tag. Sie nimmt die Vision von den Rachegöttinnen genau dort
auf, wo sie am Ende des ersten Stücks vor ihr geflüchtet war. Und
dennoch drängt sich eine persönliche Vorahnung in ihre Verstörung, die
dem Schicksal von Kolchis und seinem Königshaus im allgemeinen gilt:
„Es ist so schwül hier, so dumpf!" sagt sie, wenn sie das Turmgemach
betritt, als wäre sie Gretchen nach der ersten Begegnung mit Faust. Ihr
aber steht die Begegnung noch bevor. Jason erscheint, verwundet sie mit
seinem Schwert am Arme, spricht zu ihr, wie Phryxus zuvor gesprochen
hatte, wird von Absyrtus und den Seinen überrascht, durch eine *„ab-
haltende Bewegung"* Medeas gerettet, küßt ihre Hand und entschwindet.
Medeas erstes artikuliertes Wort nach alldem ist: „Götter!" Was in ihr
vorgegangen ist, kann sie erst erzählen, nachdem es im Turmgemach Tag
geworden ist und das *„düstere Gewölbe"* sich, nach Grillparzers Bühnenanweisung, in eine *„Halle wie am Ende des vorigen Aufzuges"* verwandelt hat. (Der Dichter verwendet hier wie so oft die Kulissen seiner
Bühne als Bilder für die Seelenzustände seiner Hauptfiguren.)

Sie sagt:

Ich habe lange darüber nachgedacht,
Nachgedacht und geträumt die lange Nacht,
Aber 's war ein Himmlischer, des bin ich gewiß.
Als er mit einemmal dastand, zürnenden Muts,
Hoch aufleuchtend, einen Blitz in der Hand
Und zwei andre im flammenden Blick,
Da fühlt ichs am Sinken des Muts, an meiner Vernichtung,
Daß ihn kein sterbliches Weib gebar.

Dem Zuschauer ist der Zustand Medeas mehr als verständlich. *„In Gedanken versunken"*, ist sie aufgetreten; die Nachricht, ihr Lieblingspferd sei in der Nacht entflohen, hat sie mit einem überraschenden „Es ist gut!" quittiert, und um die zu ihrem Hirten und seiner dumpfen Hütte verstoßene Peritta hat sie, *„sich auf sie stützend"*, den schwesterlichen Arm gelegt (ein jäher Wechsel, der im Verhältnis der Hero zu *ihrer* Dienerin Janthe in *Des Meeres und der Liebe Wellen* weiter entwickelt werden wird). Und damit auch der Schneider auf der Galerie merke, was hier gespielt wird, hat Gora das seltsame Wesen ihrer Herrin in Worte gefaßt, die hellsichtiger sind, als dies die Sprecherin wissen kann:

Fast ist mirs unlieb, daß sie so mild gestimmt,
Ich hatte mich drauf gefreut, wie sie sich sträuben würde
Und endlich überwinden müßte, zu tun was sie soll.

Wenn Peritta Medeas *„herabhängende Hand"* küßt (trägt sie so schwer an Jasons Berührung?), fährt die Herrin auf, *„faßt rasch mit der rechten Hand die geküßte Linke und sieht Peritten starr ins Gesicht"*. Schließlich reißt sie gewaltsam ihren Gürtel, das Sinnbild ihrer Jungfräulichkeit, entzwei und wirft ihn weg. Wozu diese Drastik? Solch ein Theater steht einem Seelendichter wie Grillparzer übel an, es wäre denn, er nützte es um des Kontrastes willen aus. Befangen in der Welt von Kolchis, die alles ist, was sie begreift, weiß Medea wirklich nicht, wie es um sie bestellt ist. Ihr Mangel an Ironie hilft dem Dichter zu einem Überfluß an der seinen. „Du hast mir wohl selbst erzählet", erklärt Medea der Amme,

Oft, daß Menschen, die nah dem Sterben,
Heimdar sich zeige, der furchtbare Gott,
Der die Toten führt in die schaurige Tiefe.

Hier ist das Ende von Hofmannsthals *Ariadne auf Naxos* vorweggenommen, an dem der Gott Bacchus der Heldin als der Totengeleiter Hermes entgegentritt, wodurch sich aufs romantischste Rausch und Tod, das Vergessen im Liebesakt und in der Lethe aus dem Jenseits vermischen. Der Unterschied zu Grillparzers Tragödie besteht lediglich darin, daß Medeas Partner kein Gott ist, sondern ein überaus menschlicher Mann. Als solcher könnte er tun, lassen oder sein, was er wollte, er vermöchte den ersten Eindruck nicht wieder zu erreichen, den er auf die Kolcherin gemacht hat. Zu stolz, sich einem Sterblichen hinzugeben, prägt sich Medea das Bild eines Gottes ein und trägt es bis ans Ende ihrer Tragödie mit sich herum.

Im zweiten Akt von *Medea* verrät sie es Kreusa:

> So stand er da, in Kraft und Schönheit prangend,
> Ein Held, ein Gott und lockte, lockte, lockte.

Nicht Jason war es aber, der sie lockte, sondern der Held, der Gott, und nicht Jason hat sie enttäuscht, sondern die Distanz, die zwischen ihrem übertriebenen Bild und seinem wahren Wesen herrscht. So sieht ihn die Enttäuschte:

> Nur *er* ist da, *er* in der weiten Welt
> Und alles andre nichts als Stoff zu Taten.
> Voll Selbstheit, nicht des Nutzens, doch des Sinns,
> Spielt er mit seinem und der andern Glück.
> Lockts ihn nach Ruhm, so schlägt er einen tot,
> Will er ein Weib, so holt er eine sich,
> Was auch darüber bricht, was kümmerts ihn!
> Er tut nur recht, doch recht ist, was er will.

Fast alle seine Protagonisten hat Grillparzer mehr oder weniger nachdrücklich aus ihrer Vorgeschichte, ihrer Jugend, entwickelt. Auch der junge Jason wird uns vorgestellt, und zwar mit seinem Knabenlied, das Kreusa der Medea beibringen will:

> Allein er wußt es gar so hübsch zu singen,
> So übermütig, trotzend, spöttisch fast.
> O ihr Götter
> Ihr hohen Götter!
> Salbt mein Haupt,
> Wölbt meine Brust,
> Daß den Männern
> Ich obsiege
> Und den zierlichen
> Mädchen auch.

Dies sind Worte, die sich selbst nicht ernst nehmen. Sie beginnen mit den himmlischen Mächten und enden mit dem kleinen Gefühl. Ihre letzte Silbe, dieses „auch", das den Sieg in der Liebe dem in der Schlacht bei-, wenn nicht überordnet, zeigt Jason als einen Spieler und Abenteurer, dem kein Salböl mehr heilig ist und dessen Stärke, die „gewölbte Brust", weniger den Feind abzuschrecken als Freundinnen anzuziehen bestimmt scheint. Der Helmbusch dieses jugendlichen Helden ist ein geschwollener

Hahnenkamm. Zugleich aber fällt auf, daß schon der Knabe von der Zierlichkeit der Mädchen schwärmt, eine Eigenschaft, deren sich Medea weder ihrem seelischen noch ihrem körperlichen Habitus nach rühmen kann. Noch den spärlichen Augenblicken ihrer Hingabe wohnt die Wucht eines Elementarereignisses inne. Dennoch vermag sie sich in einem Augenblick grotesker Selbsttäuschung mit dem erotischen Wunschbild ihres Gatten zu identifizieren. Auf Kreusas Gesang antwortet sie: „Ja, ja, sie habens ihm gegeben!" Darauf die völlig überrumpelte Korintherin: „Was?"

MEDEA. Des kurzen Liedchens Inhalt.

KREUSA. Welchen Inhalt?

MEDEA. Daß den Männern er obsiege
Und den zierlichen Mädchen auch.

Ganz ernsthaft spricht sie's nach, getragen von solch einer kindischen Gutgläubigkeit und Aufnahmebereitschaft, daß sie hier, in diesem kurzen Augenblick, wie durch ein Wunder tatsächlich beinahe zierlich wirkt.

Man hätte jedoch die Kluft zwischen Medea und Jason nicht ausgelotet, wenn man auf die Kläglichkeit der Distanz verwiese, die zwischen dem Ideal des jungen Griechen und der Wirklichkeit der Kolcherin besteht. Was Jason von Medea unweigerlich trennt, ist sein radikaler Unglaube an die Macht der Sprache. Schon der Knabe hat sein Versehen „spöttisch fast" gesungen. Das Wort ist ihm nicht mehr die dunkle Wurzel, die den Menschen im Erdreich seiner geheimnisvollen Existenz festhält und seine Seele mit unnennbaren Salzen und Säften nährt; es ist ihm die Scheidemünze menschlichen Verkehrs, ein Vorrat schon abgelebter Gefühle, die sich nicht mehr ihres ursprünglichen Werts, sondern nur mehr ihrer Wirkung bewußt sind. Da schon Phryxus mit seiner Sprache ähnlich umgegangen ist, werden wir annehmen dürfen, daß der Dichter hier die Seelenlage der differenzierteren Griechen mit jener der plumpvertraulichen Kolcher zu kontrastieren wünschte. Dabei ergäbe sich freilich die Frage, warum dann Phryxus in eine Falle geht, welche die Kolcher wahrhaftig nicht nach den Gesetzen der Feinmechanik konstruiert haben. Aber auch Kreon und Kreusa laufen in ein Verderben, dem sie mit einigem Verstand hätten vorbeugen können. Leichte Rede schützt vor Torheit nicht. Andererseits scheint es, daß Grillparzer Jason wie manchen anderen unter seinen Liebenden mit einer Wortgewandtheit und Sprachflüchtigkeit ausgestattet hat, die letztlich von den Zweifeln genährt werden, die der Dichter an seiner eigenen Identität gehegt hat. Sie alle, von Jaromir aus der *Ahnfrau* bis Don Cäsar im *Bruderzwist*, sind von der verhängnisvollen Neigung besessen, zu überreden statt zu überzeugen.

Wenn Jason bei seiner ersten Begegnung mit Medea Phryxus noch überbietet, indem er sie als „doppeldeutiges Geschöpf" anspricht, dann verwendet er als Kompliment genau jene Doppelgesichtigkeit, die Medea ihm selbst am Ende als vernichtendes Urteil entgegenhalten wird. Wie Phryxus das Widersprüchliche von Medeas Erscheinung in Worte faßt, so operiert der Seelenkenner Jason mit der vermeintlichen Paradoxie ihres Charakters:

Als die Natur dich dachte, schrieb sie Milde ...

Der metaphorische Charakter der Verben in diesem Satz allein zeigt, wie fern der Held dem Wesen der Angesprochenen und wie nahe er dem Dichterisch-Phantastischen ist. Und er fährt fort:

O geh! ich hasse deine Schönheit, weil sie
Mich hindert, deine Tücke recht zu hassen.

Es bedarf der ungebrochenen Naivität Medeas, um die Eleganz dieser Galanterie, die kokett aus der Invektive hervorlugt, als die Äußerung eines mythischen Wesens, eines Gottes, mißzuverstehen. Und dennoch wird sie von Jasons Rede überwältigt; sie schweigt. Dem Sprachverhalten der beiden entspricht der Rhythmus ihrer Rede. Joachim Kaiser hat beobachtet, daß unmittelbar vor dieser ersten Begegnung Jason reine Blankverse spricht, „während Medea ... ausnahmslos und entschieden vom Blankversschema nicht nur abweicht, sondern es zugunsten freier Verse strikt vermeidet".

„Es ist nun bewundernswert", fährt Kaiser fort, „wie Grillparzer den oft doch gar nicht so zugespitzten Unterschied der Sprechweise der Kolcher und der Griechen virtuos benützt, wenn er die Fremdheit zwischen Jason und Medea verdeutlichen möchte." Diese Fremdheit greift über den Unterschied zwischen Griechen und Kolchern weit hinaus; selbst Medeas Wörtlichkeit und Jasons oft tollkühner Balanceakt auf dem Rückgrat seiner Metaphern sind nur ein Symptom ihrer Verschiedenheit. Das Verhältnis zwischen den beiden wird dadurch zum Verhängnis, daß in ihr so viele männliche Elemente wirksam sind wie in ihm weibische. Die Kolcherin kennt nicht die zarten Bande der Zivilisation, die der Frau mehr schmeicheln, als daß sie sie beschränkten; von allem Anfang steht ein Mannweib vor uns, dessen wilde Schönheit ebenso faszinierend wie schrecklich ist.

Was den Mann anlangt, so erschien er Grillparzer in seinen frühen Entwürfen als *glänzender* Held". „Er ist heftig und zornmütig, hat aber doch im Ganzen eine gewisse ruhige (griechisch antike) Haltung ... Erinnere dich immer der griechischen Heroenstatuen und denk' dir ihn nackt bloß den Helm auf dem Kopfe und das Schwert in der Hand." Bei der Ausführung seines Entwurfs ist Grillparzer von seinem Konzept gründlich abgekommen, wohl darum, weil in diesen „glänzenden Helden" mehr von der Lebenssubstanz des Dichters eingegangen ist, als diesem lieb sein konnte. Während Medea von allem Anfang an sie selbst ist und nur unter der Hand des Tragischen immer tiefere, dem Mythischen nahe Schichten ihres Wesens freilegt, entpuppt sich Jason mit ihrer Hilfe ebenso als ein Zerrbild des Weibischen, wie sie eines des Männischen ist: eitel, wo sie standhaft, jedem Eindruck offen, wo sie um den eigenen Kern geschlossen, ein Dichter und Schauspieler seines eigenen Ruhms und Elends, wo sie der Gaben der Einbildungskraft und Verstellung bis zur Verletzung des Nächsten bar ist. Medeas Haltung ist absolut bis zum Störrischen: sie hat in Jason einen Gott gesehen und läßt es ihn nun entgelten, daß er allzusehr ein Mensch ist.

Er verletzt und umwirbt sie in einem Atem; ein Spätling und Sohn der Auflösung, dem das Gesetz nicht gilt, nur seine Deutung:

> Nicht gut, nicht schlimm ist, was die Götter geben,
> Und der Empfänger erst macht das Geschenk.

Auch ist er weder gut noch schlimm, er gibt lediglich und nimmt, wie sich das Leben ihm darbietet. Wir tun ihm unrecht, wenn wir ihm nachrechnen, er habe die Zauberin nur um des Vließes willen an sich gefesselt und lasse sie gehen, wenn sie ihre Pflicht getan hat. Aber es ist gewiß, daß ihn das Vließ vor seiner Eroberung mit der gleichen Kraft anzieht wie Medea vor der Hingabe; und daß es ihm am Ende vor dem magischen Requisit ebenso graut wie vor der Magierin. (Beide hängen ihm als Kletten von Erinnerungen an; er aber liebt den Fortschritt von Feind zu Feind, von Affaire zu Affaire, wie er sich's in seinem Lied vorgenommen hat.) So meint er es ebenso ehrlich, wenn er nach der Gewinnung des Vließes Medea zuruft:

> Komm her, mein Weib, mir angetraut
> Bei Schlangenzischen unterm Todestor,

wie die Schilderung akkurat ist, die er dann von eben dieser Szene Kreusa geben wird:

> Hättest du sie dort gesehn im Drachenhorst,
> Wie sie sich mit dem Wurm zur Wette bäumte,
> Voll Gift der Zunge Doppelpfeile schoß,
> Und Haß und Tod aus Flammenaugen blinkte ...

Aus Schlangen sind Drachen geworden; aus dem Weib wurde ein Ungeheuer; und der Tod lauert nun nicht mehr hinterm Höhlentor, sondern in den Augen der Angetrauten. Weder Jason noch Medea haben sich in ihrem Wesen seit damals geändert; es ist die Zeit, die sie zu Zerrbildern ihrer selbst verwandelt hat; alles Bildhafte ist nun fortgewaschen, und nur die Verzerrung ist geblieben.

Wie sich die Sprache Medeas im Umgang mit Jason auf lange Strecken hin ihrer rhythmischen Freiheit begibt und nach der vergleichsweisen Gebundenheit des Blankverses strebt, so öffnet sich auch das Mythisch-Unergründliche ihres Wesens mehr und mehr den Gesetzmäßigkeiten der Psychologie. Sie muß mit der Erkenntnis fertig werden, daß es kein Gott gewesen ist, der in ihr Turmgemach eingedrungen ist und sie geküßt hat. Sie wird damit fertig, indem sie, zur Freude ihres Vaters, beschließt: „zu vernichten, zu töten, zu sterben!" War es ihr auch nicht vergönnt, den Todesboten Heimdal willkommen zu heißen, so vermag sie ihn doch herbeizurufen, indem sie rings um sich Verderben stiftet. Mit peinigender Ähnlichkeit wiederholt sich am Ende der *Argonauten* die Grundsituation aus dem *Gastfreund:* Kolcher und Griechen stehen einander in Waffen gegenüber, und Medea ist gezwungen, Partei zu ergreifen. Hier aber geschieht das Erwartet-Unerwartete: Medea vermag es nicht, sich dem Zwang der Wiederholung zu fügen: sie *warnt* den Feind. Was der Zuschauer schon lange weiß, tritt nun in einem unendlich langsamen Erkennungsprozeß auch in ihr Bewußtsein: sie ist dem Griechen verfallen. Gerechtigkeit gebietet es, festzustellen, daß Medea Jason hier ihr Gefühl entdeckt und anbietet, daß sie also die Initiative ergriffen hat. Ist es, daß sie den Gott im Mann entdeckt hat und festhalten will? Ist es, daß sie den Mann insgeheim zum Gott erhöht hat? Ist es einfach die Liebe? Auf jeden Fall hat Medea mit ihrem Ruf „Du trankst Verderben!" zumindest jenes Maß der Verantwortung auf sich genommen, das Jason schon bei der ersten Begegnung mit Wort und Kuß überschritten hat; indem sie dem Menschen Jason das Leben rettet (zuvor hat sie lediglich den Gott bewahrt), eröffnet sie ihm, was alle seine Sprachkaskaden und Verführungskünste nie erschlossen hätten: sich selbst.

Wie tief sie berührt worden ist, geht nun aus ihrem Versuch hervor, sich selbst zu erklären, was an ihr geschehen ist:

> Es gibt ein Etwas in des Menschen Wesen,
> Das, unabhängig von des Eigners Willen,
> Anzieht und abstößt, mit blinder Gewalt;
> Wie vom Blitz zum Metall, vom Magnet zum Eisen,
> Besteht ein Zug, ein geheimnisvoller Zug
> Vom Menschen zum Menschen, von Brust zu Brust.
> Da ist nicht Reiz, nicht Anmut, nicht Tugend, nicht Recht,
> Was knüpft und losknüpft die zaubrischen Fäden,
> Unsichtbar geht der Neigung Zauberbrücke,
> So viel sie betraten, hat keiner sie gesehn!
> Gefallen *muß* dir, was dir gefällt,
> So weit ists Zwang, rohe Naturkraft.

> Doch stehts nicht bei dir, die Neigung zu *rufen,*
> Der Neigung zu *folgen* steht bei dir,
> Da beginnt des Wollens sonniges Reich,
> Und ich will nicht
>
> > mit *aufgehobener Hand*
> >
> > Medea will *nicht!*

Jason ist in dieser Szene von der Bühne abwesend. In den Worten der Wörtlichen aber ist er vorhanden: in ihren Versuchen, Gefühle in Bilder zu übersetzen, in dem ganzen Gefälle dieser Rede, die sich nicht nur metrisch den ariosen Kadenzen seiner Sprache anzunähern scheint. Jason spricht hier (und aus ihm Grillparzer); zwölf Zeilen der Liebeserklärung stehen vier der Absage gegenüber, verstärkt freilich durch die Medea um so viel gemäßere Abwehrgeste der aufgehobenen Hand. Ihr doppelter Versuch, das neue Gefühl mit dem alten, von der Mutter ererbten Zauber zu vereinbaren („die zaubrischen Fäden ... der Neigung Zauberbrücke"), ist ebenso rührend wie das Nennen ihres eigenen Namens („Medea will nicht"); so sprechen Kinder von sich in der dritten Person, wenn sie ihren Willen gegenüber Stärkeren geltend zu machen suchen. Die ursprüngliche Kraft dieser Frau lag im Unbewußten; indem sie sich ins Bewußtsein ruft, was sie gegen ihren Willen bedrängt, schwächt sie nicht nur ihr Unbewußtes, sondern auch ihre Widerstandskraft. Der Wille ist das Vorrecht und die Pflicht des Mannes; sie aber, die Energische, verliert ihre Energie, indem sie ihrem Willen nachsinnt und ihn in Worte faßt, die sie dem femineren Jason abgelauscht haben könnte. Medea hat soviel Griechisch gelernt, wie sie vermag, und mehr, als ihr guttut.

Grillparzer hat die Vereinigung der beiden mit allen Künsten des Wiener Zaubertheaters in Szene gesetzt. Den Einfall, ihre Hochzeitsnacht mit dem Raub des Vließes zu synchronisieren, hat er schon in den Quellen vorgefunden. *„Medeam noctu in antro devirginavit",* notiert er sich während der Vorarbeiten aus dem Hyginus; „Jason entjungferte Medea bereits in der Höhle". So deutlich aber hat Grillparzer in der Höhlen-, Tor- und Schlangensymbolik dieses Auftritts sexuelle Assoziationen mitschwingen lassen, daß diese Stelle vermutlich zu einer Arbeitskrise des Dichters führte. „Sein menschliches Schamgefühl, hinter dem sich auch Schuldbewußtsein verbarg, widersetzte sich dem Schöpfungstrieb des Künstlers" (Rudolf Stiefel). Was immer aber auch Grillparzers Werkkonflikt gewesen sein mag, er hat am Ende mit allen seinen Prospekten und Maschinen nichts anderes dargestellt als die Unvereinbarkeit des Paares, das sich hier vereint.

Schon vor dem Raub des Vließes hatte Jason mit umfassender Gebärde erklärt: „Sie ist mein Weib!", und Medea konnte sich zwischen ihn und Aietes werfen mit dem Ruf: „Vater, töt ihn nicht! Ich lieb ihn", was ihr von seiten des Griechen den nicht ganz ungerechtfertigten Vorwurf eingetragen hatte: *„Er* konnte dirs entreißen und ich nicht!" In der Tat hindert eine außerordentliche Scheu Medea daran, Jason ihre Hingebung einzugestehen. Was sie ihm erklärt, ist Treue, nicht Liebe. „Du sollst *allein* nicht sterben", hatte sie ihm während der Auseinandersetzung mit den Kolchern zugerufen. *„Ein* Haus! *ein* Leib und *ein* Verderben!" So eins weiß sie sich mit ihm und so an ihn gebunden, daß sich ihr Zuruf zu einem der wenigen Reimpaare bündelt, die sich Grillparzer in der Trilogie gestattet hat. Als sich Jason ihr daraufhin nähert, weicht sie ihm aus, als könnte sie die Nähe seines Körpers nicht ertragen: „Die Liebkosung laß! / Ich habe sie erkannt." (Was hat sie erkannt? Das Griechische in Jasons Gehaben, das ihr schon von den Schmeichelreden des Phryxus her bekannt ist? Die Absicht hinter der Liebkosung?) Jedenfalls bedarf sie der Todesnähe, der medusenhaften Erscheinung des Vließes, um in Ekstase zu geraten:

> Geh hin, mein süßer Bräutigam,
> **Wie züngelt deine Braut!**,

wodurch sie sich entweder in die züngelnde Schlange, die Vließwächterin, verwandelt oder ihren „süßen Bräutigam" an das theatralische Ungetüm abtritt. Jason wird sich später die erste dieser Deutungen zu eigen machen: „Sooft ich ihr seitdem ins Auge blickte", gesteht er Kreon, „Schaut mir die Schlange blinkend draus entgegen." Er vereinfacht in seiner Erinnerung, denn Medea ist beim Raub des Vließes abwesend; vorher und nachher tut sich freilich das Mänadische ihrer Natur in Liebes- und Vernichtungsworten kund; wir können es jedoch dem Schaudernden nicht verübeln, wenn er das Benehmen seines Weibs als Raserei betrachtet: „Mein Geist geht unter in des deinen Wogen!" Sie können selbst im Augenblick des Vließraubes nicht zueinander finden: endlich ist ihr Gefühl entfesselt; er aber schrickt vor dem entfesselten Element zurück. Über dieser Szene waltet eine der seltsamsten Launen, in der je ein Weib gefreit wurde.

Wenn Vließ und Frau gewonnen sind, tritt in Jason eine Selbstentfremdung ein, die es ihm nicht einmal erlaubt zu erkennen, daß er es ist, der über sich selbst „Wehe!" ruft:

JASON.   Als ichs [das Vließ] vom Baume holte,
>   Da rauscht' es auf, wie seufzend durch die Blätter,
>   Und hinter mir riefs: Wehe!
>   Ha? — Wer ruft?

MEDEA. Du selbst!
JASON.   Ich?

(Aber ist es wirklich er, der ruft? Ist es nicht das Vließ? Nimmt Medea nicht wieder einmal eine Szene zu wörtlich?) Jedenfalls ist Jason von diesem Augenblick an verändert. Angst vor der bestandenen Gefahr verbindet sich in seiner Seele mit dem Anreiz der künftigen, in die es ihn treibt, wenn auch nur in seinen Phantasien. Der Gegenwart ist er abhanden gekommen. Er durchlebt sie, halb abwesend, wie einen Traum. Gleichsam mit der linken Hand besiegt er seinen Schwager Absyrtus, der darauf einen Sappho-Sprung von der Klippe ins Meer vollführt. Aietes, dessen Fluch, auf den Fluch des Phryxus gehäuft, dem Vließ anhaftet, wird in Kolchis zurückgelassen und verübt Selbstmord. Jasons Heimreise in Medeas Exil kann beginnen.

Die Tragödie *Medea*, das Schicksal dieser beiden Menschen, besteht nun darin, daß der Grieche die Kolcherin entwurzelt, die Frau aber versuchen muß, dem leichtblütigen Mann ihr brütendes Wesen aufzuoktroyieren. (Ihre Anstrengungen, sich in Griechenland zu assimilieren, sind echte Fehlleistungen und rühren daher, daß so „späte" Charakterzüge wie Konzilianz, geschweige denn Anpassung, der Primitiven Medea wesensgemäß versagt sind.) So wird, wie Benno von Wiese gezeigt hat, „die Ich-Du-Beziehung ... zu einem Verhängnis, bei dem sich das Ich durch das Du um seine Existenz betrogen sieht". Hier aber beginnt erst das Trauerspiel. So unheilvoll sind die Geschlechtsmerkmale in den Seelen dieser beiden Menschen gemischt, daß das Männische in der Frau das Weibische im Manne anzieht und festhält, und umgekehrt. Sie beide werden durch ihre Zwiespältigkeit aneinandergeschmiedet. Schon Grillparzer scheint geahnt zu haben, daß Komplementärneurosen Garanten dauernder, wenn auch nicht eben glücklicher Verbindungen darstellen.

Vier Jahre haben die beiden Zeit gehabt, sich miteinander abzufinden.

> In Schiffes Enge, stündlich ihr genüber,
> Brach sich der Stachel ab des ersten Schauders;
> Geschehn war, was geschehn — Sie ward mein Weib,

berichtet Jason dem König von Korinth. Seine Resignation ist unüberhörbar. Die Nächte auf hoher See sind lang; zwei Knaben sind diesem Bund entsprungen; in ihren Namen spiegelt sich die Geschichte dieser vier Jahre: der Ältere heißt Äson, wohl noch nach dem Vater, der Jüngere schon Absyrtus, nach Kolchis.

In Korinth ist Medea zu einer Art von Anti-Iphigenie geworden: „Sie träumt von ihrem barbarischen und düsteren Vaterland um, unter der griechischen Sonne, der Einsamkeit ihres Bewußtseins zu entgehen" (Roger Bauer). Es ist durchaus konsequent, daß sie die magischen Utensilien, Schleier und Stab, in der mütterlichen Erde begräbt, dazu noch das Vließ,

Besprützt mit meines Vaters, Bruders Blut,
Du Denkmal von Medeens Schmach und Schuld.

Sie setzt einen mythischen Akt in einer Umgebung, die, dem Mythos entwachsen, ins gleißende Licht freundnachbarlicher Vernunft getaucht erscheint. Hier gilt, anders als in Kolchis, noch das Gastrecht; Kreon bietet es Jason mit beiden Händen an, Jasons Familie jedoch nur mit der linken Hand; denn die gleiche Vernunft, die auch den Herd für den Fremden heiligt, assimiliert, was sich assimilieren läßt, jedoch stößt aus, was auf der Fremdheit, seiner Eigenheit, besteht. Grillparzer hat hier, ein Jahrhundert überspringend, das Elend der großen Emigrationen in diesem Jahrhundert antizipiert. Schon Jason warnt Medea:

> In Kolchis sind wir nicht, in Griechenland,
> Nicht unter Ungeheuern, unter Menschen;

Kreusa hat den Namen dieses „Ungeheuers" vergessen, wenn sie zu Jason sagt:

> Zuletzt verbanden sie als Gattin dir
> Ein gräßlich Weib, giftmischend, vatermördrisch.
> Wie hieß sie — Ein Barbarenname wars —
> MEDEA *mit ihren Kindern vortretend*. Medea.

Das aber stellt eine beinah wörtliche Vorwegnahme jenes *spell your name* dar, mit dem nach 1933 europäische Prominenz in den Gastländern der freien Welt begrüßt wurde; und wieder ist es Kreusa, welche die Grausamkeit des Eingesessenen auf die Spitze treibt, wenn sie der Barbarin, die ihr Gesicht am Hals der Griechin verbirgt, ihre Menschenähnlichkeit bescheinigt: „Sie ist nicht wild. Sieh, Vater, her, sie weint." Zwangsläufig führt die Vernünftigkeit der griechischen Zivilisation zu jener Katastrophe, der Medea vorbeugen wollte, als sie versuchte, dem Fluch über dem Vließ zu entrinnen, indem sie das Fell vergrub.

Jasons Fall liegt komplizierter: die Heimat, in die er zurückgekehrt ist, verwandelt sich vor ihm in eine neue Fremde. (Wiederum schlägt Grillparzer das Thema von der Zeit als der eigentlichen Trägerin der Tragödie an.) „Weißt du noch", fragt er Kreusa und entwirft ein Bild, dessen Gültigkeit dadurch nicht beeinträchtigt wird, daß zu ihm eine Wiener Parade etwa aus der Zeit des Kongresses Modell gestanden sein dürfte:

> Da wallten sie in dichtgedrängten Wogen
> Von Menschen, Wagen, Pferden, buntgemengt.
> Die Dächer trugen Schauende, die Türme,
> Und wie um Schätze stritt man sich den Raum.
> Die Luft ertönte von der Zimbel Lärm
> Und von dem Lärm der heilzuschreinden Menge.

> Dicht drängt' sie sich rings um die edle Schar,
> Die reich geschmückt, in Panzers hellem Leuchten,
> Der Mindeste ein König und ein Held,
> Den edlen Führer ehrfurchtsvoll umgaben —

Nun aber ist er „kein Fremder zwar, doch nur zu sehr entfremdet", was einen schmerzlicheren Grad der Fremdheit bildet als die Fremdheit selbst. So ist er nach Jolkos heimgekehrt und hat vermöge des Vließes vor den Augen seines Onkels Pelias Gnade gefunden. Es war eine trügerische Gnade. Sie schloß die Kolcherin, die Mischehefrau, aus. Schon damals hatte es „Medea oder Jolkos" geheißen, und nur der Tod des Pelias erspart Jason eine endgültige Entscheidung.

Dieser Tod wird uns aus drei Blickwinkeln berichtet: Jasons, des delphischen Gerichts und Medeas. Was sich in Wirklichkeit zugetragen hat, bleibt unersichtlich. Wenn wir Medea glauben dürfen, dann hat sie Pelias zu heilen versucht, freilich um den Preis des rückzuerstattenden Vließes. Als sie kommt, sich den Lohn zu holen, gerät der beinahe genesene Pelias beim Anblick des Vließes außer sich, reißt sich die Adern auf und verblutet. Aber können wir der erniedrigten und beleidigten Medea glauben? Wo endet der Fluch des Vließes, wo beginnt die Suggestionskraft der Zauberin? Was ist ihr unbewußter Wille, was ihre Tat? Mit Absicht scheint Grillparzer Dunkel über den Tod des Pelias gebreitet zu haben; ein Dunkel, aus dem freilich die mythischen Figuren des Vließes und Medeas als Hauptbeteiligte klar hervortreten.

Im darauffolgenden Erbfolgestreit zieht Jason den kürzeren; er ist allein und mit einem Barbarenweib und Barbarenkindern belastet; sein Vetter Akastos zieht das Volk auf seine Seite.

> Seitdem irr ich durch Hellas weite Städte,
> Der Menschen Greuel, meine eigne Qual.

Wie die Jason-Handlung dort einsetzt, wo die Phryxus-Handlung endet, so nimmt auch Jason in Korinth ein abgebrochenes Stück Leben auf. Hier hat er vor dem Argonautenzug Asyl gefunden; hier erwartet ihn auch nach dem Argonautenzug eine Heimat. Viel Versäumtes gibt es nachzuholen, und so versteht es sich denn von selbst, daß Medea, die das letzte Mal nicht zugegen gewesen war, bei der Wiederholung stört. Die Frage „Medea oder Jolkos", die Jasons Schicksal von außen an ihn herangetragen hatte, erhebt sich nun in seinem Innern aufs neue, und nur Medea ahnt zunächst, daß sich das Dilemma einstweilen zu einem „Medea oder Kreusa" verwandelt habe. Was Jason jetzt sucht, ist weniger ein Ort als eine Zeit: seine Vergangenheit. „Denkst du noch manchmal unsrer Jugendzeit?" fragt er Kreusa immer wieder, und wer so fragt, fühlt schon das Alter. „Dumpf wiederkäuend die verfloßne Zeit", ist er nur mehr „Jasons Schatten, nicht er selbst"; er fordert sein früheres Ich von Medea zurück, ohne die Gegenforderung zur Kenntnis zu nehmen, die ihm nach der bei solchen Zwiegesprächen unausbleiblichen Logik die Frau entgegenhält: „Zurück willst du den Jason? — Hier! — Hier nimm ihn! Allein wer gibt Medeen mir, wer mich?" Es ist alles vergebens. Jason ist ans Ende gekommen, sein Ende: „Ich bin nicht, der ich war, die Kraft ist mir gebrochen." Was er sagt, ist unzweifelhaft richtig: einer wie Jason würde nicht zum Ehegatten und Familienvater taugen, auch wenn sein Schicksal milder mit ihm umgegangen wäre. Freilich, gemessen an der monolithischen Treue, von der Medea sich bestimmen läßt, erscheint sein Betragen ungeheuerlich. Aber weder sein Dichter noch Jason selbst mißt Jason mit mythischen Maßen. Er ist im wahren Sinn des Wortes ein Gestrandeter, einer, der am eigenen Vaterland Schiffbruch erlitten hat; menschlich ist seine Bereitschaft, die nicht mehr geliebte Medea zu verlassen und Kreusa zu heiraten: daß er einen seiner beiden Knaben mit der Mutter ziehen lassen will, deutet geradezu auf seinen Wunsch hin, größer zu sein, als er ist. Auch scheint ihm an den Kindern nicht allzuviel gelegen. In allem handelt und spricht er so, wie ein bedrängter Mensch im Bewußtsein seiner Schwäche eben spricht und handelt. Die Tragödie heißt *Medea*, nicht *Jason und Medea*.

Wie er ist auch Kreusa von durchschnittlicher Größe, die noch zu schrumpfen scheint, wenn Medeas Schatten über sie fällt. Sentimental, Fibelsprüchen ergeben, begabt mit der statthaltenden Mütterlichkeit leidenschaftsarmer Frauen, bewegt Kreusa sich an jener Grenze zwischen Naivität und Arglist, die den Mann auf jeden Fall entwaffnet. „Wer sagte mir denn, Gatten liebten sich?" fragt sie mit großem Augenaufschlag einen Jason, dem sich bei dieser Frage der Abgrund seiner Ehe, die ganze Problematik der Institution auftut. Die Hilfsbereitschaft, mit der sie Medea entgegentritt, ist unzweifelhaft echt; ebenso unzweifelhaft ist aber der Umstand, daß sie kraft dieser Hilfe die Nebenbuhlerin besser lenken und zügeln kann. Sie ist die erste, die den Heimkehrer erkennt, die erste auch, die seine Kinder, die „arme, kleine, nestentnommene Brut", aufnimmt: „Kommt her zu mir, ihr heimatlosen Waisen, . . . Bleibt hier, ich will euch Mutter, Schwester sein!" Dieses Angebot in Anwesenheit der wahren Mutter zumindest ist eine Taktlosigkeit. Medea reagiert denn auch mit der ganzen Wucht eines aufgescheuchten Muttertiers und muß es, schon hier, erleben, daß die Knaben zögern, ehe sie sich auf ihre Seite begeben.

So ist denn auch der zweite Akt des Trauerspiels ein Exerzitium der Grausamkeit, demonstriert an einem wehrlosen Opfer. Kreusa, die Medea das Saitenspiel und das Knabenlied Jasons lehrt und dafür die

Konfidenzen und die Bewunderung der Kolcherin eintauscht; Jasons Einsilbigkeit, die sich zu breiter und durchsichtiger Prunkrede löst, sowie es ihm gelungen ist, Medea zu den Kindern zu schicken; sein Wandel, zu zweit mit Kreusa, durch die Gefilde der Jugend, den er auch dann nicht unterbricht, wenn Medea zurückgekommen ist; Medeas verzweifelt dreifaches: „Jason, ich weiß ein Lied", auf das er erst reagiert, nachdem Kreusa interveniert hat; die Korintherin als Souffleuse der Kolcherin, der sich das griechische Knabenlied versagt; der Druck der Atmosphäre, an dem Jason zu ersticken droht und den Medea damit durchbricht, daß sie die Leier Kreusas und damit den Jugendtraum Jasons zerschmettert; all dies bietet den Anblick eines Kammerspiels von universalen Ausmaßen. Die Erniedrigung Medeas ist so subtil wie grenzenlos; angesichts dieser Grenzenlosigkeit kommt sie wieder zu sich; im Innersten der Existenz angegriffen, bewahrt sie ihre Existenz von diesem Innersten her: „Entzwei die schöne Leier!" ruft sie, wobei der Triumph der Vernichtung durch das Attribut des Saitenspiels, dieses „schön", hindurchschlägt wie eine Stichflamme. Darauf Kreusa, entsetzt zurückfahrend: „Tot!" Medea, sich *rasch umblickend:* „Wer? — *Ich lebe!* lebe!"* Selten hat sich auf der europäischen Bühne der Zusammenstoß von Seelen in der Rasanz von so wenig Worten so radikal entladen. Schon hier wird mit dem Knabenlied Jasons auch das Leben seiner Knaben ausgelöscht, schon hier spricht sich Kreusa mit ihrem „Tot" das eigene Urteil; schon hier deutet sich in der Betonung von Medeas *„Ich* lebe" ihre Rückkehr in die einzige Existenzform an, die ihr gemäß ist, die Einsamkeit. Daß unmittelbar auf diesen Ausbruch hin Trompetenstöße ertönen, der Herold der Amphiktyonen auftritt, um den großen „Bann" über die Exilierten auszusprechen; daß Kreon Jason seine Tochter anträgt, um seine Immunität zu sichern; daß Medea allein ausgestoßen und ihrer Kinder beraubt wird, bildet die Antiklimax und überrascht uns nicht mehr. Was geschehen mußte, ist geschehen in dem Augenblick, in dem Medea das Saitenspiel zerdrückte.

Grillparzer dürfte auch der erste gewesen sein, der auf dem Theater dargestellt hat, daß Ehetragödien die Trauerspiele der Kinder sind. Euripides schildert den Kindermord als ein Massaker, das sich im Wehgeschrei der ermordeten Knaben erledigt. Erst der neuere Dichter zeigt, daß der Kampf zwischen Medea und Kreusa schließlich um die Seele der Kinder geht und daß die leibliche Mutter im Begriffe steht, ihn zu verlieren. Und dennoch ist es ein weiter, schwer zu bewältigender Schritt von der Niederlage Medeas, die nichts anderes beweist, als daß schon Kinder Menschen und käuflich sind, bis zu der, wie Grillparzer wohl wußte, „für eine neuere Anschauungsweise abscheuliche[n] Katastrophe", dem Kindermord. Die Medea unseres Zeitgenossen, des Amerikaners Robinson Jeffers, erklärt: *„I have / done it: because I loathed you more / Than I loved them"* („Ich habe es getan. / Weil ich dich mehr verabscheue, als ich sie liebte"). Sie macht sich's leicht. Für die Medea Grillparzers ist Haß kein eindeutiges Gefühl, auf Grund dessen man über Menschenleben, und nun gar das der eigenen Kinder, entscheiden könnte. „Der Haß gilt mir und Jason gilt die Liebe", erklärt sie Kreusa knapp vor der Katastrophe. Der Widerspruch ihres Schicksals ist darin zu finden, daß sie in diesem Augenblick der Selbstdemütigung ihre Hybris begeht. Sie gebraucht ihre Vernunft, wie sie dies ihrer griechischen Umgebung abgeschaut hat, und wird damit sich selbst untreu. Hier kniet ihre Seele, wie sie sich ein wenig später Jason auch körperlich zu Füßen werfen wird. Aber auch diese Proskynesis dauert nur einen Augenblick. Im Gespräch mit der Amme wird sie deutlicher und ehrlicher:

> Ich haß ihn, verabscheu ihn,
> Wie die Falschheit, den Verrat,
> Wie das Entsetzlichste, wie mich!

Zu dem Satz *„Ein* Haus, *ein* Leib und *ein* Verderben", den sie Jason bei ihrer Verbannung aus Korinth noch einmal warnend ins Gesicht geschleudert hat, fügt sie jetzt hinzu: *„ein* Haß". Was die Liebe oder, besser, die Treue nicht zu halten vermag, das schmiedet Untreue und Haß doppelt stark zusammen. Noch einmal wird sie's Jason entgegenhalten:

> Die Welt verflucht um deinetwillen mich,
> Ich selber hasse mich um deinetwillen;

aber auch dies ist nichts als eine weitere Variation ihrer aussichtslos in sich selbst verfangenen Ambivalenz.

Es ist die Amme, die ihr zu Hilfe kommt:

> Die andern alle, die mit ihm zogen
> Den frevelnden Argonautenzug,
> Alle haben sie, rächend, strafend,
> Die vergeltenden Götter erreicht,
> Alle fielen in Tod und Schmach;
> Er nur fehlt noch — und wie lang?

Und nun folgt ein Katalog der Argonauten, die in Grillparzers Fassung gesichtslos geblieben sind, mit Ausnahme des Freundes Milo, der nun seinerseits von Gora unerwähnt bleibt. Da erscheinen sie alle: Orpheus, Hylas, Theseus, Pirithous, und sie alle sind schon hinabgestiegen „in des Aides finstere Wohnung". Es besagt wenig, daß die Stelle einem Chorlied aus der *Medea* Senecas nachgebildet ist; erst hier, im Zusammenspiel von Mythos und Psychologie, gewinnt sie ihr volles dramatisches Gewicht. Immer enger zieht Gora ihren Kreis: Herakles wird erwähnt, dessen Tod im Nessus-Hemd die Tötung der Kreusa durch das wieder ausgegrabene Vließ vorwegnimmt. Schließlich ist die Amme bei Meleager angelangt, dessen Mutter ihn tötete, nachdem er ihre Brüder getötet hatte. Als scheute er sich vor dem Kindermord*, hat Grillparzer diesen Satz der Amme bis zur Unverständlichkeit entstellt:

> Des Meleager rauhe Gewalt,
> Des kaledonischen Eberbezwingers,
> Tötet' Althea, die Mutter das Kind.

Medea, deren Gedanken in diesem Augenblick noch um ihre Ehe und Jason kreisen, mißversteht Gora denn auch pünktlich. „Verließ sie der Gemahl?" fragt sie zurück. Nein, nicht Ehebruch führte zu dieser Tat, sondern daß Meleager Altheas Brüder erschlug. Obwohl Medea die Sage genauso gut kennen muß wie die Erzählerin, vergewissert sie sich noch einmal: War es der Gatte? fragt sie. Sie hat die Antwort wohl erwartet. „Der Sohn", stellt Gora fest. „Und als sies getan, starb sie?" will Medea weiter wissen, obgleich sie's schon weiß. „Sie lebt." Medea darauf: „Tat

---

* In der wild-romantischen Novelle „Das Kloster bei Sendomir" greift Grillparzer das Thema vom Kindermord noch einmal auf: Graf Starschensky hat seine Frau Elga beim Ehebruch ertappt. Der folgende Dialog findet statt: „Der Brandfleck meiner Ehre, sprach der Graf, ist dies Kind ... Geh hin und töte das Kind! — Wie, ich? schrie Elga. Töten? Mein Kind? Unmenschlicher! Verruchter! Was sinnst du mir zu? Nun denn, rief Starschensky und hob den weggeworfenen Säbel vom Boden auf. Halt! Schrie Elga, halt! Ich will! Sie stürzte auf ihr Kind los und preßte es an ihren Busen, bedeckte es mit Tränen. Du zauderst? schrie Starschensky und machte eine Bewegung gegen sie. Nein! nein! rief Elga. Verzeihe mir Gott, was ich tun muß, was ich nicht lassen kann. Verzeihe du mir, zum Unglück Geborenes! Damit hatte sie das Kind wiederholt an ihre Brust gedrückt; mit weggewandtem Auge ergriff sie eine große Nadel, die ihren Pelz zusammenhielt; das Werkzeug blinkt, der bewaffnete Arm — Halt! schrie plötzlich Starschensky." Abgesehen davon, daß es hier die Mutter ist, die den Ehebruch begangen hat, stellt diese Szene den psychologischen Kontrapunkt zu der mythischen Tat Medeas dar. Wo Medea den Kindermord als das größere Opfer dem Selbstmord vorzieht, versucht Elga, den Preis ihres Lebens mit dem ihrer Tochter zu bezahlen. Der Monumentalgestalt aus der griechischen Sage steht eine Edelhure gegenüber. Elga stirbt denn auch von der Hand Starschenskys. Obwohl das „Kloster bei Sendomir" erst in Schreyvogels Taschenbuch *Aglaja* für das Jahr 1828 erschien, fällt die Hauptarbeit Grillparzers an der Erzählung in das Jahr 1822, in dem das Kind Charlotte von Paumgartens gestorben war. Biographisch interessierte Interpreten sehen Charlotte von Paumgartten als das Hauptmodell sowohl für Elga wie Medea. Tatsächlich ist ihr unter dem nicht ganz adäquaten Pseudonym „Desdemona" *Das goldene Vließ* gewidmet. Der Gedanke ist nicht von der Hand zu weisen, daß für den Dichter die Thematik des Kindermords durch die Existenz und den frühen Tod der kleinen Karoline von Paumgartten aktualisiert worden ist. Wahrscheinlicher ist es freilich, daß an der Angstvision vom Kindermord Träume aus Grillparzers eigener Kindheit mitgewirkt haben.

es und *lebt*? Entsetzlich!" Es ist das gleiche Bekenntnis zum Leben, in das Medea nach der Vernichtung der Leier ausgebrochen ist. Daß es ihr bei diesem Ausruf nicht darum geht, ein kümmerliches Dasein weiterzufristen, beweist der Ruf des Entsetzens, der nun schon nicht mehr dem Fortleben der Althea, sondern ihrer eigenen Existenz nach dem Kindermord gilt. Sie wird weiterleben: einsam und als tragische Gestalt.

Der Psychologe Grillparzer hat die Untat seiner Heldin mit einer ganzen Auswahl von Gefühlen motiviert. In den Vorarbeiten heißt es: „Medeas Gefühl gegen ihre Kinder muß gemischt sein aus *Haß* gegen den Vater, Jason, von dem sie weiß, daß er die Kinder liebt und ihr Tod ihm schmerzlich sein wird; aus *Grimm* gegen die Kinder, die sie flohen und ihren Feinden den schmerzlichsten Triumph über sie verschafften; aus *Liebe* gegen eben diese Kinder, die sie nicht mutterlos unter Fremden zurück lassen will; aus *Stolz*, ihre Kinder nicht in der Gewalt ihrer Feinde zu lassen." Der Mythograph Grillparzer aber vereinfacht, indem er unter dem Spektrum dieser Motivationen den *einen* Grund freilegt, der zugleich der Urgrund von Medeas Wesen ist. In der Szene mit Gora hat Medea ihr tragisches Erbteil entdeckt; nun ist sie bereit, es anzutreten. Wozu ihr das zweite Ich, die Amme, verholfen hat, ist die Erkenntnis ihrer eigenen mythischen Statur. Gora hat Medea nicht nur gezeigt, daß nach dem Gesetz, das über dem Argonautenzug waltet, Jason dem Beispiel seiner Kampfgenossen folgen und fallen muß, sondern daß auch sie, Medea, gehalten ist, das Schicksal Altheas auf sich zu nehmen und ihre Kinder zu töten. So will es das Prinzip der „Gelebten Vita", wie es der Wiener Psychoanalytiker Ernst Kris in einem Aufsatz „Zur Psychologie älterer Biographik" entwickelt und Thomas Mann in seiner Rede *Freud und die Zukunft* auf sein eigenes Werk, vor allem die psychomythologischen *Geschichten Jaakobs*, angewendet hat. Daß es sich bei Meleager nur um *einen* Sohn und noch dazu um einen mündigen gehandelt und daß Altheas Tat in einer symbolisch-magischen Geste bestanden habe (sie brauchte nur ein Scheit ins Feuer zu werfen), bedeutet in diesem Zusammenhang wenig. Korinther mögen derlei ausklügeln. Medea aber ist Kolcherin und gibt sich nicht mit Kleinigkeiten ab. Indem Medea diese Tat begeht, kehrt sie heim, woher sie kam, in den Mythos. Mehr noch, indem sie Jason mit ihrer Rache verschont, versucht sie, ihn auf die Höhe ihrer eigenen, endlich wiedergewonnenen Existenz zu heben. Er aber sträubt sich nach Leibeskräften.

Grillparzer zeigt, daß eine solche Höhe nur über einen Passionsweg zu erreichen ist. Dabei hat er es weder an Sympathie noch an Seelenkunde fehlen lassen. „Sieh! Wie ich diesen Mantel durch hier reiße", ruft Medea schon nach dem Amphiktyonen-Spruch im zweiten Aufzug aus

„also zerreiß ich meine Liebe, unsern Bund ... Gebt meine Kinder mir und laßt mich gehn!" Der Mantelriß ist ihre symbolische Entgegnung auf den Schleierriß, mit dem sich Jason einst an ihr und ihrer Jungfräulichkeit vergangen hatte. Trug um Trug und Riß um Riß. Noch mischen sich Selbstmordgedanken mit Revanchegelüsten; noch ist ihr die zerbrochene Ehe schmerzlicher als der Bruch, den die Scheidung in den Seelen ihrer Kinder aufreißen wird. Selbstmordgedanken wechseln mit Vernichtungsgelüsten:

> An Brautgemachs Schwelle
> Läge sie [Kreusa] in ihrem Blut,
> Bei ihr die Kinder, Jasons Kinder, tot.

Noch sind es Jasons Kinder, aber schon ist der Mord an ihnen Vision geworden und damit in den Bereich der Möglichkeit gerückt. Noch will sie ihre Ehe mit Jason in ihren Früchten, den Kindern, zerstören, aber schon bewegt sie sich jenseits aller Rücksichten und Vorsichten im Bezirk des Unerhörten. Die Sage hat von ihr Besitz ergriffen. Schon ist sie bereit, die Zwiespältigkeit ihrer Gefühle für und gegen Jason zu begraben, wie sie das Vließ begraben hat; schon kämpft sie nur mehr den Kampf um die Kinder, dessen Ausgang ihr mythologisch nur allzu bekannt ist. So fällt sie Jason an:

> Mein Gatte! — Nein, das bist du ja nicht mehr — ...
> Wie nenn ich dich? Verruchter! — Milder! Guter!
> Gib meine Kinder mir und laß mich gehn!

Als sich Jason dann gegen Kreons Rat bereit erklärt, ihr einen der Knaben anzuvertrauen, und noch dazu die überaus moderne Grausamkeit begeht, den Kindern selbst die Wahl zu überlassen, geschieht, was nach den Gesetzen des Mythos *und* der Psychologie vorauszusehen war: „die Kinder fliehen zu Kreusen". Noch einmal sucht Medea Zuflucht bei der Amme: „Wie hieß sie? Sag."

GORA.	Ich weiß nicht, was du meinst.
MEDEA.	Althea hieß sie.
GORA.	Die den Sohn erschlug?
MEDEA.	Dieselbe, ja! Wie kams, erzähl mir das.
GORA.	Den Bruder schlug er ihr beim Jagen tot.
MEDEA.	Den Bruder nur, den Vater nicht dazu,

> Sie nicht verlassen, nicht verstoßen, nicht gehöhnt,
> Und dennoch traf sie ihn zum Tod,
> Den grimmen Meleager, ihren Sohn.
> Althea hieß sie — war ein Griechenweib! —
> Und als er tot?

GORA. Hier endet die Geschichte.

Hier endet auch die unsere. Medea tritt an die Stelle Altheas. Was das Griechenweib vermochte, wird auch ihr nicht mißlingen. Eine gewisse tragische Ironie liegt darin, daß die Kolcherin nun einen Mythos wahr macht, der sich um den Zug der griechischen Argonauten, um ihren Gatten gesponnen hat. Im tiefsten Grunde bleibt das Ehepaar also doch verbunden. Es ist freilich die Verbundenheit des Endes. Der letzte Akt zeigt dann auch nichts mehr als die Trümmer und vor ihnen die Jammergestalten der Griechen, soweit sie am Leben geblieben sind, überragt von Medeas tragischer Erscheinung. „Der Traum ist aus, allein die Nacht noch nicht." Denn alles, was vorher etwa noch geschehen konnte — die Wiederkehr des Vließes, seine Übersendung an Kreusa (Kreon hat diese Sendung in einem offenbaren Anfall von Senilität angeordnet), der unendliche Monolog Medeas, während sie auf die Vernichtung Kreusas wartet —, all dies und die ganze Trilogie vom *Goldenen Vließ* ist eingegangen in die eine Gebärde der Heldin, mit der die Mutter Mörderin aus dem Säulengang, dem Ort der Tat, hervorgetreten war, *„in der Linken einen Dolch, mit der rechten, hocherhobenen Hand Stillschweigen gebietend".*

Fülle des Wohllauts (Fortsetzung): *Melusina*

Im vormärzlichen Wien war Musik der gute Ton. Sie hob die gesellschaftlichen Grenzen auf und nahm sich selbst nicht allzu gewichtig: mit ihrer Hilfe wurde der Liebhaber zum Künstler, der Künstler zum Liebhaber. Die Spannungen der Zeit leiteten sich durch sie ab; sie bildete gleichsam ein Feuerwerk von domestizierten Blitzen. 1819 schrieb Karl Friedrich Zelter an Goethe, die Wiener wüßten „einiges über Musik... sie sind wirklich sehr kultiviert. Man muß zwar zugeben, daß sie manchmal alles hinnehmen — so, wenn sie z. B. behaupten, daß ihnen Schuppanzigh lieber als Beethoven ist —, aber trotzdem können sich nur die besten Werke hier wirklich behaupten." Und noch 1844 erinnert sich Adalbert Stifter an den Winter als die schönste Jahreszeit im alten Wien: „Die Oper und das Schauspiel überfüllen sich, die Konzerte überschwemmen uns, der Kreuzzug der Virtuosen hebt an, Strauß und Lanner musizieren an öffentlichen Orten, und in tausend Häusern hämmert das Piano-Forte." Musik bedeutete Sammlung und Zerstreuung in einem, ein Mittel des Rausches und der schmerzlosen Rechenschaft, Gesellschaftsspiel, Erotikon und Ideenschlüssel (Wien bildete schließlich innerhalb eines Jahrhunderts die Wahlheimat Beethovens, die Wirkungsstätte Gustav Mahlers und den Ursprung Arnold Schönbergs).

Grillparzer war grundmusikalisch, als Dichter. Nicht die Philosophie, sondern Musik bildete für ihn die eigentliche Hebammenkunst. In der Selbstbiographie schreibt er: „Ich hatte in der letzten Zeit mit meiner Mutter häufig Kompositionen großer Meister, für das Klavier eingerichtet, vierhändig gespielt. Bei all diesen Symphonien Haydns, Mozarts, Beethovens dachte ich fortwährend auf mein goldenes Vließ und die Gedanken-Embryonen verschwammen mit den Tönen in ein ununterscheidbares Ganzes... Nun hatte ich schon früher die Bekanntschaft der Schriftstellerin Karoline Pichler gemacht und setzte sie auch jetzt fort. Ihre Tochter war eine gute Klavierspielerin und nach Tische setzten wir uns manchmal ans Instrument und spielten zu vier Händen. Da ereignete sich nun, daß wir auf jene Symphonien gerieten, die ich mit meiner Mutter gespielt hatte, mir alle Gedanken wieder daraus zurückkamen, die ich bei jenem ersten Spielen halb unbewußt hineingelegt hatte... Ich ging an die Arbeit, vollendete die Argonauten und schritt zur Medea." Vermöge der Musik hatte er jene Tiefe erreicht, in der sein Unbewußtes schöpferisch wurde; aus dieser Tiefe trug ihm Musik jene Bilder und Worte zu, deren er bedurfte, um seine Trilogie vom *Goldenen Vließ* zu beenden.

Musik — sie strömte Grillparzer aus dem mütterlichen Reich der Kindheit zu. Katharina Fröhlich kam ihm nie näher, als wenn sie zusammen Musik machten oder über Musik sprachen. Sie war ihm nie fremder, als wenn sie über Musik stritten. Dann zeigte sich nämlich, daß der Platz am Klavier schon besetzt war, daß sich die Erinnerungen an seine Mutter nicht verdrängen ließen, gerade darum, weil sie ihn als erste nicht nur mit der Fülle des Wohllauts, sondern auch mit dessen Dämonie und Schrecken vertraut gemacht hatte*.

1821, zwei Jahre nach dem Selbstmord Anna Maria Grillparzers, schrieb er auf Katharina das Gedicht: „Als sie, zuhörend, am Klavier saß":

> Still saß sie da, die Lieblichste von allen,
> Aufhorchend, ohne Tadel, ohne Lob;
> Das dunkle Tuch war von der Brust gefallen,
> Die, nur vom Kleid bedeckt, sicht atmend hob;
> Das Haupt gesenkt, den Leib nach vorn gebogen,
> Wie von den fliehnden Tönen nachgezogen ...
>
> Mitleidend wollt ich schon zum Künstler rufen:
> „Halt ein! Warum zermalmst du ihre Brust?"
> Da war erreicht die schneidendste der Stufen,
> Der Ton des Schmerzes ward zum Ton der Lust,
> Und wie Neptun, vor dem die Stürme flogen,
> Hob sich der Dreiklang ebnend aus den Wogen,
>
> Und wie die Sonne steigt, die Strahlen dringen
> Durch der zersprengten Wetter dunkle Nacht,
> So ging ihr Aug, an dem noch Tropfen hingen,
> Hellglänzend auf in sonnengleicher Pracht;
> Ein leises Ach aus ihrem süßen Munde,
> Sah, wie nach Mitgefühl, sie in die Runde.

Dies ist ein dreifaches Portrait: Katharinas, des anonymen Künstlers und Grillparzers. Körperlich wird nur die Frau deutlich; die beiden Männer verraten, was sie sind und was sie fühlen, lediglich durch die Musik. Und doch ist es sie, Katharina, die von den Tönen so völlig entrückt

---

* Siehe Seite 13.

ird, daß Grillparzer aus „Mitleid" mit ihr den Pianisten unterbrechen
ill. Auch sie ist voll „Mitgefühls"; aber sie ist weniger von ihm ergriffen,
ls daß sie es erwartete und zu teilen wünschte, und selbst dies ist nur
ne Vermutung des Dichters („Sah, *wie* nach Mitgefühl, sie in die
.unde"). Es kennzeichnet die beiden (und spricht für Grillparzers Ein-
cht in die Verschiedenheit ihrer Naturen), daß sich sein Mitleid in der
ngst um die Geliebte äußert, sie aber erst nach Mitgefühl verlangt,
enn der Sturm der Leidenschaft sich auf dem Klavier ausgetobt hat und
ie Träne in ihrem Aug, der Seufzer auf ihren Lippen die endlich ein-
etretene Sättigung willkommen heißen kann. Nicht minder durch die
Musik bewegt als sie, vermag er doch um ihretwillen den Tönen Einhalt
u gebieten; sie aber ist außer sich, findet ihr Bewußtsein erst wieder,
enn sich auch die Musik beruhigt hat, und steht immer noch genug im
Bann der Töne, um den Mann von sich fernzuhalten, ihn auszuschließen.
Damit wird auch der hypothetische Charakter ihres Mitgefühls deutlich;
er fürchtet, er habe sich das alles wohl nur eingebildet:

> . . . den Künstler nicht zu stören
> Befiehlt der Finger schwichtgend an dem Mund,
> Und wieder seh ich horchend sie sich neigen
> Und wieder muß ich sitzen, wieder schweigen.

Der Künstler am Klavier war vermutlich Schubert. Aber was er spielt,
ist Beethoven. Grillparzer hat Schubert gekannt, geliebt und beneidet um
der Eindeutigkeit seiner Existenz und Kunst willen. „Schubert heiß ich,
Schubert bin ich", läßt er ihn sagen, „und als solchen geb ich mich." Er
hat, dem Geschmack seiner eignen Zeit folgend, in Schubert das Liebens-
würdig-Natürliche und nicht das Tragische wahrgenommen, oder doch
nur das Tragische dieser Künstlerschaft im frühen Ende des Künstlers
geahnt, als es schon zu spät war. „Die Tonkunst begrub hier einen reichen
Besitz, / Aber noch viel schönere Hoffnungen", wird er ihm 1829 auf
den Grabstein schreiben. Solange Schubert lebte, ließ Grillparzer sich von
ihm vertonen (etwa Berthas Lied aus der *Ahnfrau*), schrieb auch Texte
für ihn (so zum Beispiel ein „Notturno"), erfreute sich an ihm und seiner
vermeintlichen Naivität und hielt ihn im übrigen für harmlos. Da war
nichts vom Selbstmörderischen der Kunst, das er bei Paganini, nichts
vom schöpferischen Chaos, das er bei Beethoven wahrgenommen hatte.
So ließ er seinen Schubert sagen:

> Was die Besten je geleistet,
> Ich erkenn es, ich verehr es,
> Immer doch bleibts außer mir.
> Selbst die Kunst, die Kränze windet,
> Blumen sammelt, wählt und bindet,

Ich kann ihr nur Blumen bieten,
Sichte sie und wählet ihr ...

Kindlich-fromm und heiter, unbewußt und doch nicht dämonisch, ungebrochen und elementar, keiner Tradition verpflichtet und im Grund so urteilslos, daß er es seinen Hörern überlassen muß, aus seinem Reichtum das in ihren Augen Echte auszuwählen, so ist Schubert an Grillparzer vorübergegangen.

Was der Künstler jedoch in jenem Gedicht an Katharina hervorbringt ist eine widerspruchsvolle Musik, Töne, die

Jetzt klagen, wie verflogne Tauben girren,

Jetzt stürmen, wie der Gang der Wetter dröhnt,

eine Phantasie, die so bewegt ist, daß es vierer einander entgegengesetzter Verben bedarf, um ihre Dynamik in Sprache zu übersetzen („klagen", „girren", „stürmen", „dröhnen", und noch die „verflognen" Tauben und der „Gang" der Wetter sind verbale Fügungen). Es ist eine Musik der Anspielung und der Assoziation, so daß der „Dreiklang" zum Dreizack des Neptun werden kann, vor dem sich die Wogen der Töne ebnen, ehe die Komposition auf jenen Höhepunkt gelangt, auf dem mit einer enharmonischen Verwechslung der „Ton des Schmerzes" zum „Ton der Lust" wird; eine Musik der Sehnsucht, der Leidenschaft und der Sättigung. (Kontrapunktisch ist die Kunst, mit der Grillparzer die hier in Worte eingefangene Musik in Beziehung setzt zu seinen eigenen Gefühlen, die er auf diese Weise zugleich auszusprechen und zu verschweigen vermag.)

Das Bild von den „girrenden Tauben" kommt wörtlich, das von den „dröhnenden Wettern" in unwesentlicher Variation in der Grabrede wieder, die Grillparzer 1827 für Beethoven schrieb und die der Schauspieler Heinrich Anschütz auf kirchlichen Einspruch hin lediglich an der Schwelle des Währinger Friedhofs halten durfte. Da heißt es: „Vom Girren der Taube bis zum Rollen des Donners, von der spitzfindigsten Verwebung eigensinniger Kunstmittel, bis zu dem furchtbaren Punkte, wo das Gebildete übergeht in die regellose Willkür streitender Naturgewalten, alles hatte er durchmessen, alles erfaßt. Der nach ihm kommt, wird nicht fortsetzen, er wird *anfangen* müssen, denn sein Vorgänger hörte nur auf, wo die Kunst aufhört." Das sind große Worte, und sie haben das Ihre dazu beigetragen, das Beethoven-Bild des neunzehnten Jahrhunderts zu prägen. Im übrigen galt der Respekt mehr Beethovens Erscheinung als seiner Musik. Grillparzer war von der Unbedingtheit Beethovens zutiefst betroffen; er staunte sie an, obwohl er sie mit seinem abwägenden Verstande nicht völlig zu teilen vermochte. (Das Klischee vom Gegensatz zwischen Goethe und Beethoven wiederholt sich hier in verfeinerter Form.) Was an Beethovens Musik große Geste war, hat Grillparzer bewundert, und doch war er Musiker der alten Schule genug, um sieben Jahre nach Beethovens Tod die „nachteilige[n] Wirkungen" des Komponisten auf die Kunstwelt, „ungeachtet seines hohen, nicht genug zu schätzenden Wertes", festzustellen: Beethovens „gewagte Zusammensetzungen und [das] nur gar zu oft eingemischte, Tongeheul und Gebrüll", die „überlyrischen Sprünge", die den Zusammenhang der musikalischen Komposition aufzulösen drohen; die Regellosigkeit des Meisters sowie die Tatsache, daß er das ästhetische Maß durch die Vorliebe ersetzt habe, „immer mehr den Sinn für das Interessante, Starke, Erschütternde, Trunkenmachende" zu entwickeln, „ein Tausch bei dem, von allen Künsten, gerade die Musik am übelsten fährt". Mit anderen Worten: das Neuartige an Beethoven erfüllte ihn mit Argwohn und erregte seinen Widerstand. Eine Art von Selbstbekenntnis ist es, wenn Grillparzer in einem Gedicht aus dem Jahre 1844 Beethoven als Sieger preist, der „schon am Ziel" steht, und dann, als Hintergedanken, hinzufügt: „Nur hat er keinen Weg gebahnt." Wege aus bessern in bessre Zeiten zu bauen war der Vorsatz von Grillparzers Werk gewesen; Beethoven aber stellte in seinen Augen einen von geradezu übermenschlichen Kräften besessenen Revolutionär dar, einen Überwinder des brückenlosen Abgrunds; als solcher mußte er dem artistischen Temperament und den ästhetischen Einsichten Grillparzers suspekt sein und bleiben. Schließlich kam es so weit, daß er den Komponisten geradezu als „Kunstverderber" bezeichnete. In einer Notiz, die vermutlich aus dem Jahre 1852 stammt, sieht er in Beethoven den Wegbereiter einer „Zukunftsmusik" im Sinne Richard Wagners. (Er hatte, historisch gesehen, recht, so recht man eben haben kann, wenn man historischen Entwicklungen folgt, und dennoch so unrecht wie jeder, der eine Individualität lediglich an ihren Folgen mißt.) Da heißt es: „So ist in der Musik Beethoven vielleicht ein so großes musikalisches Talent als Mozart oder Haydn, nur hat etwas Bizarres in seiner Naturanlage, verbunden mit dem Streben originell zu sein und allbekannte traurige Lebensumstände ihn dahin geführt, daß in weiterer Ausbildung durch talentlose Nachtreter die Tonkunst zu einem Schlachtfelde geworden ist wo der Ton mit der Kunst und die Kunst mit dem Ton blutige Bürgerkriege führen."

„Ich habe Beethoven eigentlich geliebt", bekennt er in seinen Erinnerungen, und in dem „eigentlich" steckt der ganze Vorbehalt dieser Liebe. Wir werden annehmen dürfen, daß Grillparzer im Februar 1823 mit Freude, aber auch mit Schrecken von Graf Moritz von Lichnowsky hörte, daß Beethoven ein Libretto von ihm zu vertonen wünsche. (Lichnowsky handelte höchstwahrscheinlich im Auftrag des „Hofmusikgrafen" Moriz von Deinhartstein.) Grillparzers Erinnerungen halten sein Schwanken sprachunmittelbar fest: „Diese Anfrage, gestehe ich es nur, setzte mich in nicht geringe Verlegenheit. Einmal lag mir der Gedanke je ein Opernbuch zu schreiben, an sich schon fern genug, dann zweifelte ich, ob Beethoven, der unterdessen völlig gehörlos geworden war, und dessen letzte Kompositionen, unbeschadet ihres hohen Wertes, einen Charakter von Herbigkeit angenommen hatten, der mir mit der Behandlung der Singstimmen in Widerspruch zu stehen schien, ich zweifelte, sage ich, ob Beethoven noch im Stande sei, eine Oper zu komponieren. Der Gedanke aber, einem großen Manne vielleicht Gelegenheit zu einem, für jeden Fall höchst interessanten Werk zu geben, überwog alle Rücksichten und ich willigte ein."

Er war in ein Dilemma geraten: er fühlte, daß er solle, und wußte, daß er nicht wolle; er wollte und mißtraute seinem Willen. Er löste das Dilemma, indem er sich bereit erklärte, das Buch zu schreiben; zugleich aber schrieb er es so, daß Hoffnung bestand, Beethoven werde es nicht komponieren. Zwar versicherte er in den Erinnerungen: „Ich ... schied die reflektierenden Elemente nach Möglichkeit aus, und suchte durch Vorherrschen der Chöre, gewaltige Finales und indem ich den dritten Akt beinahe melodramatisch hielt, mich den Eigentümlichkeiten von Beethovens letzter Richtung möglichst anzupassen"; aber schon die Wahl des Themas zeigte, daß er dem Ingenium des alternden Meisters nicht gerade Zugeständnisse zu machen bereit war.

Zwei Opernstoffe lagen ihm im Sinn: eine *Drahomira*, deren Entwürfe bis auf das Jahr 1812 zurückgehen, und eine *Melusina*, von der seit 1817 ein Szenar und ein Entwurf zu einem Kinderballett vorlagen. Er entschied sich gegen *Drahomira*, von der er sagte, sie hätte sich „in dem Gebiete der gesteigertsten Leidenschaft" bewegt. Ausdrücklich begründete er den Entschluß: „Nebstdem, daß ich keine Sängerin wußte, die der Hauptrolle gewachsen wäre, wollte ich auch nicht Beethoven Anlaß geben, den äußersten Grenzen der Musik, die ohnehin schon wie Abstürze drohend da lagen, durch einen halb diabolischen Stoff verleitet, noch näher zu treten." Indem er sich aber für *Melusina* entschied, löste er sein persönliches Dilemma durch die Schaffung eines allgemein-ästhetischen Konflikts. Es war ihm bewußt, daß durch eine neue Oper aus der Feder Beethovens die Stellung der deutschen Oper in Wien gegenüber der italienischen gefestigt werden sollte. Er aber hielt sich, trotz seiner Kindheitsbindung an die *Zauberflöte*, treu zur italienischen Oper. 1820 wollte er als Gegenstück zu Lessings *Laokoon* eine Abhandlung „Rossini, oder über die Grenzen der Musik und Poesie" schreiben: „Es müßte darin gezeigt werden, wie unsinnig es sei, die Musik bei der Oper zur bloßen Sklavin der Poesie zu machen und zu verlangen, daß erstere,

mit Verleugnung ihrer eigentümlichen Wirksamkeit, sich darauf be-
schränke der Poesie unvernünftig nachzulallen mit ihren Tönen, was
diese deutlich spricht mit ihren Begriffen." Die deutsch-romantische Oper
lehnte er ab. *Der Freyschütze* mißfiel ihm aufs äußerste; die Musik zu
Webers *Euryanthe* nannte er „polizeiwidrig".

Das Buch jedoch, das er für Beethoven schrieb, bildete mit Jägerchor,
Brunnenzauber und Waldweben eine Brücke von Weber zu Wagner.
Beethovens Konversationshefte enthalten Eintragungen von Grillparzers
Hand, darunter die folgende, die an Wagners Leitmotivtechnik denken
läßt: „Ich habe mir überhaupt gedacht, ob es nicht passend wäre, jede
Erscheinung oder Einwirkung Melusinens durch eine wiederkehrende,
leicht fassende Melodie zu bezeichnen. Könnte nicht die Ouvertüre mit
dieser beginnen und nach dem rauschenden Allegro auch die Introduktion
durch diese selbe Melodie gebildet werden." Im ganzen weist auch das
Buch dieser „Romantischen Oper" eine erstaunliche Nähe zu den Themen
Wagners auf: Raimund bei Melusina, das erinnert an Tannhäuser im
Hörselberg; Melusinas Verbot, nach ihr zu forschen, das gemahnt an
Lohengrin, und die Apotheose der beiden durch den Tod vereinten
Liebenden nimmt schon das Finale des *Fliegenden Holländers* vorweg.
Der Gedanke ist nicht von der Hand zu weisen, daß das Buch für den
späten Beethoven nicht zuwenig, sondern zuviel romantische Motive,
und noch dazu Motive aus der Populärromantik enthalten habe.
(Man tut gern des Guten zuviel, wenn man von der Qualität dieses
Guten nicht völlig überzeugt ist.) Im übrigen aber war das Libretto mit
dem Altwiener Märchen- und Zauberstück nahe verwandt, besonders,
wie Eduard Castle gezeigt hat, mit Karl Friedrich Henslers *Donau-
weibchen*. Es war eine Gelegenheitsarbeit, die Grillparzer in acht Tagen
herunterschrieb. Man kann nicht sagen, daß die Gelegenheit der Arbeit
günstig war. „Grillparzer, der erklärte Feind der musikalischen Romantik, greift hier zu einem hochromantischen Stoff und Beethoven, der
für seine Werke den Inhalt aus dem tiefsten Versenken in höchste Ideale
und monumentale Gedanken schöpfte, willigt in die Komposition dieses
fast möchte man sagen intimen Stoffes ein" (Alfred Orel).

Beethoven und Grillparzer waren ein in jedem Sinn ungleiches
Gespann, und es überrascht uns nicht, jeden der beiden auf seine Art
reagieren zu sehen. Von dem Komponisten haben sich nur zwei Briefe
an Grillparzer erhalten; der erste ist in den Anfang Mai 1823 zu ver-
legen und spricht den Dank aus, „daß sie sogar so gütich gewesen, mir
dies schöne Gedicht übermachen zu laßen, um mich zu überzeugen, daß
sie es wirklich der Mühe werth gefunden haben, ihrer Hohen Muse für
mich zu opfern." Ominös fährt der überschwengliche Meister jedoch

sogleich fort: „Zum Theil übermäßig gedrängt beschäftigt, zum Theil ..
kränklich, bin ich verhindert diesen Augenblick selbst zu ihnen zu
kommen..." Wie so oft in seinen Briefen und Gesprächen müssen
Beethovens Lebensumstände dazu herhalten, ihn zu entschuldigen, wenn
er sich ihm unbequem gewordenen Aufgaben entziehen wollte. — Der
zweite Brief stammt vom Jänner 1824. In ihm ist vorwiegend von den
finanziellen Bedingungen der Zusammenarbeit die Rede. Aus der gleichen
Zeit rühren auch die Fetzen eines Gespräches her, das sich um eben diese
Bedingungen und dann um die erste Nummer der Oper, den Jägerchor,
dreht. Vermutlich hatte Beethoven mit der Komposition noch gar nicht
begonnen. 1841 veröffentlichte Heinrich Friedrich Ludwig Rellstab einen
Beethoven-Aufsatz, in dem er folgenden an ihn gerichteten Ausspruch
des Musikers berichtete: „Sie wollen mir eine Oper schreiben... Es ist so
schwer, ein gutes Gedicht zu finden! Grillparzer hat mir eins versprochen;
er hat schon eines gemacht; doch wir können uns nicht recht verstehen.
Ich will ganz anders wie er." Um Rellstab zu diskreditieren, schrieb der
Dichter seine *Erinnerungen an Beethoven.* Das Beweismaterial, das er
vor uns ausbreitet, ist nicht eben überzeugend. „Später sah ich ihn", so
heißt es da, „nur noch einmal wieder. Er sagte mir damals: Ihre Oper
ist fertig. Ob er damit meinte: fertig im Kopfe, oder ob die unzähligen
Notatenbücher, in die er einzelne Gedanken und Figuren zu künftiger
Verarbeitung, nur ihm allein verständlich, aufzuzeichnen pflegte, vielleicht auch die Elemente jener Oper bruchstückweise enthielten, kann ich
nicht sagen. Gewiß ist, daß nach seinem Tode sich nicht eine einzige
Note vorfand, die man unzweifelhaft auf jenes gemeinschaftliche Werk
hätte beziehen können." Aber noch 1826 verhandelte Beethoven mit der
Berliner Oper über eine Aufführung der *Melusina.* Als Grillparzer von
diesen Verhandlungen erfuhr, berichtete er Katharina: „Man sagt mir,
Beethoven habe den Auftrag mein Opernbuch für Berlin zu komponieren." Und fügte hinzu: „Das wird wieder neue Hudeleien geben."
Die Arbeit war von allem Anfang an eine verlorene Liebesmüh gewesen,
und es sieht ganz danach aus, als hätten Dichter und Komponist miteinander ein Spiel getrieben, dessen negativer Ausgang jedem von ihnen
auf seine Weise klar gewesen war und von dem sie doch ihre Finger nicht
lassen konnten. Das Buch wurde schließlich von Konradin Kreutzer
vertont, 1833 in Berlin, 1835 in Wien aufgeführt und erhielt dort wie
hier schlechte Kritiken.

Josef Nadler hat die *Melusina* „Grillparzers tiefste Dichtung" genannt
und behauptet, es sei „Franz Grillparzer gewesen und nicht Ferdinand
Raimund, der zuerst den modernen Stil des Wiener Märchenspiels
geschaffen hat". Wenn es jedoch die Modernität von Ferdinand Raimunds

heater ausmacht, daß er das Wiener Zauberstück im *Bauer als Millionär*
ud im *Verschwender* mit einer Sozialkritik des Biedermeiers verschmolz
ud im *Alpenkönig und Menschenfeind* dieser Gesellschaft in die Ab-
ründe ihrer Seele leuchtete, dann bleibt Grillparzers Operntext weit
inter ihm zurück. Ferdinand Raimund verzauberte die Gesellschaft
iner Zeit, die Parvenüs, die Misanthropen und die Verschwender, und
eigte, etwa in der homöopathischen Kur des Rappelkopf aus dem
lpenkönig, daß sich Magie und Psychologie zu einer überaus bühnen-
cheren Einheit verschmelzen ließen. Grillparzer hingegen hielt sich an
en Märchenstoff, wie er aus den Undinen- und Sirenensagen zu ihm
elangt war, und verlieh ihm Tiefe, indem er die Gestalten des Ritters
Raimund und der Wasserfrau Melusina als Repräsentanten des männ-
ichen und weiblichen Prinzips auffaßte und darüber vergaß, sie als
Wesen von Fleisch und Blut darzustellen.

Der Ritter Raimund ist der Mann als Suchender. Was er sucht, ist die
Wahrheit hinter der Wirklichkeit. (1810, fünf Jahre vor dem Kinderballett *Melusina*, hatte Grillparzer daran gedacht, Goethes *Faust* fortzu-
etzen.) In seiner Eingangsarie singt Raimund:

> Das Wirkliche dünkt sich allein das Wahre,
> Nur durch die Spalten blickt das Unsichtbare,
> Das Tor zu sprengen glückt dem Wunsche nicht,

ein reichlich abstraktes Entree für einen Tenor. Auf der Jagd nach Wahrheit ist dieser Raimund im Begriffe, der Wirklichkeit abhanden zu
kommen. Dieser sonderbare Jäger hat gelernt, seinen Sinnen zu mißtrauen: Dem Hirsch, der ihn, offenbar auf Melusinas Geheiß, in das
Revier ihres Brunnens gelockt hat, ruft er nach:

> Hast du Federn, hast du Schwingen,
> Kannst du durch die Erde dringen?
> Oder lebst du, wesenlos,
> Nur in meinem Innern bloß?

Der Dämon Phantasie hält auch ihn in den Fängen.

Ihm zur Seite steht Troll, der Diener, mehr Sancho Pansa als Leporello,
wie ja auch sein Herr mehr Don Quixote ist als Don Juan. Nach der
Schablone des Wiener Kasperls gefertigt, ist er jedoch nicht witzig genug,
um seinem Herrn zur Folie zu dienen. Immerhin ist es dem Dichter der
Ahnfrau gelungen, sich in dieser Episodenfigur selbst zu parodieren, und
zwar, indem er Troll ausrufen läßt:

> Darum *glaub* ich keine Geister,
> Aber, Herr, ich *fürchte* sie.

Er braucht sie nicht zu fürchten. Während seinem Herrn die Brunnennixe
Melusina erscheint, träumt er von einem „substanziösen Mittagsmahl, und

jetzt, da ich erwacht bin, straft mich mein Hunger Lügen. Träume sin
Schäume." Oder, wie das ungarische Sprichwort fragt: „Wovon träumt d
Gans?", und sich selbst antwortet: „Vom Kukuruz."

Wovon jedoch Ritter Raimund träumt, ist die Frau als Idee. Der
Wahrheitssucher verspricht sich die Nixe lediglich als die illusionär
Wahrheit, die sie verkörpert: „Traum umgibt uns, die wir Träume sind.
Ungestört von allen Wechselfällen menschlicher Schicksale, umfaßt ihr
Herrschaft nichts als die unendliche Monotonie der Ewigkeit:

> Ruh und Gleichmut sprießen
> In Melusinens Reich,
> Und die Tage fließen
> Immerdar sich gleich.
>
>   Was sich auch gestalte,
> Nie ein Vielerlei,
> Und allein das Alte
> Ist uns ewig treu.

Man wird Melusina nicht nachsagen können, daß sie für sich und ihr
Reich Propaganda macht.

Dann fährt sie fort: „Meiner Liebe bist du gewiß. Der Erde Müh
und Not entnommen, wirst du erkennen, was du jetzt nur ahnest, und
schauen, was dir jetzt Mühe macht, nur zu *denken*. Aber überlege wohl,
eh du entscheidest. Denn sagst du ja, und es reut dich später, so machst
du mich grenzenlos unglücklich. Machtlos, verbannt muß ich nach unsren
Gesetzen endlos umirren, denn uns fehlt, was euch tröstet, der Tod."
Es fällt auf, daß handlungswichtige Passagen in der *Melusina* wie in der
Zauberflöte (und übrigens auch im *Fidelio*) in Prosa gehalten und damit
der Musik entzogen sind. Der Unterschied liegt lediglich darin, daß in
Melusina diese Handlungselemente zugleich Einsichten enthalten, die an
sich bedeutsam sein mögen, aber musikalisch nicht fruchtbar gemacht
werden können. Gesungene Weltanschauung kann nur sich selbst belächeln
(was Grillparzer von Mozarts *Così fan tutte* her wissen mußte), oder sie
wirkt bombastisch (ein weiterer Grund, warum er Richard Wagner nicht
leiden konnte). Was immer an *Melusina* philosophischer Tiefsinn ist,
war ein Hemmschuh, den der Dichter der Phantasie des Musikers anlegte.

Wenn also Ritter Raimund der Mensch ist, der sich nach der Idee
sehnt, dann ist Melusina der Traum, der nach Verwirklichung verlangt;
ihren Schwestern Plautina und Meliora ruft sie zu:

> Ihr ewig jung und ewig alt,
> Mich lockt nicht euer träumendes Genügen,
> Auf eurer Zauberburg ists mir zu kalt,
> In wärmern Armen will ich liegen.

So erscheinen Raimund und Melusina zunächst als die beiden Hälften, die sich schon im Mythos der Antike nach ihrer Vereinigung zur Einheit und Ganzheit sehnen. Das Unglück besteht lediglich darin, daß diese beiden Hälften nicht zueinander passen. Kaum ist Raimund in die Arme Melusinens gesunken, beginnt er, sich aus ihnen fortzusehnen, und zwar, auch hierin ein Verwandter Fausts, nach Tätigkeit. Bis zu den Präpositionen der Regieanweisung hinab klafft schon zu Beginn des zweiten Aktes der Abgrund zwischen Wasserweib und Menschenmann:

> MELUSINA, *auf Raimund.*
>
> Liebe!
>
> RAIMUND, *gegen Melusinen.*
>
> Königin!

Das „gegen", mit dem er sich an die Geliebte wendet, unterstreicht noch die Tatsache, daß er Melusinens Liebesruf gleich zweimal mit dem Standestitel „Königin" beantwortet. Persönliches deutet sich an. Auch dem allegorischen Tenor Raimund hat Grillparzer genug von der Substanz und Qual seines eigenen Wesens mitgegeben, um ihn, diesen Sucher nach der anderen, besseren Hälfte, diesen Jäger nach einer anderen, idealen Wirklichkeit, je ans Ziel kommen zu lassen. Das Kalkül ist philosophisch korrekt, und doch geht es nicht auf, weil immer noch zuviel Menschliches an ihm haftet. Denn unter all den Figurinen des Opernbuchs und allen Allegorien zum Trotz besitzt Raimund ein fühlendes und deshalb zerrissenes Herz.

In den Vorarbeiten hat sich Grillparzer zur Figur der Melusina notiert: „Melusina soll etwas gebrochen reden, mit einer gleichsam fremden, manchmal unbehilflichen Wortsetzung. ,Ich verstehe nur wenig deine Sprache, aber ich will mir Mühe geben, dir zu sagen was ich denke.'" Das ist ein hübscher und zugleich realistischer Einfall, um die Menschen- und Erdenferne des Elementarwesens auszudrücken. Der Librettist hat es jedoch unterlassen, den Gedanken auszuführen. Melusina singt und spricht Operntext. Dabei ist ihr Reich „Zeitlosigkeit ohne Erleben", um Walter Naumann zu zitieren. „Kein Wirkliches, nur Traum und Illusion umgibt sie, dafür ist ihr Schauen und Erkennen gewährt. Hier herrscht das ewige Gleichmaß der Betrachtung." Und doch ist Melusina mehr als Traum und Idee, und zwar von ihren Ursprüngen her.

Viktor Suchy hat in einer gelehrten Arbeit diese Ursprünge bis auf die *Otia Imperialia* des Gervasius von Tilbury zurückgeführt, der um die Wende vom elften zum zwölften Jahrhundert gelebt hat. Die für Grillparzer verbindliche Fassung scheint die der Melusina von Lusignan gewesen zu sein, die 1387 in der Chronik des Jehan d'Arras enthalten ist. Dort treten die Figuren schon als Melusine und Raymond auf, sogar ein

Emerich erscheint, wenn auch nicht als präsumtiver Schwager, sondern als Ziehvater des Helden. Gleichzeitig aber werden auch jene Elemente der Handlung deutlich, die Grillparzer übernommen hat, obgleich sie mit seinem Bild von Melusina als einer Ideen- und Traumfürstin karambolieren: Raymond muß seiner Melusine versprechen, sie jeden Samstag völlig ungestört zu lassen. Eines Tages wird der Ritter jedoch neugierig und blickt durchs Schlüsselloch der Badkammer. Da sieht er seine Frau im Bade sitzen und gewahrt zu seinem Entsetzen, daß ihre schlanken Beine sich in den Schwanz eines ungeheuren Fisches oder einer Schlange verwandelt haben.

Wie reimt Grillparzer diese Märchenthematik mit seiner Deutung einer idealischen Melusina zusammen? Er läßt die drei Wasserfrauen singen:

> Äußerstes berühret sich,
> Höchstes erniedert sich;
> Was dem Gott am nächsten schier,
> Ist am nächsten auch dem Tier!

Melusina verdeutlicht diesen Gedanken, wenn sie sinniert, bevor der Schuppenpanzer ihren Leib verhüllt:

> Und was dem Gotte gleich geschwebt auf leichten Sohlen,
> Es muß vom Tier sich seine Stärke holen.

Auch dies ist eine gute Idee; sie paßt aber eher zu einem Originalgenie aus dem Sturm und Drang (und sogar noch auf Bertolt Brechts *Baal*) als auf die Königin des schattenhaften Ideenreiches, das Melusina Raimund bei ihrer ersten Erscheinung verheißen hat. Und doch verbirgt sich in der Gestalt der Wasserfrau, die halb Weib, halb Tier ist, vermutlich die Grundvision, die Grillparzer zu dem Märchenstoff geführt hat. Im Sommer 1823 schreibt er in Beethovens Konversationsheft: „Die Geister unter den Weibern haben keine Leiber und die Leiber haben keine Geister." Die Melusina, die den Traumsucher Raimund zu sich hinabzieht, ist Geist und hat keinen Leib, daher das frühzeitige Wiedererwachen seines Tätigkeitsdranges; während das schuppenbedeckte Wasserweib zwar ganz Element und Leib ist, sich aber von dem Reich der Ideen und wesenlosen Träume beurlaubt hat. Nicht zu reden von der völlig geistlosen Bertha von Forst, die den Ritter mit ihrer irdischen Liebe verfolgt und sowenig Geist besitzt wie eine Soubrette vom Schlag der Marzelline aus dem *Fidelio*. (Auch der Elisabeth aus dem *Tannhäuser* ist diese Bertha verwandt; freilich kann Wagners Heroine sich's leisten, auf Geist zu verzichten; der Heilige Geist selbst verklärt sie am Ende.)

Es ist merkwürdig, daß Grillparzer die Sage von Melusina, die seiner Phantasie so weit entgegenkam, erst zu einem Kinderballett vernied-

ichen und dann als Opernbuch zum Vorwand einer Allegorie nehmen
sollte. Freilich ist es die Allegorie eines gewiegten Bühnenpraktikers. Der
Ring, der Raimund an Melusina bindet, ist Requisit des Wiener magischen
Volkstheaters. Auch der Spiegel, der die Verbindung zwischen dem Reich
der Wasserfrau und der Wirklichkeit herstellt, entspringt uralten Vorstellungen der Menschheit, ohne daß man sagen könnte, Grillparzer
habe das Motiv dramaturgisch voll ausgenützt. (Man denke etwa an
Ferdinand Raimund, der in seinem *Alpenkönig* aus dem Zauberspiegel
den Doppelgänger des Menschenfeinds hervortreten läßt.)

Theater, gutes, altes Wiener Volks- und Zaubertheater ist das Ende,
an dem Raimund und Melusina von ihren Erdenresten, zu tragen peinlich,
befreit sind und als verklärte Geister in die Soffitten abschweben. Es ist
ein schönes Opernfinale; den Konflikt zwischen Geist und Leib, dem
Göttlichen und dem Tierischen, vermag es nicht zu lösen. Josef Nadler
hat den Liebestod des Ritters und der Nixe ins Metaphysische gewandt
und erklärt: „Die Idee muß sich durch ihre Erscheinung beflecken und die
Erscheinung wird durch die Sehnsucht nach ihrem Urbild, der Idee, mit
allen Qualen der Liebe erfüllt. Es gibt keine Ruhe und kein Glück und
keine Vollendung als allein durch die Rückkehr aller Erscheinungen in
das ewige Sein, da Tod und Leben einander aufheben." Auf Grillparzers
Opernbühne hingegen geht zum Beschluß das Folgende vor sich: Melusinas
Brunnen stürzt zusammen; an seiner Stelle wird ein Grabmal sichtbar.
Auf ihm entzündet sich die Aufschrift „*Raimund*". (Dieses Motiv, das
selbst eine lange Geschichte, und nicht nur auf der Bühne, besitzt, wird
in Franz Kafkas *Prozeß*-Paralipomenon „Ein Traum" bis ans Ende seiner
Schreckensmöglichkeiten weiterentwickelt.) Eine vermummte Gestalt wirft
Melusinas Ring in das Grab, aus dem alsbald eine andere schwarz verhüllte
Gestalt auftaucht. Raimund stürzt ihr nach, die Gestalt umfaßt ihn,
Flammen schlagen über dem Paar zusammen. Wo das Grabmal stand,
hebt sich Gewölk empor und in diesem, reich gekleidet, Melusina. Ihre
Schwestern Plautina und Meliora, die als Wassergeister in der Luft
eigentlich nichts zu suchen haben, halten eine Krone über ihr Haupt. „*In
der immer steigenden Wolke wird Raimund sichtbar, der, ganz weiß
gekleidet und von Lichtgestalten unterstützt, kniet, und jetzt zu
Melusinen emporstrebt*", als hätte Grillparzer schon die Anachoretenszene
aus dem zweiten Teil von Goethes *Faust* gekannt.

Niemand wird die tiefere Bedeutung übersehen, die Grillparzer in
diesen Kulissenzauber hineingeheimst hat. Die Frage ist lediglich, was
Beethoven mit diesem „gewaltigen Finale", geschweige denn mit dessen
tieferer Bedeutung, anfangen sollte. Wenn Grillparzer an den *Fidelio*
dachte, als er die Schlußszene „beinahe melodramatisch" konstruierte,

dann hielt er sich an Äußerlichkeiten. Zwar gilt auch das Finale von Beethovens Oper der Vereinigung von Mann und Weib; was diese aber zusammenführt, sind weder Zauberkünste noch Erlösungsideen, sondern die Tugenden von Freiheit, Mut und Treue, am Ende vielleicht die Wunschvorstellung eines Ehelosen von der Ehe als einem säkularen Sakrament. 1827 antwortete Beethoven auf die Frage Gerhard von Breunings, warum er keine zweite Oper geschrieben habe: „Ich wollte eine andere Oper noch schreiben, aber ich habe kein passendes Textbuch dazu gefunden. Ich brauche einen Text, der mich anregt; es muß aber Sittliches Erhebendes sein. Texte, wie Mozart komponieren konnte, wäre ich nie imstande gewesen, in Musik zu setzen. Ich konnte mich für liederliche Texte niemals in Stimmung versetzen." So hanebüchen Beethovens Ablehnung der Libretti Mozarts ist, so ist es doch mehr als wahrscheinlich, daß dem bei aller Exzentrik pragmatischen Musiker die Himmelfahrt der Grillparzerschen Figuren als eine Ausflucht nach oben vorkam.

Beethoven suchte stets nach dem Handgreiflichen, um es mit seiner Musik auflösen zu können. Grillparzers Figuren mögen ihm zwar nicht als „liederlich", wohl aber als schlüpfrig erschienen sein: sie waren so beschaffen, daß sie ihm beim Komponieren durch die Finger gleiten mußten. Wenn sich der Dichter also doch entschloß, Beethoven eine „Romantische Oper" anzubieten, wobei er unter „romantisch" nicht nur das Märchenhafte seines Stoffes, sondern auch die allegorische Beziehungsfülle seiner Gestalten verstand, dann ist er dem Komponisten, wie Melusina ihrem Ritter, in eine durchaus nicht unergründliche Tiefe ausgewichen.

Guter Kaiser und Aschenmann:
König Ottokars Glück und Ende

Nur scheinbar ließ Grillparzer Märchen und Mythe beiseite, als er seine Staatstragödien schuf. Er war der Theaterdichter des habsburgischen Hofs, und obgleich ihm die Zensur Hindernisse in den Weg legte, die nur durch eine Mischung von Zufall, Intrige und Ausbeutung der offiziellen Schlamperei zu überwinden waren, huldigte er der Dynastie, wenn auch auf seine Weise.

Für *König Ottokar* betrieb er eine „ungeheure Leserei" und spannte den historischen Canevas breit als Hintergrund aus; vor diesem aber ließ er Gestalten agieren, die er entweder als Urtypen menschlicher Einbildungskraft oder aber in intimem seelischem Detail erfaßte. Sein Rudolf II. aus dem *Bruderzwist in Habsburg* vereinigt auf unvergleichliche Weise beides: historisches Bewußtsein und ein durch eben dieses Bewußtsein erwecktes Beben der Seele. Aber schon der König Ottokar, der als Charakterstudie eines alternden Mannes angelegt ist, erinnert in seinen Umrissen an eine stehende Figur des Mythos: den gefallenen Titanen. Das Tagebuch vom Feber 1820 verzeichnet als Titel: „Übermut und sein Fall. König Ottokar". Das Grundkonzept zumindest war die klassische Idee von Aufruhr und Reinigung, Hybris und Katharsis.

Die Tragödie spielt sozusagen gleichzeitig auf zwei Bühnen, einer offiziellen und einer privaten, ohne daß sich diese zwei Spielebenen in jeder Szene auf genau der gleichen Höhe hielten. Schon in dem schöpferischen Einfall, aus dem das Stück entstanden war, vereinigte er historisches Spektakel und Persönlichkeitsanalyse. Ausgelöst wurde dieser Einfall von Gedanken an das Schicksal Napoleons, das in den Jahren nach dem Wiener Kongreß noch frisch im Gedächtnis der Zeitgenossenschaft haftete und durch den Tod des Verbannten im Jahre 1821 zu neuem Leben erwacht war. „Indem ich von diesen Eindrücken voll meine sonstigen historischen Erinnerungen durchmusterte", heißt es in der Selbstbiographie, „fiel mir eine obgleich entfernte Ähnlichkeit mit dem Böhmenkönige Ottokar II in die Augen. Beide wenn auch in ungeheurem Abstande, tatkräftige Männer, Eroberer, ohne eigentliche Bösartigkeit durch die Umstände zur Härte, wohl gar Tyrannei fortgetrieben, nach vieljährigem Glück dasselbe traurige Ende, zuletzt der Umstand, daß den Wendepunkt von beider Schicksal die Trennung ihrer ersten Ehe und eine zweite Heirat gebildet hatte. Wenn nun zugleich aus dem Untergange Ottokars die Gründung der Habsburgischen Dynastie in Österreich hervorging, so war das für einen österreichischen Dichter eine unbezahlbare Gottesgabe und setzte dem Ganzen die Krone auf." Gottesgabe und Krone — das sind fromme und demütige Wörter. Grillparzer hatte bewußt zur Stiftung einer Tradition angesetzt, die Österreich und seinem angestammten Herrscherhaus dienen sollte. Nichts Geringeres hatte er im Sinn als eine Darstellung der Reichsgründung, wobei uns sogleich der Umstand auffällt, daß dieser feierliche Akt keineswegs in den Titel des Staatsdramas gesetzt ist. Wir können nicht sagen, ob Grillparzer durch die Gestalten Napoleons und Ottokars so geblendet war, daß er der Individualtragödie vor der Staatsaktion den Vorrang gab, oder ob er den Namen Ottokars wählte, um seine eigene Loyalität nicht allzu deutlich hervortreten zu lassen. Jedenfalls ist, mit den Worten Reinhold Schneiders, *König Ottokar* „die einzige klassische Bühnendichtung, die das Reich, und zwar das Reich als geistige und politische Ordnung, und damit das entscheidende Motiv der deutschen Geschichte auf der Szene vergegenwärtigt ... Es bleibt, daß im ‚Faust' das Reich nur in gespenstischen, entleerten Formen erscheint, Ort der Zauberkünste Mephistos; daß Schiller ... nicht das Reich auf die Bühne brachte, sondern den Verrat am Reiche im ‚Wallenstein' und den Abfall im ‚Tell'." Schneider entgeht dabei freilich eine kaum merkbare Akzentverschiebung: nicht um deutsche Geschichte ist es Grillparzer in erster Linie zu tun gewesen, sondern um Österreich und *sein* Kaiserhaus.

So setzte er, einer barocken Konvention folgend, die *laudatio Austriae* in die Mittelachse des Stückes, die Lobpreisung Österreichs als eines „wangenrote[n] Jüngling[s]", Prunkrede und politisches Gedicht zugleich. Willig und widerstrebend, „wie dem Bräutigam die Braut", erschließt sich dem ersten Habsburger das Herzland. Die vaterländische Erotik dieser Szene ist unverkennbar, ebenso unverkennbar wie die Tatsache, daß innerhalb dieses Gedichts von wenig mehr als dreißig Zeilen die „Braut" ihr Geschlecht wechselt und zum Jüngling wird. Auch sonst ist dieses Preislied nicht ohne innere Widersprüche. Von den Bewohnern des irdischen Paradieses etwa wird gesagt:

's ist möglich, daß in Sachsen und beim Rhein
Es Leute gibt, die mehr in Büchern lasen;
Allein, was nottut und was Gott gefällt,
Der klare Blick, der offne, richtge Sinn,
Da tritt der Österreicher hin vor jeden,
Denkt sich sein Teil und läßt die andern reden!

Nicht nur, daß hier das Verschweigen der eigenen Meinung in den Stand einer Nationaltugend erhoben wird (einer Tugend, über deren Wert sich streiten ließe und die, historisch betrachtet, dem Österreicher nicht immer und überall leichtgefallen ist), so straft die patriotische Suada des gelehrten Ottokar von Horneck die von ihr eben statuierte Zurückhaltung Lügen. „Hat", fragt Friedrich Torberg, „der Hofrat Grillparzer hier nicht vielleicht ein Kuckucksei ins patriotische Nest gelegt und heimlich auf österreichische Leisetreterei und Entscheidungsflucht anspielen wollen?"

Vaterländisch endet der fünfte Akt, der Sieg Kaiser Rudolfs auf dem Marchfeld, in der Weisung des Monarchen an seinen ältesten Sohn:

> Sei groß und stark, vermehre dein Geschlecht,
>
> Daß es sich breite in der Erde Fernen
>
> Und Habsburgs Name glänze bei den Sternen!,

was freilich bei allem Tatendrang und Expansionsbedürfnis doch freundlicher klingt als die ähnlich intendierten Schlußworte im preußischen *Prinzen von Homburg:* „In Staub mit allen Feinden Brandenburgs!" Ganz im Gegenteil, Grillparzer wählt die Aggression, die sich Feinde schafft, um sie in den Staub zu werfen, als Beispielsfall einer hybriden und eines Habsburgers unwürdigen Politik:

> Doch solltet ihr je übermütig werden,
>
> Mit Stolz erheben euren Herrscherblick,
>
> So denk an den Gewaltigen zurück,
>
> Der jetzt nur fiel in Gottes strenge Hände . . .

Wiederum wird an exponierter Stelle Gott berufen; das historische Schauspiel mündet in die Hagiographie eines christlich-friedfertigen Theaters.

Es begann auch mit einer solchen. Aus dem Jahre 1819, einer Zeit, da Grillparzer der Ottokar-Stoff noch als Vorwurf zu einem Epos vorschwebte, stammt die Idee des Dichters, Kaiser Rudolf einen schönen Jüngling finden zu lassen, „der ihn als treuer Diener überall begleitet, in allen Gefahren schützend an seiner Seite steht, warnt und hilft. Als der Sieg erfochten und der Kaiser den Treuen lohnen will, sieht er ihn staunend sich nach und nach verklären, bekannte Züge, doch paradiesisch verherrlicht, erscheinen in seinem Antlitz, jetzt hebt er sich glänzend ge'n Himmel und ruft scheidend: Leb wohl, Vater! Hartmann bin ich, dein ertrunkner Sohn! Das dächt' ich wäre eine christliche Maschinerie!" Legende also, in der sich die Erinnerung an die drei Knaben aus der *Zauberflöte* mit der wunderbaren Verklärung des Knaben Bela aus dem *Treuen Diener* und diese wieder mit dem Märchenmotiv des ertrunkenen Sohns aus der *Ahnfrau* verbindet.

Die „christliche Maschinerie" des historischen Schauspiels hat dann als *deus ex machina* eine spätmythische Figur von bedeutender Einprägsamkeit hervortreten lassen: die Gestalt des guten Kaisers, zu der die Österreicher seit den Tagen Josephs I. in ihren politischen Tagträumen immer wieder zurückgekehrt waren. Wie Rudolf I. von Habsburg sich allmählich aus dem Nebel der Geschichte löst, wie er als kleiner Graf und ehrlicher Makler auf seiten des gekränkten Rechts auftritt, wie er, der Unbekannte, den Gewaltigen in seine Schranken weist — „Ich bin nicht euer Mann" —, wie sich schon zu Beginn des Dramas das Attribut des wahren Herrschers — der Schild mit dem Attribut des roten, habsburgischen, Löwen — über den weißen des Böhmenkönigs legt und diesen mit der poetischen Friedfertigkeit eines Symbols entmachtet, wie Rudolf durch Sein, nicht Tun die Wahl der deutschen Kurfürsten auf sich vereinigt, wie diese Wahl hinter der Szene vor sich gehen kann, ja muß, damit der unscheinbare Schweizer Graf auf dem Scheitel der Handlung in der ganzen Majestät einer beinahe biblischen Einfachheit hervorzutreten vermag — all das ist kein historisches, sondern ein in seiner theaterkundigen Naivität höchst raffiniert gebautes Heiligen- und Märchenspiel. Dieser „Rudi", der, „halb Kaiser Franz und halb Heiliger Florian", im Zelt am Feldtisch sitzt, im ledernen Unterkleid seinen Helm zurechtklopft und seinen eidgenössischen Söldnern eine landwirtschaftliche Parabel auftischt, ist mit seinen eigenen Worten „der Kaiser nur, der niemals stirbt". In der demütigen Kondeszenz dieses „nur" liegt die ganze menschliche Legitimität seines Anspruchs beschlossen. Rudolf ist artig nach Aristokratenart; hinter der verbindlichen Sprach- und Lebensform verbirgt sich, wie ein Licht, das durch die Türspalte dringt, sein Gottesgnadentum:

> Als mir das Salböl von der Stirne troff,
> Da ward ich tief des Wunders mir bewußt
> Und hab gelernt, auf Wunder zu vertraun!
> Kein Fürst des Reichs, der mächtger nicht als ich:
> Und jetzt gehorchen mir des Reiches Fürsten!
> Die Friedensstörer wichen meiner Stimme;
> *Ich* konnt es nicht, doch Gott erschreckte sie!

Seine Simplizität ist so undurchdringlich wie sein Gottvertrauen. Mit souveräner Selbstverständlichkeit fordert er die Ruhe, die in ihm herrscht und die er um sich verbreitet. Er verkündet eine *pax Austriaca* als den Anbruch einer neuen Zeit und stempelt damit den aufrührerischen Böhmenkönig unter der Hand zum Rückschrittler:

> Der Jugendtraum der Erde ist geträumt,
> Und mit den Riesen, mit den Drachen ist

Der Helden, der Gewaltgen Zeit dahin . . .
Und nach den Zeichen sollt es fast mich dünken,
Wir stehn am Eingang einer neuen Zeit.
Der Bauer folgt in Frieden seinem Pflug,
Es rührt sich in der Stadt der fleißge Bürger,
Gewerb und Innung hebt das Haupt empor . . .

Der Kanzelton ist unüberhörbar; auch geht der Sermon an seinem Ziel vorbei. Denn Ottokar hat, wie wir aus dem ersten Akt wissen, das Seine dazu getan, die Böhmen aus ihrem agrarischen Schlendrian aufzuscheuchen, und zwar paradoxerweise dadurch, daß er ihnen die progressiven Deutschen „in Pelz" setzte. Rudolf war am Hof Ottokars gewesen und mußte von seinen Reformen gehört haben; als Kaiser aber ist er der Herold der Reichsidee und denkt in großen Zügen, aufs Detail kommt es nicht an. Ottokar freilich ist nicht der Mann, der sich durch tönende Rede gewinnen ließe. Alle reden sie ihn in diesem Trauerspiel an, aber niemand spricht mit ihm. Kein Wunder, daß er zwar geschlagen, aber nicht überwunden wird. Er ist eine Gestalt, ganz aus schmerzenden Nerven gebildet; der Kaiser dagegen ist aus einem Guß, ungefährdet, weil nicht zu gefährden, und so mönchisch, so sehr dem Geschlecht entrückt, so sehr zur Sage seiner selbst geworden, daß wir, wenn ihm im Schlußakt seine beiden Söhne zur Seite treten, unwillkürlich fragen: Ja, wo ist denn die Mama?

In seiner Leutseligkeit, seiner milden Strenge und vor allem in seiner selbst für Kinder spürbaren Faßlichkeit verkörpert Rudolf I. den guten Kaiser, ein universales Vaterbild österreichischer Prägung. Grillparzer hatte sich vorgenommen, einen Volkskaiser zu zeigen, einen Franz I., zusätzlich des Heiligenscheins. Die politische Absicht ist unverkennbar; ehe wir uns aber durch sie verstimmen lassen, ist es ratsam, danach zu sehen, ob sie nicht auch von künstlerischen Erwägungen und Gefühlen begleitet war. Während Rudolf I. auf den Brettern des Burgtheaters stand, saß sein Nachkomme persönlich in den Gemächern der Burg nebenan. Und wenn der Nachfolger Franz' I. dann auch alles andere war als eine Märchenfigur, so war er doch ein Symbol, in dessen unmittelbares Verständnis sich der Dichter und sein Publikum bis auf den letzten Sitz in der Galerie teilten. Die Kaiserkrone, das war für den Wiener der Erstaufführung am 19. Feber 1825 ein Sinnbild, das ebensowenig einer Erklärung bedurfte wie etwa das Kreuz, mit dem es der Dichter — seltsamer Josefiner, der er war — auch sattsam in Verbindung gebracht hatte. Die Gestalt Rudolfs I. als eines guten, eines Volkskaisers war dem Wunsch des Dichters entsprungen, das Publikum in seiner Gesamtheit zu ergreifen; Vorort und Innere Stadt vereinigten sich unter diesem Zeichen. Wenn Grillparzer also seinen Stoff eine „unbezahlbare Gottesgabe" nannte, so meinte er dies nicht nur im Sinn der Loyalität, sondern auch in dem der praktischen Bühnenkunst. Er war auf ein Thema gestoßen, das für jeden Österreicher aktuelle Symbolkraft besitzen mußte.

Für jeden Österreicher? Die in Wien ansässigen Böhmen murrten. „Die tschechische Nation", bemerkt die Selbstbiographie, „ist gewohnt den König Ottokar als den Glanzpunkt ihrer Geschichte zu betrachten. Darin haben sie ganz recht, wenn sie ihm aber durchaus löbliche Eigenschaften zuteilen, so widerlegt sie schon der Umstand, daß seine neuen Untertanen sich gegen ihn gewendet und seine alten ihn verlassen haben." Es gelang dem in Kabalen und Kamarillen beschlagenen Beamten Grillparzer ohne viel Mühe, den Erreger jenes tschechischen Unbehagens als einen „Staatskanzlei-Rat böhmischer Herkunft" zu identifizieren, „der wohl auch seinen Anteil an den ursprünglichen Zensur-Hindernissen beigesteuert hatte". So blieb das Stück über ein Jahr liegen und wurde lediglich durch den Einspruch der Kaiserinmutter freigegeben, welcher der Dichter Matthäus von Collin die Arbeit vorgelesen hatte, um sie während eines Unwohlseins zu zerstreuen. „Als er fertig war, kam gerade der Kaiser Franz hinein zu ihr, um um ihr Befinden zu fragen. Du, sagte die Kaiserin, warum wird denn der Ottokar vom Grillparzer nicht aufgeführt? 's wird halt was Staatsschädliches drinnen sein? meinte der Kaiser. Im Gegenteil, schrie die Kaiserin, der größte Schmeichler des österreichischen Hauses hätte es nicht anders schreiben können! Nun, wenns so ist, sagte der Kaiser zu Collin, so sagens ihnen, sie sollens erlauben." Im Hause Habsburg wehte noch Patriarchenluft, während ringsumher in der großen Welt die Throne zitterten und der Krieg wetterleuchtete. Und dennoch bestand die Abgründigkeit dieses Biedermeiers darin, daß man sich nicht einmal auf sein eigenes Unglück verlassen konnte.

Nachdem das Stück aufgeführt worden war, übertrug sich die Woge des Unmuts von den Wiener böhmischen Studenten auf ihre Prager Kommilitonen. Anonyme Drohbriefe trafen ein. Als Grillparzer im Folgejahr auf dem Weg nach Weimar Prag berühren wollte, rieten ihm Freunde ab, „weil sie von der gereizten Stimmung eine Gefahr für mich befürchteten. Ich ging trotz Stimmung und Warnung über Prag und habe während eines dreitägigen Aufenthaltes wohl schiefe Gesichter gesehen, aber sonst nichts Unangenehmes erfahren."

Nachdem er im Dom von St. Veit vor dem Grab des Przemisliden gestanden hat, trägt er ins Tagebuch ein: „Ich habe den Mann aufrichtig um Verzeihung gebeten, wenn ich ihm worin Unrecht getan haben sollte." Die besonderen Schuldgefühle, die Grillparzer gerade diesem Stück

170

gegenüber empfand, rührten wohl weniger von dem „Wachstuben-mäßige[n]" her, mit dem er fürchtete, den Charakter des Königs aus-gestattet zu haben, als von dem ungeklärten Verhältnis, in dem er sich zu allen Slawen, vor allem aber den Tschechen, befand. Für den Wiener war Böhmen Provinz; für den Loyalisten potentiell ein politisches Erd-bebenzentrum; für den Großstädter ein Stück natürlich-mütterlichen Erdreichs, für den Dichter ein unheimliches und dabei großartiges Fabel-reich. Notizen zur *Libussa* gehen bis auf das Jahr vor der Ausarbeitung des *König Ottokar*, 1822, zurück.

Grillparzers Ambivalenz gegenüber den Böhmen dauerte ein Leben lang. Als der Einundzwanzigjährige 1812 Hauslehrer beim Grafen Seilern in Mähren war, schrieb er von Kralitz aus an die Mutter: „Das Land wollte mir anfangs gar nicht behagen, aber das gibt sich nach und nach, ich kann jetzt schon beinahe die mährischen Bauernweiber hören, sehen und riechen ohne mich zu übergeben..." Andererseits berichtet J. H. Eisler in seiner Skizze zum dreiundsiebzigsten Geburtstag des Dichters vom Jahre 1864, Grillparzer habe „besondere Vorliebe... auch stets für die in ihrem Beginne so sagenreiche Geschichte Böhmens" bewahrt und sei „ein warmer Verteidiger Hajeks" gewesen, als dieser der Erfindung der tschechischen Mythen beschuldigt worden war. „‚Hätte er wirklich all diese poetisch schönen Libussasagen erfunden', pflegte er [Grillparzer] zu sagen, ‚dann müßten wir den *Dichter* Hajek weit höher schätzen als den böhmischen Chronisten.'" (Es ist für den Verfasser der *Esther* und der *Jüdin von Toledo* charakteristisch, daß er ebenso der Vorgeschichte des jüdischen Volkes hohe Anerkennung nicht versagte, während er sich mit dessen Gegenwart weit schwerer abfinden konnte. Böhmenhaß und Antisemitismus sind bis heute Differenzaffekte vieler gebildeter Wiener der älteren Generation.)

Provinzler und Unruhestifter, ein Klotz aus Urnatur und gigantischer Bramarbas, so steht in der Anlage der Mensch Ottokar dem Kaiserbild Rudolf gegenüber. Wenn nach gut 380 Versen Ottokar den Kronsaal des Prager Schlosses betritt, erscheint er als erbarmungsloser Inkassant des Glücks, zugleich aber auch als streng-besorgter Vater seines böh-mischen Volkes. Er ist der Mächtige, die Macht an sich. Schon 1901 hat der Geschichtsforscher Oswald Redlich dem Dichter bezeugt, er habe in diesem „glänzenden Ottokar... geschaut, was die Historiker erst nach ihm erforscht haben". Vorher aber, in seiner Abwesenheit von der Bühne, hat schon das Ende den Schatten über das Glück geschlagen. Dieser Schatten hat weibliche Gestalt und heißt Margarethe, Kunigunde und, an der Peripherie der Handlung zögernd, Bertha von Rosenberg.

Selten ist das Ineinander von Politik und Sexualität so unaufdringlich in seiner unlösbaren Verflochtenheit auf die Szene gebracht worden wie in diesem ersten Aufzug. Friedrich Hebbel wußte, was er sagte, als er 1849 ausrief: „Ja, ja, ja, lieber Kuh, vor diesem Akte würde Shakespeare die Mütze gelüftet haben!"

Ottokar ist im Begriffe, sich von seiner Gattin Margarethe zu trennen und sie zu zwingen, die Schenkung ihrer Güter Österreich und Steiermark zu wiederholen. Auf ihre demütige Frage, ob sie selbst die Schenkungs-urkunde holen solle, ruft er, dem gerade die Kärntner die Herzogskrone angeboten haben: „Ich bitt euch drum! — Ihr seht, ich bin beschäftigt! / Noch mehr der Kronen?" Vor dem Schicksal, zum Vorläufer von Johann Nestroys Holofernes zu werden und sich darüber den Kopf zerbrechen zu müssen, „wer der Stärkere is, ich oder ich", bewahrt ihn nur die Kindlichkeit der Geste, mit der er Städte und Provinzen einsteckt, als wären sie Äpfel und Nüsse. Zugleich vermählt er sich, gutgläubig wie ein Kind, mit Kunigunde, der Enkelin des eben bei Kroissenbrunn geschlagenen Ungarnkönigs Bela. (Die Mutter des historischen Ottokar hieß gleichfalls Kunigunde, ein Detail, das Grillparzer bei seinen inten-siven Geschichtsstudien kaum unbekannt geblieben sein dürfte.) Die neue Heirat ist zunächst als Politikum gemeint: mit Kunigunde hofft er, die Thronfolge zu sichern und durch die Verbindung mit Ungarn sein Reich nach Osten abzuschirmen. (Paradoxer- und anachronistischer-weise folgt hier der Przemislide dem habsburgischen Wahlspruch: *Bella gerant alii, tu, felix Austria, nube.*)

Aber das Politische ist Oberfläche und durchsichtig; hinter den histo-rischen Kostümen verbergen sich die kranken und verwirrten Seelen. Wir sehen Margarethe als enttäuschte, alternde Frau, die der Vergangen-heit, ihrem König Heinrich, immer noch ergeben ist. Ihr Verhältnis zu Ottokar wird in der Stunde der Verabschiedung im intimsten klar: „Ich hab ihn nie geliebt; / Ich dachte nie, ob ich ihn lieben könnte." Statt der Liebeskraft, die Ottokar bei jüngeren Frauen sucht, hat sie ihm nichts zu bieten gehabt als ihre eingeborene Lust am Leiden:

Doch sorgt ich still für ihn, und wie ich sorgte,
Fand ein Gefühl sich mir im Innern ein,
Das allen Schmerz der Liebe kennt, wenn auch
Nichts von der Liebe Glück.

Auch sie ist nicht unschuldig: sie hat beim Tod König Heinrichs geschworen, ihm die Treue zu halten. Dann aber hat sie sich und ihre Erinnerungen der Kriegsnot Österreichs aufgeopfert, der nur durch ihr Ehebündnis mit dem aggressiven Böhmen zu steuern war. Aber Ehen, auf Opfern gegründet, sind kostspielig. Sie selbst entschuldigt sich vor sich und der Welt, der Treuschwur sei „kein *feierlich* Gelübd'" gewesen;

und gibt doch zu, daß sie das Enthaltsamkeitsversprechen gehalten hat, wenn auch auf ihre Weise:

> ich bin kinderlos
> Und ohne Hoffnung, je ein Kind zu säugen;
> Weil ich nicht will, weit mehr noch, als nicht kann!

Sie hat Ottokar geheiratet und sich ihm zugleich verweigert. Aus Einsicht halb, und halb aus schlechtem Gewissen, wird sie zur Warnerin: „Wie lange, Herr", fragt sie den König, der auf den Gehorsam seiner Untertanen pocht, und erinnert sich dabei an das *Pourvu que cela dure*, das Napoleons Mutter, Laetitia Bonaparte, äußerte, wenn ihrem Sohn wieder einmal ein Sieg in den Schoß gefallen war. Und wieder: „Ihr steht am Abgrund, glaubt mir, Ottokar!" Ihre Worte sind ins Leere gesprochen: Gleich darauf werden die Abgesandten des Frankfurter Reichstags vorfühlen, ob Ottokar geneigt sei, die Kaiserkrone anzunehmen.

Immer wieder spielt die politische Aktion in die gedämpften Farben hinüber, die einem psychologischen Kammerspiel angemessen scheinen. Da hat die böhmische Adelspartei auf die Trennung von Ottokars Ehe hingearbeitet, um die junge Bertha von Rosenberg an ihre Stelle zu setzen. Wie die Ehescheidung die Österreicher und Deutschen in Ottokars Gefolge enttäuschen muß, so wirkt die neue Eheschließung des Königs mit einer Ungarin als Schlag ins Gesicht der Tschechen. Der Sturz des Königs ist also von allem Anfang an gesichert. Bertha wird in ihrem Zusammenbruch gezeigt; aber auch die resignierte Verzeihung Margarethes:

> Sie selbst ist kaum so schlimm, nur schwachen Geistes,
> Und töricht eitel, das hat sie verführt ...
> Da fühlt ich Mitleid mit dem armen Opfer
> Und nahm mir vor, am Tage ihres Falls
> Ihr mild zu sein und hilfreich ihrem Unglück.

Querverbindungen stellen sich ein: der Steirer Seyfried von Merenberg hat Bertha geliebt; der König aber war sein „Lehrer, ... Muster, Beispiel" gewesen; er hat dem Gewaltigen weichen müssen und wird nun zweifach verletzt, wenn Ottokar Seyfrieds Geliebte von sich fortscheucht wie ein Hündchen. Merenberg ist nur eine Episode im Handlungsgeflecht, wenngleich eine tödliche: er wird zum Botengänger der deutschen Partei; am Ende ist er es, der das bewunderte Vorbild, den König, erschlägt.

Auf der Höhe des Staatsaktes tritt Kunigunde in Männerkleidung ein; doppelsinnig bietet sie sich dem König als Krieger und Kampfgenossen an und läßt doch sogleich die Verkleidung fallen und präsentiert sich als Weib, mit allen Ansprüchen ihres Geschlechts. Darauf Zawisch von Rosenberg, *„nicht weit von ihr"*:

> O schöner Krieger!

KUNIGUNDE *umgewendet.*

> Ha, wer spricht?

OTTOKAR *zornig.*   Wer sprach?

ZAWISCH *gleichfalls umsehend.*

> Von dorther schiens, vom Winkel her zu tönen!

KUNIGUNDE *rasch.*

> *Ihr* warts —
>
>   wohl nicht. Ihr würdet nicht so frech,
> Da ich so nahe stand, mir sonst es leugnen.

In diesem Gedankenstrich, der Pause, da Kunigunde und Zawisch einander erkennen, entscheidet sich das persönliche Schicksal des Königs, wie sich sein politisches Geschick in jener einen Stunde wenden wird, da er die Nachricht von der Wahl Rudolfs zum deutschen Kaiser erfährt und seine Königin den Künsten Zawischs allzu leicht zum Opfer fällt.

Ottokars Schicksal ist das des alternden Mannes. Er altert bis an den Rand der Schizophrenie. „Ist das mein Schatten?" fragt der Geschlagene, von Gott und den Frauen Verlassene, und antwortet sich selbst: „Nun, zwei Könige!" Grillparzer hat für dieses Schicksal ein überaus eindrucksvolles visuelles Symbol gefunden: das Knien Ottokars. Den Steirern hatte er im Thronsaal zugerufen:

> Betrachtet mich genau,
> Damit ein andermal ihr gleich beim Eingang wißt,
> Vor wem ihr habt zu knien!

Aber schon die Kunde von der Wahl Rudolfs zum Kaiser zeigt den Böhmenkönig *„mit gebrochenen Knieen"*. Kniend empfängt er vom Kaiser sein eigenes Land als Lehen. Was für Rudolf jedoch nichts anderes bedeutet als die Unterordnung eines seiner Fürsten unter das Gefüge und die Idee des Reichs, wird für Ottokar zur Geste der persönlichen Abdankung, der öffentlichen Abdikation, wenn Zawisch die Schnüre des kaiserlichen Zelts durchhaut. Er *„zerreißt ... mit einer Hand die Spange des Mantels, daß er fällt; mit der andern reißt er von hinten die Krone vom Haupte und stürzt fort"*. Wer gekniet hat, ist der Krone sowenig wert wie des Purpurs.

Kunigunde nimmt dann das Bild des Kniens auf, wenn sie, im Angesicht des Königs, ihren Liebhaber Zawisch fragt:

> Habt ihr schon je gekniet?
> Vor Frauen nicht — vor Männern schon gekniet?
> Um Sold, um Lohn, aus Furcht, vor euresgleichen?

Was sie aber aus den Armen des Königs in die Zawischs getrieben und zu einer Mänade gemacht hat, ist, sie hat es schon lang in aller Offenheit ausgesprochen, das Altern des Alternden:

> Da riefen sie zum fernen Prag mich hin:
> Ein König, sagten sie, regiere dort,
> Vermählt in seiner Kraft der ältern Frau,
> Dens dürste nach der feurigen Genossin,
> Nach gleichem Mut in gleichgeschwellter Brust.
> Ich komm und finde — einen Greis. Ja, Greis!
> Denn spielt ihm nicht schon graulich Bart und Haar?
> Sie sagen: von des Krieges Arbeit. Gleichviel!
> Und ist er denn nicht mürrisch wie ein Greis?
> Rechthaberisch, ungestüm?

Nicht Jugend und nicht Stolz, sondern die Friedlosigkeit ihres Geschlechts, der offenbar auch Zawisch nicht gewachsen ist, zwingt sie zur Rache an den Männern schlechthin. So steht sie da, eine Furie der Unersättlichkeit, und stiftet Krieg:

> Ich aber will nicht heißen: Knechtes-Frau;
> Nicht eines schnöden Dienstmanns Bette teilen;
> Will nicht, wenn mich der Kaiser heischt nach Wien,
> Die Schleppe tragen seiner Gräfin Hausfrau;
> Will nicht vor Rudolf knien, wie er getan.

Die Rasende vergißt, daß sie selbst schon lange das Bett eines „Dienstmanns" teilt: Zawisch von Rosenbergs, des Böhmen, der da „feig und niedrig kriecht, / Und seinen Wert und all sein Selbst besudelt". Ottokar aber ist bei dem Worte „knien" aufgesprungen, nicht um ihr den Mund zu schließen, sondern um ihr zu willen zu sein, den Kampf wiederum aufzunehmen und sich von der Schande des Kniens zu reinigen. Zwei Urgebärden der Menschheit sind hier in Sprache eingefangen: das Knien des Mannes in der Niederlage und das Liegen der Frau im Beischlaf. Kunigunde setzt die eine dieser Gebärden gegen die andere:

> An eurem Sarge will ich lieber stehen
> Als mit euch liegen zugedeckt von Schande!

Darauf Ottokar mit Worten, die seine Schwäche, das Unbewußte seiner Niederlage, verraten: „So stark? Ein Tröpflein Milde täte wohl!" Und Kunigunde, die über ihren Kaufpreis nicht verhandelt:

> Solang ihr euch nicht von der Schmach gereinigt,
> Betretet nicht als Gatte mein Gemach.

Gerade weil Ottokar an sein Ende gelangt ist, weil er nicht nach Leidenschaft verlangt, sondern nach Trost und Milde, hat Kunigunde trotz allem ihre Macht über ihn verloren. Sie hat ihm die Schande seiner Demütigung ins Gedächtnis gerufen; weiter bedarf er ihrer nicht. Mit ein paar Worten scheucht er sie fort. Um so unbarmherziger brennt ihm das Bild des Kniens in der Seele. Seyfrieds Vater muß sterben, weil der Sohn ihn hat knien sehen:

> Es war bei Tuln, im kaiserlichen Lager,
> Wo König Ottokar — Tod und Verdammnis!
> Vor seinem Feind — in Knechtesart — im Staub —
> Lösch aus, Erinnerung, in meinem Haupt,
> Senk, Wahnsinn, dich herab auf meine Stirn
> Und hüll in deine Wogen, was geschehn!
> Wo König Ottokar — warum nicht sagen,
> Was alle Welt gesehn? — Vor seinem Feind gekniet!
> Und dieses Mannes Sohn, er stand dabei
> Und lachte! — Darum mußt du sterben, Mann!

Als die Böhmen ihm Treue geloben wollen, bricht es aus ihm hervor:

> Kniet nicht! Steht auf! Ich kann nicht knieen sehn!
> Und schwört auch nicht — Denn man kann knien und
> schwören
> Und doch das Wort nicht halten, das man gab.

Nicht zufällig erinnert der Tonfall dieser Worte an Hamlets:

> Daß einer lächeln kann, und immer lächeln,
> Und doch ein Schurke sein . . .

Zweifel, des Dänenprinzen nicht unwürdig, erschüttern Ottokar und lähmen seine Tatkraft. Er hat sich selbst nicht gekannt und darum seinen Ort in der Geschichte verfehlt. Bis zuletzt war seine Angriffslust seiner Hilflosigkeit entsprungen. Hier aber, da das Knien seiner Treuen ihm den Akt seiner Demütigung ins aufgeregte Gewissen ruft, sieht er sich selbst im Stande der Vergänglichkeit.

Auf dem Marsch ins Marchfeld gerät Ottokar bei Götzendorf ans Gefolge der Königin von Böhmen. Entschlossen, Kunigunde und Zawisch aus ihrem Bett aufzustören, dringt er ins Haus und findet dort die aufgebahrte Margarethe. Der Toten, die er als Lebende verlassen und gemieden hat, hält er eine seltsame Grabrede:

> Das Weib, um das ich hingab deinen Wert,
> Sie hat das Herz im Busen mir zerspalten,
> Die Ehre mein verkauft an meinen Knecht;
> Und als ich blutend heimkam aus der Schlacht,
> Goß sie mir Gift, statt Balsam, in die Wunden.
> Mit Hohn und Spott hat sie mich aufgestachelt,
> Daß blind ich rannte in das Todesnetz,
> Das nun zusammenschlägt ob meinem Scheitel.

Worauf er niederkniet, bedachtsam und aus freien Stücken. Rudolf Pannwitz hatte recht, wenn er 1918 in Ottokars Niederlage „eine Wiederholung des Siegs des Christentums über die europäischen Urzeitvölker" sah, „doch auf späterer Spiralwindung und darum lebensreicher und sinnesvoller". Der weite Horizont des historischen Trauerspiels sollte unsere Blicke jedoch nicht dazu verführen, sich zu verflüchtigen. Die Tragödie Ottokars ist psychologische Filigranarbeit, gewandt an eine Kolossalfigur.

Der erste der acht *kritischen Briefe,* die Grillparzer kurz nach der Premiere des Stücks für die „Ludlamshöhle" schrieb, lautet wie folgt:

„Liebster Hannibal!

Verzeihe, daß ich gestern mit dem versprochenen dettes-à-dettes nicht zuhalten konnte; aber ich mußte mit meinem Manne ins Theater, wo man das abscheuliche Stück gab, von dem die Leute sich so lange zersprochen haben. Ja wohl ein abscheuliches Stück! und unmoralisch! Eine Frau, die ihrem Manne in Gegenwart der Leute, und in seiner eigenen, untreu wird! Ich bitte dich! Und dann, was für ein Mann? Jung, schön, robust, wie Milch und Blut. Ja, wenns noch ein Knirps wie der meinige wäre! Ein höchst indicentes Stück!

Das Wichtigste zuletzt. Mein Mann ist heute abends nicht zu Hause. Wenn du nichts bessers weist, so eile in die Arme deiner

in Sennsucht haarenden
Madlain."

Diese Selbstpersiflage ist ein kleines Meisterstück, im Gegensatz zu den folgenden Skizzen, die kaum für mehr gelten dürfen als für Gschnas. In wenigen Worten ersteht eine Sittenkomödie *en miniature,* in der sich bei aller Verzerrung die Grundsituation des historischen Trauerspiels spiegelt. Aus dieser Madlain vom Alsergrund oder der Wieden spricht Kunigunde von Böhmen: der eigene Mann ist immer ein „Knirps", der andere „jung" und „schön". (Heinrich Anschütz, der den Ottokar spielte, bezeichnete ihn in seinen *Erinnerungen* als „markvolle Gestalt", wird also der Phantasie unserer Madlain weiter entgegengekommen sein, als es der Rolle guttat.) Und obwohl sich die satirische Spitze des Briefes gegen die Herauslösung der Liebes- aus der Staatshandlung richtet (Grillparzer kannte seine Wienerinnen!), richtet sie der Dichter auch gegen sich selbst (den er nicht minder gut kannte), weil er als Dramatiker offenbar an dem erotischen Dreieck mehr Schaffensfreude gefunden hatte als an der Monumentalfigur des heiligmäßigen Kaisers.

Dennoch verhält es sich nicht so, daß der Volksfigur vom guten Kaiser in dem Böhmenkönig lediglich ein durch seine Pathologie interessantes Menschenwesen gegenüberstünde, das vor allem die Gebildeten unter den Verächtern der Tschechen angesprochen hätte. Ottokar wird als „böser Mann" gezeigt, etwa in dem Sinn, den die Kaiserin Maria Theresia diesem Wort gab, wenn sie an Friedrich von Preußen dachte. Die Tageszeiten seiner Seele reichen vom Zenit des Glücks bis zum Nadir des Endes und sind bei aller Kraßheit der Übergänge organisch in *eine* Einheit gerafft. Margarethens Kammerfrau hält ihm die Leichenrede: „So starb er! Grade, da er sanft geworden!" Der „böse Mann" hat sich in sein Gegenteil gewandelt.

Auf diesem Weg ist er, gedemütigt und erschöpft, in seine Heimat zurückgekehrt. Zu Beginn des vierten Aufzugs sitzt er auf den Stufen seines Väterschlosses in Prag und läßt die Vergangenheit Revue passieren. Emil Staiger assoziiert zu diesem Akt das „Bilderreihendrama der altdeutschen Zeit", in dem „die einzelnen Gestalten kommen, sprechen und gehen, ohne daß der Auftritt und der Abgang irgend begründet würde". Die Schatten des Gewesenen ziehen an Ottokar vorüber: Bertha, die wahnsinnig geworden ist und ihn schweigend mit einer Handvoll Erde bewirft, als läge er schon in der Grube; die Bürger von Prag; Kunigunde und Zawisch; die Gefolgsleute von gestern, die ihm morgen in die Schlacht und ans Grab folgen werden. Den Beschluß bildet der Kanzler Braun von Olmütz, der den müden König in seinen Schoß bettet und mit einer Geste, so mütterlich, wie sie nur ganz alten Männern eigen ist, Schweigen gebietet.

Was hier Bühnenbild geworden ist, sollte ein Jahr später auf der Bühne des Leopoldstädter Theaters Sprache werden. Dort stand Ferdinand Raimund als Fortunatus Wurzel auf den Brettern und sang sein Lied vom Aschenmann:

> So mancher steigt herum,
> Der Hochmut bringt ihn um,
> Trägt einen schönen Rock,
> Ist dumm als wie ein Stock,
> Voll Stolz ganz aufgebläht,
> Oh Freundchen, das ist öd!
> Wie lang stehts denn noch an,
> Bist auch ein Aschenmann!
> Ein Aschen! Ein Aschen!

In der Tat folgt die Handlungskurve von Raimunds „Romantischem Original-Zaubermärchen" *Das Mädchen aus der Feenwelt oder Der Bauer als Millionär* in großen Zügen dem Grillparzerschen Trauerspiel. Der Bauer Wurzel ist hoch hinaufgekommen in der Welt und in Wien; auch ihm hat das Glück (das hier nicht von der Geschichte, sondern der Feenwelt beschert wird) den Kopf verdreht; auch von ihm nimmt die

Jugend Abschied, und auch er stürzt ins Elend, er weiß selber nicht wie. Aber sein Dichter weiß es und holt ihn, der Tradition der Volksbühne folgend, ins Alltagsmaß des Menschenlebens zurück. Mit anderen Worten, König Ottokar ist, wie *Der Bauer als Millionär*, ein Besserungsstück, wenngleich in Moll und ohne Raimunds bengalische Schlußbeleuchtung. Die biblische Weisheit, daß alles Leben Staub und Asche ist, wird auch König Ottokar zuteil. Er spricht sein Aschenlied, wenn es zu spät ist, an der Bahre Margarethes:

> Um was ich dich und alles gab,
> Gefallen ists von mir, wie Laub im Herbst.
> Was ich gesammelt, ist im Wind zerstoben,
> Der Segen fort, der fruchtend kommt von oben,
> Und einsam steh ich da, von Leid gebeugt,
> Und niemand tröstet mich und hört mich!

Die Asche, die Raimunds populäre Gestalt als das Ende aller Vergänglichkeit besingt, streut Grillparzers Held auf sein Haupt. Er tut Buße, er kniet, und indem er kniet, aus freiem Willen kniet, erreicht Ottokar die Sphäre des Kaisers, so daß jetzt, im fünften Akt, ein Zwiegespräch zwischen den beiden möglich wäre. Der große Abschiedsmonolog des Böhmenkönigs: „Ich hab nicht gut in dieser Welt gehaust, / Du großer Gott!..." ist denn auch sakrale Rede; in ihrer pastosen Lobpreisung allen menschlichen Seins bildet sie eine ebenbürtige Replik auf Rudolfs:

> Die Welt ist da, damit wir alle leben,
> Und groß ist nur der ein alleinge Gott!

Doch Rudolf und Ottokar begegnen einander nicht mehr. Wie tragisch die Ironie ist, die er hier hat walten lassen, konnte Grillparzer bei aller politischen Weitsicht kaum ahnen. In diesem Aneinander-Vorbei des Böhmenkönigs und des ersten österreichischen Kaisers kündet sich die historische Gegensätzlichkeit zwischen Habsburg und den Tschechen an, die dann, im Jahre 1918, wesentlich zur Zerschlagung der Doppelmonarchie beitragen sollte.

Zwischen Rudolf und Ottokar steht Zawisch von Rosenberg, keinem verbunden und doch das Schicksal beider verknüpfend. Er ist Berthas Cousin, Ottokars böser Geist und Rudolfs ungebetener Helfershelfer. Er rät dem König ab, den Antrag der Kurfürsten anzunehmen, wirkt der Versöhnung Ottokars mit Rudolf entgegen, verwandelt die Lehensnahme des Böhmen in einen öffentlichen Akt und verrät am Ende den Herrn, den er zum Hahnrei gemacht hat. Man hat versucht, dieses Übermaß an Feindseligkeit auf politische Motive zurückzuführen, auf die durch Berthas Enttäuschung gekränkte Ehre der Rosenbergs, auf die

Vernichtung der böhmischen Machtträume durch Ottokars Verbindung mit den Ungarn. Aber so leicht macht es Grillparzer weder sich noch uns. Zawischs Natur läßt sich nicht mit Vernunftgründen oder nationalen Ressentiments ausloten. Er ist so einheitlich gezeichnet wie Rudolf, von dem ihn doch das Christentum des Kaisers trennt; schon in der ersten Szene tritt er vor ihm und Margarethe zur Seite: „Wir wollen sie nicht in der Hora stören." Und doch ist er auch wieder aufs präziseste psychologisch motiviert: Zu Ottokar zieht ihn die Witterung des Abgrunds, den er sich öffnen sieht, die Faszination, den Stürzenden auch noch zu stoßen. Hier aber kommt die Psychologie ans Ende: sein Haß gegen Ottokar ist so elementar wie der Haß Jagos gegen Othello. Nur daß eben Kunigunde keine Desdemona ist, sondern eine beinahe Wilde, die wie Medea die Welt wörtlich nimmt, aber nicht wörtlich genug, um nicht in Rosenbergs Armen Vergessen zu suchen vor ihrem Wunschbild, dem „kühne[n] Führer der Kumanen . . . / Dem besten unter Ungarns starken Mannen!" (Ein Akt unbewußt ausgleichender Vergeltung ist es dann, daß Zawisch vor dem Treffen Ottokars und Rudolfs auf der Insel Kaumberg ausdrücklich „eine Schar Kumanen" aufreibt.) Was Zawisch zu Kunigunde zieht, ist vom ersten Augenblick an die Ahnung, daß sie den Leib gewordenen Untergang des Königs darstellt. Durch sie, mit ihr hetzt er den Alternden in sein Verhängnis aus keinem Grund als dem, daß es auf der Welt nicht Platz genug gibt für ihn und den andern. Mit Ottokars Ende ist auch seine Rolle ausgespielt. Der Kaiser, der ihn hier zum erstenmal auf der Bühne zur Kenntnis nimmt, verhängt über ihn ein Urteil, das unerbittlicher ist, als es klingt: „Folgt eurer Königin, die euch statt eines Königs." Denn Zawischs Haß auf Ottokar ging tiefer als seine Liebe zu Kunigunde.

Ottokar ist schwer bis zur Schwermut, Zawisch leicht wie der Wind, der weht, wo es ihm gefällt. Er ist ein Spieler, genauer gesagt: ein Improvisator. Sein Ausruf beim Auftritt der Königin, das Spiel mit ihrer Schärpe, ja selbst die durchhauene Zeltschnur — nichts ist geplant und vorbedacht, alles dem Augenblick abgewonnen und ohne Gegenwart oder Zukunft. Das Lachen, mit dem er in den ersten beiden Akten auftritt, gilt nur scheinbar den böhmischen Vettern dort, der eigenen Verliebtheit hier. Im Grunde ist es das Lachen des Nichts über sich selbst und eine Welt, die sich in ihrer Unvollkommenheit ernst nimmt.

Im vierten Aufzug steht er Ottokar gegenüber. Der König weiß nun alles und verlangt ihm das Schwert ab. Ohne mit der Wimper zu zucken, übergibt Zawisch die Waffe. Bewußt spielt er hier um sein Leben. Ottokar holt denn auch aus, da ruft die Königin aus dem Palast, und der König läßt das Schwert sinken. Ist es, weil Kunigundes Stimme ihm sein Schicksal, das sich durch keinerlei Blut mehr reinigen läßt, ins Gewissen gerufen hat? Aber gleich darauf sendet er den alten Merenberg in den sichern Tod. Ist es, weil Zawisch für ihn unbegreiflich und daher unantastbar ist? Wir wissen es nicht; vermuten aber, daß es die untragische Natur Rosenbergs war, die ihn auch hier vor dem Untergang bewahrt hat. Ein Mensch wie Ottokar erschlägt ein Wesen wie Zawisch nicht, sondern erlaubt ihm, sich ins Nichts zu verflüchtigen, aus dem es besteht.

Rosenberg ist die modernste Figur in diesem Spiel, ein Renaissancemensch, während der Kaiser bei allen Zukunftsträumen dem mittelalterlichen Gottesgnadentum verbunden bleibt und sich in Ottokar vorchristliche und raubritterliche Ideologien mit dem Gedanken an einen herb zugreifenden Landesvater zu tragisch-explosiver Mischung vereinigen. Um Zawisch aber weht die Luft einer seltsam depravierten *giovinezza*. Er unterläßt es nicht, gegenüber dem klobigen Seyfried seine Herkunft hervorzukehren:

> Doch wir, die aus der Weltstadt Roma stammen,
> Von den Patriziern, die den Erdkreis beugten,
> Und, als Ursini, noch dem Throne stehn zunächst,
> Auf dem Sankt Peters Macht ob Herrschern herrschet;
> Wir mögen wohl nach Fürstenkronen trachten,
> Und eine Rosenberg mag kühn und frei
> Dem Besten sich vermählen dieser Erde.
> Auch — ha, ha, ha, ha, ha!

Wiederum verschlingt das Lachen seine Identität, an die er nicht zu glauben vermag. Roma, die Weltstadt des Altertums, ist ihm so gleichgültig wie die Macht des Papstes. Dieser Renaissancemensch ist zugleich ein Décadent extremer Prägung. „In Padua", weiß Kunigundes Kammerfräulein zu berichten, „hat er jahrelang studiert, / Auch macht er Reim' und singt sie zu der Zither." Aber Zawisch singt nicht nur, er spielt auch mit der Sprache. Indem er mit dem Worte spielt, erweckt er das Bewußtsein seiner Partner zu feineren Nuancen und Übergängen.

Kunigunde ist die erste, die das merkt. Das Kammerfräulein hat ihr eben einen Liebesbrief vorzulesen begonnen (nicht ohne nach Soubrettenart zu glauben, er sei an sie, die Untergebene, gerichtet): „O Hand von Schnee." Darauf die Königin:

> O Hand von Schnee, was heißt das?
> KAMMERFRÄULEIN.   Weiß wie Schnee.
> KÖNIGIN *den Handschuh abziehend und ihre Hand betrachtend.*
> Ich denk, er hat die Hand noch nie gesehn,
> Den Handschuh höchstens!

Am Ende des Aktes hat sie begriffen, was Metaphern wollen. Man hört in der Ferne auf einer Zither spielen.

KUNIGUNDE *kommt.*

Was ist? Wer spielt?

KAMMERFRÄULEIN *an der Balustrade.*

Ich weiß nicht, gnädge Frau.

Horch! Worte? „Hand wie Schnee, und doch so heiß"
Es ist Herr Zawisch Rosenberg. Er singt.
Soll ich ihn gehen heißen?

KÖNIGIN *hat sich gesetzt.* Laß ihn nur.

Es hört sich gut zu in der Abendkühle.

sie stützt ihr Haupt gedankenvoll in die Hand.

Der Vorhang fällt über eine, die wissend geworden ist. Wissend bereitet sie Ottokars Ende. Die Gedanken aber, deren sie nun voll ist, hat Zawisch geweckt.

Im vierten Akt hat sie ihren Lehrmeister Zawisch weit im Rücken gelassen. Sie schmäht den König, der, sein „eigner Pförtner", im Schatten des Prager Schlosses sitzt, wie ihn kein Mann, nicht einmal Zawisch, zu erniedrigen vermöchte:

Auf unsern Steppen ist ein Tier, heißt Maultier,
Wenn das den Wolf von weitem kommen sieht,
So röhrt es laut, schlägt aus nach allen Seiten,
Die Erde wirfts in weiten Wirbeln auf;
Doch naht der Wolf, da bleibt es zitternd stehn
Und läßt sich ohne Widerstand erwürgen.
So fast hat dieser König auch getan!

Mit einem genialen linguistischen Taschenspielertrick hat Kunigunde aus einem „Maulhelden" ein „Maultier" werden lassen, wobei nichts tödlicher ist als das „fast" der letzten Zeile, das scheinbar schont und darum doppelt tief verwundet. Ihr Mann, der König, war kein Held, er schien nur so, er war ein Maulheld und ein Maultier — „fast".

Aber selbst der schwerfällige Ottokar hat von dem Wortspieler gelernt. Wenn es darum geht, ob er dem Habsburger an der Donau bewaffnet entgegentreten oder sich mit ihm ausgleichen solle, warnt der Kanzler:

Am linken Ufer schon, auf unsrer Seite,
Will Feinde man sogar gesehen haben.

Ottokar aber liest hinter den Worten:

Beinahe glaub ich, daß es mancher *wollte;*
Doch ists nicht wahr.

Als wollte er nachdrücklich auf den Urheber dieses für den Böhmenkönig ungewöhnlich hochgetriebenen Sprachbewußtseins hinweisen, läßt Grillparzer kurz darauf, noch in derselben Szene, den folgenden Wortwechsel eintreten:

KANZLER.   Ein einzler Fall entscheidet nicht.
ZAWISCH.   Doch viele Fälle fällen doch zuletzt!

Der Anspielungen ist kein Ende, sowie Zawisch sein Spiel treibt. Vor der letzten Schlacht läßt er Vetter Milota an das Liedchen erinnern: „Der Winter kehrt zurück, die Rosen welken." Sogar Milota, der plumpste unter den böhmischen Vettern, versteht, was ihm da *sub rosa* mitgeteilt worden ist.

Was will er damit? — Rosen — Rosenberg!
Sag ihm: die Rosen mögen immer blühn,
Der Schnee zergeht, der Winter kehrt nicht wieder.

Indem Zawisch seinen Vorgänger im Bett der Königin dem Winter gleichsetzt, verhöhnt er ihn und spricht Wahrheit. So sorgt der Improvisator für die Bewegung des dramatischen Spiels. Er selbst ist frei wie ein Vogel, vogelfrei, und es hat stark den Anschein, als habe Grillparzer mit Zawisch nicht nur seine ewigen Vorbehalte gegen die Liebe, sondern auch seine Zweifel an der dichterischen Sprache angemeldet. Der sprachliche Bogen des Stücks verläuft zwischen der fundamentalen Gleichnisrede des Kaisers und der extremen Zweideutigkeit Zawischs. Jedenfalls hat er durch die Figur Rosenbergs jene Inkongruenz zwischen Ursache und Wirkung hergestellt, von der es 1825 im Tagebuch heißt: „Ich habe mich selbst, bei Gelegenheit der vielen Mißverständnisse über König Ottokar, auf die Vorrechte des *historischen* Trauerspiels berufen, auf den Unterschied zwischen demselben und jenem von erdichtetem Stoff. Worin liegt denn derselbe nun eigentlich? Wenn ich mirs recht zu verdeutlichen suche, so ist dieser Unterschied kein anderer, als der zwischen Möglichkeit und Wirklichkeit, zwischen Gedenkbarkeit und Existenz, zwischen Handlung und Begebenheit... Das Letzte der historischen Tragödie aber ist Gottes Werk; ein Wirkliches: die Existenz. Nur ein Tor könnte glauben, daß dem Dichter hier die Verknüpfung von Ursache und Wirkung erlassen wäre. Aber wie in der Natur sich höchst selten Ursache und Wirkung wechselseitig ganz decken, so ist, in der Behandlung eine gewisse Inkongruenz beider durchblicken zu lassen, vielleicht die höchste Aufgabe, die ein Dichter sich stellen kann. Allerdings eine höchst gefährliche Klippe! Die Unverständlichkeit, der Unsinn lauern geschäftig auf jeden Fehltritt, und nur die *Anschauung* kann retten, indes der *Begriff* rein nutzlos wird" und zurückbleibt.

Der Anschauung freilich wird in diesem Spiel genug getan. Thronsaal und Lagerleben, Intrige und Feldschlacht, Prag, die Donauinsel Kaumberg und die Sonne über dem Marchfeld, Glück und Ende — wie bunt sich Bild an Bildchen reiht! Vor der Entartung zum patriotischen Bilderbuch bewahrt das Drama freilich die Existenz der beiden Gegenspieler Rudolf und Ottokar. In jenem wirkt der eine Augenblick, der ihn verwandelt hat, der Gnadenakt, die Krönung; in diesem die fressende Zeit, das Altern. Daher die Monumentalität des Gesalbten, die Dynamik des unweigerlich Stürzenden. Sie beide sind Grundfiguren der Phantasie, zumal der österreichischen; dem geruhigen Vaterbild des guten Kaisers tritt der gepeinigte Mensch entgegen in seiner Angst und seinem Aufstand gegen diese Angst, an deren Anfang und Ende der Tod steht, der Aschenmann. Zwischen ihnen aber schlängelt sich Zawisch, der böse Geist der Dichtung, und setzt hinter das dynastische Weihespiel jenes Fragezeichen, dessen es bedarf, um als Dichtung bestehen zu können.

Verwirrung des Gefühls: *Ein treuer Diener seines Herrn*

Auch *Ein treuer Diener seines Herrn* ist als Spiel zur Weihe der Dynastie geplant gewesen, genauer gesagt, als eine Gelegenheitsarbeit anläßlich der Krönung der Kaiserin Karoline Auguste zur Königin von Ungarn am 25. August 1825. Grillparzer ließ die Gelegenheit verstreichen, hielt jedoch den historischen Stoff, vor allem die Gestalt der Königin Gertrude fest, löste aber zu gleicher Zeit die Geschichte psychologisch auf.

Der Rahmen des Stückes freilich ist, wenn nicht mythisches, so doch hohes Drama: König Andreas zieht in den Krieg und überträgt die Zügel des Staates dem alten Bancbanus. Die Standhaftigkeit des treuen Dieners wird bis an die Grenzen des Erträglichen geprüft. Wenn es je einen österreichischen Dienstadel gegeben hat, dann gehört dieser Paladin ihm an. Nach einer veritablen Höllenfahrt durch alle Abgründe des Menschlichen legt der Reichsverweser das Regiment des zerrütteten Staates in die Hände des heimgekehrten Königs zurück; nicht unforciert und nicht ohne Vorbehalte stellt sich die Harmonie am Ende wieder her: der König selbst nimmt seinen Teil Verantwortung auf sich; sinnbildlich beugt Bancban seine Knie vor dem Kronprinzen, dem Knaben Bela.

Aber der *Treue Diener seines Herrn* ist nicht die Tragödie seiner Haupt- und Titelfigur. Die Gestalt Bancbans ist grau wie ihr Haar; die Bewegung des Dramas bricht sich an ihr, wie sich der Verkehr der Straßen an einem Standbild bricht, das an der Kreuzung steht; Standhaftigkeit macht ihn zum steinernen Gast in einer Welt, die mit ihren Leidenschaften um ihn brandet; nicht mitzufühlen, auszudauern ist er da. So wird er zum „Reichsgehilfen" des Königs; so verwest er das Recht des Staats während der Abwesenheit des Herrschers; so nimmt er um dieser Rechtsverweserschaft das äußerste Unrecht, den Verlust seiner Frau Erny, hin; so rettet er den Herzog Otto von Meran, der jene in den Tod getrieben; so trägt er zum Aufstand im Lande bei und schlägt ihn wieder nieder; so legt er die Herrschaft in die Hände des zurückgekehrten Königs; so resigniert er am Ende. Die Passivität dieses Helden war Grillparzer nicht verborgen geblieben: „Man hat dem Stücke vorgeworfen", sagt er in der Selbstbiographie, „daß es eine Apologie der knechtischen Unterwürfigkeit sei; ich hatte dabei den Heroismus der

185

Pflichttreue im Sinn, der ein Heroismus ist so gut als jeder andere", und fügt doch im gleichen Atem hinzu: „Seine Gesinnungen können übrigens nicht für die des Verfassers gelten, da Bancbanus bei allen seinen Charakter-Vorzügen zugleich als ein ziemlich borniert alter Mann geschildert ist." Heldentum und Borniertheit ergeben im besten Fall Tragikomödie, und so kommt es denn, daß der Gestalt Glanzlichter der Ironie aufgesetzt sind, welche ihre Schwerfälligkeit scheinbar erleichtern. Zunächst wirkt Bancban als Allegorie des Satzes „Ruhe ist die erste Bürgerpflicht", bald darauf als *cocu*, dann wieder pedantisch und kurzsichtig. Wenn das Drama an seinem Höhepunkte angelangt ist, fällt der Schatten des Todes über ihn und verleiht dem Manne, der selbst dem Ende nahe ist, heroische Kontur. Aber es ist der Tod anderer, seiner Frau und der Königin Gertrude, der ihm dieses Maß verleiht. In der Rettungsexpedition, die er in einem Nachen über das Wasser des Schloßgrabens unternimmt, ähnelt er Charon, dem Fährmann an das andere Gestade; aber die mythische Dimension ist bald vergangen, zumal ja nicht er das Ruder führt, sondern ein Knecht. Die Wandlungen, die Bancban durchzumachen scheint, sind Beleuchtungseffekte; unter immer neuen Winkeln werfen die Theaterlampen Licht und Schatten über ihn, der sich zu wandeln scheint und doch derselbe bleibt. Noch wenn er sich in seiner menschlichsten Gebärde zum Königsknaben, dem Kind Bela, auf den Boden hinstreckt und seinen dunklen Mantel schützend über das Kind und sich zieht, um den Schwertern der Aufständischen verborgen zu bleiben, handelt er nicht, sondern leidet um seiner Treue willen. Zutiefst bewegend ist es, wenn ein Standbild zur Erde sinkt, aber es ist nichts als die alte Standhaftigkeit, die Bancban in die neue Lage versetzt hat. Schon einmal hat sein Knie die Erde berührt, damals nämlich, als er sich an der Leiche seiner Frau niederließ und sie „O mein Kind, mein gutes, frommes Kind!" ansprach, mit Worten, welche die Grundspannung seiner Ehe verrieten. Von nun an tritt das Kind Bela im Gefühl des Alten an die Stelle des Weibes, das er für ein Kind, als sein Kind gehalten hat. Und es ist, als bewahre er seinem Weib die Treue, wenn er sich am Ende nochmals, zum letzten Mal, zur Erde neigt, um dem Knaben, dem künftigen König, seine Treue zu erweisen. Aber auch diese Verbeugung bedeutet nichts anderes, als daß seine Standhaftigkeit über das Ende des Dramas hinaus andauern und währen wird, bis sie ihn in sein Grab gelegt haben.

Grillparzer hat das Unmögliche zustande gebracht, ein Standbild mit Seele auf die Szene zu stellen, eine Figur, die gerade durch die Vorhersehbarkeit ihrer Worte und Haltungen Spannung erweckt und aufrecht erhält. Bancbans Sprache ist dürr, das gemessene Idiom des Beamten

Und doch ist diese Sprache gerade in ihrer Sparsamkeit eine Verräterin seiner Seele: bis zum Tode Ernys hat er sie „Kind" genannt als „Frau" nur in den seltenen Fällen bezeichnet, wenn er von ihr zu seinen Dienern und zu ihr selbst als der Gemahlin des „Reichsgehilfen" sprach. Treibt es ihn, ihr seine Väterlichkeit als ein Prinzip einzuschärfen, an dem nicht gerüttelt werden darf? Scheut er das Weib in ihr? (Nicht von ungefähr hat Grillparzer aus dem bühnenreifen Stück alle Andeutungen geschlechtlicher Beziehungen zwischen den beiden getilgt.) Sobald er sie aber begraben hat, tritt ihm das Wort „Kind" nur mehr auf die Lippen, wenn ihre Reinheit bewiesen, ihr alter Stand wiederhergestellt und er „nach Hause" zu gehen gesonnen ist. Sonst aber ist sie im Tod seine Frau geworden; dreizehnmal nennt er sie „Weib", seltsamerweise ebensooft, wie er sie vordem „Kind" gerufen hat. Tief verdrängt sind in Bancban die Affekte, die bei seinem, wohl jüngeren Bruder, dem Grafen Simon, unverhüllt zutage treten und ebenso Unheil stiften wie Bancbans Verhaltenheit. Der treue Diener besitzt bis zur Persiflage, was König Andreas von seinem Statthalter erwartete, „Sitte"; nur daß diese Sitte als Maß des Lebens ganz nach innen geschlagen ist, es verknöchert und verkalkt zu haben scheint. Was ihn seinem Herrn empfiehlt, ist Sitte als Garantie des Bestehenden, eine Stabilität, die um den Preis der inneren Freiheit erkauft ist und die ihm selbst weniger als Fassade denn als Barrikade dient. Weil Sitte für Bancban keine Stütze der Gesellschaft darstellt wie für den König, sondern den Gewahrsam, in dem er seine Instinkte gefangenhält, ist der Paladin doppelt unbeugsam geworden.

Selbst über dem großen Tableau, in dem er sich den Mördern seines „Kindes" Erny zur Disposition stellt, um sein anderes „Kind", den Prinzen, vor einem schon unvermeidlich scheinenden Ende zu retten, sprüht Paradoxie wie ein bengalisches Feuer: Bancban erweist sich als menschlich, indem er seine Menschennatur nicht etwa überwindet, sondern noch tiefer in sein Inneres hinabdrängt, den Laut des Schmerzes und der Vergeltung aber verbeißt. Verdrängung jedoch ist keine tragische Schuld, sondern eine Schwäche des Lebens. Auch hier folgt der Paladin lediglich dem Auftrag des Königs, der ihm sein Haus vertraute, und erweist seine Menschlichkeit, indem er sein innerstes Gefühl, die Liebe zu Erny, verschweigt. Amt geht vor Liebe. „Nicht Feind, nicht Freund", so führt er sich bei den Belagerten ein, wobei er zumindest die Frage der Königin: „Freund oder Feind?" umdreht und sprachlich dem Feind vor dem Freund den Vorrang gibt. Die weitere Frage Gertrudes: „Führt Ihr Verbotnes nicht im Sinn?", beantwortet er mit einem doppelsinnig kargen „Ei ja", das darauf hindeutet, daß er die Ungeheuerlichkeit seines Vorhabens zwar ermessen und doch den Gedanken an eine Vergeltung, die ihm um Ernys und der Aufständischen willen „geboten" gewesen wäre, sogleich wieder ins Unbewußte zurückgesandt habe. So scheint er Verrat an seiner eigenen Sache zu verüben, um keinen Verrat am Staat begehen zu müssen. Die immer noch mißtrauische Königin erinnert er in einem wie auf Kanzleipapier geschriebenen Satz daran, „daß mein Herr euch meinem Schutz vertraut"; so weit treibt er seine Selbstverleugnung, daß wir beinahe imstande sind, ihm Glauben zu schenken, wenn er versichert, er habe an den augenscheinlichen Mörder seiner Frau, den Herzog, nicht gedacht, als er sich berufen fühlte, dem Königshaus beizustehen. Es sei Otto nicht verboten, sich dem Trüpplein der Flüchtigen anzuschließen. Hat nicht sein Grundsatz einst dem Grundsatz des Bischofs von Chalons aus *Weh dem, der lügt!* gleichgelautet, hat nicht auch Bancban gesagt: „Dein Wort sei ja und nein!"? Jetzt aber nimmt er zu einer hofrätlichen Ausflucht die Ausflucht: „Ich will nicht sehn, wer euren Schritten folgt." Er, den man als Rächer erwartet haben dürfte, steht da, in seinen nachtfarbenen Mantel gehüllt, fast so einsilbig, wie er sich an der Leiche seiner Frau verhalten hat. Zwingt er sich den Entschluß ab? Folgt er geschloßnen Augs der anbefohlnen Spur? Kämpft er mit sich? Hat er je gekämpft? Leidet er, fühlt er? Sein Mund bleibt stumm. Ihn umgibt die Hülle eines Schweigens, in dem das Geheimnis seiner Natur unausgesprochen ruht. Das menschlich Unbegreifliche seines Verhaltens wird lediglich aus dem Widerspiel seiner gehetzten und ungläubigen Antagonisten sichtbar, die ihren Sinnen, dem Rest ihrer Vernunft, nicht zu trauen wagen, wenn sie mit ihm in Berührung kommen. Er selbst benimmt sich aufs selbstverständlichste, ein wandelndes Sinnbild, eine Allegorie, die ins moderne Theater verschlagen worden ist. Allegorien jedoch sprechen sich aus und verkünden eindeutig, was sie vorstellen. Diesem Sinnbild der Treue jedoch scheint der Dichter nur darum eine Seele eingehaucht zu haben, damit sie um so unenträtselbarer verborgen bleibe.

Es hat sich sagen lassen, daß Bancban als treuer Diener seines Herrn die Moralphilosophie Kants verfechte (Emil Reich). Aber der Zwang der Sitte, den er sich selbst auferlegt, ist nicht das Sittengesetz nach der Meinung Kants. Dieses ist auf Freiheit gegründet, während Bancban durch die starre Auslegung des Worts, das er dem König gegeben hat, gebunden ist. In den gestirnten Himmel über ihn führt eine Jakobsleiter aus sozialen Rangstufen. Sein kategorischer Imperativ ist die Loyalität; nachtwandlerisch geht er seinen Gang; das Gleichmaß seiner Schritte setzt ihn über jedes Hindernis hinweg, dessen er zunächst nicht einmal ansichtig zu werden scheint. Ein Abstraktum wie der Staat ist ihm fremd; was er kennt und wem er dient, sind Leib und Leben der Staatsträger; wofür er körperlich einsteht, ist das Haus seines Königs.

Bancban ist kein Preuße, sondern ein ungarischer Edelmann, gezeichnet von einem Wiener Theaterdichter.

So konkret versteht der Diener seinen Herrn, daß er Erny mit den Worten des vollen Unverständnisses für ihre Situation zum Ball des Herzogs zurückschickt:

> ... Weil du nicht gern beim Fest,
> Soll ich von Hof; Unfrieden herrschen lassen,
> Verwirrung rings im Land? Ich habs versprochen,
> Dem König angelobt bei seinem Scheiden,
> Den Frieden zu bewahren hier, die Ruh,
> Und werd es halten, trifft was immer zu.
> Dem Dienste folg ich, folg dem Feste du!

Sein Dienst ist die Rechtsprechung, aber er spricht über Kleinkram Recht, ohne die Fieberhitze auf den Wangen der Frau und den schweren Atem zu bemerken, mit denen sie aus dem Ballsaal getreten ist. Kurzsichtigkeit überm Abgrund ist lebensgefährlich. So entledigt er sich Ernys, die ihn beim Dienst am Recht stört, gedenkt, die Ruhe, die eigene und mit ihr die Ruhe des Landes, zu bewahren, und gefährdet sie gerade durch ihre allzu wörtlich verstandene Bewahrung. Der Doppelreim, der auf das Entscheidungswort „Ruh" folgt, unterstreicht denn auch sprachlich die Bindung des Dieners an seinen Auftrag und verkettet diesen mit dem Befehl an sein „Kind", ihn zu verlassen. Frieden wird für ihn vor allem durch die Aufrechterhaltung der Autorität gesichert; Autorität verleiht der Rede des sonst Schüchternen und Verhaltenen den Lautfall unwidersprechlicher Strenge. Er ist zur Instanz geworden, deren Wort vom Herrn kommt.

Bancbans Frömmigkeit, die jenseits des Königs Gott sucht, ist subjektivem Glaubensbedürfnis entsprungen; beinahe könnte man sagen, daß in ihr der Grundfehler von Bancbans Verhalten verwurzelt sei; hätte er Andreas menschlicher gesehen, er hätte ihn besser verstanden und ihm weniger unheilvoll gedient. Die innere Freiheit, die den Prinzen von Homburg dem Befehl der Autorität zum Trotz in den Sieg von Fehrbellin führt, mangelt Bancban von Grund auf; was er erlebt, ist ein einziges Königgrätz vergeblicher Pflichterfüllung. Ein Monument der alten Ordnung, überragt er die Verwirrung derer, die an dieser Ordnung nicht mehr teilzunehmen vermögen. Und wenn er seine Aufgabe am Ende doch in gewisser Weise zu erfüllen vermag, dann besteht er sie nicht etwa um den Preis des Selbstopfers, sondern um den der Hintansetzung des Liebsten, seines einzigen Besitzes, Ernys. Dies ist ein ebenso übermenschliches wie unmenschliches Opfer; eine Tragödie im alten Stil ist es nicht, da Bancban nirgendwo das Menschliche in einem Akt des Willens oder

Wahns überwachsen hat. Dafür aber hat Grillparzer, gequält vom Verständnis der Rolle, die ihn seine Zeit im Dienst des österreichischen Hofs zu spielen zwang, eine Vision vom beamteten Ich, das Bild des steinernen Hofrats, geschaffen.

Beinahe aufs Jahr ein Centennium später läßt Karl Kraus dieses beamtete Ich im Monolog eines Wiener Polizeipräsidenten, dem „Schoberlied", das Folgende singen:

> Ja das ist meine Pflicht,
> bitte sehn S' denn das nicht.
> Das wär' so a G'schicht,
> tät' ich nicht meine Pflicht.
> Auf die Ordnung erpicht,
> bin ich treu meiner Pflicht.
> Wenn ein Umsturz in Sicht,
> ich erfüll' meine Pflicht.

Dies ist die satirische Kehrseite eines Typus, dessen Frontalansicht Grillparzer nicht ohne bewußte Übertreibung ins Idealisch-Vaterländische gesteigert hat, indem er mit ihrer Pflichttreue die allzu menschliche Verwirrung der Umwelt konfrontierte. Zur dramatischen Person wird dieser Typus im *Treuen Diener* vor allem durch seine Unfähigkeit, mit seinen Gegenspielern ins Gespräch zu kommen. Sein Charakter ist aus einem Guß und bleibt den gebrochenen Seelen, die ihn umdrängen, fremd. Das Spiel ist aus verfehlten Begegnungen gebaut und aus mißverstandenen Worten gewoben. Grillparzers Trauer liegt weniger in den Gestalten und ihren Wechselreden als zwischen ihnen. Es ist die Trauer eines Psychologen über die Unvollkommenheit der menschlichen Seele.

Die Beziehungslosigkeit Bancbans zu seiner menschlichen Umwelt tritt am deutlichsten in seiner engsten Beziehung, seiner Ehe, zutage. Ihr leiblicher Vater Nemaret hat Erny auf dem Totenbett mit seinem Jugendfreund verlobt, um sie dem Schutz eines Gatten anzuvertrauen. Bancban, begreiflicherweise zögernd, die um etwa dreißig Jahre Jüngere heimzuführen, hat am Ende nicht nein zu sagen vermocht. So bietet er der Gattin vor allem in dem Gefühl moralischer Sicherheit, mit dem er sie umgibt, Schutz. Er, dessen Leben am Hof von den Gepflogenheiten der Sitte geregelt wird, findet sich bereit, Ernys wegen von Konventionen abzusehen (ist nicht auch der Altersunterschied der beiden ein beständiger Konventionsbruch?), freilich nur darum, weil er davon durchdrungen ist, daß ein natürlicher moralischer Adel Erny vor jedem Fehltritt bewahrt:

> . . . Wer fragt nach Sitte?
> Wenn nicht in deiner Brust ein still Behagen,
> Das Flüstern einer Stimme lebt, die spricht:

Der Mann ist gut, auf Rechttun steht sein Sinn,
Er liebt wie keiner mich, und wie zu keinem
Fühl ich zu ihm Vertrauen ...

In dieser Aufzählung ist Liebe auf Rechttun gegründet und gipfelt in einem Vertrauen, wie es auch der König in seinen Reichsverweser gesetzt hat. Die Stimme, die in Erny flüstern soll, klingt offiziös; die Moral, die sie leiten soll, ist die kühle Weisheit, zu der sich ein Mann, und zwar ein alter, durchgerungen hat. So bleibt auch Erny nichts anderes übrig, als zu antworten: „Mann! Gatte! Vater!", wobei ganz folgerichtig der Vater, der mehr von sich als zu ihr gesprochen hat, an den Höhe- und Schlußpunkt der Skala zu stehen kommt.

Was Bancban seiner Frau als Zustand der Seele wünscht, ist „ein still Behagen". Das Klima dieser Ehe ist in der Tat so wohltemperiert gewesen, daß es den Anschein hat, als sei es Bancban gelungen, die Sinne seiner jungen Frau in Schlummer zu erhalten. Nachdem ihr der Herzog im Morgengrauen der ersten Szene ein Ständchen gebracht hat, denkt sie an nichts, als „noch ein Stündchen schlafen" zu gehen. Aber diese Unschuld, die einer Lucretia nicht übel zu Gesicht stünde, verhüllt eine Erwartungsbereitschaft der Sinne, wie sie etwa der Elga aus dem *Kloster bei Sendomir* eigen ist.

Erny hat eine Locke des Herzogs Otto vom Putztisch seiner Schwester, der Königin, gestohlen und hernach, über die eigene Tat erschrocken, verbrannt. Es war die Tat eines Kindes, aber eines leidenschaftlichen. Ihr Unbehagen wird dadurch nicht geringer, daß sie die Erinnerung an ihr Vergehen sogleich wieder ins Unbewußte zurückdrängen will. Als ihr dies nicht gelingt, drapiert sie den Lockenraub mit der Entschuldigung, daß ihr der Herzog in jenen frühen Tagen fromm und gut erschienen sei, so als würde die Sünde kleiner, wenn sie mit einem Rechtgläubigen begangen worden sei. Die Gelegenheit hat sie zur Diebin gemacht, und weder die vorgebliche Güte noch die trügerische Frömmigkeit des Neuankömmlings vermag die Tatsache zu verschleiern, daß die gestohlene Strähne groß genug gewesen sein muß, um vermißt zu werden. Mit anderen Worten: Erny hat den Anfang gemacht und dem Herzog ein Zeichen gegeben; und dieser ist nicht dafür zu schelten, daß er das Zeichen auf seine Art verstand. Seither hat sich ihr Unbehagen zum Gefühl der Schuld an ihrem Gatten vertieft. Mit den ersten Worten, die wir von ihr vernehmen, fragt sie Bancban, ob er ihr zürne. Er deutet die Frage auf des Herzogs Ständchen, das vor dem Fenster lärmt; sie aber muß der Locke gedacht haben, die ihn zu dieser Serenade eingeladen hat. Der Schlaf, in den sie sich zu Ende dieses Anfangs zurückzieht, wird von Träumen nicht frei gewesen sein.

Welche Bedeutung Grillparzer dem Motiv des Lockenraubs beigemessen hat, geht daraus hervor, daß es in den Handschriften in vierundzwanzig Versionen vorliegt. Eine dieser Fassungen enthält geradezu ein Selbstbekenntnis von Ernys Schuld:

> Unselge Übereilung jener Stunde! Daß
> Einen Augenblick mit minderm Abscheu
> Ich sein gedacht, nur einen Augenblick,
> Gott weiß es, und wie schnell bewußt.
> Rächt sich so bitter das.

Um das Geheimnis ihres Lebens und Sterbens zu bewahren, hat Grillparzer in der Bühnenfassung das Eingeständnis ihrer Liebe unterdrückt. (An der Lesart fällt auf, daß Erny die Faszination, die der Prinz auf ihre Sinne ausübt, sich nur als minderen Abscheu eingestehen will.) Von gleicher Ambivalenz ist die Szene getragen, da sie bei Hof „die teilnahmslosen Augen" auf den Herzog richtet und, als er ihrem Blick begegnet, dem seinen standhält, sich also von ihm nicht blenden läßt. Hier ist die Verwirrung ihres Gefühls noch in zwei aufeinander folgende Phasen gestuft: sie betrachtet Otto wohlgefällig, solange er ihren Blick nicht erwidert; zu „frostgem Strahl" und kaltem Haß wird der Blick erst, wenn sie sich ertappt weiß. Jetzt nimmt sie den Kampf auf, in den sie mit ihrem Gewissen geraten ist, und „erträgt die Begegnung", um sich selbst ihre Tugend zu beweisen. Wiederum legt eine gestrichene Variante ihr Unbewußtes frei: „Die Seele lasterhaft und fromm der Leib?" hat sie ihr Dichter fragen lassen, wobei sich die beiden Subjekte der Frage auch gegebenenfalls miteinander vertauschen ließen.

Erny verrät, was sie sich nicht eingestehen will, im Bild. Wie sie einst mit der Locke Ottos gespielt hat, so wickelt sie ihre eigenen Haare zu Locken auf, ehe sie dem Prinzen wiederbegegnet, während ihr der Mund von abweisender Rede überfließt (die in Abwesenheit Ottos noch gar nicht nötig geworden ist). Sie betrachtet ihre Schuhe und putzt sich so vom Scheitel bis zur Sohle, während sie den Gehaßten erwartet. Als genügte ihr das Vaterbild Bancbans nicht zum Widerstand, ruft sie auch noch den Schatten des leiblichen Vaters Nemaret herauf: „Mein Vater sprach wohl oft: sie hats im Nacken!" (Nichts konnte der zähwillige, aber diplomatische Grillparzer weniger ertragen als eine hartnäckige Frau.) Unter Bancbans gelassener Führung hat Erny gelernt, ihren Nacken zu neigen; nun, da sie alleine steht, richtet sie ihn auf. Otto hat ihren Stolz beleidigt, da sie sich nicht eingestehen mag, daß es ihr weibliches Gefühl war, das sie beim Anblick des Herzogs gedemütigt und beinahe in die Knie gezwungen hat. Durch einen Entschluß des Willens wird aus der heimlich Bezauberten eine Feindin des Herzogs.

Und mit dem scharfsichtigen Auge der Leidenschaft, bestehe diese nun aus Liebe oder Haß, findet sie die Stelle, wo er am schmerzlichsten verletzbar ist: sein Selbstbewußtsein. Hier setzt sie an; hier verwundet sie ihn mit dem wissenden Furor ihres schwankenden, aber drängenden Gefühls, das nur nach einem verlangt: Linderung.

Den Weisheitslehren Bancbans ist sie entronnen. Sein bruchloses Wesen reicht an die Verwirrung ihrer erschütterten Seele nicht heran. Er macht, wie er's gewohnt ist, Worte; aber zwischen ihnen öffnet sich nun die Tiefe, welche die Geschlechter und die Generationen trennt. Sinnbildlich erscheint ihm das Blatt, auf dem sich Erny dem Herzog wieder stellen wollte, leer, während für sie „der Hölle Züge ... drauf eingegraben" sind. (In früheren Fassungen befiehlt Bancban Erny, das Blatt wenigstens zu Boden zu werfen und mit dem Fuß darauf zu treten, oder auch, es zu seinen Akten [!] zu legen und sich die Hände danach abzuwischen.) Wohl nimmt er sie in seinen Arm; die Worte aber, die er dazu spricht, geben sie und den Schutz, den er ihr einst gelobt hatte, schon hier preis:

> So recht, den Kopf im Winkel eingeduckt,
> Die Augen zu, recht wie der Vogel Strauß.

Aber er selbst ist es, der hier die Augen schließt in der Hoffnung, es werde, was er nicht erblickt, vorübergehen.

Als Erny endlich dem Gatten ihre Zwangslage mehr angedeutet als gestanden hat, ruft er die Sitte zu Hilfe, das heißt: er beruhigt die Frau mit Konventionen. Wie man mannbare Töchter ins Kloster schickt, so verspricht dieser sonderbare Mann und Vater seinem „Kind", es auf einem der Schlösser draußen auf dem Land in Sicherheit zu bringen. Die Gefahr, die Erny von innen her bedroht, nimmt er nicht wahr, wobei es fraglich bleibt, ob er sie nicht wahrhaben *kann* oder wahrhaben *will*. Die Ehe ist ihm ein Sakrament und formal nicht zu brechen. Wie aber, wenn sie in ihrem innersten Kern dennoch gebrochen wäre, wenn dieser Kern sich nie gebildet hätte? Durch seinen Charakter ist Bancban daran verhindert, sich diese Frage zu stellen. Er treibt mit der Getriebenen Amtspolitik, die Politik eines österreichischen Amtes: ein Ausweg hat sich geöffnet, auf diesen schickt er die Frau in ihrer Seins-Not und sendet sie so ins Verderben.

Die Achtung, die Erny ihrem Gatten entgegengebracht hat, verwandelt sich in Verachtung — des Herzogs. Wie oszillierend ihr Gefühl für Otto auch sein mag, es ist das genaue Gegenteil dessen, das sie Bancban geschenkt hatte. „Verachtung" ist das Wort, das sie dem Herzog entgegenhält. Damit handelt sie nicht nur der ausdrücklichen Weisung Bancbans zuwider und bricht das Band des Gehorsams, an dem er sie bisher gegängelt hat, sie rebelliert auch gegen die Sitte des Hofs, indem sie, wie vorauszusehen war, eine Szene heraufbeschwört. Gilt diese Rebellion nur dem Königshaus, nicht auch dem Reichsverweser? Sie hat's nun einmal im Nacken; dem Puppenstand entwachsen, spricht und handelt sie als Weib. Ihre Kühle ist der Leidenschaft gewichen, wenn diese auch eine Leidenschaft scharfer und kalter Art ist. Unbegleitet kehrt sie in das Schloß zurück, um Abschied von der Königin zu nehmen (es ist nicht eben anzunehmen, daß sie Bancban von dieser Unbesonnenheit im vorhinein benachrichtigt hätte); der Tatort ihrer „Vergehen" zieht sie an; so verfällt sie Otto.

Erny nennt ihr Gefühl Haß. Wem aber gilt dieser Haß? Dem Herzog, der Königin, Bancban, ihrer verlorenen Jugend, dem ganzen verpfuschten Leben, ihr selbst? Schuld liegt am Grunde ihrer Getriebenheit, und da sie sich von dieser Schuld nicht zu befreien vermag, zeigt sie sich Otto gegenüber unerbittlicher als nötig. Vor der Königin, die Weibs genug ist, sie zu durchschauen, verleugnet sie das neue Gefühl, dessen Zweischneidigkeit sie im eigenen Fleisch fühlt, ohne die Gefährlichkeit ihres Liebeshasses zu erkennen. Noch leistet sie Bancban Lippendienst, einen schlechten Dienst, da er nicht um einer guten Sache willen getan wird, sondern dem Herzog ins Gesicht zu schlagen bestimmt ist:

Mit freier Wahl erkor ich meinen Gatten.

Und wenn nicht jung und wenn nicht blühend auch,

Weit höher acht ich ihn, als —

Das Schlagwort von der Achtung ist gefallen, der Herzog erträgt's nicht mehr und unterbricht sie. Zugleich aber hat sie mit der Verteidigung des Gatten sich entschlüpfen lassen, was es gewesen ist, womit sie der Herzog aufs erfolgreichste angegriffen hat: jung und blühend, das ist der Herzog, ist sie selbst.

Ihre letzte Szene mit Otto balanciert gefährlich an der Grenze zwischen Treue und Untreue, die sie nunmehr ebensowenig zu unterscheiden vermag wie den Übergang von Liebe zu Haß. Zwar hält sie sich bis an ihr Ende aufrecht, aber die Haltung, die sie zur Schau trägt, schützt sie nicht mehr. So wird sie aggressiv, wo sie vorsichtig, unbeugsam, wo sie geschmeidig, verständnislos, wo sie aufgeschlossen sein sollte. Sie ist, als sie das Gemach des Prinzen betritt, am Ende; dort, wohin sie ihn — beinahe vorsätzlich — getrieben hat. Warum tötet sie sich? Der Prinz ist ihr während des ganzen, bis zum Fieber gesteigerten Gesprächs körperlich nicht nahegetreten. Glaubt sie ihm, dem sie sonst mißtraut, die allzu theatralischen „Schauerklüfte", in die er sie durch die zwei Gewappneten zur Strafe (wessen?) werfen lassen will? Zuckt ein letzter Gedanke an Bancban in ihr auf; will sie sein Amt schonen, das nicht bloßgestellt werden darf? Die Wurzeln der Taten sind mannigfaltig und vielgestaltig. Und doch will es scheinen, als kehrte Erny, schwankend zwischen der „Schuld" an Bancban und der Schuld ihres Liebesbedürfnisses, den Dolch gegen den Sitz all dieser Bedrängnis: die eigene Brust. Mit ihrem Selbstmord setzt sie der Ambivalenz ihrer Gefühle ein Ende. Von hoher dramatischer Ironie ist es, daß sie, eben erst zum Weib aufgewachsen, als Kind stirbt. Diese ungarische Lucretia beklagt sich über die Schmerzen, die ihr der Dolch zugefügt hat: „O weh! — Es schmerzt! — Muß ich so früh schon sterben? / Mein Blut! — Es schmerzt!" Der Name Bancban kommt nicht mehr über ihre Lippen.

In bitterm Hohn hatte Otto Erny eine „Menschenforscherin, / Auflauernd der Entwicklung des Geschlechts" genannt. Grillparzer selbst war solch ein Menschenforscher. Er hat neben das halbe Kind Erny den halben Mann Gertrude gestellt. Wenn Ernys Frühlingserwachen im Sommer ihres Daseins darum tödlich endet, weil es ein falscher Frühling war, der sie so spät erweckte, dann stirbt auch die Königin an einer Verirrung ihrer Natur. Bleibt jedoch Erny die Zweideutigkeit ihres Gefühls verborgen, so daß sie Haß nennen muß, was Liebe hätte werden mögen, dann spricht die ihr geistig überlegene Gertrude ihr Wissen von der Ambiguität ihres eigenen Wesens in Wort und Handlung aus.

War Erny an Bancban als an ein Vaterbild gebunden, so findet Gertrude ihr besseres, ihr eigentliches Ich in ihrem Bruder. Zu Anfang bittet sie Andreas, Otto die Reichsverweserschaft zu verleihen:

Er war die Puppe, die ich tändelnd schmückte;
Mein Vaterland, der Eltern stilles Haus,
Mein erst Gefühl, die Kindheit lebt in ihm.
Ich grollte stets, daß ich ein Mädchen war,
Ein Knabe wünscht ich mir zu sein — wie Otto.
Er wuchs heran, in ihm war ich ein Jüngling,
In ihm ging ich zur Jagd, bestieg das Roß,
In ihm lockt ich des Burgwarts blöde Töchter. —
Ihr wißt, wie ich die Zucht als Weib gehalten,
Doch tat mirs wohl, in seinem kecken Tun
Traumweis zu überfliegen jene Schranken,
In die ein enger Kreis die Weiber bannt.
Er ist mein Ich, er ist der Mann Gertrude,
Ich bitt euch, trennt mich nicht von meinem Selbst.

Dies ist die beinahe klassische Diagnose eines Inzest- und Kastrationskonflikts. Mit ungemeiner Einsicht leitet die Königin ihre Fixierung an den Bruder aus der Kindheit ab. Was an ihr je mütterlich war, hat sie an eine Puppe, das Ebenbild ihres Bruders, vergeben. Der Welt, vor allem aber ihrem Gatten und ihrem Kind, trägt sie nach, daß sie zur Gattin und Mutter, nicht aber als Mann geboren worden war. Das Traumbild des brüderlichen Jünglings hat ihre Mädchenjahre geprägt; sie war es, die in seiner Gestalt „des Burgwarts blöde Töchter" verführte; ihre Wünsche haben sie verleitet, sich kühn über die Schranken ihres Geschlechts hinwegzusetzen. So stellt sie dann auch Erny nach — für Otto oder für sich? —:

Ich selbst, da es der Königin nicht ziemt,
Im Scherz auch einen Mann als Freund zu grüßen,
zu Erny
Erwähle, Gräfin, euch mir zum Gefährten,
Wenn nicht vielmehr zum Manne mich für euch.
Gebt mir die Hand! die Rechte!
Ernys Hand in ihre beiden fassend
Glaubt, ich lieb euch!
Mein schönes Kind, ich lieb euch, weiß es Gott!

Da der Reichsverweser ein etwas höher gestiegener Burgwart und Erny in Gertrudes Augen nicht eben mit Verstand gesegnet, „blöde" ist, spielt die Königin die Jünglingsrolle ihres Bruders wieder, spielt sie besser, als er es je vermöchte, denn hier ist in voller Zweideutigkeit ihr Wunschtraum Wirklichkeit und sie zum Manne, zum Verführer, geworden. Ihr Schmerz an der Leiche Ernys ist echt: auch sie hat eine Geliebte verloren.

Zu den Ironien des Dramas gehört es, daß Otto, dieser „Mann Gertrude", schwächer ist als die Frau, deren Begriff der Männlichkeit er bildet. So fällt es weder ihm noch sonst einer Person im Stücke ein, er könne mit Andreas in den Krieg ziehen. So macht ihn krank, was er für seine Liebe zu Erny hält. Als ihn Ernys Verachtung buchstäblich zu Boden gestreckt hat, bleibt der Schwester nichts anderes übrig, als völlig zum Manne zu werden, wobei sie sich paradoxerweise auf ihre Frauen- und Königinnenwürde beruft:

Ich aber denk es nimmermehr zu dulden,
Am mindsten, wo ich Frau und Königin.
Mir kommt die Lust an, Wunder zu versuchen.
Steh auf und sei gesund, sprech ich zu dir.
Steh auf, und zwar zur Stelle! Jetzt. Ich wills ...
O Jammerbild der selbstgeschaffnen Schwäche!
Wie schäm ich mich, daß du von meinem Blut.

Es ist sein Selbst, ihr Selbst, das der Kranke verraten hat. Dieses Selbst am Ende doch noch zu bewahren, scheut Gertrude auch vor der Blasphemie nicht zurück. Sie gibt den Wunderworten Christi neuen Sinn, gebärdet sich als eine Art von Heiland und macht damit Otto zu dem Mädchen, das jener auferstehen hieß. Sowie aber der Prinz, ihre Puppe, zu seinem Selbst zurückfindet und abzureisen droht, schwingt ihr Gefühl ins Weibliche zurück, das dem Geliebten seinen Willen tut: sie ruft Erny in das Zimmer des Prinzen. Sie wird sich nicht allzu weit von der Tür entfernt haben, durch die sie abgegangen ist.

Als Erny dann von eigner Hand gefallen ist, in ihrem Sturz noch Bruder und Schwester um ihre Träume betrügend, deckt die Königin den Herzog mit ihrem eigenen Leib. Mehr noch, sie nimmt den scheinbaren Mord — nicht ohne symbolische Berechtigung — auf sich. Wenn es zur Rettung kommt, drängt sie Bancban den Bruder vor ihrem eigenen Kind zur ersten Überfahrt auf; sie selbst bleibt bis zuletzt zurück. Sie rafft den Mantel und das Schwert, deren Otto sich entledigt hat, vom Boden auf, entschlossen, „als Mann um [ihre] süße Beute" zu kämpfen. Vergebens besinnt sie sich ihres Geschlechts und läßt die Attribute ihrer Lebensanmaßung wieder sinken — gerade diese Requisiten setzen die Aufständischen auf die Fährte des Herzogs, an dessen Statt sie nun den Tod erleidet. Mit dem gedämpften Pathos des letzten Aktes und aus seiner frommen Gesinnung nennt Bancban ihre Ermordung einen „Zufall . . ., des höchsten Gottes Bote". Aber auch die Psychologie, die ihren Charakter durchschaut, darf mit ihr mitleidig sein: der Tod gewährt ihr, was ihr das Leben versagt hatte: er trifft sie als einen Mann.

Was für Gertrude „der Eltern stilles Haus" gewesen war, muß für ihren Bruder eine Wüste an Einsamkeit gebildet haben:

Geboren auf der unglückselgen Höhe,
Wo man nicht Menschen kennt, nur Schmeichler, Sklaven;
Emporgetragen von des Haufens Gunst,
Aus Hand in Hand, ein Spielball fremder Neigung;
Begabt mit manchem, was sonst Frauen lockt,
Stürzt ich mich in des Lebens bunt Gewühl.
War ich nicht gut, ich konnte schlimmer sein!
Gab böses Beispiel ich, wer gab mir gutes?

Das ist zunächst eine eklatante Rationalisierung und Selbststilisierung, die Otto an seinem eigenen Wesen vornimmt, um, auf der Höhe des Affekts, Erny zu Sympathie zu überreden. Dennoch öffnet sich der Abgrund der Wahrheit unter den allzu schönen Worten: In dieser Schilderung fehlt der Vater, der ihm das erste gute Beispiel hätte geben sollen. So muß er ihn denn suchen und von Abenteuer zu Abenteuer nach dem Bild des Vaters jagen; zurücklassend und zerstörend, was ihm dies Bild und Beispiel vorenthält. Er ist keineswegs der Don Juan, als den ihn sein Dichter noch kurz vor der endgültigen Niederschrift des Dramas gesehen hatte, der Libertin, wie es im Tagebuch lautet, „der seine Leidenschaften als Spielzeug braucht, bei dem sie aber zugleich so heftig sind, daß sie wieder zur Wahrheit werden und ihn im 3. Akte körperlich krank machen". Grillparzer wußte, daß die innere Glaubhaftigkeit des Dramas von der Eigenart dieser Gestalt abhängen würde. Der Herzog durfte nicht zum Klischee des Verführers werden; er mußte sich wesensgemäß über die mehr oder weniger leidenschaftsbesessenen Liebhaber erheben, die der Dichter bisher geschaffen hatte: Jaromir, Zawisch von Rosenberg, Jason. Gerade weil Otto die originellste und psychologisch gewagteste unter den Personen des Dramas werden sollte, erschlossen sich Grillparzer ihre Umrisse zuletzt. So fügte er der Tagebucheintragung hinzu: „Diese letzten Worte habe ich hingeschrieben ohne ihren Zusammenhang innerlich zu fühlen. Die Tragödie muß vor der Hand also wohl unausgeführt bleiben." „Vor der Hand", das hieß: solange Grillparzer nicht der Einfall kam, daß er sich auf der Suche nach einem Charakter ohne Charakter befand.

An den ungarischen Hof verschlagen, begegnet der Prinz zunächst dem Landesvater, der zudem der Mann seiner Schwester, der „Puppenmutter" Gertrude, ist. Von des Königs Abneigung gegen Otto erfahren wir zuerst in seinem Staatsgespräch mit Gertrude über die Person des künftigen Reichsverwesers. Einen Augenblick lang läßt sogar der stille Andreas seine Gefühle durchblicken, wenn er dem selbstverräterisch heftigen Eintreten seiner Frau für den Herzog die Frage entgegenhält: „Macht mich der Bruder eifersüchtig nicht?" Aber die Majestät hat zwingendere, weniger persönliche Gründe, den zugereisten Prinzen abzulehnen: „Ich liebe, was ich achte", stellt der König unverblümt fest. Hier fällt zum ersten Mal das Wort von der Achtung, dessen Negation dann von Erny geradezu als Leitmotiv aufgenommen wird. Daß zwei voneinander so verschiedene Charaktere wie Andreas und Erny für den Prinzen Verachtung fühlen, verleiht dem Affekt eine gewisse objektive Gültigkeit. Otto hingegen kann die Ablehnung des Monarchen keineswegs verborgen geblieben sein. Der Autorität, die sich weigert, ihn anzuerkennen, zahlt der Herzog Gleiches mit Gleichem heim. Wenn sich der Vorhang zum ersten Male öffnet, ist er dabei, die Nachtruhe der Königsstadt zu stören. Dies führt dann unweigerlich dazu, daß er zum Reichsrat zu spät kommt und sich damit die letzte Chance, die Reichsverweserschaft zu erhalten, selbst verschüttet. Schon hier werden die Kräfte der Selbstzerstörung sichtbar, die Ottos Rebellion gegen die Autorität auslöst.

Noch ehe Bancban an die Stelle des Landesvaters getreten ist, hat Otto seine Auflehnung von Andreas auf ihn übertragen. Dem Paladin, nicht seiner Gemahlin, gilt im Grunde die nächtliche Katzenmusik. Das

Ständchen gibt absichtlich dem Gatten vor der Gattin den sprachlichen Vorzug:

> Alter Mann
> Der jungen Frau,
> Ist er klug,
> Nimmts nicht genau!

Ausdrücklich weist Otto auf Bancban als auf das Ziel, dem der Krawall gilt:

> Ich wollt ihn ärgern; seht, das war der Punkt!
> Ihn, der die Jagd mir hemmt, die Lust verdirbt.
> Was kümmert mich sein Weib mit ihrem blonden Haar?

Und wieder:

> Den Mann zu ärgern gilts, der meiner Werbung
> Durch seine Sicherheit zu spotten scheint.
> Was sonst sich gibt, als Zutat nehm ichs hin.

Das Wort „Werbung" ist zweideutig und verräterisch. Für seine Begleiter ist es auf Erny gezielt, von deren „Wohlgefallen" Otto eben gesprochen hat. Und doch bedeutet ihm die Eroberung der Frau nichts anderes als eine „Zutat". Paradoxerweise gilt die Werbung dem Mann, an dessen väterlicher Sicherheit er teilnehmen möchte, auch um den Preis, daß er diese Sekurität durch einen Ehebruch zugrunde richtet. Die Frau soll dazu dienen, ihm das Angesicht ihres Gatten zuzuwenden, selbst wenn es von Gram und Zorn verzerrt wäre. Sonderbar sind die verborgenen Wege dieses Ehebruchs. Bancban jedoch macht weiter kein Aufhebens, geht seines Wegs und läßt den zweideutigen Werber doppelt abgewiesen und zweifach erbittert zurück.

Ottos Verhalten gleicht dem Betragen eines Kindes, das Lärm schlägt, um Aufmerksamkeit zu erregen. Es ist sein Schicksal, daß er immer tiefer in einen Zustand der Infantilität zurückschlittert, je weiter Erny ihrer eigenen Kindschaft entwächst. Er scheint die Frau um so heftiger zu lieben, je deutlicher sie ihm ihre Achtung versagt. Um diese aber, nicht um Gegenliebe, geht es ihm; im Grunde sucht er sein Ich, nicht das Du Ernys zu gewinnen. Die Bestätigung seines Ich jedoch liegt bei den Vätern: Andreas, Bancban und jenem, den das Kind Otto nie gekannt hatte: seinem eigenen Vater.

Gerade weil Erny ihn zu lieben vermöchte, versagt sie sich ihm mit dem Instinkt der Frau, die fühlt, daß mit der Werbung nicht sie gemeint ist. Otto jedoch ist es ernst, weniger mit der Verführung Ernys als mit der Bestätigung seiner Person. Je näher die beiden auf der Bühne aneinander geraten, desto unfehlbarer müssen sie sich aneinander vorbei bewegen.

Ottos erste Gebärde ist eine Geste der Zartheit oder der Scheu. Er nähert sich Erny *„von hinten, ihre beiden Arme mit dem Äußersten der Finger berührend"*. Doch weder Scheu noch Zartheit vermag er durchzuhalten: so dringend ist ihm sein Anliegen — er selbst —, daß er Erny mit seinem Gefühl zu überrumpeln sucht, statt sie davon zu überzeugen. Er aber trachtet, sich über Bancbans Gattin zu erheben, indem er sich wiederholt vor ihr zu Boden wirft; sie zum Mitleid zu bewegen, indem er sie demütigt; ihre Neigung zu erlangen, indem er sie der Heuchelei bezichtigt. Der seltsame Werber gibt seine Verwirrung preis, wenn er Erny ins Gesicht Bancban „ein schlottrig Scheusal" nennt, „voll Launen, abgeschmackt, zum Tollhaus reif". Die Invektive beweist, wie wenig er Ernys Treue kennt, die Übertreibung, wie sehr sein eigenes Wesen aus den Fugen geraten ist, wie weit er sich schon von aller Wirklichkeit entfernt hat. Der Satz ist eine Grimasse, die ein verlorener Sohn dem Vater schneidet, der ihn ausgesetzt, der Ungeheuerlichkeit dieses Selbstverlustes überantwortet hat. Wenn dann das Wort „Verachtung" zum ersten Mal von Ernys Lippen kommt, scheint es ihr von Bancban eingegeben, als Antwort auf die Schmach, die der Herzog dem Alten zugefügt hatte. Der Schlag trifft Otto auch mit voller Wucht, weil ihm hier durch die Frau ihr „Vater", der Vater schlechthin, die Wahrheit ins Gesicht schleudert. Nun hört er endlich mit eigenen Ohren, wie hinter seinem Rücken über ihn geurteilt wird. Je öfter Erny das Wort wiederholt, desto mehr glaubt er ihm. Nun weiß er endlich, wer er ist: ein Verachteter.

Er erkrankt an diesem Wissen, weil er es teilt. Er verfolgt sich. Ein Kind, das nicht anders ans Ziel seiner Wünsche zu gelangen vermag, hat Otto die Nahrungsaufnahme verweigert, die Speise, die ein Symbol der Liebe und Achtung darstellt. Was ihm vorenthalten wird, dessen enthält er sich nun selbst. Als nach der Katastrophe von Ernys Selbstmord der Aufstand ausgebrochen und sein Leben in aller Realität bedroht ist, wird er plötzlich nach Speise verlangen; nun, da alles verloren scheint, begehrt er nach dem, was für ihn nicht mehr zu haben ist. Aber schon die Schwäche, die durch Ernys Verachtung ausgelöst worden war, war solch ein Schrei nach Hilfe, die keiner ihm bringen konnte. Charakteristischerweise weist er die Arzneien des Doktors zurück, verlangt aber nach einem Aderlaß: er muß Blut sehen, und wäre es das seine. Als der Wärter sich weigert, ihm den Willen zu tun, ist der zu Tode Ermattete immerhin stark genug, seinen Dolch nach dem Diener zu schleudern. Seinen Leib schüttelt Fieber; es verfliegt in dem Augenblick, da Erny an sein Krankenlager tritt.

Mit erstaunlicher Meisterschaft hat Grillparzer hier die tendenziöse

Doppelnatur einer psychosomatischen Krankheit gezeichnet: Leib und Seele verschränken sich im Übel; Innen und Außen verwirrt sich, so daß die Ursache zur Wirkung und das Symptom zum Erreger wird. Kaum hat Otto jedoch sein Ziel erreicht, so ist er auch wieder der Alte, „Gesunde", und da er's ist, findet der fliegende Dialog mit Erny seinen ersten Höhepunkt in der Erwähnung Bancbans. Als hätte er endlich seine Lektion gelernt, setzt Otto zu einem Lob des Mannes an, nicht minder übertrieben, als es zuvor seine Schmähung gewesen war. Doch die Sprache, die der Prinz hier führt, verrät sein Unbewußtes: noch immer wünscht er sich Bancban anzuschließen, wenn er Erny seine Liebe gesteht. Sie aber vernimmt den falschen Ton und deutet den Schimmer seiner Augen, „der lauernd sich gelungner Plane freut", auf ihre Weise. Wenn sie zur Wiederholung des Worts „Verachtung" ansetzt, unterbricht er sie, als würden ihn die oft gehörten Silben vernichten. Die Sturzflut der Schmähungen, die aus ihm hervorbricht, schäumt vor Angst. Es ist das Bannwort „Verachtung", das er fürchtet:

> Du liebst mich nicht? Was frag ich um dein Lieben?
> Du hassest mich? Was kümmert mich dein Haß?
> Doch weißt du, Törin, was Verachtung heißt?

Er scheint zu lügen und spricht doch die Wahrheit. Er hat in ihr sein Selbst gesucht, und wie ein Spiegel gibt sie ihm die Verachtung zurück, mit der er sich peinigt. Dieser Selbstverachtung verfällt er nun zur Gänze; stumm und verloren steht er da, als sie sich den Dolch in die Brust gestoßen hat.

Sein Betragen während der Belagerung des Schlosses ist die klinische Studie eines Menschen, dem seine Identität verlorengegangen ist. Nichts ist ihm geblieben als das Zittern einer Kreatur um ihre nackte Existenz. Den Tod im Herzen, flucht er allem Tod. Noch in ihrem Ende hat sich Erny als seine Meisterin erwiesen: sie hat ihn die Verachtung seiner selbst bis zur Neige auszukosten gelehrt. Nun erscheint sie ihm als Erinnye und Nachtgespenst, als „blasse Gräfin" und als „böses Weib". Er entblödet sich nicht, hinter dem Rücken des Knaben Bela Schutz zu suchen; nicht etwa, um das Kind zwischen sich und die Rebellen zu schieben, sondern um sich gegen das Gespenst der Gräfin abzuschirmen. Wirr gehen die Bilder in seinem Hirn durcheinander, Liebe und Vernichtung kreuzen sich und erzeugen den Unsinn der Fassungslosigkeit. „Wo ist dein Sohn?" fragt er die Königin.

> Das ist ein wackrer Schütz
> Mit seiner kleinen Armbrust. Ruf ihn her!
> Er war zu Nacht bei meines Bettes Häupten,
> Dort hielt er Wacht; und wenn die Gräfin kam,

Da spannt' er seinen Bogen wie Kupido,
Und schoß nach ihr den Pfeil. Sie duckte sich,
Jetzt hier, jetzt dort! so war sie nicht mehr da.

Das Gespenst der Gräfin ist ein *revenant;* es kehrt wieder. Da schreit
der Herzog nach Licht, wie einer, der seinem Angsttraum entrinnen will,
und entflieht dem Spuk doch nur in den Alp der Wirklichkeit: die
Rebellen haben Sturmböcke angelegt und berennen die Mauern. Seine
Erschütterung setzt sich in der Erschütterung des Schlosses fort. Fetzen
von Erinnerungen treiben auf dem Gefälle seiner Angst; er zitiert
Christus, genauso wie Grillparzer den Heiland in seinem Tagebuch
berufen hat: „Mein Herz ist betrübt bis in den Tod." Daraus macht Otto:
Mein Innres ist betrübt bis in den Tod!
Schick fort nach deinem Sohn! Das Kind ist gut.

Er selber aber ist ein böses Kind. Im kleinen Prinzen hingegen erkennt
er zum erstenmal die Güte des Menschen als eine Autorität an, die
wacht und schützt. In der Tiefe des Selbstverlustes ruft er nach Bindung
und Zugehörigkeit zu dem Hause, das seinetwegen in Trümmer zu
brechen droht. Als dann Bancban erscheint, ordnet er sich diesem aufs
willigste unter. Das „schlottrige Scheusal" flößt ihm jetzt einen
Schwundrest von Zuversicht ein, gibt ihm sozusagen einen Bruchteil
seines eigenen Selbst, und dies um so leichter, als Erny nicht mehr
zwischen ihnen steht. Sich der Führung Bancbans anzuvertrauen war
lange schon der unbewußte Wunsch des Vaterlosen gewesen; nach all
der Störung und Zerstörung ist er nun so weit, diesen Wunsch in
Erfüllung gehen zu sehen. So faßt er Mut; geleitet von Bancban, tritt
er hinter dem Kind hervor und geht diesem auf der Flucht voran.

Wer ist dieser Mensch? Ist er ein Bösewicht oder ein früher Anti-Held?
Ein Zerrissener oder ein Libertin? Die klinische Studie eines Psycho-
pathen? Grillparzer selbst scheint, zumindest zeitweise, an den Störungen
Ottos am meisten interessiert gewesen zu sein. An die Schwester des
ersten Darstellers, Julie Löwe, schreibt er über seine Auffassung des
Herzogs im vierten Akt: „Unter zehen Schauspielern werden neun uns
den Prinzen als einen eigentlich Wahnsinnigen geben. Das ist er aber
nicht. Fast würde vorübergehender Blödsinn eher seinen Zustand bezeichnen. Es ist eine dumpfe Abspannung, die notwendig eintritt, wenn
im Zustande der höchsten Aufregung ein entsetzliches Ereignis die
Lebensgeister, die den höchsten Grad der Steigerung bereits erreicht
haben, von diesem Gipfel in den entgegengesetzten Zustand hinabwirft.
Ein *guter* Mensch würde vielleicht wahnsinnig geworden sein, Otto wird
stumpf ... Wenn sein Schreck sich bis zur Gespensterfurcht steigert, wird
er klagend, hilflos, kindisch fast. Er weiß nicht wie schuldig er ist, das

Ereignis von Ernys Tode hat sein Leben in zwei ungleiche Hälften geteilt und die erstere liegt ihm im Dunkeln." Grillparzer hat das Wort „gut" in der Phrase „ein *guter* Mensch" unterstrichen, so als wollte er der psychologischen Beobachtung eine Moral abgewinnen. Und doch scheint die Güte, von der er hier spricht, vor allem in der Bereitschaft des Menschen gelegen, sein Ich einzusetzen und mit dem Du des anderen zu verbinden. Zerbricht diese dialogische Verbindung, dann lischt sein eigenes Ich aus, durch Wahnsinn vielleicht oder durch Tod. Güte wäre dann jene Liebesfähigkeit, die Otto schon darum abgehen muß, weil er kein Selbst besitzt, das er dem andern schenken könnte. Er wird nicht nur „kindisch fast" — er ist es immer gewesen; nur erlaubt es ihm jetzt die Not — jene, in die er geraten ist, und nicht etwa jene, in die er das Haus des Königs gestürzt hat —, seine Infantilität hervorzukehren, zurückzufliehen in eine Zeit, in der Kinder, selbst wenn sie so schlimm sind wie er, in einer Krankheit Zuflucht und Schutz finden. Grillparzer schildert einen Nervenzusammenbruch, wenn er dem Schauspieler hier „eine klanglose Stimme, ein dumpfes Vor-sich-hin-Stieren, im Sitzen den Kopf zwischen die Schultern gezogen", also eine embryonale Haltung des Körpers, anrät. Aber auch dieser Zusammenbruch ist nichts als ein Ruf nach dem Vater, der in der Gestalt Bancbans denn auch wirklich die Szene betritt. Dieser kann ihm zwar zur Flucht verhelfen; seine Ohnmacht zu lindern hingegen vermöchte nur die Aufhellung jener „ungleichen Hälfte seines Lebens" vor Ernys Tod, die „im Dunkeln" liegt. Dann erst würde der Blinde sehend.

Grillparzer grauste es vor den Einblicken in die menschliche Psyche, die er hier getan hatte. Daher fürchtete er, daß besonders der dritte und der vierte Akt, die Ottos Nervenschwäche zeigen, „nur eine widerliche Wirkung hervorbringen" würden, und behielt das Stück ein Jahr lang in seinem Pulte, ehe er es einzureichen wagte. Obwohl nur sechs Jahre zuvor die Wiener Zensur aufs rascheste dafür gesorgt hatte, daß Kleists „vaterländisches Schauspiel" *Der Prinz von Homburg* in der Versenkung verschwand, weil es „auf die Armee demoralisierend wirken müsse, wenn ein Offizier so feige um sein Leben bittet" (Helmut Sembdner), erfuhr der *Treue Diener* „gar keine Hindernisse von Seite der Zensur und wurde, fast ohne daß ein Wort gestrichen worden wäre, mit ungeheuerm Beifall aufgeführt". Das Unbehagen des Dichters ließ sich jedoch durch Applaus nicht beschwichtigen: „Meine Freude über den Erfolg war nur mäßig", heißt es weiter in der Selbstbiographie, „da das Stück bei mir kein inneres Bedürfnis befriedigte." Statt seine schöpferische Spannung zu lösen, hatte es die Ahnungen und Ängste seines Innern vor dem Publikum bloßgestellt.

Das Unbehagen des Dichters wurde zumindest von einem seiner Zuschauer geteilt: Kaiser Franz hatte der Erstaufführung am 28. Feber 1828 beigewohnt, dem Dichter sein Wohlgefallen aussprechen und ihn ermutigen lassen, sich dem Publikum zu zeigen, eine Ehre, die das Burgtheater nur selten vergab. Auch bei der zweiten und dritten Aufführung war der Monarch zugegen; dann aber schien sich sein Wohlgefallen an dem Werk derart gesteigert zu haben, daß er sein „alleiniger Besitzer" zu werden wünschte. Aus dem Österreichischen übersetzt, bedeutete dies, daß der Herrscher den Versuch unternahm, das Drama aus der Öffentlichkeit zurückzuziehen. Grillparzer fragte sich vergebens, „was dem Kaiser an diesem bis zum Übermaß loyalen Stücke mißfallen" haben mochte. Dem Monarchen, der sich zunächst von Bancbans Treue zum angestammten Herrscherhaus hatte blenden lassen, mag es allmählich aufgedämmert sein, daß eine Psychologie, wie sie Grillparzer sozusagen unter der Hand in seinem Stücke trieb, zwangsläufig zur Gefährdung, ja zum Sturz aller Majestät führen mußte. Der Vater des Vaterlands mag von dem kalten Hauch der Erkenntnis gestreift worden sein, daß Grillparzer hier der paternalistischen Gesellschaft Alt-Österreichs und damit auch seinem Staat und Hof einen Krankheitsbefund ausgestellt hatte, zu dem das Publikum des Burgtheaters auch noch begeistert geklatscht hatte. Der Plan des Kaisers scheiterte an der Schläue seines treuen Dieners. Grillparzer berief sich auf den Handel, den „die mit der Kopiatur betreuten Souffleure... mit widerrechtlich genommenen Abschriften trieben. Der Kaiser könne sein Geld ausgeben, ohne daß das Stück, und zwar ohne meine Schuld, der Öffentlichkeit entzogen werde." Damit erwies der Schöpfer des Bancban der kaiserlichen Majestät sogar noch einen Dienst: er bewahrte sie vor überflüssigen Ausgaben. Trotzdem wurde der *Treue Diener* nach fünfzehn Aufführungen vom Spielplan abgesetzt und erschien erst dreiundzwanzig Jahre später wieder. Die Reaktion des Verfassers findet sich in einem Epigramm, vermutlich schon aus der ersten Septemberhälfte 1827:

Auszeichnung hier erwarte nie,
Denn das System verbeuts,
Das Kreuz hängt hier nicht am Genie,
Nein, das Genie am Kreuz.

Es wäre nun freilich falsch, anzunehmen, daß Grillparzers „mäßige Freude" über den Erfolg des Werkes lediglich seinem verletzten Ehr- oder Schamgefühl entsprungen sei. Sein Kunstverstand war scharf, seine Selbstkritik wachsam genug, um einzusehen, daß das Ende des Dramas eine Verlegenheitslösung darstellte. Zwar trug er in sein Tagebuch ein: „Wenn sie wüßten, wie dieser wirkungslose 5te Akt bestimmt war jene widrigen Eindrücke [der vorausgehenden Akte] wieder gut zu machen, und die Handlung in das menschliche Geleise zurückführen sollte. Wenn sie wüßten! Aber sie wissen nichts." Er war ein Theaterdichter, welcher der Publikumswirkung alles eher denn gleichgültig gegenüberstand, und wenn er auch den Abfall des Schlußaktes den Zuschauern in die Schuhe schob, konnte es ihm doch nicht verborgen bleiben, daß diese Schwäche zutiefst in seinem Werke selbst begründet war. Die Absicht war nicht gelungen; dies verstimmte ihn. War es aber überhaupt möglich, das Stück als ein Trauerspiel im klassischen Sinne zu vollenden? Konflikte, deren psychologische Motivationen freigelegt worden sind, stehen mit den unerbittlichen Grausamkeiten der Tragödie in Konflikt. Schicksalsschläge drohen nicht mehr nur aus dem dunkeln Unbekannten, sie bereiten sich auch vor unseren Augen im Unbewußten der Betroffenen vor, werden von ihnen geradezu hervorgerufen. Der Schrecken droht, seinen Schrecken zu verlieren, und selbst der seelisch Unheilbare erscheint nicht mehr als tragische Figur, sondern als traurige Gestalt.

Es war nicht zu erwarten, daß der frühe Seelenforscher Grillparzer einer Unmöglichkeit Herr werden würde, der auch der reife Realismus eines Ibsen oder O'Neill machtlos gegenüberstand. Wie er's gewollt hatte, führt ihn der Ausweg, den er fand, zu einem Höchstmaß an Wirksamkeit. Dies jedoch stellte sich als Sackgasse heraus. Das Ende des *Treuen Dieners* ist magisches Theater: es zaubert, aber es erschüttert nicht.

Der Wechsel der Schauplätze hatte das Publikum von außen nach innen geleitet: von der Straße, deren Lärm Bancbans Haus erfüllt, in die Säle der Königsburg, von diesen in die Privatgemächer der Königin und des Herzogs. Je tiefer der Blick des Dichters das Innere der Figuren durchdringt, desto dichter schließen sich die Kulissen um die Gestalten. Der Platz, der den vierten Aufzug eröffnet, schrumpft zusammen, wenn die Menge der Verwandten ihn betritt, die den Mord an Erny zu rächen entschlossen sind; gedrängt sind Szene und Rede; die Intimität der Verschwörung engt ihn ein. Ihm folgt das Gemach der Königin, nunmehr doppelt abgeschlossen durch das Mauerwerk der Burg und den Ring, den die Rebellen um sie gezogen haben. Von hier geht es dann jäh hinab ins unterste Gewölbe. Die Bewegung nach innen setzt sich in einer Bewegung in die Tiefe fort, ein theatralisch prägnantes Sinnbild, das Grillparzer schon in der Szenenführung der *Ahnfrau* zur Anwendung gebracht hatte.

Vor dem Gewölbe aber liegt der Graben, über den die durch den treuen Diener Geretteten in die freie Gegend des Schlußaktes entfliehen. Die Ebenen des Spiels haben sich verschoben. Realismus erhöht sich zu Überwirklichkeit. Die Symbole ändern ihre Grundbedeutung: sie sind aus Chiffren seelischer Ambivalenz zu Sinnbildern einer eindeutigen Verzeihung und Gnade geworden, die sich mit dem hellen Tageslicht verbreitet, das über der nächtigen Bühne des Dramas aufgegangen ist.

Die schwere Zunge Bancbans hat sich gelöst; seine karge Rede dehnt sich unvermittelt zum weitgespannten Anfangsmonolog des Aktes aus. Er scheint sich auf das *Neue Testament* zu berufen, wenn er an Otto, den er gleich zweimal einen „blutgen Mörder" nennt, die Frage richtet: „Wie kamst du in das Laub, in meinen Weinberg?"

Er schildert aber nur die Landschaft, die ihn umgibt. Er gebietet Otto, das Blut an den Füßen des „Herrleins" zu trocknen; der Herzog folgt ihm und imitiert die Fußwaschung des Herrn. Er, der das „Kind" Erny in den Tod getrieben hat, darf zum Retter des Kindes Bela werden. Bancban unterweist ihn:

> Sieh an den Rebenhügeln hier und dort
> Die Haufen Reisig, nahbei wilde Rosen.
> Dort duck dich unter, bette dich in Dornen,
> Mach deinen Leib zum Pfühl für dieses Kind.
> Erst, wenn du rings gelauscht, ob alles ruhig,
> Dann komm hervor und flieh von Busch zu Busch,
> Bis euch der Wald umfängt. Verstehst du, Mörder?
> Nun, Herzog, nehmt das Kind und seht euch vor.

Der jähe Wechsel von „du" zu „euch", von „Mörder" zu „Herzog" deutet darauf hin, daß Bancban sein starres Verhalten zu seinem Fluchtgefährten nicht mehr völlig aufrechtzuerhalten vermag. Otto jedoch schweigt und nimmt die Sorge um den Prinzen wie in Trance auf sich.

Noch einmal bricht das lang verhaltene Gefühl durch die starre Oberfläche von Bancbans Charakter, dann nämlich, wenn er seinem Herrn, dem König, entgegentritt und dieser ihn nach dem Verbleib seines Weibs Gertrude fragt. Da antwortet Bancban: „Daß Gott! Die kehrte heim; / Sie wollte sehn, wies meinem Weib erging." Er überbringt die Hiobsbotschaft auf eine Weise, die ebenso anmutig wie zweischneidig ist. Hier rührt sich der Untertan, dem Gleiches widerfahren ist wie seinem König; der Diener lehnt sich gegen den Herrscher auf, der ihm die Prüfung auferlegt hatte und der genau wie er für diese Prüfung hat bezahlen müssen. Zugleich aber fügt er sich dem Vater im Himmel, den er anruft, ehe er sich zu seiner Antwort aufrafft, die den König nicht nur treffen muß, sondern auch trösten soll. Man kann nicht folgsamer aufzubegehren, nicht vorwurfsvoller zu schonen, nicht schmerzlicher zu scherzen versuchen. Drei Vatergestalten begegnen einander in diesen wenigen Worten: Bancban, der „Vater" seines Weibes, der „Vater" des Prinzen auch, den er um der verlorenen Kindschaft seiner Frau willen an Sohnes Statt angenommen hat; der Landesvater Andreas, der, wie er nun erkannt hat, schlecht um seine Kinder sorgte, als er sich anschickte, in den Krieg zu ziehen; und jener Vater im Himmel, zu dem nach dem undurchsichtigen Plan der Vorsehung die beiden Frauen heimgekehrt sind.

In immer schnellerem Gefälle strebt das Finale nun dem letzten Vorhang zu. Bancban präsentiert dem König die Rädelsführer der Verschwörung, die sich ihm, man erfährt nicht recht, wie und warum, ergeben haben. Aber wir befinden uns ja im Reich des Wunders und beinahe der Oper. Als stünden sie auf der Opernszene, zeigen die Figuren nunmehr dem Publikum nichts als ihre Oberfläche. Vergebung herrscht, und das Stück, das als Trauerspiel angelegt war, gerät bedenklich in Gefahr, mit einem blendenden Dur-Akkord zu enden.

Da stürzt der Herzog von Meran auf die Bühne, *„in der rechten Hand ein zerbrochenes Schwert, auf dem linken Arme den kleinen Bela tragend"*, und bricht in den Ruf aus: „Bancban! sie rauben mir dein Kind!" Im Wahncharakter dieser Worte, der ersten, die Otto in diesem Schluß- und Reueakt spricht, liegt Wahrheit verborgen: Nicht nur von Treue, Liebe und Achtung hat das Drama gehandelt, sondern in sehr profunder Weise auch von der Frage der Vaterschaft. Es ist nicht nur die Phantasie eines verwirrten Gefühls, die Otto angesichts des leiblichen Erzeugers, des Königs, Bancban als Vater des Kindes ansprechen läßt, das er gerettet hat. Die uralte Motivik des salomonischen Urteils und des Kreidekreises klingt an. Hat seine Treue dem Diener nicht Anspruch auf das Kind seines Herrn gegeben? Hat Bancban nicht Bela auf höherer Ebene das Leben geschenkt als Andreas? Wenn aber die Errettung des Knaben Bancban zum Vater des Prinzen machen konnte, dann besteht auch für Otto Hoffnung, dieser Vaterschaft teilhaftig zu werden, da ja auch er vom Reichsverweser vor der Vernichtung bewahrt worden ist. Der Herzog scheint nun bereit zu sein, der Rebellion zu entsagen und sich der Autorität eines Vaters zu fügen. Als Sinnbild dieser Bereitschaft bringt er Bancban „sein" Kind und schreit auf, da es die Soldatenschar des Königs „raubt", um dem König seinen Sohn in die Arme zu führen. Damit aber hat Otto aus seiner eigenen Bewußtseinslage heraus zum ersten Mal das Gefühl eines Mitmenschen erraten. Auch Bancban ist vom „Raub" „seines" Kindes aufs schmerzlichste betroffen. Während der Prinz auf den König zuläuft, ist er zur Seite getreten und murmelt:

> Nu, herzt euch satt, und ich muß trocken stehn,
> Kann nicht einmal den Mund an seinen legen.

Die Erotik der letzten Zeile läßt seine Erschütterung darüber ahnen, daß er in dem Kind Bela das „Kind" Erny zum zweiten Mal verloren hat.

Otto aber liegt auf dem Angesicht am Boden, unfähig, seinen Blick zu den beiden Vätern zu erheben. Und sehr tiefsinnig und psychologisch einleuchtend ist es, daß der leibliche Vater Belas um der Rettung seines Kindes willen dem Herzog vergeben kann, Bancban aber nach kurzem Schwanken ihn zum letzten Mal und endgültig zurückstoßen muß:

Du guter Mörder, gib mir deine Hand!
Und doch — war sie es nicht, die meiner Erny —
Fort, Mörder, fort! und laß mich dich nicht schauen!

Ein zweimaliges Stocken der Rede, ein wiederholter Gedankenstrich, und aus dem „guten Mörder" ist wieder der blutige Verbrecher geworden. „Gut" war Otto um seines Anteils an der Errettung Belas wegen, „blutig" hingegen ist er, weil jetzt, da Bancbans Sorge um den Prinzen sich erübrigt, die Erinnerung an Erny doppelt mächtig in dem doppelt Verlassenen aufgestiegen ist. Die alte Rechthaberei kehrt in den grauen Starrkopf zurück. Während Andreas ausdrücklich auf die Verfluchung Ottos verzichtet und ihn nach Deutschland zurücksendet — „kein Fluch sei über euch" —, zeichnet Bancban, indem er sich unversöhnt abwendet, das Mal der Verbannung auf die Stirn des verlorenen Sohns, der im Grunde nichts so sehnlich begehrt hatte wie seinen Segen. Mag er jetzt auch noch Erny von aller Schuld reinwaschen, der Herzog muß von nun an unter dem Schuldspruch des Unversöhnlichen weiterwandern.

Der Weg, auf den er gesendet wird, kann den Herzog zum Selbstbewußtsein seiner Tat und zum Wandel seines Wesens führen. Wir aber erfahren nicht, was aus ihm wird. Bancban dagegen ist sich selbst, seiner Rechtschaffenheit und Selbstgerechtigkeit, treu geblieben. So wird er zum treuen Diener seiner selbst; zum Herrn seines Alters und seiner Einsamkeit. In ihrem Mangel an Entwicklung stellt seine Gestalt die am wenigsten dramatische Figur des Schauspiels dar. So will denn auch sein Kniefall vor dem künftigen König, dem Kinde Bela, wenig mehr bedeuten als eine pseudobarocke Floskel. Das Bild vom Kinderkönig deutet auf das Ende der *Jüdin von Toledo* und über dieses auf Hugo von Hofmannsthals *Turm* voraus. Mit großem Geschick hat Grillparzer diesem *rex puer* schon früher messianische Züge verliehen (in der „Fußwaschung" Ottos etwa); so kann er gerade noch rechtzeitig vor dem Fall des letzten Vorhangs zu einer Art von *deus ex machina Christiana* glorifiziert werden. Damit endet das Drama von der Treue recht eigentlich als ein Märchenspiel mystischer Legitimität.

Aber das „Herrlein" besitzt nicht die Kraft, zu lösen oder zu binden. Das Postament, auf das es von seinem Dichter gestellt wurde, ist aus Kulissenpappe. Der Boden der Bühne zittert noch von der Schwere der Schritte, mit denen der Herzog abgetreten ist. Das Trauerspiel vom untragischen Diener ist zum Spiel der Trauer über eine Seele geworden, die weder herrschen noch dienen konnte. Herzog Otto von Meran ist auf dem deutschen Theater der erste Mann ohne Eigenschaften, einer jener unseligen und gestörten Söhne, von denen Rilke dann sagen sollte: „Was wußten sie, wer er war. Er war jetzt furchtbar schwer zu lieben, und er fühlte, daß nur Einer dazu imstande sei. Der aber wollte noch nicht."

Gewiß ist Hero die legitimste unter Grillparzers klassischen Gestalten. Ihr Liebesabenteuer mit Leander weist bis auf den Mythos von Amor und Psyche zurück. „Nie wieder ist [der Dichter] dem Goethe der Iphigenie so nah gekommen", gibt sogar der dem Österreicher sonst nicht eben aufgeschlossene Friedrich Gundolf zu. Dieser Satz klingt freilich nicht weniger wahr als falsch: Grillparzer ist Goethe auch nirgendwo ferner als in *Des Meeres und der Liebe Wellen*. Was in der Seele des Mädchens vorgeht, ist von den Gesetzen der Psychologie bestimmt, bis in einem Aufschwung, der ebenso folgerichtig wie unerwartet einsetzt, der Heldin tragische Statur verliehen wird. Sinnbildlich erhebt sich der Tempel der Göttin über den beiden Eckakten seines Spiels und wird doch gleich zu Beginn zu einer ganz unhellenischen Kapelle, einem „Gotteshäuslein". Die Geschehnisse aber, die sich in diesem ersten Aufzug an- und in den Mittelakten breit ausspinnen, sind von heute genauso, wie sie von immer sind.

Ein Frauenwesen tritt vor uns hin, wie es nicht einmal Goethe seiner mann-weiblichen Phantasie abgewinnen konnte, Erweckerin, Schlafwandlerin, Vollstreckerin und Opfer eines seelisch-körperlichen Verhängnisses, der Leidenschaft; zwar, wie es in den Vorarbeiten heißt, „im Gleichgewichte, aber doch höchst gesteigert, sensuell, all das Dämonische, der ganzen Welt vergessende, Taub und Blinde, was die Weiber befällt, wenn eine wahre Liebe eine Beziehung auf die Sinne bekommen hat". Und wieder: „Träumerisch, sensuell." Wie die Sinne sich entzünden, bis die ganze Seele eines noch kurz vorher kindlichen Geschöpfes in einem Brand steht, der nicht mehr zu löschen ist, ehe sich das Herz „in Doppelschlägen" fiebrisch erschöpft hat, dies ist mit einer Konsequenz dargestellt und zugleich mit einer Delikatesse verschleiert, welche die Gestalt ebenso einleuchtend wie unerschöpflich erscheinen läßt. Kein Wunder, daß die Dlle. Gley vom Dresdner Hoftheater dem Dichter und seinen Wienern bei der Premiere am 5. April 1829 nicht genügte: ein Unmögliches, der Zeit und ihrem Stil noch nicht Zugängliches, war von ihr gefordert; und wahrscheinlich hat keine Schauspielerin die Spannung zwischen schwebendem Wort und halber, aufschließender Gebärde so hervorzurufen verstanden wie Paula Wessely, als sie in unseren Tagen die junge Priesterin nicht darstellte, sondern war.

Als Kind erscheint Hero, wenn sie das Stück mit einem Monolog beginnt, als folgte sie in der Tat den Spuren von Goethes Iphigenie. Doch liegt von allem Anfang an ein anderes Licht über dieser Szene, eine Morgenstimmung, die von der völlig unverbrauchten, ungeprüften Jugend dieses Mädchens ausgeht. Das Blumenhafte des Geschöpfs verkörpert sich in „Myrt und Rosen", mit denen sie den Tempel schmückt. Aus Schmuck und Spiel scheint ihr der Dienst am Heiligen zu bestehen. Biedermeier ist dies, mit den klassizistischen Zügen des Intimstils: edle Einfalt und Stille. Nicht trägt sie, wie Goethes Heroine, die Schwere der Verpflichtung, nicht tritt sie, wie Iphigenie, mit ihrem ersten Wort aus dem Heiligtum „heraus"; es drängt sie vielmehr ins Innere zu den Göttern, von deren Weihe sie nichts Mindereres erwartet als ihre eigene Vergöttlichung. So fragt sie Gott Phoebus, dessen erste Strahlen in den Vorhof fallen, kokett und doch mit unverkennbarer Erwartung: „Schaust du mich schon als eine von den Euren?" Schon klingt ein Motiv an, das später erst seinen bestimmenden Tonwert annehmen soll: Hero nimmt ihre Priesterschaft nicht so sehr als eine Verbindlichkeit auf sich wie als Privileg in Anspruch:

> Ward es dir kund, daß jene muntre Hero,
> Die du wohl spielen sahst an Tempels Stufen,
> Daß sie, ergreifend ihrer Ahnen Recht,
> Die Priester gaben von Urväterzeit
> Dem hehren Heiligtum — daß sies ergreifend,
> Das schöne Vorrecht, Priesterin nun selbst ...

Nicht von ungefähr verliert sich die Kindliche in ihre Kindheit zurück; sie ist, man merkt es, ungemein verwöhnt; und mit der Selbstverständlichkeit eines Wesens, das den höheren Ständen entsprungen ist, greift sie gleich zweimal nach der Würde der Priesterin wie nach einem ererbten Familienprärogativ. Als Bildwerk umgeben die Götter in milder Gleichgültigkeit die Rede.

Der Dialog — beinahe hätte man gesagt: das „Duett" — mit Janthe, der Dienerin, ist dann mädchenhafter Tratsch, unter dem doch sogleich mit dunklerem, schwererem Klang das Bild der beiden Jünglinge am Gitter emporsteigt, das Schicksalsmotiv, das sie unvermittelt dem „edlen Ohm", dem Priester, entgegentreibt, wiederum als ein Kind, „dein Kind"; sie sagt es ja selbst. Diese Flucht in den Schutzkreis des Erwachsenen macht es deutlich, daß Hero Leanders gewahr geworden ist, noch ehe sie ihn recht gesehen hat; was hier die zarteste Gestalt gewinnt, ist eine Regung vor dem ersten Blick.

Und doch ist sie, die Unerwachte, schon Frau genug, um zu erkennen, was ihr fehlt. „Nur halb bewußt", gesteht sie, habe sie „ein glücklich Ungefähr" dem Tempel zugeführt.

Aus langer Kindheit träumerischem Staunen
Bin hier ich zum Bewußtsein erst erwacht.

Die Selbstbewußte vermeint, im heiligen Bezirk zu sich selbst gelangt zu sein. Die Suche nach dem eigenen Ich ist überhaupt ein Grundzug ihrer Natur. Daß die Kindheit jedoch länger währt als die Kinderzeit, daß der Traum, der aus dem Unbewußten aufsteigt, sie immer noch umfangen hält, deutet der Dichter an, indem er sie in einer Frage von ironisch gebrochener Rhetorik das Ende ihres Schicksals vorwegnehmen läßt. Sie spricht von sich, ohne es zu wissen, wenn sie, als wär's im Gleichnis, zu fragen vermag:

Wer, wenn er mühsam nur das Land gewonnen,
Sehnt sich ins Meer zurück, wos wüst und schwindelnd?

Sie blickt in die Zukunft, sieht für den Schatten eines Augenblicks das Leid, das dem Burschen droht, den sie soeben vom Eingang ihres Heiligtums hat zurückscheuchen lassen, und rührt damit doch auch wieder an ihr eigenes Los, das sie, noch ehe dieser Tag vorüber ist, mit dem seinen unlösbar verknüpfen wird. In aller Treuherzigkeit vermag sie dem priesterlichen Oheim zu versichern: „Mich haben sie [die Götter] zur Sehrin nicht bestimmt"; und dennoch vermag sie ins Kommende zu schauen, wenn auch nicht als professionelle Priesterin, so doch aus Intuition. Aus diesem Durcheinander von Unschuld und Ahnung, diesem sozusagen blinden Sehen, entstehen die gleitenden Doppeltöne, die der Sprachmusiker und Psychologe Grillparzer seiner Hero auf einzigartige Weise mitgegeben hat. Von Anfang an sagt sie mehr, als sie wissen kann.

So etwa in ihrem hintergründigen Spiel mit der Taube, die mythologisch zum Gefolge der Aphrodite gehört, hier aber samt ihren Jungen aus dem Tempel der Liebesgöttin vertrieben werden soll, weil sich der Schutzherrin der Paarung paradoxerweise nur jungfräulich dienen läßt. Hero hält ihr eigenes Schicksal in der Hand, wenn sie, den Vogel streichelnd, flüstert: „Du armes Tier, wie streiten sie um uns!" Noch steht sie im Vorhof, fühlt sich trotz aller Lust am heiligen Spiel gefangen, und weiß doch nicht, worin und warum. Der Dichter aber verrät mit diesem Satz, was noch für einen kurzen und langen dramatischen Augenblick unartikulierbar ist: das schlummernde Gefühl des Mädchens; er deckt in diesen wenigen Worten, dieser einen Gebärde, die seelische Gefährdung seiner Heldin auf, die erst dann erkennen darf, daß sie zur Liebe reif, zu lieben geschaffen wurde, wenn sie dem Priesterstand beigetreten und damit dem Liebesverbot verfallen ist.

Dann, wenn es soweit ist, wird sie an Leanders Adresse zum Freund Naukleros sagen:

> Noch gestern, wenn ihr kamt, da war ich frei,
> Doch heut versprach ichs, und ich halt es auch.

Das Ungefüge der Wortfolge, der verschachtelte Satz, verrät, daß sie über die Schwelle des Unbewußten gestolpert ist. Mehr noch, sie gibt mit dem Indikativ dieses „kamt", das in Tempus und Modus dem „versprach" des folgenden Aussagesatzes gleichwertig ist, den Jünglingen zu verstehen, daß ihre Ankunft mehr als die Möglichkeit eines Konjunktivs, daß sie für sie Wirklichkeit bedeute. Nicht nur der Zwang der gebundenen Rede, sondern auch jener eines noch nicht eingestandenen Wunsches hat aus dem sprachlogischen „wenn ihr gekommen wäret" ein „wenn ihr kamt" werden lassen. Der Konditionalis, der in diesem „wenn ihr kamt" verdrängt wird, ist jedoch präsent genug geblieben, um den Wirklichkeitsgehalt des ihm parallel laufenden „versprach ichs" einigermaßen in Frage zu stellen.

Aus tieferen Quellen als aus Syntax und Logik ist das Seelenleben dieses Mädchenkinds gespeist. Sie fühlt es selbst, wenn sie nach den Gründen fragt, die sie bestimmt haben, sich dem Dienst der Liebesgöttin zu weihen. Dem Gott der Ehe hatte sie sich trotzig als eine vorgestellt, „die gern frei". Doch frei wovon? Dem Priester gesteht sie's denn auch unverhohlen ein: sie will dem Elternhaus entfliehen, in dem „fort und fort ... Sturm" geht:

> Mein Vater wollte, was kein andres wollte,
> Und drängte mich und zürnte ohne Grund.
> Die Mutter duldete und schwieg.
> Mein Bruder — Von den Menschen all, die leben,
> Bin ich nur einem gram, es ist mein Bruder.
> Als Älterer, und weil ich nur ein Weib,
> Ersah er mich zum Spielwerk seiner Launen.
> Doch hielt ich gut und grollte still und tief.

Dies ist wieder wie bei Gertrude und Otto von Meran aus dem *Treuen Diener,* die Geschichte eines frühen Familienkonflikts, wenngleich die Situation hier eher nach der Individualpsychologie Alfred Adlers ruft. Macht und nicht Trieb herrscht in Heros Elternhaus. Macht wird auch ihr Leben bestimmen bis zu dem einen Augenblick, da der Trieb eintritt, Erfüllung findet und alles Standes- und Anstandsgefühl in den Wind schlägt.

Als Begründung von Heros Lebensentscheidung — dem Eintritt in den Priesterorden — erscheint jedoch ihre Selbstdarstellung nicht ohne innere Widersprüche. In der Bindung an den reinen Dienst sucht das Mädchen die Lösung einer trüben häuslichen Situation. Ihr Entschluß ist auf Flucht, also auf eine Verneinung, gegründet, was niemals Gutes verspricht. Sie folgt einer Familientradition, um sich dem Zugriff der Familie zu entziehen, fordert das Vorrecht der Priesterin, weil sie nicht Schwester und Tochter bleiben will. Damit aber wird ihre Auflehnung gegen das männliche Prinzip schlechthin deutlich. In ihrem Bruder ist ihr dieses Prinzip mit solcher Intensität begegnet, daß sie sich nun den Anfechtungen durch die Männer im allgemeinen zu entziehen trachtet. Wenn sie von ihrer Mutter erfährt, der Bruder sei nicht mehr daheim, sei unbekannten Ziels bei Nacht und Nebel entwichen, dann ist die Nachricht zwar danach angetan, die schlechte Meinung zu bestätigen, die sie vom anderen Geschlecht hegt, ändert aber ihre Pläne nicht im geringsten. Zugleich fällt es auf, daß ihre seelische Verfassung der ihres Bruders verwandter ist, als ihr lieb sein kann: beide Kinder sind zur gleichen Zeit dem unerträglichen Zustand im Hause ihrer Eltern entwichen.

Damit aber schiebt sich vor das Bild des Bruders dasjenige ihres Vaters. „Und ist der Mann so alt?" ruft sie aus, sowie ihre Blicke auf ihn fallen. Dies kann nur bedeuten, daß sie ihn in ihrer Erinnerung jünger, stärker, tyrannischer hat werden lassen, als es Menander, der prahlerische und hypochondrische Alte ist, der ihr am Tage ihrer Weihe gegenübertritt. Aus guten Gründen hat sie, was noch an kindlicher Neigung und töchterlichem Schutzbedürfnis in ihr verblieben ist, auf den Bruder des Vaters, den Priester, übertragen. Daß ihr Verhalten nicht unbegründet ist, erhellt aus einer Vorstudie des Dichters zu diesem Thema: „Heros Vater ganz der Meinung seines Bruders untergeordnet, gegen alle andern eigensinnig und von einer schwächlichen Heftigkeit." Außerdem tritt hier, in dieser blitzhellen ersten Beobachtung, Heros Aggression zutage; denn wenn uns an einem Menschen zunächst sein hohes Alter auffällt, dann sind wir nicht allzu weit davon entfernt, auch sein Ende herbeizuwünschen. Auch der Vater steht stellvertretend für den Mann. Ihm bringt Hero, die bisweilen in ihrem ungestümen Emanzipationsbedürfnis wie eine Suffragette klingt, ein tief verborgenes, in Kindertagen und -träumen gesätes Mißtrauen entgegen. (Theodor Fontane, der im Oktober 1881 *Des Meeres und der Liebe Wellen* in Berlin sah, hat sich von dieser Begegnung zwischen Tochter und Vater an die Lustspielpointe erinnern lassen: „Ich weiß eigentlich nicht, wie Vater in unsere Familie kommt." Er hatte recht: das Leben schreibt seine Komödien an der Oberfläche von Familien- und Kindheitsschicksalen.)

Selbst wenn Hero dann liebt, wird diese Liebe, um sich zu sichern, nach Unterwerfung verlangen. Und tatsächlich unterwirft sie sich dem Geliebten, wenn sie im überschwenglichen Crescendo des dritten, des

Liebesaktes dem vor ihr knienden Leander befiehlt: „Die Arme falte rückwärts, / Wie ein Gefangener, der Liebe, mein Gefangner."

So wird sie zur alleinig Gebenden und, weil alleinig gebend, zur Siegerin. Die Göttin, aus deren Dienst sie mit diesen Worten springt, erscheint hier in grausamem Strahlenglanz als *Venus triumphans*. Dem Liebenden sind im wahren Sinn des Wortes die Hände gelähmt: Umarmung darf nicht sein, noch nicht. Er ist ein doppelt Gefangener: mit dem unhörbaren Lachen endlich erlangter Genugtuung wiederholt sie, die sich eben noch vom Kerker ihres Turmgemachs umschlossen gefühlt hat, dieses Wort. In der melodischen Steigerung der Zeile kommt sie, die Liebende, *nach* der Liebe, und das heißt auch *über* die Liebe zu stehen. „Mein Gefangener"; mit der Zärtlichkeit einer Eroberung bricht in diesem „mein" nicht nur die Freude der Besitznahme, sondern auch die Bezwingung der eigenen Kindheit durch, die sie auf der Flucht vor Männern, vor dem Mann, verbracht hat. Nun fürchtet sie nicht mehr: so gewinnt die Zeile, in der sie den Geliebten zum Gefangenen nimmt, eine archaische, eine primitive Größe, die Grillparzer dennoch unter der vollendeten Lieblichkeit des Erotikons hat verbergen können. Das Weibliche selbst enthüllt seine Blöße, erkennt und schämt sich ihrer. Das Mädchen ist schaudernd seiner Macht bewußt geworden, der dunklen Gewalt, die sie erst in der Niederlage zur Herrin werden läßt. Aus der Tiefe dieses Vorgangs erklärt sich auch die nächste Rede, in der Hero ihre Scham verhüllen will: „Die Lampe solls nicht sehn." Sie ist es, die zum ersten Mal das Licht dämpft; wenn es sich dann zum zweiten Mal verdunkelt, stirbt der Mann, zu dem sie sich jetzt niederbeugt. So verschränken sich Tod und Liebe in einer Geste, deren Verhaltenheit nicht über die Unerschöpflichkeit der Bedeutung hinwegzutäuschen vermag, die sich in ihr verbirgt. Es tut gut, sich daran zu erinnern, daß der Dichter diese Gebärde einer lebenden Frau, Charlotte von Paumgartten, nachgebildet hat.

Die Unvermeidlichkeit dieser Liebe und ihres tödlichen Ausgangs ist in das Innere von Heros Seele eingegangen und wird durch die Umgebung und Lebenserfahrung der Liebenden in minuziöser Detailschilderung bestimmt. Zu gleicher Zeit aber wird die Seele dieses Mädchens bis zu jenen Tiefen aufgehellt, in denen die mythischen Urbilder schlummern. Archetypisches, Elementares tut sich kund; hierauf deutet schon der ausladende Titel *Des Meeres und der Liebe Wellen*, den Grillparzer am liebsten gleich griechisch auf den Programmzettel des Burgtheaters gesetzt hätte und der im Zeugma von „Liebe" und „Meer" das Schicksal des Menschen gleichsam als „privates Naturereignis" deklariert, um ein Wort Alfred Polgars abzuwandeln. Nichts Geringeres hat Grillparzer versucht, als die Naturkraft eines Mythos in der Nuancenfülle eines Menschentums von alltäglicher Lebensgröße aufzufangen.

An der Oberfläche beginnt es, bei der Initiierung der jungen Priesterin zu Beschluß des ersten Aufzugs. Leander kniet an der Bildsäule des Hymenäus, des Ehegottes, als wollte er damit die Unabänderlichkeit von Absichten zur Schau stellen, die ihm noch kaum ins Bewußtsein gedrungen sein können. Freilich ist er, ob er's weiß oder nicht, zu einer dauernden Verbindung reif. „Kein Amor mehr, doch Hymens treues Bild", wird ihn der findige Freund Naukleros bald darauf beschreiben. Hero, noch nicht gebunden durch den Akt der Weihe und doch schon unfrei durch den Dienst, den sie vollzieht, beendet ihr sakrales Räucherwerk und schreitet zum Standbild des Liebesgottes hinüber. Leander hebt das Haupt; da trifft es sie; sie stockt, vergißt die Räucherzange und hält sie doch in ihrer Hand; verspricht sich, wiederholt den Spruch, den sie dem Bild des Ehegottes vorgetragen; es ist, als hätte die Erscheinung des Mannes, der neben dieser Statue kniet, die Fehlleistung hervorgerufen; bei dem Wort „Liebe" unterbricht sie brüsk der Priester. Sie „gießt Rauchwerk ins Feuer. Eine lebhafte Flamme zuckt empor", und ehe sie die Tempelschwelle überschritten und ihrer Weihe das Siegel der Unwiderruflichkeit aufgeprägt hat, sieht sie, „als nach etwas Fehlendem an ihrem Schuh, über die rechte Schulter zurück", erblickt — und nun mit aller Schärfe des Bewußtseins — Naukleros und Leander. All dies zieht in knappen zwölf Verszeilen an uns vorüber, wobei das Wort des Rituals, auf Hero, Priester und das Volk verteilt, mit dem Parlando geflüsterter Verlegenheitsreden abwechselt. Leander aber schweigt, und auch sonst setzt sich das Geschehen in Gebärde und Bewegung um, ohne recht zur Sprache zu kommen. Auch dies ist ein vollendetes Opernfinale, ungleich geheimnisvoller als der Schluß der *Melusina;* eben darum bedarf es der Musik nicht, um das Schweigen der Seelen, die hier aneinander rühren, zu deuten.

Es wird freilich ein Lied sein, mit dem Hero die Tiefe der Bewegung preisgibt, in die sie geraten ist. Ehe sie den Jünglingen wieder begegnet, singt sie die Weise von Leda und dem Schwan, ein hocherotisches, ein verbotenes Lied. Grillparzer hat hier im schlichtesten Ton ein Meisterwerk wortunmittelbarer Sinnlichkeit zustande gebracht:

> Da sprach der Gott:
> Komm her zu mir,
> In meine Wolken,
> Neben mir ...

> Sie aber streichelt
> Den weichen Flaum ...

Der Gott ruft die Sterbliche, um sie zu sich zu erhöhen. Das Motiv der Selbstvergöttlichung durch Priesterschaft liegt uns vom Eingangsmonolog des Mädchens noch im Ohr, zugleich das andere, nach dem die Priesterschaft ans Liebesverbot geknüpft ist. Die Leda des Liedes jedoch bedarf der Erhebung in den Himmel des Gottes nicht; sie bleibt, wo sie ist, von der Wollust der Liebkosung gefangen und gebannt. Und dennoch ist es die Irdische, die Liebende, welche die Liebkosung spendet, genau wie sich dann die Sängerin des Liedes liebkosend zu ihrem Geliebten niederneigen wird. Alles strebt in diesen wenigen Zeilen nach Vereinigung; der rührende Reim „mir" in den Worten des Gottes, das schmeichelnd gleitende „ei", das sich hingebungsvoll und offen in Ledas Gebärde, dem Streicheln des weichen Gefieders, wiederholen wird. Das Lied bricht ab, ehe die Erwartung zur Erfüllung geworden ist, und taucht am Abend wieder auf, wenn Hero, im Turm allein gelassen, den Schmuck aus den Haaren nimmt und sich zum Schlaf bereitet. Noch einmal hat sie sich in die Jugendzeit zurückversetzt und als ein Kind nach der Mutter gerufen, da tritt das Lied, nun freilich nicht mehr der werbende Zuruf des Gottes, sondern lediglich das Zeilenpaar mit Ledas gewährender Gebärde, auf ihre Lippen. Jetzt aber klingt die Weise wie in Moll; die Sängerin sieht sich in ihrem neuen Stand: erwachsen und verlassen.

> Das ewge Lied! Wie kommts mir nur in Sinn?
> Nicht Götter steigen mehr zu wüsten Türmen,
> Kein Schwan, kein Adler bringt Verlaßnen Trost.
> Die Einsamkeit bleibt einsam und sie selbst.

„Das ewge Lied" birgt einen Doppelsinn. Einmal spricht sich in diesem „ewig" das unwillige Staunen des Mädchens darüber aus, daß sich ihr diese Zeilen immer wieder ungereimt aufdrängen — sie werden auch am Morgen nach der Liebesnacht wiederkehren. Dann aber deutet diese „Ewigkeit" des Lieds auch in die Zeitlosigkeit des Mythos, der in ihm Gestalt geworden ist. Stets wiederkehrend wie das Lied ist auch die Leidenschaft, von der es kündet. Zwischen der sehnsüchtigen Hero und der Schwanenbraut Leda hat sich eine „mythische Identifikation" (Thomas Mann) eingestellt. Hero erinnert sich nicht bloß an Leda, sie ähnelt ihr nicht bloß, sieht sich nicht nur als späte Nachfahrin der wundersam Erhöhten; beruft sich nicht nur auf sie; sie *wird* zu der Geliebten eines Gottes, wenn sie singt. (In den Notizen hatte Grillparzer sich selbst gefragt: „Gemeinschaft eines Stammvaters mit den Göttern?" Das Leda-Lied klingt wie eine verfeinerte, vertiefte Antwort auf diese Frage.) Wenn Hero aber aus der Träumerei erwacht und in die Wirklichkeit zurückkehrt, umfängt sie das Bewußtsein ihrer Gegenwart, das Turmgemach, die Pflicht zur Einsamkeit, die keine Zwischentöne und mythischen

Anklänge zuläßt und nichts ist als „sie selbst". Einen Augenblick lang findet die zwischen Kindertraum und Leidenschaft hochgespannte Seele ihr Gleichgewicht: die jungfräuliche Priesterin gesteht sich ihre Neigung ein, die Erwachsene verzichtet und sendet wie zum Abschied, als Ende des Lieds, ihr „Gute Nacht!" in die Ferne. Da gibt ihr aus dem Fensterrahmen der Schwimmer übern Hellespont den Gruß zurück. Der Gott ist erschienen.

Leander aber ist kein Gott. Vorsätzlich hat ihn der Dichter aus einem menschlichen Karat gebildet, das leichter wiegt als jenes seiner Heldin. „Leander, unentwickelte Dumpfheit, schüchtern", hatte Grillparzer sich angemerkt, „im 3. Akt soll sich Heros Leidenschaft mehr selbsttätig entwickeln als daß Leander sich besonders tätig dabei bewiese." Der Realismus und die Ironie von Heros Liebe liegt in ihrer Herablassung. Flieht *sie* ihre Kindheit, dann bleibt *er* der Bindung an seine Mutter verhaftet, obwohl diese gestorben ist und mit den Worten des Naukleros „zur rechten Zeit [ihn], sterbend, frei gemacht" hat. Geht Hero in kindlicher Weltfreundschaft in ihr Schicksal, dann beobachtet, bemitleidet Leander sich, fühlt sich „müd ... Und krank dazu". Hypochondrisch setzt sich ihm die seelische Erregung in körperliche Beschwerde um; schon ist er von der Liebe angerührt und doch noch immer elend:

Ich bin krank. Es schmerzt die Brust.
Nicht etwa innerlich. Von außen. Hier!
Hart an den Knochen. Ich bin krank zum Tod.

Er ist labil wie alle Sensitiven und sehnt sich nach dem Ende, noch ehe er recht angefangen hat zu beginnen. Die zarte Seele aber wohnt in einem eindrucksvollen Körper; es kann kein Zweifel daran bestehen, daß das Mädchen vor allem von der gedrungenen Männlichkeit des schwerblütigen Jungen angezogen wird. Zwar tränkt sie ihn, wenn sie ihn zum erstenmal als Priesterin wiedersieht, mit der Gebärde einer Schwester (doch ist die Geste auch ein Verstellungsmanöver, um den Oheim zu täuschen); zwar bricht nach der Erfüllung ihrer Liebe auch mütterliches Gefühl in ihr durch:

Komm immer denn, du guter Jüngling, komm!
Ich will dich hüten, wie der Jungen Schar
Die Glucke schützt ...

und dennoch ist die „sensuelle" Hero vor allem von der Erscheinung des jungen Menschen fasziniert.

Das Auge, wenns die Wimper nicht verwehrt,
Sprüht heiß wie Kohle, frisch nur angefacht;
Die Schultern weit; die Arme derb und tüchtig,
Von prallen Muskeln ründlich überragt ...

Naukleros schildert ihn so, dieser Pylades eines Orest, der nicht mehr von den Furien verfolgt, sondern von seinen allzu leicht erregbaren Nerven heimgesucht ist. „Frostig" nennt ihn der Freund; die Welt ist Leander verschlossen, und nun gar die Welt der jungen Mädchen; der Schatten seiner Mutter hat sich ihm mit der Kälte des Todes über alles Weibliche gelegt; wenn aber dann das Eis gebrochen, die Dumpfheit vergangen ist, bezwingt er nicht nur das Meer, löst sich sein trüber Geist, die schwere Zunge, nicht nur zu Liebesworten hohen Schwungs, sondern die Hochspannung hält auch am nächsten Tage vor, legt ihm Scheuklappen an und läßt ihn, nachdem er sich vor Naukleros wie ein Berserker aufgeführt hat, geradewegs in sein Verderben rennen. Und doch ist er der Mann, dessen seelische Verfassung die des Mädchens ergänzt, so daß sie sich — für eine Nacht — finden und vereinigen können: in seiner Liebesbedürftigkeit kann er vor ihr ergeben knien, ehe sie ihre alten Ängste völlig zu überwinden und sich seiner Schönheit und Stärke hinzugeben vermag. Sie beide fliehen das andere Geschlecht — einander in die Arme.

Das Innehalten in Besinnung, der Augenblick der Balance, in denen Hero zum Bewußtsein ihrer selbst zu gelangen trachtet, sind diesem Jüngling nicht verliehen. *Sie* lebt aus einer Eingebung, die den ganzen Menschen erfaßt, ihn hebt und stürzt, *er* aus dem erst zurückgedämmten, dann enthemmten Trieb. Die Liebende ist es, die ihn durch eine Szene führt, deren Gesten, Worte und Geschehnisse die innere Stimmigkeit des Aktes im kaum Gesagten, Unsagbaren bewahren. Hier ist, wenn irgendwo auf der deutschen Bühne, die lyrische Möglichkeit des dramatischen Stils bis zur Neige ausgeschöpft.

So fällt es Hero zu, Leanders beschwingte Rede über seine Bezwingung des Meeres (der Junge hat auch im Sprechen einen langanhaltenden Atem) mit einer beinahe wörtlichen Wiederholung ihres Refus vom Nachmittag abzudämpfen:

Ehgestern, wenn du kamst, war ich noch frei,
Nun ists zu spät. Drum geh und kehr nicht wieder!

Wie durch die Wiederholung des Leda-Lieds wird auch durch diese Zeilen der zweite Akt mit dem dritten, der Beginn mit dem Höhepunkt der Passion leitmotivisch verknüpft. Wie rasch ist die Zeit vergangen, und doch muß Hero ihre Stunden gezählt haben; nun ist's nach Mitternacht; aus dem „heute" ist ein „gestern" geworden, vielmehr — die Stunden der Sehnsucht zählen doppelt — ein „ehegestern". Damals hat sie Leander und Naukleros noch mit einem unverbindlichen „ihr" angesprochen; jetzt hat sie sich entschieden; der eine steht vor ihr, dem sie geneigt ist; das „ihr" ist zum „du" geworden; und weil sich's nun entschieden hat und

Schicksal geworden ist, klingt ihre Abweisung das zweite Mal weit dringlicher und endgültiger. Aber der Schachtelbau der Sätze, der Indikativ des „wenn du kamst", ist derselbe geblieben und deutet mit erhöhter Intensität an, wie wenig gültig das Ende ist, das sie dem verzweifelten Werben des Mannes zu setzen sucht.

Zwingender scheint ihre Versicherung, sie könne aus Familienrücksichten den Dienst im Tempel nicht verlassen:

> Die Meder und die Baktrer, fern im Osten,
> Sie töten jene, die, der Sonne Priestrin,
> Das Aug auf den geliebten Jüngling warf.
> Mein Volk, nicht also mordbegiergen Sinns,
> Es schonet zwar das Leben der Verirrten,
> Allein stößt aus sie, und verachtet sie,
> Zugleich ihr ganzes Haus und all die Ihren.

Ein gutes Kind entzieht sich der Verführung, um seine Nächsten, die ihm in einer Art von Sippenhaft in die Verbannung folgen müßten, zu schonen. Einen Augenblick lang gerinnt das Dilemma zu einem Familienkonflikt und wirkt lösbar wie dieser; der tödliche Ausgang scheint vermeidlich; das Geflecht des Trauerspiels schillert an der Oberfläche mit dem Changeant eines Komödienstoffes. Was aber kann den erregten Sinnen des Mädchens ein Haus bedeuten, dessen Brüchigkeit ihr Leben unsicher gemacht hat? Wenn sie Leander hier abweist, versucht sie im Grunde, sich aus gesellschaftlichem Selbstbewußtsein dem Trieb entgegenzustemmen; aber der Schluß, zu dem sie gelangt, „Das kann nicht sein mit Hero, fühlst du wohl", klingt in seiner sprachlichen Führung seltsam zögernd und beinah schon nach halbem Einverständnis. Und wenn sie vom „geliebten Jüngling" spricht, um dessentwillen die wilden Völker Asiens ihre Sonnenpriesterin opfern, dann gibt sie, mit aller Absicht ihres Unbewußten, dem Jüngling ihre Liebe preis.

Daß sie gerade im Begriff steht, ein Tabu, und mehr als ein soziales, zu verletzen, wird dieser Hero nicht bewußt. Grillparzer ließ es sich angelegen sein, das Mädchen im Überschwang seines ersten Gefühls jenseits von Gut und Böse darzustellen. „Nie soll Hero darauf ein besonderes Gewicht legen", heißt es in den Vorarbeiten, „daß jenes Verhältnis verboten oder vielmehr *strafbar* sei. Es ist vielmehr ihr *Inneres*, das sich früher nicht zur Liebe hinneigte und das nicht ohne Widerstreben nachgibt, als daß sie ein *Äußeres* fürchtete. Die *Gefahr* dieser Liebe wird nur aus dem Munde der Nebenpersonen klar." Schon in der Skizze hat es der Dichter vermieden, die hohen Worte der Tragödie, Katharsis etwa oder Katastrophe, zu gebrauchen. Er setzt dafür die Alltagswörter „Gefahr" und „Strafe". Von allem Anfang an muß es seine Intention gewesen sein, das Trauerspiel aus dem Alltäglichen, Intimen zu entwickeln.

Noch knapp vor dem Ende, wenn die Leiche Leanders schon neben ihr im Strandgebüsch liegt, bleibt Hero der Abgrund verborgen, an dessen Rand sie sich befindet:

> Die Götter sind so gut!
> Und was wir fehlten, ob wir uns versehn,
> Sie löschen es mit feuchtem Finger aus
> Und wehren dem Verderben seine Freude.
> Ich aber will, so jetzt als künftge Zeit,
> Auch ihnen kindlich dankbar sein dafür;
> Und manches, was nicht recht vielleicht und gut
> Und ihnen nicht genehm, es sei verbessert;
> Zum mindesten entschieden ...

Selbst hier denkt die gefallene Priesterin nicht an Schuld, sondern an Versehen und Verfehlen, nicht an Sühne, sondern an Besserung, wie ein Kind, das — vielleicht — versprechen wird, es nie wieder zu tun. Der in dieser Szene gleich dreimal wiederkehrende Satz: „Die Götter sind so gut" bezeigt ihren Glauben an die Erbittlichkeit von Göttern, die sie nach dem Vorbild ihrer schwachen Eltern gebildet hat. Noch immer tändelt sie; die Besserung, beinah gelobt, wird halb zurückgenommen und zu einer „Entscheidung" abgeschwächt, die wohlweislich vermeidet festzulegen, wofür und wogegen sie fallen soll.

Selbst diese Stelle ist jedoch ein Zugeständnis. In einer frühen Niederschrift heißt es noch: „In künft'ger Zeit will ich wohl klüger sein, / Nicht klüger nur, Janthe, besser auch. / In heut'ger Nacht ward manches Dunkle klar, / Und schwere Nebel dieser letzten Tage / In bittre Tropfen lösten sie sich auf. / Noch einmal soll er kommen, einmal — dann — / Was dann geschieht, die Zukunft soll es weisen." Hier spielt die Lust noch mit dem Vorsatz Katz und Maus: das letzte Mal wird immer wieder das vorletzte werden, der Abschied, zu dem die Liebende sich immer wieder entschlossen hat, mit seiner Bitternis das Wiedersehen nur versüßen. Dies ist die unschuldigste Hybris, die sich denken läßt; zugleich aber klingt die Stelle wie eine Ahnung von Otto Weiningers Versicherung, das Weib sei des Gewissens gar nicht fähig.

Wogegen sich Hero wehrt, solange sie im dritten Akt dem Geliebten Widerstand leistet, ist in aller Folgerichtigkeit der Selbstverlust. Sie, die sich eben erst gefunden, soll sich nun dem andern, dem unbekannten Du, überantworten (und wird dazu getrieben, es zu tun, weil ihre Seelenlage die seine ergänzt). Der Tempelhüter ist an ihrer Tür vorbeigegangen, Leander in das Seitengemach entwichen. Er hat die Lampe, dieses „unausdeutbare" Grundsymbol des Spiels (Peter von Matt), mit sich genommen. Im Dunkel, das sie nun umgibt und das sie am Ende des Aktes selbst wiederherstellen wird, bricht's über sie herein. Wenn Leander wiederkehrt und es Licht wird, entlädt sich, was über sie hereingebrochen ist, in voller Ambivalenz als Fluch und Schimpfwort, flüchtet auf seinem Höhepunkt in die Nennung des geliebten Namens und löst sich ins Unartikulierte, in ein mänadisches „o —!" auf, in dem der Wille zur Vernichtung umschlägt und nach Gewährung begehrt. Schon ist sie schwach geworden, schon sorgt sie sich um ihn, den Geliebten, statt für ihr Haus und sich, und da ihr diese Sorge als „Verkehrtheit" ins Bewußtsein tritt, bricht sie in Worte aus, die in Gestalt einer Frage an das Schicksal im allgemeinen erkennen lassen, daß sie um das eigene im besonderen Bescheid weiß:

> Was ist es, das den Menschen so umnachtet,
> Und ihn entfremdet sich, dem eignen Selbst,
> Und fremdem dienstbar macht?

Sie fürchtet nicht die Götter, sondern den Widersinn der Leidenschaft, sich selbst, die sie in diesem Augenblick verloren gibt. So läßt sie sich fallen, indem sie den um ein Wiedersehen in der nächsten Woche bettelnden Mann kühn unterbietet: „Komm morgen denn!" Nun treibt sie in dem Element — der Liebe —, das das ihre ist, wie das Leanders das Meer.

„Die ersten 3 Akte wütend applaudiert", schreibt Grillparzer nach der Erstaufführung des Stücks in sein Tagebuch, „die zwei letzten ohne Anteil vorüber gegangen." Und fährt fort: „Traurig, daß die Stimme des Publikums mit meinen eigenen Zweifeln so sehr zusammentrifft. Der fünfte Akt ist zwar leider nur zu wirksam, zu theatralisch ... er litt aber offenbar unter der Wirkungslosigkeit des 4ten Aktes, denn auf einmal Zerstreute wirkt nichts mehr. Sonderbar! Diesen 4ten Akt schrieb ich gerade mit der meisten Innigkeit, dem nächsten Einleben ... Die Aufgabe war ungeheuer. Wenn die Lösung gelang, war der Gewinn groß für die Poesie. Sie gelang nicht. Und doch und doch! Wenn ich durch ein paar noch folgende, gelungene Leistungen mich in der Zahl der bleibenden Dichter erhalten kann, möchte leicht eine Zeit kommen, wo man den Wert des, wenn auch nur Halb-Erreichten in diesem 4ten Akte einsehen dürfte."

Grillparzer hat mit diesem Akt experimentiert, kühner und erfolgreicher, als es sein Publikum begreifen konnte und er sich's einzugestehen bereit war. Die Wirklichkeit tritt an die Liebenden heran, nur um zu zeigen, wie weit sie sich von ihr entfernt haben. Hero träumt noch; zumindest sucht sie, den Traum im Unbewußten zu bewahren; und ist doch wieder auch die erste, sich selbst und den Geliebten in dunkler

Rede und doppelsinnigem Wort zu verraten. Leander ist fort; noch kann sie, will sie, darf sie nach dem Gesetz des Dramas nicht wissen, daß es für immer ist; wir sehen den von ihr Getrennten in einer Traumbefangenheit, die in Entrückung, in Verrücktheit übergegangen ist; auch er ist aller Wirklichkeit abhanden gekommen. Der Versuch, die Liebe als eine Krankheit zu zeigen und dennoch die strengen Maße dramatischer Objektivität zu wahren, die Peripetie aus der Pathologie der Hauptgestalten herbeizuführen, war in der Tat eine „ungeheure Aufgabe".

Während die übrigen Aufzüge in sich geschlossene Einheiten bilden, die zudem durch leitmotivische Fügungen und eine umfassende Örtlichkeit — den Tempelbezirk — miteinander verbunden sind, hat der vierte seine Einheitlichkeit verloren. Zweimal wechselt die Szene, von dem Platz, an dem Heros Turm von außen sichtbar wird, als wäre, was in seinem Inneren geschehen, nun aller Welt zum Urteil preisgegeben, hinüber übers Meer, vor die „dumpfe Hütte" Leanders und wieder zurück vor den Turm, in dessen Fenster Heros Lampe, Leanders Licht, verlöschen wird, sowie der Vorhang über diesen Akt gefallen ist. Der Szenenwechsel hat seinen guten Sinn: die Liebenden sind nun in aller Sichtbarkeit auseinandergerissen; zudem belebt der Wechsel des Lokals die „dramatische Steppe des vierten Aktes", als die der Theatermensch Heinrich Laube die dichterisch notwendige Ausdehnung des Aufzugs gesehen hat. Was die Zeit der Handlung anlangt, so spielt der Akt zwischen Dämmerung und Dämmerung. Die Nacht war lang; es wird ein langer Morgen. Der vierte Aufzug, notiert sich Grillparzer in den Tagebüchern, „soll ja auch zugleich einen großen Zeitverlauf ausdrücken". Er läßt die Konturen geradezu impressionistisch verschwimmen, weil für die Hauptgestalten eine Nacht und viele Nächte eines ist und nur die Stunde der Begegnung zählt, die andern aber zur Gleichgültigkeit langer Weile verurteilt sind. Aus solcher Zeitlosigkeit kann Hero dann sogar dem Priester am hellen Tag „Gute Nacht!" wünschen. Traumhaft vertauschen sich die Rollen: der Tempelhüter, dieser Geistesvetter und Blutsverwandte von Nestroys Hausknechten, berichtet hingerissen und aufgeschreckt in lyrischer Tirade von der vergangenen Nacht; die freche Janthe wird zur *Confidante*, der väterliche Oheim zum Vollzugsorgan des Schicksals. Daß sich hinter diesen Metamorphosen die Wirklichkeit und ihre Logik verbirgt, bemerkt die Wachträumende nicht.

Die Unwirklichkeit über diesen Szenen erhebt sich jedoch aus der schärfsten Beobachtung der Realität. So bemerkt Hugo von Hofmannsthal, daß der Dichter „in der Todesnacht, der schwülen, lichtlosen, einen drunten am Strande rufen hörte: ‚Mich schaudert, weh, hätt ich mein Oberkleid!' weil er, in dessen Seele, indem er solches erfand, alle

Mächte des Fühlens stürmen, noch seiner Sinne Meister war, zu wissen, daß schwülem Wind in solchen Nächten jähe Güsse kalter Luft beigemengt sind ..." Auf Grund dieser Reflexion natürlicher Vorgänge macht es Grillparzer deutlich, daß der Zustand seiner Heldin der seligen Somnolenz entspringt, die der geschlechtlichen Erfüllung folgt. „Wie das Ziel der Liebenden in der Vereinigung lag", hat Max Mell schon 1908 geschrieben, „so ist die Tragödie von diesem Ziel an fast nur die Tragödie der Körper, die genossen haben und Genuß begehren. Die körperliche Ermüdung Heros, also eine physiologische Bedingung, macht die Liebe tragisch." So geht sie in einer Zwielichtstimmung geschärften Witzes und verdämmernder Aufmerksamkeit herum, ist ansprechbar und antwortet doch nicht, kennt weder Stolz noch Ordnung mehr. Wieder taucht in ihren Worten das Leitbild der Leda auf, steht aber in Kontrapunkt zu seinem Erscheinen in den früheren Akten. Der Priester insistiert: „Doch ists gewiß: ein Fremder war am Turm." Sie aber antwortet nach einer Pause, die sie gebraucht hat, um aus der Tiefe der Befangenheit zurückzufinden:

> Nun Herr, vielleicht der Überirdschen einer!
> Du sprachst ja selbst: in altergrauer Zeit
> Stieg oft ein Gott zu selgen Menschen nieder.
> Zu Leda kam ...
>
> ... ein Gott:
> Warum nicht heut? Zu ihr; zu uns, zu wem du willst.

Was die Priesterweihe nicht vermochte, das hat der Bruch ihres Gelübdes, die Sättigung ihrer Sinne vollbracht: sie fühlt sich den Göttern nahe. Nicht zu einer Beliebigen, nicht „zu wem du willst", zu ihr hat sich das Göttliche gefunden; es hat sie so erfüllt, daß sie die Nachricht davon kaum mehr bei sich behalten kann. Und wenn sie dann aus Sehnsucht wie aus Auflehnung in Gegenwart des Priesters das verbotene Lied wieder anstimmt, da wählt sie Zeilen, die ihr früher nicht eingefallen waren, Worte der Preisung für die Gottesbuhle:

> Sie war so schön,
> Ein Königskind.

Nicht genug daran, sie folgt dem Gott mit Ledas Augen, mit ihren Augen, die übers Meer nach Abydos gerichtet sind: „Nun, lichter Schwan, flogst du zu lichten Sternen?"

Zweimal erscheint in dieser Zeile das Motiv des Lichts, das in den Vorarbeiten deutlicher noch als im ausgeführten Text mit dem Bild der Lampe verschmilzt, die Leander dort „Leitstern meines Wegs" und „kleine[n] Stern" genannt hat. Schon aber hat sich dieses Licht verschattet. Als Janthe im dritten Akt den Tempelhüter vom Gemach der Liebenden zurückhielt, hat die Sprache selbst das Symbol in seiner ganzen Zwielichtigkeit gezeigt. Der Wächter hat Verdacht gefaßt: „Doch sah ich Licht." Darauf die Dienerin: „Das schien dir wohl nur so." Vom Licht bleibt nur der Schein, und dieser Schein ist Täuschung. Die Sprache selbst versucht sich hier doppelbödig am Betrug.

Im vierten Akt ist es dann der Priester, der die Entwertung des Lichtsymbols weiterführt:

> ... Man sah
> In deinem Turme Licht die ganze Nacht.
> Tu das nicht mehr.

HERO.   Wir haben Öl genug.

PRIESTER.   Doch siehts das Volk und deutets wie es mag.

HERO.   Mags denn!

PRIESTER.   Auch riet ich dir, den Schein zu meiden,
Den Schein sogar, viel mehr noch wahren Anlaß.

HERO.   Wir meiden ihn, doch meidet er auch uns?

In einem subtilen Wortspiel wechselt der Priester vom Licht der Lampe, die während der Nacht im Gemach der jungfräulichen Priesterin gebrannt hat, zu jenem Schein hinüber, den dieses Licht in den Augen eines unbeteiligten Betrachters annehmen muß und der diese Jungfräulichkeit in Frage stellt. Ob wahr, ob falsch, der Schein ist zu vermeiden, geschweige denn der Anlaß, der dann auch gar nichts anderes sein könnte als wahr. Die hellhörig entrückte Hero ist denn auch sogleich auf das Wortspiel eingegangen: „Wir meiden ihn [den Anlaß], doch meidet er auch uns?" Hier läuft die Assoziationskette rückwärts; der Anlaß wird zum Anschein, dieser steht für den Schein, der wieder für den Schein des Lichts, an dessen Stelle sich das Licht selber setzt, das für Hero die Liebe bedeutet. In diesem Wortspiel mit dem Oheim dämmert ihr zum ersten Mal das Scheinhafte ihrer Liebe auf. Aber immer noch spricht sie von dieser Liebe als vom Unvermeidlichen, und der Priester versteht denn auch sogleich, was sie im Sinne hat. Mit ungewohnter Schärfe und beinahe im Ton eines Untersuchungsrichters fragt er zurück: „Sprichst aus Erfahrung du?" Darauf bleibt der auf den Pfaden des Unbewußten ertappten Hero nichts anderes übrig, als schleunigst das Thema zu wechseln: „Was ist die Zeit?" Es ist, als riefe sie, die sich in der Unzeit ihres Traums zwischen Licht und Schein verloren hat, nach einem Halt, den sie ergreifen könnte.

Der Mann, der das Mädchen so in die Enge treibt, macht in diesem zweideutigen Akt die zwiespältigste Figur. „Ursprünglich war dem Priester beiläufig die Rolle des *Schicksals* zugedacht", notiert sich Grillparzer. „Eben so verhüllt, kurz, kalt. Das muß wohl einige Modifikation leiden." Dieser Modifikationen gab es während der Ausführung des Stückes viele. Von allem Anfang an erscheint der Oheim als eine Art von *père noble*, der Heros leiblichen Vater zunächst in den Schatten stellt, dann aber, nach der Weihe der Priesterin, zu ersetzen trachtet. Als einem von Grillparzers Vaterbildern sind ihm auch die „heiligen Sätze" (Thomas Mann) von der „Sammlung" anvertraut, dem

mächtgen Weltenhebel,
Der alles Große tausendfach erhöht
Und selbst das Kleine näher rückt den Sternen,

Worte, die Heros Zerstreutheit im vierten Akt als Warnung entgegengesetzt sind. Wie der Habsburger ist auch der Priester von Sestos grundsätzlich dem Menschlich-Allzumenschlichen entrückt und trachtet der Schwäche ohne Gnade entgegenzutreten. „Priester keine moderne Humanität", hatte Grillparzer sich vorgenommen. So stellt der Onkel die von dem Tempelhüter und sich selbst Verratene; so dringt er in sie; so streckt er, wenn er noch zwischen Naukleros und Leander als den Besuchern seiner Nichte schwankt, mit antikischer Gebärde die beiden flachen Hände vor sich hin: „In gleichen Schalen wäg ich euer Los." *Wie* er aber das Mädchen ausforscht, *wie* er das *double entendre* ihrer Reden verständnisvoll entziffert und Symptom an Symptom reiht, bis die Diagnose gestellt ist, das hat mehr von einem guten alten Wiener Hausarzt als von einem Vertreter des Schicksals an sich. Das Urteil lautet daher auch nicht: „Du bist schuldig", sondern: „Du bist gereift." Bewunderung und auch ein klein wenig Altersneid schwingen in dieser Erkenntnis mit. Und ganz und gar human ist es, wenn er die Härte ihrer Schwäche mit den Worten durchbrechen will: „Hab Mitleid mit dir selbst!" Der Plan, der dann, gleichsam vor den Augen der Zuschauer, in ihm heranreift, gilt nicht so sehr der Sühne von Heros Schuld als der Verhütung weiteren Unheils. Er hat die Ursache ihres Erschöpfungszustands bald herausgefunden — für einen berufsmäßigen Junggesellen kennt er die intime Natur der Frauen überraschend gut —; so nützt er diesen Zustand weidlich aus, ermüdet die ohnehin Erschlaffte mehr und mehr, sendet sie hierhin und dorthin, beschäftigt sie ohne Unterlaß, bis sie vor lauter Anstrengung und Sehnsucht einschläft und die Herrschaft über die Lampe, das Sinnbild ihrer Liebe, verliert. Der „Leitstern" von Leanders Weg, den sie im Turme angezündet, erlischt nicht erst, wenn der Sturm ihn ausbläst, sondern schon in dem Moment, da Heros Augen sich schließen, die sie, am nächsten Morgen zur Katastrophe erwacht, „Betrogne und Betrüger" nennen wird. Damit ist jedoch zwischen der körperlichen Müdigkeit des Mädchens und dem Tod Leanders ein ursächlicher Zusammenhang hergestellt, wird — ein Einfall, der des Arztes Arthur Schnitzler würdig wäre — die Tragödie aus der Physiologie geboren. Zugleich aber deutet Heros Ermattung, dieses kindliche Zutrauen zu dem Schlaf, auf ihre Ahnungslosigkeit, ihr Weltvertrauen, hin. Das Schicksal, das dieser Liebe bereitet ist, wirkt nicht als eine transzendentale Macht der Vergeltung, sondern ist ganz aus dem körperlichen Zustand des Mädchens entwickelt. Ihre letzten Worte an diesem Abend sind: „Leander — du? —", eine zarte Variation der Silben: „Leander, o —!", die sie während der Liebesnacht auf der Höhe ihres Gefühls gesprochen hat. Nur daß hier aus dem vergleitenden Ruf das Grundwort aller seelisch-körperlichen Bindung, das „du" wurde. Wie dieses „du" hier als Frage verschwebt, klingt es in das Ende aus.

Wenn dann der Priester die Lampe auf das Fenstersims hinausrückt, um sozusagen dem Sturm und den Göttern ihre Chance zu geben, so ist auch dies eine durchaus menschliche Gebärde: nach den Regeln des Protokolls läßt der Untergebene den Vorgesetzten den Vortritt. Ein österreichischer Hofrat im Gewand des Fatums, schiebt er die Verantwortung nach oben ab und weiß doch ganz genau, daß er das Seine zum Eintritt des nunmehr Unabwendbaren beigetragen habe:

> Das Holz geschichtet und das Beil gezückt,
> Wend ich mich ab. Trefft, Götter, selbst das Opfer!

Freilich ist der Priester der erste, sich auf den Ratschluß der Oberen zu berufen, wenn einmal die Leiche Leanders entdeckt worden ist. Auch haben ihm, als er der Sünderin privat ins Gewissen redete, die Himmlischen pädagogisch wertvollen Beistand geleistet. Wie inständig er aber die Unerbittlichkeit des Schicksals zu beschwichtigen wünscht und darauf erpicht ist, das Ansehen der Priesterin und seines Hauses zu wahren, wie aufklärerisch er sich bereit findet, die ganze Affaire mit allem Drum und Dran vergessen sein zu lassen, bezeigt er selbst in seiner offiziellen Version des Unheils:

> Ein Fremder ist der Mann, ein Unbekannter,
> Den aus das Meer an diese Küste warf,
> Und jene Priestrin sank bei seiner Leiche,
> Weil es ein Mensch, und weil ein Mensch erblich.

Ihm aber antwortet die Liebende, indem sie auch den Schein jeden Anscheins von sich weist und sich nun, da das Licht ihrer Lampe für immer erloschen ist, voll zum Primat ihrer Liebe bekennt:

> Verschweigen ich, mein Glück und mein Verderben,
> Und frevelnd unter Frevlern mich ergehn?
> Ausschreien will ichs durch die weite Welt,
> Was ich erlitt, was ich besaß, verloren,
> Was mir geschehn, und wie sie mich betrübt.

Dieser Durchbruch durch die Welt des Scheins ist der legitime Anspruch den Hero auf den Adel tragischen Maßes erheben kann. Mit ihm ist das Licht der Lampe als ein Irrlicht entlarvt und der Traum als eine Illusion, die der scharfen Wirklichkeit des Tageslichtes nicht standzuhalten vermag. Was der Oheim für Reife gehalten hat, war Blüte gewesen; erst jetzt ist sie reif geworden; es macht jedoch die Ironie aus, mit der Grillparzer sein Trauerspiel gesättigt hat, daß das als Schein erkannte Licht die Liebende zu nichts anderem hat reifen lassen als zu ihrem Tod.

Sie ist bis zum Augenblick der Katastrophe ein Erdenkind gewesen, verständlich-unverständlich wie alle, wenn die Leidenschaft sie schüttelt, bestimmt durch ihre Herkunft und die anderen Bedingnisse ihres Seins; die „Wienerin", als die Hugo von Hofmannsthal sie angesprochen hat, „nicht ohne einen Tropfen jähen slawischen Blutes". Jetzt aber gehen ihr die Augen auf, und was sie sieht, ist nicht so sehr die Schuld, die sie auf sich genommen, wie die Verantwortung, die sie verletzt hat. So hellsichtig, so klar ist sie geworden, daß sie den Anteil, den sie an dem Geschehen hatte, mit der grausamen Kälte eines Kalküls auszusprechen vermag. Dem Oheim sagt sie's ins Gesicht:

> Du warst, du legtest tückisch ihm das Netz,
> Ich zog es zu, und da war er verloren.

In Worten, die den Vers zur Threnodie erheben, feiert sie das Ende des Geliebten als Untergang allen Lebens. Im Schlußbild, das nicht von ungefähr ins Innere des Heiligtums verlegt ist, begeht sie, nunmehr eine wirklich Geweihte, die Hochzeit mit dem Toten. Die mythischen Grundzüge ihrer Geschichte, die Grillparzer dem Ovid und spätantiken Quellen entnommen hatte, treten hervor, und ihre Gestalt, die bisher nicht über ein liebenswürdiges Mittelmaß hinausgewachsen war, schmiegt sich dem Archetypus an und füllt ihn aus, als wäre sie ihm angegossen.

Es ist ein Zeichen von Grillparzers Bildnerkraft, daß sich das Wachstum seiner Hero aus realistischem Detail zu mythischer Kontur ebenso unvermittelt wie fugenlos vollziehen kann. Auch in den Worten ihres Klagegesangs findet sich keine Silbe, die sie nicht vermocht hätte zu sprechen, als sie noch glücklich liebte. Mit dem Pathos der Verhaltenheit ruft sie die körperliche Gegenwart des Geliebten zurück, das Bild, das dieser „Schwimmer selger Liebe" ihr eingeprägt hatte, sein Auge, seine Hand, die Jugend, die Schönheit. Schmucklos verklärt sie den armen Fischerburschen von Abydos, so wie ja auch der Tod gelegentlich die Unebenheiten des Lebens auslöscht:

> Sein Atem war die Luft, sein Aug die Sonne,
> Sein Leib die Kraft der sprossenden Natur,

Sein Leben war das Leben, deines, meins,
Des Weltalls Leben.

Dies ist mythische Alltagsrede. Kinder sprechen so von der Welt, wenn's um sie selbst geht, das Volk spricht so, das es damals in den Gassen von Wien noch gab, und, wenn es hoch kommt, sprechen so die Dichter. Der unsre wußte, was er tat, als er die Lesart: „Du Frühlingsgott! du Schöpfer einer Welt!" unterdrückte. Die Apotheose, welche die Sterbende an dem Toten vollzieht, bedarf des ausdrücklichen Wortes nicht, zumal die Götter, mit denen sie einst wie mit ihresgleichen zu verkehren glaubte, sich nun als medusenhafte Masken über sie gebeugt haben. „Die Götter wolltens nicht, da rächten sies." Hero ist nicht frömmer geworden, als sie war; sie hat sich nur in dem Augenblick, da sie vergehen muß, gefunden, und zwar durch jene Aufgabe ihrer selbst, die sie so innig gefürchtet hatte. Die Leidenschaft war nichts als Schein, Bild und Zeichen; was sie nun darbringt, ist ihr Wesen selbst:

Nimm diesen Kranz, den Gürtel lös ich ab
Und leg ihn dir ins Grab. Du schönes Bild,
All, was ich war, was ich besaß, du hast es,
Nimm auch das Zeichen, da das Wesen dein.

Nun ist sie wesentlich geworden, genau in der Weise, in welcher der Mystiker Angelus Silesius das Wort gebrauchte. Grillparzers Glaube an das natürliche, sich selbst genügende Sein umspannt auch in eminentem Maße dieses psychologische Trauerspiel, diesen sozusagen privaten Mythos. Hero hat sich in der Fülle ihrer Möglichkeiten und Unmöglichkeiten erfahren, und da sie ihre Existenz an die Leanders gebunden weiß, der nicht mehr ist, folgt sie ihm, seinen Namen auf den Lippen. So vereint sich kultisches Opfer mit einem Ende, das nicht minder natürlich ist als das Erlöschen ihrer Lampe vor dem Sturm.

Vor solchem Elementarereignis vermag der Priester nur schweigend das Haupt zu verhüllen. Janthe, der Soubrette, fällt das Schlußwort zu. Sie richtet an den Liebesgott die offenbar als Verweis gemeinte Frage: „Versprichst du viel und hältst du also Wort?" Die rätselhafte Gewalt des Spiels zeigt sich nicht zuletzt darin, daß der Zuschauer diese Frage der Überlebenden nicht unbedingt im Sinne des gesunden Menschenverstands wird beantworten können.

Verdrängter Vormärz: *Der Traum ein Leben*

> Von der Natur der Seele aus Träumen ist eine Materie,
> die des größten Psychologen würdig wäre ...
> Georg Christoph Lichtenberg, *Sudelbuch* (1776—1779)

Großzügig ausgestattet, wurde *Der Traum ein Leben* am 4. Oktober 1834, dem Namenstag des Kaisers, im Burgtheater uraufgeführt. „Vollkommener Sukzeß", schrieb sich Grillparzer nach der Premiere ins Tagebuch. Der Schauspieler Heinrich Anschütz berichtet in seinen *Erinnerungen* über die Schlußszene, die den Traum zum Wachen rückverwandelt: „Es wurde totenstill im Hause; die letzten gewaltsamen Momente des Traumes verbreiteten schon den unruhigen Eindruck der Unwahrscheinlichkeit. Da stürzt endlich Rustan von der Brücke in das nasse Grab und zugleich liegt er auf seinem Ruhebett; er stöhnt, er wendet sich, die drohenden Gestalten verschwinden und von Entsetzen gepeitscht, springt der *Erwachende* vom Lager. ‚Ein Traum!' murmelt es durch den Zuschauerraum; man besinnt sich, man erkennt, man empfindet und ein Beifallssturm tobt durch das Haus, daß der Darsteller innehalten muß."

Der Beifallssturm beruhte auf einem Mißverständnis; einer geringeren Fehldeutung jedoch als die Kritik Günther Nennings, der sich repräsentativ für die landläufige moderne Einschätzung des Werks im Feber 1966 wie folgt vernehmen ließ: „Welch edler Geist mußte hier von Österreich zerstört werden, ehe er dahin gebracht war, den Rückzug aus allem gesellschaftlichen Sein, die Borniertheit der dörflichen Idylle zu besingen — mit dem brüchigen Schmelz der Nachtigall, die ihren Käfig preist."

Was Grillparzers Wiener bei der Erstaufführung hingerissen hatte, war der Umstand, daß sie vermeinten, bei der Verklärung des Volks- und Märchenstücks zu einem burgtheaterfähigen Bildungsdrama zugegen gewesen zu sein. Taghandlung und Traumhandlung; die beiden Knaben, die als braungekleideter Tag und buntgewandeter Traum die eigentliche Aktion umrahmen; die Schlange aus der *Zauberflöte* und das orientalische Kostüm; der Schwarze als sinnfälliger Bote des Übels, ein Monostatos, der auf dem besten Wege ist, sich zu einem Mephistopheles auszuwachsen; durchsichtige Prospekte und das Maschinenkunststück der einstürzenden Brücke; dazu das üppige Wortgefälle der *Ahnfrau*-Sprache, vierhebige spanische Trochäen: die Verschmelzung von Bildungs- und

Zauberbühne, die Vereinigung von Innen- und Vorstadt im Publikum, war tatsächlich mit einem Streich gelungen. Ferdinand Raimund, dem dieser Erfolg des hohen Kollegen bedeutungsvoll in die Seele gedrungen war, sprach aus, was die ganze Stadt gefühlt haben mußte: „Sehen Sie", sagte er zu Konstant von Wurzbach, „das habe ich immer wollen und eigentlich ist mein ‚Bauer als Millionär' derselbe Gedanke. Hier träumt der Held, bei mir ist Hexerei im Spiel. Hier wird er reich und mächtig, bei mir auch, nur muß er Galläpfel aufbeißen, in denen Dukaten stecken, was sagen will, daß es bitter und schwer ist, reich und mächtig zu werden. Hier flieht der Held die Liebe, bei mir flieht die Jugend den Helden, und so geht es Szene für Szene fort. Nur die vielen schönen Worte habe ich nicht; die möchten's (fiel er im Dialekt ein) do draußen a nit versteh'n. Es is ewig schad um mi'!" Abgesehen davon, daß es nicht das erste Mal ist, daß wir die schöpferische Nähe Grillparzers zum Volkstheater seiner Zeit beobachten, bleibt die Frage bestehen, ob er in seinem Traumstück nicht anderes, Kühneres angestrebt habe als die Wiederbelebung des Genres, an dem er sich seit seinen Kindertagen ergötzt hatte.

Freilich entspricht dem Geister- und Feenstück, wie Grillparzer es im Leopoldstädter Theater gesehen hatte, auch das *happy end*, dieses Glück im Winkel mit Flöte, Harfenklang und Sonnenaufgang; eine Konvention, der sich selbst Johann Nestroy in seiner aufmuckenden Bitternis nicht entziehen konnte, wenn er in seinen Satiren das letzte, scheinbar versöhnliche Tableau stellte. Da aber, was immer in *Traum ein Leben* Volksstück ist, zu hoher Dichtung verinnerlicht wurde, nimmt die Konvention des Schlusses hier die hymnische Form von Rustans Sonnengesang an:

> Breit es aus mit deinen Strahlen,
> Senk es tief in jede Brust:
> Eines nur ist Glück hienieden,
> Eins, des Innern stiller Frieden
> Und die schuldbefreite Brust.
>
> Und die Größe ist gefährlich,
> Und der Ruhm ein leeres Spiel.
> Was er gibt, sind nichtge Schatten,
> Was er nimmt, es ist so viel.

Die Abkehr von allem Tun, die Glorifizierung des Geschehenlassens, der Quietismus einer Seele, die vor allem begehrt, nicht schuld daran zu sein, hat Günther Nenning dahin gebracht, polemischerweise „diese Selbstbiographie Rustan-Grillparzers das österreichischste Stück der österreichischen Literatur" zu nennen.

Aber Grillparzer ist nicht Rustan. Das erkennen wir schon daran, daß er Rustans Morgenlied in Kontrapunkt zu dem Gesang des Derwischs gesetzt hat, der im ersten Akt erklungen war und nun im letzten, der Worte entkleidet, als pure Melodie nachschwingt:

> Schatten sind des Lebens Güter,
> Schatten seiner Freuden Schar,
> Schatten Worte, Wünsche, Taten;
> Die Gedanken nur sind wahr.

> Und die Liebe, die du fühlest,
> Und das Gute, das du tust,
> Und kein Wachen als im Schlafe,
> Wenn du einst im Grabe ruhst.

Das Stück sollte ursprünglich *Des Lebens Schattenbild* heißen, was denn auch gleich etwas anderes darstellt als der von Calderón entlehnte barocke Titel *Der Traum ein Leben*. Als *Des Lebens Schattenbild* war die erste Hälfte des ersten Akts im *Taschenbuch für Schauspieler und Schauspielfreunde für das Jahr 1821* erschienen. Obwohl der Dichter zu jener Zeit das Stück „als sfogo der üblen Laune, zur Unterhaltung" geschrieben ansah, und das Lied von den Schattengütern des Lebens damals noch nicht vorkam, ist es doch aus der ganzen Anlage der Exposition ersichtlich, daß Grillparzer von allem Anfang an der Arbeit der Träume auf der Spur war und daß er mit seiner Eingangsszene nichts anderes bezwecken wollte als die Darstellung dessen, was Sigmund Freud die „Tagesreste" nennen sollte.

In seinen *Vorlesungen zur Einführung in die Psychoanalyse* aus dem Jahre 1917 definierte Freud die Tagesreste als „etwas, was aus unserem bewußten Leben stammt und dessen Charaktere teilt" und das „mit etwas anderem aus jenem Reich des Unbewußten zur Traumbildung zusammen" tritt. Akzeptieren wir nun eine Verwandtschaft zwischen dem, was Grillparzer Schatten und was Freud das Unbewußte nannte, dann wird es ersichtlich, daß der Dichter Größe und Ruhm, „des Lebens Güter", „der Freuden Schar", „Worte, Wünsche, Taten" in den Hexenkessel des Imaginären, der Phantasie, und damit letztlich des Unbewußten, wirft. Was er dem dunklen Gebräu entgegenhält, sind Gedanken (vermutlich klare), Liebe (vermutlich erfüllte) und das Gute, das er wohl im Sinne der griechischen Kalokagathie verstanden wissen wollte. Mit dieser Gegenüberstellung wollte er die Befreiung der Seele von Schuldgefühlen und damit jenen Frieden im Inneren erzielen, den wir auf Grund unseres Textes als die Abwesenheit von Konflikten deuten dürfen; also kaum etwas anderes als die Ziele, die, mehr als ein Menschenalter später, der Seelenarzt seiner Lehre steckte. Wie dieser war Grillparzer ein Menschenkenner, das heißt ein geborener und gelernter Pessimist, und so kommt es, daß er das „Wachen", vermutlich die Heilung von aller Traumdüsternis und -wirrnis, den Eintritt, im Sinne der *Zauberflöte* gesprochen, in den Sonnentempel der Einsicht, dem Grabe vorbehalten will. Dies nimmt nun gewisse Erkenntnisse Sigmund Freuds vorweg, wie dieser sie etwa in dem Aufsatz über *Die endliche und die unendliche Analyse* aus dem Jahre 1937 angedeutet hat. Sofern eine Psychoanalyse unendlich bleiben muß, ist der Konflikt, den zu heilen sie bestimmt war, erst mit dem Ende des Patienten, also wieder mit dem Tod, zu lösen.

Andererseits sind sowohl der Dichter wie der Doktor den Lehren der Romantik, etwa Schopenhauers, verpflichtet, diesem ersten großen Auftritt des Unbewußten in der deutschen Literatur. Schatten sind traditionellerweise schwarz, und auch das Unbewußte stellen wir uns als ein Dunkel der Seele vor. Intuitiv erkannte Grillparzer dies, als er über die Hautfarbe des Sklaven Zanga, des Traumführers, nicht mit sich reden lassen wollte. Das Tagebuch vom 4. Oktober 1834 berichtet: „Die Geschichte dieser Arbeit ist sonderbar genug. Die erste Idee dazu entstand in mir unmittelbar nach Aufführung der Sappho und den Anlaß dazu gab Voltaires Erzählung: le blanc et le noir ... [Aber der Schauspieler Josef] Küstner, der sich (zum Teil mit Recht) auf seine Mimik viel zu Gute tat, wollte durchaus jenen Zanga nicht als *Schwarzen* spielen. Mir hatte sich diese Form aber schon so eingeprägt, daß es mich in meinem Ideengange störte ..." Die Selbstbiographie sagt es noch deutlicher: „Mir stand nun aber Zange als Schwarzer da." Und das mit Recht: auf die Gestalt des Sklaven, der den Traumgedanken in die Seele des rastlosen Rustan gepflanzt hat, der ihn, wenn Tagesrest in Traumhandlung übergegangen ist, lockt und reizt, zurückhält und eben dadurch vorwärtspeitscht und der ihn schließlich verrät, auf diesen Zanga sind nun wirklich die nächtigen Triebe von Rustans Seele projiziert, und Grillparzer war Theaterdichter genug, auf der Übersetzung dieser Projektion in schwarze Schminke zu bestehen. Schwarz ist nun einmal auf der Bühne des Westens die Farbe des Bösewichts; die eigentliche, die innere Handlung dieses Traumstücks aber besteht in dem überraschenden Nachweis, daß dieser Bösewicht nicht der schwarze Zanga ist, sondern der weiße Rustan. So wird das Unbewußte in der Seele des Helden bühnenbildlich sichtbar.

Der Diagnostiker Grillparzer exponiert den Charakter auch dieses Helden aus seiner Kindheitsgeschichte. Er verwendet dabei die indirekte Methode, uns den jungen Rustan mit den Worten Mirzas vorzuführen, die seine Cousine und außerdem in ihn verliebt ist. Kein Wunder also, daß sie sich selbst widerspricht. Einerseits saß der heranwachsende Rustan stundenlang

> Auf dem Grund zu meinen Füßen,
> Bald des Hauses Arbeit teilend,
> Bald ein Märchen mir erzählend,

andererseits aber muß sie im gleichen Atem zugeben:

> Rustan, wahr ists, schon als Knabe
> Horcht' er gerne großen Taten,
> Übt' er gerne Ungewohntes,
> Wollt er gerne, was er kann ...

Das dreifache „gerne" unterstreicht die Triebhaftigkeit des Geliebten. Im übrigen löst Mirza den Widerspruch in ihren Erinnerungen dadurch, daß sie alle Schuld auf Zanga überträgt und bei dem Schluß anlangt, Rustan sei eben nichts als „ein Mann".

Hören wir dann aber Rustan selbst, so vernehmen wir zu unserem Erstaunen, daß sein Zwiespalt nicht etwa auf die Cousine, sondern auf Massud, ihren Vater und seinen Onkel, zurückzuführen ist:

> Nicht der Schmerz, den mir sein Zürnen,
> Der, den es ihm selber kostet,
> Macht mich seinen Anblick fliehn ...
> Daß ich sehe, wie wir beide,
> Bürgern gleich aus fremden Zonen,
> Bang uns gegenüberstehn,
> Sprechen und uns nicht begreifen,
> Einer mit dem andern zürnend,
> Obgleich Lieb in beider Herzen,
> Weil, was Brot in einer Sprache,
> Gift heißt in des andern Zunge,
> Und der Gruß der frommen Lippe
> Fluch scheint in dem fremden Ohr,
> Das ruft diesen Schmerz empor.

Herztöne werden hier laut; ein Urverhältnis, die Beziehung zwischen dem Alten und Jungen, zwischen den Generationen, ist gestört. Da aber der reiche Landbesitzer Massud das Prinzip von Gesetz und Ordnung vertritt, verrät der Konflikt des schweifenden jungen Jägers dessen Unbehagen an der Idyllik seiner Umgebung. Daß Rustan jedoch auch *mit* Massud leidet, zeigt, wie sehr er schon, allem Ungestüm zum Trotz, von dieser Idyllik beeinflußt ist. In diesem Für und Wider erscheint Rustans innerer Widerspruch, den der Traum zu lösen bestimmt ist. Die Worte des Jungen sprechen von dem Ennui und der Vereinsamung eines revolutionären Temperaments in einem Zeitalter, das schwer trägt am

Druck der Mächtigen und Besitzenden, der Vernünftigen und der Gemäßigten. Zugleich aber leidet er auch an seiner Entfremdung von der Vaterwelt. In der ehrgeizigen Unruhe Rustans deutet sich das Unbehagen seines Dichters an der Ruhe und Bürgerpflicht des Vormärz an.

Daß Rustans Problem in seiner Auflehnung gegen die Autorität begründet liegt, macht der Streit deutlich, den er an diesem, dem Traum vorangehenden Tage mit Osmin vom Zaun gebrochen hat. Massud hat Osmin als den ältesten Sohn des Emirs identifiziert,

> Der am Hof zu Samarkand
> In des Königs Kammer dienet.

Für Zanga hingegen ist er ein „verwöhnter, trotzger Junge, / Der von Öl und Salben duftet"; der Sklave weist auf die niedere Herkunft des Fürsten von Samarkand hin und zieht daraus einen Schluß, der auch Rustans Unbewußtem nicht fremd sein dürfte:

> Ihr seid aus demselben Ton,
> Aus dem Glück die Männer bildet
> Für den Purpur, für den Thron.

Wie genau Zanga ins Schwarze des Unbewußten getroffen hat, wird in Rustans Bitte deutlich, ihn in die Ferne ziehen zu lassen. Aber er bricht nicht einfach aus einem Leben aus, das ihm unerträglich geworden ist, wie er es seinen großen Worten gemäß tun müßte. Fein säuberlich trachtet er, Ferien von den Familienbanden zu erhalten. (In grimmiger Selbstironie geißelt Grillparzer hier seine eigenen vergeblichen Fluchtversuche vom österreichischen Hof und aus der biedermeierlichen Heimat.)

Massud fällt es deshalb auch nicht schwer, den Jungen noch zu einer Nacht der Selbstbesinnung zu Hause zu bewegen; der fromme Derwisch, eine durchaus restaurative Figur, dem Eremiten aus dem von Grillparzer verachteten *Freischütz* nicht unverwandt, singt hinter der Szene sein Schattenlied von den Gütern des Lebens; Traumlandschaft öffnet sich unter Theaterschleiern, und *„neben dem im Vordergrund stehenden Palmbaum hebt sich in weiten Ringen eine große, goldglänzende Schlange ... nach und nach empor"*. Das Reptil ist eine Rückerinnerung an die *Zauberflöte,* besitzt aber eine völlig andere Symbolfunktion. Es stammt wohl aus dem Paradies und kündigt den Sündenfall des Helden, wenn auch vorläufig nur in seinem Traume, an.

„Der Traum", hat Sigmund Freud erklärt, *„ist die (verkleidete) Erfüllung eines (unterdrückten, verdrängten) Wunsches."* Der Wunsch, den Rustan im Hause Mirzas unterdrückt hatte, war wie die Sehnsucht Grillparzers und seiner Zeitgenossen: Freiheitsdurst. So setzt denn auch die Traumhandlung mit einem Päan auf die Freiheit ein, der Schiller nachempfunden ist, also in Grillparzers Trochäen nicht

ganz ungezwungen klingt. Bemerkenswert jedoch ist die neue Rolle, die Zanga auf der Ebene des Traums zu spielen beginnt: war er früher Triebkraft gewesen, so wirkt er nun als Bremse. Auf das trunkene *Viva la libertà* seines Herrn erwidert er, trocken wie nur je ein Leporello:

> Sprecht nur zu, 's hat keine Eile,
> Ich erfrische mich derweile.

Nun ist er es, der „handeln, prüfen, denken, trachten" will, wobei die beiden kontemplativen Verben „prüfen" und „denken", im Angelpunkt der Zeile verweilend, die aktiven „handeln" und „trachten" mit Bedenklichkeit und Verantwortung belasten, so daß der ganze Vers nicht recht vom Fleck kommen will. Freud hat das Phänomen des Rollentausches, wie er zwischen Rustan und Zanga stattfindet, „Verschiebung" genannt und auf das Wirken unbewußter Zensuren zurückgeführt. Tatsächlich deutet der jähe Wechsel an, daß Rustan nun die Zweifel, die ihn in seinem Wachen zerfressen und gelähmt hatten, auf den Verführer überträgt: die Zügel, die er schießen läßt, hält Zanga nun in seinen Händen. Zugleich aber wird der Schwarze schon hier, am Beginn des Traumes, zum Träger jener Desillusion, die am Ende den Träumer zur Wirklichkeit zurückrufen soll:

> RUSTAN. Schlangen scheinen deine Haare.
>
> ZANGA *zwei flatternde Streifen, die sein Haupt umschlingen, aus den Haaren ziehend.* Bänder! Bänder! nichts als Bänder!
>
> RUSTAN. Und das Kleid auf deinem Rücken
> Dehnt sich aus zu schwarzen Flügeln.
>
> ZANGA. Böse Falten, und doch gut auch.
> So trägt mans bei uns zu Lande.
>
> RUSTAN. Und zu deinen Mörderfüßen
> Leuchtet's fahl mit düsterm Glanz.
>
> ZANGA *einen gestielten, kolbenartigen Körper aufhebend, der schon früher am Boden lag, aber erst jetzt zu leuchten anfängt.*
> Faules Holz und Moderschwamm.
> Doch zu brauchen, dient als Leuchte.

Da es aber Rustan ist, der diesen Zanga träumt, ruft er sich selbst mit den Worten des Sklaven zur Wirklichkeit zurück. „Unbeschreiblich ist die Oekonomie der Träume" (Hugo von Hofmannsthal).

Mit dem Auftritt von Schlange und König hat die eigentliche Arbeit von Rustans Traum eingesetzt. In seinen *Vorlesungen* unterscheidet Freud drei Leistungen der Traumarbeit: die „Verdichtung", die „Verschiebung"

236

und die „Umsetzung von Gedanken in visuelle Bilder". Die letztere nennt er die „psychologisch interessanteste". Sie ist auch die theatralistischste. Grillparzer hat von ihr ausgiebigen Gebrauch gemacht, Traumbild nach Traumbild aufgereiht, an Verschiebungen und auch an Verdichtungen nicht gespart, in denen sich nach Freud der ursprüngliche, latente Trauminhalt manifestiert. Diese Verdichtungen bestehen vor allem aus den seltsamen Kürzungen und Überschneidungen, die der Traum mit der Dichtung gemein hat. Nicht nur sind in Grillparzers Traumszenen die komplexen seelischen Verhältnisse des träumenden Rustan eingeschlossen, so daß die Traumgedanken sich bildhaft zur Überwirklichkeit von Traumgesichten verzerren, sondern das Tempo der Traumdichtung steigert sich auch furios, bis es sich überstürzt und der Traum, zur Katastrophe verdichtet, mit dem Untergang seines Helden und dem Erwachen des Träumers endet.

Unschwer lassen sich im König des Traums die Züge des Tages-Massud wiederfinden. Beide sind Herren in ihrem Reich; um die Identifikation zu unterstreichen, ist das erste Wort des im Traum Geretteten „Hörnerschall", was den „Hörnertönen" entspricht, die zu Beginn des Stückes erschallen. Hörnertöne sind Zeichen des Angriffs: in der Wirklichkeit des Tagesrests wie in der Surrealität des Traums erklingen sie zur Jagd. Hier aber scheidet sich Traum von Tag: Massud ist kein Freund des Weidwerks; der König jedoch fällt mitten in seinem Jagdvergnügen der Schlange beinahe zum Opfer. Der kriegerische Klang verbindet aber auch die beiden väterlichen Figuren wieder: das Reich des Traumfürsten liegt im Schlagschatten des Krieges, den „der mächtige Chan von Tiflis" angezettelt hat, genauso wie der Streit der beiden Jäger Rustan und Osmin die ländliche Hütte Massuds berührt und ihren Frieden gestört hat.

Im Traum rettet Rustan den König — scheinbar. Der wahrhafte Töter der Schlange ist jener geheimnisvolle Mann vom Felsen, den der Traum-Rustan ohne Schwierigkeit identifiziert:

Ists nicht Osmin,
Der Verweichlichte, Verwöhnte,
Der mich jüngst beim Jagen höhnte — ?

Das Wort „jüngst" schlägt die Brücke der Zeit von Tag zu Traum. Da aber dieser die Erfüllung eines Wunsches darstellt, den jener unbewußt gehegt hat, vollzieht Rustan nun, was ihn zur Auseinandersetzung mit Osmin verleitet hat: er tötet den Fremden. Zugleich aber verrät der Traum, was der Tag verschwiegen hat; bevor der Fremde von der Brücke in den Tod stürzt, ruft er: „Rustan! Rustan! — Mirza, Rustan!" Mit der Nennung von Rustans Namen bestätigt er dessen Vermutung, daß er für seinen Mörder kein Fremder ist. Warum aber ruft er auch nach Mirza? Später werden wir einem Brief des Erschlagenen entnehmen, daß er das Mädchen gekannt und sich zu ihm hingezogen gefühlt habe:

„An den Quellen des Wahia
Leb ich einsam, ein Verbannter,
Nah des alten Massud Hause ...
Sah dort Mirza, seine Tochter,
Sie, die einzge, die vergleichbar,
Nahe mindstens kommt Gülnaren ..."

Aus der Sprache des Traums in die der Tageswirklichkeit übersetzt, deuten diese Zeilen darauf hin, daß der Streit mit Osmin der unbewußten Eifersucht Rustans entsprungen ist, der seine Neigung zu der Cousine durch den „verwöhnten" (von Frauen verwöhnten?) Jäger bedroht sieht. Urangst steigt auf, wenn dem träumenden Rustan in seinem Handgemenge mit dem Fremden die Worte entfahren: „Sein Berühren ist Entmannen." Der Freiheitsdurst und die Angriffslust Rustans sind den Zweifeln an seiner eigenen Männlichkeit, an seiner Identität, entsprungen.

Auch der Umstand, daß sich der Traum-Rustan von dem König an seinen Hof ziehen läßt, um einer Heldentat willen, die er nicht vollbracht hat, daß also sein Anspruch auf Lohn und Ruhm Lüge ist und sein neuer Rang illegitim, stellt Fragen über die Vorgeschichte des Tag-Rustan, deren Beantwortung Grillparzer mit dem schönen Vorrecht des Märchenerzählers im Dunkel gelassen hat. Wir erfahren lediglich, daß sich Rustan für den Nachgeborenen einer kriegerischen Familie hält. Wer aber waren seine Eltern? Wie und wann verließen sie ihn? Wie kam er in Massuds Haus? Wir wissen es nicht und brauchen es auch nicht zu wissen. Rustan taucht aus dem Unbekannten auf, was sogar dem König bei seinen Recherchen auffällt:

... alle, die ich fragte
Nach den Eltern, die du nanntest,
Nach den Deinen, deiner Abkunft;
Niemand will die Namen kennen ...

Daß aber dieser Elternlose von seiner Erhöhung zum Prinzgemahl zu träumen vermag, zeigt Grillparzer bei einer schöpferischen Arbeit, die nicht nur Traumdichtung ist, sondern auch die Deutung eines Charakters mit Hilfe der Träume, die ihn heimsuchen.

Dieser Charakter wird dem Herrn von Samarkand nach dem Leben trachten. Eng und enger werden sich die Fäden der Traumhandlung verflechten, bis der Königsmord unvermeidlich geworden ist und das Ganze, wie Grillparzer 1827 während der Arbeit im Tagebuch vermerken konnte, „immer mehr und mehr die Farbe einer Kriminalgeschichte" bekommt. Es ist die Geschichte eines Verbrechens, die nicht nur geträumt, sondern selbst im Traum nur halb eingestanden wird.

Traumdichtung, Traumverdichtung ist am Werk. Aus dem Dunkel der Tiefe taucht im Schatten Zangas ein graugekleidetes altes Weib auf, einen Becher in der Hand. Der Becher enthält Arznei gegen die ansteckende Krankheit, die, wie sie sagt, Rustan befallen hat:

> Einer starb schon, der dir nahte,
> Draußen liegt er auf dem Sand.
> Und der König fürchtet auch wohl,
> Daß dein Übel ihn ergreife ...

Auf die Frage Rustans, wer sie gesendet habe, war die Antwort erfolgt: „Ich mich selbst, mein schöner Herr." Sie schwatzt ihm die Medizin mit Worten auf, die die Natur und den Zweck des Mittels in aller Zweideutigkeit klar hervortreten lassen:

> Dich erschreckt des Trankes Anblick,
> Weil er gar so brausend zischt.
> Ei, das gibt sich, ei, das legt sich,
> Wie Begeisterung der Jugend ...

Aus dem Tagesrest, dem ersten Akt, schwingen in der Erinnerung des Hörers die Worte des Derwischs nach:

> Und kein Wachen als im Schlafe,
> Wenn du erst im Grabe ruhst.

Die Alte fährt fort:

> Auch, mein Sohn, in Wein gegossen,
> Wirkt ein Tropfen wie das Ganze.
> Hier steht Wein. Ha, und der Becher,
> Sieh, wie gleicht er hier dem meinen,

und setzt den ihren neben den Pokal des Monarchen. Rustan ist es nun, der den Königsbecher in die Hand der Alten drückt, von ihr seines Irrtums verwiesen wird, in einer zweiten, nicht minder deutlich intendierten Fehlleistung ihre Worte überhört, ein mit Grillparzers Theaterlust an Farbsymbolik gewähltes, dunkelrotes Tuch über den Giftbecher breitet und diesen sodann seinem Schicksal überläßt. Er überläßt ihn auch dem Besitzer des Königspokals, dem Herrscher, der nun beinahe schon sein Schwiegervater geworden und ihm ebenso beinahe schon auf den Mord an Osmin gekommen ist. Rustan, immer weiter in die Enge getrieben, braucht nur das Schicksalstuch „ergrimmt" von dem Becher hinwegzureißen, um den Monarchen seinem Schicksal zu überantworten. Kaleb, der Vater des Ermordeten, kredenzt auf Weisung des Königs diesem den Wein, worauf Rustan es sich leisten kann, den Herrscher auch noch zu warnen und mit der Warnung die Verläßlichkeit seines

Hauptanklägers zu entkräften. Es kommt, wie es nach Rustans Wünschen kommen muß, nicht ohne daß jedoch, als Traum im Traume sozusagen, die Erscheinung des Traum-Osmin hinter den durchscheinend gewordenen Prospekten im Hintergrund aufdämmert. Rustan versucht, nachdem das Angstgesicht vergangen ist, sich zur Wirklichkeit zu ermannen:

> Ist er fort? Ha, Zauberkünste!
> Und doch nur der Sinne Traum!

Es ist alles vergebens, der König ist verloren. Zum Überdruß taucht auch noch die Alte am Lager des Sterbenden auf. Ihre Worte: „Lauf mein Rädchen! Spinn mein Fädchen!" weisen sie als Norne oder Parze aus, doch wohl nur zum Besten der Kinder im Publikum, denn weder eine germanische noch eine griechische Schicksalsfrau hat etwas am Hof eines turkestanischen Potentaten zu suchen. Sie selbst hat zumindest eine der Masken gelüftet, die der Dichter ihr vorgebunden hat, als sie dem Träumer vor seiner Tat (aber ist es eine Tat? Ist es nicht nur ein gezieltes Lassen?) „Glück, Entschlossenheit, Verstand" wünscht, also im Grunde jene Qualifikationen, die in der Traumhandlung Zanga von Rustan gefordert hat. Der Neger hatte die Alte ja auch eingeschleppt. Aber die Figur, die nicht mehr der Träumer, sondern der Traum selbst erzeugt zu haben scheint, dieses Ohngesicht, von dem der Tag auch nicht den dürftigsten Rest vorweggenommen hat, so daß die Phantasie des Träumenden selbst schöpferisch wird und uns in den innersten Bezirk des Traumgeschehens blicken läßt, ist weniger und mehr als eine Komplizin Zangas. Begriffe des Glaubens oder der Moral werden an ihr zuschanden.

Zunächst ist sie nicht Figur, sondern Funktion. Mit der Unverschämtheit der Träume spricht sie selber aus, welche Rolle ihr zugemessen ist:

> Ei, du möchtest wohl den Trank,
> Aber auch, daß man dich zwänge.
> Ei, ich zwinge niemand, Sohn!

Sie lügt und sagt die Wahrheit. Nicht Ananke ist sie, nicht der Zwang des Schicksals, nicht Parze und nicht Norne, wohl aber jener Trieb, der, aus dem Unbewußten steigend, dem Ich jene Gelegenheiten schafft, die es dann nur zu ergreifen braucht, damit sie Wirklichkeit werden. Wir werden freilich nicht übersehen dürfen, daß diese Wirklichkeiten immer noch Träume sind; als Traum aber stellen sie die Erfüllung der Wünsche dar, die der Tag verdrängt hatte.

Zweimal, 1821 und zwischen 1825 und 1826, schrieb sich Grillparzer während der Arbeit an *Traum ein Leben* den folgenden Satz Georg Christoph Lichtenbergs ins Tagebuch: „Bei einem Verbrechen ist das, was die Welt das Verbrechen nennt, selten das, was die Strafe verdient, sondern da liegt es, wo unter der langen Reihe von Handlungen, womit es sich gleichsam als mit Wurzeln in unser Leben hineinerstreckt, diejenige ist, die am meisten von unserem Willen abhing, und die wir am leichtesten nicht hätten tun können." Beim zweiten Mal setzte er hinzu: *„Herrlicher Stoff zu einem Trauerspiele!"* In der Gestalt der Alten mit dem Giftbecher endet die „lange Reihe von Handlungen", die sich vom Freiheitsausbruch Rustans zu Beginn des Traums bis zu seinem Gipfel, dem Königsmord, erstreckt. Dieser Traum wurde nur darum geträumt, weil er für den Tag-Rustan das leichteste Mittel gewesen war, seinen Willen spielen und die Tat, die Rebellion gegen die Autorität, ungeschehen bleiben zu lassen. Aus der Ermordung des Traum-Königs dürfen wir schließen, daß die Aggressionen unseres Helden gegen die väterliche Gestalt Massuds gleichfalls von bedrohlicherer Heftigkeit sind, als die Tagesreste uns zu ahnen erlaubt haben. Nur durch die Arbeit des Traums konnte sich das Trauer- in ein Schau-Spiel im wahrsten Sinn des Wortes verwandeln.

Die Wurzeln dieses Schauspiels jedoch reichten tief in das Leben von Grillparzers Zeit. Zum Namenstag des Kaisers wurde auf seiner Bühne der Mord an einem Monarchen gegeben. Als im Jahr nach der Premiere das Namenstagskind tatsächlich verschied, verfaßte Grillparzer eine Satire mit dem Titel *Verlegenheiten eines Staatsdieners beim Tod seines Landesfürsten.* Das kleine Stück, das auf dem Weg von Jonathan Swift zu Karl Kraus und Franz Kafka die Mitte weit im Rücken gelassen hat, beginnt: „Es hat dem Herrn gefallen — doch nein, der Verstorbene war unser Herr! — Es hat dem Allerhöchsten gefallen — Zwar der Verewigte war nicht minder allerhöchst! — Also: es hat Gott gefallen, unsern allerhöchsten Herrn zu sich zu nehmen. Ich bin froh...", hier bricht die Stimme des Leidtragenden, er macht eine Pause, blickt sich vorsichtig um und fährt fort: „...daß sich Gott wenigstens *einen* Unterscheidungsnamen vorbehalten hat, es ist wegen der Zweideutigkeit im Sprechen und Schreiben." Im Schutze dieser Zweideutigkeit nennt nun der Verfasser des Gedichtes vom „Campo Vaccino" und ehemalige Gast der „Ludlamshöhle" das ganze Sündenregister der vormärzlichen Politik bei Namen: Zuchthäuser und Fronfesten, Polizei, die Übergriffe der „Erz- und gemeinen Engel", also des Erzhauses und der ordinären Patrioten, die Aufpasser und das Verbot der Auswanderung. „Wir hatten Himmel und Hölle so gut als in der empyräischen Normal-Monarchie, und die Ungehorsamen befanden sich gleichsam in einem immerwährenden Fegfeuer. Er war unser Vater. Ein guter Vater züchtigt seine Kinder." Wer sich mit solcher Souveränität über den Tod seines Kaisers ergehen konnte, dessen Seele war die „gottesräuberische" Tat des Jaromir, der Mord an diesem Landesvater, nicht unvertraut. So gesehen, besteht zwischen Rustans anarchischem Freiheitsausbruch und der Beseitigung des turkestanischen Potentaten ein ursächlicher Zusammenhang. Als Grillparzer im Jahre 1850 seine *Erinnerungen* an die Märztage zwei Jahre vorher niederschrieb, fragte er sich: „Warst du mit dem vormärzlichen Zustande zufrieden? Hast du keine Änderung gewünscht? Glaubst du, daß der Mensch nicht Hand anlegen soll, um unleidliche, nichtswürdige Verhältnisse zu verbessern?" Überdies gerät an einer Stelle die Satire von 1835 in geradezu verräterische Nähe zu dem Traum- und Märchenspiel aus dem Vorjahr. Es handelt sich charakteristischerweise um die Macht der Presse. „Ich ward Mitarbeiter der Theaterzeitung", bekennt der leidtragende Staatsdiener, „und das Wort Vivat war bei mir schon zum unwillkürlichen Ausruf geworden, wie bei andern Sapperment oder Potz Blitz! Und nachdem ichs so weit gebracht habe, stirbt mir der Herr unter den Händen." Nachdem er Rustan durch patriotische Manipulation von Kriegsnachrichten in den Sattel gehoben hat, läßt sich Zanga die Zeilen entschlüpfen:

> Ich bin selbst das Zeitungsblatt;
> Schwarz gekommen schon zur Erden,
> Darfs nicht erst durch Lügen werden.

Dieses anachronistische Extempore wird nur als unmittelbare Anspielung auf die politische Malaise von Grillparzers Zeit verständlich. Auch hier ließ der Untertan seinen Monarchen leben und tat dabei insgeheim das rechtschaffen Seine, ihm den Untergang zu bereiten. Die Wiener liebten Improvisationen und hatten ein scharfes Ohr für Zwischentöne. Und wenn Karl Kraus vor dem Ersten Weltkrieg den Satz schreiben konnte: „Satiren, die der Zensor versteht, werden mit Recht verboten", dann darf Grillparzer die Leistung für sich in Anspruch nehmen, ein dreiviertel Jahrhundert zuvor ein Zauberstück geschrieben zu haben, dessen politische Tiefenschicht dem Zensor gleichfalls entging, und zwar darum, weil sich die kaiserliche Zensur durch die Traumzensur Grillparzers hatte täuschen lassen.

Nun ist der Traum-Rustan freilich alles eher denn ein Freiheitsheld. Von dunklen Ängsten, Wünschen und anderen Zwiespältigkeiten getrieben, schlittert er von einer Gewalttat in die andere, obwohl er der Gewalt dieser Taten keineswegs gewachsen ist. Gerade darum, weil er sich von Schrecken zu Schrecken hat schleifen lassen, sichert er, scheinbar zur Macht gelangt, die eigene Schwäche wieder durch Gewalt. „O, ich kenne euer Treiben", schreit er den Höflingen zu, die nun ihrerseits dem Parvenü und Usurpator entgegentreten.

> In dem Innern eurer Häuser
> Lauern meine wachen Späher,

Was ihr noch so leis gesprochen,
Reicht von fern bis an mein Ohr.

Schon Emil Reich ist es aufgefallen, daß der Dichter hier „deutlich genug auf das rings mit Polizeispitzeln übersäte, weder zu rechtfertigende, noch wiederzuerweckende Österreich des Vormärz" anspielt. Sollte der Freiheitsdurst des Helden dadurch homöopathisch geheilt werden, daß der Rebell des Vormärz im Nachmärz als Despot erscheint? Ist die Korruption der Schwachen durch die Macht die Moral dieser Parabel? Ist dies die Gefahr der Größe und das feine Spiel des Ruhms?

Mit einiger Sicherheit wird sich sagen lassen, daß Grillparzer in seinem Märchen keine religiöse, philosophische oder gar politische Lehrmeinung vertreten, sondern das Unbewußte des Traumes ausloten wollte. Da aber selbst Träume in den Räumen der Gesellschaft stattfinden und bei aller Überwirklichkeit und Verzerrung von den sozialen Grundstrukturen mitbedingt sind, in denen sich die Träumenden bewegen, hat Grillparzer das schleichende Unbehagen seines Publikums an der politischen Verfassung des Metternichschen Regimes mit eingefangen und, gewiegter Praktiker alles Theatralischen, der er war, mit den unbewußten Widerständen gegen die Autorität in den Seelen seiner Zuschauer gespielt. Verwandt mit seinem Geschöpf Rustan, jedoch keineswegs mit ihm identisch, hat er dem Zeitgeist eine Diagnose gestellt, die alles eher als restaurativ zu nennen ist.

Am Ende erweist Rustans Traum ihm und uns, daß sein Fernweh eine verschlagene Verdrängung gewesen ist. Die schwesterliche Mirza vermag ihn nicht zu halten; die Traum-Königstochter Gülnare zieht ihn gerade dadurch an, daß sie ihn mit Kinderangst erfüllt. Zwischen der Base und der Prinzessin hat eine noch radikalere Verschiebung stattgefunden als zwischen dem Zanga des Tags und jenem des Traums. Theodor Fontane hat der jungen Schauspielerin, die am 8. Mai 1884 am Schauspielhaus Berlin die Mirza gab, vorgehalten, sie sentimentalisiere die Rolle. „An einer Stelle hat sie zu Rustan die ziemlich einfachen Worte zu sagen: ,Und das Abendessen wartet.' Es klang aber in ihrem Munde, wie wenn der Sprosser schlägt, und eine Welt voll Tiefsinn und hinsterbendster Liebe zitterte schwermütig in dieser Aufforderung zum Vesperbrot." Er tat dem kleinen Fräulein Barkany unrecht. Die Gestalt Mirzas selbst ist von so penetranter Schlichtheit und blankgescheuerter Ländlichkeit, daß ihr Temperament auch eine ruhigere Natur als Rustan über alle turkestanischen Hügel gejagt hätte.

Gülnare, die im Traum an ihre Stelle tritt, ist aus dem Stoff der Medeen und Kunigunden gebildet, ein Mann- und Machtweib von mythischen Ausmaßen. Auf den ersten Blick erscheint sie Rustan freilich als eine Verklärung Mirzas, eine „Lichtgestalt, . . . / Weich in Vaterarmen liegend". Auch der Traum schützt vor optischen Täuschungen nicht. Kaum hat das holde Bild die Lippen geöffnet, muß der Träumer vernehmen:

> Oft hat man mich wohl gesehen,
> Männlich die Gefahr bestehen.

Daß sie dieses eine Mal nicht Manns genug gewesen ist, den Vater zu retten, ist lediglich dem „Widrigen", dem „Grauen" zuzuschreiben, dem Schlangenleib, vor dem es ihr schaudert. Diese Angst vor dem schlüpfrigen Reptil hat schon Wilhelm Stekel zu der Annahme geführt, wir hätten es hier mit einer Hysterikerin, und das hieß im Jargon jener Zeit fast immer einer Frigiden, zu tun. Tatsächlich hat Grillparzer sie, zumindest in den Vorarbeiten, als frigid charakterisiert. Dort sagt der König im dritten Akt zu Rustan:

> Meine Tochter, spröden Sinns,
> Hatte stets verschmäht zu achten,
> Wonach Jungfraun sonst wohl trachten,
> Mannes Werbung, Mannes Gruß . . .
> Sei es Fehler der Natur,
> Sei es einer frühern Neigung
> Einer Jugendliebe Träumen,
> Das zurückließ solche Spur.
> Alle Freier, die ihr kamen,
> Feindlich ihren Abschied nahmen.
> Selbst die Tat, die du getan,
> Griff nur halb ihr Wesen an.

Der gute König übertreibt. Als Rustan, auf den ersten Blick von Gülnares Grandezza geblendet, mit dem Aufschrei: „Herrin, o, ich bin vernichtet!" vor ihr in die Knie gebrochen war und der Vater vermittelnd eingreifen wollte, da hatte sie den Alten brüsk zurechtgewiesen:

> Laß ihn, Vater, es erquickt mich,
> Einen Mann beschämt zu sehen.

Wie Medea nur einen Gott lieben kann, so erhebt Gülnare, diese mythisch Unberührbare, den vermeintlichen Retter sogleich selbst in den Stand des Mythos:

> Vater, sag es selbst, fürwahr,
> Stellt er nicht die Zeit dir dar,
> Nicht die Zeit, die einst gewesen,
> Und von der wir staunend lesen,
> Wo noch Helden, höhern Stammes,
> Wo ein Rustan, weitbekannt,
> In der Parsen Fabelland —

worauf sie Zanga ergebenst unterbricht: „Rustan ist auch er genannt."
Kein Wunder, daß ihr der Chan von Tiflis zu gering gewesen ist und daß
sie nun den Retter ihres Vaters zum Retter des Vaterlandes vor dem in
einer Ehre gekränkten Freier bestimmt. Eine Prinzessin von Eis, zieht sie
sich hinter das Rätsel ihrer Verschlossenheit zurück, wenn der König sie
dem Sieger als Gattin zusprechen will. Zwar ist der durchaus unmythische
Rustan bei der Verfolgung des Chans vom Pferd gestürzt, aber erst
nachdem der Widerstand des Feindes gebrochen war. Dies führt Gülnare
dazu, den ihren gegen Rustan aufzugeben. Sie hat gute Gründe: nach der
Ermordung des Königs hat das Heer zu meutern und das Volk gegen
sie zu revoltieren begonnen. Die Katastrophe findet die Prinzessin
unvorbereitet; der Schock, in den sie der Tod des Vaters versetzt hat,
stürzt die „Einsame, Verlaßne" in den Staub; sie kniet vor ihrem neuen
„Herrn". Dieser jedoch, der sich auf dem Gipfel des erschlichenen Glücks
befindet, ist unvorsichtig genug, seiner präsumtiven Gattin nun seinerseits
zu huldigen. Die Courtoisie, die auf Wiener Art kein Staatsakt, sondern
eine galante Geste gewesen ist, rächt sich im nämlichen Augenblick.
Gülnare hat unversehens ihre Fassung wiedergewonnen:

> Dieses Landes Herrscherschmuck,
> Er bleibt mein, ich geb ihn niemand,
> Sollte Tod mich übereilen,
> Niemand, keinem, auch nicht dir!
> Geben nie — wohl aber teilen!

Sie scheint dazu entschlossen, die Krone mit ins Grab zu nehmen, was
auf ihre Bereitschaft, sie mit dem Prinzgemahl zu teilen, ein seltsames
Licht wirft. Die Gestik der Szene spricht noch deutlicher: *„Sie hebt die
Krone in der Rechten hoch empor, während Rustan mit den Zeichen
wilder Verzweiflung die Stirne gegen den Boden drückt."* Die Parallele
dieses dritten Aktschlusses mit jenem in *König Ottokars Glück und Ende*
springt in die Augen. Beide Male tritt das Ritual schweigender Verzweiflung an die Stelle des Worts, das sich dem Gedemütigten versagt.

Nach der unvermeidlichen Entdeckung von Rustans Doppelmord
verwandelt sich die Traumprinzessin vollends in eine Megäre. Auf der
Höhe des Zusammenstoßes geht es dem fürstlichen Paar keineswegs um
Sühne, sondern ausschließlich um die Macht. Von Liebe war nie die Rede
gewesen. Rustans erschreckend ehrliches Flehen:

> Mir laß eine leere Wüste,
> Wo Verlangen buhlt mit Armut,
> Wo kein Gold als Sonnenschein.
> Doch die Herrschaft, sie sei mein,

beantwortet sie nicht minder ehrlich: „Dir die Herrschaft? Herrsch in

Ketten", und die letzten Worte, die sie dem Stürzenden nachruft, lauten „Gib dich! gib dich!" So gewaltig ist die amazonenhaft zupackende Kraft dieser vier Silben, daß sie es vermögen, den Träumer aus dem Traum ins Wachen zu schleudern. Grillparzer, der intime Kenner der Liebe, hat seinen Rustan einen liebeleeren Traum von Macht träumen lassen, einen von aller Erotik unverstellten Nachtmahr, in dem es nicht mehr um die Erfüllung im Geschlecht geht, sondern um die Existenz im Dschungel der Gewalt.

Nur scheinbar ist dieses Angsttraumstück mit der Unschuld des Volks- und Märchentheaters verwandt. Nicht nur die Hintergründe des Palastes von Samarkand, diese Vorhänge und Zeltwände, auch die Figuren sind durchsichtig. Der Mann vom Felsen etwa, der Rustan als Traum im Traum erscheint, ist eine Strafphantasie erster Ordnung. *„Der braune Mantel hängt nachschleppend über die rechte Schulter. An der linken entblößten Brust nagt eine Natter, die er in der Hand hält"*, eine Selbstbezichtigung des Träumenden, der in dem Traumsymbol der Natter sich selbst erblicken muß. Dieser Mann vom Felsen hat Rustan die Straße zur Macht eröffnet, er ist von ihm erschlagen worden und hat damit jenes Schuldgefühl in ihm ausgelöst, das den Träumer am Ende zwingen wird zu vernichten, was er erreicht und erworben hat. Aber selbst diese Erscheinung ist für den wissenden Zuschauer transparent: hinter ihr steht Osmin, der in der Wirklichkeit des Tagesrestes an Rustans Fähigkeit gezweifelt hat, die Reise nach Samarkand erfolgreich zu beenden, ihn damit auf den Traumweg brachte und dafür beinahe mit seinem Leben bezahlt hätte. Der Gedanke ist nicht von der Hand zu weisen, daß Grillparzer mit dem Mann vom Felsen eine Instanz gemeint hat, die Freud später „Über-Ich" nennen sollte. Eine Funktion dieses „Über-Ich", sagt Freud im *Unbehagen in der Kultur,* sei das Gewissen, das „die Handlungen und Absichten des Ichs zu überwachen und zu beurteilen hat, eine zensorische Tätigkeit ausübt. Das Schuldgefühl, die Härte des Über-Ichs, ist also dasselbe wie die Strenge des Gewissens." Schon der Vormärz fühlte Unbehagen an seiner Kultur; dafür, daß die schwelende Unlust nicht in offene Rebellion und Umsturz ausarte, sorgten die Zensoren, die von der Polizei bestellten, und die inneren, die dem Publikum auf der Traumbühne Grillparzers einen Traumspiegel vorhielten und so das schlechte Gewissen der Zeitgenossenschaft erheblich erleichterten.

Merkwürdig übrigens die Namensgleichheit zwischen dem stummen Greis, der die Sprache findet, um den Lügner und Mörder Rustan seiner Untaten zu überführen, und dem Jäger Kaleb, der, ein Bild des Friedens, am Abend des ersten Aufzugs zu seiner Familie heimgekehrt war. Beide sind wohl Rustans Gegenspieler, Verkörperungen seines

Ungenügens an sich selber und seiner Neigung, dieses Ungenügen auf Gestalten außerhalb seiner zu übertragen. In ihrer dramatischen wie psychologischen Intention sind sie dem Komplex Osmin-Mann vom Felsen zugeordnet. Schon ihr Name, der dem semitischen Stamm von „Hund" abgewonnen ist, deutet auf Rustans Verachtung und auf seine Angst vor ihrer Wachsamkeit. Friedrich Hebbel hat sechs Jahre nach Grillparzers Traumspiel die Figur des Stummen, der Sprache gewinnt, in seinem Daniel aus der *Judith* wiederaufgenommen. Während aber Grillparzers Kaleb auf dem Höhepunkt seiner Tragödie nichts hervorzubringen vermag als die Laute D-U und, schon beinah im Jenseits, den Namen „Rustan", ergeht sich Hebbels Daniel, kaum sind seine Lippen aufgeschlossen, in so langwierigen Jeremiaden, daß man seinem Mitbürger Hosea die Sympathie nicht versagen kann, wenn er in Johann Nestroys *Judith und Holofernes*-Travestie auf den Gedanken kommt, das „boshafte Stummerl" zu sich nach Haus zu nehmen. „Da sperr' ich ihn in ein Zimmer, wo gar kein Möbel is als ein großer Nagel an der Wand; da geb' ich ihm dann einen Strick zum Spielen, vielleicht daß ihn die Einsamkeit auf einen zweckmäßigen Gedanken bringt." Hebbels stummer Redner ist ein aus der Fasson gegangenes Ornament, Grillparzers Ankläger mit den drei Silben, die sich ihm entringen, eine von der irrationalen Logik des Traums emporgespülte Lebenswahrheit.

Grillparzer war ein ebenso lebhafter Träumer wie hypochondrischer Beobachter seiner selbst. So fasziniert war er von den Erscheinungen des Traumlebens, daß er sie in seinem Spiel auch noch in ihren Abarten und Nuancen registrierte. Da weiß der Träumende, daß er träumt: Wenn zu Beginn des Traums der *„Mann, dessen Wurf die Schlange getötet"*, in voller Leibhaftigkeit vor ihm erscheint, sagt Rustan erschüttert: „Meines Traums Gebäude sinkt." Entsprechend sehnt er sich, als der Traum sauer zu werden droht, nach den Tageswonnen der Gewöhnlichkeit zurück:

> O, hätt ich, o hätt ich nimmer
> Dich verlassen, heimisch Dach,
> Und den Taumelpfad betreten,
> Dem sich Sorgen winden nach.

Die überdehnt-synkopierte erste Zeile dieses Stoßgebets stammelt vor Sehnsucht, dem Taumel zu entrinnen, als den Rustan den Traum nunmehr erkannt hat. Andererseits erscheint der Tagesrest als visionäre Überhöhung des Traumgesichts, wenn Rustan hinter den wehenden Vorhängen des Königszelts das Bild Mirzas als warnendes Wahngebilde erblickt. Zugleich vereint sich die überhöhte Traumvision mit der sozusagen regulären Spielfläche des Traums und diese wieder mit der Wirklich-

keit des Tages: vor Mirza „*steht ein Greis, in Gestalt und Kleidung ganz
dem alten Kaleb ähnlich. Er hält eine kleine Harfe im Arm*", wie der
Derwisch des ersten Aufzugs. Das zarte Gespinst des Märchenspiels läßt
also, ohne zu zerreißen, in diesem Augenblick die Berührung dreier
Ebenen, den Ebenen von Wirklichkeit, Traumwirklichkeit und dichterischer Überwirklichkeit, zu.

Besonderes Interesse hat der Dichter schließlich an den Vorgang des
Erwachens gewandt. Es ist durchaus denkbar, daß er den Aphorismus
Georg Christoph Lichtenbergs gekannt hat: „Der Traum ist ein Leben,
das, mit unserm übrigen zusammengesetzt, das wird, was wir menschliches
Leben nennen. Die Träume verliehren sich in unser wachen allmählich
herein, man kan nicht sagen, wo das Wachen eines Menschen anfängt."
Erfahren hat er diese Sätze sicherlich. 1836 schreibt er ins Tagebuch: „O
die Zeit meines Lebens! Ich habe geträumt bis heute, weiß es, und werde
forttträumen bis zum Tode..." Auch Rustan ist dabei, bis zu seinem Tode
fortzuträumen. Da schlägt es auf der Höhe der Traumhandlung drei
Uhr vor Tage, und der Träumer, der sich zu Beginn in den Traum
hineingewünscht hat, versucht geradezu körperlich, sich wieder aus dem
tödlichen Traum zu reißen. Wir können beinahe den Schläfer sich auf
seinem Lager krümmen sehen und spüren seine Anstrengungen, die
Augenlider aufzusperren:

> Kurze Zeit, so ists vorüber.
>
> Und ich dehne mich und schüttle.
>
> Morgenluft weht um die Stirne.
>
> Kommt der Tag, ist alles klar,
>
> Und ich bin dann kein Verbrecher,
>
> Nein, bin wieder, der ich war.

So nah ist das Bewußtsein dem Unbewußten schon gerückt, daß ihn
eine Traumdienerin an „Muhme Mirza" erinnert; aber der Traum und
die Katastrophe seiner Handlung reißen ihn weiter. Plötzlich jedoch
schiebt sich unvermittelt ein Streifen Realität dazwischen, Mirza und
Massud treten auf und zeigen sich um den Träumer besorgt, ganz ausdrücklich ist es immer noch „drei Uhr vor Tage"; die Base sagt es ja
selbst. Da Träume zeitlos sind, ereignet sich die Katastrophe des Traum-
Rustan offenbar in der knappen Spanne, in der die Uhr drei schlägt und
seine Psyche aus der Tiefe des Traums emporstrebt. Oder vielmehr:
Traumzeit und wachende Zeit folgen verschiedenen Uhren: was dort
eine Ewigkeit zu währen scheint, geschieht hier in einem Bruchteil von
Sekunden.

Wenn dann die Traumdecke durchstoßen ist, die allegorischen Knaben
zu Füßen von Rustans Bett die Lichter ihrer Fackeln gewechselt haben

und der Tag herrscht, da schwankt zunächst die Zeit um den Erwachten,
als wäre sie der Boden, den er nicht zu finden vermag.

RUSTAN. Wüßtest all du, was geschehn,
        Seit wir uns zuletzt gesehn.

MIRZA. Uns gesehn?

RUSTAN.   Den Tagen, Wochen —

MIRZA. Wochen? Tagen?

RUSTAN.   Weiß ich's? Weiß ichs?
        Furchtbar ist der Zeiten Macht.

Dann erst geht die Sonne auf, und der bekehrte Rustan stimmt seinen
Sonnengesang an. Wie aber steht es um diese Bekehrung? Strukturell
springt die Tatsache ins Auge, daß der breiten Exposition, dem ersten
Aufzug, kein entsprechender Schlußakt gegenübergestellt ist (obgleich der
Dichter diese Möglichkeit mehr als einmal erwogen hat). Der Aufbau
des Traumspiels gleicht einer viersätzigen Symphonie mehr als der Logik
eines regulären fünfaktigen Dramas. Dramaturgisch ist die kurze Coda
in einem etwas gleißenden C-Dur eine Notwendigkeit; sie treibt das
Stück unweigerlich seinem Ende zu; ein weiterer Akt hätte zwar die
Symmetrie des Ganzen gewahrt, jedoch das Interesse der Zuschauer
einschlafen lassen. Und dennoch verrät der Kurzlauf der letzten Szene
ein leises Unbehagen des Dichters angesichts des allzu vielen Lichts, das er
verbreitet, und die Tageslösung des dramatischen Konflikts erscheint
lediglich als Anhängsel der Traumhandlung.

Aber auch sonst lassen sich Fragen und Zweifel nicht völlig ausschließen. Zanga, nunmehr in die Rolle des aktiven Versuchers zurück-
verschoben, erinnert Rustan an Pferde und geplanten Ausritt. Wenn er
nun freigelassen wird und flötenblasend an der Seite des harfen-
spielenden Derwischs in die strahlende Weite des Sonnentags abzieht,
dann will die Entlassung des Schwarzen zunächst als ein weiteres Anzeichen dafür erscheinen, daß auch Rustan seine Bindung an den Versucher gesprengt hat, seinerseits befreit und von seinen Nöten geheilt ist.
Der Mohr kann gehen; die dunklen Triebe, die er verkörpert hatte, sind
mit dem Dunkel der Nacht dem Morgenglanz der Erkenntnis gewichen.
Der Zuschauer freilich, dem das Traumspiel das Unbewußte Rustans
erschlossen hat, fragt sich besorgt, wie endgültig diese Heilung sei, und
wüßte gern, ob Zanga nicht doch wiederkommt.

Diesen bangen Fragen leistet Massud Vorschub, wenn er Rustan
mahnt:

        Doch vergiß es nicht, die Träume,
        Sie erschaffen nicht die Wünsche,
        Die vorhandnen wecken sie,

Und was jetzt verscheucht der Morgen,
Lag als Keim in dir verborgen.
Hüte dich, so will auch ich.

Die letzte Zeile ist vieldeutig; der Oheim verrät nicht, ob er sich im allgemeinen, vor Rustan oder gar diesen vor der Außenwelt hüten wolle. Der Zusammenhang aber läßt die Weisung beinahe als Warnung erscheinen. „Hütest du dich nicht", will Massud wohl sagen, „dann muß ich mich und das Meine vor dir hüten." Die sprachliche Vieldeutigkeit ist dem vorsichtig-diskreten Onkel nicht zu verargen: die vorausgehenden Zeilen haben sentenziös genug die Verantwortung für das Geträumte dem Träumer selbst angelastet. Massud kennt seinen Neffen vermutlich so gut, wie wir ihn kennengelernt haben. Wenn Rustan nun um die Hand seiner Tochter anhält, muß es auch ihm fraglich erscheinen, ob dieser rastlose Träumer es bei seiner allzu standfesten Tochter ein ganzes Leben lang wird aushalten können. Er behandelt die Werbung denn auch dilatorisch, und nicht ohne tieferen Sinn gibt er, wenn er am Ende doch in das Bündnis einwilligt, das Zeichen der Zustimmung *„mit der linken Hand"*. Der Winkel, in dem diese sonderbaren Liebenden ihr Glück suchen, steht noch vielen Möglichkeiten offen.

In dreams begins responsibility, will William Butler Yeats in einem „alten Spiel" gelesen haben. Diese Weisheit, die auch Massud vertraut ist, teilen die alten Dichter mit den neuen Deutern. 1899, im Jahr der *Traumdeutung,* schrieb der „Doppelgänger" Sigmund Freuds, der Arzt und Dichter Arthur Schnitzler, sein Schauspiel *Der Schleier der Beatrice.* Hier erzählt ein junges Mädchen aus dem Bologna der Renaissance ihrem Freund, sie sei im Traum in den Armen des Herzogs gelegen. Darauf antwortet jener, der Dichter Filippo Loschi:

> ... Träume sind Begierden ohne Mut,
> Sind freche Wünsche, die das Licht des Tags
> Zurückjagt in die Winkel unsrer Seele,
> Daraus sie erst bei Nacht zu kriechen wagen;
> Und solch ein Traum, mit ausgestreckten Armen
> Sehnsüchtig läßt er, durstig dich zurück.

Beatrice aber ist nichts anderes als die „Dirne [ihres] Traums".

Der immerhin noch versöhnliche Gedanke Grillparzers ist hier ins Wirre und Grelle des Nichts-als-Geschlechtlichen gewandelt; es ist jedoch der gleiche Gedanke. Unter dem seelischen Druck des Vormärz hat schon der ältere Dichter mit geradezu naturwissenschaftlicher Akribie die Ansätze zu einer Phänomenologie des Traumes entwickelt, in dem er poetisch ahnte, was die Späteren zu wissen glaubten. Er selbst hat nicht eben viel von seinen Ahnungen gehalten, beklagte sich noch in der Selbstbiographie über das „Bunte, Stoßweise" des Stoffes, bezeichnete sein nächtiges Spiel als „Mondkalb" und bekannte: „Ich wollte allerdings Effekt machen, aber nicht auf das Publikum sondern auf mich selbst"; ein Zugeständnis, das selbst der Tiefendeutung offensteht. Im Grunde war es ihm auch hier darum gegangen, eine mythische Erscheinung, den Traum, psychologisch zu durchdringen. Im Theater freilich werden wir gut daran tun, nachdem wir die seelenkundliche Stimmigkeit des Spiels angestaunt haben, dieses späte Wunderwerk der Wiener magischen Bühne als jenes Märchen an uns vorüberziehen zu lassen, zu dem Grillparzer die Arbeit seines Traums verdichtet hat.

An der Grenze der Sprache: *Weh dem, der lügt!*

Wie ein unsichtbares Spruchband ist der Titel dieses Lustspiels über die Szene gespannt. Dreimal hält im ersten Akt Gregor, der Bischof von Chalons, dieses „Weh dem, der lügt!" dem Küchenjungen Leon entgegen; das Donnerwort vom Sinai hängt in der Luft, bis unser Held, dieser fromme Schelm, es in der Stunde der äußersten Not, halb als Gebet und halb als Blasphemie, dem Schöpfer selbst in seine Himmelsferne zurückschleudert. Daraufhin verflüchtigt sich das Wort, und zwar in der Form eines Fragezeichens. Die Sentenz löst sich am Ende mehr oder minder in Wohlgefallen auf. An diesem mehr oder minder hängt die Deutung des Lustspiels; auch sein Erfolg hing davon ab und war gering.

Das Stück wurde am 6. März 1838 in der Burg gegeben und verschwand nach drei Wiederholungen in der Versenkung. Der Dichter war aufs tiefste betroffen. „Die Geier in Schönbrunn", schrieb er ins Tagebuch, „sollen mit ihrem Wärter sehr unzufrieden sein, weil er ihnen frisches Fleisch gegeben hat, indes doch Aas ihre Lieblingsspeise ist. Sie sagen, und zwar mit Recht, er hätte sich nach ihrem Geschmack richten sollen." Es war nun wirklich frische Kost, die der Küchenjunge seinen Wienern aufgetischt hatte. Fiel es aber wirklich den Wienern allein zur Last, daß sich Grillparzer nach dem Mißerfolg des Lustspiels vom Theater zurückzog, in den kommenden vierunddreißig Jahren seines Lebens kein neues Stück mehr zur Gänze aufführen ließ und in seinem Testament vom 7. Oktober 1848 verfügte, *Ein Bruderzwist in Habsburg* und *Libussa* seien „ohne Durchsicht" zu vernichten?

Keinesfalls war ein Nachlassen seiner schöpferischen Kräfte für den Mißerfolg des Lustspiels verantwortlich, obwohl der damals Vierzigjährige schon im Jahre 1831 ins Tagebuch eingetragen hatte: „Es beginnt Abend zu werden", und im folgenden Jahr schrieb: „Der Abend kommt, das Alter." Ganz im Gegenteil: keines von Grillparzers Stücken ist jugendlicher als dieses, keiner seiner Helden knabenhafter. Zwischen dem Knappen Georg aus Goethes *Götz von Berlichingen* und dem Wanderburschen Michael Hellriegel aus Gerhart Hauptmanns *Und Pippa tanzt* kennt die deutsche Bühne kein junges Mannsbild von ähnlichem Zauber, ähnlicher Unberührtheit. So tritt der Küchenjunge vor uns hin als ein pfiffiger Parsifal, ein Hanswurst des wendigen Worts. Unschuldig, aber weit davon entfernt, aufs Maul gefallen zu sein, wandert er durch die Welt wie durch einen Zauberwald, in dem sich Wahrheit und Lüge unlösbar verschlingen.

Er hat auch einen Auftrag: er nimmt es auf sich, den Bischofsneffen Atalus zu befreien, der von germanischen Pfahlbauern jenseits des Rheins als Geisel gehalten wird. Und doch ist sein Abenteuer mehr Wallfahrt als Wanderung: es gilt der einen, unverstellten, unabdingbaren Wahrheit, ohne die weder er noch Atalus nach Hause zurückkehren dürfen. „Und wenn dus wolltest, wenn dus unternähmst", bindet ihm der Bischof zum Abschied auf die Seele,

> Ins Haus des Feinds dich schlichest, ihn betrögst,
> Mißbrauchtest das Vertrauen, das Mensch dem Menschen
> > gönnt,
> Mit Lügen meinen Atalus befreitest;
> Ich würd ihn von mir stoßen, rück ihn senden
> Zu neuer Haft; ihm fluchen, ihm und dir.

Der Auftrag zielt aufs Absolute; Leon aber, der ihn auf sich nimmt, ist ganz und gar der Wirklichkeit verpflichtet. Seine Blicke sind klar und bestimmt auf die Wechselfälle gerichtet, mit denen, er weiß es, das Leben nicht knausert; Zweifel fechten ihn nicht an; für Konfusionen hat er keine Zeit. Von den Wirren des Geschlechts, die Grillparzers junge Männer sonst wie eine Art von tödlichem Frühlingsfieber heimsuchen, weiß er sich verschont; er ist kein von allem Anbeginn an Versinkender wie Leander aus *Des Meeres und der Liebe Wellen*. Seine Liebe zu dem Heidenkind Edrita bleibt sozusagen keimfrei; am Ende erhält er ihre Hand als den Preis, den er in seinem Pfänderspiel mit dem Bischof — und Gott — gewonnen hat. Aus der Ironie, mit der Grillparzer hier, gerührt und rührend, die Liebe dieses Jungen als ein Kinderspiel abwickelt, ließe sich nun in der Tat auf eine Altersweisheit schließen, wie sie etwa der alte Giuseppe Verdi mit Fenton und Nannetta aus *Falstaff* in Musik gesetzt hat, wüßten wir nicht, daß ihm zur Zeit der Premiere von *Weh dem, der lügt!* die passionierteste seiner Liebestragödien, *Die Jüdin von Toledo*, unvollendet auf der Seele lag. Im Lustspiel aber kennt der Held nur *eine* Leidenschaft, die Wahrheit, und diese erscheint am Ende als eine milde Herrin. Er selbst ist ungebunden; so frei, daß wir nicht einmal versucht sind zu fragen, welche Eltern ihn geboren haben. Wir erfahren lediglich — und dies mehr aus seinem Wesen als aus seinen Worten —, daß er seiner Natur nach einfach, eine Art von Simplizius Simplizissimus der Wiener Bühne ist.

Auf weite Strecken hin bestimmt Leons Ungebundenheit das Spiel.

Weniger als zehn Tage vor der verhängnisvollen Aufführung in der Burg schrieb Grillparzer einen Brief an Karl Albrecht Fichtner, den Darsteller des Atalus. Darin heißt es: „Die Streitszene zu Anfang des vierten Akts denke ich mir mit einiger Heftigkeit, so wie in der Szene mit Edrita sein Antagonismus gegen Leon hervortritt. Dieser vierte Akt hat überhaupt etwas jugendliches, auf das ich Wert lege. Es ist wie eine Republik von Kindern."

In der erwähnten Szene befinden sich die drei schon auf der Flucht aus dem Barbarenland; nichts als ein Wunder kann sie retten. Edrita liebt Leon; aber sie weiß es noch nicht, und bittet ihn, sie mitzunehmen, als ginge es um ihr Seelenheil:

> Ich will zu deinem Herrn, zu seinem Ohm
> Und dort den frommen Lehren horchend lauschen,
> Die er wohl weiß von Gott und Recht und Pflicht.

Leon, fromm, aber auch ein Schelm, tut, was er immer tut, wenn er in Verlegenheit gerät: er exerziert dem Mädchen die Marschorder Gregors vor:

> Ich habe meinem frommen Herrn versprochen:
> Nichts Unerlaubtes, Greulichs soll geschehn
> Bei diesem Schritt, den nur die Not entschuldigt.
> Hab ich den Sklaven seinem Herrn entführt,
> Will ich dem Vater nicht die Tochter rauben.

Vor Edrita und sich selbst spielt er den guten Jungen; aber der gute Junge befindet sich auf einer anderen Flucht noch als der aus dem Barbarenland.

Atalus endlich, ein Hagestolz von Geburt, der sich von dem Barbarenmädchen an der Nase herumführen läßt wie der Bär an seinem Ring, widersetzt sich den Anweisungen des Küchenjungen, als ginge es in der germanischen Wildnis um nichts als altfränkische Standesunterschiede. Daß er etwa auf Leon eifersüchtig sein könnte, kommt ihm nicht in seinen Eigensinn. Es ist ein vollkommenes *Quid pro quo* von Lüge und Wahrheit, ein Wechselspiel von Wort und Sinn. Um nichts anderes geht es hier als um die Authentizität des menschlichen Seins, um das wahre Wesen und die Rolle, die es spielen muß, wenn es sich bewahren will, um eine der grundsätzlichen Paradoxien der menschlichen Existenz. Grillparzer, der einmal den Trinkspruch ausbrachte: „Auf das Wohl derer, die nicht scheinen, sondern seinen!", kannte die Tiefe des Problems, das er da aufgeworfen hatte, einer Frage, von der so ziemlich alle anderen Lebensfragen des Menschen abhängen, zum Beispiel seine Liebesfähigkeit und jenes Bewußtsein seiner selbst, das Treue heißt. Letztlich ist die Suche des Menschen nach der Wahrheit seines Worts die Suche nach den

Wurzeln seiner existentiellen Sicherheit, seines Weltverhältnisses und seiner Identität. Es ist ein verzweifelt ernstes Problem, das Grillparzer hier mit leichter Hand anzupacken versuchte.

So sind zu Beginn des vierten Akts Atalus, Leon und Edrita einander ins Netz gegangen; sie zappeln darin mit unschuldiger Grazie; doch werden sie, sagt uns der Dichter durch ein jedes ihrer Worte, aneinander schon nicht zugrunde gehen. Zwar geht es ihnen ans Leben; die wild gewordenen Germanen sind ihnen dicht auf den Fersen. Und doch spielen die drei um Sein und Schein, Wahrheit und Lüge, als würfen sie sich flinke Bälle zu. Dem Spielen hingegeben, sind die Kinder frei; und eine „Republik" bilden sie, indem sie diese ihre Freiheit gegen die durch Alter, Stand und Ordnung Gebundenen ausspielen, den Grafen Kattwald hinters Licht führen und Galomir, Edritas „dummen" Bräutigam, im Wassergraben landen lassen.

Die Kinder gewinnen ihr Spiel; aber nicht darum bleiben sie Sieger, weil sie sich etwa im ausschließlichen Besitz der Wahrheit befänden, sondern weil am Ende auch ihre Widersacher von dem Geist des Spiels erfaßt werden. Selbst Bischof Gregor, der, ein eisgrauer Würdenträger, in diese „Republik" geraten ist, er weiß wohl selbst nicht wie, entspannt sich am Ende und geht so weit, den Geburtsadel abschaffen zu wollen. „Gib nicht für einen Ahn, so alt er ist", ermahnt er den leicht dekadenten Atalus,

> Den ältesten auf, den ersten aller Ahnen,
> Ihn, der da war, eh noch die Sonne war,
> Der niedern Staub geformt nach *seinem* Bild.
> Des Menschen Antlitz ist sein Wappenschild.

Die Aristokraten in den Logen der Aufführung vom Jahre 1838 werden sich über diese Worte kaum gefreut haben. Immerhin ist es der Bischof von Chalons, der in diesem „Besserungsstück", wenn auch vermutlich nur vorübergehend, gebessert worden ist. Er legt den Feierton ab und entpuppt sich als das, was er schon zu Beginn gewesen war: ein großes, wohlmeinendes, aber ganz und gar hilfloses Kind. Insofern er ein Kind ist und als solches an Wunder glaubt, kann selbst ihm geholfen werden: er hat seinen Neffen wieder, wenn auch nur, um ihn abkanzeln zu können. Soweit ist alles schwebendes Gleichgewicht; der Geist des Spiels erweist sich als eine Art von Schutzengel, der das *happy end* des Ganzen schon von Anfang an in seinen schirmenden Händen gehalten hat.

Dennoch erregt gerade das Ende des Lustspiels mehr Unruhe als Behagen. Zumal die Schlußworte des Bischofs, an denen Grillparzer, der nie enden konnte, ungebührlich mühsam gebastelt hat, vermögen uns nicht recht zu befriedigen. Zu Atalus gewendet, beschließt der Bischof die Handlung:

> Du wardst getäuscht im Land der Täuschung, Sohn!
> Ich weiß ein Land, das aller Wahrheit Thron;
> Wo selbst die Lüge nur ein buntes Kleid,
> Das schaffend er genannt: Vergänglichkeit,
> Und das er umhing dem Geschlecht der Sünden,
> Daß ihre Augen nicht am Strahl erblinden.

Hier wird, was als eine hochintellektuelle *commedia dell'arte* angelegt gewesen war, zu einer *commedia della verità*, beinahe zu einer *commedia divina* umstilisiert. Abgesehen davon, daß der Bischof von seiner eben erst gewonnenen Einsicht:

> Das Unkraut, merk ich, rottet man nicht aus.

> Glück auf, wächst nur der Weizen etwas drüber,

zurückgekehrt zu dem alten Kanzelton und sozusagen dem menschlichen Schluß des Spiels in der Richtung auf Gott davonfliegt, so stellt Gregor auch, ohne es zu wollen, das Glück der Liebenden, um das es abschließend gegangen ist, noch abschließender in Frage. „Und diese da", sagt er, indem er sich „*mit einer Bewegung der verkehrten Hand*" zu Leon und Edrita wendet, „sie mögen sich vertragen." Die „verkehrte Hand" ist alles eher denn ein Segen, vielmehr ein Zeichen der Geringschätzung, die himmlische Liebe der irdischen erweist. Der Himmel hat seinen Bischof wieder. Zwar wird die Phrase vom „Geschlecht der Sünden" der These des Lustspiels theologisch gerecht, gerade dadurch aber bricht mehr von der Selbstgerechtigkeit des Kirchenmannes durch, als es einem Schlußwort guttut. Schon sprachlich stimmt seine Rede nicht ganz: Ein „Land", wie es der Bischof vor Augen hat, kann nur mit äußerster Anstrengung der Phantasie als „Thron" vorgestellt werden. Darüber hinaus aber bleiben menschliche Worte, selbst wenn sie der Wahrheit gelten, Täuschung, solange sie im Jammertal der Sprache, in diesem „Land der Täuschung", fallen. Je schöner diese Worte sind, desto mehr ähneln sie dem „bunten Kleid", der Lüge. Indem Gregor also noch einmal die Bühne zur Kanzel machen will, zeigt er den Illusionscharakter des Sprachkunstwerkes und zugleich die Fadenscheinigkeit aller Homiletik auf.

Dies wird freilich schon aus den Anfangsworten der Predigt deutlich, mit der Gregor im ersten Akt das Banner der Wahrheit über die Szene zu spannen versucht: „Dein Wort soll aber sein: Ja, ja; nein, nein." Das vierte Wort dieser Zeile ist ein „aber". Offenbar befindet er sich in Widerspruch zu einem unsichtbaren Partner. Wahrscheinlich ist er selbst dieser Partner; auf diese Weise wäre seine Resignation am Ende, die sich *auch* in Widerspruch zu dieser Grundsentenz befindet, von allem Anfang in ihm verborgen gelegen. Daß er *aber*, von welcher Seite auch immer, Einspruch erwartet, ist nicht weiter verwunderlich. Denn wenn wir diese Zeile nur einigermaßen beim Wort nehmen, dann besagt sie nicht nur, daß unbedingte Wahrheit der menschlichen Rede die Voraussetzung eines rechten und Gott wohlgefälligen Lebens sei, sondern auch, daß es menschenunmöglich ist, diese Voraussetzung in buchstäblichem Sinn zu erfüllen. Denn, und dies ist die Lehre des Lustspiels, Sprache entfernt sich unweigerlich vom Grund der Wahrheit, sowie sie mehr zu sagen unternimmt als diese beiden Ursilben „Ja" und „Nein" und sie selber wird, nämlich Sprache. Diese ist ihrem Wesen nach symbolisch, das heißt vieldeutig. Man könnte sogar so weit gehen, zu sagen, daß jenes „Ja" und „Nein" weniger Wörter sind als Zeichen, die sich notfalls auch durch ein Nicken und Schütteln des Kopfes ausdrücken ließen.

Andererseits kann sich jedoch selbst die sogenannte Wahrheit durch den Zusammenhang, in dem sie gesprochen, und den Tonfall, in dem sie geäußert worden ist, leicht in ihr Gegenteil verkehren. Dies demonstriert das Lustspiel etwa in jener Szene des dritten Aufzugs, in der Leon den Schlüssel zu Kattwalds Kammer sucht und aus lauter Lüge die reine Wahrheit redet. Ja, das Reich der Lüge ist größer als das des Worts. „Es lügt der Mensch mit Worten nicht allein", sagt Edrita in einer gestrichenen Stelle der Vorarbeiten,

> Er lügt auch mit der Tat.
> Sprachst du die drohn'de Wahrheit,
> Und wir, wir haben dennoch dir vertraut,
> So war denn Lüge, was *erwarb* Vertrauen.

Die Wilden sind, mit anderen Worten, die besseren Menschen.

Edrita hat ein feineres Ohr als ihr Vater Kattwald. Auf Leons Versicherung, er habe kein Hehl aus seinen Fluchtplänen gemacht, erwidert sie:

> Hast du die Wahrheit immer auch gesprochen,
> Hier fühl ich dennoch, daß du mich getäuscht.

Hier, das ist ihr Herz, das von der Liebe zu dem Küchenjungen angerührt worden ist und das nun selber lügt, wenn es sie nach Wahrheit verlangen läßt statt nach seinen Armen. Umgekehrt ist, was sie Leon als „Täuschung" vorhält, keine ganze Lüge. Unbewußt will er bleiben, bei Edrita bleiben, statt zu fliehen, so daß selbst das heroische Eingeständnis seiner Fluchtabsichten nichts darstellt als bestenfalls eine halbe Wahrheit. Selbst in diesem Märchenspiel vermag sich der Psychologe Grillparzer nicht völlig zu verleugnen: Im Widerspiel von Bewußtem und Unbewußtem entwickelt Sprache gern einen Sinn, der dem Wort, mit dem sie sich äußert, widerspricht. Ihre wahre, lebensdichterische Leistung ist oft eine Fehlleistung.

Edrita selbst ist eine jugendliche Liebhaberin mit Seele. Als Typus geht sie weit hinter das Wiener Volkstheater zurück: sie ist die aus Familienbanden befreite Liebhaberin der Stegreifkomödie; wie die Jessica im *Kaufmann von Venedig* rettet auch sie ihre Seele, indem sie durch wahre Liebe in den wahren Glauben findet. Zugleich aber besitzt dieses Heidenkind von allem Anfang an den Schlüssel zur Wahrheit dieses Glaubens. Sie ist, mit den Worten Roger Bauers, „ein junges Mädchen, naiv und zugleich luzid, eine Wilde . . ., in unschuldigem Einklang mit der Welt und zugleich der Gefahren bewußt, die diese Unschuld bedrohen". In diesem sprachmächtigen Wortkunstwerk ist sie es, die zu schweigen versteht und von der Glaubenskraft der Wortlosigkeit durchdrungen ist, Grillparzers verschmitzte Antwort auf seine Sappho und die Tragik des dichterischen Worts. Beispielhaft erscheint sie, *„den Finger auf dem Munde"*, um Leon bei der verzwickten Schlüsselsuche im Schlafzimmer ihres Vaters beizustehen. Während aber er zwischen Lüge und Wahrheit schwindelnd dahinvoltigiert, spricht sie kein Sterbenswort. „Durch die schweigend Handelnde wird der dramatische Vorgang getragen und weitergeführt" (Jean-Louis Bandet). Und wenn im vierten Akt die „Republik der Kinder" ausgebrochen ist und die Handlung in raschem Gefälle dem Wunder zustrebt, durch das allein die Tragik vermieden und das Spiel als Lustspiel erhalten beiben kann, da ist es wieder Edrita, die dem zwischen Wahr und Falsch taumelnden Leon das Geheimnis ihrer eigenen Natur preisgibt: „So laß uns schweigen, dann sind wir am wahrsten."

Damit aber wird das halbwilde Mädchen zur eigentlichen Gegenspielerin des auf die Wahrheit im Wort bedachten Bischofs Gregor. Die beiden Antagonisten führen eine Art schweigenden Dialogs miteinander, schon lange ehe sie sich gegenübergetreten sind. Wir kehren noch einmal zur Predigt des Bischofs im ersten Akt zurück. Da hat Gregor sowohl der bewußten wie der unbewußten Lüge den Spiegel vorgehalten und sie als das eigentlich destruktive Element der Schöpfung bezeichnet.

Was, Mensch, zerstörst du deines Schöpfers Welt?
Was sagst du, es sei *nicht*, da es doch *ist;*
Und wiederum es *sei*, da es doch *nie gewesen?*

Sodann preist er die hohen Dinge des Daseins: „Freundschaft, Liebe, Mitgefühl / Und all die schönen Bande unsers Lebens" und endet mit der nicht ganz unrhetorischen Frage: „Woran sind sie geknüpft als an das wahre Wort?" Freundschaft, Liebe, Mitgefühl — das sind Lebenswerte, wie sie vor allem von der josefinischen Aufklärung ausgebildet und vom

Biedermeier mit romantischen Akzenten versehen worden sind, Begriffe, die zur bürgerlichen Gefühlskultur im frühen neunzehnten Jahrhundert gehörten, Bestandteile des Ideeninventars, das von Beethoven und Schubert mit Musik verklärt und in ihr verewigt worden ist. Dem Hörer von Gregors Predigt entgeht es jedoch nicht, daß der Bischof den sündigen Stand der lügenhaften Kreatur in pastoser Suada über mehr als zwanzig Verszeilen hin verfolgt, während er die höchsten Tugenden des Mensch-seins lediglich aufzählt und ihre Schilderung in drei abstrakten Zeilen erschöpft. Sollte die Lüge mit ihrem Schlangenblick den guten Hirten in ihren Bann geschlagen haben? Jedenfalls ist es ihm nicht wohl beim wahren Wort; rasch bringt er's hinter sich, als wüßte er, daß Ideale vor der Wahrheit nicht standhalten, wenn sie in Worte gebannt und zu Sprache verkümmert sind. Dann fährt er fort:

> Wahr ist die ganze kreisende Natur:
> Wahr ist der Wolf, der brüllt, eh er verschlingt,
> Wahr ist der Donner, drohend wenn es blitzt,
> Wahr ist die Flamme, die von fern schon sengt,
> Die Wasserflut, die heulend Wirbel schlägt;
> Wahr sind sie, weil sie sind, weil Dasein Wahrheit.

Mit diesen Worten aber ist Bischof Gregor an jene Grenze geraten, an der die Sprache endet und das Schweigen beginnt. Das fünffache „wahr" klingt wie ein Rosenkranz der Wortlosigkeit. Wahrheit ist lediglich im Noch-nicht-Artikulierten, in den stummen Geschöpfen und Elementen sowie beim Nicht-mehr-Artikulierbaren: Gott. Von hier ist es nur ein Schritt über die Grenze, hinter der Edrita haust und, selbst ein Stück Natur, das Schweigen als sichersten Weg zur Wahrheit gewählt hat. (Diese Grenze wird im Strom deutlich, der das feine Schloß von Dijon von der hölzernen Burg Kattwalds, den Garten Gregors von Editas wüstem Chattenforst trennt.) Das Brüllen des Raubtiers, das Rollen des Donners, der Gluthauch des Feuers und der Wasserfall — sie alle sind Zeichen, „Erweise", eindeutig und unverwechselbar, mit sich selbst eins und identisch und eben hierin wahr. Indem der Lustspiel-Bischof das Dasein als sinnenhafte Form einer übersinnlichen Wahrheit anspricht, von welcher der Mensch in der Zwienatur seiner Sprache ausgeschlossen ist, nimmt er die tragische Einsicht des Kaisers Rudolf II. aus dem *Bruderzwist in Habsburg* vorweg, wenn dieser sagt:

> Drum ist in Sternen Wahrheit, im Gestein,
> In Pflanze, Tier und Baum, im Menschen nicht.

Mit Edrita aber, die dieser Wahrheit in Wortlosigkeit begegnet, hat Grillparzer einen Weg beschritten, den ein anderer Österreicher, Ludwig Wittgenstein, achtzig Jahre später im Vorwort zu seinem *Tractatus logico-philosophicus* mit folgenden Worten weitergegangen ist: „Was sich überhaupt sagen läßt, läßt sich klar sagen; und wovon man nicht reden kann, darüber muß man schweigen." Dies ist das „Weh dem, der lügt!" eines Sprachphilosophen, der die Sprache ihres metaphorischen Charakters entkleiden will; eines Radikalen, der seinerseits an die Grenze der Sagbarkeit geraten ist. Diese Grenze, sagt Wittgenstein, wird „nur in der Sprache gezogen werden können, und was jenseits der Grenze liegt, wird einfach Unsinn sein". Oder aber, wie Grillparzer meint, es wird das Unaussprechliche als endgültiger Ausdruck der Wahrheit sein.

Wittgenstein widerspricht dieser Deutung nicht. „Es gibt allerdings Unaussprechliches", gesteht er zu: „Dies *zeigt* sich, es ist das Mystische." So ist es kein Zufall, daß der dem Lustspiel nah verwandte *Treue Diener* den Sprachphilosophen „besonders angesprochen" hat (Paul Engelmann) Und auch in *Weh dem, der lügt!* greift die Wahrheit als mystisches Zeichen ein, das sich des Wortes lediglich als Schall und Schale bedient Da hat, knapp vor seiner Ausfahrt, Leon den gestrengen Kirchenherrn überreden wollen, der Wirklichkeit seines Auftrags ins Auge zu sehen und ein klein wenig Mogelei nicht übelzunehmen:

Aber seht,

Wenn nicht ein bißchen Trug uns helfen soll,
Was hilft denn sonst?
GREGOR *stark.*   Gott! Mein, dein, aller Gott!
LEON *auf die Kniee fallend.* O weh, Herr!
GREGOR.   Was?
LEON.   Es blitzte.
GREGOR.   Wo?
LEON.   Mir schiens so.

Dem Küchenjungen ist jenseits aller Sprache ein Zeichen gegeben worden, ein höchst subjektives Mirakel: der Bischof steht neben ihm und hat nichts gemerkt. Gerade dies aber deutet unser Junge als eine Bestätigung seiner Sendung. Etwas, das er schließlich Gott nennen und persönlich ansprechen wird, hat sich ihm mitgeteilt. Freilich ist dieser Gott etwas ganz anderes als die strafende Instanz des Bischofs, der die Erleuchtung des Knaben zum Anlaß nimmt, ihm eine Standpauke mit dem unvermeidlichen Kehrreim „Weh dem, der lügt!" zu halten. Gregor ist ein Schulmeister im Dienst des Herrn — so rührt es ans unfreiwillig Komische, wenn er, dem das Wunder entgangen ist, dieses dennoch sogleich pädagogisch auszuwerten trachtet. Aber nicht das Wort gibt den Ausschlag, sondern das stumme Zeichen. Mag der Küchenjunge mit seinem „Mir schiens so", das wiederum ganz buchstäblich das „Scheinen" über das „Sein" setzt, vor dem Mirakulösen des Zeichens zurückweichen, er wird nun doch, ein Leon im Glück, unter diesem Zeichen auf Wanderschaft gehen, über den Strom, die Grenze der Sitte und des Sagbaren.

Das nächste Wunder scheint ganz und gar im Bereich der Sprache zu spielen. Die drei Kinder sind auf ihrer Flucht ans Ufer des Stroms gelangt: die Grenze ist in umgekehrter Richtung zu überschreiten. Der Fährmann, ein von Kattwald malträtierter Vasall, wartet nur auf die Gelegenheit, dem Lehensherrn eins auszuwischen. Nichtsahnend bereitet Edrita den beiden Weggefährten die tödliche Falle. „Die beiden, die du siehst", informiert sie den Bootsmann,

> sind Knechte Kattwalds,
> Sie tragen seine Botschaft in das Land.
> Drum rüste schnell ein Schiff, ein gutes, rasches,
> Das sie hinüberführt und mich mit ihnen.

Ganz offenbar ist das Naturkind weiser, wenn es den Mund hält: es lügt und eröffnet damit den Ausblick auf den Abstand, der in seinem Geist zwischen Wort und Wahrheit klafft. Leon desavouiert Edrita denn auch auf das prompteste: „Nicht in Graf Kattwalds Auftrag gehn wir / Und nicht mit seinem Wollen sind wir hier." Zu seinem Erstaunen erfährt er ebenso prompt, daß er am andern Ufer von Gregor erwartet wird und daß der chattische Fährmann bereit ist, ihn und seine kleine Gesellschaft über den Strom zu setzen:

> Nicht weil ihr Kattwalds, nein doch, weil ihrs *nicht*.
> Denn wärt ihrs, lägt inmitten ihr des Stroms.
> Er ist mein Feind und Rache lechzt die Brust.

Leon hat damit zunächst jenes paradoxe Kunststück zuwege gebracht, von dem Goethe in den *Maximen und Reflexionen* sagt, es bestehe darin, „daß wir unsere Existenz aufgeben, um zu existieren". Aber er hat bei seinem Sprung ins Ungewisse mächtige Helfer. Er spielt ein Spiel mit hohem Einsatz, aber es bleibt ein Spiel. Wenn Edrita auf ihre Art den Fährmann zu überreden versucht, flüstert sie ihm das Losungswort der Chatten zu. Die Parole heißt: „Arbogast." Arbogast aber war ein fränkischer Feldherr, der um das Jahr 550 das Elsaß missionierte. Augenzwinkernd läßt Grillparzer seine heidnischen Germanen einen Namen wählen, der ihnen, den geschichtslosen Augenblicksmenschen, kaum geläufig sein dürfte und der außerdem einem ihrer Erzfeinde angehört. Es ist, als verrate sich hier wieder der Geist des Spiels, indem er selbst die Widersacher dieser Kinder dazu verleitet, ihnen auf der Flucht einen Schutzpatron als Losungswort mitzugeben. Was aber Leon dazu führt, der Not zum Trotz die Wahrheit zu sagen und eben hierdurch die günstige Wendung herbeizurufen, ist ein stummes Bild. Franken haben es dem

heidnischen Schiffer geschenkt, der, als ein richtiger, das heißt: zwie-
lichtiger Bewohner der Grenze, die christliche Votivtafel verehrungsvoll
in die Rinde eines Baums eingelassen hat: man kann nie wissen, was
von jenseits Gutes kommt. Vor diesem Bild kniet Leon; an ihm scheiden
sich die Geister:

> EDRITA *zu Atalus.*   Wie unvorsichtig! Jetzt dorthin zu knien.
> ATALUS.   Da hat er recht. Man muß wohl also tun.
> *er kniet auch hin.*

Auf dieses Bild weist Leon, wenn er sich und seine Genossen den
Schiffern preisgibt. Das Spiel der Worte hat einen mystischen Sinn verborgen; der zeigt sich nun, auch darin, daß die Kinder den Geschossen
der Verfolger entgehen und glücklich über den Strom gelangen.

Im letzten Aufzug befinden wir uns vor Metz, immer noch im Zugriff
der Barbaren. Dennoch bezeichnet Leon ganz ausdrücklich dieses Gestade
als „Jenseits". Die Zweideutigkeit dieses Wortes ist ebenso beabsichtigt
wie die stellvertretende Leidensgebärde, mit welcher der fromme Schelm
die Last des Spiels auf seine Schultern nimmt. Er folgt einem höheren
Herrn als dem Bischof, wenn er, angesichts der „wie die Kinder"
schlafenden Weggenossen, sich selbst zuflüstert: „Trag du allein, Leon,
trag du für alle." Und nicht für sich, sondern für Edrita, Atalus, „für
alle", geschieht es, daß der Küchenjunge nun die Arme aufwärts streckt
und aus tiefster Not in den Abgrund über sich zu rufen wagt:

> Nun denn, sie haben mich umstellt mit Netzen.
> Da hilft denn einer nur und der bist Du!
> In deinem Auftrag ging ich in dies Land,
> Durch meines Herren Mund hast du gesprochen.
> Aus seiner frommen Werke reichem Schatz
> Gab er mir deinen Beistand auf die Reise ...
> Um mich nicht fleh ich, nein für ihn, um sie.

(Im minuziösen Detail, darin, daß Leon „für" Atalus, aber „um"
Edrita fleht, zeigt sich die souveräne Sprachmeisterschaft Grillparzers.
Für Atalus erbittet der Junge Beistand, Edrita aber fordert er, um sie zu
erhalten. Das Gesetz, dem die Sprache Grillparzers hier folgt, ist ein
„sanftes Gesetz", und Adalbert Stifter wußte, warum er den Dramatiker
wie einen älteren Bruder liebte.)

> Ein Menschenleben, ach, es ist so wenig,
> Ein Menschenschicksal aber ist so viel.
> Beschirm sie gegen Feinde, gegen sich.
> Das Mädchen, zu den Ihren heimgekommen,
> Wird im Gewöhnen wild und arg, wie jene.
> Und Atalus — Wir wissens beide, Herr!

Er ist nur schwach; kehrt er in neue Haft,
Fällt er verzweifelnd ab von deinen Wegen;
Sein Oheim aber segnet sich und stirbt.
Das soll nicht sein, das darf nicht. — Nicht wahr, nein?

Er fällt auf die Knie. Das Wunder, das er sogleich, seiner demütigen Haltung zum Trotz, mit aufgereckten Worten fordern wird, hier ist es schon geschehen, und zwar an ihm selber. So spricht keiner, der sich am Ende einer Irrfahrt von der Absurdität des Schicksals eingeholt sieht und mit der äußersten Anstrengung seiner Instinkte dem drohenden Untergang zu entgehen trachtet. So begehrt keiner auf, der sich vor dem Ende seines jungen Lebens fürchtet; kein Diener spricht hier mehr, und wäre er noch so sorglich an Sohnes Statt gehalten worden; hier redet einer, der schon von der Weisheit des Menschlichen geprägt worden ist: erst möge der Herr die Kinder gegen ihre Feinde, dann aber „gegen" sich selbst beschirmen: das Ich ist immer wieder der beste Freund des Feindes — hier mahnt einer, der sich selbst vergessen und ausgelöscht hat, so daß er für das liebe Ich keinen Atem mehr hat; ein Küchenjunge, der sich um das Seelenheil seines Seelsorgers kümmert, wie er zuvor um dessen leibliches Wohl besorgt war; hier unterhält sich, vertraulich und nicht ohne die List der Psychologie, ein Geisteswesen mit dem anderen, kindlich, aber eben darum unabweisbar: „Wir wissens beide, Herr!" und: „Das soll nicht sein, das darf nicht. — Nicht wahr, nein?" Weit mehr als mit seinem trotzig pointierten „Weh dem, der lügt!" packt hier das Geschöpf den Schöpfer bei seiner väterlichen Ehre; man kann dem Allwissenden nicht liebenswürdiger die Leviten lesen.

Der Herr im Himmel läßt sich daraufhin nicht lumpen. Auch er vollführt ein Mirakel, das aber, an der Wandlung in Leons Seele gemessen, kaum mehr darstellt als eine Formalität. Die Tore der feindlichen Stadt gehen auf. Bewaffnete treten heraus, unter ihnen ein Anführer, „glänzend geharnischt" wie ein Erzengel. Gregor erscheint inmitten einer freundlichen Christenschar. Auch dies ist ein Augenblick der Wahrheit — und des Schweigens. Hat sich jedoch die Wahrheit von Leons Wandlung schamhaft hinter seinen Worten verborgen, so transzendiert mit dem stummen Auftritt der Franken die Sprache vollends ins Übersinnliche und Unsagbare.

Der erste, der das Schweigen bricht, ist der heidnische Schaffer: „Die sind der Unsern nicht", worauf der Anführer, ein stellvertretender Herr der Heerscharen, ihm die gebührende Antwort erteilt:

Noch ehegestern wars der Euern Stadt.
Ein Überfall bei Nacht gab sie uns eigen
Und schon tönt heller Klang der frommen Glocken,

In Eile aufgerichtet, zum Gebet,
Und lockt zu glauben, die da liebend hoffen.

Die Assonanz von „Glocken" und „locken" hat allen Zauber der Sprache — und ihre Lüge. Wenn aber Leon, aus der Verzückung der Gewährung auftauchend, fragt: „Hört ihr?", dann meint er nicht die Sprache, sondern den von ihr befreiten Klang, die Wortlosigkeit eben dieses Geläutes. Damit hat die Sprache der Dichtung ihre Grenze erreicht, wenn nicht überschritten.

Es gibt aber auch eine Grenze *vor* dem Wort, jene nämlich, an der die unartikulierte Natur erst nach Sprache verlangt. An dieser Grenze torkelt Galomir. Deutlich hat Grillparzer im Tagebuch von 1839 ausgesprochen, was es mit dieser Figur auf sich habe: „Der Schauspieler, der in dem verunglückten Lustspiele: Weh dem, der lügt! den Galomir gab, glaubte ihn gar nicht genug als Idioten, als Kretin halten zu können. Ganz unrichtig. Galomir ist so wenig dumm, als die Tiere dumm sind; sie denken nur nicht. Galomir kann darum nicht sprechen, weil er auch nicht denkt; das würde ihn aber nicht hindern, z. B. in der Schlacht den rechten Angriffspunkt instinktmäßig recht gut herauszufinden. Er ist tierisch, aber nicht blödsinnig." An dem Unglück, das seinem Lustspiel widerfahren war, hat Grillparzer sein Leben lang dem unglücklichen Schauspieler Karl Lucas die Hauptschuld zugemessen. Noch zweiundzwanzig Jahre später schilderte der Dichter in einem Gespräch mit Wilhelm von Wartenegg die Darstellung Lucas': „Wie er auf der Bühne erscheint und einen Laut auszustoßen hat, bringt er einen Ton hervor wie ein steirischer Trottel mit einem großen Kropf an der Seite, wie ein rechter Kretin. Das Publikum lacht darüber, und der Lucas glaubt, jetzt hat er das Richtige g'funden. Er arbeitet daher so fort, und auch — zum Mißlingen des Stückes."

Daß der „steirische Trottel" noch dazu einen slawischen Namen führt, dürfte die guten Wiener ergötzt, die im Publikum aber unzweifelhaft anwesenden Böhmen skandalisiert haben*. Im übrigen war nicht der Schauspieler an etwaigen Mißverständnissen seiner Rolle schuld; der Part ist gedanklich ebenso kühn konzipiert, wie er auf der Szene undurchführbar ist. In der Struktur des Spiels steht Galomir etwa dort, wo in der *Zauberflöte* der Vogelmensch Papageno gestanden war; auch er ist ein Stück Vorwelt, bar aller Kultur; die Schwelle sprachlicher Mitteilung hat auch er noch nicht überschritten. Papageno aber kann wenigstens lügen. Galomir hingegen ist wahrhaft, weil er nicht genug Phantasie besitzt, eine Lüge zu erfinden. Was in der aufgeklärten Welt

---

* Nach den Gesetzen der Lautverschiebung sind „Galomir" und „Jaromir" sogar nah miteinander verwandt.

Emanuel Schikaneders noch seinen legitimen Platz besaß und sich in den Tönen Mozarts mitzuteilen vermochte, wann immer das Wort versagte, mißriet bei dem späteren Dichter ins Pathologische und zertrampelte als schwerfälliges Monstrum das leichte Gewebe des Märchens.

Galomir nimmt die Sprache wörtlich, was bei Grillparzer immer als Anzeichen eines tieferen Kulturstandes zu verstehen ist: man denke an die Kolcherin Medea und die Ungarin Kunigunde. Wo die Frauen aber tragische Rächerinnen ihrer ungebrochenen Vitalität gewesen waren, trottet Galomir einfach als ein ernsthafter Esel über die Bühne. Der „Weg der neuern Bildung", der von der „Humanität durch Nationalität zur Bestialität" führt, läßt sich, entwicklungsgeschichtlich, auch rückwärts-gehen: Galomir befindet sich dann in der Mitte zwischen Bestialität und Nationalität.

Grillparzer, der 1846 in das „Gebet" ausbrechen sollte:

O Gott! laß dich herbei
Und mach die Deutschen frei,
Daß endlich das Geschrei
Darnach zu Ende sei,

hat vermutlich in den barbarischen Chatten auch den deutschen Natio-nalismus, vor allem die romantischen Deutschtümeleien der deutschen Literarhistoriker, satirisch verreißen wollen. Josef Nadler verweist auf den Einfluß, den Jakob Grimm auf Grillparzers „germanistische Studien" genommen hatte. Aber unter der Hand dieses seltsamen Studenten der Germanistik verwandelten sich die alten Deutschen, wie es in einer Tagebuchnotiz vom Frühjahr 1835 heißt, „so ziemlich" in „tätowierte Wilde". Was Grillparzer an den deutschen Nationalisten unausstehlich fand, hat er schon 1821 in den *Korrespondenznachrichten aus dem Lande der Irokesen* festgehalten. Man nenne, heißt es da, die Irokesen „roh, barbarisch, abscheulich. Warum? Weil sie ihre Nazionalität bewahrt, sich verschlossen haben dem entnervenden Einfluß fremder Kultur, weil sie nicht Weltbürger und Menschen sein wollen, sondern *Irokesen!*" Aber beinahe ist es um sie geschehen. „Sie fingen, durch Engländer und Franzosen verleitet, schon an, beider Sprachen zu lernen, schon fand das Christentum den Weg in ihre Wälder, schon *trugen sie Beinkleider!*" Wie die junge Edrita und der Fährmann zeigen, hat Christen- und Frankentum auch die Irokesen des germanischen Rheingaus angefressen; Galomir jedoch trägt immer noch, auch sprachlich, einen Lendenschurz. Daß aber Grillparzer durch seine Kultursatire die Gestalt des armen Wilden verdeutlicht hätte, wird sich beim besten Willen nicht behaupten lassen, und völlig abscheulich ist es, wenn man aus den Chatten-Szenen des Lustspiels einen nationalsozialistischen Bierabend herausholen will, wie dies 1967 im Wiener Volkstheater versucht worden ist.

Die Idee, aus der Galomir entstand, war vermutlich die, daß dem Wunder, das sich gerade noch im Sinnbild auszudrücken vermochte, ein des metaphorischen Worts noch nicht fähiges Geschöpf buchstäblich ent-sprechen sollte. Erst durch Galomir, den Stammler, konnte der Dichter die ganze Spannweite der Sprache mit all ihren Möglichkeiten und Unmöglichkeiten ausmessen. Soweit *Weh dem, der lügt!* ein Mysterienspiel der Sprache darstellt, sind seine Spielebenen deutlich in Himmel (Gregor), Erde (Leon) und Hölle (Galomir, den „dummen Teufel aus Barbarenland") geschieden; nur daß sich diese Konstruktion nicht aufrechterhalten ließ, wenn das Stück als Lustspiel auf der Bühne reüssieren sollte.

Immerhin steht Galomir, diesem unartikulierten Stück Natur, Leon, der Sprach- und Kochkünstler, gegenüber. Der Küchenjunge ist mit der Ungebrochenheit gesegnet, die Grillparzer gern jenen unter seinen Gestalten mitgegeben hat, die gesellschaftlich von unten kommen, Sapphos Melitta etwa oder Heros Janthe; vor allem aber dem Pflüger Primislaus aus der *Libussa,* der in seiner tüchtigen Männlichkeit über weite Strecken hin als ein gereifter Leon (und damit als eine Lustspielfigur) erscheinen will. Auch Leon ist unbefangen und stark. Wir dürfen ihm glauben, wenn er versichert: „Ein Schwert wär nicht zu schwer für diese Hand." Nicht aus Schwäche hat er die Küche dem Schlachtfeld vorgezogen, sondern weil ihm, bei aller Ungebrochenheit, der Sinn fürs Höhere als eine Feengabe mit in die Wiege gelegt worden ist. Offenbar ist Gregor der erste gewesen, der diesen sechsten Sinn des Jungen geweckt hat:

> Doch sah ich euern Bischof durch die Straßen,
> Mit seinem weißen Bart und Lockenhaar,
> Das Haupt gebeugt von Alterslast,
> Und doch gehoben von — ich weiß nicht was,
> Doch von was Edlem, Hohem muß es sein;
> Die Augen aufgespannt, als säh er Bilder
> Aus einem andern, unbekannten Land,
> Die allzu groß für also kleine Rahmen:
> Sah ich ihn so durch unsre Straßen ziehn,
> Da riefs in mir, dem mußt du dienen ...

Es sind die Bilder in den aufgespannten Augen des alten Manns, Metaphern einer Metapher, die den Weg des Jungen entschieden und seine besten Kräfte zu nähren versprochen haben. Die erste Krise zwischen Gregor und Leon jedoch bricht dadurch aus, daß sich diese Nahrung als Bild, und das heißt als Täuschung, erweist, während es um

die wahre Nahrung, ums liebe Brot, im Haus des Bischofs übel genug
bestellt ist:

> In diesem Haus, dacht ich, wär Gottesfrieden,
> Sonst alle Welt in Krieg. Nun da ich hier,
> Nun muß ich sehn, wie er das Brot sich abknappt,
> Als hätt er sich zum Hungertod verdammt,
> Wie er die Bissen sich zum Munde zählt.

Der Beruf des Kochs, aus dem sich die Handlung entwickelt und mit
dessen Hilfe sie sich fortspinnt, scheint also einer Täuschung, einer
Lebenslüge, entsprungen. Die Weisheit des Lustspiels liegt nun darin zu
zeigen, daß diese Lüge ihrerseits nur ein Bild ist, ebenso wie die Befreiung
des Neffen, dessentwillen der Bischof knausert und fastet, und daß dieses
Bild vieldeutig, vielgesichtig und vielleicht auch, wie Gregors Visionen
vom Jenseits, „allzugroß für also kleine Rahmen" ist.

Gregor hat in Leon den Künstler erweckt, den Kochkünstler zunächst,
den Überlebenskünstler am Ende. Grillparzer ist dabei mit ironischer
Intuition dem kulinarischen Geschmack seiner Wiener entgegengekommen,
die den Errungenschaften der Speisekarte zumindest ebenso willig
Lorbeer spenden wie jenen der männermordenden Schlacht. Der Junge
fühlt sich auch ganz und gar als Künstler. Wenn er sich von dem Pilger
an Kattwald verkaufen läßt, treibt er, unter ausdrücklicher Berufung
auf seine Künstlerschaft, den Kaufpreis in die Höhe:

KATTWALD.   Du sollst gehalten sein nach Wunsch und Willen.

LEON.   Ein Künstler lebt und webt in seiner Kunst.

KATTWALD.   Ei, künstle zu, je mehr um desto lieber.

Der kleine Koch, der sich da mit Haut und Haar an die Willkür
eines Halbwilden verschachert, macht sich rar wie eine Primadonna. Der
neue Herr muß ihm versprechen, „zu halten mich, nicht wie die andern
Diener; / Als Hausgenoß, als Künstler"; und als der schon völlig ein-
geschüchterte Rheingraf zwanzig Pfund auf den Tisch zu legen bereit ist,
bekommt er's zu hören: „Was fällt euch ein? Um zwanzig Pfund? Ei,
schämt euch! / Ein Künstler, so wie ich?" Was soll der Handel? Aus
lauter Nächstenliebe schanzt der Junge gewiß nicht dem völlig ver-
dutzten Pilger einen volleren Beutel zu. Daß er sich bei seinem künftigen
Patron eine möglichst günstige Ausgangsposition verschaffen will, steht
außer Frage; daß er dies aber mit der Berufung auf seine Künstlerschaft
tut und daß Kattwald auch auf diese Finte hereinfällt, kann nur den Sinn
haben, dem Küchendienst des Jungen eine tiefere, metaphorische Bedeutung
zu geben. Es ist Leon ernst mit seinem Künstlertum, denn sein Problem
ist nicht nur die Würze des Bratens, sondern auch das Wesen der Sprache,
deren Wahrheit zu ergründen, er sich an Kattwald hat verdingen lassen.

Im Grunde steht Leon in aller Unschuld für die Dichtung selbst. Seine Zweideutigkeiten und Schlagfertigkeiten sind Listen und Künste des Sprachkunstwerks; sein Gebet am Ende ist auch die Bitte des Komödienschreibers um *sein* Wunder: die Inspiration und ihr Gelingen. Leons Gebet wird gewährt: paradoxerweise durch das Schweigen, in das Grillparzer die Errettung Leons und seiner Schutzbefohlenen gehüllt hat. Das Stück aber endet im Geist der Sprachkritik, der Kritik, die seine Sprache an sich selber übt. Es ist Gregor, der Statthalter des Himmels auf Erden, der, einen Augenblick lang über sich selbst hinauswachsend, Worte spricht, die sich letztlich gegen sein Predigeramt richten:

> Sie reden alle Wahrheit, sind drauf stolz,
> Und sie belügt sich selbst und ihn, er mich
> Und wieder sie; Der lügt, weil man ihm log —
> Und reden alle Wahrheit, alle. Alle.

Auch dieser Sermon ist „Wahrheit", also Wort-Täuschung. Damit aber ist eine Selbstironisierung der Kunst erreicht, die ihrerseits dazu beigetragen haben mag, das Lustspiel seinem Publikum zu entfremden. Das Stück, in dem es so kurzweilig wie scharfsinnig um die Wahrheit geht, bezichtigt sich in diesen exponierten Worten selbst der Unwahrheit. Das Zaubermärchen des Theaters ist als Illusion entlarvt. Aber auch der Schöpfer dieser Illusion läßt die Maske fallen. Wenn Leon gelegentlich seinem Dichter ähnelt, so darin, daß dieser bitterlich über sich selbst spottet, zum Beispiel, wenn er Kattwald zu Edrita über den Küchenchef sagen läßt: „Ein Künstler, Kind! Ein großer Mann, dem's rappelt." Dies ist mehr als die Kulturverachtung eines barbarisch-rückständigen Pfahlbauern: Da auch Kattwald nichts ist als eine Figur von Grillparzers Sprache, so äußert diese, die Sprache hier, jenen Zweifel an sich und ihrem Schöpfer, die alle Kunst zu hegen lernt, wenn sie einmal sich selbst in Frage zu stellen begonnen hat.

Während der Arbeit an *Weh dem, der lügt!* notierte sich Grillparzer im Jahre 1834: „Von allen poetischen Formen die strengste ist die dramatische. Alle andern gehen *formell* von einer Wahrheit aus, die dramatische von einer Lüge, und ihre Aufgabe ist, diese Lüge aufrecht zu erhalten, ja sie in letzter Ausbildung zu einer Wahrheit zu machen. Die Lyrik spricht ein Gefühl aus, das Epos erzählt ein Geschehenes . . ., das Drama lügt eine Gegenwart." Damit aber ist die Bühne als moralische Anstalt geschlossen und das Ideendrama schlechthin in die Versenkung geraten. Nichts anderes vermag das Drama mehr, als die Fragen, die es an sich selber hat, dem Publikum zur Beantwortung vorzulegen.

Offenbar war Grillparzer daran gelegen, den Imperativ von *Weh dem, der lügt!* in einen Fragesatz umzuwandeln. Wie gut ihm dies gelungen ist, geht aus einer Kritik hervor, die Moritz Gottlieb Saphir vier Tage nach der Premiere in seinem *Humoristen* veröffentlichte. Darin heißt es: „Grillparzer ... traut dem Publikum *das Höchste zu, das Richteramt* in den feinsten moralischen Schwankungen, das höchste Unterscheidungs-Vermögen in den Kollisionsfällen von Wahrheit, Wahrhaftigkeit, Unwahrheit, Lüge, Notlüge und allen den Zwischenfällen, in welche uns der Widerpart der gebieterischen und tirannischen Lebens-Verhältnisse gegen die lautersten und alleredelsten Bebungen und Entschlüsse, so oft und so zweischneidig entscheidend, bringt." Moritz Gottlieb Saphir war, wie diese Stelle zeigt, kein großer Stilist und auch sonst kein angenehmer Zeitgenosse. Grillparzer hat ihn gehaßt: „Lump, werd ein Jud und rezensiere!" Seine Rezension war jedoch keineswegs eine „Sudelei", wie dies Reinhold Backmann, nicht zufällig im Jahre 1939, gemeint hat. Ebensowenig stimmt es, daß, wieder in Backmanns Worten, „dieser Erzschuft und ganz gemeine Ehrabschneider ... des Dichters längst schon gefaßten Entschluß, sich zurückzuziehen, fest und unverbrüchlich" gemacht hat. Vielmehr hat Saphir bezeugt und der Nachwelt überliefert, daß sich *Weh dem, der lügt!* an das Publikum mit Anforderungen wandte, welche die kulinarischen Wiener in diesem kulinarischen Lustspiel weder vermutet hatten noch in der Laune und Lage waren, gebührend zu beantworten. Daher der Mißerfolg von 1838. Erst das Theater unserer Gegenwart, das sich über sich selbst keine Illusionen mehr macht, vermöchte — vielleicht — diesem Sprachexperiment Gerechtigkeit widerfahren zu lassen.

Ob Grillparzers Entschluß, sich dem Undank von Kritik und Publikum nicht weiter auszusetzen, wirklich „längst gefaßt" war, wie Backmann annimmt, ist schwer auszumachen. Zweifel an seiner Schöpferkraft treten in den Dokumenten von Grillparzers Leben beinahe vor den ersten Äußerungen dieser Kraft auf. Wohl aber muß sich der Dichter bewußt geworden sein, mit dieser Komödie ein Grenzspiel verfaßt zu haben, in dem sich das Sagbare erschöpft, das Unsagbare, die Wahrheit aber, in Schweigen und schweigenden Zeichen kundgetan hatte. Er hatte sich's nun bewiesen, daß die Form des deutschen Dramas nicht mehr zu halten war. Das Wort war unter seiner Feder brüchig geworden und hatte begonnen, seinen verbindlichen Charakter einzubüßen. Lüge und Wahrheit waren abstrakte Begriffe, deren sich, wie Hofmannsthals Lord Chandos fünfundsechzig Jahre später sagen sollte, „die Zunge naturgemäß bedienen muß, um irgendwelches Urteil an den Tag zu geben". Noch zerfielen diese Worte Grillparzer nicht „im Munde wie modrige Pilze"; er hat vielmehr einmal noch sein Spiel mit ihnen getrieben. Dann aber erlegte er sich Schweigen auf.

Beamtensatire oder Menschwerdung eines Königs?: *Esther*

Das Schauspiel *Esther* ist auch äußerlich Fragment. Nur die ersten beiden Akte und der Auftakt zum dritten sind vorhanden. Was die Fortführung anlangt, so sind wir auf einige einander widersprechende Skizzen sowie auf ein Gespräch angewiesen, das der alte Grillparzer im Jänner 1866 mit Robert Zimmermann, und schließlich auf ein weiteres, das er im Mai 1868 mit Auguste von Littrow-Bischoff geführt hatte.

Nun ist es ebenso reizvoll wie sinnlos zu spekulieren, warum der Dichter die Arbeit an dem Stück abgebrochen habe und wie er es weitergeführt hätte, wenn er bei der Stange geblieben wäre. Auch der Schöpfungsprozeß ist ein Lebensvorgang, und Lebensvorgänge sind nie aus einem Guß geformt oder aus einem Grunde zu motivieren. Angst vor der Zensur, der inneren wie der äußeren; Überschneidungen mit anderen, ausgeführten Arbeiten; der Mißerfolg von *Weh dem, der lügt!* mögen bei dem Abbruch der Arbeit mit im Spiel gewesen sein. Der weite Bogen aber, den der Handlungsbeginn aufrichtet, der pastose, gleichsam goldene, Ton der Sprache und die kräftige Charakteristik auch der Nebenfiguren sprechen jedenfalls für ein Produkt aus des Dichters bester Zeit. Nicht einmal die triviale Überlegung, die Bewältigung des Stoffes sei über Grillparzers Kräfte gegangen, bleibt uns übrig. Denn er hat die *Libussa*, ein Monumentalbeispiel unbewältigter Materialfülle, zu Ende geführt. Zu einem überaus eindrucksvollen Ende sogar.

Soweit der Text vorliegt, folgen die Konturen der Handlung dem Geschehen des spät kanonisierten Bibelbuches von der Königin Esther. Die Verstoßung von Ahasvers Gattin Vasthi; die Ausschreibung eines Aufgebots heiratsfähiger Mädchen durch den Rat Haman; der Gegensatz zwischen dem Hof Ahasvers und der jüdischen Gemeinde in ihrem persischen Exil; Esthers Ankunft am Königshof und die Verheimlichung ihres Glaubens — diese Exposition ist mit außerordentlicher Treue der Überlieferung gegenüber festgehalten. Die entscheidende Abweichung besteht in dem Attentat, das von der Partei der gestürzten Vasthi geplant wird; nun ist es nicht mehr gegen den Herrscher, sondern gegen Esther gerichtet, die Ahasver sogleich nach ihrer Begegnung zur Königin gemacht hat. Was sonst noch Grillparzer der Bibel gegenüber geändert hätte, ist kaum mehr auszumachen, und dies um so weniger, als die Konversation mit Frau von Littrow-Bischoff unzuverlässig ist, was Emil Reich schon 1894 bemerkt hatte.

Wir müssen uns daher an die knapp tausend Verse halten, die wir besitzen. Die Exposition, und das ist vor allem der Auftritt Hamans, wurde 1830 ausgeführt, in dem Jahr also, da die Julirevolution auch in Wien die Luft des Vormärz zum Schneiden dick und schwer gemacht hatte. Dieser Auftritt gibt sich als eine reine Beamtensatire, was schon dadurch deutlich wird, daß die ersten Worte des auftretenden Hof-Rats lauten: „Ich bitt euch, Herr! Ich kann fürwahr nicht weiter!" Von diesem Würdenträger soll nun der neue Mundschenk, dem späterhin in dem Komplott gegen Esther eine entscheidende Rolle zugefallen wäre, akkreditiert werden. Dabei ergibt sich der folgende Dialog:

BIGHTAN *vortretend.*

        Ich heiße Bightan, komm aus Babylon,
        Von wo man mich als Schenk hierher berufen.
        Hier dieses Schreiben —
                er übergibt eine Schrift

HAMAN.   Gut, als Schenk.

BIGHTAN.   Mein Vater,
        Der Feldherr Mamri, war euch wohl bekannt.

HAMAN.   Mein alter Freund, *ein* Herz von Jugend an.
        Ihr heißt? — Ei ja!

BIGHTAN.   Ich heiße Bightan.

HAMAN.   Wohl.
        Und kommt?

BIGHTAN.   Von Babylon.

HAMAN.   Habt ihr nichts Schriftlichs?

BIGHTAN. Ihr haltets in der Hand.

HAMAN.   Ei ja, ei ja!
        Wie lebt eur wackrer Vater?

BIGHTAN.   Er ist tot.

HAMAN.   Wie? tot? mein alter Bightan.

BIGHTAN.   Er hieß Mamri.
        Ich selber heiße Bightan.

HAMAN.   Wohl, ich weiß!
        Und kommt von Ninive.

BIGHTAN.   Von Babylon.

Obwohl Grillparzer noch in seinem Gespräch mit Zimmermann 1863 diesen Haman als „so eine Art Polonius" charakterisierte, war doch der Hof dieses Ministers weder im Staate Dänemark noch in Persien, sondern an der schönen blauen Donau gelegen. Daß nichts gültig ist als etwas „Schriftlichs", daß es einzig die „Unterschrift" ist, „was Leben gibt", daß alles gleitet und vorüberrinnt, was nicht auf dem Papier fixiert ist, und daß, was auf dem Papier fixiert ist, in Vergessenheit gerät, sowie es einmal gelesen wurde, all dies ist guter österreichischer Amtsbrauch. Der Hochmut, der in diesem Vergessen Hamans liegt, die gleichsam nasale Arroganz seiner Herablassung — sie tragen das Zeichen der unmittelbaren Erfahrung, die Grillparzer in seinem Amtsleben zuteil geworden ist und die er schon in seiner Satire *Das Prius oder die Bekehrung, ein rührendes Drama für Beamte* im Jahre 1821 niedergelegt hatte. Ein Praktikant namens Fixlmüllner muß da den Amtspräsidenten um die Erlaubnis bitten, seine geliebte „Ka" (eine Projektion Katharina Fröhlichs) heiraten zu dürfen. Da der Praktikant vor Ehrfurcht verstummt ist, entwickelt sich zwischen seiner Freundin und dem Vorsteher ein Gespräch, das mit der Konversation zwischen Bightan und Haman aus der *Esther* seltsam parallel läuft:

PRÄS[IDENT]. Wie alt sind Sie?

KATH[ARINA]. Er ist 30 Jahre, E. Exzellenz.

PRÄS[IDENT]. 30? — Ja so. — Er. — Ja so. — Gut. Gutes Alter 30 Jahre — Und wie heißen Sie?

KATH[ARINA]. Er heißt Adam Fixlmüllner.

PRÄS[IDENT]. Wieder — Er? Ganz Recht. Adam Fixlein.

KATH[ARINA]. Fixlmüllner, E. Exzellenz; Registraturs-Praktikant.

PRÄS[IDENT]. Richtig, Fixlmüllner. Sie sagen ganz recht. Ich weiß, Anton Fixlmüllner.

KATH[ARINA]. Adam.

PRÄS[IDENT]. Wie meinen Sie?

KATH[ARINA]. Er heißt so, mein ich; Adam Fixlmüllner.

PRÄS[IDENT]. Ich weiß. Man hat mir davon gesagt, Adam — hm — Adam — ich — ich weiß schon.

Es ist dieses „Ich weiß schon", dieses achselschupfende „Eh-schon-Wissen" der abgründigen Indifferenz, was der österreichische Präsident Fixlmüllners mit dem persischen Hof-Rat gemein hat. Sowohl der Amtsvorsteher wie Haman kommen aus dem Wiener Vorstadttheater und sind sozusagen Geisterfürsten auf Abbau. Andererseits aber nehmen sie schon jene hohen Funktionäre vorweg, die, sei es in den *Letzten Tagen der Menschheit* Karl Kraus', sei es im *Mann ohne Eigenschaften* Robert Musils, sei es in den Grotesken Fritz Herzmanovsky-Orlandos, die Welt Kakaniens verwalten und über eine Kompetenz verfügen, die in ihrer Inkompetenz besteht.

Die Satire in *Esther* wird vollends evident, wenn der Pförtner der Königsburg, diese Mischung aus dem *porter* im Schloß von Shakespeares *Macbeth* und dem klassisch vazierenden Hausknecht Melchior aus Johann Nestroys Posse *Einen Jux will er sich machen,* sein Credo ablegt, ein überaus österreichisches Glaubensbekenntnis:

> Hab sorglich acht, heißt das: tu, was du willst.
> Die Großen hindre nicht, weis ab die Kleinen.
> Sei derb, wenn einer höflich zu dir spricht,
> Und höflich, wenn er derb. Das ist im kurzen
> Die Weisheit jedes Amts.

Hamlet ist dies; der „Übermut der Ämter und die Schmach, / Die Unwert schweigendem Verdienst erweist"; jedoch in der schwarz-gelben Färbung, die das goldene Wienerherz anzunehmen pflegte, wenn es von einem Amtssessel aus die Welt regierte.

Aber Hamans Beamtentum ist tiefer motiviert. Zares, seine eigene Frau, bekennt: „Er ist mein Mann, und doch bin ich ihm feind." Aus dieser Einsamkeit ist der Subalterne zu verstehen, der sich nach oben krümmt, nach unten aber tritt, weil er niemanden besitzt, der ihm zur Seite stünde. In einem Akt erotischer Stellvertretung ersinnt er daher das Aufgebot, das zumindest seinem König jene Befriedigung verschaffen soll, die ihm Zares versagt. Darum versucht er auch, Ahasver „was Schäferliches, hausgebacken Stilles" zuzuschanzen, wie er es selbst bei seinem Weibe niemals finden wird. Uralte Tradition des durch sich selbst geschlagenen Bösewichts ist es dann, daß ihn eben der Geniestreich dieses Plans Amt und Kragen kosten wird. Haman ist nicht nur ein Blatt im Wind, sondern auch ein von seiner eigenen Lieblosigkeit Getriebener: man hört ihn geradezu schmatzen, wenn er „*triumphierend*" von dem Aufgebot als von der „Stellung all der reizenden Rekruten" schwärmt (im Maskulin noch dazu!) und damit den Zauber der Montur auf einen orientalischen Harem ausdehnt, oder wenn er sich das Schicksal seines Herrn wie folgt ausmalt:

> Mag er nun — wieder nach der Väter Sitte —
> Der holden Schar sich dann gesamt-vermählen,
> Mag eine sich, die Allerschönste, wählen,

wobei schon der Reim der geschlechtlichen Vereinigung Vorschub leistet. Dies ist guter, böser, schwarzer Humor: der Hof-Rat als Haremswächter, und das heißt auch: als Eunuch.

Dieser Insuffizienz entspringt, was Grillparzer die „Eitelkeit" Hamans genannt und als den „Grundzug" des Bösewichts bezeichnet hat: „Daß Mardochäus das Haupt nicht vor ihm beugt, liegt wie eine Krankheit auf ihm", heißt es in den Vorarbeiten. „Diese Geringschätzung, indes alles vor ihm auf den Knieen liegt, läßt ihn nicht essen, nicht ruhn." Der Beamte ist eine Karikatur des Herzogs Otto aus dem *Treuen Diener,* der auch nicht essen will, wenn er nicht nach Gebühr geachtet wird. Hamans Geltungshunger ist wörtlich zu verstehen; wird dieser Hunger nicht durch Kniefälligkeiten gestillt, dann verweigert der Hungernde die weitere Nahrungsaufnahme. Aus dieser Ichlosigkeit erheben sich Angst und Haß; Mardochai hat nicht gegrüßt; die Unterlassung macht ihn verdächtig:

> Das scheint mir einer von den Geistern,
> Den starken, die die Welt und uns verschmähn.
> Wohl ein Braman, vielleicht ein Jude gar;

und wenn es sich herausstellt, *daß* Mardochai Jude *ist,* müssen die Juden insgesamt sterben. Grillparzer hat hier die archaische Psychopathologie des Judenhasses aufzudecken begonnen; er, der die mythische Vergangenheit des Bibelvolkes nicht genug lobpreisen konnte, aber nervös wurde, wenn ihm ein Nachfahr des altehrwürdigen Stammes auf dem Kritikersitz des Burgtheaters begegnete, wußte, wovon er sprach.

Der Lieblose und Ungeliebte als Liebesdiener — Haman sucht seine Befriedigung im Dienst und nicht in der Liebe. Treue ist ihm unbekannt; er kennt keine Menschen, er kennt nur Untergebene und Vorgesetzte.

> Des Königs Untertan und Diener bin ich.
> Solang die Fürstin Vasthi seine Gattin,
> Drückt ich auf ihren Fußtritt meinen Mund, ...

(die Fehlleistung dieses „Fußtritts" öffnet einen Spalt in den Abgrund der Sprache: die perverse Lust des Subalternen offenbart sich, der den Fuß auch noch küßt, von dem er getreten worden ist).

> Doch seit der König schritt zu neuer Wahl — ...
> Ist Kön'gin Vasthi mir ein fremdes Wesen,
> Das ich nicht kenne, kannte, kennen werde,
> Es sei denn, daß der Herr sie neu erhebt.

Hier ist die Kamarilla zum Lebensprinzip erhoben; die Lüge zur Weltordnung gemacht; Haman überlebt durch den Speichel, den er leckt:

> Denn an dem Hof gilt nicht ein Mehr und Minder,
> Wer nicht gefällt, mißfällt; und wer mißfällt,
> Hat ausgelebt, schon lang vor seinem Tode.

Den Sumpf, dessen Ausdünstung er hier beschreibt, hat Haman selbst mit angelegt. Er kennt die Gesetze, nach denen auch der höchste Staatsbeamte antritt und abgetreten wird: in einer jener Szenen, die den Handlungsbogen ins Unbekannte hinaus spannen, werden wir Zeugen davon, was es bedeutet, im Schloß zu Susa in Ungnade zu fallen. Zwei mindere Räte, Sektionschefs im Ministerium Haman, sind erschienen:

ERSTER *leise.*
> Ich sag euch, Hamans Einfluß ist vernichtet.

ZWEITER. So scheints. Der König zürnt, ob des Versuchs
> Ihn zu *beweiben* . . .

BEIDE. Und Hamans Einfluß ist und bleibt vernichtet.

Das dürr-abstrakte Amtsdeutsch, mit dem hier ein „Einfluß" „vernichtet" wird, klingt ebenso kakanisch, wie es die Gebärde ist, mit der die
Räte, ein Marionettenpaar an unsichtbaren Fäden, *nach der entgegengesetzten Seite"* blicken, sobald der Gefallene sie anspricht: „Sie hören
nicht. / Das heißt: Sie wenden nach dem Wind die Köpfe." Nach einem
nochmaligen Anbiederungsversuch Hamans gehen die beiden Kreaturen
„durch die Seitentüre rechts fort". Die Regieanweisung nimmt in ihrer
Schlichtheit schon das Ende des Intriganten selbst vorweg, das Grillparzer
1868 Frau von Littrow-Bischoff so beschrieben hat: „Im nächsten [fünf-
ten] Akt liegt er vernichtet, Gnade flehend zu der Königin Füßen, welche
er zu umfassen sucht; sie weist ihn kalt ab, indem sie dieselben gleich-
giltig auf die Bank oder auf das Ruhebett, auf welchem sie saß, herauf-
zieht, und läßt Haman sterben." Das stumme Spiel Esthers ist überzeugend; daß die Königin den verfolgten Verfolger dadurch zum Tode
verurteilt, daß sie sichs auf ihrem Bett bequem macht (und ihre Füße
dem Grund und Boden, den sie mit dem Verurteilten gemein hat,
entzieht), ist genuine Grillparzersche Bühnensymbolik; wir haben keinerlei Grund, an der Echtheit dieser Stelle zu zweifeln; und dies um so
weniger, als der Tod Hamans ja auch in der Bibel vorgesehen ist: der
Verfolger erhält, was ihm gebührt.

Im selben Gespräch mit Frau von Littrow hat Grillparzer den König
als „launenhaften asiatischen Despoten" bezeichnet und damit dem
Gemahl Esthers weitgehend Unrecht getan. Zwar beschreibt ihn Zares,
Hamans entfremdetes Weib und Vasthis Parteigängerin, als einen jener
Grillparzerschen Liebenden, deren Hingabe ebenso vollkommen ist wie
der Abbruch der Leidenschaft:

> Das ist die Art so dieser weichen Männer,
> Die leben nur und sind in einem Weib.
> Reich aus dem Vorrat ihrer tiefsten Wünsche
> Bekleiden sie der Neigung Gegenstand.
> Was irgend schön, und wär es unvereinbar,
> Vereinen sie ob dem geliebten Haupt.
> Doch kommt der Tag, der sie des Irrtums zeiht,
> Zerstreut, was sie Unmögliches verbunden,
> Dann gärts in ihnen, und der Eigenwille
> Stößt feindlich aus, was sonst so freundlich schien.

Das ist nun freilich immer noch nicht das Portrait eines Despoten, sondern weit eher die Skizze eines *Décadent*. Aus Zares' weiterem Bericht wird jedoch deutlich, daß an dem Bruch nicht etwa die erloschene Leidenschaft des Königs, sondern die bare Hofpolitik die Schuld trägt. Ahasver provoziert Vasthi, indem er sie zum Männermahl entbietet, sie aber, „belehrt von Freundinnen, die gleichen Sinns", refüsiert; Schlag folgt Gegenschlag; er beschließt, sie ein Jahr lang zu meiden; „kaum ausgesprochen", wird diese Drohung durch Vasthis Forderung nach Rückgabe des Schlüssels zu ihren Gemächern beantwortet; der Schlüssel wird entsandt, worauf Vasthi beschließt abzureisen. Dies genügt dem König, ihr den Scheidungsbrief auszustellen. „Und sie muß fort", klagt Zares, „vielleicht ihr unerwünscht." Dies alles klingt nicht nach der Leidenschaft eines Launischen, die, nicht zur Gänze erfüllt, in sich zusammengebrochen wäre, sondern weit eher nach einem Machtkampf, der Zug um Zug abgewickelt wird wie ein Schachspiel. Ohne es zu wollen, verrät Zares zumindest *einen* Grund dieser Krise, wenn sie von den Männern am Hof spricht,

die sich etwa machtlos fühlten,
Zu sein die Herrn in ihrem eignen Haus,
Und die im Schlag, geführt auf ihre Fürstin,
Zudachten einen Streich der eignen Frau.

Grillparzer selbst hat in den Skizzen angemerkt: „Als Hintergrund aller Intrigen am Hofe die verstoßene Königin Vasthi, die aber selbst nie erscheint." An ihrer Stelle waltet der Schwarze Hiram seines Amtes, der Monostatos dieser Königin der Nacht. Esther soll aus dem Palast entfernt werden, beinahe noch ehe sie ihn betreten hat. „Ich fürchte fast", sagt der König zu Beginn des dritten Akts, „daß, weil du mir gehörst, / Dein Dasein man bedroht . . ."

Als aber Ahasver zum ersten Mal vor uns hingetreten war, da hatte sein Ekel nicht den Frauen, sondern ihren Puppen, den Männern, gegolten. „Raupen und Gezücht" hatte er seine Beamten genannt, und später bezeichnet er sie wieder als „Ohrenbläser", „Angeber" und „verworfene Insekt[en]". „Da sind sie, da", hatte er in seinem Eingangsmonolog geklagt,

die Feinde alles Blühns,
Das kriechende Geschlecht, die leisen Nagens
Anbohren jedes Blatt, bis es sich krümmt
Mit bittrer Windung nach dem Innern zu
Und fahl wird, hart, und stirbt.

Nicht zufällig ist die Bildsprache dieser Stelle dem Pflanzenreich entnommen: auch für Ahasver geht es um Gedeihen und Vergehen.

Wenn der König nicht werden will, wozu sein „kluger, weiser Rat" Haman unter tätiger Mithilfe *seiner* Gattin verkümmert ist, dann muß er sich auf sein eigenes Wachstum besinnen. Er hat sich, wie man das in Staats- und Ehekrisen gerne tut, die Hände freigemacht und die Trägerin der alten Bedrängnis, die Königin, vom Leibe geschafft; nun aber steht auch er leer einer Leere gegenüber: „Mein Innres schaudert auf. Was ist der Mensch?" Zumindest weiß er, was er ist, was er nicht sein will und was er werden möchte:

> Seid ihr schlimm, bin ichs auch; bin ein Tyrann,
> Der ich die Liebe möchte sein, weil liebend.

Daß einen solchen Liebesanspruch Hamans „reizende Rekruten" als der reine Hohn anmuten müssen, versteht sich von selbst. „Der König", hat sich Grillparzer notiert, „hat das *Vertrauen* in Menschen verloren"; mehr aber noch das Vertrauen zu sich selbst. Seine Erschütterung ist der Verlust seines Selbstgefühls, eine Krise der Identität.

Und eben diese Identität ist es, die ihm Esther, zunächst ohne es zu wissen, zurückgibt, ja wahrscheinlich zum ersten Mal verleiht: „Willst du Vertraun und hast es nicht?" fragt sie,

> suchst Neigung
> Und hegst Verdacht? O armer, armer Fürst!
> Das Edle, Hohe kauft sich nicht, man tauscht es,
> Und man erhält so viel nur, als man gibt.

Der Realist und Frauenkenner Grillparzer hat hier das Judenmädchen zu Beginn ihrer großen Szene von der Ich-Du-Beziehung zwischen den Menschen in der Sprache des Kommerzes sprechen lassen. „Kaufen", „tauschen", „erhalten", „geben" — Esther kennt diese Vokabeln vom Markt und trägt damit den frischen Wind des Lebens in den *haut goût* der Palastluft. Sie eröffnet dem König die Wirklichkeit, an der sie, klug wie eine Schlange, aber auch sanft wie eine Taube, teilhat, ein bedächtiges, beinah allzu rationales Mädchen von offenbar beträchtlichen, aber noch unerschloßnen Reizen. (Ihre ersten Worte auf der Bühne sind ein wiederholtes: „Macht auf!")

Esther ist diejenige unter Grillparzers Heroinen, die sich unterwerfen kann. „Herr!" spricht sie Ahasver am Ende ihrer Begegnung an, und er antwortet: „Es ist! Der Ton entschied." Offenbar gelingt es Esther, ihre Menschenwürde voll und ganz zu bewahren, auch wenn sie sich unterwirft. Das ist dem König an seinem persischen Hof noch nie widerfahren und deutet darauf hin, daß es mit dem Herren-, dem Despotentum Ahasvers nicht so weit her ist; daß mit dem Eintritt Esthers in das Schloß die Hofintrige vor der Luft des Lebens verflogen ist; daß Esther also dem König wortlos mitgeteilt hat, was sie selbst noch nicht wußte, als sie zum letzten

Male sprach, ihre Liebe nämlich, die, wie er sagt: „Es ist", es und alles; und daß wir hier aus einem gesprochenen Drama unversehens ins Musikalische und Gestische geraten sind, dorthin also, wo die Sprache mit ihrer Unterscheidung von „Mann und Frau", „Herr und Dienerin" keinen Zutritt mehr hat. Tatsächlich hatte Esther vor dieser einen Silbe — „Herr" — eine lange Zeit geschwiegen; lediglich den Goldreif der Königin hat sie sich erst vom Leib gehalten, dann aber, ohne diese Wandlung zu erklären, aufs Haupt gesetzt. „Das Individuum ist unaussprechlich", sagt Hugo von Hofmannsthal in einer seiner Aufzeichnungen, „was sich ausspricht, geht schon ins Allgemeine über, ist nicht mehr im strengen Sinn individuell. Sprache und Individuum heben sich gegenseitig auf." In der Szene, in der sich Esther dem König schenkt, ist sie einzig und allein sie selbst und niemandem eigen als dem Geheimnis ihrer Individualität.

Zudem hat der Dichter in beinah den ersten Sätzen, die diese „Tochter" zu ihrem Oheim spricht, ihre seelische Verfassung klar genug zutage treten lassen:

> Hört erst auf mich,
> Die ich euch liebe, nicht wie Gott uns liebt,
> Im ganzen, großen, wo des einen Nachteil
> Des andern Vorteil wird, nein, einzeln euch,
> Nicht willens, für die Wohlfahrt einer Welt
> Nur ein Atom von eurem Sein zu geben ...
>   ... und auch bereit, ein Dasein
> Dafür zu opfern, aber nur das eigne.

Der Tonfall dieser Rede ist polemisch; sie wendet sich gegen die allgemeine Liebe, den *amor Dei* des Juden, der voll von prophetischen Ideen steckt, so daß er selbst die Nichte in den Gestalten der großen Volksmütter wie Deborah, Jahel und Judith sieht. Demgegenüber pocht sie auf ihr persönliches Gefühl, und dieses ist so groß, daß sie willens ist, sich dafür hinzugeben. In der Tat besteht zwischen Mardochai und ihr eine ungemein starke Bindung: die Fixierung von Vater und Tochter; nur wenn der Hauptmann kommt, sie aufzubieten, bezeichnet der Alte Esther als „Nichte", im übrigen ist sie das Gefäß seiner Zärtlichkeit und der Spiegel seiner keineswegs völlig ins Geistige geläuterten Gefühle. Sie ist seine „gute Tochter"; sie sagt es selbst immer wieder. Seinetwegen folgt sie dem Hauptmann in den Palast. Weil Mardochai es ihr befohlen hat, belügt sie, die Wahrhaftige, den König und verleugnet den Oheim, der die Nachricht vom Anschlag auf ihr Leben ins Königsschloß gebracht hat: „Ich — kenn ihn nicht"; die Pause nach dem ersten Wort verrät den Kampf, der nun zwischen der alten Treue zum Onkel und der neuen zum geliebten Gemahl ausgebrochen ist. Der hochfliegenden politischen Pläne Mardochais wegen verbirgt sie auch ihr Judentum.

Verbirgt sie's wirklich? Wenn der König sie bei der ersten Begegnung fragt: „Wie heißt du?", erwidert sie: „Nun eben: Esther, Herr! / Hadassa nennen mich des Hauses Nachbarn." Sie wiederholt den zweiten Namen so nachdrücklich, daß auch der König sie fortan nicht anders als Hadassa nennt. Hadassah aber ist hebräisch; der Hinweis auf „des Hauses Nachbarn" schließt unweigerlich ihre jüdische Umgebung mit ein; und Ahasver müßte ein der Nationalitätenprobleme Alt-Persiens überaus unkundiger Monarch sein, wenn diese Andeutung völlig an ihn verloren wäre. Sie geht jedoch zunächst verloren, und zwar offenbar darum, weil Ahasver im Augenblick anderes im Kopf hat als das Anliegen seiner Minderheiten und die Volkszugehörigkeit des schönen Mädchens in seinem Vorgemach. Mit anderen Worten: Esther verrät ihre Abkunft und behält sie doch bei sich; der König überhört die mehr als deutliche Anspielung, und dennoch muß sie in sein Unbewußtes gefallen sein wie ein Kiesel in einen Brunnen: hochgespannte Situationen wie diese Liebesszene machen für die Zukunft hellhörig, wenn auch die Gegenwart von Zwischentönen und Zweideutigkeiten nichts wissen will und kann. Hadassa zwischen Mardochai und Ahasver, das war kein Konflikt zwischen Pflicht und Neigung, sondern einer zwischen Liebe und Liebe, ein überaus Grillparzerscher Konflikt. Jedenfalls war es ein Ansatz, von dem aus der Dichter die biblische Geschichte hätte psychologisch aufrollen können.

Im hohen Alter freilich wußte Grillparzer es anders. Da sagte er: Esther „muß sich gleich zu einer Entstellung der Wahrheit, zur Verleugnung ihres Glaubens bequemen. Darin liegt der Keim des Verderbens von Anfang an ... Durch Unwahrheit ist sie Königin geworden und so ist die Unmöglichkeit, sich Unschuld und Reinheit zu bewahren, von vornherein gegeben. Sollte sie eine Tugend bleiben, so mußte die Verleugnung ihres Glaubens, die Weigerung ihn zu bekennen, weggelassen werden. Die Zwischenfälle, die das vorbereiten und die Umrisse, welche die Gestalt der durch Intrigen hart gewordenen Königin zeichnen, sind mir gänzlich entfallen." So gesprochen zu Auguste von Littrow-Bischoff, nach einer Aufführung des Fragments im Burgtheater im Mai 1868 (anderthalb Akte „aus einem unvollendeten Drama ‚Esther' von Franz Grillparzer" hatte Emil Kuh schon 1863 in seinem *Dichterbuch aus Österreich* publiziert; die Uraufführung hatte am 29. März 1868 in der alten Oper zugunsten bedürftiger Schüler der Wiener Handelsakademie stattgefunden). Woher die Inkonsequenz des Dichters, der jeder weiteren Neuaufführung eines seiner Stücke abgeschworen hatte? Zählte das

279

Fragment etwa nicht? Wir werden annehmen dürfen, daß Mangel an Folgerichtigkeit zu den Merkmalen des Menschen gehört und daß selbst Grillparzer hier keine Ausnahme bildete.

1863 hatte Auguste von Littrow-Bischoff, eine Pragerin, mit einem Astronomen verheiratet und damals selbst schon eine reife Vierundvierzigerin, den Dichter zum ersten Mal besucht. Sie gehörte zu jenen Wechselfällen seiner Spätzeit, von denen er im Jahre des *Esther*-Gesprächs, 1868, schrieb:

Eine Ähnlichkeit, die ich mit Christus habe:
Nur die Weiber kommen zu meinem Grabe.

An jenem Maimorgen also erschien Frau von Littrow, begleitet von ihrer mit einem großen Strauß Maiglöckchen bestückten Schwägerin, in der Spiegelgasse, entschlossen, dem alten Herrn das Geheimnis seiner *Esther* zu entreißen. Die Aufführung des vergangenen Abends bot den willkommenen Anlaß. Grillparzer, der offenbar an den Details der Inszenierung interessiert war, ließ sich verleiten, auf die Namensgebung des Fragments einzugehen: „Ich bin von mehreren Seiten gefragt worden, woher ich die Namen genommen hätte, indes ich mich doch ganz an die biblischen gehalten habe" (was nicht ganz stimmte: zumindest der Schwarze Hiram kommt in der Bibel nicht vor). Darauf Frau von Littrow: „Wir wollten das gerne glauben, meinten jedoch, das beste Mittel, das Publikum zu belehren, wäre das, was die Schubladen des Schreibtisches hier vor uns enthielten, preiszugeben." Grillparzer weicht sofort zurück: „Die enthalten wenig, sehr wenig, von der Esther schon gar nichts." In diesem Ton geht das Gespräch weiter: Grillparzer versucht, ins allgemeine auszuweichen, aber die Dame ruft ihn mit eherner Entschiedenheit zur Literatur zurück. Daß sie dabei den Fauxpas begeht, Hebbel zu zitieren, und Grillparzer ihr sogleich mit einem Schiller-Zitat über den Mund fährt, stört sie nicht im mindesten. Aus dem Umkreis der Literatur im allgemeinen steuert sie sogleich wieder ins Zentrum — *Esther* — zurück: „Und haben Sie davon keine Erinnerung behalten?" fragt sie. „Mich dünkt, ein Dichter, der mit solch einem Stoff umgeht, könne das nie wieder ganz vergessen." Was nützt es dem Alten, daß er sich mit seiner Gedächtnisschwäche entschuldigt und sie auf einen schmerzhaften Sturz zurückführt, den er unlängst erlitten habe, und, als das nichts hilft, in eines seiner Lieblingsthemen, die Schwierigkeiten mit der Zensur, ausweichen will? Die Unerbittliche beherrscht das Gespräch: „Ich kann mich nicht erinnern", setzt sie an, „ob Esther auch in biblischer Darstellung ihren Glauben verheimlicht." Dabei ist es ihr völlig klar, daß ihren Gesprächspartner sowohl Kraft wie Geduld zu verlassen drohen; daß er, wie sie sagt, „angegriffen" ist „von der Gewalt, die er [!] sich angetan,

entschwundene Erinnerungen zu sammeln und aneinander zu reihen".
„Und die Esther?" bohrt sie weiter, und noch einmal: „Und die Esther?"

„‚Stirbt auch, stirbt auch, nachdem sie eine Kanaille geworden ist',
erwiderte der Dichter mit einer Bewegung der Hand, welche andeutete,
daß keine weitere Erörterung mehr von ihm zu erwarten sei, ‚stirbt auch,
oder führt ein qualvolles Leben neben dem krankhaft erregten König,
nachdem ihr selbst die Rolle Hamans zugefallen ist, den Launen des
Gebieters zu frönen, und sie Mardochai, entweder weil er zu alt oder
weil er auch schon gestorben, nicht mehr zur Seite hat, um sich gegen die
nun sie allein bedrohenden Stimmungen des unstäten Despoten aufrecht
zu erhalten.'"

Josef Nadler faßt den Besuch in die Worte zusammen: „Wir sind
Zeuge von Franz Grillparzers letztem dichterischen Akt gewesen." In
Wahrheit haben wir der Folterung eines hilflosen, aber widerstrebenden
alten Herrn durch die schamlose Neugierde einer Kulturträgerin beigewohnt, gegen die sich der Dichter am Ende nicht anders zu wehren
wußte, als daß er einen Kraftausdruck gebrauchte, der wohl in seinem
Unbewußten nicht ausschließlich seiner unseligen Heldin gegolten hatte.
Was den „dichterischen Akt", das heißt den Aussagewert dieses Grillparzer abgerungenen Geständnisses anlangt, so ist er bestenfalls unzuverlässig, zumal da er durch den erhaltenen Text in keiner Weise gestützt
wird und der Dramatiker nur fünf Jahre früher Robert Zimmermann
versichert hatte, „die Esther und der Mardochai" sollten „ganz nach der
Bibel" behandelt werden.

So ist es der biblischen Tradition durchaus gemäß, daß Grillparzer die
Absicht gehabt zu haben scheint, Mardochai einem Dilemma zu überantworten. Auch er liebt Hadassa, die „Tochter", aber Gott und Volk
liebt er noch mehr: „Gott Israels, meiner Väter!" sagt er schon im ersten
Akt,

> Wär es dein Ratschluß, eine unsers Volks
> Zu setzen hoch auf Asiens stolzen Thron,
> Daß sie ein Schutz sei ihrer flüchtgen Brüder,
> Vielleicht sie heimführt in ihr Vaterland
> Und neu erbaut des Bundes alten Tempel.
> — Bleib, Esther, bleib! — Geb ich sie hin,
> Gäb ich mein eignes Leben zehnmal hin
> Zur Ehre meines Gottes, meines Volks.

Auch hier ein Konflikt zwischen Liebe und Liebe, nur daß Mardochai
durchaus bereit ist, die „Tochter" der Politik aufzuopfern. Neu an diesem
Konflikt ist lediglich die Intensität von Mardochais Gefühlen; der Rest
ist biblische Tradition.

Von der „Kanaille" Esther aber ist im Bereich der Schrift sowenig die Rede wie von ihrem Ende, das Grillparzer gleich dreimal Frau von Littrow unter die Nase gerieben hat, so als wünsche er es nicht der Figur, sondern der lästigen Besucherin.

Ähnlich steht es mit der Annahme, der gedankliche Inhalt des Schauspiels hätte sich auf die Auseinandersetzung zwischen Staat und Kirche beziehen sollen. Von zwei großen Staatsgesprächen ist in der Konversation mit Frau von Littrow die Rede: „Haman stellt nun dem Könige vor, wie die Verschiedenheiten der Religion im Staate nicht zu dulden seien... Hier wäre eine große Szene über das Recht des Staates der Religion gegenüber, über die Stellung der Religionen im Staate, über Glaubensfreiheit, politische Rechte und kirchliche Satzungen gekommen." Wer aber hätte diese Rede halten sollen? Der „unstäte Despot" oder etwa die „Kanaille"? An einer anderen Stelle sollte Mardochai der Nichte befehlen, für ihr Volk einzustehen, sie aber weigert sich. „Ich hatte sie auch zur *Liebes-* und nicht zur *Tugendheldin* bestimmt." Nun ist eine solche Rede Mardochais durchaus in seinem Charakter gelegen und die Szene als retardierendes Moment nicht undenkbar. Eine Apologie seines Glaubens widerspricht jedoch der Glaubensfreiheit des Juden, der von sich sagen kann: „Ich heiße Mensch und bins", als wäre er Lessings Nathan, und der sich doch nur seiner religiösen Aspirationen wegen das geliebte Mädchen vom Herzen gerissen hat. Im großen ganzen ist Mardochais Menschlichkeit nicht ganz deutlich entwickelt, vielleicht als Anzeichen einer ungeklärten Ambivalenz, die der Dichter seiner Gestalt entgegenbrachte. Hingegen hat schon Emil Reich vermutet, daß wir es bei der Äußerung des Dichters zu Frau von Littrow mit einem Echo der Abstimmung über das Konkordat im Herrenhause zu tun haben, in dem, ebenfalls im Mai 1868, der Kirche die Aufsicht über die Schule genommen, das zivile Eherecht an Stelle des kanonischen wiedereingeführt und die interkonfessionellen Verhältnisse, wie Religion der Kinder, Übertritt von einer Konfession in die andere und ähnliches, im Sinn des Liberalismus geregelt wurden. Grillparzer war trotz Alter und Gebresten im Herrenhaus erschienen und hatte sein Votum für die Neuregelung abgegeben. Es ist daher durchaus möglich, daß diese Gedanken wie von ungefähr dem alten Herrn auf die Zunge gerieten oder daß er ihnen eine Bedeutung beimaß, die sie während der tatsächlichen Schaffenszeit am Fragment weder besitzen konnten noch sollten.

Und Esther? Ist sie, wie Grillparzer von ihrer ersten Szene mit dem König behauptet, wirklich eine „Liebes-" und keine „Tugendheldin"? Sollte der Dramatiker bei dieser Charakteristik nicht eher an die Rahel aus der *Jüdin von Toledo* gedacht haben, die zu Beginn ja auch einem

Monarchen gegenübertritt, den sie zu seiner Rolle als Mann erweckt? Die Hadassa Ahasvers weiß zu viel von den Männern, um sich ihnen lediglich als „Liebesheldin" widmen zu können. „Die Eifersucht der Frau'n ist Liebe stets", verteidigt sie Vasthi. „Die Männer nur sinds auch aus Eitelkeit." Sonst werden sich Grillparzers „Liebesheldinnen" der Schwäche des Männlichen erst *nach* dem Erwachen ihrer Sinnlichkeit bewußt; Esther jedoch begegnet sogar dem geliebten Mardochai mit einem gerüttelten Maß an Skepsis. Sie ist sich selbst genug; völlig unkokett vermöchte sie als jüdische Nonne ein Leben lang zu leben.

KÖNIG.   Kennst du die Liebe?

ESTHER.   Und was kümmerts dich?

Hier ist von mir die Rede nicht, von dir.

Ich finde leicht mich wohl allein zurecht.

Und dennoch verfliegt all diese Selbstherrlichkeit und Zurückhaltung wie Spreu vor dem Winde. Da hat der König, gleichsam von ungefähr, im Wortstreit über Vasthi zu ihr den Satz gesprochen: „Nun denn, sie liebt mich nicht." Er will zunächst nichts als recht behalten. Sie aber wird von diesem Satz ins Mark getroffen; sie schweigt, *„sieht ihn rasch an und dann zu Boden"*. Ahasver ist kein Mann, der sich einen Vorteil, und wäre es auch nur einen rhetorischen, entgehen ließe. Er merkt, er hat Eindruck gemacht; so wiederholt er, mit gleichsam erhobenem Zeigefinger:

Hörst du, Hadassa?

Sie liebt mich nicht und hat mich nie geliebt —

Was schüttelst du dein Haupt und glaubst mir nicht?

Sie glaubt ihm nur zu sehr und meldet diesen Glauben als Zweifel an, nachdem sie neuerdings geschwiegen hat: „Was liebenswert — / Man liebt es wohl?" Dies kann nichts anderes bedeuten, als daß der König nicht liebenswert ist, da Vasthi ihm die Liebe versagt hat, und daß sie, Esther, sich jäh und unverständlicherweise in ihn verliebt hat, obwohl ihr der Verstand ein letztes Rückzugsgefecht liefert und zu bedenken gibt, daß die Königin vermutlich gewußt hatte, was ihrer Liebe würdig gewesen sei und was nicht. Auch sie kennt offenbar keinen anderen Grund, warum sie diesen Ungläubigen und Heidenscheich lieben sollte — als den einen, daß er eben ungeliebt ist. Geliebt zu werden, weil kein anderer einen liebt, das ist der ewige Wunschtraum der Einsamen; einen Ungeliebten zu lieben, die messianische Hoffnung des Weibes. Und obwohl der König zu billiger Zauberei und männlicher Strategie seine Zuflucht nimmt und das Mädchen, das ihn verlassen will, in seine Gemächer weist statt zum Ausgang (so als vermöchte der Anblick seines orientalischen Prunkbetts die eher prüde Jüdin zu verlocken), hat es auch ihn, den persischen Roué, ergriffen, und die Einsicht, daß Liebe kein Kampf um Macht, sondern die

Verschränkung eines Ich mit einem Du ist, hat auch ihn gepackt. Nun weiß er:

> Die Neigung, die entspringt aus gleichem Trachten,
> Ergreift nicht eins und läßt das andre frei;
> Die Nähe ist ein Nahesein von beiden,
> Und was du zufügst, kommt dir auch zu leiden.

Der „unstäte" Despot nimmt die Liebe Esthers nicht als Lust, sondern als Leid entgegen und auf sich. Was immer Grillparzer mit dem sonderbaren Paar noch vorhatte, in diesem Augenblick sind sie anders geworden, als sie waren. Haman mag im Untergang siegen, indem noch seine Leiche die Luft am Hof verpestet und Esther ihrem König entfremdet, in dieser Szene haben wir dem Erwachen einer Leidenschaft aus Mitleid und, jenseits aller Worte, der Menschwerdung eines Mannes und Königs beigewohnt.

Der arme Hofrat

Am 26. März 1856 richtete der fünfundsechzigjährige Grillparzer ein Gesuch an Kaiser Franz Joseph I. und kam um seine Versetzung in den Ruhestand ein. An dem Brief hängt seine Karriere wie an einem Kreuz.

Das Schreiben beginnt: *„Eure Majestät! Der gehorsamst Unterzeichnete steht gegenwärtig 43 Jahre lang in Staatsdiensten."* Er war am 18. März 1814 als „unentgeltlicher Praktikant" in die Hofbibliothek eingeführt, am 20. Dezember desselben Jahres in den Finanzdienst übernommen und am 2. März 1815 endgültig als Konzeptspraktikant bei der Hofkammer angestellt worden. Im August 1821 versetzte ihn Johann Philipp Graf Stadion in das Finanzministerium und wies ihm im Juni 1823 in seinem Präsidialbureau eine besser dotierte Stelle zu. Der Graf war einer „der ausgezeichnetsten Männer seiner Zeit" und, wie die Selbstbiographie hinzufügt, „mein einziger Gönner und Beschützer unter allen Verhältnissen". Der Graf blieb dies bis zu seinem Tod im Jahre 1824, worauf sich der durch sein Gedicht vom „Campo Vaccino" und seinen Eintritt in die „Ludlamshöhle" kompromittierte Dichter nach einem neuen Patron umsehen mußte. Es war eine typisch österreichische Beamtenlaufbahn: man lief nicht, sondern wurde fürsorglich im Schneckentempo geschoben; man raunzte und richtete es sich; am Ende empfand man den „geschäftigen Müßiggang" als „etwas Erquickliches", laborierte an einem schlechten Gewissen in Permanenz und trug berufsmäßig einen „langweilend gelangweilten Mißmut" zur Schau.

Immerhin erhielt der Dichter im Jänner 1832 die Direktion des Hofkammerarchivs. Das Anstellungsdekret zeigt im Text eine lorbeergeschmückte Leier, ein Zeichen, „daß die Verleihung mehr dem Dichter als dem Beamten galt" (Karl Glossy). Er selbst aber verbarg den Dichter hinter dem Beamten, so gut er es vermochte. Zu seinem Amtsantritt erschienen die Beamten „im Feiertagsgewande", Grillparzer hingegen „stand neben dem Kanzleidirektor, den Daumen der einen krampfhaft zusammengekniffenen Hand in der Tasche seines Beinkleides, und machte dem Personale wiederholte Verbeugungen, wobei er zum Schlusse einiges murmelte". Was er aber murmelte, war, „daß Sie in mir den gefälligsten und verträglichsten aller Menschen finden werden, wenn Sie dasjenige genau erfüllen, was ich von Ihnen zu fordern berechtigt bin". Hört man den Ton des Untergebenen, der in einen verantwortlichen Posten aufgerückt ist? Freilich fühlte sich der Dichter auch als Beamter der höheren Rangklasse so wenig am Platz, wie er sich in den niederen Rängen gefühlt hatte. Schon im März 1832 beklagt er sich im Tagebuch über das Personal: „Ich habe sie mir feindseliger, ich habe sie mir unwissender, unbrauchbarer gedacht. Aber es ginge besser, wenn sie schlimmer wären." Es war ihm nichts recht zu machen. Ihm behagte nicht, was er machte, und er machte, was ihm unbehaglich war. Im April des nämlichen Jahres fiel er, „von der Schwere des beinahe *50 lb* schweren über meinem Kopfe stehenden Faszikels aus dem Gleichgewichte gebracht, von der obersten Sprosse [einer] Leiter, und stürzte die ganze Höhe des Archivsaales, also doch mindestens 5 Klafter hoch herunter". Er erlitt dabei keinen besonderen Schaden. Es war ein hochsymbolischer Akt. Er wäre wohl gerne auch die Sprossen der amtlichen Rangleiter wieder hinabgefallen. Aber es half nichts: bei dem Unfall kam er wie durch ein Wunder mit heilen Knochen davon und blieb bis zu seiner Pensionierung im Amt.

Das Pensionierungsgesuch fährt fort: *„Eine immer mehr zunehmende Schwäche des Augenlichts macht ihm* [dem Unterzeichneten] *die Lesung von Handschriften, worin sein hauptsächliches Geschäft als Direktor des Archivs des Finanz-Ministeriums besteht, geradezu unmöglich. Er sieht sich daher genötigt in den Ruhestand zurückzutreten."* Ohne daß er's wußte oder wollte, schlug ihm die Sprache mit dem Doppelsinn dieses „zurück" ein Schnippchen: klingt es nicht, als wollte er sich aus *einem* Ruhestand (dem des Amtes) in einen *anderen* (den der Pensionierung) zurückbegeben, wodurch Amt und Ruhestand, Sinekure und Pensionierung so gut wie identisch wurden?

Wir besitzen ein Bild Grillparzers aus der Zeit dieses Briefes: Friedrich Amerlings Ölgemälde von 1856. Dem Portrait ist das Alter seines Modells kaum anzusehen: der Mund mit der Habsburger-Lippe noch voll und das Haar beinahe ungelichtet. Die Nase freilich tritt knochiger hervor, und die Kummerfalten, die sich von ihren Flügeln zur Unterlippe hinabziehen, sind tiefer eingeschnitten als auf den Bildern seines mittleren Mannesalters. Aber die Stirn wölbt sich immer noch fast faltenfrei, und das Kinn, das auf Viktor Angerers Photographie des Siebzigjährigen schon schlaff und zerklüftet erscheint, schließt das Oval des Gesichts noch willensstark zusammen. Der Blick der Augen freilich schweift schon unbestimmt ins Weite; und darin liegt „etwas schwermütig Mildes, der Ausdruck einer Weisheit, die alles begreift und alles verzeiht", wie sie die gute Marie von Ebner-Eschenbach zu Anfang der sechziger Jahre wahrgenommen haben will. Vermutlich geht die Verklärung dieses Altersblicks zumindest zum Teil auf die in dem Pensionsgesuch erwähnte Schwäche seiner Augen zurück. Im ganzen ist es das Bild eines Alternden, aber keines Greises.

Und dennoch ist es bemerkenswert, daß Grillparzer unter allen seinen Schwächen das Nachlassen der Sehkraft als den einzigen Grund seines Rücktritts geltend gemacht hat. An Leiden hatte es ihm von früh an nicht gefehlt: Schon im Tagebuch des Einundvierzigjährigen wird ein „heftiger hämorrhoidalischer Anfall" beklagt, und ein Jahr später heißt es: „Ich muß Flanell auf der bloßen Haut tragen, wenn ich nicht immer von Flüssen geplagt sein will. Meine Zähne, sonst so gut, sind angegangen und drohen unausgesetzt mit Schmerzen. Ich bin 42 Jahre alt und fühle mich als Greis. Ich bin der Steigerung begierig, die das eigentliche Alter mit sich bringen wird." Diese Steigerung hat sich mit den Jahren auch in allerlei Schmerzen und Hypochondrien eingestellt, bis dann der Fünfundsiebzigjährige als beinahe letzte Eintragung in sein Tagebuch einen Satz aus dem Nachruf schrieb, den der Burgtheaterdirektor Heinrich Laube dem Schauspieler Heinrich Anschütz gehalten hatte: „Eine krebsartige Wunde in der Leistendrüse entzog seinem Blute allmählich und schmerzlos die Lebenskraft." Mit einem charakteristischen Gemisch aus Selbstspott und Todesangst fügt der Alte hinzu: „Gehts vielleicht auch andern Leuten so?"

Die Frage war ebenso rhetorisch wie metaphorisch. Auch Grillparzer hatte lange schon seine Lebenskraft schwinden gefühlt, nur daß er sich über Schmerzlosigkeit nicht beklagen konnte. In seinem Abschiedsgesuch hat er dann das Krebsübel des Vitalitätsschwundes mit der Dunkelheit umschrieben, die sich über seine Augen senkte; nicht nur deshalb, weil er sich der apostolischen Majestät gegenüber nicht gut über die Qualen beklagen konnte, die ihm die goldene Ader verursachte, sondern auch, weil für ihn der allmähliche Verlust des Augenlichtes zum Beweisfall des Alterns schlechthin geworden war und selbst seine Schwerhörigkeit in den Schatten stellte. Er war, schließlich und endlich, zeit seines Lebens und trotz seiner Musikalität ein Augenmensch gewesen, ein Dramatiker in jenem ursprünglichen Sinn des Griechischen, in dem das Theater das Geschaute schlechthin bedeutet. Nun aber war er, dessen Augen müde geworden waren, bereit, nach dem Amt des Theaterdichters auch die Existenz des Beamten zu beenden. Sein inneres Gesicht behielt er für sich.

> Ist es denn dunkel hier? — Dort seh ich Licht,
> Und flügelgleich umgibt es meinen Leib.

Diese Worte spricht Kaiser Rudolf II.; sie fanden sich freilich erst in Grillparzers Nachlaß.

Mit der Berufung auf die Schwäche seiner Augen ist Grillparzer in seinem Pensionierungsgesuch zu seinem eigentlichen Anliegen gekommen: Er bittet bei seiner bevorstehenden Pensionierung (der Genuß seines vollen Gehalts in der Höhe von 1800 Gulden war ihm schon zugestanden worden) um Beibelassung seiner Personalzulage und seines Quartiergeldes (jeweils weitere 300 Gulden). Dann fährt das Gesuch im Wortlaut fort:

„[Der Unterzeichnete] *hat auf diese Art im Staatsdienste nicht viel mehr erreicht, als jeder Registraturs-Praktikant erreichen kann, der wie er 43 Jahre lang dient, indes alle seine Schulkameraden, Neben- und Nach-Männer mitunter in den höchsten Ämtern und Gehalten stehen, wobei es ihm in seiner Amtsführung, vor der Abnahme seines Augenlichtes, nicht an allseitigen Belobungen und Anerkennungen fehlte.*" Die Klagen sind berechtigt, wenn man (was Grillparzer unzweifelhaft tat) seine Laufbahn etwa mit der seines Cousins und Freundes Ferdinand von Paumgartten vergleicht, der außerdem noch der Mann der gelegentlich geliebten Charlotte gewesen war. Auch Paumgartten begann als Konzeptspraktikant, rückte dann aber jäh zum Sekretär der Kaiserin Karoline Auguste auf und brachte es bis zum Hofsekretär im Finanzministerium. Weniger gerechtfertigt hingegen erscheinen diese Klagen im Hinblick auf die Tagebucheintragung vom 25. Jänner 1832, die folgendermaßen beginnt: „Habe die Archivsdirektorsstelle erhalten und so des Menschen Sohn um dreißig Silberlinge verkauft. Ich werde ein volles Jahr verwenden müssen, das Geschäft kennen zu lernen; ein volles Jahr, ohne auf Poesie anders als in verlornen Augenblicken denken zu können..." Dies ist es, was Karl Glossy das „Mißverhältnis zwischen Ideal und Wirklichkeit" genannt hat, aus dem Grillparzers „wenig rühmliche Beamtenlaufbahn hervorgegangen" sei. Er übersieht dabei freilich, daß Grillparzer sein Amt nicht nur haßte, sondern auch liebte; daß er versuchte, die „allseitigen Belobungen und Anerkennungen", deren er sich rühmte, auch zu verdienen, und daß er nur, wenn ihm seine Sensitivität und Phantasie, sein Dichtertum, in die Quere kam, über alles Maß hinaus giftig werden konnte. Die Kehrseite des Schöpferischen ist eben das Destruktive.

Dem zunehmenden Alter und dem gegen den Willen des Betroffenen wachsenden Erfolg gelang es keineswegs, Grillparzer von seinen Hypochondrien zu befreien. 1861 berief Kaiser Franz Joseph den Dichter durch ein Handschreiben ins Herrenhaus. Im nächsten Jahr trug Grillparzer die folgende Anekdote in sein Tagebuch ein: „Bussy Rabutin als er in der Bastille eingesperrt war, wurde krank. Man rief Ärzte, die ihn wieder herstellten. Jetzt erst, sagt er, langweilte ich mich recht, denn die Krankheit ist selbst eine Unterhaltung." Und er ermahnt sich, diesem Beispiel zu folgen: „*fiat applicatio*". Was der alte Herr hier verkündet, ist die Kunstlehre des *fin de siècle*, die Dekadenz Krankheit als Überwinderin des *ennui* und als Keimkraft der Kunst. Wie aber vertrugen sich Dekadenz und Bureau?

„Alle Gesuche des Unterzeichneten um Versetzung oder Beförderung wurden unberücksichtigt gelassen, so daß, wenn er gegenwärtig normalmäßig pensioniert würde, er, der doch nicht wissen kann, welche Hilfeleistungen und häusliche Erleichterungen ihm die im Wachsen begriffene Schwäche seines Augenlichtes noch nötig machen wird, leicht in seinen alten Tagen einem nicht sehr beneidenswerten Lose anheimfallen könnte." Freilich hatte er sich auch stets Freiheiten genommen, die seinen Vorgesetzten und Protektoren seine Ambivalenz gegenüber dem Brotberuf immer wieder ins Bewußtsein rufen mußte. So überschritt er nach seiner Rückkehr aus Italien 1819 seinen Urlaub und wurde daraufhin bei der Besetzung einer „wirklichen Konzipistenstelle", die in seinem Amt frei geworden war, übergangen. „Man tröstete mich mit einem verzeihlichen Mißverständnis", merkt er in der Selbstbiographie hierzu an, „die nächste Stelle jedoch könne mir nicht entgehen. Aber auch diese wurde einem im allgemeinen kürzer, aber speziell länger bei einer Hofbehörde Dienenden erteilt. Die dritte erhielt der gänzlich unfähige Bruder eines allerdings sehr fähigen Hofrates." Dies ist nicht nur die Sprache, sondern auch der Ungeist des Amtes. Dort, wo es „wirkliche Konzipisten" gibt, jene aber, die nicht zu dieser „Wirklichkeit" erhoben worden sind, sich als irreal vorkommen müssen; wo man zwar „allgemein kürzer, aber speziell länger" dienen kann, so daß sich der Begriff der Zeit, die, wenn schon für nichts anderes, so doch zur Erlangung einer Pension unerläßlich ist, verflüchtigt; wo die Fähigkeit eines Hofrats vor allem seine Fähigkeit bedeutet, seinem Bruder zu einem Posten zu verhelfen, dort öffnen sich die ironisch-infernalischen Korridore, die auch das *Schloß* des österreichischen Beamten Kafka unterminieren. Grillparzer kannte die Topographie dieses Labyrinths und den Jargon, in dem man sich darin verständigte; und doch fand er es unbegreiflich, daß er selbst nie ans Ziel zu gelangen schien.

Im Frühjahr 1834 strebte er, den Bücher stets angezogen hatten, nach der Leitung der Universitätsbibliothek, und zehn Jahre später bewarb er sich gleich zweimal um die Stelle eines ersten Kustos an der Hofbibliothek. Auf die Ablehnungen des letzten dieser Gesuche bezieht sich ein Brief, den er vermutlich im Mai 1847 entworfen hat. Das Schreiben ist an Kaiser Ferdinand gerichtet und stellt die Antwort auf Grillparzers Ernennung „zum Mitglide der Akademie der Wissenschaften mit Gehalt" dar (eine Tatsache, die ihrerseits beweist, daß er nicht immer und überall übergangen wurde). Da heißt es: „Ich bin Literator und Beamter. Als Literator ist über mich bereits entschieden worden, da bei Erteilung einer rein literarischen Anstellung, der ersten Kustosstelle in der

Hofbibliothek, man mir den Freiherrn Eligius von Münch-Bellinghausen vulgo Friedrich Halm vorgezogen hat." Auch dieses *vulgo* ist österreichisches Amtsdeutsch. In dem Zusammenhang, in dem es hier auftaucht, klingt es wie die schärfste Verbalinjurie. Grillparzer fährt fort: „Von da an bin ich nur noch Beamter. — Ich muß erwarten, ob man mich als solchen berücksichtigen will, wozu, ich muß es selbst gestehen, wenig Gründe vorhanden sind. Aber eine Belohnung des Literaten muß ich mir von diesem Augenblick an gehorsamst verbitten. Man tadelt den hungrigen Esau noch heute, daß er sein Erstgeburtsrecht für ein Linsengericht hergegeben hat." Welch ein Mannesstolz vor dem Kaiserthron! Sprach so der Mitschöpfer des habsburgischen Mythos zu seinem angestammten Herrscher? Der Brief blieb freilich Entwurf und wurde niemals abgeschickt.

Ebenso selbstverständlich leistete Grillparzer der Einladung Folge und trat der Akademie bei, von der er behauptete, sie sei „eigentlich von den galizischen Bauern gegründet worden". Während eines Aufstandes „mordeten, sengten, wüteten" die treugebliebenen galizischen Bauern. „Ein Aufschrei des Entsetzens über diese Greuelszenen ging durch ganz Europa. Da fällt auf einmal wie vom Himmel herunter die Stiftung der Akademie der Wissenschaften. Fürst Metternich wollte eben der öffentlichen Stimmung eine andere Richtung geben, dem Brandschaden des Staates ein lebendes Pflaster auflegen, und dazu war ein solch wissenschaftliches Zugeständnis wie gemacht." Die Deutung war eine polemische Vereinfachung, deren Spitze sich nicht nur gegen den Staat, sondern letzten Endes auch gegen den Polemiker selbst richtete. Eine Institution, zu deren Mitglied er ernannt worden war, konnte gar nichts anderes als fragwürdig sein. Zugleich aber stellt diese Glosse den Beweis für das ausgeprägte Verständnis dar, das Grillparzer den inneren Zusammenhängen politischer Gegebenheiten entgegenbrachte, zumal wenn es sich um die Gegebenheiten Altösterreichs handelte. Immerhin hat er 1853 für die Akademie seine Selbstbiographie geschrieben. Er war eben doch nicht „nur noch Beamter".

So stellt das Gesuch um Pensionierung fest: *„Nun hat er aber außer seinen Amtsgeschäften sich auch literarischen und vor allem dramatischen Arbeiten hingegeben. Was er in letzterem Fache geleistet, dürfte leicht unter das Beste gehören, was seit Schillers Tode in Deutschland erschienen ist. Hierbei war immer die Verherrlichung seines Vaterlandes eines seiner Hauptaugenmerke."* Seinen Namen an den Goethes zu knüpfen, wagte er nicht: „Möchten die Deutschen bald einsehen", schrieb er 1835, „daß Goethes Pfad für ihn allein gebahnt war, Schillers Weg aber auch andere zum Ziele führt." Schiller war jener Dichter, der man noch werden konnte, in Österreich, wenn auch nicht in Deutschland. Die Deutschen selbst waren nicht mehr fähig, den Humanitäts- und Freiheitslehren des Klassikers zu folgen. „Mit Schillern macht ihrs stumpf und träg", rief er ihnen 1841 im Zusammenhang mit dem Stuttgarter Schillerfest vom 22. Mai dieses Jahres zu,

> Wie längst mit Christus es geschehen,
> Ihr billigt höchlich seinen Weg,
> Doch keiner will ihn gehen.

Wiederum ist Schiller der Weg, ein Weg, der dem Österreicher noch offenstand, während ihn die Schriftsteller in Deutschland durch das politische Gezänk, den Trieb zum Nationalen, schon lange verloren hatten. Der Deutsche Wolfgang Menzel, ein Restaurationsgeist mit jungdeutschen Instinkten, hatte das schon 1831 erkannt: „Offenbar hatte Grillparzer, der durch und durch ein echter Österreicher ist, bei weitem mehr Anlagen als Theodor Körner oder [Matthäus von] Collin, ein österreichischer Schiller zu werden . . ."

Schiller und Grillparzer! Er hatte sich, und nicht nur in der *Blanka von Kastilien*, aus Schillers Werk „was herausgenommen, . . . was er grad brauchte" (Bertolt Brecht); aber es war mehr als Schillers Liebe zu Prunkrede, Tirade und Sentenz, was Grillparzer mit dem deutschen Dichterfürsten gemein hatte. Der Puls der Freiheit schlug auch in ihm. Keiner hat Grillparzers eingeborenen Freiheitsdurst deutlicher erkannt als der Wiener Liberale Ferdinand Kürnberger, der am 23. Jänner 1872 der Totenmaske des eben Verschiedenen eine „Lebensmaske" entgegenhielt: „Grillparzer war ein Zorn- und Feuergeist, ein ungeduldiges, heftiges, leidenschaftliches Herz, ein Dichterherz, dem ganz gegeben war, zu fühlen und zu sagen, was es fühlte! Nie hat in die Lotterbetten von Capua ein schärferes Auge hineingesehen, nie eine gute Seele so stark das Schlechte gehaßt, nie ein guter Kopf so sanglant das Schlechte gerichtet. Sein unbarmherziger Geist war wie ein chirurgisches Besteck, die zierlichste Nadel hatte eine Bestimmung für Blut und Eiter." Dies war schon das Wunschbild, das die Liberalen vor 1848 von dem Dichter hegten. Man erinnert sich an den Brief, den Heloise Hoechner, verehelichte Costinescu, in den Märztagen des Revolutionsjahres aus Jassy in Rumänien an den immer noch geliebten Dichter schickte*. Darin hieß es: „Verehrter Freund ich beschwöre Sie, lassen Sie Ihr Licht leuchten; Ihre Worte werden bezaubernd wirken; denn das Volk liebt bewundert Sie, ihre Sympathie für den hehren Dichter wird erwachen, und Enthusiasmus werden; sobald Sie als Bruder unter sie treten. Man wird sich erinnern daß Sie den Gott bestimmt hatte der ersten einer zu sein, sich nie dem Sklaven-

---

* Siehe Seite 124.

joch gebeugt, sondern immer das Haupt hochgetragen haben, unter den ungerechtesten Verfolgungen einer verblendeten Regierung; an das alles wird man sich erinnern, und Sie, den nie Bestochenen, den unter allen Verhältnissen Freigebliebenen, umso höher achten, lieben, bewundern! — und seinen Worten folgen." Der Brief blieb, wie bereits erwähnt, unbeantwortet.

Antwort erfolgte erst acht Jahre später, im Pensionsgesuch: „[Der Unterzeichnete] *hat im Jahre 1848, als die gesamte Literatur schwieg, oder sich der Bewegung anschloß, durch sein, nicht ohne eigene Gefahr, veröffentlichtes Gedicht an den Feldmarschall Radetzky, nicht wenig zur Stärkung der guten Gesinnung, ja selbst zur Begeisterung der Armee beigetragen, die ihm dafür einen Ehrenbecher mit der Inschrift: von der dankbaren italienischen Armee, zum Geschenk gemacht hat.*" Er begeisterte, aber nicht, wie Frau Costinescu erwartet hatte, die „Bewegung" der Aufständischen, sondern die Hüter der Ordnung, die Stützen des Staates, die zeitweiligen Sieger über das Risorgimento in den italienischen Provinzen, das Militär und die Konservativen.

Kürnberger verstand Grillparzers Wendung vom Jahre 1848 teils psychologisch: „Barmherzig war er nur mit einem: mit sich selbst", teils historisch: „An [s]einer Wiege stand das Schafott der Marie Antoinette, als Jüngling sah [er] den Erderschütterer Napoleon Kronen verteilen, und als Mann sah [er] den Wiener Kongreß sie wieder anders verteilen." So ließ Kürnberger den Dichter fragen: „Wer bin ich, daß ich mit den Großen der Erde anbinden dürfte? Ein kleines, niedriges Bürgerkind, abhängig von Freunden und Gönnern, in grauenvollen Familienverhältnissen, welche die Nachsicht des Staates, vielleicht sogar der Gerichte bedürfen; wie sollte ich mich da unterstehen, so zu rebellieren?" Und schließlich nahm der Verfasser die „Lebensmaske" gar von der anthropologischen Seite — als die Züge eines „weiche[n], passive[n] Österreichers". Grillparzer „packte seine großen Fähigkeiten und starken Leidenschaften zusammen, sperrte sie in die Schublade und steckte den Schlüssel zu sich". So wurde er „Pharaohs Hofrat".

Dieser sonderbare Nachruf erinnert an die Malicen, die Ludwig Börne Goethe nachgerufen hat. Brillant geschrieben, verfehlte auch er die Totalität seines Gegenstandes.

Ein bedeutender Aufwand an Scharfsinn, ja an Wahrheit („Zur Psychologie Österreichs ist die Biographie Grillparzers unentbehrlich") wird polemisch vertan, um aus einem Zeugen des historischen Prozesses einen Angeklagten zu machen. Aber vielleicht ist dies der Irrtum aller liberalen Phantasie, daß sie sich lediglich in der Dialektik mit dem Konservativen begreift, daß Freiheit ausschließlich als Gegenstoß gegen die Unfreiheit erfaßt wird und nicht als Unabhängigkeit und daß darum die Mischung der Elemente, auf denen, wie alles auf der Welt, auch die Politik beruht, zur Seite geschoben, nicht beachtet und verunglimpft wird. Ein Ausgleich von Radikalität und Konservativismus wäre, denkt man an die Geschichte des Westens seit der Französischen Revolution, nicht von der Hand zu weisen gewesen.

In seinen *Erinnerungen aus dem Revolutionsjahr 1848* schrieb Grillparzer: „Der Despotismus hat mein Leben, wenigstens mein literarisches zerstört, ich werde daher wohl Sinn für die Freiheit haben." Schon die Revolution von 1830 hatte er mit den Worten begrüßt: „Ich wollte, ich wäre in Frankreich und ein Eingeborner, ich wäre eben jetzt in Stimmung, mich für eine interessante Sache totschießen zu lassen." Das ist Byronismus, der Dandy als Revolutionär, eine Attitude, die dem Bürgerssohn vom Wiener Bauernmarkt nicht recht zu Gesicht stehen will. Dann aber fährt eben dieser Bürgerssohn fort: „Obwohl das Ganze auch seine schlimme Seite hat. Gibt der König nach, oder setzen sie ihn ab, ... so gewinnt der Demokratismus eine so furchtbare Oberhand, daß bei der Beweglichkeit des französischen Charakters an gar kein Aufhören zu denken ist." Schließlich beruhigt er sich: „Und doch! immer besser, als der Geist erliegt und die edelsten Bedürfnisse des Menschen werden einem scheußlichen Stabilitätssystem zum Opfer gebracht." Das „scheußliche Stabilitätssystem" war *pro domo* geschrieben, gegen eine Heimat, aus der nur *eine* Flucht möglich schien: Rustans Traum. Die „furchtbare Oberhand" des Demokratismus aber sollte ihn Ende 1848 zu der Tagebucheintragung führen: „Es wäre möglich, daß, was für die Kultur der alten Welt die Völkerwanderung und der Einbruch fremder Barbaren gewesen sind, für unsere heutige und ihre Fortbildung das Emporkommen einheimischer Barbaren würde, eine Erscheinung, deren erste Keime schon in der Übervölkerung und dem Kommunismus fühlbar werden", und im Jänner 1849 zu der Strophe:

Macht alles gleich! hüllt in dasselbe Kleid
Der Menschheit urerschaffne nackte Blöße,
Bis alles ärmlich, wie ihr selber seid,
Und euer Maß die vorbestimmte Größe.

Ein Gespenst ging um in Europa; Grillparzer, ein Geisterseher von jung auf, erblickte es und ward seines Anblicks nicht froh.

Schon 1843 hatte der liberale Freiherr Viktor von Andrian-Werburg eine Kampfschrift *Österreich und dessen Zukunft* veröffentlicht, ein Buch übrigens, das der Dichter selbst „einen Fiaker auf dem Kutschbocke" hatte lesen sehen. (In den letzten Jahren vor 1848 hatte der Druck der Zensur offenbar entscheidend nachgelassen.) In seiner Rezension aus dem Erscheinungsjahr sprach Grillparzer seine politische Prophetie klar aus: „Nach meiner Ansicht geht Östreich seinem Untergange entgegen wenn es nicht dreierlei bewerkstelligt", nämlich: die Verbesserung der Finanzen, die Befreiung Ungarns aus seiner hartnäckigen Isolierung und das „Übergewicht des deutschen Prinzips auf freiwilligem Wege, als Bürgen der Einheit". Zu diesem Ende müßten die Fesseln der Bildung (dieses in Grillparzers Augen heiligen und allumfassenden Begriffs) gelöst werden: „Die deutschen Provinzen [Österreichs] werden durch ihren Zusammenhang mit dem gebildeten Deutschland dadurch eine solche Oberhand erhalten, daß alle diese slavischen und magyarischen Bestrebungen wie Seifenblasen zerplatzen werden. Ist Wien einmal der geistige Mittelpunkt der Monarchie so wird es der politische sein und bleiben." Es war eine österreichische, keine deutsche Hegemonie, die Grillparzer hier vor Augen schwebte. Daß das Überwiegen der Deutschen im österreichischen Nationalitätenstaat eine prekäre Angelegenheit war, blieb ihm keineswegs unbewußt, und zwar weniger der Nationalitäten als der Deutschen wegen, an die sich das Staatsvolk Österreichs wohl oder übel anlehnen mußte. „In Deutschland", sagt er in den *Erinnerungen aus dem Revolutionsjahr 1848*, „das immer von Fortschritten träumte, hatte die ganze Bildung einen solchen Charakter von Unfähigkeit, Unnatur, Übertreibung und zugleich von Eigendünkel angenommen, daß an etwas Vernünftiges und Maßhaltendes gar nicht zu denken war und doch war hundert auf eins zu wetten, daß die Literatur wenigstens anfangs an der Spitze der Bestrebungen stehen werde... Zur Freiheit gehört vor allem gesunder Verstand und Selbstbeschränkung, und gerade daran fehlte es in Deutschland." Grillparzer trieb Kulturpolitik, österreichische Politik um einer österreichischen Kultur willen, die noch jung, „ein wangenrote[r] Jüngling", und schon kritisch gefährdet war. Die gefährlichste dieser Krisen brachte das Revolutionsjahr 1848.

Toleranz und Tradition, die Fundamente dessen, was er „Bildung" nannte, nötigten ihn der Revolution gegenüber zur Distanz. Von allem Anfang an erkannte er, daß es eine Erhebung von Intellektuellen war, die das Volk im besten Fall mitmachte: „Die durch Robot und Zehnten, durch Abgaben und Finanzzustände am meisten betroffenen Klassen trugen ihr Schicksal in Geduld, aber die Gebildeten konnten nicht mehr ertragen als die Böotier von Europa angesehen zu werden." Wie recht er hatte, beweisen die Worte eines Schneiders, der am 13. März 1848 ausrief: „Jetzt derf a jeder reden. I woas zwar nit, was's wollen, aber d'andern wern's scho' wissen."

Zunächst wollte Grillparzer sich nicht von der Bewegung ausschließen, in deren „vordersten Reihe sich die *(s[it] v[enia] v[erbo])* Schriftsteller befanden". Widerwillig unterzeichnete er eine gemeinschaftliche Bitt-schrift um die Milderung der Preßgesetze. Als Metternich die Petition ablehnte, die Unterzeichner sie aber im Ausland veröffentlichten, „um doch wenigstens der zweiten Hälfte ihres Wunsches, als Vorkämpfer der Freiheit zu gelten, nicht auch verlustig zu gehen", da fand Grillparzer, der als dritter unterschrieben hatte, seinen Namen an erster Stelle, „so daß ich, der ich allein den Schritt mißbilligt, nun als Rädelsführer an der Spitze stand". Immerhin nahm er noch am 17. Jänner an einem Kon-ventikel teil, das sich in der Wohnung des Freiherrn Anton von Dobblhof und des Schriftstellers Eduard von Bauernfeld im Landhause versam-melte. „Es war eine zusammengerüttelte Gesellschaft, Blaublut und Rotblut traulich nebeneinander." Zum Blaublut gehörten neben den Hausherren der Leibarzt des Kaisers, der Baron Andreas Joseph von Stif[f]t, „der gut sprach, weil er offenbar konsequent dachte"; Leopold Graf Thun, der Unterrichtsminister Österreichs in den Tagen nach der Revolution; der Orientalist Joseph von Hammer-Purgstall, eben jener, der das Gesuch um Preßfreiheit als erster unterzeichnet und dann seinen Namen ausradiert hatte, und Grillparzers Freund, der Arzt und Dichter Ernst von Feuchtersleben. Unter das Rotblut zählte immerhin Adalbert Stifter. „Nur Geistliche und Soldaten fehlten." Damals muß der Frei-heitsdrang Grillparzer überkommen haben. „Mit einer alle überraschen-den, an ihm unbekannten Beredsamkeit" forderte er Preßfreiheit, Vereinsrecht, persönliche Freiheit sowie Religions-, Lehr- und Lern-freiheit. Er rief nach Münz- und Gewichtsgleichheit, Gewerbefreiheit, Freizügigkeit, geißelte den Zustand der Volksschulen, die Ignoranz der Geistlichen, „die meistens selbst erst die Volksschule zu besuchen nötig hätten", und den elenden Zustand des Offizierkorps. Persönliche Töne wurden laut, als er sich vernehmen ließ: „Welche Bildung ist unter den Beamten zu finden, die, weil sie auf halbbrüchigen Papierbogen schreiben, glauben, sich auch eines halb brüchigen Stiles befleißigen zu müssen?" Seine Menschenscheu, seine Resignation schien ihn einen Augenblick lang verlassen zu haben. Begeisterung erfüllte den Vorsichtigen. Er schwang sich zur Höhe des Augenblicks empor und vergaß die Zweifel, die ihn doch wieder heimsuchen sollten, sobald er seine Prunk- und Brandrede beendet hatte. Die wahre Natur des großen Augenblicks, zu dem er sich aufgeschwungen hatte, hat der Schriftsteller Ludwig August Frankl erkannt, dem wir auch den Versammlungsbericht verdanken. „Einen gleichen Beifall", sagt Frankl, „haben nur die glänzendsten Szenen seiner Dramen gefunden." Als Mensch und Beamter war Grillparzer aus der Rolle gefallen; als Theatraliker aber triumphierte er.

Im Jänner 1848 erschien aber auch eine Schrift von Baron Clemens Hügel, einem Vertrauten Metternichs, in der, offenbar von oben inspiriert, eine Wiederverschärfung der Zensurgesetze als unvermeidlich gefordert wurde. Darauf reagierte Grillparzer mit seinem Gedicht vom „Vorzeichen":

Ich weiß ein Land, das lag so unbeweglich,
Es regte kaum die Glieder wie ein Wurm,
In Ringen schob sichs nach der Nahrung täglich,
Die Zeit war nur im Glockenschlag vom Turm;

Die nächste Nähe lag auf hundert Meilen,
Die Dämmerung gab noch zu helles Licht,
Das Höchste schien des Niedern Schmach zu teilen,
Und Ruhe war nicht bloß der Bürger Pflicht.

Da bäumt sichs plötzlich auf wie böse Fieber,
Ein schaurig Wehen geht durchs ganze Land,
In Wellen steigts und stürzt sich brandend über,
Gelöst ist des Gewohnten altes Band ...

Das ist zunächst eine Abfolge apokalyptischer Bilder; die beschreibenden Zeilen haben in ihrer erstarrten Ruhe vor dem Sturm schon etwas von der Vision vom „Krieg", die Georg Heym zwei Jahre vor dem ersten Weltbrand schrieb. Das Geheimnis vom Wurm ist ebenso zwingend wie expressiv; der Stillstand der Zeit, die Ferne des Nahen, das Auge, das selbst das Zwielicht nicht mehr ertragen kann — das sind Angstgesichte, die eines Expressionisten nicht unwürdig wären. Die „Ruhe", die „nicht bloß der Bürger Pflicht" ist, erinnert nur von ferne an die politische Absicht, die das Gedicht verfolgt; Schreckenslähmung hat die Welt, hoch und nieder, befallen; und nichts ist geblieben als die Schmach der Auflösung. Die Forderungen, die Grillparzer noch im Salon Dobblhof erhoben hatte, werden begraben von der Sturzflut, die erst im Reimwort „über" stürzt, alles Vergangene unter sich begrabend. Man kann nicht sagen, daß dieser Prophet begrüßte, was er selber an die Wand geschrieben hatte. Er steigert sich weiter:

Ist das der Wahn nicht, der betört die Sinne,
Und ist der Wahnsinn nicht der Untergang,
Wenn er befällt die Wächter auf der Zinne,
Die schützen sollen vor des Unheils Drang?

Das Unheil aber naht, so muß ich meinen,
Der Einsturz folgt, wenn erst kein Widerstand,
Die Tollheit hör ich lachen, ich muß weinen,
Denn ach, es gilt mein eignes Vaterland.

Hier ist die Revolution zu einem mythischen Irrsinn geworden, der panischen Schrecken um sich verbreitet, die Wächter auf der Zinne ansteckt, bis dann der Zusammenbruch, allgemein geworden, endgültig die Gemeinschaft unter sich begräbt. (Was die „Wächter auf der Zinne" anlangt, so dachte der Dichter im Jänner noch nicht an die österreichische Armee, die er ein halbes Jahr später in den Himmel heben sollte. Zwischen Jänner und Juni fiel eben der März 1848.) Die Gemeinschaft aber, die in diesem Gedicht zusammenbricht, heißt Österreich. Am Ende hat das Gedicht eschatologische Tiefe gewonnen. „Mein eignes Vaterland", das ist die Monarchie, *indivisibiliter ac inseparabiliter*. Unter diesem „Vorzeichen" wird sie dahingefegt wie Spreu vor dem Winde. Grillparzer muß in jenen Tagen bedenklich zwischen Protest und Verzweiflung geschwankt haben.

Am 13. März hatte er seine Ruhe wiedergewonnen. Er verließ seine Wohnung, „um zu sehen, ob denn von all dem projektierten Unsinn etwas und was allenfalls Statt finde". Da der Aufstand von den Studenten ausgehen sollte, begab sich Grillparzer zunächst auf den Universitätsplatz und fand ihn menschenleer. Auch auf dem Weg, den die Demonstration hatte nehmen müssen, bemerkte er nichts Ungewöhnliches. Erst in der Nähe des Landhauses „sah ich vor demselben etwa 200 bis 250 Menschen zusammengedrängt, die von Zeit zu Zeit einen schwachen Ausruf hören ließen, aber so matt, so erbärmlich, daß ich mich im Namen meiner Landsleute schämte, daß wenn sie schon krawallen wollten, sies gar so unscheinbar anfingen". Der sonst detachierte Historiker Heinrich von Srbik berichtet die gleiche Szene anders: „Die Stände ziehen zur Burg, vom Kaiser die Gewährung der Volksbegehren zu erbitten, die Menge, in die sich nun schon Arbeiter, aber auch lichtscheue Pöbelelemente in größerer Zahl mengen, schreitet zu Zerstörungen am Ständehaus ... Es wird beschlossen, vor die Staatskanzlei zu ziehen; die anwachsende Schar richtet auf dem Weg ihre Zerstörungswut gegen Staats- und Hofgebäude, reißt einen kaiserlichen Adler ab und tritt ihn mit Füßen ..."

Wie erklärt sich die Divergenz, die nicht nur im Ton, sondern auch im Inhalt der beiden Darstellungen herrscht? Steht der Historiker gegen den Dichter? Aber dann hätte Grillparzer der Bewegtere sein müssen. Ein wenig realistischer erscheint die Beobachtung, daß der Zeuge am Tatort erfahrungsgemäß weniger wahrnimmt als der Chronist, der aus der Ferne eine Zahl von Berichten kollationiert und damit den Stimmungswert der Szene genauer zu treffen vermag als jener, der an ihr, wenn auch nur als Zuschauer, teilgenommen hatte. Dazu mag noch kommen, daß Srbiks Buch nach dem Zusammenbruch der Monarchie und der

Revolution von 1918 geschrieben und so unwillkürlich von den aktuellen Zeitereignissen mit gefärbt worden ist, während Grillparzers Märztage noch eine vergleichsweise biedermeierliche Gemütlichkeit ausstrahlten. Und dennoch vermögen uns diese Überlegungen nicht voll zu befriedigen. Srbiks kaum verhehlte Erregung und Grillparzers Indifferenz klaffen zu weit auseinander.

Glücklicherweise besitzen wir eine Vignette, die von beiden, dem Historiker und dem Zeitgenossen, gezeichnet worden ist. Bei Srbik hat sie das folgende Aussehen: „Nun trat [Metternich] die Revolution selbst vor Augen in Gestalt einer tobenden Volksmenge, eines polnischen Studenten, namens Burian, der das System und seinen Träger mit schallender Stimme vor den Ohren des Staatskanzlers, seiner Familie und den Beamten der Staatskanzlei verdammte, und in den Tausenden gegen seine Person gerichteter, seinen Rücktritt fordernder Rufe." Bei Grillparzer hingegen liest sich das Drama so: „Ich folgte in den Aktensaal [des Hofkammerarchivs] und sah in der Mitte des Ballplatzes einen Haufen von 40 bis 50 [!] jungen Leuten, einen von ihnen auf den Schultern der andern oder auf einem Tische über die andern hinausragend und im Begriffe, gegen die Staatskanzlei gewendet, eine Rede zu beginnen. Hier endlich waren Grenadiere in dreifacher Reihe, das Gewehr beim Fuße an der mir gegenüber liegenden Mauer der Bastei aufgestellt. Der junge Mensch begann seine Rede, von der ich mühsam den Eingang verstand: Ich heiße N. N. Burian, aus ** in Galizien geboren, 19 Jahre alt. Teils konnte ich den Rest nicht mehr verstehen — teils fürchtete ich jeden Augenblick die Grenadiere würden mit dem Bajonett auf die jungen Leute losgehen und Verwundungen oder sonstige Mißhandlungen vorfallen, ich verließ daher das Fenster." Ein wenig gleicht die Haltung des Dichters jener des Baron Rothschild, der, in seinem Arbeitszimmer mit einem besonders abgerissenen Schnorrer konfrontiert, ausrief: „Werfts ihn raus, er bricht mir das Herz!" Damit sein Herz nicht breche, verließ Grillparzer das Fenster, verringerte er in den *Erinnerungen* die Zahl der Aufrührer und fand im allgemeinen den März 1848 „die lustigste Revolution, die man sich denken kann". In seiner Natur, wie in der Goethes, lag es, daß er „lieber eine Ungerechtigkeit begehen als Unordnung ertragen" konnte. So kam es, daß er die Augen schloß und seinen Lokalpatriotismus überwiegen ließ — „Übrigens muß ich meinen Landsleuten das Zeugnis geben, daß sie sich in der ersten Zeit mit einer Liebenswürdigkeit benommen haben, daß man jeden einzelnen hätte küssen mögen" —, daß er das Frühlingswetter pries und dem großen Zeitereignis die kleine Groteske abgewann: „Überhaupt war es Mode geworden, daß jeder, dem es beliebte, in die Burg Einlaß begehrte, dort in den Tisch schlug und den Erzherzogen Grobheiten sagte." Im Grunde hat er wohl den Fürsten Metternich, der ihm nach dem Erfolg der *Sappho* einige Liebenswürdigkeiten erwiesen hatte und der noch in den *Erinnerungen* als ein „von Hause aus ... liebenswürdiger, geistreicher, aber in seiner ersten Epoche leichtsinniger Mann" auftauchte, mit gemischten Gefühlen seinen Abschied nehmen sehen.

So hat er denn auch in dem für die erste Nummer (vom 1. April 1848) der *Constitutionellen Donau-Zeitung* verfaßten Gedicht *Mein Vaterland* nicht so sehr die Freiheit gepriesen als vor ihrem Mißbrauch gewarnt. „Die Freiheit strahlt ob deinem Haupt", heißt es da,

> Wie längst in deinem Herzen,
> Denn freier warst du, als man glaubt,
> Es zeigtens deine Schmerzen.

Der abgegriffenste aller Reime, dessen das Deutsche fähig ist, der Reim von „Schmerz" auf „Herz", verleiht von allem Anfang an der neugewonnenen Unabhängigkeit eine beinahe mystische Aura. Schmerzen waren Stigma und Erweis dieser Freiheit. Kaum aber hat er die Freiheit „halb kindlich fromm erbeten dir / Und halb durch Mut erzwungen" begrüßt und gepriesen, da hebt dieser seltsame *praeceptor patriae* auch schon den Zeigefinger und belehrt sein befreites Vaterland eines Bessern:

> Geh nicht zur Schule da und dort,
> Wo laute Redner lärmen,
> Wo der Gedanke nur im Wort
> Zu leuchten statt zu wärmen ...

(Das Zeitwort, von dem diese Nennformen abhängig sind, das Hilfszeitwort „ist", wird unterschlagen, so daß die Zeilen schwer verständlich bleiben; die Suada überstürzt sich; sie entströmt dem Dichter in der Hitze seines pädagogischen Eifers und fragt ihrer Wirkung auf den verständigen Sinn nicht nach.)

> Wo selbst die Freiheit, die zur Zeit
> Hinjauchzt in tausend Stimmen,
> Halb großgesäugt von Eitelkeit
> Und von der Lust am Schlimmen.

Eitelkeit ist überhaupt der Ursprung jener Freiheit, die er *nicht* meint. Schon in den *Erinnerungen* hieß es: „Die ersten Revolutionen des neuern Europa, die amerikanische und die französische der Neunziger Jahre gingen mehr oder weniger von einer Notwendigkeit ... aus. Die spätern (mit Einschluß der Juli Revolution) hatten ihren Grund mehr in dem verletzten Selbstgefühl der Nation, ja die allerletzten vielleicht geradezu in der Eitelkeit." Und im Lied an den *Feldmarschall Radetzky* heißt es gleich anfangs:

Aus Torheit und aus Eitelkeit
Sind wir in uns zerfallen,
In denen, die du führst zum Streit,
Lebt noch *ein* Geist in *allen.*

Eitelkeit — das war für Grillparzer der Aufputz des einzelnen, die Wichtigtuerei im als geschichtlich empfundenen Augenblick (daher die bewußt abschätzige Tonart, in der er seine *Erinnerungen aus dem Revolutionsjahr 1848* hielt); der Separatismus der Stände; die drohende Sezession einzelner Gruppen des Nationalitätenstaats und zumal das *Risorgimento.* An ihr, an dieser Eitelkeit vor allem, drohte die Einheit des Ganzen zu zerbersten. In seinem Testament vom 7. Oktober 1848 empfahl er demgemäß sein „teures, durch eigene Schuld unglücklich gewordenes Gesamt-Vaterland dem Schutze Gottes", wobei der Nachdruck weniger auf dem Vaterland liegt als auf seiner unversehrten Gesamtheit.

Diese zu verteidigen, hatte Radetzky sein Heer in die italienischen Provinzen geführt. Aber der Dichter, der eben noch die Freiheit gefordert hatte, fühlte sich im Innersten unsicher. Darum übertrieb er, was immer ein Zeichen der inneren Unsicherheit ist, und umkleidete die schnauzbärtig-autoritäre Gestalt des alten Feldherrn mit der Rüstung eines österreichischen Lohengrin.

Nur so ist die Strophe aus dem *Feldmarschall Radetzky*-Lied zu verstehen:

Die Gott als Slav und Magyaren schuf,
Sie streiten um Worte nicht hämisch,
Sie folgen, ob deutsch auch der Feldherrnruf,
Denn: Vorwärts! ist ungrisch und böhmisch.

Dies ist nun freilich die reinste politische Wunschträumerei. Unbewußt verriet der Dichter sein Unbehagen an dieser Phantasie, als er „böhmisch" auf „hämisch" reimte. In den *Erinnerungen* merkte er zur selben Zeit an, daß die tschechische „Nationalität nur den Fehler hat, daß sie keine ist, so wie die Tschechen keine Nation sind, sondern ein Volksstamm, und ihre Sprache nichts mehr und nichts weniger als ein Dialekt". Wenn aber Tschechisch nur ein Dialekt war, dann stellte es sicherlich keine deutsche Mundart dar, was nicht nur die Wirksamkeit des deutschen Feldherrnrufs „Vorwärts!" äußerst fragwürdig erscheinen läßt, sondern auch dem Drama *Libussa,* das von der mythischen Gründung der tschechischen Hauptstadt Prag handelt, sozusagen den Boden entzieht, auf dem es erwachsen ist.

Claudio Magris ist im Recht, wenn er erklärt, daß das Gedicht vom *Feldmarschall Radetzky* das „religiös geprägte habsburgische Prinzip von der Überwindung der Nationalitäten in einer Einheit transzendenter Natur enthält". Die Chromatik von Grillparzers Gedicht auf den Feldmarschall, sein Rhythmus und sein Brio sind dem *Radetzkymarsch* nahe verwandt, den Johann Strauß (Vater) gleichfalls im Revolutionsjahr 1848 komponiert hatte und der erst 1932 als mythische Seelenmelodie in Joseph Roths gleichnamigem Roman ausgeklungen ist. Habsburgischer Legitimismus mag schon zu Grillparzers Zeiten den Radikalen der Freiheitspartei als eine Vieilletät erschienen sein; es ist aber nicht zu übersehen, daß Grillparzer, indem er sich zum Herrscherhaus und vor allem zur Armee bekannte, noch einmal auch die irrationalen, die Glaubenskräfte dieser aus Nationalitäten bestehenden Nation zu mobilisieren trachtete.

War Grillparzer, wie Rudolf Kassner annimmt, „in einem sehr bedeutenden Sinn konservativ und als das durchaus gesammelt"? An dieser „Sammlung" hatte ein gerüttelt Maß von Angst vor der Macht des Mob und seiner Bedenkenlosigkeit teil. Schon Anfang Juli 1848 hatte Grillparzer im vierten seiner *Aufrufe aus der Revolutionszeit* die Wiener beschworen: „Eure neuerlichen Demonstrationen und Katzenmusiken nehmen einen Charakter der pöbelhaften Lustigkeit an der die Welt sicher in ihrer Meinung bestärken dürfte. Der Zweck dieser Ruhestörungen mag ernsthaft sein, das äußere Gewand aber ist bei den Chorführern Roheit, und bei den von außen Zuströmenden Spaß. Werft nicht einen Schatten auf eure ruhmwürdige erste Freiheitsbewegung indem ihr der zweiten den Anschein von Straßenunterhaltungen gebt." Hier halten sich politische Weisheit und panischer Schrecken die Waage.

Grillparzer sah sich selbst als einen Mann der Mitte. Immer noch 1848 schrieb er das Epigramm:

> Als liberal einst der Verfolgung Ziel,
> Schilt mich der Freiheitstaumel nun servil,
> Nicht hier noch dort in den Extremen zünftig,
> Ich glaube bald, ich bin vernünftig.

Es war in der Tat vernünftig, als er nicht nur an der „Gesetzmäßigkeit", sondern auch an der „Ersprießlichkeit" der Revolution zu zweifeln begann und im selben Aufruf seine Mitbürger beschwor: „Ihr bemüht euch um die gute Einrichtung eines Staates und fragt nicht, ob wenn die Einrichtung fertig ist, auch noch ein Staat übrig sein werde?" Und doch war er ein Träumer, wenn es ihm um diesen Staat und seine Einheit ging. Radetzky wurde ihm zu jenem Vater, den er zu früh verloren hatte; Versäumnisse der Kindheit ließen sich auf politischem Wege nachholen. Der Feldmarschall schrieb dem „edlen Barden" sogar einen Belobigungsbrief: „Ohne den geweihten Sänger ist der Krieger nichts." Die Zwiespältigkeit eines Vaterkomplexes scheint auch die Begegnung der beiden bestimmt zu haben. Im Tagebuch heißt es, vermutlich in der zweiten Hälfte September 1849: „Bin beim Marschall Radetzky gewesen... Er hat mich auch wirklich umarmt, geküßt, hat geweint, aber trotz dieses Rührungs-Beiwerkes war die Mitte leer und kalt." *Seine* Mitte, notabene. Er nennt den väterlichen Abgott sogleich einen „Schlaukopf..., der alles zu seinen Zwecken benützt, selbst die Poesie, solang er sie braucht". Hier wird der vaterländische Enthusiasmus als das sichtbar, was er gewesen war: auch er entsprang einer vorübergehenden Begeisterung, der die Enttäuschung nicht erspart bleiben konnte.

Denn war es wirklich so, wie Grillparzer es in seinem Radetzky-Hymnus formulierte, daß das Heer „der eignen Sicherheit nicht acht" hatte, „wenn nachts die Trommel stürmet"? Sah Hofmannsthal fünfzig Jahre später diese Armee nicht mit klareren Augen, als er in seiner *Reitergeschichte* drei Tage vor Custozza den Kommandeur seinen Wachtmeister Anton Lerch elend wie einen Hund erschießen ließ? Waren die Offiziere Radetzkys, seine „Minister, die Führer im Heer", nicht auch Mitglieder jenes Offizierskorps, von dem Grillparzer im Salon Dobblhof ausgerufen hatte, es sei „eine Straf- und Rettungsanstalt für liederliche Söhne der Kavaliere und der reichen Bürger"? Waren sie nicht schon die Vorläufer von Arthur Schnitzlers Leutnant Gustl, der nicht einmal des Selbstmords fähig ist, und von Joseph Roths Leutnant Trotta, der zu nichts anderem im Stande zu sein scheint, als zu sterben?

Das Heer Radetzkys war eine Armee und kein Sakrament. Zu diesem aber hatte Grillparzer sie erhoben, zur letzten sichtbaren Ausprägung jener unsichtbaren Gnade, welche „Österreichische Idee" hieß. Er, der sich selbst auch nicht die leiseste seelische Regung durchgehen ließ, schuf in der Armee die himmlische Heerschar, die sein irdisches Jerusalem, den Nationalitätenstaat der habsburgischen Monarchie, bewachte. Er, der die Tiefe des Mythos auslotete, indem er ihn auf das menschlichste in den Prismen der Psychologie brach, machte aus dem österreichischen Militär den letzten säkulären Mythos seines Vaterlandes.

Als aber in Wien 1848 die Oktoberrevolution ausbrach, brachte das „Radetzky"-Gedicht seinen Dichter wirklich in Gefahr. Marie von Ebner-Eschenbach, welche die Geschichte von Katharinas Schwester Anna Fröhlich hatte, berichtet, diese sei auf dem Hohen Markt in eine Menschenmenge geraten. Da hörte sie auch „den Namen Grillparzer unter Verwünschungen aussprechen, näherte sich, fragte einen der Umstehenden, was es gäbe? ‚Nun, dort in der Buchhandlung ist ein Gedicht auf Radetzky ausgestellt, ein niederträchtiges Gedicht. Der Grillparzer schimpft über unsere Studenten und über die Revolution und katzenbuckelt vor der Armee.'" Wie der Hof nach Olmütz, mußte Grillparzer nach Baden bei Wien flüchten und kam ebenso ungeschoren davon wie die Majestäten.

Zwei Züge zeichnen Grillparzers Haltung vom Jahre 1848 aus: ein politischer Kopf erster Ordnung war um der Konstanz seiner Staatsvision willen seinem Herzen gefolgt. Man kann auch sagen, daß seine Angst vor dem Künftigen tiefer saß, als die Narben reichten, die ihm die Vergangenheit geschlagen hatte. Daß er zwar ein Visionär, aber der Wirklichkeit gegenüber keineswegs blind war, werden zwei seiner Nachlaßdramen, *Libussa* und *Ein Bruderzwist in Habsburg,* zeigen. Im gesetzten und bewahrten Recht sah, nein, fühlte er, die Aufgabe des Staates.

Außerdem hatte er als den Patron des Staates einen Feldmarschall und keineswegs den obersten Kriegsherrn angerufen. Zwar gedenkt er in den *Erinnerungen* der Erscheinung des Kaisers Ferdinand mit der Reportage: „Jubel. Vivats, Anhänglichkeit, Liebe, Treue wie überall, und zwar aus reinen Herzen", setzt aber sogleich hinzu: „Ich selbst war zur Passivität verdammt." Diese Passivität gegenüber dem Herrscherhaus wirkte in ihm weiter. Als Franz Joseph am 2. Dezember 1848 die Regierung übernahm, verfertigte Grillparzer ein Staatsgedicht, das *Einem Soldaten* überschrieben ist und sein Bestes dazu tut, einen Strahl des silbergrauen Glanzes, in den er Radetzky gehüllt hatte, auch auf den neuen Souverän fallen zu lassen. Das Gedicht klingt in die Zeilen aus:

> So steht der Baum in neuverjüngtem Saft,
> Den sturmgebeugten Wipfel hoch erhoben,
> Und halten wird ihn auch der Wurzel Kraft,
> Beliebts dem Sturm, von anderswo zu toben.

Dieses „beliebts" ist zweideutig. Unterschwellig klingt es wie eine Einladung an den „Sturm von anderswo", die Wurzelkraft des Herrscherhauses zu erproben. Grillparzer hatte zu viel Untergang erlebt, um ihn, in der Tiefenschicht seines Wesens, nicht auch herbeizuwünschen.

Das Gesuch an Franz Joseph endet folgendermaßen: „*Wenn* [der Unterzeichnete] *daher gegenwärtig sein Augenmerk auf eine Ausnahme von den allgemeinen Pensions-Vorschriften richtet, so darf er sich selbst wohl auch ein wenig unter die Ausnahmen zählen, und er lebt der Überzeugung, daß der großartige Sinn Eurer Majestät seine Hoffnung nicht täuschen werde.*" Das „Augenmerk" kam von Augen, die ihrer eigenen Kraft nicht mehr trauen durften. Es ist vor allem das Wort „großartig", das die Distanz dieses Bittstellers verrät. „Großartig" ist ein Denkmals-, kein Menschenwort, und an den Menschen im Kaiser hatte sich die Epistel in ihrer Gänze ja gewendet. „Großartig" ist etwa ein

Sieg in der Feldschlacht, nicht aber der Sinn eines Monarchen, dem eine Gnadenspende von 600 Gulden zugemutet wird. In diesem Eigenschaftswort tritt die Kühle zutage, die dieses ganze Schreiben durchweht und die nicht nur daher zu stammen scheint, daß sich der Unterzeichnete eben als „Eurer Majestät untertänigst gehorsamer Franz Grillparzer" empfand. Es liegt eine gewisse Tragik und Ironie darin, daß der erste wirkliche Dichter Österreichs dem letzten wirklichen Kaiser ein Gefühl entgegenbrachte, das sich im besten Fall als Fremdheit bezeichnen läßt.

Drei Jahre vor diesem Gesuch, am 18. Feber 1853, war auf den jungen Franz Joseph ein Attentatsversuch unternommen worden. Aus diesem Anlaß schrieb Grillparzer eine Ergebenheitsadresse, die der Kaiserinmutter überreicht worden sein soll. Die Huldigung lautet:

Als ich noch ein Knabe war,
Rein und ohne Falte,
Klang das Lied mir wunderbar,
Jenes „Gott erhalte".

Selbst in Mitte der Gefahr,
Von Getös umrungen,
Hört ichs weit entfernt, doch klar,
Wie von Engelszungen.

Und nun müd und wegeskrank,
Alt, doch auch der alte,
Sprach ich Hoffnung aus und Dank
Durch das: „Gott erhalte"!

Auf den ersten Blick sind die Verse ein Musterbeispiel von Loyalität. Engelszungen singen die Hymne, worauf die Melodie Joseph Haydns ja auch einigen Anspruch besitzt. An exponierter Stelle, im Schlußreim der ersten und der letzten Strophe, wird das Kaiserlied in wörtlichem Zitat laut. Mit einiger Anstrengung läßt sich sogar der Rhythmus des Gedichts der alten Weise angleichen. Größe ist diesen Versen nicht gegeben; doch ruht es sich wohl in ihnen, wie in der Hut eines Völkervaters, der seinerseits der Sorge des himmlischen Garanten empfohlen ist.

Freilich wird sich der aufmerksame Leser nicht verhehlen können, daß der Dichter dieser Ergebenheitsadresse dem Gegenstand seiner Huldigung nicht eben ergeben scheint: nirgendwo wird der Name des Kaisers erwähnt; nicht seiner Person gilt das Gedicht, sondern der Hymne, die seinem Haus und seinem Amt gewidmet ist. Er selbst bleibt verborgen, gesichtlos, unpersönlich. Zweimal verhehlt das Zitat der Kaiserhymne, mitten im ersten Satz abgebrochen, den Namen des Besungenen, zu

Erhaltenden, Franz Josephs. Außerdem spricht die erste Strophe nicht etwa von „diesem" „Gott erhalte", sondern von „jenem", so als sei mit der Jugendzeit, da der Dichter noch faltenlos und unangefochten war, auch das Lied, das damals einem anderen Herrscher gesungen wurde, an den Rand der Vergessenheit geraten. Wie zum Beweis hört der Verfasser auch in seinen späteren Jahren die Melodie zwar „klar", doch „weit entfernt": und es ist, als entschuldigte er sich zuletzt mit der Erschöpfung und dem Siechtum, das er auf seinem Lebensweg erlitten, dafür, daß ihm zu Hoffnung und Dank das alte Lied wieder eingefallen sei. Dabei verschweigt er wieder aufs beredste, worauf eigentlich diese Hoffnung gegründet und an wen dieser Dank gerichtet ist. Das Gedicht gilt dem Vaterland, nicht der Person des Monarchen. Und vom Vaterland, nicht vom Herrscher, hatte Grillparzer seinen Abschied (mit zusätzlichen Gebühren) gefordert.

Am 17. April 1856 beantwortete Kaiser Franz Joseph I. das Pensionierungsgesuch: „Ich bewillige dem Archivdirektor im Finanzministerium bei der von ihm angesuchten Versetzung in den Ruhestand, nebst der normalmäßig entfallenden Pension, die Beibelassung des Quartiergeldes und der Personal-Zulage im Gesamtbetrage von 600 f. als Personalzulage. Zugleich verleihe Ich demselben aus diesem Anlasse in Anerkennung seiner langjährigen und treuen Dienstleistung, und insbesondere der als Schriftsteller erworbenen Verdienste den Titel eines Hofrates taxfrei."

Auch sonst gab das Vaterland den Alten nicht zur Gänze frei. Nicht einmal der Abschied sollte ihm glücken. 1859 wurde er Ehrendoktor der Wiener Universität. 1861 berief ihn der Kaiser auf Lebenszeit in den Reichsrat, wogegen er sich, wie ein Briefentwurf zeigt, wiederum sträubte. Er sandte das „Majestätsgesuch" freilich nicht ab; einmal dem Reichstag beigetreten, öffnete er jedoch kaum den Mund, auch hierin ein Vorläufer von Hugo von Hofmannsthals *Schwierigem*.

Die Welt ließ nicht davon ab, ihn mit Liebesgaben zu überhäufen. Je mehr Ehren ihm widerfuhren, desto größer wurde seine Bitternis. Als ihm Goethes Enkel am 28. Jänner 1862 im Auftrag des Großherzogs von Sachsen-Weimar mitteilte, eine Aufführung seiner *Sappho* habe vor den Augen von Karl Augusts Enkel Gnade gefunden, entwarf er die folgende Antwort: „Ich rechne mich und Deutschland rechnet mich unter die bereits Verstorbenen, aber auch in Griechenland waren Grabspenden willkommen, nicht zur Wiedererweckung aber zur Beruhigung der geschiedenen Geister."

1864 wurde er Ehrenbürger von Wien. 1865 verlieh ihm Kaiser Maximilian von Mexiko das Großkreuz des Ordens von Guadelupe. (Das Dankschreiben des Dichters zeigt in seiner beinahe kindlichen Freude und Anhänglichkeit, daß er nicht allen Mitgliedern des Erzhauses mit der Franz Joseph erwiesenen Kälte gegenüberstand.) Zu seinem achtzigsten Geburtstag am 15. Jänner 1871 überbrachte ihm der Adjutant des Kaisers das Großkreuz des Franz-Joseph-Ordens mit einem Handschreiben des Monarchen, das „dem gefeierten Dichter, dem echten Patrioten, dem Greise mit dem treuesten Herzen" gewidmet war, und mit der Ankündigung eines außerordentlichen Jahresgehalts von dreitausend Gulden aus der kaiserlichen Privatschatulle. Der Bürgermeister überbrachte die Ehrenurkunde von Wien. Eine Abordnung der Akademie der Wissenschaften erschien, ebenso der Leiter des Burgtheaters sowie Vertreter des Schubertbundes und der Akademie der bildenden Künste. Die philosophischen Fakultäten von Graz und Innsbruck erklärten ihn zum Ehrendoktor. Die Universität Prag ehrte ihn mit einer lateinischen Ode; die Städte Innsbruck, Iglau, Znaim und Bozen sandten Ehrenbürgerdiplome. Die Frauen Wiens überreichten ihm eine Ehrengabe, deren Hälfte das Grundkapital eines Grillparzer-Preises bildete. Es sollte kein Ende nehmen, und der Gefeierte litt. „Die Huldigungen, die mir dargebracht werden", sagte er bei dieser Gelegenheit zu Ludwig August Frankl, „betäuben mich. Mir ist, als ob ein Wolkenbruch auf mich niederginge. Es ist viel zu spät!"

Als Grillparzer im nächsten Jahr, am 21. Jänner, starb, bekam er das, was man in Wien „eine schöne Leich'" nennt.

Nachlaß zu Lebzeiten: *Libussa*

In seinem Buch *Die Zukunft Österreichs* hat Otto Schulmeister 1967 seinen Beitrag zur Anthropologie des lokalen Konservativismus in die Worte zusammengefaßt: „Ein so kompliziertes, altes Lebewesen mit einem so ausgeprägt geschichtlichen Instinkt verhält sich allem Neuen gegenüber naturgemäß weit zurückhaltender als der, der jung von Herkommen und unbelastet ist. Es ist also auch das Geschichtsbewußtsein an dieser etwas skeptischen Einstellung gegenüber Veränderungen stark beteiligt, dazu aber auch noch die besondere Seelenartung, die sich aus dem Zusammenleben mit vielen Völkern, Sprachen und Kulturen, mehr noch: aus ihrer Mischung in den Vorfahren ergibt... Zugegeben, eine solche Seelenverfassung bedeutet, was Tatkraft, Leistungswille und Fortschrittlichkeit anlangt, eher eine Hemmung..." Was aber diese Fortschrittlichkeit betrifft, so erinnert Schulmeister an das Wort Johann Nestroys: „Überhaupt hat der Fortschritt das an sich, daß er viel größer ausschaut, als er wirklich ist."

Die Anthropologie des menschlichen Fortschritts hat Grillparzer in seiner *Libussa* dargestellt als Drama zwischen bewahrender Frauenkühle und drängender Mannesleistung, zwischen Naturadel und tüchtig-lebenslistigem Bauern- und Bürgertum, zwischen grenzenloser Weltfreundschaft und national-beschränkten Ambitionen, zwischen weiter und im Weiten verschwimmender Sicht und praktischen Entschlüssen, die doch „das Schwerste dieser Welt" sind. Er ist dabei so verfahren, wie es seinem Bild vom Menschen gemäß war, also konservativ.

Grillparzer war ein frühreifer Sohn seiner Zeit, wenn er seinen übergroßen Gestalten Seele von seiner modernen Seele einblies. Er war aber auch das Kind seiner Stadt, einer jener Wiener, die ihr Spektakel haben wollten und bereit waren, es ihren Mitbürgern zu bereiten, und so kommt es, daß Spielfreudigkeit die Grundkonzeption seiner Gedanken selbst hier überwiegt, wo es um nichts Geringeres geht als um eines seiner politischen Testamente. Er selbst vermißte hypochondrisch die illusionäre Wirklichkeit des Spiels in seinem Drama und legte darum das Manuskript der *Libussa*, wie er im Tagebuch von 1849 schrieb, zu jenen „andere[n] Stücke[n] in meinem Pult", die, „solang ich lebe, das

Licht des Tages nie erblicken" werden, „weil ihnen jenes Lebensprinzip fehlt, das nur die Anschauung gibt und der Gedanke nie ersetzen kann". Dennoch bersten die ersten vier Akte der *Libussa* von Anschauung, die sich in häufigem Szenenwechsel und ebenso häufigem Requisiten- und Kulissenzauber kundtut. Was er seinen innersten Nöten und Ängsten abgewonnen hatte, gestaltete er auch hier nach dem Effekt; er spielte, wie Primislaus um die Liebe seiner Libussa, und wie dieser wußte er, daß er's tat; was ihn von seinem Zeitgenossen, dem Wahlwiener und Burgtheaterdichter Friedrich Hebbel unterschied, war eben die Sinnfälligkeit und zugleich Symbolik der szenischen Vorgänge, die ihn hier aus einem mythisch bestirnten Himmel durch die Welt Böhmens in die Nähe einer magischen Operette und wieder zurück führte. So vergrämt sich Grillparzer in seinen späteren Jahren gab, so unauslotbar das Geheimnis scheint, das er in Libussa und ihrem Primislaus verkörperte, er war und blieb auch in diesem Stücke, dessen Entwurf bis ins Jahr 1822 zurückreicht, ein *homo ludens*.

Daß dieser Hang zum Spielerisch-Konkreten seinem Werk nicht unter allen Umständen zugute kam, ersieht man aus dem letzten Akt des Trauerspiels: hier verbindet sich der Mythos von den Geschlechtern mit einer politischen, einer Staatshandlung: der Gründung von Prag, und diese wiederum mit einer Reihe von Weisheitslehren und Zukunftsbildern, die auf einmal die bauernbunten Kulissen zu einer religiös-politischen Universalschau erweitern. Was aber die magische Operette mit dem kosmischen Fazit verbindet, das der Dichter mit nicht allzu steter Hand aus ihr zieht, ist seine bedachtsame, geradezu ehrfürchtige Haltung dem Menschen gegenüber.

Libussa ist in ihrer Verbundenheit mit den Kräften von Pflanzen und Gesteinen ebenso an die Vergangenheit der menschlichen Kultur gebunden, wie Primislaus einen edlen Pflüger darstellt, der sich zum Städtegründer und Urherrn aufschwingt. *Sie* verkörpert die Erde, *er* die Tatkraft, welche die Scholle urbar macht, *sie* das goldene, *er* das eiserne Zeitalter. Auf weite Strecken hin klingt das Stück wie ein Traktat über das männlich aktive Bewußtsein als freundlichen Feind des weiblich ruhenden Unbewußten. So sehr sind die beiden im Typischen verhaftet, daß die Liebeshandlung zwischen ihnen der künstlichen Beförderung durch Rätsel und Parabel bedarf. Im Grunde sind die Konturen, mit denen die Liebenden umrissen sind, von solch primitiver Einfachheit, daß die kleinen Unebenheiten der Charaktere, an denen sich die Liebe so gern entzündet, von einer anderen Hand gezeichnet scheinen, als jene es war, die den Gesamtplan entwarf. Vorsatz und Ausführung, Mythos und Psychologie greifen hier nicht fugenlos ineinander.

Das Schicksal der beiden Liebenden ist gleich im Dialog der ersten Zeile leitmotivisch exponiert.

> PRIMISLAUS *an der Tür der Hütte horchend.*
> Bist du schon fertig?
> LIBUSSA *von innen.* Nein.
> PRIMISLAUS *nach vorn kommend.* Ihr Götter!

Symbolisch steht er außen und verweilt sie im Innern; drängt er und versagt sie sich, ruft er die Götter zu Zeugen und macht damit aus der mythischen Idylle einen kosmischen Prozeß. Dem festen Nein der Frau entspricht ein lyrischer Erguß des Mannes, der ihn nicht eigentlich zu den Taten prädestiniert erscheinen läßt, zu denen ihn der Dichter bestimmt hatte:

> Ist es denn wahr? und ist es wirklich so?
> Daß ich im Walde ging, längshin am Gießbach,
> Und nun ein Schrei in meine Ohren fällt,
> Und eines Weibes leuchtende Gewande,
> Vom Strudel fortgerafft, die Nacht durchblinken.
> Ich eile hin und fasse sie und trage
> Die süße Beute, laue Tropfen regnend,
> Hierher ...

Sie aber beschreibt das Sturzwasser, das ihr beinahe den Garaus gemacht hätte, und ihre Rettung so:

> Ein Gießbach wollte sich das Ansehn geben,
> Als sei er fürchterlich. Da kam mir Hilfe.

Die Demut, die sie am Ende den Menschen predigen wird, ist zu Beginn die Sache dieser Libussa nicht. Sie ist die Tochter des Böhmenkönigs Krokus, und was Grillparzer keinem seiner männlichen Helden gestattet hat, eine ungebrochene Bindung an den Vater — Libussa hat er sie mitgegeben. Der Sternenkönig Krokus freilich liegt im Sterben, und während seine Töchter Kascha und Tetka, die „erhabenen Blaustrümpfe" (Friedrich Gundolf), in Sternen forschen und in Büchern lesen, ist Libussa nach einem Heilkraut für den Moribunden ausgezogen:

> Als ich an seinem Bette saß und wachte,
> Da schwebte vor den Augen des Gemüts,
> Hatt ichs gehört nun, oder wußt ichs sonst,
> Das Bild mir einer Blume, weiß und klein,
> Mit siebenspaltgem Kelch und schmalen Blättern;
> Die gib dem Vater, sprachs und er genest.

Was dieses „es" ist, das da spricht, wird nicht verraten; aber es ist vag und weitgespannt genug, um uns glauben zu lassen, daß die Blume mit dem folkloristischen siebenfältigen Kelch ihrem Unbewußten entwachsen ist. (Auch sonst ist Libussas Sprache Blumensprache, und Primislaus zeigt seinen Respekt vor ihrem Unbewußten, wenn er ihr die Kette, die sie an ihn binden soll, *sub rosa* darreicht: „Unter Blumen liegt das Rätsel.") Matriarchalische Grundvorstellungen äußern sich in der vegetativen Natur dieser Krokus-Tochter, obwohl Grillparzer von Johann Jakob Bachofen keinerlei Kenntnis besitzen konnte.

Diesem vegetativen Dasein Libussas entspringt auch das Visionäre in ihrem Charakter; ihre Stimmen kommen von innen, wie aus dem Erdreich selbst, und wir werden annehmen dürfen, daß sie von dem Heilkräutlein weit eher von sich aus „gewußt" als durch andere „gehört" habe. So wird sie von allem Anfang an als eine Heilende gezeigt, und als sie am Ende nicht mehr zu heilen vermag, kann sie immer noch segnen. Wenn Grillparzer 1835 ins Tagebuch schrieb: „Religion ist die Poesie der unpoetischen Menschen" und dann die Worte hinzufügte: „oder der Wahnsinn der poetischen", die Zufügung aber wieder ausstrich, als habe er sich bei einem unerlaubten Gedanken ertappt, dann sehen wir ihn auch mit der Problematik seiner Libussa beschäftigt. Als poetische, mythische Gestalt bedarf sie des Religiösen nicht; wenn sie aber immer wieder die Gnade im Munde führt, dann rührt ihre seherische Begeisterung ans Wahnsinnig-Pathologisch-Tödliche. Sie ist so einfach nicht, wie sie sich gibt.

Dies wird schon aus ihrer Begegnung mit Primislaus ersichtlich. Die Königstochter tritt in Bauernkleidern vor uns hin, den Gewändern von Primislaus' Schwester, die jüngst gestorben ist. (Der Mann ist ebenso allein wie die Frau; die dahingegangene Schwester entspricht dem sterbenden Vater und wird in der symbolischen Konstellation des Dramas beinah zur Mutter des Pflügers.) Libussa fühlt sich „verwandelt" und will doch die Verwandlung nicht wahrhaben:

> Des Bauern Kleider hüllen minder warm nicht
> Als eines Fürsten Rock; insoweit, merk ich,
> Sind sie sich gleich.

Und doch hat sich das Leben dieser Königstochter aufs entscheidendste geändert, wenn auch nicht durch den Kleidertausch. Die Stunde ihrer Begegnung mit dem Mann ist auch die letzte Stunde ihres Vaters. Bald wird sie wissen:

> Ich suchte und er starb. Solang ich lebe,
> Will büßen ich die unfreiwillge Schuld.

Diese Schuld besteht aber nicht darin, daß sie suchte, sondern daß sie sich finden ließ. Ein Etwas in ihr weiß dies und ahnt auch, daß das Bild des toten Vaters mit dem des vitalen Pflügers in Konflikt geraten ist. Den Wladiken, ihren potentiellen Freiern, hält sie entgegen:

> mein Vater, euer Fürst,
> War mir des Mannes ein so würdig Bild,
> Daß ich vergebens seinesgleichen suche.
> *sich von ihnen entfernend*
> Zwar einmal schiens, doch es verschwand auch schnell.

Dies ist ein Beiseite des Unbewußten. In ihm gesteht sie die Bindung an den Vater ein und daß sie sie, irrtümlich und zeitweilig, wie sie glaubt, auf einen anderen übertragen habe. Sie wendet sich von den Wladiken ab, wenn sie Primislaus erwähnt und dennoch ungenannt läßt. Verheimlicht sie das offenbare Geheimnis? Schützt sie den Pflüger vor den Herren? Sie will die Tiefe nicht kundgeben, in der die Begegnung mit Primislaus für sie zum Schicksal geworden ist.

Sie ist aber auch darin verwandelt, daß sie mit der Annahme des Bauernkleides aus dem Zauberkreis der Schwestern getreten ist. Da diese sich aus Hochmut und Weltabgewandtheit weigern, die Verantwortung für das „dunkle Volk" der Böhmen zu übernehmen, fällt ihr der Mantel der Fürstin paradoxerweise gerade ihrer ländlichen Tracht wegen zu. Sie tritt die Nachfolge ihres Vaters sozusagen auf Grund eines Versäumnisses, ihrer „unfreiwillgen Schuld", an. Dem scheinbar Widersinnigen ist sie sogleich bereit, Sinn zu geben:

> Denk ich von heut
> Mich wieder hier in eurer stillen Wohnung
> Beschäftigt mit — weiß ich doch kaum, womit —
> Mit Mitteln zu den Mitteln eines Zwecks,
> Mit Mond und Sternen, Kräutern, Lettern, Zahlen,
> Dünkts allermeist einförmig mir und kahl.
> Dies Kleid, es reibt die Haut mit dichtern Fäden
> Und weckt die Wärme bis zur tiefsten Brust.

(Ist es nur das Kleid, das die Kühle erwärmt? Nicht auch die Erinnerung an die Hand, die es ihr reichte?)

> Mit Menschen Mensch sein, dünkt von heut mir Lust,
> Des Mitgefühles Pulse fühl ich schlagen,
> Drum will ich dieser Menschen Krone tragen.

Die ganze Stelle ist eine Studie über die Silbe „mit" und der Verwandlung, deren diese drei Buchstaben fähig sind. Nicht mehr wünscht die freiwillige Fürstin „mit" „Mit"teln zu den „Mit"teln eines Zwecks ihre Zeit zu verbringen, sie ist der Manipulation der Natur und des Geistes, der Magie, müde; ihr Wunsch geht nach „Mit"gefühl, wobei das Objekt dieses neu erwachten Gefühls keinesfalls der Erwecker, Primislaus, ist, sondern eine Abstraktion, „diese Menschen", deren Krone zu tragen sie sich herabläßt. Ihre „Lust" ist Menschen-, nicht Geschlechtsliebe. Daß sie

in denselben Zeilen gleich zweimal sagen muß: „mir dünkt", deutet auf
den Abstand zwischen ihr und der Wirklichkeit. Vor ihrer Schicksalsstunde war sie eins mit der Natur und sich gewesen; jetzt „dünkt" es ihr
nur noch, und zwar sowohl die Vergangenheit (die Beschäftigung „mit
Mond und Sternen, Kräutern, Lettern, Zahlen") wie die Zukunft (die
„Lust"). So wird auch die Gegenwart zu Schein. Illusion färbt Libussas
Regierungserklärung:

> Es hielt euch fest des Vaters strenge Rechte
> Und beugt' euch in ein heilsam weises Joch.
> Ich bin ein Weib und, ob ich es vermöchte,
> So widert mir die starre Härte doch.
> Wollt ihr nun mein als einer Frau gedenken,
> Lenksam dem Zaum, so daß kein Stachel not,
> Will freudig ich die Ruhmesbahn euch lenken,
> Ein überhörtes wär mein letzt Gebot.

Die „strenge Rechte" des Vaters weist auf das „Recht" voraus, gegen
das sie bald eine weitausschwingende Rede halten wird:

> Von allen Worten, die die Sprache nennt,
> Ist keins mir so verhaßt, als das von Recht ...
> Ich sehe übrall Gnade, Wohltat nur
> In allem, was das All für alle füllt,
> Und diese Würmer sprechen mir von Recht?
> Daß du dem Dürftgen hilfst, den Bruder liebst,
> Das ist dein Recht, vielmehr ist deine Pflicht,
> Und Recht ist nur der ausgeschmückte Name
> Für alles Unrecht, das die Erde hegt ...

So führt Libussa in Böhmen ein mildes Matriarchat ein. Freilich läßt
es sich nicht vermeiden, daß ihre Dienerin Wlasta, von einem *„Gewaff-
neten"* begleitet, mit *„Brustharnisch und Helm"* Ordnung halten muß.
Die Ordnung muß gehalten werden, weil sich das Menschlich-Allzu-
menschliche ihrer Untertanen der abstrakten Tugend der Fürstin widersetzt. (Inwieweit in dieser Kritik am Matriarchat postume Ressentiments des „Josefiners" Grillparzer gegen die Herrschaft der Kaiserin
Maria Theresia mitschwingen, läßt sich bei der bedingten Josefinität des
Dichters schwer ausmachen.) Jedenfalls will Libussa Herrin und Dienerin
zugleich sein, eine Dienerin, die sich ihrem Dienst aufopfert, und eine
Herrin, deren Anspruch auf die liebende Unterwerfung ihrer Untertanen
absolut ist. Das ganze Märchen von Libussa ist ja die Geschichte des
Übergangs vom Matriarchat zum Zeitalter des Mannes, vom Verfall des
Sehertums und von dem selbstzerstörerischen Wesen der Eingebung (der
poetischen wie der utopischen). Libussa ist sich der Widersprüchlichkeit

ihres Regierungsprogramms bewußt. Schon am Ende des ersten Akts läßt sie verlauten:

> Allein, vergäßt ihr, was uns allen frommt, ...
> So ging ich hin, es meinem Vater klagen.

Da König Krokus aber bereits bei den Göttern weilt, ist diese Schicksalsahnung seiner Tochter zugleich eine Selbstmorddrohung. Frieden entsteht, aber er läßt sich nicht gebieten; so ist Libussas erstes Gebot, die Forderung von Sanftmut, Gnade und Lenksamkeit, zugleich auch ihr letztes; der fünfte Akt ist in diese Exposition schon eingeflochten, und der strahlende Dur-Akkord ihrer Menschenliebe wird durch den Diskant der Warnung, in die er ausklingt, verzerrt.

Auch Primislaus, der bei diesem Regierungsakt abwesend ist, ahnt die Verflochtenheit des Schicksals, das seiner Herrin und Geliebten bestimmt ist: Wenn die Dienerin Dobromila ihn prüfen will und fragt: „Was aber war das Erste in der Welt?", antwortet er: „Das Letzte, Frau! Im Anfang liegt das Ende." Damit aber hat er nicht nur, wie Ulrich Fülleborn gezeigt hat, das dramaturgische Prinzip dieses Trauerspiels ausgesprochen, nach dem Libussa (wie vor ihr Sappho) am Ende zu den Ihren zurückkehren muß, sondern auch das Gesetz vom zyklischen Ablauf aller Naturereignisse formuliert, nach dem Libussa das Amt einer Matriarchin angetreten hat. Es erübrigt sich, anzumerken, daß er damit auch das Prinzip von Grillparzers Anthropologie formuliert hat.

Wie oft in Märchen oder Operetten ist der Held Bauer *und* ein Mann von nobler Abkunft. Er pocht nicht auf seine Herkunft, kann es sich aber nicht versagen, sie in kritischen Augenblicken zu erwähnen. Wenn es darum geht, seine Werbung um Libussa ans Ziel zu führen, gesteht Primislaus:

> Doch ist auch Primislav nicht niedern Stamms,
> Ein Enkelsohn von Helden, ob nur Pflüger.

Aber schon früher hat er sich in seinem Monolog verraten:

> Zwar heißts, es war in längst entschwundner Zeit
> Im Lande weit begütert unser Stamm
> Und licht und hehr in seinen ersten Wurzeln.
> Allein was soll das mir? Ist heut doch heut,
> Und Gestern aus demselben Stoff wie Morgen.

Im Gegensatz zu Libussa, die in dem Reich der Gnade, nicht des Rechts zu herrschen begehrt und von ihrer mythischen Abkunft, ihrem Fürstentum, nicht abzusehen vermag, bekennt sich Primislaus zu einer demokratischen Zeitordnung, in der die Tage so gleich sind wie die Jahre und die Epochen. Hierin ist er weit mehr ein liberaler Bürger als ein Pflüger aus „hehrem Stamm". Sein Zwiespalt besteht nun darin, daß er, offen und ehrlich, wie er ist, die Hoheit der Geliebten anerkennen muß, im Körperlichen zunächst (er spricht gleich anfangs von „dieser Hohen Leib"), im Seelischen sodann (er fragt sie, und gleich zweimal: „Bist du kein Weib, um das man werben könnte?", und nicht: „Bist du ein Weib...?" und gesteht so seine Zweifel ein) und schließlich, als ihre Identität gelüftet und ihre Thronbesteigung bekannt ist, auch im Sozialen. Das Wissen um die wesensmäßige Fremdheit in Libussas Natur erweckt in ihm Unsicherheit, die Unsicherheit erzeugt Neugierde, und die Neugierde führt zu einer Tat, die kaum weniger ist als Raub. „Ich will ein Zeichen nehmen..." Das Wort „Zeichen" läuft übrigens als ein Leitmotiv durch das gesamte Stück; im Grunde ist es auch nur ein „Zeichen" und nicht Vollbesitz, was der Liebende von der Geliebten besitzen will und erhalten kann; wenn er sie ganz gewonnen hat, muß sie vergehen und wird so in einem tragischen Sinn wiederum zu dem, was sie war. Radikal umgewertet, steht dieses Wort auch in der letzten Zeile des Trauerspiels. Doch davon später.

Was Primislaus im ersten Auftritt von Libussa raubt, ist das Mittelstück ihres Gürtels,

> ... ein Kleinod, wohl nicht reich zumeist,
> Allein beprägt mit Bildern und mit Sprüchen;
> Das lös ich los und wahre mirs als Pfand,
> Das Namen mir enthüllt und Stamm und Haus und Stand.

Als Symptom seiner Begierde hat der letzte Vers eine Hebung zuviel. Er vermag die „Hohe" auch sprachlich nicht zu fassen. Der Gürtel als solcher ist ein Symbol der Virginität (wie Heros Schleier); indem der Mann die Mitte dieses Gürtels an sich nimmt, macht er gleichsam seinen Anspruch auf das *jus primae noctis* mit der Frau geltend, und Libussa versteht die Anspielung denn auch in ihrer ganzen Schärfe, wenn sie bei der Entdeckung des Verlustes mit gleichsam zusammengebissenen Zähnen seufzt: „Das hat mir *der* getan." Ihre Jungfräulichkeit ist verletzt. Das Kleinod ist aber auch ein Abbild des Geschlechts im Sinne ihrer Abkunft, damit ihrer Identität. Kascha, die vorschlägt, jede der drei Krokus-Töchter solle ihre Gürtelkette als Pfand zur Fürstenwahl ablegen, macht diesen Doppelsinn durchaus klar:

> Und jeder gab der Vater, der nun tot,
> Ein kostbar Kleinod mit der Eltern Bild,
> In halberhobner Arbeit dargestellt,
> Als Gürtel eingefaßt in goldne Spangen.
> Und da die Zierde gleich, so sagt der Name
> Der Eignerin, mit Sorgfalt eingeprägt:
> Libussens bin ich, Tetkas oder Kaschas.

Die Gürtel nun ...
Laßt legen uns in diese Opferschale.
Tetka, die Ernste, trete dann hinzu
Und deren Namen, blind sie greifend, faßt,
Die ist befreit, und also auch die zweite.
Der dritten Gürtel wird zum Diadem.

Das Fehlen des Kleinods in Libussas Gürtel macht sie dann zur Ausgestoßenen, die in einer ebenso stolzen wie irrationalen Reflexbewegung die Krone als Zeichen ihres Andersseins akzeptiert. Als Symbol aber schließt das fehlende Juwel nicht nur das Anderssein, sondern auch den Identitätsverlust Libussas mit sich ein. Als Primislaus das Kleinod geraubt hat, hat er die Geliebte sich selbst entfremdet, sie auf den Thron gedrängt und dadurch die Kluft, die ihn von ihr trennt, scheinbar unüberbrückbar gemacht.

Grillparzer hat diesen ersten Akt von *Libussa* geliebt. „Das Vorspiel zur Libussa ist gut", sagte er am 7. September 1860 zu Wilhelm von Wartenegg, „ist vielleicht das Beste, was ich geschrieben hab', ist vortrefflich. Das verteidige ich. Überhaupt würde ich Libussa am ehesten aufführen lassen, wenn wir eine Schauspielerin hätten, wie ich sie dafür und auch für meine früheren Stücke verlange. Aber wie soll ich's auf einen zweifelhaften Erfolg wagen? Mein Ziel liegt hinter mir ..." (Was eine bittere Verzerrung seines eigenen Zitats ist: „Im Anfang liegt das Ende.") Tatsächlich hatte er den ersten Akt am 29. November 1840 in einer Akademie des Burgtheaters aufführen lassen, zugunsten eines wohltätigen Zwecks, wie nachher die *Esther* auch; seit 1841 lag das „Vorspiel" in einem *Album der Wohltätigkeit durch Beiträge der vorzüglichsten Dichter und Künstler* im Druck vor.

Es waren die Folgeakte, die ihm Schwierigkeiten bereiteten. Am 17. Dezember 1831, vier Jahre nach der Vollendung des ersten Aufzugs, schreibt er ins Tagebuch: „Morgens versucht an der Libussa zu bosseln, aber ohne Erfolg, da das Ganze nicht interessiert und der ganze Plan schlecht ist. Bloßes Gedankenzeug ..." Und einige Tage später: „Heute und gestern in der Libussa nicht fortfahren können. Das Ganze drückt gegen den Boden zu und müßte doch in der Luft gehalten werden. Nicht die Phantasie fehlt; das Herz ist tot; und das Gefühl ist die eine Hälfte der Phantasie, so wie auch der Verstand nur halb im Kopfe liegt und halb in der Brust ..." Dies ist auch das Problem seines Primislaus, der ein kluges Herz und ein einfühlsames Hirn besitzt und es eben deshalb mit seiner Libussa so schwer hat. Und noch in seinen späten Jahren sagte Grillparzer zu Emil Kuh: „Im fünften Akt ist mir die Libussa nicht so geraten ...; der fünfte hätte so groß werden müssen wie der erste; ja selbst die Mittelakte sind mir durch eine dramatische Intrige aus der tragischen Sphäre gerückt worden."

Tatsächlich ist hier aus dem Grundkonzept, einer mythischen Anthropologie der Beziehungen zwischen den Geschlechtern, ein „Mosaik dramatischer Formen" entstanden: „Märchenspiel, Oper, Ideendrama, Welttheater, Charakterdrama, Bilderbogen, Weihespiel" (Norbert Fürst). Um die offenbare Brüchigkeit des Ganzen zu schließen, griff Grillparzer in der eigentlichen Liebeshandlung, den Mittelakten, auf das Bild des Kleinods und der Kette zurück, die ihre Besitzer wechseln müssen, ehe sie sich zu symbolischem Ehevollzug zusammenfügen. Aber dieser Gürtel ist nichts als ein Requisit, und Grillparzer selbst beklagt sich 1826 über die „kleinlichen Vorgänge mit dem Aus- und Einhäkeln der Kette, dem Ablösen des Kleinods. Ich kann den Gedanken daran nicht ertragen."

An das Requisit schließt sich das Motiv des Rätsels, wobei die Turandot-Mythe anklingt. Rätselfragen — sie sind das Prärogativ des Mutterrechts (man denke an die Sphinx und Ödipus!). Wenn sich die drei Wladiken, der „starke" Biwoy, der „mächtige" Domaslav und der „weise" Lapak, allzu heftig darum bemühen, dem Unbehagen und Aufruhr in ihren Dörfern dadurch zu steuern, daß sie Libussa zur Heirat drängen, da sendet diese sie mit der entjungferten Kette und dem Rätselwort auf den Weg:

> Wer mir die Kette teilt,
> Allein sie teilt mit keinem dieser Erde,
> Vielmehr sie teilt, auf daß sie ganz erst werde;
> Hinzufügt was, indem man es verlor,
> Das Kleinod teurer machte denn zuvor:
> Er mag sich stellen zu Libussas Wahl,
> Vielleicht wird er, doch nie ein andrer ihr Gemahl.

Das „vielleicht" der letzten Zeile ist allzu kühler Vorsicht entsprungen; die Lösung dieses ganz auf Sexualsymbolik gestimmten Spruchs lautet „Ehe": „Allein sie teilt mit keinem dieser Erde", was doch nur bedeuten kann „mit keinem andern" als Primislaus. Die drei Wladiken (auch ihre Zahl verbindet ein allgemeines Märchen- und Komödienmotiv mit der Wiener Bühne bis hin zu den drei Verehrern von Hugo von Hofmannsthals *Arabella*) spielen die Kette in die Hände, für die sie bestimmt ist, und Primislaus vertauscht sie, nach einer ausführlichen *explication de texte* des Rätselspruchs, mit dem Kleinod, sendet jenes zurück und behält diese:

> Ich nehme meinen Lohn, der mir ein Zeichen
> So gut wie jenes andre. Und Libussa,
> Sie wird erinnert ...

Libussa *wird* erinnert. Zwar fragt sie, wenn sie das Kleinod auf dem Kissen des Wladiken sieht, erschrocken: „So habt ihr ihn getötet?"; als sie aber merkt, daß jetzt die Kette fehlt, das heißt, daß Primislaus nach dem entwendeten und scheinbar leichten Sinns zurückgesandten Symbol des Geschlechts das Sinnbild der Ehe an sich gerissen hat, da bricht's aus ihr hervor:

> Dem Fischer gleich wirfst du die Angel aus,
> Willst ferne stehn, belauernd deinen Köder.
> Libussa ist kein Fischlein, das man fängt.
> Gewaltig, wie der fürstliche Delphin,
> Reiß ich die Angel dir zusamt der Leine
> Aus schwacher Hand und schleudre dich ins Meer,
> Da zeig denn, ob du schwimmen kannst, mein Fischer.

Das ist groß und mutterrechtlich gedacht. Unverhüllt stehen Matriarchat und Patriarchat einander gegenüber. Das Spiel der beiden verläuft Zug um Zug, und Primislaus antwortet der fernen Libussa, ehe er sich entschließt, seinen Pflug zu verlassen und an den Hof zu gehen.

> Die Königin erniedrigt den als Mann,
> Den wählend sie als Untertan erhöht,
> Denn es sei nicht der Mann des *Weibes* Mann,
> Das Weib des *Mannes* Weib, so stehts zu Recht.
> Drum wie die Frau ist aller Wesen Krone,
> Also der Mann das Haupt, das sich die Krone aufsetzt ...

Mit ihrem überhängenden Vers soll die letzte Zeile wohl auch andeuten, daß die Krone dieses Haupt nicht nur ziert, sondern ihm auch Kopfschmerzen bereitet. Denn die Utopie solch idealer mann-weiblicher Beziehungen findet in Grillparzers Leben und dem seiner Zeit keinerlei Entsprechung mehr. Der klassische Ausgleich zwischen Mann und Weib war ein Wunschtraum, und wie viele Wunschträume kam er reichlich spät. Als *Libussa* am 21. Jänner 1874 postum aufgeführt wurde, da trennten die Premiere nur noch fünf Jahre von dem Auftreten von Henrik Ibsens *Nora*, dieser mit allen klinischen Finessen geschilderten Nervösen, welche die Bühne des Westens bis auf den heutigen Tag beunruhigt. Zu diesem Bild des modernen Weibes mit seinen Ambitionen, Ambivalenzen und ungelösten Tragödien hat Grillparzer selbst von *Sappho* und *Medea* bis zur Rahel aus der *Jüdin von Toledo* entscheidend beigetragen. Primislaus' Vorstellung vom Primat des Mannes gehört selbst dem Mythos, der Vergangenheit, an.

Dies ist vermutlich auch der Grund, warum die Szene, in der Primislaus dem weiblichen Dragoner Wlasta eine Liebeserklärung macht, die halb an die danebenstehende Fackelträgerin Libussa gerichtet ist, in ein vom

Dichter so nicht gewolltes Zwielicht getaucht ist. Auch hier läßt sich der Mann zunächst prinzipiell und im Predigtton vernehmen:

> Es ist die Herrschaft ein gewaltig Ding,
> Der Mann geht auf in ihr mit seinem Wesen,
> Allein das Weib, es ist so hold gefügt,
> Daß jede Zutat mindert ihren Wert.

Diese Worte spricht der Repräsentant des eisernen Zeitalters, der zwischen Gestern und Morgen sowenig zu unterscheiden gewillt ist wie zwischen Hoch und Niedrig und der diesen Unterscheidungen doch immer wieder unterliegt, ein vernünftig Liebender, dessen Liebe andere Bahnen zu gehen scheint als seine Vernunft:

> So ist das Weib, der Schönheit holde Tochter,
> Das Mittelding von Macht und Schutzbedürfnis,
> Das Höchste, was sie sein kann, nur als Weib,
> In ihrer Schwäche siegenden Gewalt.

Daraufhin macht ihm Wlasta auf das Geheiß der Fackelträgerin, ihrer Herrin, Avancen. Libussa mag sich dabei sicher fühlen; sie selbst hat die Dienerin als eine charakterisiert, die „halb Mann sie selbst, nach Männerart / Die Zeit mit Vielgeschäftigkeit zersplittert". Primislaus, der ehrliche Freier, dessen Wesen die kluge Dienerin Dobromila in die Worte faßt: „Er ist von Stahl", treibt ein zweideutiges Spiel mit Wlasta und ihrer Königin. „O weh! dein Haar ging los aus seinen Banden", flüstert er der Dienerin zu,

> Ich streich es dir zurück. Nun wieder rein,
> Erkenn ich dich im Spiegel deiner Seele,
> Und wäre nicht mein Herz auf andern Pfaden,
> Ich sagte: Wlasta, kannst du fühlen weich?
> Begreifst du, daß ein Innres schmelzen muß,
> Um eins zu sein mit einem andern Innern?

Spricht er hier nicht geradezu mit der Doppelzunge des Böhmen Zawisch aus dem *König Ottokar*? Gerade indem Primislaus eingesteht, er sei anderwärts gebunden, gibt er seinem Werben um Wlasta eine Dringlichkeit, die dem Ehern-Unentwegten übel zu Gesicht steht. Grillparzer hat sich offenbar an dieser Stelle mit seinem Helden zu sehr identifiziert, um Abstand oder gar Ironie walten zu lassen. Die Worte vom „Innern", das „schmelzen" muß, sind wiederum ein Selbstzitat, das an das Gedicht *Jugenderinnerungen im Grünen* aus der Zeit Katharinas gemahnt: „Wir glühten, aber ach, wir schmolzen nicht."* Daß Primislaus mit Wlasta flirtet, verträgt sich schlecht mit seiner Devise.

---

* Siehe Seite 111.

Mir ist das Weib ein Ernst — wie all mein Zielen,
Ich will mit ihr — sie soll mit mir nicht spielen?

Nun hat Libussa tatsächlich mit ihm gespielt, indem sie ihn der nächtlichen Begegnung mit Wlasta aussetzte und dieses Experiment selbst beobachtete; den Vorwand bietet wiederum das leitmotivische Kleinod, zu dessen Ergänzung ihm Wlasta die Kette abschmeicheln will; es ist eine Falle, die ihm gestellt wird, und als solche eine Beleidigung seiner Vernunft und seiner Integrität; naturgemäß merkt Primislaus die Falle und gerät dennoch gefährlich in ihre Nähe, wenn er ein wenig zu sicher und seelenvoll zu Wlasta spricht:

Ist eine Hütte dir ein Königsbau,
Bewohnen Herrscher sie im eignen Hause?
Sag ja, sag ja! und stelle dich mir höher,
Als deine Fürstin steht, trotz Glanz und Pracht.

Hier schwingt ein Herzton mit; Primislaus wendet mehr an als Märchen- und Kinderpsychologie; beinahe klingt er mit seinem doppelten „Sag ja!" als Werber. Wenn wir dem Klang von Grillparzers Versen überhaupt glauben dürfen, dann schlägt hier ein echtes Gefühl des Mannes Primislaus für die Frau Wlasta durch.

Paradoxer- und menschlicherweise verfehlt dieser halbe Trick und halbe Verrat seine Wirkung nicht. *„Libussa hat einige Schritte nach vorn gemacht, wie um zu sprechen, jetzt wirft sie die Fackel weg und geht."* Sie ist sprachlos und handelt unbedacht, wenn sie die beiden im Dunkel allein zurückläßt. Später wird sie freilich dem Sinnlosen einen Sinn geben:

Ich weiß, es war nur Scherz, doch war er frech
Und er verdiente wohl ein längres Zürnen,

allein Wlasta kennt ihre Herrin besser: „Die Fürstin zürnt"; womit sie sogleich den ganzen Plan aufdeckt und verloren gibt. Die Matriarchin hat, trotz dem von ihrer Mutter ererbten „unerklärten Schauen", zum ersten Mal voll ihrem Gefühl als Frau gehorcht. Als Seherin mag sie in die Ferne schauen; als Weib hat Eifersucht sie kurzsichtig gemacht.

Was hilft es ihr, daß sie sogleich auf die Szene zurückkehrt und den Sünder im wahren Sinn des Wortes in den Boden sinken läßt, was als Metapher eindrucksvoller ist denn als Bühnenvorgang? Was hilft es ihm, daß er, unerschrocken über die *„mehreren schwarz gerüsteten Männer",* die sich um ihn versammeln, seinerseits die Szene mit Wlasta leicht abtut:

Wars auch ein Spiel nur, ein verwegner Scherz,
Den Übermut zu bändigen durch List,
Den Anspruch mir zu wahren, der mein Recht,
Auf eurer Fürstin Dank und Anerkennung?

Immer mehr hat das Spiel den Charakter einer magischen Operette angenommen. Die Liebeshandlung drängt zum Finale. Die Versöhnung zwischen Libussa und Primislaus ist nunmehr unausweichlich geworden. Verschmelzen sie jedoch? Kapitulieren sie nicht vielmehr voreinander? Libussa begibt sich ihres königlichen, mutterrechtlichen Anspruchs: „Nun denn: ich bitte." In dieser einen Wortgebärde löst sich die Starrheit ihres Amtes wie ihres Widerstands. Primislaus ist entsprechend überwältigt:

> Wir waren wie die Kinder, wenn sie schmollen,
> Wegweisend, was der Wunsch zumeist begehrt.

Die Masken fallen; enthüllen sie aber ein zweifaches und nunmehr miteinander verschränktes Ich? Der Mann erklärt sein Gegenrätsel: die geraubte Kette, um welche die Frau all dies nächtliche Qui-pro-quo inszeniert hatte, lag schon lang als Gabe in ihren Händen:

> Womit ich binden wollte deine Huld:
> Nimm es zugleich mit dem Gebundnen hin.

Und dennoch klingt es wie ein Triumph des Männlichen über das Weibliche, wenn er, den Blumenkorb mit der Kette aufnehmend, ihr entgegenhält:

> Den Sinnspruch hast du dennoch nicht erraten!
> Unter Blumen liegt das Rätsel
> Und die Lösung unter Früchten.
> > *er stürzt den Korb zu ihren Füßen auf den Boden.*
> > *Die Kette liegt obenauf*
> Wer in Ketten legte, hat sie,
> > *zurücktretend*
> Der sie trägt, ist ohne Kette.
> Und nun erlaube, daß, gleich einer Magd,
> Ich wieder füge, was der Zufall trennte.

Gleich einer Magd! Im Gleichnis entsagt er dem Inbegriff des Kleinods, dem Geschlecht. Nicht wie ein Knecht, wie eine Dienstfrau will er den Gürtel zusammenfügen, wodurch das Symbol sozusagen seines Inhalts verlustig geht. Der Held des eisernen Zeitalters „wie eine Magd"! Mit der äußersten Delikatesse einer beinahe divinatorischen Ironie erstattet der Dichter seinem Helden die Virilität zurück, indem er ihn so ungeschickt sein läßt, wie dies eben nur ein Mann zu sein vermag. „Leg an den Gürtel", hat Libussa ihm befohlen, „hier an seinem Platz, / Und weh dem, der ihn noch nach dir berührt!" Das Zeichen des Geschlechts, das Kleinod, kehrt zu dem Sinnbild der Jungfernschaft, der Kette, zurück; indem Primislaus Libussa auf ihr Geheiß das wiederhergestellte Juwel umlegt, nimmt er legitim von ihr Besitz. Er aber zittert bei diesem Liebesdienst; er zittert „zum letztenmal", wie ihm die durch diese Schwäche völlig Gewonnene gelobt, nachdem sie ihre Mägde angewiesen hat, ihm bei seinem Dienst (dem „Dienst einer Magd") zu helfen: „Er ist mein Gemahl." Selten ist die emotionale Spannung einer Eheschließung zwischen Scham und Besitznahme mit solchem Takt dargestellt worden, dem „Takt für die Zufälligkeiten des Lebendigen", den Grillparzer 1834 in seiner Studie *Über den gegenwärtigen Zustand der dramatischen Kunst in Deutschland* gefordert hatte. Und dennoch reiht sich dieses Finale in seiner majestätischen Verhaltenheit nur als ein Schlußbild an eine bunte Bilderreihe. Grillparzer war die Schwäche der Mittelakte nicht entgangen. Schon 1826 hatte er sich bei den Vorarbeiten gefragt: „Ist wohl das Bild, in dem sich die Hauptidee abspiegeln soll, der Idee selbst würdig?" Es war jedoch keine Frage der Würde gewesen, sondern einfach eine der künstlerischen Zusammengehörigkeit.

Erst der fünfte Aufzug löst den aus allzu bunten Fäden geschürzten Knoten, obwohl auch er mehr Verklärung als Klärung bringt. Sehenden Auges erlebt Libussa die Ablösung ihrer Herrschaft durch das Patriarchat des Primislaus.

> Wir pflückten ab die Blumen alles Guten,
> Er geht vom Stamm herab bis zu der Wurzel,
> Und schon des Samenkornes hat er acht.
> Wir fühlten in dem fremden Glück das eigne,
> Er liebt im fremden fast das fremde nur,
> Das Edle selbst, das wohltut höherm Sinn,
> Weist er zurück und duldet das Gemeine,
> Wenn allgemein der Nutzen und die Frucht.

Daß Primislaus auf das Samenkorn achtet, steht ihm als Säer und Pflüger an; daß er zu den Wurzeln hinabstrebt, deutet auf die Gründlichkeit seiner Denk- und Handlungsweise. Die Blumensprache, die er in seinem Rätsel und mit der Überreichung des Blumenkorbs gesprochen hat, ist mit der erhörten Werbung überflüssig geworden. „Es ist der Staat die Ehe zwischen Bürgern", vermag er jetzt kühl der Frau zu sagen, die seinetwegen vom Thron ihrer Weltfreundschaft herabgestiegen ist, und:

> Der Gatte opfert gern den eignen Willen,
> Was ihn beschränkt, ist ja ein zweites Selbst.

Aber dieses zweite Selbst ist nicht mehr jene Libussa, um deren Huld er bisher geworben hatte. Hier verbergen sich die Umrisse einer echten Ehetragödie: die Frau hat den Mann in einen Stand erhoben, der es ihm ermöglicht, weit über ihren eigenen hinauszuwachsen. Mehr noch, er begehrt nun, daß sie dieses Neuerworbene gutheiße, das ihm ohne sie niemals zugefallen wäre. Aber die Konturen des menschlichen Konflikts verblassen vor den Ausmaßen eines epochalen Kulturgegensatzes.

Primislaus gründet die Urstadt, Prag: „Prah! was in des Volkes Munde / So viel als Schwelle heißt." Es ist die Schwelle, über die er Libussa in ein neues Alter der Menschengeschichte hinüberziehen will und an der sie, die Blumenhafte, mütterlich Zurückgebundene, zugrunde geht.

Der Staatsrechtslehrer Alfred Verdroß hat behauptet, daß Grillparzer in diesem Akt seine „Staatsgründungstheorie" entwickelt habe, und fährt fort: „Über die Entstehung des Staates waren damals zwei Theorien geläufig: die eine, die von der Aufklärung ausgeht, läßt den Staat durch einen bewußten vertraglichen Zusammenschluß von isolierten Menschen entstehen...; während die andere, die romantische, den Staat organisch, wie ein Naturgebilde entstehen ließ. Grillparzer war aber weder ein Mann der Aufklärung noch ein Romantiker. Der Staat entsteht bei ihm vielmehr ... durch eine Verbindung von Eingebung und Tat, also durch ein Zusammenwirken von irrationalen und rationalen Faktoren."

Die Tragödie heißt jedoch nach Libussa, nicht nach Primislaus oder Prag. Die Gründung der Stadt, die, als wäre sie eine griechische Πόλις, zugleich den Staat bedeutet, ist lediglich eines der Nebenmotive, in dem sich die Verklärung und das Ende der Heldin und ihres Weltalters spiegeln. In mythischer Unschuld fragt sie: „Sag mir vorerst: was nennt ihr eine Stadt?"

PRIMISLAUS. Wir schließen einen Ort mit Mauern ein
Und sammeln die Bewohner rings der Gegend,
Daß hilfreich sie und wechselseitig fördernd
Wie Glieder wirken eines einzgen Leibs.

LIBUSSA. Und fürchtest du denn nicht, daß deine Mauern,
Die Menschen trennend vom lebendgen Anhauch
Der sprossenden Natur, ihn minder fühlend
Und minder einig machen mit dem Geist des All?

PRIMISLAUS. ...Man geht nicht rückwärts, lebt man mit dem All;
Doch Vorwärtsschreiten, Denken, Schaffen, Wirken
Gewinnt nach innen Raum, wenn eng der äußre.

Libussa aber geht rückwärts, wenn sie zu ihrem Vater heimkehrt, wie sie es im ersten Aufzug angedroht hat. Primislaus hat in der Tat vergessen, was ihnen „allen frommt". In seinem Stadtstaat ist für die Matriarchin kein Platz. Libussa gewinnt, was sie durch ihre Ehe und Mutterschaft verloren hat, die Sehergabe, wieder, aber nur um den Preis eben dieser Ehe und Mutterschaft: ihres Erdenlebens. Mit Recht hat Grillparzer das Schlußwort Kaschas als zu allgemein gestrichen: „Getötet hat sie nicht der Tod, das Leben." Woran Libussa stirbt, was sie tötet, ist der Segen, den sie, die Rückgewandte, über das Neue, ihr zutiefst

Zuwidere, aus Gattentreue dennoch spricht. Es ist ein weher Segen, zu dem sie sich da begeistert. Nicht mehr braucht sie sich, wie Sappho, von einer Klippe ins Meer zu stürzen; ihr Widerstand und Widerspruch, die Aufhebung ihres ganzen Wesens, machen ihr Erlöschen einleuchtend und unabänderlich.

Ihre Todesvision gilt nicht mehr der Kunst wie der Schwanengesang Sapphos, sie faßt das politische Sein des Menschen in Bilder von kosmischer Reichweite. Schüchternes Christentum und mild gewordenes Heidentum vereinen sich in Worten, welche die Polarität der menschlichen Natur, den Gegensatz von Mann und Weib, auflösen in die Fata Morgana eines Arkadien, in dem ihr Dichter selbst nie gewesen war. Nur mit dem Märchenmund Libussas, der von Heimweh zerrissenen Konservativen, vermag Grillparzer jene Wortmusik, die ihm seine Zeit und sein Wesen vorenthalten haben, als „Stimmen seiner Brust" auszusprechen:

> Die Liebe, die nicht das Bedürfnis liebt,
> Die selbst Bedürfnis ist, holdselge Liebe;
> Im Drang der Kraft Bewußtsein eigner Ohnmacht;
> Begeisterung, schon durch sich selbst verbürgt,
> Die wahr ist, weil es wahr ist, daß ich fühle.
> Dann kommt die Zeit, die jetzt vorübergeht,
> Die Zeit der Seher wieder und Begabten.
> Das Wissen und der Nutzen scheiden sich
> Und nehmen das Gefühl zu sich als Drittes;
> Und haben sich die Himmel dann verschlossen,
> Die Erde steigt empor an ihren Platz,
> Die Götter wohnen wieder in der Brust
> Und Demut heißt ihr Oberer und Einer.

Je realistischer der alternde Grillparzer wurde, desto utopischer gab er sich in seinen idealen Forderungen. Zumal um das Wort „Demut" in Libussas Abschiedsrede hat er arg gekämpft, es durch „Menschlichkeit, ... Ahnung, Seelenfriede, Selbstbeschränkung, Unterwerfung, Wohltun, Mitgefühl" ersetzen wollen, und ist doch immer wieder auf die christliche Vokabel „Demut" zurückgekommen. So scheint die Schlußvision der Seherin Libussa nichts Geringeres zu verkünden als ein Königreich Gottes in Böhmen.

Und doch ist die Zukunft, in die sich Libussa wendet, keine, die sich ihr Dichter ersehnt hätte, keine „andere Zeit", in die zu gehen er sich gewünscht hätte. Libussas Prophetie umfaßt auch die Politik, genauer gesagt, die Weltherrschaft. Volk nach Volk tritt auf den „Schauplatz" der Geschichte, als wäre er eine Bühne und die Historie ein Stationendrama:

Die an dem Po und bei den Alpen wohnen,
Dann zu den Pyrenäen kehrt die Macht.
Die aus der Seine trinken und der Rhone,
Schauspieler stets, sie spielen drauf den Herrn.
Der Brite spannt das Netz von seiner Insel
Und treibt die Fische in sein goldnes Garn.

Bis hierher war die Weissagung weitgehend eine *vaticinatio ex eventu*, eine recht schematische und unvollständige dazu: die Griechen und die Römer fehlen, und das britische Dominium, das dem Imperium Napoleons folgt, ist mit seinem „goldnen Garn" beinahe ein Gemeinplatz.

Daraufhin aber fährt die Seherin fort:

Ja, selbst die Menschen jenseits eurer Berge,
Das blaugeaugte Volk voll roher Kraft,
Das nur im Fortschritt kaum bewahrt die Stärke,
Blind, wenn es handelt, tatlos wenn es denkt,
Auch sie bestrahlt der Weltensonne Schimmer,
Und Erbe aller Frühern glänzt ihr Stern.

Dies ist weniger Prophetie als Polemik. Daß eine Böhmin diese Zeilen spricht, erklärt nicht völlig ihre gegen die Deutschen gerichtete Aggressivität. Hier wird noch einmal der Josefiner laut, dem die Politisierung und Industrialisierung des deutschen Lebens gegen den Strich ging; einer, der 1841 schreiben konnte: „Deutschland, wo die Kräftigen ohne Geist und die Geistigen ohne Kraft sind", und von dem sich Eduard Bauernfeld 1849 notierte, sein Deutschenhaß grenze geradezu an „Karikatur". Das Revolutionsjahr schien Grillparzers Differenzaffekt gegenüber dem liberalen deutschen Bildungsbürgertum weiter akzentuiert zu haben.

Im Rahmen seines Dramas hat der Dichter hier der immerhin noch menschenwürdigen Fortschrittlichkeit des Slawen Primislaus den abstrakt-unerbittlichen Progressismus der „Menschen jenseits [der] Berge" gegenübergestellt. Wenn schon eine Stadt gegründet werden mußte, dann war es Prag, und nicht Potsdam. Zudem erwies sich der Individual- auch als Völkerpsychologe; Libussa sagt hier nicht nur das Bismarcksche und Wilhelminische Reich voraus, sondern, wenn auch in vagem und blassem Umriß, das „tausendjährige" dazu.

Aber die Seherin ist immer noch nicht ans Ende gelangt. „Dann kommts an euch", ruft sie dem Gatten und den Seinen zu,

an euch und eure Brüder,
Der letzte Aufschwung ists der matten Welt.
Die lang gedient, sie werden endlich herrschen,
Zwar breit und weit, allein nicht hoch noch tief;
Die Kraft, entfernt von ihrem ersten Ursprung,

Wird schwächer, ist nur noch erborgte Kraft.
Doch werdet herrschen ihr und euern Namen
Als Siegel drücken auf der künftgen Zeit.

Es ist die Inbrunst der Erniedrigten und Beleidigten, eine Nachtasyl-Herrschaft, auf die hier Grillparzers schweifender Blick fällt. Die letzten werden die ersten sein; die Zeile: „die lang gedient, sie werden endlich herrschen" spielt insgeheim mit der Assonanz zwischen Slawen und Sklaven. Die Worte „zwar breit und weit" sind ein, wohl unbewußtes Selbstzitat. Als er 1826 auf der Prager Karlsbrücke gestanden war und in die Moldau hinabgeschaut hatte, da hatte er ausgerufen: „Dieser ärmliche Fluß dehnt sich hier zum breiten Strome aus, freilich ebenso seicht als er breit ist. Verhüte Gott, daß er je ein Symbol der National-bildung sei!"

Hier ist er es. Man kann nicht sagen, daß Grillparzer als Anwalt einer Universalbildung österreichischer Observanz dieser slawischen National-bildung mit Zuversicht entgegengesehen hätte. Was also führte ihn zu dieser Prophezeiung Libussas? Ihn, der gegen die böhmischen Bauern einen geradezu körperlichen Widerwillen empfand und den tschechischen Intellektuellen das Mißverständnis seines *Ottokar* nie vergessen hatte, ihn, der das tschechische Volk für musikalisch unproduktiv hielt („Die ganze Nation geigt und bläst und hat doch keinen einzigen großen Musiker aufzuweisen" [zu Adolf Foglar]), was in seinem Munde der Verdammung zur Unkultur gleichkam. Warum griff er immer wieder zur böhmischen Geschichte; warum ließ er Libussa von der Wiederkehr der böhmischen „Seher und Begabten" sprechen; was brachte ihn so weit, daß er um die Mitte des neunzehnten Jahrhunderts mit aller ihm zu Gebote stehenden Ambivalenz ein slawisches Weltreich prophezeite?

Die Antwort liegt nicht in seiner kosmisch-utopischen Weltschau, son-dern in seiner privaten Mythologie. Böhmen übte auf ihn die Faszination des Mütterlichen mit allen Schrecken des Matriarchats aus. Noch in meiner Kindheit führten böhmische Köchinnen und Dienstmädchen das Regiment in den Häusern des Wiener Bürgertums; es wird in der seinen nicht viel anders gewesen sein. Vermutlich ging seine Haßliebe gegenüber allem Slawischen auf Kindheitserinnerungen zurück; wir dürfen auch nicht vergessen, daß schon seine *Ahnfrau* ein mährisches Schloß heimsuchte und in ihm erlöst wird. Tschechisch, das war für ihn weniger die Astral-herrschaft des Königs Krokus oder die Gründungstat des männerrecht-lichen Primislaus als die Gnadenlehre dieser fast jungfräulichen Mutter Libussa; die Unordnung, welche die Mutterrechtlerin in ihrem Reiche stiftet; ihr Märchenhaftes und Blumensprachliches und der Schrecken, den sie verbreitet, wenn sie die Fackel verlöscht und den Mann in die Erde versinken läßt. Schließlich und endlich ist es jedoch die Liebe selbst, die mit der Böhmenfürstin Abschied nimmt und Wiederkunft verheißt. Liebe aber war für Grillparzer selbst als Himmelsmacht nicht ohne Widersprüche.

Im Zeichen einer solch widerspruchsvollen Liebe verheißt Libussa den Gründern von Prag die Weltherrschaft. Dies aber heißt nichts anderes, als daß Grillparzer hier den Untergang seines österreichischen Vaterlands antizipierte. (Es ist, als hätte er sogar den Anteil der Tschechen an der Zerschlagung der habsburgischen Monarchie vorhergesehen.) Österreich hatte in dem visionären Weltherrschaftskatalog Libussas auffallend gefehlt; um so schmerzlicher wird es hier wortlos von der slawischen Welle („nicht hoch noch tief") hinweggespült. Wenn wir daher von dem Konservativismus der Grillparzerschen Anthropologie gesprochen haben, dann müssen wir hier hinzufügen, daß sich dieser Konservativismus selbst als Vergangenheit begreift. Er will nicht nur, wie Erich Hock beobachtet hat, „das Maß des Unbedingten bewahren in einer bedingten Welt", er versteht dieses Unbedingte auch als ein Hingegangenes, das auch und gerade durch Libussas Wiederkehr für immer verloren wäre. Die Seherin verheißt nicht nur ihrem Volk den Aufgang, sondern auch dem Reich ihres Dichters den endgültigen Abschied. So ist Grillparzers Konservativismus keine Sehnsucht nach der Restauration einer „heilen Welt", an die er nicht glaubte, sondern die Prophetie einer Moderne, die er in sich selbst aufsteigen fühlte und in sich selbst mit Bitternis verfolgte. Wonach er sich in *Libussa* zutiefst sehnte, war die Wiederkunft eines Jahrs der Seele, und nicht die Rückkehr einer politischen oder menschheitlichen Gemeinschaftsform.

Rudolf Pannwitz hat 1918 anläßlich von „Grillparzers historisch-politischen Dramen" gesagt: „Die Kraft zur Synthese, die Macht der Plastik, die Dämonie des Schöpferischen fehlt diesen Wesen und Welten, Österreich selbst ist Europas später Orient und wunderbar verwandt in der Weltanschauungsstufe dem Asiatischen alter Zeiten." In der Tat ist *Libussa* ein westöstliches Stück und hierin dem *Turm* Hugo von Hofmannsthals von 1924 verwandt, der in einem „Königreich Polen, aber mehr der Sage" spielt. Auch bei Hofmannsthal geht es um die „Totalität" der Historie, obgleich der neuere Dichter nach dem Ersten Weltkrieg mehr von der Tödlichkeit des Kommenden ahnte als der vergleichsweise unschuldige ältere. Beide Stücke sind aus tragischem Konservativismus geboren: das Hoheitsbild des europäischen Menschen erlischt am Ende in beiden.

Bei Grillparzer erscheinen die Zauberschwestern Tetka und Kascha auf der Flucht vor der Tüchtigkeit ihres Schwagers. Auf Wischehrad, ihrer

Burg, ist „Langeweile" ausgebrochen. Sie legen ihre Zaubergürtel ab, damit aus ihnen, vereint mit dem Schmuck der toten Libussa, die historische Königskrone von Böhmen geschmiedet werde. Kascha hält der Königin den Totenspruch: „Das Hohe schied, sein Zeichen sei hienieden." (Damit bleibt Primislaus, der immer nach diesem „Zeichen" begehrt hatte, in tragischer Ironie sein Teil.) Der Spruch selbst klingt wie eine Vorwegnahme der Schlußzeile aus Hofmannsthals *Turm:* „Gebet Zeugnis, ich war da, wenngleich mich niemand gekannt hat." Auch Libussa ist bei aller Menschenklugheit Primislaus' unerkannt durch dieses Trauerspiel gegangen. Als sie den Gatten zum letztenmal geküßt hatte, da war es, als sei's ihr erster Kuß gewesen. Ihre Tragödie liegt auch darin, daß sie ungemäß war in einer fremd gegangenen Zeit.

Dieses Bekenntnis zum Ungemäßen stellt die Quintessenz des tragischen Konservativismus dar, den Grillparzer hier predigte. Er hat jedoch nicht nur gepredigt, sondern, wie stets, auch gespielt. Sein Tiefsinn, dessen das Drama mehr enthält als jedes andere seiner Stücke, ist weniger die Summe, welche die agierenden Gestalten aus ihrem Schicksal gezogen hätten, als ein Reichtum, den der Dichter über ein Kunterbunt an Handlung ausgeschüttet hatte, ohne sich viel darum zu kümmern, wohin die Schätze denn fielen. Der „unheimliche Spätjahr- oder Nachmittagsschauer", der Friedrich Gundolf bei der Lektüre der Dichtung überfiel, kam von der Fülle und Kühle eines Herbst- und Erntewerks. Die Epoche, die sich hier ihrem Ende zuneigte, hieß Altösterreich, und Libussa ist eines ihrer spielfreudigsten und gedankenbuntesten Vermächtnisse.

Das Spiel vom Fall: *Die Jüdin von Toledo*

Am Anfang der Grillparzerschen Dichtung steht das Bild. Dieses sah er mit Augen, die, wie Joseph Roth gesagt hat, „horchende Lichter" waren. Der Ursprung seiner Inspiration ist, was er schaute, vielmehr mit allen seinen Sinnen wahrnahm; die Gedanken, die ihm später zu dem Gesehenen einfielen, machten ihm stets zu schaffen und verwirrten ihn nicht selten. Die Archetypik der Situationen, die er schuf, beruht auf einer Bildhaftigkeit, die er mit seinem ganzen Wesen zu erfassen trachtete und der er aus der Totalität seiner Existenz antwortete.

So war ihm schon 1824 die Grund- und Ausgangssituation seiner *Jüdin von Toledo* in aller Unmittelbarkeit erschienen. Das Tagebuch berichtet: „In seinem Garten spazieren gehend, an der Seite seiner Gattin, von Großen und Volk umgeben, Worte der Güte und Weisheit ausspendend, fällt, von Gartenknechten verfolgt, die das Volk der Ungläubigen abzuhalten Befehl haben, fällt die schöne Jüdin zu des Königs Füßen; ihre Arme umfassen seine Füße, ihr üppiger Busen wogt an seine Knie gepreßt und — der Schlag ist geschehn. Das Bild dieser schwellenden Formen, dieser wogenden Kugeln (unter diesem Bilde sind sie seinen Sinnen gegenwärtig) verläßt ihn nicht mehr. Ungeheuere Gärung in seinem Innern. Alles, was er ist und war, lehnt sich auf gegen das neue, überwältigende Gefühl."

Dichte Wortfäden führen von dieser Initialvision geradewegs in das Geflecht des ausgeführten Werkes. Aus dem in der Tat unvergeßlichen Bild von den „wogenden Kugeln" entsteht die Zeile des Königs, der von dem Anblick der schönen Jüdin hingerissen ist: „Und wie das wogt und wallt und glüht und prangt." Des Mädchens „üppiger Busen" wird in der Totenklage des Liebenden zum „üppgen Wuchs", der als ein Gleichnis des Nährenden und Stillenden schlechthin den immer noch Liebesdurstigen zur letzten, folgenschweren Begegnung mit der Toten bewegt.

Aber auch für sich selbst genommen, ist die Sprache jener frühen Aufzeichnung aufschlußreich. Zweimal „fällt" die Jüdin auf diesem ursprünglichen Bild. Das Drama selbst, das sich aus ihm entwickelte, ist ein Spiel vom Fall, vom Sündenfall. Was an allgemeiner Einsicht in den fragwürdigen Stand des Menschen, in Staatsräson und individuelle Verantwortung, ja selbst an unmittelbarer Zeitkritik und Zukunftsprophetie in ihm enthalten sein sollte, wird zurücktreten hinter der beklemmenden Deutlichkeit dieses Sturzes, dessen Dynamik nicht nur die Titelheldin, sondern alle Personen des Trauerspiels erfaßt, bis dieses selbst, in der Kadenz seiner Sätze und in der unaufhaltsamen Abwärtsbewegung seiner dramatischen Führung, zu einem Sinnbild des Falls geworden ist.

Der Anklang an das erste Buch Mose, die Verstoßung aus dem Paradies, ist unüberhörbar. In offensichtlicher Reinheit, „wie Bruder und Schwester", wandeln, als die Versuchung sie antritt, Mann und Weib durch den Garten. Die Versuchung tut ihr Werk; und das Werk der Versuchung ist es, das den Psychologen Grillparzer bei diesem mythischen Spiel vor allem gefesselt hat. Am Ende stehen dann Mann und Weib und alle, die sie in den Strudel ihrer Verwirrung mitgerissen haben, da und frieren. Das Wort reicht kaum mehr hin, die Blöße ihrer Scham zu verhüllen. Der Sturz, den sie vollführt haben, ist, mit den Worten des Königs, „der Weg zum Blut". Was unter dem freien Himmel eines Parks begonnen hatte, endet in der Verwüstung eines Totenhauses, wobei Name und Wesen dieses Hauses — Retiro — den Doppelsinn grausamer Ironie annimmt. Das Lust- und Ruheschloß ist zum Karner der Leidenschaft geworden, und vor den Hinterbliebenen liegt das Schlachtfeld von Alarcos, auf dem das historische Vorbild des kastilianischen Königs im Jahre 1195 eine blutige Niederlage erlitten hatte. (In Grillparzers Stück läßt der König schon am Ende des zweiten Aktes den Namen des Schlachtfeldes fallen, so als wollte er den Schatten heraufbeschwören, noch ehe die Katastrophe eingetreten ist.) Die Sturzhöhe des Dramas mißt sich an der Entfernung zwischen einem Massaker, das stattfindet, nachdem sich der letzte Vorhang geschlossen hat, und einem Eden, das zu herrschen schien, als der erste sich hob.

Gleich die Anfangszeile des Stücks spielt auf das Paradies an: „Bleib zurück, geh nicht in Garten!" Es ist der Jude Isaak, der seine Tochter Rahel zurückhalten will. Daß dem Volk der Bibel die ersten Worte auf diesem spanisch-österreichischen Theater eingeräumt sind, spricht keineswegs für eine Vorurteilslosigkeit den Juden gegenüber, die Autor und Publikum dieses Theaters auch kaum hätten besitzen können. „Ich selber lieb es nicht, dies Volk", läßt der Dichter seinen König sagen. Doch dann fährt Alphons fort:

> Wir andern sind von heut, sie aber reichen
> Bis an der Schöpfung Wiege, wo die Gottheit
> Noch menschengleich in Paradiesen ging,
> Wo Cherubim zu Gast bei Patriarchen,
> Und Richter war und Recht der einge Gott.

Es ist vielmehr die mythische Tiefe der Zeit, in die der Stamm der Juden Grillparzer und seine Zuschauer wies, in welcher Entstellung immer er auch auf die Bühne des historischen Trauerspiels trat, eine Zeitenferne und Patriarchenluft, hinter der sich das Tor eben jenes anderen Gartens erhob, das sich nach der Erbsünde, dem ersten Sündenfall, für immer geschlossen hatte. Solcher Hinweise und Reminiszenzen, offener und verborgener, ist das Stück voll; worauf gedeutet und woran erinnert werden soll, geht deutlich aus einem Gespräch zwischen dem König und seinem Freund und Mentor Garceran hervor. Unvermittelt hat Alphons den anderen gefragt, ob er an Wunder glaube. Garceran, ein Lebemann, wenn auch eher ein theoretischer, gibt zurück:

Das Wunder freilich ist ein wenig alt,
Und stammt von jenem Tag im Paradies,
Wo Gott das Weib schuf aus des Mannes Rippe.

Darauf der König:

Doch schloß er auch die Brust, nachdems geschehen
Und gab den Eingang in die Hut des Willens.

Hiermit ist das Problem des Dramas zugleich gestellt und gelöst; nur daß dem Protagonisten, Alphons, die Lösung, die er kennt, unerreichbar vor Augen schwebt, und wenn er sie erreicht, kein Wille diese Lösung herbeigeführt hat, sondern der Tod. Mit unwiderleglicher Folgerichtigkeit stellt das Stück die Unterlegenheit des Willens gegenüber dem Trieb dar. Früh schon bekennt der König:

Allein Gewohnheit ist des Menschen Meister
Und unser Wille will oft, weil er muß,

und räumt damit dem Unbewußten und seinen Zwanghaftigkeiten den Vorrang vor den Forderungen der Sittlichkeit und ihren Normen ein. Der Satz klingt wie eine Apologie seines Schicksals und als Vorwegnahme künftiger Ereignisse. Bis ans Ende wird sich dieser Herrscher dem Diktat des Unvernünftigen, der Heimsuchung seines Bluts, beugen.

Die Heimsuchung hat Grillparzer schon in jener frühen Eintragung aus dem Tagebuch von 1824 unverhohlen bei ihrem Namen genannt. Sie heißt: „d i e W o l l u s t". Das Manuskript selbst unterstreicht das Wort. Und Wollust im psychologischen Verstand des Wortes ist es auch, worin die Verlockung des Königs durch die schöne Jüdin besteht und wodurch er ihr erliegt. Er selbst erfaßt den Zwang, der ihn ergriffen hat, als eine Krise seines Körpers. So sucht er sich vor der Königin zu verteidigen:

Wir haben bis vor kurz gelebt als Kinder.
Als solche hat man einstens uns vermählt,
Und wir, wir lebten fort als fromme Kinder.
Doch Kinder wachsen, nehmen zu an Jahren,

Und jedes Stufenalter der Entwicklung,
Es kündet an sich durch ein Unbehagen,
Wohl öfters eine Krankheit, die uns mahnt,
Wir sei'n dieselben und zugleich auch andre,
Und andres zieme sich im Nämlichen ...
Solch eine Krankheit haben wir bestanden.

Geschlecht als Krankheit! Alphons ist von dieser Krankheit noch nicht geheilt, wie die Rationalismen dieser Rede beweisen, die so selbstverräterisch-heimtückisch sind wie alle Selbstverteidigungen eines schlechten Gewissens. Dennoch klingt hier zumindest eine Teilwahrheit mit: dieser König hat gelernt, seine Prüfung als ein wirkliches Verhängnis zu betrachten; er mißt es weder an Gewissen noch an Sitte, weder an Religion noch an Zeremoniell, sondern ausschließlich an den Bedrängnissen des eignen Leibs; bald wird er diese Bedrängnisse in Worte fassen: „Der Körper scherzt nicht, wenn er warnend mahnt", einen Satz, der so alt ist wie die Medizin — und die Hypochondrie. Erst wenn die schöne Jüdin erschlagen daliegt, die Partnerin seiner Wollust ihm als Kadaver entgegenstarrt, ist die Versuchung zu Ende. Der tote Leib vermag den lebenden nicht mehr zu reizen. Und doch zeigt sich die Dezenz dieses im Grunde vornehmen Menschen darin, daß er selbst in dem traumatischen Augenblick, da die Versuchung von ihm zurückweicht, nicht auf den Gedanken kommt, *er* habe sie, wie vorher seine Krankheit, überwunden.

Im Alphons des ersten Aktes hatte Grillparzer noch einmal den Wunschtraum vom guten Herrscher geträumt. Der junge König ist, wie ihm der Almirante Manrique bezeugt, „fleckenlos"; die Reinheit eines natürlichen Fürsten geht von ihm aus; schon die Studie von 1824 sieht ihn „glücklich in dem ungestörten Gleichgewichte seines Wesens. Was er tut ist kräftig ..." Es ist, als hätte der alternde Dichter dieses Wunschgesicht seiner Jugend hier einer Zerreißprobe aussetzen wollen. Auf alle Fälle hätte er in der sorgfältigen Hierarchie seiner Gestalten diesen Alphons nicht höher stellen können, um ihn so tief stürzen zu lassen.

Wesensgemäß verkörpert der gute Herrscher ein Vaterbild; Alphons aber ist ein Sohn, vielmehr eine Waise. Zwar ist, was er tut, kräftig, jedoch nur darum, weil er, wie schon die frühe Eintragung weiß, „noch nie die Erfahrung einer demütigenden Unzulänglichkeit gemacht" hat; zwar ist, was er spricht, Weisheit, „aber erlernte, Bücher-Weisheit, die Welt hat ihn noch nicht in ihre strenge Lehre genommen". Er hat kaum die Bühne betreten, da brechen schon zwei Kindheitserlebnisse aus ihm hervor, so daß wir allen Grund zu der Annahme besitzen, sie brennten ihm unbewältigt auf der Seele. Zugleich wird in diesem ersten Monolog das mythische Bild des Paradiesgartens, in dem wir ihn wandeln sehen, psychologisch aufgehellt und damit in Frage gestellt.

Der „vaterlose, / Der Mutter früher schon beraubte Knabe" wurde von seinem Onkel, dem König von Leon, verfolgt, so daß er fliehen mußte. Die Flucht jedoch führte ihn „durch Feindes Land, es war mein eignes". Ein Opfer der Politik zu werden ist jedem Kind unverständlich. Um wieviel grausamer dunkel mußte sein Schicksal diesem Knaben erscheinen, der keine Eltern besaß, die sich hätten erklärend, schützend, rettend vor ihn stellen können. Der Verlust des Vaterhauses, der Weg ins Unverstandene, Unverständliche wird diese Wunde bis zur Grenze des Erträglichen aufgerissen haben, zumal wir uns den jungen Alphons als einen jener Sensitiven vorstellen müssen, deren Schutzlosigkeit das Schicksal, von dem sie bedingt ist, auch noch herausfordert. Daß ihn aber seine Flucht durch eine Fremde führte, die seine eigene Heimat ist, daß ihm selbst die Vertrautesten unter seinen Anhängern — und was versteht ein Kind von Anhängern? — „wie Hehler eines Diebstahls heimlich" entgegentraten, daß diese Flucht also in ein Zwielicht von Ergebenheit und peinlichster Vorsicht, von Zugehörigkeit und Todesangst getaucht gewesen ist, dies bildet ein Paradox, das schon dem Knaben ein Beispiel vom widersinnigen Aufenthalt des Menschen auf einer Erde gegeben haben wird, die seine Heimat und zugleich die Fremde darstellt. Mehr noch: während es für jedes natürliche Geschöpf, und daher auch für ein Kind, selbstverständlich ist, das Ziel einer Flucht darin zu erblicken, daß zwischen Verfolger und Verfolgten die größtmögliche Entfernung gelegt wird, haben die Verschwörer den jungen Prinzen in die Mitte von Toledo, „hieher, de[n] Hauptsitz von der Feinde Macht", geschmuggelt, der Feinde, die doch seine Landsleute sind, dicht vor den Zugriff dessen, der sein Verderben will, obwohl er nach seiner Eltern Tod als sein nächster Verwandter wird zu gelten haben. Auch dies geschieht aus Gründen der Politik oder, wenn man so will, der Staatsräson; wenn später der König den Staat durch seine Verbindung mit der schönen Jüdin gefährden wird, dann liegen die Wurzeln der Verfehlung hier, in diesem Kindheitserlebnis, da sich seinen Nerven politische Räson als die Verkehrung alles Natürlichen und als Gefährdung der eigenen Existenz eingeprägt hatte.

Die Verwirrung des Knaben Alphons kann durch seinen Aufenthalt in einem Verlies — „im Turm von Sankt Roman" — nicht geringer geworden sein. Sie findet ihren Höhepunkt in dem zweiten Ereignis, das seinen Schatten noch über das Leben des Erwachsenen werfen soll:

Und als am Tage Himmelfahrt die Menge
Versammelt war vor jenes Tempels Pforte,
Da führten sie mich auf des Turmes Erker

Und zeigten mich dem Volk und schrien hinab:
Hier mitten unter euch, hier euer König,
Der Erbe alter Fürsten, ihres Rechts
Und eurer Rechte williger Beschirmer.
Ich war ein Kind und weinte, sagten sie.

Der König selbst, der jetzt „glücklich in dem ungestörten Gleichgewichte seines Wesens" wandelt, erinnert sich dieses Erlebnisses nicht. Auf Hörensagen, auf die Legende seines frühen Ruhms, ein „sagten sie", ist er angewiesen, wenn er das Natürlichste auf der Welt berichten will: daß ein Kind weint, wenn es, in schwindelnder Höhe, ein dumpfes Geschrei vernimmt, von dem es nicht weiß, ob es Gutes oder Böses verheiße, nur: daß es ihm gilt. Er hat die Kindheit tief, wenn auch nicht eben erfolgreich, verdrängt. Mit diesem „sagten sie" schiebt er zugleich die Verantwortung auf die anderen ab, die nicht nur die Autoren des Berichts, sondern auch die Urheber des Berichteten gewesen sind, auf den alten Manrique vor allem, der jetzt bewundernd an seiner Seite steht, um dann, wenn der Monarch dem Interesse des Staats zuwiderhandelt, den Kronrat gegen ihn einzuberufen, auf alle diese Königsmacher, die nicht wissen, was ein Menschenkind denkt, fühlt und leidet, wohl aber, daß in einem katholischen Land der Tag vor Christi Himmelfahrt ein propagandistisch günstiger Termin ist, um dem Volk seinen neuen Herrscher als einen weltlichen Erlöser vorzustellen. Ein „williger Beschirmer" alter Rechte ist erstanden, sagen sie; aber keinem, der dies erzählt, war der Abgrund aufgefallen, der zwischen dem großen Namen eines Schirmherrn und den Tränen eines Kindes klafft.

So tritt das Kind an die Spitze des Heers und ist doch „selber Fahne mehr als Krieger", ein sehr königliches Bild für den menschlichen Tatbestand, daß es sich als Werkzeug in der Hand der Mächtigen gefühlt haben muß. Legende wird Geschichte: die offenbare Unschuld des Prinzen siegt über die Tücke seines Oheims; seine Kindlichkeit vermag mehr als die Schwerter in der Hand der Männer, die er führt, die ihn führen. „Erfechtend mit des Mundes Lächeln Siege", durchzieht er die Heimat, die eben noch das Land der Feinde war; der Siegeszug schreckt ihn aus seiner Kindheit, verleiht ihm eine allzu frühe und daher scheinbare Dignität und macht ihn zu einem Souverän, dem der Königsmantel allzu weit um die schmalen Schultern flattert. Die Verschworenen freilich schließen sich zum Volk zusammen, seinem Volk:

Sie aber lehrten mich und pflegten mein,
Und Muttermilch floß mir aus ihren Wunden.
Deshalb, wenn andre Fürsten Väter heißen
Des eignen Volks, nenn ich mich seinen Sohn ...

Hinter dem Vaterbild, das er als König repräsentiert, birgt sich von allem Anfang an ein Sohn, ein Menschensohn. Wenn er sich gegen den Staat vergeht, revoltiert er gleichzeitig gegen die metaphorische Vormundschaft, die der Staat über ihn ausübt. Er kommt dem offenen Aufstand nahe, wenn er, nachdem die Ermordung der Geliebten ruchbar geworden ist, das Volk selbst aufwiegeln will,

> Der Arbeit Kinder und der harten Mühn,
> An ihrer Spitze will ich rächend gehn
> Und brechen all die Schlösser jener Großen ...

Um diesen Sohn ist Einsamkeit, die Einsamkeit des Herrschers, verschärft durch das spanische Zeremoniell seines Hofes. Wie gern er dieses Zeremoniell durchbricht, wird er zeigen, wenn er den Juden den verbotenen Eintritt in den Garten gestattet: „Nun, wenns verboten, so erlaub ichs denn." Aber auch dieser, der Garten, mit seinen „Hütten, Wiesen, englischen Geschmacks", ist, wenn wir Grillparzer einen Anachronismus nachsehen, ein Sinnbild des Ungekünstelten, Formlosen und frei und üppig Wuchernden. Etwa sechs Jahrhunderte nach dem historischen Alphons sollte sich der englische Garten in Europa als der Ausdruck einer Gefühlswelt etablieren, die zur Natur und allem Natürlichen als in ein Paradies auf Erden zurückzukehren suchte. Das Abbild eines solchen Gartens kannte der Wiener Grillparzer etwa von der Brigittenau her, die, wie er im *Armen Spielmann* erzählt, „mit dem Augarten, der Leopoldstadt, dem Prater in ununterbrochener Lustreihe zusammenhängend", den rechten Schauplatz abgab für ein „saturnalische[s] Fest". Für seinen König Alphons aber bedeutet die Umwandlung eines Parks, „der nur Orangen trägt und Schatten gibt", in eine liebliche Wildnis nicht bloß einen kühnen Vorgriff in die Zukunft der Gartenkunst, sondern auch den Durchbruch aus reiner Nutzhaftigkeit und Vernünftigkeit in eine ihm unbekannte Freiheit, die erste, bildhafte Andeutung, daß er selbst bereit ist, die Enge wohltemperierter Gepflogenheit im Rücken zu lassen und sich einer moralischen Ungebundenheit zu überantworten, die der Bezeichnung „Lustgarten" einen neuen, erregenden Sinn zu verleihen imstande ist. Schon rein äußerlich gewährt ein englischer Garten dem Volk, und damit auch der schönen Jüdin, leichter Zutritt als ein dicht von Mauern umhegter, Grenzen ziehender und bewahrender, nichts dem Zufall überlassender spanischer oder französischer Park.

Nun hat der König den Garten freilich seiner Königin zu Ehren angelegt, der Tochter Heinrichs II., Eleonore von England. Wie dieses Geschenk ein willkürlicher Sprung über die historische Zeit hinweg, ein englischer Garten vor allen englischen Gärten ist, so ist Eleonore eine

Puritanerin vor allem geschichtlichen Puritanismus. Schon die Urstudie schildert die Ehe mit dieser Prinzessin so, daß Alphons in ihr zwar „für alles Befriedigung findet, was der Umkreis seiner Wünsche bisher erreichte", doch „ohne die Liebe eigentlich je zu kennen". Zu dieser Kenntnis hat nun die Eleonore des ausgeführten Dramas nichts beigetragen als den Sohn, den sie dem König als Thronerben geboren hat. Das Dogma dieser Engländerin ist die Kälte ihres Blutes. Noch auf der Höhe der Krise wird sie dem Gemahl, der zu ihr „heim... kehren" will, entgegnen: „Wenn dus begehrst, ich selbst vermiß es nicht." Was aber dieses „es" ist, das er begehrt und sie nicht vermißt, hat sie erläutert, als sie die Ehe „das Heiligste" nannte,

> Da sie zu Recht erhebt, was sonst verboten,
> Und, was ein Greuel jedem Wohlgeschaffnen,
> Aufnimmt ins Reich der gottgefällgen Pflicht.

Dies „Greuel jedem Wohlgeschaffnen", das eine gestrichene Stelle moralisch als „Laster" kodifiziert, ist die Erfahrung, die der König nach dem Vorsatz seines Dichters machen muß: die Wollust.

So bleibt auch Eleonore ihrem Wesen treu, wenn sie an einem Garten keinen Gefallen zu finden vermag, den der Gemahl ganz ausdrücklich ihr „zur Lust" angelegt hat. Mag „das strenge Vaterland hier meiner Strengen" zu sich selbst in Widerspruch geraten, wenn es Wildgärten hegt und liebt, die Königin gefriert schon bei dem Worte „Lust". Empört fährt sie zurück: „Was soll ich sehn?" Wenn Alphons ihr dann die Lustbarkeit weisen, sie ihr in knabenhaft-werbender Weise geradezu zu Füßen legen will, bleibt Eleonore blind und stumm. Erst der Hinweis auf die Mühe, die der Liebesdienst nicht nur den König allein, sondern auch seine Diener gekostet hat, entringt ihr ein karges, herkömmliches Wort des Dankes. Nur weil die intime Geste des Gemahls soziale Voraussetzungen hatte, weil die Gesellschaft mitwirkte, der Herrscherin zu zeigen, was ein Mann für sie fühlte, entschließt sie sich zu einer frostigen Formel. Der König reagiert wie jeder Mann, den seine Frau in aller Öffentlichkeit brüskiert hat: „Der Tag hat einen Riß!" All dies findet statt noch ehe dieser Mann der Jüdin ansichtig geworden ist.

In die Leere der Sinne, die Eleonore bei Alphons hinterlassen hat, bricht Rahel mit der Rasanz des Elements. Sie ist ein Naturereignis, das sich nicht ergründen und nur in der extremen Widersprüchlichkeit seiner Äußerungen verfolgen läßt. Verspielt und schwärmerisch, berechnend und verletzlich, Elfe und Hexe, den Stolz und die Angst ihrer Rasse wie Kostüme wechselnd, eine anspruchsvolle Sklavin und wohlfeile Herrin, selbstsüchtig bis zur Hingabe, gesichtslos gegenwärtig, ist sie, wie Garceran erkennt, „das Weib als solches, nichts als ihr Geschlecht".

Von allem Anfang an hat Rahel eine schlechte Presse gehabt. Heinrich Laube nannte sie 1872 „ein originell dreistes, kokettes Mädchen" und eine „Philine", der Rezensent der Prager Erstaufführung im selben Jahr eine „Sirene, ... die ‚schöne Teufelinne' des Venusberges". Das Verhängnis, das durch sie über den König hereinbricht, bezeichnete Emil Kuh zur gleichen Zeit als „Liebesnarkose". Der große Feuilletonist Ludwig Speidel erschrak förmlich vor ihrem „unbezähmbaren Eigenwillen, der sonst nur Geschöpfe der Natur zu beseelen pflegt. Lola Montez, die geniale Courtisane, war ein solches Geschöpf ..." Selbst Josef Kainz, der den König Alphons recht eigentlich erst kreiert hat, schildert in seinem Tagebuch vom 16. September 1888 seine Gegenspielerin als ein Wesen, „das, in seinen Empfindungen spontan raschen Impulsen und Neigungen folgend, ... durch das Leben flattert, unbekümmert um die Meinung der Menschen, weil es die Menschen nicht kennt ..." Die Beispiele ließen sich nach Belieben vermehren. Die Männerwelt der Gründerjahre stand dem Ereignis des Geschlechts, wie Grillparzer es in dieser Figur heraufgerufen hatte, fassungslos gegenüber. Was in den Rezensionen laut wurde, war das verlegene Stammeln der Lust an jener Lust, die mit Rahel unverhüllt die Bühne des späten neunzehnten Jahrhunderts betreten hatte. Konventionen reichten nicht hin, um einer Gestalt Gerechtigkeit widerfahren zu lassen, in der Grillparzer ein Urprinzip des menschlichen Lebens verkörpert hatte. So flüchtete man sich hinter moralische Wertungen, zeitgenössische Anspielungen oder Bildungsreminiszenzen, um sich nicht eingestehen zu müssen, daß dieses Geschöpf die Virilität seiner Kritiker bedrohte. Mit Rahel betrat die ungebundene Natur des Weibes die Bretter, welche vor ihr nur die Männerwelt bedeutet hatten. Des Rätselratens um ihren Charakter war kein Ende. Noch 1931 hat Friedrich Gundolf sie als ein „eitles, lüsternes, launisches, hübsches Judenmädel" gekennzeichnet. Gewiß hat die Betonung des Jüdischen an Rahel ihre Richtigkeit, doch nur insofern, als Grillparzer „jüdisch" nannte, was er als unchristlich empfinden mußte. Der Stoff seines Trauerspiels, wie er von dem Historiker Mariana überliefert und besonders von Lope entwickelt worden war, kam ihm dabei weit entgegen: die Figur war schon von ihren Quellen her außerhalb jener Verdrängungen gestanden, die das christliche Abendland über sich selbst verhängt hatte. Als Nichtchristin durfte Grillparzers Rahel sein, was sie war, und haben, was ihr in den Weg geriet. Erstaunlich bleibt nur, wieviel dämonische Natur der gehemmte und von der Sitte seiner Zeit keineswegs unberührte Dichter sich erlaubte, in dieser Gestalt zur Sprache zu bringen, wobei ihm sein geradezu weiblicher Spürsinn und die allgemeine Femininität der Wiener Atmosphäre zu Hilfe gekommen sein mochten. Seine Rahel wirkt nicht nur durch Schönheit, sondern auch durch Anziehung. Kaum je zuvor hatte ein Mann es gewagt, einer Frau öffentlich ein solches Maß an erotischer Macht zuzugestehen. Daß diese Macht zerstören muß, hängt nicht nur mit dem Zusammenstoß von Natur und Kultur, Elementarwesen und Gesellschaftsnorm in seinem Stück zusammen, sondern auch mit den Zensuren, die ihm durch die moralische Verfassung seiner Zeit auferlegt waren. Und doch war Grillparzer genug Frauen-Dichter, um seiner Jüdin eine dramatische Gewalt zu verleihen, die so groß ist, daß die beiden Schlußakte, in denen sie nicht mehr auftritt, durch ihre unsichtbare Gegenwart zerrissen sind und daß die Rückkehr des Königs unter das Tabu, von der das Ende des Dramas handelt, nur zögernd vor sich geht und in Zwielicht gehüllt scheint. In den ersten Versen der Tragödie, die vermutlich aus demselben Jahr 1824 stammen wie der frühe Prosaentwurf, hat Grillparzer die Figur noch hereditär zu bestimmen versucht: Isaak bezweifelt seine Vaterschaft, wenn er Rahel mit ihrer Mutter, seiner zweiten Frau, vergleicht:

> Die sah auch nach schmucken Christen,
>
> War nach Misraims Töpfen lüstern.
>
> Hielt ich sie nicht streng bewacht,
>
> Glaubt ich — nu, Gott wird verzeihen! —
>
> Deine Torheit stamme dorther,
>
> Sei ein Erbteil schnöder Christen . . .

Hier gibt Grillparzer ein Beispiel kritischer Gerechtigkeit: auch der Jude verbannt das Urphänomen Weib aus seiner Gemeinschaft und prangert als christlich an, was die Christen ihrerseits als jüdisch empfinden. Der Differenzaffekt bleibt der nämliche und deutet auf die nahe Verwandtschaft hin, die zwischen der jüdischen und der christlichen Moral und den von ihr gebotenen Verdrängungen besteht. Zugleich aber wird hier eine Grundkonstellation des Dramas sichtbar: Beide, die Jüdin und der König, stehen von allem Anbeginn an außerhalb aller gewohnten Bindungen. Als Außenseiter treten die beiden einander gegenüber. Sie brauchen, wenn sie sich finden, die Grenzen der Gesellschaft nicht mehr zu überschreiten; sie sind beide ihrem Wesen und ihrer Geschichte nach außerordentlich.

Im übrigen spricht es für den gereiften Kunstverstand und die intimere Frauenkenntnis des Dichters, daß er in den restlichen Partien des Werks auf eine Determinierung Rahels aus ihrer Herkunft nicht mehr zurückgegriffen hat. Wohlweislich hat er darauf verzichtet, das Irrationale der Lust auf Vernunftsgründe abzuziehen. Er zeigt, was ihr vorangeht und was sie vorbereitet; sobald sie aber eingetreten ist, läßt er sie nach ihrer eigenen Machtbefugnis walten. Worte vermögen nur, an ihr zu rätseln und auszusagen, daß sie letztlich unaussprechlich ist. Weit eher läßt sie sich in Bilder fassen, wie jenes erste, da Rahel vor ihrem König, dem „Mann mit Mondscheinaugen", kniet. So wird der Grundeinfall seines Stücks verwirklicht, mit der entscheidenden Abweichung freilich, daß die Königin auf dem Höhepunkt der ausgeführten Szene fehlt: sie hat die Jüdin erst von sich abgeschüttelt und ist dann gegangen: die Puritanerin war die erste, die Lust zu wittern, die sich in den unwillkommenen Lustgarten gewagt hatte.

Auch jeder weitere Rahel-Akt trägt ein Bild in seiner Mitte. Der zweite zeigt die Jüdin, wie sie, eine Karnevalskrone auf dem Haupt und einen Mantel aus Talmigold um die Schultern, die Königin mimt und zugleich wie eine abergläubische Halbwüchsige ihr Portrait mit dem des Fürsten vertauscht. Im dritten schließlich spiegelt sie sich im Schild des Königs, würdigt das majestätische Attribut des Kriegers zu einem Toilettengegenstand herab und enthüllt mit dieser spielerischen Geste doch auch wieder nur sich selbst — und ihre Zukunft:

Man bringt das Haar in Ordnung, weist zurück,
Was sorglos sich zu weit hervorgewagt,
Und freut sich, daß uns Gott so löblich schuf.
Allein die Wölbung hier entstellt. Hilf, Himmel!
Was für gedunsne Backen ...

Hier sieht sie sich eine Sekunde lang, wie sie der König dann im letzten Akt erblicken wird: als Zerrbild ihrer selbst. Aus Wangen sind Backen geworden, und diese sind aufgeschwemmt. Einen Augenblick lang zeigt sich ihr hier die Vergänglichkeit, nicht nur die Vergänglichkeit des Schönen oder, wie sie selbst in aller Bescheidenheit des Vollbesitzes sagt, des „Löblichen", sondern auch der Liebeskraft, der Liebe. Aus dem konvexen Spiegelbild des Schilds grinst ihr der Tod entgegen, ihr eigener Tod. Jäh unterbricht sie das Spiel, stülpt sich kurz danach den Helm des Königs über und läßt das Visier herab, löscht also ihr Gesicht im Trotz der Koketterie und aus Übermut selbst aus. Das allerletzte Bild, das Bild der Toten, hat uns der Dichter dann vorenthalten; nur in der Zerstörung des Lustsaals zu Retiro deutet es sich an, in diesen umgestürzten Tischen, von denen einer ein Putztisch ist, in diesem Gemälde, das, *halb aus dem Rahmen herausgerissen*, auf der Erde liegt. Hier ist eine Metapher Bühnenwirklichkeit geworden, das Bild der Toten durch ein anderes, gleichgültiges ersetzt, das ebenso zerstört und mißhandelt worden ist wie sie selbst, die in die Macht von Bildern ihren Aberglauben gesetzt hatte.

Worte reichen nicht an diese Bilder heran, wohl aber Gebärden. So sind vor allem die Bezeigungen echter Zuneigung bedeutsam, die Rahel von ihrer Halbschwester Esther erwiesen werden. Gleich zu Beginn hat Isaak die Tochter seiner ersten Frau „brav" genannt; in scharfsichtiger Treue folgt sie der Heldin als Freundin, Warnerin und Hüterin in das Elend ihres Glanzes. Daß die einzige Figur, die während der Dauer des Trauerspiels ihr Gleichgewicht bewahrt, Rahel unerschütterlich verbunden bleibt, verleiht der Unsteten und Unfaßbaren ein menschliches Maß jenseits aller Fragen und Zweifel. Einem völlig wertlosen Geschöpf wäre die Standhafte ihren Beistand bis ans Ende und über dieses hinaus nicht zu gewähren gewillt gewesen. Wozu freilich anzumerken bleibt, daß Esther in der entscheidenden Stunde, bei der Ermordung Rahels, in eine Ohnmacht flüchtet und daß auch sonst ihre Verbundenheit mit dem Opfer auf die kreatürliche Gemeinschaft gegründet gewesen ist, die zwischen Schwester und Schwester, Frau und Frau, Jüdin und Jüdin besteht. Erkenntnis setzt sie nicht voraus; auch wird sie kaum in Worten artikuliert.

Einzig Rahel entschlüpft ein Wort, das ihr Wesen aufzuschließen vermag. Noch ehe sie dem König begegnet, ruft die Jüdin aus: „Ich will nicht allein sein! Hört ihr?" Tatsächlich kann ein Wesen wie sie nicht für sich allein bestehen. Sie ist leer wie ein Spiegel, in den niemand blickt. Sie erwacht erst zum Leben, wenn sie reagiert, reizt, einem anderen antwortet. Ein Monolog Rahels ist undenkbar. Es drängt sie in Gesellschaft; wo sie Menschen wittert, zieht es sie hin. Ihr Ich ist ein Reflex dessen, der sie anspricht. Auch darin ist sie die Verkörperung der Wollust, daß sie des anderen bedarf, um sich selbst zu spüren, um dazusein. Ihre Existenz ist Teilhaftigkeit. Von allem Anfang an ist sie auf der Suche nach dem anderen, der ihr sie selbst gäbe. Zu finden jedoch vermag sie sich nur im Akt der Hingabe; dies ihre Schwäche, dies ihre Kraft. Sie kennt keine Scham, nur Angst, die Angst vor der Einsamkeit, in der sie zu nichts wird. Die eigene Schwester beschreibt sie als „scheu nicht, schreckhaft nur". Selbst ihr Temperament wird von dem Schrecken des Alleinseins angeschürt. So flieht sie vorwärts, ohne Ansehn von Rang und Sitte, und endet in den Armen des Königs, von dem sie ahnt, daß er ihrer bedürfe, wie sie seiner.

Wenn dann aber der König sich von ihr abwendet, versucht sie es mit Garceran. Spielt sie nur Mann gegen Mann, den Diener gegen den Herrn aus? Ihr Trieb nach Gemeinsamkeit sitzt tiefer, und da ihre Not so tief ist wie ihr Trieb, vermag sie auch in Worte zu fassen, was sie bedrängt: „Ich möchte sprechen, / Nicht einsam sein in all dem lauten Schwarm." Wenn auch Garceran sich zurückhält, bricht sie in Tränen aus. Vor lauter Verlassenheit wird sie ungeschickt und fragt den Höfling in Anwesenheit seines Königs nach dem Intimsten, der Anzahl seiner Geliebten. Wenn dieser ihr als Antwort die eigene Frage zurückgibt (und damit eine rhetorische Figur anwendet, die sonst gern den Juden zugeschrieben wird), bricht sie aus:

> Ich habe nie geliebt. Doch könnt ich lieben,
> Wenn ich in einer Brust den Wahnsinn träfe,
> Der mich erfüllte, wär mein Herz berührt.

Der Trieb ist ohne Liebe. Er sehnt sich nach Erfüllung, die Rahel charakteristischerweise als „Wahnsinn" antizipiert, als könnte sie daraus die dauernde Liebe lernen, und ahnt doch nicht, daß eben die Erfüllung ihm, dem Trieb, ein Ende setzt. Ihre Natur macht Rahel zur unersättlichen Tyrannin des Genusses.

Da sich der Mann, der König, dem Alleinanspruch entzieht, bleibt ihr nichts als das Rücksinken ins Unbewußte, das Untertauchen in den Schlaf. Sie sehnt sich nach der Schwester als dem einzigen Wesen, das ihrem Ich Bestätigung jenseits der Lust gewährt. Aber so stark ist das Element des Weiblichen in ihr, daß sie selbst die Schwester vermännlichen und gegen das Ideal des Königs ausspielen muß:

> Wär sie ein Mann, sie wär ein Held. Ihr alle
> Erläget ihrem Blick und ihrem Mut.
> Ich will indes nur schlafen, bis sie kommt,
> Bin ich doch selbst ein Traum nur einer Nacht.

Mit der letzten Zeile gelangt sie zum Bewußtsein der Rolle, die sie im Leben des Königs gespielt hatte, und damit zum Bewußtsein ihrer selbst. Sie hat in der Tat all die Begierden erfüllt, die seine Jugend und die Ehe mit Eleonore in Alphons aufgestaut hatten; Begierden, wie sie nur der Traum der gelösten Seele vorzustellen vermag. Sie ist der Wunschtraum des knabenhaften Königs gewesen; ihr Verhängnis aber besteht darin, daß dieser Traum Dasein besitzt, daß er im Fleische wandelt und so dem Tag und den Nachstellungen einer wachen, allzu wachen Wirklichkeit ausgesetzt ist. Dafür muß sie bezahlen, und zwar mit eben jenem Leben, um das sie mehr ist als der Schatten eines Traums. All dies steigt in ihr auf in einem Augenblick, in dem sie den Höhepunkt der Leidenschaft bereits überschritten hat und ihrem Ende auf Haaresbreite nahegekommen ist. So vermag sie auch mit dem letzten Wort, das ihr in diesem Trauerspiel gelassen ist, im Tonfall unwidersprechlicher Leidenschaft auszurufen: „Und hab ihn, Schwester, wahrhaft doch geliebt." Nun weiß sie, daß sie sich in der Vereinigung mit ihm selbst gefunden hat und daß sie in seiner Abwesenheit verloren ist, sich selbst verloren. Auch dieser Satz, der in Widerspruch zu allem steht, was Rahel bisher über sich selbst gesagt hatte, ist ein Satz des Endes; mit tiefem Sinn ist er in der Vergangenheit gehalten. Die Lust erkennt sich erst, wenn sie gewesen ist. Rahel hatte sich erlaubt zu spielen, mit ihrem Vater, ihrer Schwester und mit Garceran. Den „Wahnsinn" zu empfinden, den sie „Liebe" nannte, sie selbst zu sein, und sei es auch nur für die flüchtigen Augenblicke der Hingabe, vermochte sie nur durch den König. Darum gehört sie ihm, und sei es auch nur als ein Traumgesicht. In dieser Selbsterkenntnis wird Rahel zur Person, beinahe zu einer tragischen Gestalt.

Was zwischen dem König und der Jüdin vorging, war, bei aller Täuschung und Enttäuschung, das Spiel des Geschlechts. Anziehung und Gewährung, Ermatten und Wiederkehr der Glut, Überdruß und Eifersucht, Umarmung und Abstoßung sind in ihrer leib-seelischen Wechselwirkung sinnfällig geworden. Die dramatische Aktion spiegelt den sexuellen Akt und die Traurigkeit des Erwachens.

Es ist das Schicksal des Königs, daß er sich gegen die Lust, die in ihm ausbricht, nicht zu helfen weiß. Er, der, wie Garceran sagt, „seine Ehe ... als Geschäft" treibt, begeht mit dem schönen Geschöpf Unzucht. Von allem vermag ihn Rahel zu befreien, nur nicht von seinem Gewissen. Einst hatte er sich den „Sohn" seines Volkes genannt; nun wendet er sich gegen dieses Vaterbild und kann sich seinen Mahnungen doch nicht entziehen. Dies die Bedeutung, die der Staat, der Almirante und die Gattin für ihn im Aufruhr seiner Leidenschaft bewahren. Zunächst retiriert er sich in eine Unschuld, die nicht mehr die seine ist, nennt sich einen „Neuling in dergleichen Dingen, / Nicht besser als ein großgewachsnes Kind", um sich gleich darauf in einer erotischen Phantasie zu ergehen, die seine Beteuerungen Lügen straft. Das Bedürfnis, das die Erscheinung der schönen Jüdin in ihm aufgeregt hatte, ist nun durch Phantasien nicht mehr zu stillen. Allzusehr entsprechen von allem Anfang an diese Liebenden einander: wie sie ihn spiegelt, nimmt er die Rolle an, in der sie ihm sich selber zeigt. Wenn sie sich hilfesuchend an ihn klammert, ist er der Schutzherr, der über die Verfolgten wacht: „Wer sich mir anvertraut, den will ich schützen." Wenn sie sich in die Gewänder „vom letzten Fastnachtspiel" hüllt, verwandelt sich der Herrscher in einen Maskenkönig. Sein Bild, das sie aus dem Rahmen gelöst hat, ist nun vor ihr an der Lehne eines Stuhls befestigt. Er ist eingetreten, hat sich hinter den Stuhl gestellt und betrachtet sie, die fortfährt, ohne die Augen zu erheben (merkt sie ihn wirklich nicht?):

> Ich, eure Königin, nun duld es nicht,
> Denn eifersüchtig bin ich wie ein Wiesel.
> Ob ihr nun schweigt, das mehrt nur eure Schuld.
> Gesteht! Gefiel sie euch? Sagt ja?

Noch immer hinter der Lehne des Stuhls verborgen und halb von ihr geschützt, gibt ihr der König ein „Nun ja!" zurück. Er erklärt ihr sein Gefallen, indem er ihre Frage, die zwischen Ernst und Spiel verschwimmt, in einem Spiel beantwortet, das schon Ernst macht. Dies ist mehr als Theater auf dem Theater; es ist ein verwegenes Verschieben der Bewußtseinsebenen, das immer weiter greift, sowie einmal der Anfang gemacht ist.

Wo endet der Karneval, beginnt die Passion? Mag auch der König das Wechselspiel dieses Augenblicks mit dem Wort „Schauspielerkünste" abtun, mit einem Wort also, in dem sich dieses Trauerspiel der Leidenschaft selbst reflektiert, er ist an diesen Künsten selbst zum Schauspieler geworden, der gar nichts anderes tun kann, als dem Stichwort zu folgen, das seine Partnerin ihm zuwirft. So taumelt er in ein Abenteuer, das von der Wirklichkeit wie mit Eismauern umgeben ist. Aber der Schauspieler, der hier taumelt, ist immer noch der König, den das Personenverzeichnis des Stücks den „Edlen" nennt. (Dieses Personenverzeichnis fehlt freilich im Manuskript. Doch war das Attribut „edel" Grillparzer aus seinen historischen Studien gegenwärtig.) Daß es die Wollust ist, die ihn befallen hat und seine Gewissensnot erregt, vermag sich dieser Edle nicht einzugestehen. Die kühle Eleonore hat freilich einen Namen leicht zur Hand: Sie ist überzeugt, daß „geheime Künste" ihr den Gemahl entfremdet hätten. Beinahe glaubt auch Alphons an Zauberei, wenn Rahel mit einer Nadel nach seinem Bild sticht und damit verrät, wie lebensgefährlich ihre Kindlichkeit ist:

Übst du geheime Künste, die Verbrechen?
Wars doch, als fühlt ich in der eignen Brust,
Den Stich nach jenem Bild . . .
Es trieb bis zu den Augen mir das Blut,
Und wie im wirren Licht seh ich die Dinge.

Freilich besagt dies nicht mehr, als daß der Sensitive den Schicksalsschlag der Leidenschaft auch somatisch registriert; die Nadel in Rahels Hand hat nicht nach dem Herzen seines Konterfeis, sondern nach der Mitte seiner Existenz gezielt; wie sicher sie getroffen hat, beweist die Intensität seiner körperlichen Reaktion. Ihm schwindelt, wie es Rahel schwindeln wird, wenn sie im Folgeakt aus ihrer Lustbarke steigt. Kein Zweifel, ein „etwas, wie von Zauber", ist den König angekommen: und doch ist er gewissenhaft genug, den Zauber nicht als Wirklichkeit, sondern als ein Gleichnis seines Zustands, mit einem „wie", anzusprechen. Solange dieses „etwas" währt, bleibt es ihm undurchsichtig; vergebens sucht er es in Worte zu fassen, wenn er der Königin erklären will, was ihm zugestoßen ist, was ihn verwandelt hat:

Umgeben sind wir rings von Zaubereien,
Allein wir selber sind die Zauberer.
Was weit entfernt, bringt ein Gedanke nah,
Was wir verschmäht, scheint andrer Zeit uns hold,
Und in der Welt voll offenbarer Wunder
Sind wir das größte aller Wunder selbst.

Noch immer tastet er im Dunkel. Er predigt, wo er nicht sprechen kann. Sakralworte stellen sich ein, um zu maskieren, was der Königin als Profanität erscheinen muß. Daß wir, von Leidenschaft besessen, zu Magiern werden, die praktizieren, was sie heimgesucht hat, ist eine wissende Selbstaussage des Hingerissenen. Er aber sucht sich zu entschuldigen, erweitert den Begriff des Zaubers zu dem des Wunders, domestiziert den Dämon und endet folgerichtig auf einem Gemeinplatz. Aus dem intimen Akt ist ein Allerweltsmirakel geworden. Die Wollust aber läßt sich nicht verallgemeinern. Sie schlägt durch seine Worte durch und brandmarkt ihre Heiligkeit als Schein. Der Königin ist das Manöver nicht entgangen. Mit knappen Worten verweist sie ihn auf sein Bild, das die Jüdin immer noch besitzt.

Eleonore hat gut gezielt: ihr Wort trifft ihn im Innersten der Schuld. Im Tausch der Bilder hat sich ja der Zauber manifestiert, dem er erlegen ist. Noch immer trägt er Rahels Medaillon um den Hals; die Königin sagt es ihm ins Gesicht. Selten ist ein Requisit wie dieses auf der Bühne zum Instrument geworden, an dem sich die Schwingungen der Seelen ablesen lassen. In der älteren Dramaturgie hätte man es wohl als Schicksalsträger bezeichnet. Schon hat es Alphons abgenommen, schon liegt es auf dem Tisch zur Schau, das Bildnis einer Schönheit für alle und jeden. Als hätte er den Symbolgehalt dieser Handlung, die Preisgabe seiner Geliebten an die Öffentlichkeit, mit allen ihren Folgen verstanden, meditiert Alphons über den künftigen Gemahl der Verlassenen. Nun ist er auch an Rahel schuldig geworden, und ehe er sich dessen versieht, überhäuft er die neue Erregerin seiner Schuld mit Schmähungen. Ungefragt liefert er einen Katalog ihrer moralischen Schwächen, ein Register, das so vollständig wie falsch ist, da er ja die Stärke seiner Freundin nicht gerade in ihrer Tugend gesucht hat.

Und wenn, statt Zauber, rätselhaft dus nennst,
Daß jemals sie gefiel, so stimme ich ein . . .

Er nähert sich der Lösung des Rätsels, wenn er erkennt, daß, was ihm da aufgegeben wurde, ein Rätsel ist. Beschönigend erklärt er den Zauber, in dessen Bann er gestanden ist, als eine jener „Gewohnheiten", die er schon früher als die eigentlichen Meister seines Willens erkannt hat. Und doch kommt er dem Geheimnis nahe, wenn er von dieser „Gewohnheit" bekennt, daß sie „das Fortgesetzte steigert zum Bedürfnis". Was anders können diese euphemistischen Abstraktionen besagen, als daß Alphons nun weiß, daß er Rahel verfallen ist? Wieder ist es ihr Bildnis, an dem sich der Grad seiner Hörigkeit messen läßt:

> Die Kette, die ich trug — und die nun liegt,
> Auf immer abgetan — So Hals als Brust,
> Sie haben an den Eindruck sich gewöhnt,
>> *sich schüttelnd*
> Und fröstelnd gehts mir durch die leeren Räume.
> Ich will mir eine andre Kette wählen ...

Aber Rahel ist nicht ersetzlich, der Bann noch nicht gebrochen. Als hätten ihre Reize sich darin versammelt, zieht ihn ihr Bildnis an, zum Tisch zurück, auf den er es geworfen hatte. Nachtastend nennt er Zug um Zug bei Namen:

> Denn sieh nur diese Augen —
> Nun ja, die Augen! — Körper, Hals und Wuchs ...

Wieder liegt das Bild in seiner Hand; wieder hängt es um seinen Hals. Die Gebärde, mit der er das Medaillon an seinem Busen birgt, ist nicht minder zwielichtig, nicht minder aus Zweifel und Trotz, aus Zwang und Angst geboren, als jene, mit der er es in seinem Gartenhaus zum ersten Mal an sich genommen hatte.

Alphons hat Rahel verleugnet und verleumdet, als sie am Leben war; er verklärt sie, sowie er hört, daß sie erschlagen ist. Die große Vision, die er von der Toten entwirft:

> Sie aber war die Wahrheit, ob verzerrt,
> All, was sie tat, ging aus aus ihrem Selbst,
> Urplötzlich, unverhofft und ohne Beispiel ...

ist immer noch ein Trugbild. Das unfaßbare Geschöpf erhebt sich, als wäre es ein Engel. Die Wahrheit, zu der er sich hier durch alle Verzerrungen durchzuringen versucht, kann nicht die Wirklichkeit Rahels sein. Schock und Schmerz machen gute Hagiographen und stilisieren das Blutopfer zur Blutzeugin, ja zur Märtyrerin um. Erst wenn er von sich selber spricht, werden seine Worte klarer:

> Seit ich sie sah, empfand ich, daß ich lebte,
> Und in der Tage trübem Einerlei
> War sie allein mir Wesen und Gestalt.

Ihre freischweifende Vitalität hatte in der Tat seine lang zurückgedämmte entbunden. Sie hatte den Krampf gelöst, den allzu früh Gesammelten zerstreut. Was aber Alphons jetzt mit hohen und seinem Dichter teuren Worten „Wesen und Gestalt" nennt, muß sich verflüchtigen, sowie der König den zerstörten Leib des Mädchens sieht.

Ich sage dir: sie war nicht schön ...
Ein böser Zug um Wange, Kinn und Mund,
Ein lauernd Etwas in dem Feuerblick
Vergiftete, entstellte ihre Schönheit.
Betrachtet hab ich mirs und hab verglichen.
Als ich dort eintrat, meinen Zorn zu stacheln,
Halb bange vor der Steigrung meiner Wut,
Da kam es anders, als ich mirs gedacht.
Statt üppger Bilder der Vergangenheit
Trat Weib und Kind und Volk mir vor die Augen.
Zugleich schien sich ihr Antlitz zu verzerren,
Die Arme sich zu regen, mich zu fassen.
Da warf ich ihr ihr Bild nach in die Gruft
Und bin nun hier und schaudre, wie du siehst.

In diesen Zeilen vollendet sich der Fall des Königs Alphons. Er kommt zum Stillstand, wenn auch nicht zur Ruhe. Schon als er die Kammer der Toten verlassen hat, hat er mit einer von Grillparzers unbewußten Gebärden den Dunstkreis der nunmehr verwesenden Leidenschaft *„wie reinigend"* von sich abgestreift. Auch hier, in seinem Abschied von der Lust, vermag er nicht, das rechte Wort zu finden. Noch immer spricht er von bösen Zügen und Entstellungen, als ob Güte und Schönheit der Anlaß gewesen seien, aus dem er Rahel verfiel. „Sie war nicht schön", doch es ist es gewesen. Wiederum macht die Vergangenheitsform des Zeitworts deutlich, daß die Wollust nunmehr von ihm gewichen ist, da jene nicht mehr lebt, mit der er sie teilte. Ein traurigerer und ein weiserer Mann, geht er jetzt zu Gericht, zu seinem eigenen.

Was er vor einer kurzen Stunde noch als Wahrheit, Wesen und Gestalt gepriesen hatte, liegt nun als Knochen, Haar und Haut im eignen Blut. Erst hier, da sich der illusionäre Charakter des Triebs dem König geradezu körperlich einprägt, tritt, statt irgendwelcher „üpp'ger Bilder der Vergangenheit", die Wirklichkeit vor seinen Blick. Diese Wirklichkeit aber ist so dürr und reizlos wie die drei Einsilber „Weib und Kind und Volk", in denen sie sich ihm darstellt. Noch einmal regt sich die Lust in ihm. Doch jetzt vermag er, sie nach außen zu projizieren, auf die Tote, die sich zu rühren und gespenstisch die Arme nach ihm auszustrecken scheint. Da schleudert er mit abschließender Gebärde der Toten ihr Bildnis (immer noch ihr Bildnis!) nach. Das Grauen, das ihn nun erfaßt und sich seinen Worten ebenso mitteilt wie seinem Körper, ist weniger dem Abscheu vor dem Mord entsprungen, der hier um seiner Wollust willen begangen wurde, als dem Gefühl der Leere, die in ihm zurückgeblieben ist. In Scham und Schauder erkennt er, wessen er fähig war.

Die Szene des Gerichts, die Stunde der Verantwortung, stellt uraltes, mythisches Erbteil der Dichtung dar. Das Selbstgericht dieses Königs aber erweist sich als großes Theater der Desillusion. Nun steht er wiederum allein, doch unter lauter Verlassenen. Wie er ist auch sein ganzer Hof zur Wirklichkeit erwacht. Der Staat selbst wird sich seines Falls bewußt. Im vierten Aufzug hat die Königin mit den Granden der Jüdin einen Prozeß gemacht, der im Grunde nicht Rahel, sondern dem Herrscher gilt. Die Angeklagten sind abwesend. So ergibt sich ein Psychodrama, in dem bald zwischen Richtern und Gerichteten kein Unterschied besteht. Zum Schluß will es dann niemand gewesen sein.

Eleonore, die im Besitzerstolz der legitimen Gattin getroffen ist, verurteilt die Nebenbuhlerin so leise wie unerbittlich zum Tode. Daß sie, wenn es dann zum Mord kommt, zittert, sich widersetzt und Schonung anbefiehlt, ist nicht unbedingt als Zeichen einer Sinnesänderung zu deuten. Sie treibt zur Tat und zögert vor der Ausführung wie Lady Macbeth. Härte vermag sich leicht eine Schwäche zu leisten, wenn sie die Überzeugung gewonnen hat, daß es auch ohne sie hart auf hart gehe. Zwar bietet Eleonore dem König die Hand zur Versöhnung, doch nur in dem Augenblick, da er bereit ist, Buße zu geloben, und als ein Christ an sie, die Christin, appelliert. Die Jüdin müßte fallen, auch wenn Alphons bereit wäre, sie fallenzulassen. Versöhnung ist nur nach dem Diktat Eleonores möglich. Noch mit ihren letzten Worten sucht sie das „böse Bild" an seinem Hals. „Er hats nicht mehr!" Und das ist ihr genug. Dann hüllt sie sich in das beredte Schweigen derer, die alles von allem Anfang an besser gewußt hatten.

Der alte Manrique, in dem die paternalistische Räson des Staates verletzt worden ist, hat „mit furchtbar ernstem Mitleid" den Totschlag befürwortet, ohne sich jedoch mit seiner Ausführung zu beschmutzen. Sein Sohn Garceran gibt den Freund, den König, preis, dessen Abenteuer er „gehindert nicht, wenn nicht gefördert" hat. Der König selbst ist zwischen seinem Recht als Mann und seiner Pflicht als Staatslenker, zwischen seiner Verantwortung gegenüber der Favoritin und seinem Anspruch auf die Freiheit des Souveräns hin- und hergerissen worden; sein Schwanken ruft geradezu das Schwert auf Rahel herab. Wenn Alphons am Ende mit einem „Alle seid ihr schuldig" unter sie tritt, entgegnet Manrique *„mit starker Stimme": „*Und Ihr nicht auch?" Nichts bleibt dem König übrig als, nach einer Pause der Einkehr, die Antwort:

> Der Mann hat recht; ich auch.
> Allein was ist die Welt, mein armes Land,
> Wenn niemand rein und überall nur Verbrecher?

An seiner Bresthaftigkeit erkennt der Mensch den Menschen. Noch einmal wird in voller Stärke das Motiv des Sündenfalls angeschlagen. Sie stehen alle „in der Sünder Reihe". Es ist die Jüdin Esther, die diese Worte spricht, in die ihr Stamm ebenso einbezogen ist wie die anderen, die ihr Vater gern als „Unrein-Händ'ge" bezeichnet. Sie spricht für das Königshaus und für ihr eigenes. Denn eben hat der alte Isaak sich erhoben, um das Gold zusammenzukratzen, das er im Garten des Totenhauses verscharrt hat. In seiner Gestalt tritt vor die mythische Vergangenheit des Bibelvolkes eine beängstigende Gegenwart. Unter den Schwachen des Stückes ist er der Parasit, der sich vom Abfall einer heimgesuchten Gemeinschaft nährt.

Daß Grillparzer für antisemitische Anwandlungen von beträchtlicher Schärfe und Hartnäckigkeit nicht unanfällig war, wissen wir aus seinen Epigrammen und persönlichen Aufzeichnungen[*]. Dennoch will der alte Isaak nicht als Abklatsch populärer Vorurteile, sondern als dramatische Figur von durchaus individueller Prägung verstanden sein. Er spricht und handelt nach dem Gesetz, das ihm das Gesamtgefüge des Dramas auferlegt, und nicht als Exponent einer Gruppe, die ihm gleichgeartet wäre. Josef Nadlers Aperçu, „Rahel ist nur ein Werkzeug der Ihren", erscheint nicht nur darum abwegig, weil sich ein Elementarwesen wie Rahel nicht manipulieren läßt. (Gleich in der ersten Szene des Trauerspiels erweist sich Isaak als unfähig, die Willkür seiner Tochter zu bändigen.) Des weiteren aber insinuiert Nadler hier eine Verschwörung, die etwa von einer toledanischen Filiale der Weisen von Zion gegen das angestammte Königshaus angestiftet worden sei. Doch nach dem Wortlaut von Grillparzers Text steht Isaak völlig allein; agiert und reagiert er nach eigener Befugnis und Verantwortung. Diesem Shylock steht nicht einmal ein Tubal zur Seite. Seine Laster — Feigheit, Kuppelei und Geldgier — sind die Auswüchse eines Einzelcharakters von monumentaler Scheußlichkeit.

Alphons selbst hat zu Beginn das Schicksal des jüdischen Volkes summarisch mit einer liberalen Platitüde zu verstehen gesucht:

> Was sie verunziert, es ist unser Werk.
> Wir lähmen sie und grollen, wenn sie hinken.

Wenn er aber auf der Höhe des vierten, des Staatsaktes ausruft:

> Die Weiber dieses Stamms
> Sind leidlich, gut sogar. — Allein die Männer
> Mit schmutzger Hand und engem Wuchersinn.
> Ein solcher soll das Mädchen nicht berühren,

---

[*] Siehe etwa Seite 269.

dann ist an diesem Sinneswandel, der eigentlich nichts anderes darstellt als eine Akzentverschiebung, seine Begegnung mit der grotesken Riesenzwerggestalt des alten Isaak schuld. Im Innersten bewegt, da es sich um das künftige Schicksal seiner Geliebten handelt, verallgemeinert Alphons gröblich. Die dramatische Gerechtigkeit Grillparzers, die am Ende der Sündhaftigkeit des Menschen schlechthin gilt, untersagt uns den Gedanken, er habe hier mit seinem König sympathisiert.

Nun hat er freilich dem Juden Worte anvertraut, die weit über das Kastilien des zwölften Jahrhunderts, ja über seine eigene Zeit hinausweisen. Der Vater der Favoritin ist zum Rat des Königs geworden und verwickelt sich in Händel und Machenschaften, führt eine Protektion und Korruption ein, die den Staat ebenso gefährden wie das Abenteuer seines Lenkers. „Geld", vertraut er Garceran an,

Geld, Freund, ist aller Dinge Hintergrund.
Es droht der Feind, da kauft ihr Waffen euch,
Der Söldner dient für Sold, und Sold ist Geld.
Ihr eßt das Geld, ihr trinkts, denn was ihr eßt,
Es ist gekauft, und Kauf ist Geld, sonst nichts.
Die Zeit wird kommen, Freund, wo jeder Mensch
Ein Wechselbrief, gestellt auf kurze Sicht.

Mit dem wiederholten „Freund" sucht sich der Parvenü an den Höfling anzubiedern, wenn er mit anachronistischer Drastik den Merkantilismus zum Weltsystem erhebt. Im Epigramm der letzten beiden Zeilen aber springt der Jude vollends aus dem Rahmen des Stücks und leistet sich eine prophetische Invektive gegen die Macht der Geldwirtschaft. Eine Wendung wie diese ist zunächst ein satirisches Extempore, wie sie das Publikum im Wiener Theater seit jeher geliebt hat und noch immer liebt. Und doch ist Isaaks Gleichnis vom Menschen als Wechselbrief mehr als ein gesellschaftskritischer Witz. Der Jugendtraum vom guten Herrscher ist ausgeträumt; die hohen Bilder sind gefallen. Auf dem Boden, der mit ihren Splittern bedeckt ist, erhebt Mammon, der die Welt mit Geld verwaltet, sein scheusäliges Haupt. Auf seine Weise gerät der Jude hier an jenen Rand des Nichts, vor dem sich, früher oder später, auch die anderen Figuren des Stücks finden.

Wie viele Dichter des neunzehnten Jahrhunderts fürchtete auch Grillparzer einen Nihilismus, an dessen Heraufkunft er, wie ihm gelegentlich bewußt wurde, nicht völlig unbeteiligt war. Nihilistische Gedanken äußern sich selbst in diesem Drama, und zwar nicht zuletzt als Resultat einer psychologischen Demaskierung, die in den Rang eines Kunst- und Meisterwerks erhoben ist. Als stünde er schon auf der Bühne des Wiener *Fin de siècle*, weiß Alphons,

daß eines Winkes nur,
Es eines Worts bedarf, um dieses Trauerspiel
Zu lösen in sein eigentliches Nichts.

Doch dieser Wink wird nicht gegeben, das Wort, in dem sich die Illusion des Spiels selbst aufheben würde, bleibt ungesprochen.

Grillparzer hat seinem Drama die Maße des Tragischen bewahrt, indem er es vor dem Hintergrund des Kriegs gegen die Mauren spielen läßt. Dieser Krieg übernimmt eine ähnliche Rolle, wie sie im *König Ödipus* der Pest zufällt: er repräsentiert eine vom Schicksal, nicht von Menschenhand geschaffene Grundtatsache, an der sich von allem Anfang an die Meinungen, Taten und Entscheidungen der handelnden Personen orientieren. An ihm mißt sich der Fall und die Reinigung des Königs; er wirft den Schatten des Verdachts über Rahel und ihr Volk („Man nennt sie Späher in der Mauren Sold"); in seinem Namen tritt das Gericht zusammen, vollzieht sich der Staatsakt; um seinetwillen wird das Opfer gebracht. Ihn zu gewinnen und Kastilien, für das der Fürst wieder einsteht, zu befreien, zieht Alphons in die Schlacht. Im Abschiedsmonolog des Königs erscheint der Krieg als allgemeiner Bußgang, als ein Gemeinschaftswerk der Reue und der Strafe. Sein Ausgang bleibt ungewiß; die Siegeshoffnung des Ausziehenden verklingt ins Unbestimmte. Auch geht er nur als „Feldhauptmann [s]eines Sohns". Ein Kind wird König und tritt, wie in der Buchfassung von Hofmannsthals *Turm,* die Regentschaft an; wie jedes Kind verkörpert auch der Sohn der ungeliebten Eleonore die messianischen Hoffnungen der Menschheit. Wie aber in der späteren, der Bühnenfassung des *Turms* der Kinderkönig fortgefallen ist, hat auch Grillparzer die Schilderhebung des Prinzen als eine Abschlußfloskel durchschaut und nicht gelten lassen wollen. Das Trauerspiel der Desillusionierung kann nicht mit einer neuen Illusion zu Ende gehen. War nicht der gefallene Alphons einst ein solcher Kinderkönig gewesen?

Die Schwester der erschlagenen Jüdin reckt sich auf. „Besonnen und klüger weit" als Rahel, hat sie sich im Hintergrund gehalten; erst in der Verwirrung, dem trostlos-monologischen Aneinandervorbei des dunklen Schlußakts sind die Umrisse ihrer Gestalt klarer hervorgetreten. Sie ist zum Fenster gegangen und hat das Licht des Tages eingelassen. Jetzt öffnet sie den zur Zerstörung Erwachten die Augen. Sie spricht den Epilog der Tragödie. Der feierlichen Abgangsprozession der Großen stellt sie sich entgegen: Vergessen darf nicht sein, auch wenn es nur der Schatten einer kleinen Jüdin ist, der dem Vergessen anheimgegeben werden soll. Die schönen Worte sind ihr fremd; was Alphons den Reiz von Rahels Schönheit genannt hatte, nennt sie nun, wirklichkeitsgerecht, den „Stachel ihres Eindrucks". Das Bild der Ermordeten, das der König mit Hilfe seines Gewissens hinunterzudrängen gesucht hat, wird weiter-wirken und wiederum erscheinen, wenn sich das Schlachtenglück gegen ihn zu wenden droht. Ihr aber ist kein Krieg gegönnt, mit Blut das Blut des Opfers abzuwaschen. Vorsichtig, mütterlich fast, entkleidet sie die tragischen Gestalten des Spiels ihrer Kostüme. Die Buße, die der König sucht, ist erst zu finden, wenn er in der Nacktheit seines Makels dasteht. In dieser existentiellen Nacktheit, die zwischen dem alten Isaak und dem edlen Alphons keinen Unterschied mehr macht, liegt beider Chance auf Vergebung.

Esthers Aussöhnung entspringt nicht der Demut, sondern der Resignation in die Wirklichkeit des Menschlichen. „All, was geschieht, ist Recht." Die Wort gewordene Gebärde dieser Selbstbescheidung findet sich in der Silbe „denn" ihrer letzten Zeile: „Verzeihn wir denn, damit uns Gott verzeihe." Durch diese Silbe, dieses Achselzucken, das sich ins Unvermeid-liche schickt, wird die andre Jüdin von Toledo zum dichterischen Leitbild derer, die gelernt haben zu vergeben und nicht zu vergessen. In ihr setzt sich das Spiel vom Fall des Menschen fort, ins Unendliche.

Götterdämmerung der Geschichte:
Ein Bruderzwist in Habsburg

Hugo von Hofmannsthal hat den *Bruderzwist* die „bedeutendste historisch-politische Tragödie der Deutschen" genannt. Reinhold Schneider ist es, als würde in diesem Drama „die Bühne von der Geschichte selbst erschüttert". Friedrich Sengle erklärt in seinem *Deutschen Geschichtsdrama*, daß die Gestalt Rudolfs II. „der geschichtlichen Wirklichkeit so weit entspricht, als dies bei einer Dichtung überhaupt möglich ist". Im Grunde aber zeigt die Tragödie die Unmöglichkeit aller politischen „Wirklichkeit" angesichts einer Geschichte, die sich selbständig gemacht hat und dem Abgrund zurollt wie ein Rad, das von seinem Wagen losgebrochen ist. So hat schon 1918 Rudolf Pannwitz von dem Stück gesagt: „Sein innerer Gegenstand ist die Auflösung der Weltordnung durch das Sterben der Idee. Seine Geistigkeit wiegt jede Staatslehre und jede geschichtliche Philosophie auf und durchdringt, durchklärt, durchleuchtet wunderbar den spröden Stoff."

Zunächst scheint diese Idee nichts anderes zu sein als der Mythos des Hauses Habsburg. Rudolf spricht sie zu Beginn des dritten Aktes aus:

> Mein Haus wird bleiben, immerdar, ich weiß.
> Weil es mit eitler Menschenklugheit nicht
> Dem Neuen vorgeht oder es begleitet,
> Nein, weil es einig mit dem Geist des All,
> Durch Klug und scheinbar Unklug, rasch und zögernd,
> Den Gang nachahmt der ewigen Natur,
> Und in dem Mittelpunkt der eignen Schwerkraft
> Der Rückkehr harrt der Geister, welche schweifen.

Die Monarchie als Metaphysikum! Was Rudolf I. als Kaisertum von Gottes Gnaden gestiftet hatte, erscheint hier als kosmische Konfiguration, entrückt der menschlichen Vernunft, allenfalls von den Sternkundigen metaphorisch zu erahnen. Ein in sich geschlossenes Universum, schwebend um das natürliche Zentrum seiner Kraft, besitzt dieses Herrscherhaus viele Wohnungen, in die es die Geister der Heroen einsammelt, die von ihm ausgegangen sind. Weil es war, wird es bleiben; dies ist das Sternengesetz, nach dem Habsburg angetreten.

Man fragt sich, auf wieviel Verständnis diese mystische Vision rechnen konnte, als das Stück 1872, im Todesjahr Grillparzers, gleich auf zwei Wiener Bühnen postum zur Aufführung gelangte. „Der Dinge tiefster Kern ist mir verschlossen", bekennt Rudolf,

> Doch ward mir Fleiß und noch ein andres: Ehrfurcht
> Für das, daß andre mächtig und ich nicht.

Mancher Gegner der habsburgischen Monarchie mag 1872 ähnlich gedacht haben wie Claudio Magris, als er 1963 das Geheimwort Rudolfs interpretierte: „So wird jenes pathetische *Unklug,* der Verzicht auf jede Genialität, zum Ruhmestitel, mit dem sich das verfallende Reich umgibt. In diesem Wort steckt aber auch verschwiegenes Leid, der Begriff der Macht als schmerzliches Kreuz und des vom Schicksal geschlagenen Herrschers: auch dies wird zum Kennzeichen des Franz-Joseph-Mythos und zur wichtigsten Verschleierung der traurigen geschichtlichen Wirklichkeit seiner Regierungszeit." Aber Rudolf II. ist nicht Franz Joseph, und das „Unklug", das der Kaiser meint, ist „scheinbar", scheinbar wie jenes „Klug", mit dem der Mensch in seiner politischen Wirklichkeit umgeht. Weit davon entfernt, eine Apologie der franzisco-josephinischen Politik zu geben, gründet Rudolf die Dauer seines Hauses auf die Ewigkeit des Alls.

> Ich glaub an Gott und nicht an jene Sterne,
> Doch jene Sterne auch, sie sind von Gott.
> Die ersten Werke seiner Hand, in denen
> Er seiner Schöpfung Abriß niederlegte,
> Da sie und er nur in der wüsten Welt.
> Und hätt es später nicht dem Herrn gefallen,
> Den Menschen hinzusetzen, das Geschöpf,
> Es wären keine Zeugen seines Waltens,
> Als jene hellen Boten in der Nacht.
> Der Mensch fiel ab von ihm . . .

Von diesem Abfall handelt das Trauerspiel. Rudolf kann den Sturz nur bezeugen. Aufzuhalten vermag er ihn nicht.

Das Drama, dessen Niederschrift im wesentlichen schon 1848 beendet war, geht auf Notizen zurück, die Grillparzer knapp nach der Fertigstellung von *König Ottokar* begonnen hatte. Wie *König Ottokar* handelt auch der *Bruderzwist* vom Leit- und Vaterbild des guten Kaisers. Wie der *Treue Diener,* vor dessen Premiere der erste Akt im Manuskript abgeschlossen war, spricht auch dieses Stück von der tödlichen Gefahr, der die Autorität in einer von Unheil zerfressenen, mit sich selbst zerfallenen Welt ausgeliefert ist. In Reden, die Monologe bleiben, an wen sie sich auch richten, setzt Rudolf II. sein Testament, den letzten Willen des moribunden Hoheitsgedankens in einem zerrissenen Europa. Darüber hinaus wirkt das Stück auch heute noch — und heute erst recht — als ein Kapitel Historie, das auf der Bühne parabolisch wird. Die Auseinandersetzung zwischen Katholiken und Protestanten, die Familienwirren innerhalb der *casa d'Austria*, der Ausbruch des Dreißigjährigen Krieges, all dies ist gleichnishaft gesehen im Gegensatz von müde gewordener Ordnung und übler Neugestaltung einer anarchisch dahinfegenden Wirklichkeit. Geschehen überstürzt sich, und Gewalt schießt ins Unkraut. In der Gestalt des Habsburger-Kaisers bewahrt sich bei aller Willkür und Härte des Herrschers das sanfte Gesetz von der Legitimität des Menschlichen. Am Ende erscheint dann das Erlöschen dieses Gesetzes als der Gegenstand des Trauerspiels, ein Angsttraum aus dem zwanzigsten Jahrhundert, der Grillparzer mitten im neunzehnten überfallen hat.

Das Gemälde von unbekannter Hand, das den etwa zehnjährigen Rudolf darstellt und auf Schloß Ambras in Tirol aufbewahrt wird, zeigt ihn mit der Habsburger-Lippe, in der schlaffen Linken eine inkongruente Blume und mit übergroßen, verlorenen Augen. Verloren betritt auch der alternde Rudolf die Bühne Grillparzers, verloren zunächst in den Anblick zweier Gemälde, verloren wieder, kaum ist er zur Gegenwart zurückgekehrt, in ein Buch des „divino autor, / Fenix de España", Lope de Vegas *Sortija del olvido*, den „Ring des Vergessens" — („Ja, wer den besäße!") Schon in den Notizen von 1824/25 heißt es von ihm: „Rudolf, der stille, blöde, langsame, verschlossene...", und dieses Bild, das weit weniger dem Habsburger angemessen zu sein scheint als dem Armen Spielmann, wird beibehalten und durchgeführt, ein Intimportrait von bedeutender Transparenz. Wie Rudolf I. aus dem *König Ottokar* ist Rudolf II. der Kaiser „nur". Aber dieses „nur" erscheint nicht mehr als das Gnadenzeichen des Gesalbten, sondern als ein Dornenmal bitterer Selbsteinsicht. „Ich bin ein schwacher, unbegabter Mann", gesteht er gleich zu Anfang zweimal; im vierten Akt, der sein letzter ist, faßt er sein Erdenbild zusammen: „Ich selber war ein Mann der Dunkelheit." Dies ist nicht nur monastische Zerknirschung, sondern auch die Selbstanklage, hinter der ein Hypersensitiver vor den Anwürfen anderer Schutz sucht. Ein weiterer Schutz des Überempfindlichen ist die Einsamkeit, in die er sich zu verlieren liebt. Der gehaßte und verachtete Bruder Mathias hat es gewagt, die Hand auf die Armlehne seines Stuhls zu legen. Da fährt er empor: „Wer da?", und zu seinem Kammerdiener gewandt: „Rumpf! Will allein sein! Rumpf, allein! / Allein." Viermal noch wiederholt er die Silben „allein", als ob das Wort selbst die Einsamkeit verbürge. Und dennoch ist diese Menschenflucht nichts als eine nach innen geschlagene Menschensuche. „Sind hier nicht Menschen?" bricht es aus ihm hervor. „Ich will bei Menschen sein.

Herbei! Herein!" Der Aufschrei erfolgt, nachdem ihm sein Neffe, der „Gräzer" Ferdinand, mitgeteilt hat, seine Steiermark sei von den Protestanten gesäubert.

Und zwanzigtausend wandern flüchtig aus?

Mit Weib und Kind? Die Nächte sind schon kühl.

An diesem Menschenfeind ist ein Liebender, an dieser düstern Majestät ein Mitleidender verlorengegangen.

So wird die Persönlichkeit des Monarchen in ihrem Selbstverständnis sichtbar; von innen her wird deutlich, was den Herrscher hemmt und ihm in den Arm fällt, ehe er zu handeln vermag: der nie ausgetragene Konflikt zwischen Weltlichkeit und Lebensekel, zwischen verstohlener Liebesbereitschaft und jener Angst vor Enttäuschung, die größer ist, als die Enttäuschung selbst es je sein könnte.

Sollten wir die Ursprünge dieser Zerrissenheit nicht in der Kindheit des Kaisers suchen? Der pfiffige Bischof Klesel zumindest deutet Mathias die Antipathie seines Bruders als einen Familienkonflikt:

Ja, der geliebte Sohn! Da liegt es eben!

Hätt euer Vater minder euch geliebt,

Was gilt es, euer Bruder liebt' euch wärmer.

Aus dieser frühen Störung läßt sich auch das Verhältnis des Kaisers zu seinen „Söhnen" deuten: dem Neffen Leopold, von dem er sich ins Verderben reiten läßt, und dem Bastard Don Cäsar, den er zu Tode „bändigt".

Aber dieses Innenbild des Kaisers erklärt sich nicht in Abstraktionen, sondern setzt sich in eine immer wieder variierte Abfolge von Bildern um. Bilder sind die Vorstellungen, die er von seinem Herrschertum hegt. Er weiß,

Daß an der Uhr, in der die Feder drängt,

Das Kronrad wesentlich mit seiner Hemmung,

Damit nicht abrollt *eines* Zugs das Werk,

Und sie in ihrem Zögern weist die Stunde.

Am Kronrad ist die Hemmung wesentlich, am Rollen der Zeit das Zögern der Stunden, in die sie sich teilt und an denen sie sich ablesen läßt. Als Regierungsmaxime ist diese Metapher unweigerlich restaurativ; als Glaubensbekenntnis jedoch mystisch; der Cherubinische Wandersmann hätte dergleichen ersinnen können.

Selbstverräterischer ist noch das Bekenntnis:

Ich bin das Band, das diese Garbe hält,

Unfruchtbar selbst, doch nötig, weil es bindet.

Hier ist „unfruchtbar" das Schlüsselwort. Als Chef seines Hauses ist er der *pater patriae;* das Bild des unfruchtbaren Vaters aber hat deutlich endzeitlichen Charakter. Auf das Eschatologische der Regierungszeit Rudolfs weist schon eine Notiz aus dem Jahre 1831 hin, und zwar wiederum durch die Bildkraft ihrer Sprache: „Diese Periode zeichnet sich jedesmal durch unerhörte Ereignisse aus. Trifft sie einen großen Mann, so verbreitet er Segen über die ganze Welt, doch findet sie einen Schwachen, dann züchtigen ebenso ungeheure Unfälle die sternbewegte Erde." Daß auf dem Thron der Habsburger ein Mystiker saß, war für Grillparzer keine Entschuldigung, sondern gab den Anlaß zu Katastrophen geradezu kosmischen Ausmaßes.

Charakteristisches Bild ist schließlich auch die Schaumünze, deren „besonderes" Gold der kaiserliche Alchimist selbst „auf geheimnisvollen Wegen" gewonnen hat und deren Plan und Prägung seine einzige ihm nicht von den Verhältnissen aufgezwungene Regierungstat darstellt. Die Münze ist geheim, das heißt: unterm Rock zu tragen. (Wie rudolfinisch ist es, als mystisches Politikum mit eigner Hand ein Menschenaugen verborgenes Medaillon zu gießen!)

> Ich hab erdacht im Sinn mir einen Orden,
> Den nicht Geburt und nicht das Schwert verleiht,
> Und Friedensritter soll die Schar mir heißen.
> Die wähl ich aus den Besten aller Länder,
> Aus Männern, die nicht dienstbar ihrem Selbst,
> Nein, ihrer Brüder Not und bitterm Leiden;
> Auf daß sie weithin durch die Welt zerstreut,
> Entgegentreten fernher jedem Zwist,
> Den Ländergier und was sie nennen: Ehre,
> Durch alle Saaten sät der Christenheit,
> Ein heimliches Gericht des offnen Rechts.

Der Wahlspruch des Ordens, der sowohl das Abzeichen eines passiven Kreuzzugs und eines nebelhaften Paneuropa darstellt, lautet: „Nicht ich, nur Gott."

Rudolf handelt durchaus folgerichtig, wenn er diesen Orden als erstem einem Protestanten, dem Herzog Julius von Braunschweig, verleiht. Denn es ist, wie er dem Neffen, dem gnadenlosen Katholiken Ferdinand, erklärt hatte, „jetzt nicht die Zeit noch da der Ort, / Zu streiten für die Wahrheit einer Lehre". Und da der Erzherzog entsetzt zurücktritt, fragt er, nicht ohne den Triumph einer geglückten Provokation merken zu lassen: „Was ist? Was geht ihr fort?" Darauf Ferdinand:

> Nicht anzuhören,
> Wie Östreichs Haupt, wie Deutschlands Herr und
> Kaiser
> Das Wort führt den Abtrünnigen vom Glauben.

RUDOLF. Das Wort führt, ich? Kommt euch die Lust zu
                                     scherzen?
           Allein wer wagts, in dieser trüben Zeit
           Den vielverschlungnen Knoten der Verwirrung
           Zu lösen eines Streichs?

Hier werden die Bilder von der Hemmung des Kronrads, dem
unfruchtbaren Band der Garbe deutlich. Zu bewahren gilt es hier, und
nicht zu lösen. Wenn aber der erste „Friedensritter", der Herzog von
Braunschweig, nach dem Krieg in Ungarn, dem Türkenkrieg, fragt,
antwortet der Kaiser: „Der ist gut." Und wiederum:

           Allein der Krieg in Ungarn, der ist gut.
           Er hält zurück die streitenden Parteien,
           Die sich zerfleischen in der Meinung schon.
           Die Türkenfurcht bezähmt den Lutheraner,
           Der Aufruhr sinnt in Taten, wie im Wort,
           Sie schreckt den Eifrer meines eignen Glaubens,
           Der seinen Haß andichtet seinem Gott.
           Fluch jedem Krieg! Doch besser mit den Türken,
           Als Bürgerkrieg, als Glaubens-, Meinungsschlachten.

Dies ist Realpolitik, die einem heraldischen Träumer übel zu Gesicht
steht; hier ist „Klug" am Werke, und nicht der „Gang der Natur", die
Wahrheit, die in Sternen ist, „im Gestein, / In Pflanze, Tier und Baum."
Die Sprache, in die Rudolf diese Politik faßt, ist bildlos, klanglos, fahl.
Außerdem ist dies eine Politik, die ihren Wirklichkeitscharakter bereits
eingebüßt hat. In dem Augenblick, in dem der Kaiser diese Erklärung
abgibt, haben seine „Brüder" unter Klesels Führung schon mit den Türken
Frieden geschlossen, und Mathias, von Ungarn und Österreich als
Herrscher anerkannt, befindet sich auf dem Marsch nach Prag.

Der mystische Monarch ist vor der nüchternen Wirklichkeit verloren.
Da haben ihm die böhmischen Stände den Majestätsbrief zur Unter-
zeichnung vorgelegt, die Grundrechte protestantischer Politik in ihren
Landen. Darauf der Kaiser:

           Hier ist ein Punkt, der neu. Der muß hinweg.
           Gehorsam zu verweigern gibt er euch
           Das ausgesprochene Recht, wird irgendwie
           Geordnet, was entgegen eurer Satzung.

Es wäre nun zu erwarten, daß die Verhandlungen an diesem neuen
Postulat scheitern; gewichtig genug wäre es. Rudolf aber nimmt den omi-
nösen Punkt zum Anlaß einer Rede, deren Schönheit und Wahrheit darin
zu bestehen scheint, daß ihre Bildkraft, ins Leere verschwendet, vor dem
Hintergrund dieser Leere ihre eigentümliche Leuchtkraft gewinnt.

> Zieht nicht vor das Gericht die heilgen Bande,
>
> Die unbewußt, zugleich mit der Geburt,
>
> Erweislos, weil sie selber der Erweis,
>
> Verknüpfen, was das Klügeln feindlich trennt.

Hier wird selbst das abstrakte Wort „Erweis" zum Bild konkretisiert, gewinnt doppelten Boden und wird durchsichtig, ähnlich wie das Wort „Wahrheit" für den Bischof aus *Weh dem, der lügt!* Nicht nur die Wahrheit, auch die Liebe wird solcherart zum „Erweis" und damit zum Bild:

> Und wenn das Herz dich zu dem Weibe zieht,
>
> So fragst du nicht, ob sie der Frauen Erste,
>
> Das Mal auf ihrem Hals wird dir zum Reiz,
>
> Ein Fehler ihrer Zunge scheint Musik,
>
> Und das: ich weiß nicht was, das dich entzückt,
>
> Ist ein: ich weiß nicht was für alle andern.

Wir scheinen uns, von Metaphorik getragen, weit von den Legalismen des Majestätsbriefes entfernt zu haben. Und dennoch: sagt der Kaiser hier nicht, ein Protestant sei der Liebe unfähig? (Und er, der Katholik, etwa nicht?) „Was erkennt er hier als die Folge des Protestantismus?" fragt Rudolf Pannwitz und antwortet sich selbst: „Den Verlust nicht nur der Traditionen, sondern mit ihnen der organischen Liebe." Rudolf aber fährt fort:

> Du liebst, du hoffst, du glaubst. Ist doch der Glaube
>
> Nur das Gefühl der Eintracht mit dir selbst,
>
> Das Zeugnis, daß du Mensch nach beiden Seiten:
>
> Als einzeln schwach, und stark als Teil des All.

Wieder nimmt er die hieratische Struktur, die „Ständeordnung" des Universums zum Vorbild, um hinzuzufügen:

> Der Zweifel zeugt den Zweifel an sich selbst,
>
> Und einmal Ehrfurcht in sich selbst gespalten,
>
> Lebt sie als Ehrsucht nur noch und als Furcht.

Hier steigt er zum Niveau seiner Zuhörer herab, argumentiert vernünftig und mit einem Wortspiel, wie es den Predigern seiner Zeit gefallen haben mag. Es nützt nichts. Einsilbig-stur antwortet die Abordnung: „Wir baun auf festen Boden, auf die Schrift." Die Bildsprache des Kaisers ist vertan; die Verhandlungen sind zusammengebrochen. Daraufhin unterschreibt der Kaiser das Dokument, und zwar, wie sich der Dramatiker in einer Regieanweisung anzumerken beeilt: *rasch*.

In den Vorarbeiten heißt es zwar: „Dann würde der Majestätsbrief im IV. [sic!] Akt unterschrieben. Um die Ruhe wieder herzustellen." In der Wirklichkeit des Bühnengeschehens ist aber noch keinerlei Unruhe ausgebrochen. Ein Kanonenschuß und der verzweifelte Aufschrei Rudolfs: „Man soll nicht schießen!" erfolgen erst, nachdem die Unterschrift gesetzt ist. Scheint es nicht, als verführte das Dokument den Widerstrebenden zur Signatur? Als zöge den Tatenlosen und Gedankenschweren die Tat als solche an? Als zerrisse hier ein Stärkeres — der Wunsch der Selbstzerstörung — das magische Band, das die Garbe des Reichs zusammenhält? Führt er hier nicht den „Streich, den vielverschlungnen Knoten" zu lösen? Wieder heißt es in den Vorstudien: „Das Tragische wäre denn doch, daß er das Hereinbrechen der neuen Weltepoche bemerkt, die Andern aber nicht, und daß er fühlt, wie alles Handeln den Hereinbruch nur beschleunigt." Und dennoch handelt er hier, gewährt gegen sein besseres Wissen und vor allem gegen die zwingende Kraft seiner Vision den böhmischen Protestanten Gleichberechtigung und öffnet damit, historisch gesehen, „der neuen Weltepoche" Tür und Tor. Man denke lediglich an das Gesicht des Neffen Ferdinand, wenn er die Nachricht von der Signatur erhält. So absurd, scheint Grillparzer hier zu sagen, verfährt sich die Geschichte. Nicht anders ist die unvermutete Unterschrift Rudolfs unter den Majestätsbrief zu deuten, als daß der Kaiser dabei die Augen schließt und den Sprung in die Tat vollzieht, wohl wissend, daß ihre Folgen unweigerlich über seinem Haupt zusammenschlagen werden. Geschichte entpuppt sich hier als die Überwältigung des Tatenlosen durch die Tat.

Ein ähnlicher Mechanismus ist am Werk, wenn der Kaiser seinem Neffen Leopold erlaubt, ihm mit den landfremden Passauer Truppen zu Hilfe zu kommen. Klar erkennt Rudolf die Gefahr:

> Siehst du, da kommt er, der Versucher, da!
> Mein Sohn, mein Leopold! — Und doch, hinweg! . . .
> Mein Sohn, es ist zu spät! Ich darf nicht, will nicht . . .
> Versucher, fort! Ob hundertmal mein Sohn,

und eilt in sein Kabinett. Zweimal Versucher und dreimal „Sohn"! Ein fürchterlicher Doppelsinn tut sich in den Worten dieses „unfruchtbaren" Vaters auf. Was er liebt, verführt und verdirbt ihn. Leopold entringt ihm die Vollmacht, mit seinen Truppen zu intervenieren, womit der Bruderzwist auf Prager Boden verschleppt und das Ende des Kaisers besiegelt wird.

Mit Absicht hat Grillparzer den Auftritt zwischen Rudolf und Leopold hinter die Szene verlegt. Ein kaum darstellbarer Hauch von Todeserotik hängt über dieser Versuchung, dieser Verführung des Habsburgers durch den geliebten „Sohn". Sehr tiefsinnig hat der Dichter die Faszination des Verderbens in das Spiel mit Leopolds dunklem Mantel gefaßt. Der Erzherzog entledigt sich seiner, ehe er zum entscheidenden Gespräch mit dem Kaiser eilt. Er rafft ihn, nachdem er den Marschbefehl erhalten hat, vom Boden auf:

Nichts teurer ist hierlands als der Entschluß,
Man muß ihn warm verzehren, eh er kalt wird.

Wenn Herzog Julius den Erzherzog endlich erreicht hat und zurückhalten will, streift dieser den Mantel ab, der in der Hand des Braunschweigers zurückbleibt:

Wie Joseph denn im Hause Potiphar
Laß ich den Mantel euch, mich selber nicht.

Die Rolle, die Leopold gespielt hat, erklärt sich durch ein Stück Kleidung. Der Herzog läßt schließlich den Mantel fallen:

Die Hülle liegt am Boden. Das Verhüllte
Geht offen seinen Weg als Untergang.

Verhüllt sind die Gründe, aus denen der Kaiser handelt, wenn er handelt. Was offen den Weg in den Untergang geht, ist die Geschichte des Menschen Rudolf.

Im Jahre 1848 hatte Grillparzer Hegel als den „größten Denkkünstler aller Zeiten" bezeichnet und hinzugefügt: „Immerdar bleibt sein Wirken merkwürdig für alle Zeiten, als ein, wenn gleich verunglückter Versuch das Rätsel der Welt im Wege des reinen Vernunftgebrauches aufzulösen." In diesem Sinn ist das Geschichtsbild des *Bruderzwistes* radikal unhegelianisch. Weit entfernt davon, das Rätsel der Welt schlüssig beantworten zu wollen, gibt Grillparzer es uns erst recht in der Person dieses Kaisers auf, der den Frieden will und den Krieg beschleunigt, der peroriert, wo er handeln, handelt, wo er zaudern sollte; der, kaum ist sie geschehen, die Tat wieder rückgängig zu machen sucht, der *über* der Geschichte steht und sich ihr doch zum Opfer bringt mit der Freiheit der großen Herren, der großen Narren und jener, die entschlossen sind, sich selbst zu zerstören.

Diese Freiheit unterscheidet ihn von seinen Widersachern wie von seinen Anhängern, ob sie nun Geschichte treiben oder sich von ihr treiben lassen. Von Mathias sagt er:

Wir beide haben
Von unserm Vater Tatkraft nicht geerbt,
— Allein ich weiß es, und er weiß es nicht.

Hier freilich irrt der Kaiser. Denn Mathias ist es, welcher der heraldischen Maxime von der Dauer des Hauses Habsburg die Diagnose entgegenhält:

Das ist der Fluch von unserm edeln Haus:
Auf halben Wegen und zu halber Tat
Mit halben Mitteln zauderhaft zu streben.

Freilich bleibt diese aus Selbstmitleid geborene Erkenntnis an der Oberfläche haften und macht Mathias zur Puppe des Politikers Klesel. So vermag der Kaiser mit der ganzen Intimität des Bruderhasses seinem Nachfolger ein Epitaph zu setzen, das sie beide zu überleben bestimmt ist: „Nur einen tadl ich", sagt Rudolf am Ende,

> Den ich verachtet einst, alsdann gehaßt,
> Und nun bedaure als des Jammers Erben.
> Er hat nur seiner Eitelkeit gefrönt,
> Und dacht er an die Welt, so wars als Bühne,
> Als Schauplatz für sein leeres Heldenspiel.

Tatsächlich spielt Mathias auf barocke Manier die Rollen der Machtgier, des Ruhmes und der Zerknirschung; sein Spiel ist voraussehbar und daher ohne Geheimnis, er selbst nichts als der Schatten des Schattens, den das geistesstille Licht des Kaisers auf das dramatische Geschehen wirft. — Maximilian, der dritte Bruder, aber hat nach seinem Mißgeschick im „Streit um Polens Krone" seinen Frieden mit der Welt gemacht; das habsburgische Fernweh, der Griff nach dem Unerreichbaren, sind ihm fremd. Er ist der letzte, der den Friedensvertrag mit den Türken unterzeichnet, aber er unterschreibt ihn doch, „entwohnt des Wirkens und Befehlens"; so begehrt er, nicht schuld am Bruderzwist zu sein. Sentimental und wohlbeleibt, kommt er am Ende zur Versöhnung: „Auch kniet sichs schwer mit meines Körpers Last." Seine Selbsterkenntnis beschränkt sich auf seine Körperlichkeit. — Was die Neffen anlangt, so merken schon die Vorarbeiten an: „Vor dem Gräzer hat er ein unheimliches Grauen." Und Leopold, den liebt der Kaiser Rudolf, und erlaubt ihm, seine Majestät zu ruinieren. — Einzig Bischof Klesel, der Bäckerssohn und Manager des Bruderzwists, tritt von außen her in dieses Familiendrama. Er verhält sich zu Rudolf ähnlich, wie sich in Hofmannsthals *Turm* der Gefreite Olivier zum Königssohn Sigismund und dessen Haus verhalten wird: er ist der Wegbereiter seiner selbst und einer Zukunft, die noch profaner sein wird als er. Aber auch er fällt einer Geschichte zum Opfer, die sich nicht einmal von ihm machen läßt, sondern mit Elementargewalt selbst über ihn hereinbricht.

Friedrich Gundolf hat „unwillkürlich ... nach dem Habsburgischen Gegenspieler des Kaisers" gesucht. In Don Cäsar, dem morganatischen Sohn des Herrschers, hätte er ihn finden können. Die Haupt- und Staatsaktion des *Bruderzwistes* umschließt ein tiefenpsychologisch erfaßtes Generationsproblem. Die monologische Statik der szenischen Vorgänge, in deren Mitte der Kaiser steht, wird durch den archaischen Hader durchbrochen, der, von der ersten Szene an, zwischen Rudolf und seinem unehelichen Sohne herrscht.

Sowie sich der Vorhang gehoben hat, wird mit aller Deutlichkeit, deren das Theater fähig ist, der Zusammenhang zwischen Rudolf und Don Cäsar hergestellt — und sogleich durchbrochen.

GERICHTSPERSON. Im Namen kaiserlicher Majestät
Ruf ich euch zu: Laßt ab!
DON CÄSAR. Ich nicht, fürwahr!
Ihr gebet den Gefangnen denn heraus,
Den man zurückhält ohne Fug und Recht.

Der Text läßt dunkel, was hier im Namen der kaiserlichen Majestät vor sich geht. Nur in einer der Quellen, in Khevenhüllers *Conterfet Kupfferstich ... deren jenigen regierenden großen Herrn* aus dem Jahre 1721, finden wir eine Notiz, nach welcher der Gefangene, der „Veldtmarschalck" Rußworm, einen gewissen Belgiojoso sozusagen eines privaten Mißverständnisses wegen erschlagen habe. „Der Kayser Rudolph war erstlich vbel zufriden, daß man sein Veldtmarschalck so vbel tractiert, als aber seine Widerwertigen den Kayser anderst informiert, wurdt er verarrestiert, hernach der Sententz vber jhn gesprochen ..." Besagten Belgiojoso aber hat Don Cäsar — wir werden nie erfahren, ob mit Recht oder Unrecht — für seinen erfolgreichen Nebenbuhler bei der Bürgertochter Lukrezia gehalten. Vergebens versichert der alte Oberst seinem Protektor,

... daß Belgiojoso euch im Weg,
Euch Nebenbuhler war in euerm Werben,
Hat seinen Tod so wenig ihm gebracht,
Als, war ers nicht, es ihn vom Tod errettet.

Der Bastard besteht darauf, mit der Waffe in der Hand für den Gefangenen zu intervenieren. Der „Veldtmarschalck" schätzt die Situation mit dem fachmännischen Blick eines alten Militärs ein: „Ihr seid zu schwach und bringt die Stadt in Aufruhr." Als dann zum Überfluß auch noch Lukrezia erscheint, schlägt Don Cäsars Haßliebe offen empor. So gleicht er einer Flamme, die frißt, was ihr zu nahe kommt. Der „unfruchtbare" Vater hat, wenn auch linker Hand, einen sehr temperamentvollen Sohn in die Welt gesetzt.

Wie eine steile Rampe führt diese Szene zum Hradschin, zur Burg, hinauf. Noch ist die kaiserliche Majestät nicht erschienen, aber Mathias und Klesel sind anwesend; der Kammerdiener Rumpf waltet betulich seines Amtes; gleich wird sich Ferdinand anmelden lassen; da stürmt Don Cäsar herein, um Gnade für Rußworm zu erzwingen. Er stößt auf den Kammerdiener, den „Perückenmann". Beinah das erste Wort, das der Bastard bei Hof spricht, ist eine Verunglimpfung der kaiserlichen Person, wie aller Schimpf ein verhüllter Todeswunsch. Und dennoch darf er nicht nur den Monarchen öffentlich verlachen: Rumpf, der gewiß nicht aus eigener Initiative handelt, schenkt ihm ein Pferd, das der Kaiser eben besehen und gekauft hat. Ein paradoxes Vorkommnis, jenseits von aller Logik und allem Zeremoniell. Klesel deckt den Ursprung des Widerspruchs auf, wenn er seinem Herrn Mathias die Rolle des Eindringlings erklärt:

Ein Findelkind, im Schlosse hier gefunden.
Der Kaiser liebt ihn sehr. Begreift ihr nun?

Dies ist Sprache gewordenes Augenzwinkern. Nicht nur darf über die wahre Herkunft Don Cäsars bei Hofe nicht gesprochen werden (was freilich nicht ausschließt, daß das Gerücht davon weit über das Prager Schloß hinausgedrungen ist) — der Kaiser liebt auch noch seinen natürlichen Sohn, ohne diesem ein anderes Zeichen seines Gefühls zu geben als Narrenfreiheit und gelegentliche Verwöhnung. Diese Gunstbezeigungen jedoch scheinen nichts als Beschwichtigungsmanöver zu sein; wenn der Vater dem Sohn dann entgegentritt, verbreitet er statt Liebe eine unerwartete Kälte. (Der Schatten Wenzel Grillparzers aus der Selbstbiographie fällt über die Szene.)

Don Cäsar bringt seine Bitte um Rußworms Leben vor, der Kaiser *„liest hohnlachend die Aufschrift“* und proklamiert: „Er stirbt.“ Rudolf selbst bringt den Mord an Belgiojoso mit der Leidenschaft des Sohnes zu Lukrezia in Verbindung, obwohl der Verurteilte einen solchen Zusammenhang geleugnet und der Fürsprecher ihn wohlweislich verschwiegen hat. Unvermittelt befiehlt der Kaiser dem Sohn, das Mädchen freizugeben, womit er heimtückisch den Anwalt in einen Beklagten verwandelt. Und dennoch kann der Zuschauer nicht umhin, zu hören, was dem Gemaßregelten verborgen bleiben muß: der jähe Befehl des Herrschers maskiert die Sorge eines Vaters, der das Temperament des Sohnes von seinen eigenen Jugendtagen her kennt und fürchtet. Don Cäsar pariert trotzig: „Nein, Herr, denn sie betrog mich“, und bestätigt damit unsere Vermutung, daß nicht Liebe, sondern der vermeintliche Betrug die Faszination bildet, die das Mädchen auf ihn ausübt. Darauf setzt Rudolf zu einer merkwürdigen Antwort an:

Cäsar, solang die ewgen Sterne kreisen,
Betrügt der Mann das Weib.

Er spricht den Sohn bei seinem Namen an, und dieser Name ist sprachlich mit dem Wort „Kaiser“ identisch. Mit Absicht hat sich Grillparzer zwischen den beiden in den Quellen vorgegebenen Namen des Bastards, Julius und Cäsar, für den letzteren entschieden. Rudolf muß große Hoffnungen in diesen Abkömmling gesetzt haben, als er ihn nach seiner eigenen Würde benannte. Er hat damit freilich auch das Schicksal herausgefordert; gelegentlich steigt dem Kaiser vor diesem Cäsar das kalte Grauen auf. Dann versucht er, die Schuld der Namensnennung auf den Träger des Namens abzuwälzen, als könnte er sich damit aller Verantwortung für diesen Sohn entschlagen. Zu Prokop, Lukrezias Vater, der den in Ungarn verhafteten Kaisersprößling nach Prag geleitet hat, wird er sagen:

> Ihr habt den Flüchtling, der sich Cäsar nennt,
> Gestellt uns als Gefangenen zur Haft.

Doch nicht der Bastard hat sich selbst, der Kaiser hat den Sohn so getauft. Wenn er diesen bei ihrer einzigen Begegnung beschwörend fast bei seinem kaiserlichen Namen nennt, dann ist es, als spräche der Monarch zu seinesgleichen und beinah zu sich selbst.

Tatsächlich stellt die Sentenz, die er nun folgen läßt, keinerlei Antwort auf Don Cäsars Einwurf dar. Nicht vom Betrug des Weibes ist die Rede mehr, so unklar immer auch das Benehmen Lukrezias gewesen sein mag, sondern von der Täuschung, die der Mann begeht, begehen muß: der Sohn ruft unweigerlich die Erinnerung an seine Mutter herauf, die der Vater, er sagt es ja selbst, betrogen hat, damals nämlich, als er sie von sich wies, ihre Existenz verleugnete und ihr Kind zum Findelkind machte. Damit aber hat er sich eine Blöße gegeben, und Don Cäsar wäre nicht sein Sohn, wenn er sie nicht sogleich aufs grausamste wahrnähme: „Zum mindsten wars so / Mit einer Frau, die mir gar nah verwandt." Der Konflikt zwischen Vater und Sohn ist nun in aller Hintergründigkeit aufgerissen, und die Wunde, an der sie gemeinsam tragen, liegt klar zutage. Don Cäsar leidet unter dem Trauma seiner Geburt, wie Rudolf unter der Verantwortung seiner Vaterschaft leidet. Der Stunde, die dem „Findelkind" das Leben gab, darf nicht gedacht werden. Don Cäsar muß die Namen seiner Eltern verschweigen. Mehr noch, er darf sie nicht „kennen", darf nicht *wissen*, wer sie sind. Zugleich erklärt dieses Verbot Don Cäsars Wahn: einer, der nicht wissen darf, wer er ist, muß wissen wollen, was jene vor ihm verbergen, die er zu lieben glaubt. Die Strafe für dieses Wissen ist „ewiges Gefängnis", das den Wissenden von dem „gottgegebnen Licht" fernzuhalten droht, von jener Sonne der Wahrheit, die der Kaiser so oft und so gerne heraufbeschwört.

Was aber der Sohn nicht einbekennen, ja nicht einmal denken darf, das in aller Öffentlichkeit auszusprechen ist dem Vater gestattet: „Je näher mir, mir um so grimmrer Feind." Die Feindschaft des Sohnes ist in diesem Augenblick so offenbar, daß der Kaiser im Affekt seiner väterlichen Schuldgefühle die „Nähe" seines Verhältnisses zu diesem Feind ohne weiteres preisgibt. Und als Don Cäsar auf den ohnmächtigen Zorn des Alten mit einem Hohngelächter antwortet, das dem Kaiser für sein spöttisches Lachen bei der Zurückweisung von Rußworms Urteil heimzahlt, da will Rudolf handgreiflich werden, greift nach der Partisane eines nebenstehenden Trabanten, strauchelt aber, wankt und droht zu Boden zu stürzen. Erst mit dem Ruf: „Yo soy el emperador!" vermag er sich wieder aufzurichten. Als wäre der Name „Kaiser" durch seine Verwandtschaft mit diesem Cäsar beschmutzt, erklärt Rudolf sich hier als Imperator, der wenigstens sprachlich nichts mehr mit dem Namen seines Sohnes zu tun hat. (Das folgende „Der Kaiser ich!" ist ein Nachklang, dem der Antrieb, das Zeitwort, mangelt.) Er sucht beim Spanischen, der Sprache seiner Kindheit, Zuflucht, wendet sich an die Vergangenheit, als könnte sie ihm Schutz gewähren, und gesteht damit ein, daß er sein Kaisertum nicht zuletzt durch diesen Sohn, Don Cäsar, gefährdet weiß.

Damit aber ist andeutungsweise vorweggenommen, was dann der vierte Aufzug in aller Anschaulichkeit demonstrieren wird: die Existenz Rudolfs ist lebenseng an die seines natürlichen Sohnes gebunden. Er schwankt, wenn er gegen sein eigen Blut zur Waffe greift, und wird stürzen, wenn er den Sohn vernichtet. Er kann den Geliebten und Verachteten nicht aus der Welt schaffen, ohne mit dem Richtspruch sich selbst zu verurteilen. Für diesen Kaiser sind väterliche Liebe und tödliches Strafgericht unlösbar in eins verflochten. Rudolf weiß dies, wie er so manches weiß. Zu Prokop sagt er:

> ... Vor Cäsar lebt nur künftig sicher,
> Ich will ihn hüten wie des Auges Stern.
> Und hört ihr einst, er sei zu Nacht gestorben,
> So denkt nur: seine Krankheit hieß Verbrechen,
> Und Strafe war sein Arzt. —

Die Gegenüberstellung von Augenstern und nächtlichem Sterben zeigt mit aller Heimtücke, deren unbewußte Sprache fähig ist, die Ambivalenz von des Kaisers Gefühlen an. In Rudolfs Obhut ist Don Cäsars Strafe, in des Vaters Liebe der Untergang des Sohnes besiegelt.

Zu Recht oder zu Unrecht, der junge Mensch bedeutet für den Vater die Zeit, „die wildverworrne, neue". Zuchtlos ist er wie sie; „der freche Sohn der Zeit" gibt sich als Protestant und Bilderstürmer. Das Bild aber, das er zu stürmen trachtet, ist das des Vaters. Schon ist Don Cäsar, verstockt und verstört, abgetreten, und noch sinnt Rudolf ihm nach:

> Die Zeit, die Zeit! Denn jener junge Mann,
> Wie sehr er tobt, er ist doch nur ihr Schüler,
> Er übt nur, was die Meisterin gelehrt ...
> Es heißt: den Glauben reinigen. Daß Gott!
> Der Glaube reint sich selbst im reinen Herzen,

Nein, Eigendünkel war es, Eigensucht,
Die nichts erkennt, was nicht ihr eignes Werk.
Deshalb nun tadl ich jenen Jüngling, straf ihn,
Und fährt er fort, erreicht ihn bald sein Ziel,
Allein erkenn auch, was ihn so entstellt.
[Deucht mirs doch manchmal grimmiges Vergnügen,
Mit ihm zu ringen, in des Argen Brust
Die Keime aufzusuchen der Verkehrtheit,
Die ihm geliehn so wildverworrne Welt.
Die Zeit kann ich nicht bändgen, aber ihn,
Ihn will ich bändgen, hilft der gnädige Gott.

Der gnädge Gott hilft nicht. Der Bastard wird, wie sein Vater es vorausgesehen, durch sein Treiben von „seinem Ziel erreicht". (Welch ein Habsburger, welch ein österreichisches Wort! Nicht der Strebende gelangt ans Ziel, sondern dieses ereilt den Zielstrebigen, um ihn unter sich zu begraben. Bei Kafka heißt es dann: „Es gibt ein Ziel, aber keinen Weg; was wir Weg nennen, ist Zögern." Solch ein Zögern ist der Weg dieses Kaisers.) Sein Ausfall gegen den abwesenden Don Cäsar, ein Nachruf, wie alle seine Reden über den Sohn im Grunde Nachrufe sind, ist nur der erste Monolog, in dem Rudolf mit der Zeit, Don Cäsars Zeit, Abrechnung hält. Die Zeit ist Auswurf, Niederung und Untergang. Auch der Bastard kommt von unten; schon in der Abfolge der Schauplätze in diesem Drama steigt er aus der Unterstadt zum Schloß auf den Hradschin empor; wir ahnen, daß seine Mutter, derer nicht gedacht werden darf, aus den Tiefen der Gassen ins Schloß geholt worden ist. Unten: das ist für Rudolf „die Anarchie der entfesselten Triebe und Begierden im Kampf mit der gottgewollten Ordnung und Gerechtigkeit, als deren Träger sich der Kaiser fühlt" (Dolf Sternberger). Darum schwingt in grotesker Karikatur das Bild des Sohnes mit, wenn Rudolf diese neue Zeit als „Scheusal" sieht,

Mit breiten Schultern, weitgespaltnem Mund,
Nach allem lüstern und durch nichts zu füllen.
Das ist die Hefe, die den Tag gewinnt,
Nur um den Tag am Abend zu verlieren,
Angrenzend an das Geist- und Willenlose.

Auch dieses Scheusal „steigt empor", es ist die Zukunft in der Gestalt des Caliban, eines Parvenüs der Unterwelt; einebnend, was es überragt, reißt es die Hoheit

Zur Oberfläche eigener Gemeinheit,
Bis alles gleich, ei ja, weil alles niedrig.

Rudolf wird hier von einem Angstgesicht politischer Eschatologie heimgesucht, einer Vision vom *Aufstand der Massen* (José Ortega y Gasset), die weit über den persönlichen Erfahrungsbereich des Kaisers und über den historischen Rahmen des *Bruderzwists* hinausreicht. Sie wird glaubhaft dadurch, daß Rudolf die Bedrohung durch das, was er die „Zeit" nennt, im phantastischen Zerrbild seines Sohnes zu erfahren imstande ist. Da aber der Kaiser in Don Cäsar die eigenen Abgründe fürchtet, wird er letztlich durch einen Blick auf die Ängste, die ihn selbst heimsuchen, zu einem Seher ins Allgemein-Zukünftige. Es ist das Unglück dieses Vaters, dieses Sohns, daß Rudolf Don Cäsar lediglich als eine Ausgeburt seiner eigenen Phantasie sehen kann.

An dem Sohn scheitert die Menschlichkeit des Menschen Rudolf; an ihm erweist er die transzendente Majestät seines Kaisertums. Während der Wirren, die Leopolds Intervention in Prag hervorruft, erschießt Don Cäsar Lukrezia. Seine Tat ist infantil: so zerstört ein Kind die Puppe, wenn es sehen will, was sich in ihrem Inneren befindet. In dieser Puppe aber zerstört er nicht nur die Geliebte Belgiojosos, der ihn, wie er glaubt, an den Kaiser verraten hat, er vernichtet die Frau schlechthin, und damit auch die Geliebte des Kaisers, seine Mutter. Auch nach ihrem Wesen hat er zeit seines Lebens vergebens gesucht.

Der Mörder wird von der Militärpolizei verhaftet und in einen Turm des Schlosses gebracht, in dem der Kaiser selbst halb als Gefangener gehalten wird. Der Schlüssel zu Don Cäsars Gefängnis ist in die Hände des treuen Herzogs von Braunschweig gelangt. Rudolf erscheint vor dem Turm, dem ein Ziehbrunnen gegenüberliegt. Unnachahmlich die Zartheit des Kammerdieners Rumpf, den man bisher für eine von Aktenstaub bedeckte Marionette gehalten hat:

> Der Fußtritt vieler Kommenden und Gehnden
> Hat arg gehaust in dieses Gartens Wegen.
> Des Gärtners Rechen gleicht es wieder aus.
>   Beliebts euch nun, den Tieren nachzusehn,
> Die in den Käfigen der Füttrung harren?
> Der Löwe nimmt die Nahrung nur von euch,
> Die Wärter sagen, daß gesenkten Haupts
> Er leise stöhnt, wie einer der betrübt.

Aber auch die melancholisch zarte Anspielung auf das Wappentier des Landes hilft nichts. Der Kaiser hat sich in höhnisches Schweigen wie in einen Schutzmantel gehüllt. Er ist völlig in sich selbst verloren; die Distanz zwischen ihm und seiner Umgebung ist nun nicht mehr der Abstand zwischen Souverän und Untertan, sondern der Abgrund zwischen Mensch und Mensch.

Einstweilen haben die Ärzte Don Cäsar, der offenbar dem Wahnsinn nahe ist, zur Ader gelassen. Ein Diener tritt auf und berichtet von dem erkrankten Mörder:

> Er aber tobte an dem Eisengitter
> Und rief nach einem Richter, um Gericht,
> Er wolle leben nicht; bis plötzlich, jetzt nur,
> Er den Verband sich von den Adern riß.
> Es strömt sein Blut, und die verschloßne Tür
> Verwehrt den Eintritt den berufnen Ärzten.
> Gibt man den Schlüssel nicht, ist er verloren.

JULIUS *den Schlüssel aus dem Gürtel ziehend.*

> Hier nimm und eil!
> *Der Kaiser winkt mit dem Finger*

JULIUS.   Allein bedenkt, o Herr!

da der Kaiser den Schlüssel genommen hat und sich damit entfernt, ihm zur Seite folgend:

> Von einem Augenblick hängt ab sein Leben,
> Und nicht sein Leben nur, sein Ruf, sein Wert.
> Ihm selbst und jedem andern, der ihm nah,
> Liegt nun daran, daß er vor seinen Richtern
> Erläutre, was er tat und was ihn trieb,
> Daß nicht wie ein verzehrend, reißend Tier,
> Daß wie ein Mensch er aus dem Leben scheide,
> Wenn nicht gereinigt, doch entschuldigt mindstens.
> Ihm werde Spruch und Recht.

DER KAISER *der auf den Stufen des Brunnens stehend, den Schlüssel hinabgeworfen hat, mit starker Stimme.*

> Er ist gerichtet,
> Von mir, von seinem Kaiser, seinem —
> *mit zitternder, von Weinen erstickter Stimme*
> Herrn!

er wankt nach der linken Seite, von Rumpf unterstützt, ab.

Dies ist eine Szene von gebrochener, aber atavistischer Grausamkeit. In dieser Gestalt ist sie ganz Grillparzer eigen; in den Quellen nur in undeutlichen Umrissen vorgezeichnet, darf man die Figur Don Cäsars im wesentlichen als Grillparzers Erfindung bezeichnen. Der Vorgang selbst ist in seiner gedrungenen Wucht, der Einsilbigkeit des handelnden Richters, ein theatralischer Höhepunkt originellster Prägung. Die Eindringlichkeit des Geschehens wird nur noch durch die Widersprüche überboten, die sich zwischen dem Charakter des Kaisers und seiner jähen und tödlichen Geste zu entladen scheinen. Zu diesen Paradoxien gehört zunächst der Umstand, daß hier eine Gestalt, die im Verlauf des Dramas zu einer geradezu klinischen Studie von Entschlußarmut und Handlungshemmung geworden ist, eine Tat vollbringt, die ebenso überraschend wie unwiderruflich ist. (Überraschend? Zumindest der ergebene Freund und vertraute Beobachter scheint sie gefürchtet zu haben. „Allein bedenkt, o Herr!" hat Herzog Julius beschwörend ausgerufen.) Die Tat ist ein autoritärer Willensakt, der Rudolfs eigener Maxime „stark, nicht hart!" breit ins Gesicht schlägt. Außerdem ist sie überflüssig. Das Leben Don Cäsars ist verwirkt, wie der Braunschweiger dem Kaiser vorzustellen sucht. Nicht um den Ausgang des Prozesses gegen den Mörder geht es, sondern um die Legalität, die menschliche Rechtfertigung der Gerichtsprozedur.

Diese aber ist es, über die sich Rudolf mit der Souveränität eines autoritären Anspruchs hinwegsetzt. Jenseits allen Rechts wirft er sich zum alleinigen Richter seines Sohnes auf. Er weiß dies, und zwar wird ihm die Bedeutung seines Tuns in dem Augenblick bewußt, in dem er vor dem letzten Wort seines Urteils innehält. Don Cäsar ist gerichtet, sagt er (es sind seine ersten und einzigen Worte während dieser Szene) „von mir, von seinem Kaiser, seinem —". Das einzige Wort, das die Zeile ergänzen und ihr eine menschliche Färbung hätte geben können, wäre das Wort „Vater" gewesen, das Grillparzer in früheren Fassungen auch erwogen hat. Dieses aber wird unterdrückt, als scheute sich Rudolf, selbst in dieser Stunde der Abrechnung, seine Vaterschaft preiszugeben, und durch das Wort „Herr" ersetzt, welches das Sohnestum des Verbrechers endgültig auslöscht und ihn jener kosmischen Ordnung unterwirft, die der Herrscher vergeblich über seine Zeit und ihren „Schüler" heraufgerufen hat. Das „Ziel" hat den Aufrührer ereilt.

Die fragwürdigste Wendung in Rudolfs Tun und Lassen wird jedoch zur Bestätigung seiner Legitimität. Grillparzer deutet das damit an, daß er den Protagonisten seines Trauerspiels, den er selbst in den feierlichsten Augenblicken bei seinem Namen „Rudolf" genannt hat, hier, wie sonst an keiner Stelle des Manuskripts, als den „Kaiser" handeln und sprechen läßt. „Der Kaiser" und nicht „Rudolf" sagt: „Er ist gerichtet." Als Repräsentant einer Ordnung, die mit ihm dahingeht, richtet er „die Zeit, die wildverworrne, neue"; daß er mit diesem Richtspruch seinen eigenen Sohn tötet, tritt vor der umfassenden Bedeutung dieses Akts zurück. Den beinahe sakramentalen Charakter des Opfers verrät auch die Regieanweisung, welche die Ausführung des Richtspruchs zum Gegenstand hat. Der Kaiser, hat Grillparzer sagen wollen, wirft den Schlüssel zum Gefängnis Don Cäsars in den Brunnen. Aber diese Aussage wird nicht nur in einen Relativsatz, sondern auch in die Vergangenheit versetzt

(*„Der Kaiser, der auf den Stufen des Brunnens stehend, den Schlüssel hinabgeworfen hat..."*). Die Tat geschieht nicht, sie ist lediglich geschehen, so als hätte der Kaiser dem Vater Rudolf die Hand geführt, und dieser wüßte nicht, was jener verübt hätte. Ein Höherer als Rudolf handelt hier: der Kaiser, das Prinzip der Majestät. Erst als die Tat geschehen ist, wird sie dem Menschen bewußt; seine *„starke Stimme"* bricht; mit *„zitternder, von Weinen erstickter Stimme"* vollendet er den Spruch und wankt, von seinem Diener unterstützt, ab. Womit er gedroht und was er gefürchtet hatte, ist geschehen, wie im Traum. Ein mythischer Augenblick — die Tötung des Sohns durch den Vater — hat das historische Trauerspiel gebieterisch unterbrochen. Das Bild von Abraham auf dem Berg Morija taucht archetypisch auf. Hier aber waltet kein Gott der Gnade und enthebt den Vater des fürchterlichen Amtes an seinem Sohn. Doch nicht nur in die dunkle Vergangenheit reicht die Richttat hinab, sie weist auch in die Zukunft. Für Grillparzer hatte sie gleichsam prophetische Bedeutung. „Rudolf", trägt er 1839 ins Tagebuch ein, „soll in D. Cäsar nicht nur ein Bild seiner Zeit, sondern auch ein Vorbild der künftigen, der *heutigen* sehen." Damit bricht der Kaiser auch über Grillparzers Gegenwart, die Revolution und was ihr folgen sollte, den Stab.

Aber das Trauerspiel läuft weiter, seinem geschichtlichen Ende zu. Rudolf, dem nach der Tötung Don Cäsars der Kaisermantel vollends von den Schultern geglitten ist, beschließt, seinem eigenen Leitbild zu folgen:

> Ich selbst, wie einst mein Oheim, Karl der Fünfte,
> Als er die Welt, wie sie nun mich, zurückstieß,
> Im Kloster von Sankt Justus in Hispanien
> Den Tod erwartete, so will auch ich.

Von Karl dem Fünften hat er das Durchschauen der Welt gelernt, die Desillusion, die ihn zur Stille, zum Abseits, zur Tatenlosigkeit verpflichtete. Aus dieser Enttäuschung an der Wirklichkeit, an sich selbst und seiner Sendung erwachsen dann Rudolfs große Visionen, erhebt sich sein Glauben an die Sterne — „Macht mich zum Wächter auf dem Turm bei Nacht" —, ertönt die Musik des Endes, die nur ihm selbst, und nicht einmal dem Treuesten der Freunde, vernehmbar ist. Nicht der Kaiser, der Mensch wird von diesen Ausstrahlungen des Überwirklichen betroffen. Vor Illusionen, die Wahnsinn wären, bewahrt diesen Mystiker nur die Einsicht, daß er, der das Licht der Welt gesehen hat, selbst ein *vir obscurus*, ein „Mann der Dunkelheit", gewesen ist. Zwar blickt er immer noch auf die Gestirne, auf jenen Stern zumal, der den Heiland und seinen Frieden ankündigt. Allein die Engel singen nur „aus weiter Ferne", und der sie hört weiß, daß er sterben muß.

Aber noch ist Rudolf nicht soweit. Er entdeckt, daß er auf Befehl der böhmischen Stände und ihrer Anführer buchstäblich eingemauert worden ist. Es kommt zu der beinahe biblischen Verfluchung Prags:

> Gehütet wie den Apfel meines Auges
> Hab ich dies Land und diese arge Stadt,
> Und während alle Welt ringsum im Krieg,
> Lag, einer blühenden Oase gleich,
> Es in der Wüste von Gewalt und Mord.
> Doch bist du müde deiner Herrlichkeit
> Und stehst in Waffen gegen deinen Freund?
> Ich aber sage dir: wie eine böse Beule
> Die schlimmen Säfte all des Körpers anzieht,
> Zum Herde wird der Fäulnis und des Greuls,
> So wird der Zündstoff dieses Kriegs zu dir,
> Der lang Verschonten, nehmen seinen Weg.

Von diesem Fluch aus, dessen Bildkraft ebenso einleuchtend ist wie seine psychologische Motivation, erhält auch das mythische Ritual der Sohnestötung seine „historische", menschlich begreifliche Deutung. Die aufgereckte Haltung Don Cäsars, die Rebellion, hatte den Kaiser um so tiefer treffen müssen, als er ja nicht seinem Vorbild gefolgt und ins Kloster gegangen ist, sondern im Mittelpunkt der zivilisierten Welt, zu dem er Prag hatte machen wollen, auszuharren entschlossen war. In Don Cäsar hatte er auch die weltlichen Kräfte gehaßt, denen der Bastard seine Existenz verdankte. So war es denn schließlich und endlich der Widerspruch in seinem eigenen Innern, die Dialektik zwischen Selbstbewahrung und Selbstaufgabe, die er mit einem Todesurteil von ungemeiner Härte und einem Fluch von unerbittlicher Kraft zu lösen versuchte.

Sprunghaft, wie sein Entschluß zur Tat, ist dann auch die Lösung seines psychologischen Konflikts: auf einmal wird es hell um ihn, und die Bitternisse lösen sich. Er atmet auf, der Krampf entspannt sich, er „verirrt sich in die Jugendzeit", seine Verirrung aber führt ihn, der so oft den Weg verloren hatte, nach Hause:

> Als ich aus Spanien kam, wo ich erzogen,
> Und man nun meldete, daß Deutschlands Küste
> Sich nebelgleich am Horizonte zeige,
> Da lief ich aufs Verdeck, und offner Arme
> Rief ich: mein Vaterland! Mein teures Vaterland!
> — So dünkt mich nun ein Land, in dem ein Vater —
> Am Rand der Ewigkeit emporzutauchen ...
> — Aus Spanien komm ich, aus gar harter Zucht,
> Und eile dir entgegen — nicht mehr deutsches,
> Nein, himmlisch Vaterland. — Willst du? — Ich will! —

Der unfruchtbare Vater hat sein Vaterland erschaut, schimmernd an den Horizonten. Der Willensarme sagt: „Ich will!" Er will das Ende; wie Grillparzer den Satz gefaßt und an den Schluß von Rudolfs Reden gestellt hat, klingt er fast wie: „Jetzt darf ich's wollen." Mystische Windstille waltet über diesen Worten.

In der Entfernung, die zwischen diesem „stillen Kaiser Rudolf" und der Geschichte herrscht, wird die künstlerische Absicht des Dichters klar. Er maßte sich nicht an, den historischen Stoff zu ergründen, sondern ließ es dabei bewenden, ihn durch und durch transparent zu machen. Die Distanz zwischen dem unheldischsten aller Helden und einer Geschichte, die gegen den Willen dieses Helden geschieht, ist das Thema seines Spiels. So sonderbar das in einem historischen Drama auch anmuten mag, der Bruch zwischen dem aufgestörten Gewissen des Betrachtenden und der Gewissenlosigkeit der Handelnden, dieses Negativum von peinlichster Aktualität, bildet die Achse, um die sich ein Minimum an Handlung bewegt. Sinnfällige Bilder dieses Bruchs sind die Einsamkeit, die Einsilbigkeit, das stumme Spiel des Herrschers, solange er auf den Brettern steht, und seine Abwesenheit von der Bühne im zweiten und fünften Akt.

Bot aber der zweite Aufzug mit dem Verrat der Brüder an Rudolf ein politisch-psychologisches Gruppenbild von kaum überbietbarer Vielfalt charakterologischer Kontraste, ein Meisterstück nuancierter Intrige mit Bischof Klesel als dem Drahtzieher von Gier, Starrgläubigkeit und Einfalt, so zeigt der Schlußakt den Schwundrest des Hauses Habsburg in der Bedrängnis seiner Dürftigkeit. Das Band, das die Garbe des Reichs zusammengehalten hat, ist geborsten; das Kronrad zusamt der Hemmung stillgelegt. Zum Schneiden dicht liegt die Luft der Geschichte über den letzten Szenen, ohne sich doch im Blitz dramatischer Aktion entladen zu dürfen. Auch hier geschieht wenig; fast alles, was eintritt, löst sich in Bericht, Monolog und vielsagende Geste auf. Dies Wenige jedoch reicht hin, die profunde Fremdheit der Geschichte gegenüber widerzuspiegeln, die nicht nur Kaiser Rudolf, sondern sein ganzes Geschlecht befallen hat. Nicht allein dem Bruder hatte der Bruderzwist gegolten, er tobt auch zwischen den Brüdern und vor allem in ihnen selbst fort.

Die Gnade des lösenden Blitzes ist diesem Akt versagt geblieben. Dafür aber wetterleuchtet es:

> Drum eben ist Gewalt Gewalt genannt,
> Weil sie entgegentritt dem Widerstand.
> Und wie im Feld der Heeresfürst gebeut,
> Nicht fremde Meinung oder Tadel scheut,
> So sei auch in des Landes Regiment
> *Ein* Gott, *ein* Herr, *ein* Wollen ungetrennt.

Diese Worte des Obersten Wallenstein sind so klobig gereimt, wie ihr Inhalt banal ist. Mit dem Nachdruck, den sie auf die Einheitlichkeit der Führung legen, haben sie einen üblen Klang, der bis in unsere jüngste Vergangenheit nachschwingt. Der Anfang vom Ende ist hereingebrochen. Der Krieg ist da. „Der Krieg ist gut, und währt' er dreißig Jahr", erklärt der Oberst, schrill übertönt vom Geschrei der Menge: „Ja, wärens dreißig. — Dreißig! — Um so besser." Grillparzer hat sich der *vaticinatio ex eventu* geschämt. Zu Adolf Foglar sagte er noch spät: „Von den Gründen, die mich bestimmten, dieses Stück zurückzulegen, war einer der, daß am Schluß Wallenstein und die Aussicht auf den Dreißigjährigen Krieg erscheint . . ."

Auch hier ist Grillparzer zu streng mit sich ins Gericht gegangen. Wie nur je ein Fortinbras, marschiert Gewalt in der ehernen Rüstung Wallensteins über die Bühne; es verschlägt nichts, daß diese Gewalt prahlerisch das Ende vorherzusagen vermag, noch ehe das Geschehen recht begonnen hat. Vor ihr fliegt das unendlich komplizierte, ausgewogene und widerspruchsvolle Gewebe des Rudolfinischen Reichsgedankens davon wie Altweibersommer, wenn das Jahr sich neigt.

Herzog Julius von Braunschweig ist aufgetreten, mit den kaiserlichen Kleinodien und in Trauer. Auf den Knien seiner Reue umfaßt Mathias das Geschmeide mit dem Blick und bricht zusammen, während ihn die Menge von der Straße hochleben läßt:

> O Bruder, lebtest du, und wär ich tot!
>
> Gekostet hab ich, was mir herrlich schien,
>
> Und das Gebein ist mir darob vertrocknet,
>
> Entschwunden jene Träume künftger Taten,
>
> Machtlos wie du, wank ich der Grube zu.

Der Grube, als wäre er ein Pestkranker, und nicht etwa der Gruft oder dem Grabe. Der neue Chef des Hauses Habsburg ersehnt sich nichts als den Schindanger. Zwischen Rudolfs Vertrauen in die Dauer seines Hauses und dem Zerrbild, das Mathias bietet, liegt der sogenannte habsburgische Mythos begraben.

Es ist vermutlich kein Zufall, daß dieser letzte Aufzug den einzigen Dramenakt Grillparzers darstellt, der in Wien spielt. Hier dämmert in einem Saal der Hofburg die österreichische Geschichte, und das ist für diesen Dichter die Geschichte überhaupt. Schon der Schlußvorhang dieses Trauerspiels senkt sich über die *Letzten Tage der Menschheit*.

Fülle des Wohllauts (Schluß): *Der arme Spielmann*

Der arme Spielmann ist eine wienerische Geschichte: Innere Stadt und Vorstadt, Augarten, Leopoldstadt, Prater und Brigittenau stellen ihren Hintergrund. Wienerisch ist die Erzählung aber auch darin, daß sie von Anfang bis zu Ende, ja bis in ihren Titel hinein, von Musik erfüllt ist. Das hat schon August Sauer gesehen, als er in seiner Einleitung zur fünften Auflage von Grillparzers Werken 1892 schrieb: „Der einsame Mann mit der Geige wird zur Verklärung und Verkörperung der alten verklungenen Wiener Musik, ist die Verkörperung und Verklärung des alten, damals eben untergehenden Wien selbst."

Eine sentimentale Lokalgeschichte vom Ende des Biedermeiers? Es gibt in der Tat ein Gemälde Ferdinand Georg Waldmüllers aus dem Jahre 1828, das „Der alte Geiger" heißt. Da das Bild auch als Stich in Umlauf war, mag es Grillparzer gekannt haben. Es zeigt einen Greis in einem abgetragenen, sichtlich aus besseren Tagen stammenden Mantel. Der Alte fiedelt in der üppig-zierlichen Landschaft des Biedermeiers einer jungen, wohlgestalteten Frau auf seinem Instrument vor. Die Frau hält ein kleines Kind, vermutlich einen Buben, auf dem Arm, während sich ein anderes, ein Mädchen, an ihre Rockschöße schmiegt. Obwohl das Bild vor dem Hause der Frau spielt, verleiht ein Baumstamm mit Brot und Krug der Szene eine Intimität, die sich auch im engen kompositorischen Zusammenhang zwischen den einzelnen Figuren widerspiegelt. Mit offenbarem Stolz weist die Frau das Kind auf ihrem Arm dem Geiger vor, dessen Blick hinaus in die Ferne gerichtet ist. Kostüm und Gesichtsausdruck des Musikanten ähneln der Schilderung, die Grillparzer von seinem Spielmann gibt: „ein alter, leicht siebzigjähriger Mann in einem fadenscheinigen, aber nicht unreinlichen Moltonüberrock mit lächelnder, sich selbst Beifall gebender Miene. Barhäuptig und kahlköpfig stand er da ..." Waldmüllers Geiger sitzt zwar, seinen Hut neben sich, auf einer Holzbank, aber auch er lauscht in völliger Hingegebenheit den Tönen nach. Ein feines Lächeln spielt um seine Lippen. Wenn es auch 1828 für eine „Verklärung" des Biedermeiers zu früh ist, so hat das Ganze doch etwas von dem Abglanz der alten Wiener Musik, die Sauer an Grillparzers Geschichte wahrgenommen haben will.

Grillparzer selbst hat ein anderes Modell für seinen Spielmann erwähnt. Nachdem die Geschichte in *Iris. Deutscher Almanach für 1848* erschienen war, erzählte er Ludwig August Frankl: „Ich speiste viele Jahre hindurch im Gasthause ‚Zum Jägerhorn‘ in der Spiegelgasse. Da kam häufig ein armer Geiger und spielte auf. Er zeichnete sich durch eine auffällige Sauberkeit seines ärmlichen Anzuges aus und wirkte durch seine unbeholfenen Bewegungen rührend komisch. Wenn man ihn beschenkte, dankte er jedesmal mit irgend einer kurzen lateinischen Phrase, was auf eine genossene Schulbildung und auf einstige bessere Verhältnisse des greisen Mannes schließen ließ. Plötzlich kam er nicht mehr und so eine lange Zeit nicht. Da kam die große Überschwemmung im Jahre 1830. Am meisten litt die Brigittenau, wo ein berühmter Kirchtag, ein lustiges Volksfest, jeden Sommer gefeiert wurde. Ich wußte, daß der arme Geiger dort wohnte, und da er nicht mehr aufspielen kam, so glaubte ich, daß auch er unter den Menschenopfern in der Brigittenau seinen Tod gefunden habe . . .“

Es fällt auf, daß sowohl Waldmüllers Bild wie Grillparzers Erinnerung von einem „Geiger“ sprechen, wohingegen der Dichter seine Erzählung *Der arme Spielmann* genannt hat. Man kann Wolfgang Paulsen nur zustimmen, wenn er anmerkt: „Der ‚Spielmann‘ beruft sehr viel allgemeinere Vorstellungen, eine ganze literarische Tradition und damit eine bestimmte, vorgegebene und ins Magische offene Lebensform. Man sieht ihn förmlich vor sich, wie er durch die Jahrhunderte zieht, von Schloß zu Schloß und von Ort zu Ort, und kennt ihn als den ‚Sänger‘, der ‚nicht dazu gehört‘, seiner ganzen Existenz nach ein Außenseiter der Gesellschaft seit je.“ Gewiß ist der alte Jakob ein Außenseiter, ein Sonderling und Hagestolz dazu. Außerdem aber ist das Wort „Spielmann“ sprachlich tief im Text der Geschichte verankert, und zwar an jener Stelle, die man als die bekannteste der ganzen Geschichte betrachten darf. „Sie spielen“, sagt der Spielmann zum Erzähler, „den Wolfgang Amadeus Mozart und den Sebastian Bach, aber den lieben Gott spielt keiner.“ Wie aber spielt man den lieben Gott? Spielt nicht etwa zu Seinem Lob und Preise; das haben schon die andern, die Mozarts und Bachs und wie sie heißen mögen, mit Fleiß und Ehrfurcht besorgt, sondern Ihn, den lieben Gott selbst, so daß er aus den Tönen hervortrete und hörbar werde in der Harmonie Seiner Gegenwart? Der Gedanke, den Allerhöchsten zu „spielen“, entspringt entweder der Anmaßung oder der Einfalt; es wäre denn, man dehnte den Begriff des „Spielens“ auf die ganze Existenz aus und spielte Ihn, indem man in der Einsamkeit absoluter Hingabe Ihm in seinen Spuren folgte, wobei das Gottesspiel einer *imitatio Dei* gleichkäme und der Spieler zum Gottesknecht würde, zu einem Märtyrer oder

Heiligen. Und was wäre dann die Musik, die man so spielte? Wäre sie nicht unhörbar und gliche den Klängen, die Kaiser Rudolf und keiner außer ihm im *Bruderzwist* knapp vor seinem Ende vernimmt? Unser Spielmann jedoch weiß es anders: „Die ewige Wohltat und Gnade des Tons und Klangs, seine wundertätige Übereinstimmung mit dem durstigen, zerlechzenden Ohr, daß ... der dritte Ton zusammenstimmt mit dem ersten und der fünfte desgleichen und die Nota sensibilis hinaufsteigt, wie eine erfüllte Hoffnung, die Dissonanz herabgebeugt wird als wissentliche Bosheit oder vermessener Stolz und die Wunder der Bindung und Umkehrung, wodurch auch die Sekunde zur Gnade gelangt in den Schoß des Wohlklangs ... Und, wovon ich aber nichts verstehe, die fuga und das punctum contra punctum, und der canon a duo, a tre, und so fort, ein ganzes Himmelsgebäude, eines ins andere greifend, ohne Mörtel verbunden, und gehalten von Gottes Hand." Er spricht von der Musik wie von etwas Verlorenem, dessen Echo er gerade noch vernommen hat, ein anderer „Mann der Dunkelheit", der bekennen muß, er verstehe nichts von dem strahlenden Himmelsgebäude, das sich ihm da erschlossen hat. Es ist mystische Musik, von der er sich hinreißen läßt und die er in fachmännisch-feierlichen Worten nachzeichnet, indem er halb erlernte Termini der Kompositionstechnik mit der hymnischen Inbrunst eines Gebetbuchs vorträgt. So „spielt" er den lieben Gott, aber nicht auf seinem Instrument, sondern lediglich in der Sprache seiner Seele. Hierin ist er der genaue Widerpart von Thomas Manns *Doktor Faustus,* des deutschen Tonsetzers Adrian Leverkühn, dessen Oratorium von der Höllenfahrt auch nur aus Worten besteht.

Nun hat uns aber Grillparzer mit bewußtem Kunstgriff lange schon vorgeführt, in welcher Form die Musik des armen Spielmanns irdischen Ohren erklingt. Er „bearbeitet" eine „alte vielzersprungene Violine" und produziert eine Katzenmusik. Den Takt markiert er „durch übereinstimmende Bewegung des ganzen gebückten Körpers". Mit Leib und Seele ist er hingegeben, und doch bleibt, was er leistet, für seine Mitmenschen unfruchtbar und eine Ohrenqual. Es ist kein Maß und keine Einheit in dem, was er hervorbringt. Von Melodie zeigt sich ebensowenig eine Spur wie von Rhythmus. Im Gegensatz zu den andern Straßenmusikanten liest er die Musik auch noch von einem Notenblatt ab; das Resultat aber ist zu unverständlichem Mißton entartet. Das „Himmelsgebäude" seiner Einbildung erweist sich bei näherer Betrachtung als ein elender Haufen von Schutt. Ausgeschüttet, ertönt die Fülle des Wohllauts als Abfolge haarsträubender Dissonanzen. Auf erschreckende Weise wird so die Verlassenheit und Verlorenheit des Mannes und seines „Gottesspiels" dem Leser vor Augen geführt. Dazu kommt, daß dieses „Höllenkonzert" auf einem öffentlichen Fest zelebriert wird. Der Bruch zwischen Künstler und Volk, zwischen dem Musikanten, der seinen inneren Stimmen nachlauscht, und der Gesellschaft, in die er sich begeben hat, ist vollkommen und offenbar.

Die Erzählung vom *Armen Spielmann* ist also die Geschichte einer Desillusion, von der aber der Enttäuschte bis an sein Ende nichts merkt. Noch auf dem Totenbett treibt er seine Musik. Zum Schluß „richtete er sich plötzlich im Bette auf, wendete Kopf und Ohr seitwärts, als ob er in der Entfernung etwas gar Schönes hörte, lächelte, sank zurück und war tot." Er stirbt, wie er gelebt hatte: in wohltätiger Verblendung über sich selbst. Auch der Leser wird nicht eigentlich desillusioniert: dazu hat Grillparzer die Gestalt des Erzählers eingeführt, der uns zunächst auf das Widersprüchliche zwischen dem Spiel und der Erscheinung des Alten aufmerksam macht und dann, von seinem „anthropologischen Heißhunger" bewegt, diesem Paradox auf den Grund zu kommen trachtet. Der Sonderfall einer Seele wird vor uns abgewickelt, wobei die Frage, ob es sich hier um einen einfachen Narren, einen Narren in Christo oder einen seltsamen Heiligen handelt, bis ans Ende der Erzählung und über dieses hinaus offenbleibt.

Desillusioniert wird die Musik selbst, wobei das Reich der Töne durchaus als ein Symbol der *condition humaine* verstanden werden mag. Der einst ein Spielmann Gottes gewesen war, kratzt am Wegrand seine Weisen, und selbst dazu taugt er nicht mehr. Der Walzer, den der Alte von seinem Notenblatt herunterspielt, ist bis zur Unkenntlichkeit entstellt. „‚Sie wollen nicht tanzen‘, sagte wie betrübt der alte Mann... ‚Die Kinder kennen eben keinen andern Tanz als den Walzer‘, sagte ich. ‚Ich spielte einen Walzer‘, versetzte er..."

Diese Musik ist weder Gottesdienst mehr, noch dient sie der Unterhaltung von Königen und Fürsten. Dem bürgerlichen Erzähler hat sie nichts zu sagen, und selbst dem Volk und seinen Kindern bleibt sie fremd. Was der arme Spielmann in der Brigittenau von sich gibt, ist im doppelten Sinn des Wortes unerhört. Jeder religiösen oder sozialen Wirkung überhoben, bedeutet das Spiel des Alten nichts anderes mehr als eine Verzerrung seiner selbst, eine artistische Grimasse.

Musik ist in höchster Not. Denn Grillparzer stellt nicht nur die Tonkunst des armen Spielmanns in Frage. Noch ehe der Erzähler des Bettelmusikanten ansichtig wird, erscheint ihm „eine Harfenspielerin mit widerlich starrenden Augen". Dazu kommt „ein alter invalider Stelzfuß, der auf einem entsetzlichen, offenbar von ihm selbst verfertigten Instrumente, halb Hackbrett und halb Drehorgel, die Schmerzen seiner Verwundung dem allgemeinen Mitleid auf eine analoge Weise empfindbar machen wollte". Ferner gesellt sich ein lahmer, verwachsener Knabe zu ihnen, „er und seine Violine einen einzigen ununterscheidbaren Knäuel bildend, der endlos fortrollende Walzer mit all der hektischen Heftigkeit seiner verbildeten Brust herabspielte". Ein wahrhaft infernalisches Ensemble menschlichen Elends und gesellschaftlicher Verkommenheit, eine Gruppe aus dem Tartarus. Schließlich ertönen auch noch Posaunen, und zwar beim Begräbnis des armen Spielmanns am Ende der Erzählung. Selten scheint einer Geliebten so gnadenlos der Abschied gegeben worden zu sein wie hier der Musik von Grillparzer, der, was immer er auch dulden und sagen mochte, ein großer Liebhaber der Musik gewesen ist.

Noch aber bleibt das Lied, mit dem die „Grieslers"-Tochter Barbara den armen Jakob bezaubert. Wenn der Spielmann dem Erzähler auf seiner Fiedel die Weise zum besten gibt, hört dieser nichts als „die Melodie eines gemütlichen, übrigens gar nicht ausgezeichneten Liedes". Freilich muß er zugeben, daß der Spielmann diesmal die Musik nicht mißhandelt, sondern sie „mit richtigem Ausdrucke" wiedergibt. So erscheint das Lied als das einzige Band, das ihn unentstellt mit der Vergangenheit und dem Wirklichen, das einst war, in Kontakt hält. Er selber sagt: „Es war so einfach, so rührend und hatte den Nachdruck so auf der rechten Stelle, daß man die Worte gar nicht zu hören brauchte. Wie ich denn überhaupt glaube", fügt er hinzu, „die Worte verderben die Musik . . ." Im Gegensatz zu dem Erzähler, der sich dem Leser als Dramatiker, also als Wortkünstler, vorgestellt hatte, mißtraut der Spielmann der Sprache, als wäre sie etwas Verräterisches, wenn nicht gar Zuchtloses. (Hofmannsthals *Schwieriger* wird dann vom Reden als einer „indezenten Selbstüberschätzung" sprechen.) Dies hindert Jakob freilich nicht daran, dem Erzähler des langen und breiten seine Lebensbeichte abzulegen.

Wenn der Spielmann Barbara bittet, ihm das Lied nochmals vorzusingen, beschreibt er es so: „Steigt gleich anfangs in die Höhe, kehrt dann in sein Inwendiges zurück und hört ganz leise auf." Da Barbara, wie sie Jakob mitteilt, lediglich Gassenhauer singt, deren Text an allen Straßenecken zu kaufen ist, dürfte es sich bei dieser Beschreibung um ein verstecktes Selbstbekenntnis des Spielmanns handeln: so denkt er sich die Musik, die er in seinem Innersten ersehnt, so zeichnet er sein eigenes Seelenbild. Auch Barbara erkennt das Lied nach dieser Beschreibung. „Wären Sie etwa gar derselbe", ruft sie aus, „der so kratzt auf der Geige?" Vermutlich nimmt sie in diesem Dialog das Wesen des armen Spielmanns wahr.

Aber selbst das Lied führt zu einer Katastrophe, die lediglich durch Jakobs Ahnungslosigkeit, durch seine Demut abgewendet wird und ihm den einzigen erfüllten Augenblick seiner Liebe beschert. Freilich sorgt dieser Liebende dafür, daß sich die Erfüllung in ein Sinnbild der Entfremdung zwischen den Geschlechtern verwandelt. „Einmal aber, als ich unbemerkt zur Türe hereintrat, stand sie, ... den Rücken mir zugekehrt ... Und dabei sang sie leise in sich hinein. — Es war das Lied, mein Lied! — Sie aber zwitscherte wie eine Grasmücke, die am Bache das Hälslein wäscht und das Köpfchen herumwirft und die Federn sträubt und wieder glättet mit dem Schnäblein. Mir war, als ginge ich auf grünen Wiesen. Ich schlich näher und näher und war schon so nahe, daß das Lied nicht mehr von außen, daß es aus mir herauszutönen schien, ein Gesang der Seelen." Nirgendwo in seiner Erzählung ist sich der Spielmann so dicht auf der Spur wie hier. In der natürlichen Einfalt der Vision, in der alles Erotische fehlt und der Wohllaut des Liedes sich als Seelengesang zu verstehen gibt, spricht sich zugleich jene „Kindlichkeit dieser Dichtung" aus, die Adalbert Stifter in seiner Rezension vom 6. September 1847 wahrgenommen und gerühmt hat.

Es kommt, wie es kommen muß. Der Spielmann faßt die Sängerin um die Hüfte und erhält eine Ohrfeige, die „ins Riesenhafte" geht. Barbara ist für ihr Temperament ebenso bekannt wie für ihre Handfestigkeit. Jakob aber fährt fort: „Die Lichter tanzten mir vor den Augen. — Aber es waren Himmelslichter. Wie Sonne, Mond und Sterne; wie die Engelein, die Versteckens spielen und dazu singen. Ich hatte Erscheinungen, ich war verzückt." Dieser Mensch ist unverletzlich wie einer, der sich in Trance befindet, oder ein Ekstatiker. Noch aus den Schlägen, die er erhält, erwächst ihm ein Tagtraum kosmischer Gesichte und unschuldigen Entzückens. Barbara bereut denn auch sogleich und küßt ihn, „nur leicht, leicht; aber es war ein Kuß auf diese meine Wange, hier!" Es ist für den Alten charakteristisch, daß er sich bei der Schilderung dieses Kusses selbst eine Ohrfeige versetzt. Lust und Schmerz wohnen in der Seele dieses Leidenswilligen nahe beisammen.

Die Szene hat, nota bene, in dem jedem Kauflustigen zugänglichen Laden der „Grieslerei" gespielt. Barbara retiriert sich denn auch sogleich in die Wohnstube, deren Betreten Jakob verboten ist. Zwischen Laden und Stube befindet sich eine Glastür, die vermutlich zur Überwachung des Geschäfts dient. Der Spielmann stürzt dem Mädchen nach. „Wie sie nun, zusammengekrümmt und mit aller Macht sich entgegenstemmend, gleichsam an dem Türfenster klebte, nahm ich mir ein Herz, ... und gab ihr ihren Kuß heftig zurück, durch das Glas." Zwischen Scheu und Liebe, Kuß und Verlassenheit bleibt die Szene einen Augenblick lang wortlos in der Schwebe. Wir erfahren lediglich, daß sich der Spielmann ein Herz nehmen muß, um eine Glasscheibe, die ebenso verbindet, wie sie trennt, „heftig" zu küssen. Seine Liebe läßt sich ebensowenig erwidern, wie sich der liebe Gott spielen läßt. Er aber findet in seiner Entzückung beide mit seinem Kuß.

Wer ist dieser Jakob? Ist er ein „verirrter Bürger" wie, ein halbes Jahrhundert nach ihm, Thomas Manns *Tonio Kröger*? In der Tat hat Grillparzer den Hintergrund klar nachgezeichnet, von dem sich die Geschichte dieses der Gesellschaft verlorenen Sohns abhebt. Zur Paradoxie in der Erscheinung und dem Charakter Jakobs gehören auch die Spuren seiner Herkunft, die noch der „leicht Siebzigjährige" nicht hat verwischen können. Wenn seine Anstrengungen beim Volksfest in der Brigittenau sich als vergeblich erweisen und sein Hut leer bleibt, sagt er gelassen: *„Sunt certi denique fines"*, die lateinische Fassung des wienerischen „Ka Geld, ka Musi". Dazu merkt der Erzähler an: „Der Mann hatte also eine sorgfältigere Erziehung genossen, sich Kenntnisse eigen gemacht, und nun — ein Bettelmusikant!"

Bald erfahren wir, der Vater sei Hofrat gewesen, der „unter dem bescheidenen Titel eines Bureauchefs einen ungeheuren, beinahe Minister-ähnlichen Einfluß ausgeübt hatte". An diesem Vater hängt Jakob nun mit der ganzen Ambivalenz des aus der Art Geschlagenen. Der Spielmann ist eine Seele von einem Menschen, der alles Psychologische fremd ist. Trotzdem (oder deshalb) stellt er mit äußerster Folgerichtigkeit den Teufelszirkel dar, in dem er sich als Kind befunden hat: Die Härte des Erziehers drängt den Jungen in immer stärkeren Widerstand, bindet ihn aber gleichzeitig auch immer unlösbarer an das Bild seines Vaters. Er leistet passiven Widerstand, indem er in der Schule versagt und so nach der Überzeugung des Hofrats zum Taugenichts wird; zugleich aber stattet er den Erzürnten mit beinahe übersinnlichen Gaben aus. Die Mutter hat er früh schon verloren. Er ist „der Mittlere von drei Brüdern", die „wie Gemsen von Spitze zu Spitze in den Lehrgegenständen herum" springen, „ich konnte aber durchaus nichts hinter mir lassen". Er fühlt sich geradezu körperlich in die Mitte genommen und „immer gedrängt". Seine Langsamkeit in allem und jedem seine Menschenscheu und Widerborstigkeit führt er geradezu auf diese Enge seiner Jugend zurück. Wie aber der weitere Verlauf seiner Geschichte zeigen wird, scheint ein jeder Platz in der Geschwisterreihe seine besonderen Anfälligkeiten und Gefahren zu besitzen. „Ich allein lebe noch", sagt er nebenbei, nicht ohne eine gewisse Genugtuung.

Sozial gesehen, läßt sich Jakob als Patriziersohn mit ausgesprochener Neigung zum Kleinbürgertum einordnen. Sein ganzes Gehaben ist das eines Außenseiters in der Gestalt eines *petit-bourgeois;* man denke etwa an den „dicken Kreidestrich", mit dem er seinen Teil der Dachkammer gegen die Behausung seiner beiden Mitbewohner, der unglaublich schlampigen Handwerksgesellen, abgrenzt. Auch stirbt er den Tod des Kleinbürgers, wenn er die Steuerbücher und ein paar Gulden Papiergeld eines gleichgültigen Nachbarn aus den Fluten der Überschwemmung birgt. Er sorgt für den Besitz — der andern. Vorher hat er freilich „den lieben Gott gespielt" und aus dem Hochwasser Kinder gerettet, hat geschleppt, getragen und geborgen, „daß ihm der Atem ging wie ein Schmiedegebläs". Sein Leben und Sterben ist von der Wiener Vorstadt bestimmt, nach der Grillparzer selbst immer eine verborgene Sehnsucht gehegt hatte.

Auch in der Erziehung des jungen Jakob spielt Musik eine Rolle, und zwar, wie sich vermuten läßt, eine verderbliche. Sie, „die jetzt die Freude und zugleich der Stab meines Lebens ist", wird ihm von allem Anfang an verleidet. „Wenn ich abends im Zwielicht die Violine ergriff, um mich nach meiner Art ohne Noten zu vergnügen, nahmen sie mir das Instrument und sagten, das verdirbt die Applikatur, klagten über Ohrfolter und verwiesen mich auf die Lehrstunde, wo die Folter für mich anging. Ich habe zeitlebens nichts und niemand so gehaßt, wie ich damals die Geige haßte." Es ist nicht nur der Vater, es sind „sie", diese ganze Menage von Brüdern und Bediensteten, die sich den musikalischen Phantasien des jungen Jakob entgegenstellen. Der Schimpf schlägt sich bei dem introvertierten Buben nach innen, er entlädt sich nicht, sondern krümmt sich sozusagen einwärts und verleidet ihm den freien, in die Dämmerung verschwebenden Sang, den er innen vernimmt. (Die Erinnerung an die Klavierstunden, die dem jungen Grillparzer von seiner Mutter zuteil wurden, drängt sich hier ebenso auf wie der Entzug der Geige durch die Eltern.) So mißrät Jakob in den Augen seines Vaters und der munter-tüchtigen Gemeinschaft, die ihn umgibt. Man steckt ihn, vermutlich auf Verwendung des Vaters, als unbezahlten Abschreiber in eine Kanzlei. Dies ist beinahe so gut kleinbürgerlich wie ein Schriftsetzer. „Ich hatte immer das Schreiben mit Lust getrieben, und noch jetzt weiß ich mir keine angenehmere Unterhaltung, als mit guter Tinte auf gutem Papier Haar- und Schattenstriche aneinander zu fügen zu Worten oder auch nur zu Buchstaben. Musiknoten sind nun gar überaus schön. Damals dachte ich aber noch an keine Musik." Jetzt jedoch fällt sie ihm im Zusammenhang mit seiner Tätigkeit als Abschreiber ein, und da wir ihn besser kennen als er sich selbst, dürfen wir annehmen, das „Himmelsgebäude" eines wohlgeordneten Notenblatts hätte sich schon zu jener Zeit gelegentlich in seinen Tagträumen erhoben.

„Um diese Zeit", fährt er fort, „ereigneten sich zwei Begebenheiten: die traurigste und die freudigste meines Lebens. Meine Entfernung aus

dem väterlichen Hause nämlich und das Wiederkehren zur holden Tonkunst, zu meiner Violine, die mir treu geblieben ist bis auf diesen Tag."

Nicht die Bekanntschaft mit Barbara erhellt sein kümmerliches Dasein,
sondern die Begegnung mit der Musik, zu der ihn freilich das Lied
des Mädchens wiedererweckt hatte. In der Aufzählung dieser „Begebenheiten" liegt schon das Ende der Liebe zwischen dem Spielmann und der
„Weibsperson" beschlossen, als die ihm Barbara zum ersten Mal erscheint.
Nach dem Lied wird er greifen, wenn er seine Sängerin um die Hüfte
faßt, und Ohrfeige und Kuß, die er dafür erhält, stellen beide im Grunde
ein vielschichtiges Mißverständnis dar. Um das allerdings unfaßbare
Wunder der Kunst geht es Jakob, wie es den Künstlern von Goethes
Tasso bis zu Kafkas Hungerkünstler gegangen ist; die Wirklichkeit aber,
über die sich dieses Wunder erhebt, hat dem Künstler noch immer, je nach
Laune, mit Schlägen oder einem noch viel demütigenderen Mitleid geantwortet. Sodann klassifiziert sie den Künstler als Masochisten, weil sie die
Wunder, die er in seiner Begeisterung erlebt hat, auf die Wunden
zurückführt, die sie, die Realität, ihm geschlagen hat. Auf diese Weise ist
der Künstler zu einem säkularisierten Märtyrer geworden.

Was jedoch Barbara anlangt, so betrügt Jakob sie mit ihrem Lied,
noch ehe er ihrer ansichtig geworden ist. Er berichtet dies in aller
Unschuld selbst: „Das war das Lied ... Ich hörte es immer mit neuem
Vergnügen. So sehr es mir aber im Gedächtnis lebendig war, gelang es
mir doch nie, mit der Stimme auch nur zwei Töne davon richtig zu
treffen ... Da fiel mir meine Geige in die Augen ... Als ich nun mit dem
Bogen über die Saiten fuhr, ... da war es, als ob Gottes Finger mich
angerührt hätte ... Die Luft um mich war wie geschwängert mit Trunken-
heit ... Ich fiel auf die Knie und betete laut und konnte nicht begreifen,
daß ich das holde Gotteswesen einmal gering geschätzt, ja gehaßt in
meiner Kindheit, und küßte die Violine und drückte sie an mein Herz
und spielte wieder und fort."

Jakob erlebt eine mystische Stunde. All seine zurückgestaute Erotik
bricht hier durch und vereinigt ihn mit seinem Instrument, wie er sich
nie mit Barbara wird vereinigen können. Was Jakob jedoch von Barbara
trennt, ist weit weniger die Glasscheibe des Türfensters, dieses Symbol
der Entfremdung, als die Fiedel, das Sinnbild der Kunst. Noch in der
Selbstbiographie spricht Grillparzer von der Kunst als seiner „eigentlichen
Göttin" und davon, wie sie seine Annäherung an das andere Geschlecht
„erschwerte oder wohl gar unmöglich machte". Daher dämonisierte er
die Kunst in seinen Dramen und Gedichten aufs unbarmherzigste. Der
arme Spielmann jedoch heiligt die Kunst, indem er, halb Kind, halb
Narr und ganz der Musik ergeben, den Unbilden der Welt ausweicht und

sich in sein Inneres zurückzieht. Der „eigentlichen Göttin", scheint Grillparzer hier zu sagen, ist nur zu dienen, wenn man bereit ist, ihr die Wirklichkeit aufzuopfern. Opfert man ihr aber, dann findet man das Antlitz der Göttin aufs grausamste entstellt.

Jakob ist zu diesem Opfer bereit. Er will sein Lied jedoch faßbar, und das heißt für ihn zunächst in Notenschrift, besitzen, damit er es haben und halten könne bei seinem Spiel. Dabei aber muß er sich auf den Boden der Wirklichkeit begeben: er läuft Barbara nach. So gerät er in den Laden des „Grieslers", und die bitterste Ironie liegt darin, daß ihn Barbaras Vater gerade bei der Musik packen will, wenn er erfahren hat, der schäbige Konzipist sei der Sohn eines Hofrates. „Sollten sich des Mädels annehmen, heißt das in Musik", lädt er ihn ein. „Singt eine gute Stimme, hat auch sonst ihre Qualitäten, aber das Feine, lieber Gott, wo solls herkommen?" Die Szene wird von einem Bediensteten seines Vaters beobachtet. So kommt es zur ersten der beiden „Begebenheiten": er wird des Hauses verwiesen. Nicht zufälligerweise hat er die Trennung von seinem Vater vor der Begegnung mit der Musik erwähnt. Noch in seinem Alter wiegt jene schwerer für ihn.

Die Kunst aber führt ihn nicht nur sozial in die Tiefe; ihr sanfter Wahnsinn schützt ihn auch. Die muntere Tüchtigkeit, die in seinem Vaterhaus geherrscht hatte, erweist sich am Ende als leere Fassade. Der jüngere Bruder bezahlt eine „unbesonnene Wette" mit seinem Leben. Der ältere, „geliebteste", verwickelt sich in politische Händel und muß außer Landes. Endlich stirbt der Vater, auch er politisch vom Schein des Aufsässig-Anrüchigen umwittert. Die Nachricht streckt den Spielmann besinnungslos zu Boden. „Sie trugen mich ins Bette, wo ich fieberte und irre sprach den Tag hindurch und die ganze Nacht..." Die letzte und unwiderrufliche Entfernung von seinem Vater löst mit ganzer Wucht seine Schuldgefühle aus. „Ich hatte ihn nicht mehr sprechen können; ihn nicht um Verzeihung bitten wegen all des Kummers, den ich ihm gemacht..." Er fühlt sich „wie Kain, der Brudermörder", ein Gefühl, von dem schon Jaromir in der *Ahnfrau* überfallen wurde, nachdem er die Ödipus-Tat vollbracht und in aller Wirklichkeit seinen Vater erschlagen hatte.

Aber Jakob überlebt; an der Oberfläche erscheint er sogar von seiner Verstrickung geheilt. Auf Betreiben des „Grieslers" tritt er seine Erbschaft an. „Es war weniger, als man geglaubt hatte, aber doch sehr viel." Ohne jemanden um Rat zu fragen, streckte er die Summe einem Sekretär seines Vaters zur Errichtung „eines Auskunfts-, Kopier- und Übersetzungs-Comptoirs" vor. Der Schatten des Hofrats langt noch in seinem Angestellten nach ihm. Musik darf bei dieser Gründung natürlich nicht fehlen. „Auf mein Andringen wurden die Kopierarbeiten auch auf Musikalien ausgedehnt, und nun war ich in meinem Glücke." Eine Welle von Euphorie trägt ihn mannshoch empor: „Die Sache war abgetan, und ich fühlte mich erleichtert, erhoben, zum ersten Male in meinem Leben selbstständig, ein Mann. Kaum daß ich meines Vaters noch gedachte." Hat er etwa im Sinn, das ererbte Kapital dazu zu verwenden, das Lied Barbaras immer wieder zu vervielfältigen? Jedenfalls soll ihn der Handel nicht nur auf eigene Füße stellen, sondern auch vor Barbara respektabel machen. Auf diese Weise hätte er seine Unabhängigkeit bewiesen und zugleich die Sängerin des Lieds, das Gestalt gewordene Wunder, für sich gewonnen.

Aber die Rechnung geht nicht auf. (Er selbst weiß: „Rechnen war nie meine Stärke gewesen.") Barbara, die ihm ihrerseits ein gemeinsames Geschäft, einen Putzladen, vorgeschlagen hatte — „Was sich etwa noch weiter ergäbe, davon wollen wir jetzt nicht reden" —, muß ihm entdecken, daß er einem Betrüger aufgesessen sei. Es ist, als hätte ihn ein inneres Gesetz dazu gezwungen, sich seiner Erbschaft und damit der letzten Bindung an den Vater zu entledigen, und zugleich auch Barbara, die bei ihrem Angebot „wie eine Königin" dagestanden war, von sich fortzuscheuchen. Eine Bindung an sie hätte ihm seine letzte Freiheit, die Freiheit des Vogelfreien, geraubt. Wiederum erkennt sie ihren Jakob, wenn sie ihm zum Abschied erklärt: „Sie haben es selbst gewollt." Noch einmal ist sie gekommen, um bei dem Lebensfremden und Unbeholfenen aufzuräumen, außen so wie innen. Sie bringt seine Wäsche in Ordnung und faßt dabei das Schicksal ihrer Beziehung in die Worte zusammen: „Ists doch Ihr Werk." Von Musik ist nicht mehr die Rede. „Es werden harte Zeiten kommen", sagt sie und meint die bare Wirklichkeit, während ihm der Traum vom Lied vergeht. „Und nun hob sie die Hand auf, machte wie ein Kreuzeszeichen in die Luft und rief: Gott mit dir, Jakob! — In alle Ewigkeit, Amen! setzte sie leiser hinzu und ging." Daß sie ihn hier zum ersten Male duzt, verleiht dem Abschied eine paradoxe Endgültigkeit. Der Segen kommt ihr von den Lippen, wie sie ihn in der Kirche gelernt hat; nur daß ihre Gebärde „wie" ein Kreuzeszeichen ist und doch nicht dieses selbst, beraubt die Szene ihrer letzten Feierlichkeit. Und das mit Recht: Barbara hat zwar den inneren Zwang durchschaut, unter dem das Handeln und Dulden des Spielmanns gestanden ist; daß sie ihm aber um der Musik und ihres Liedes willen heilig gewesen ist, davon will die in ihren Hoffnungen Enttäuschte hier nichts wissen.

Wenn der arme Spielmann dann erfährt, daß Barbara einen Fleischhauer geheiratet hat und in einen Ort jenseits der Wiener Vorstädte verzogen ist, hält er sich im ersten Augenblick für „den unglücklichsten aller Menschen". Aber die Trauer währt nicht lange, besonders wenn wir die Erschütterung bedenken, in die ihn der Tod seines Vaters versetzt hatte. Ein Gefühl der Befreiung kommt über ihn: „Daß sie nun alles Kummers los war, Frau im eigenen Hause, ... das legte sich wie ein lindernder Balsam auf meine Brust, und ich segnete sie und ihre Wege." Der Tonfall dieses Satzes ist sakral, beinahe biblisch; er darf es sein; Jakobs Verzicht wird das Bild Barbaras und ihr Lied rein erhalten in seiner Erinnerung. Um seiner Kunst Genüge zu tun, gibt er hin, was er nie besessen hatte und was gerade in dieser Hingabe zu seinem Eigentum wird. Er leidet leicht und gerne; und etwas in ihm weiß auch, wozu und warum.

So geschieht es, daß ihn am Ende das Schicksal auch noch belohnt. Der Fleischer kehrt in die Vorstadt zurück, und Barbara ruft nach Jakob. Er soll ihrem ältesten Sohn Unterricht auf der Geige geben. Der Name des Buben ist Jakob. „Er hat zwar nur wenig Talent, kann auch nur an Sonntagen spielen, da ihn in der Woche der Vater beim Geschäft verwendet, aber Barbaras Lied, das ich ihn gelehrt, geht doch schon recht gut; und wenn wir so üben und hantieren, singt manchmal die Mutter mit darein. Sie hat sich zwar sehr verändert in den vielen Jahren, ist stark geworden und kümmert sich wenig mehr um Musik, aber es klingt noch immer so hübsch wie damals". Also doch ein kleinbürgerliches Idyll, gesättigt mit Resignation und gespickt, wenn wir Wolfgang Paulsen folgen, mit gelegentlichen satirischen Spitzen gegen die etablierte Bourgeoisie?

Die Gestalt des Erzählers belehrt uns eines Besseren. Im Gegensatz zu Jakob zeigt er, wie ein Künstler beschaffen sein muß, wenn er Erfolg haben will. Wie der arme Spielmann fühlt sich auch der Erzähler zu den unteren Schichten der Gesellschaft hingezogen und tritt als ein „leidenschaftliche[r] Liebhaber der Menschen, vorzüglich des Volkes", vor uns hin. Aber er lebt nicht am Rande, sondern in der Mitte der Stadt und verweilt mit großer Anschaulichkeit bei den Schwierigkeiten, die es zu meistern gilt, wenn er die Brücke überschreiten muß, welche die bürgerliche Innenstadt von dem Volk in der Vorstadt trennt. Die Peripherie, deren Luft der Außenseiter zum Atmen braucht, bildet für den Erzähler einen literarischen Gegenstand. So wenig wie der Spielmann gehört er der Menge an; während dieser aber in der „Woge des Volks" untertaucht, begibt sich der Dramenschreiber in die Brigittenau und erlebt das Volksfest als ein „eigentliche[s] Seelenfest, eine Wallfahrt, eine Andacht". Diese frommen Wörter sind nichts als Vorwand. Er sucht die „Plebejer" auf, um sie zu beobachten und durch sie neuen Stoff zu gewinnen. Denn, so lautet sein künstlerisches Credo, „von dem Wortwechsel weinerhitzter Karrenschieber spinnt sich ein unsichtbarer, aber ununterbrochener Faden bis zum Zwist der Göttersöhne, und in der jungen Magd, die, halb wider Willen, dem drängenden Liebhaber seitab vom Gewühl der Tanzenden folgt, liegen als Embryo die Julien, die Didos und die Medeen“. Er hat also als Realist mit dem Sinn für mythologische Tiefenwirkung auf der Bühne Furore gemacht, und nicht „Andacht“, sondern „psychologische Neugierde“ führt ihn auf diese Kirchweih. Er ist gebildet und wirft, wie Jakobs Vater, mit Fremdwörtern um sich, hat eingestandenermaßen seinen Plutarch gelesen und wohl auch, ohne ihn zu nennen, seinen Herder. Denn er liebt die Menschen, sagt er, „besonders wenn sie in Massen für einige Zeit der einzelnen Zwecke vergessen und sich als Teile des Ganzen fühlen, in dem denn doch zuletzt das Göttliche liegt...“ Das ist vorromantisches Bildungsgut, dessen Abstraktionen in krassem Gegensatz zu der bildhaften Einfalt von Jakobs Gotteslräumen stehen. Auch liebt er das Volk auf der Galerie eines „überfüllten Schauspielhauses“, wenn ihn, vermutlich bei der Aufführung eines seiner Stücke, der „rückhaltslose Ausbruch“ der Menge enthusiasmiert.

Kühl bis ans Herz hinan, gesteht er Jakob bei seinem Besuche unumwunden, daß er nach seiner Geschichte „lüstern“ sei; lüstern wie das Raubtier nach seiner Beute. Während der Erzählung ist es einzig der Rang von Jakobs Vater, der ihm Worte der Anteilnahme entlockt — „Sein Vater? des alten Spielmanns? des Bettlers? Der Einflußreiche, der Mächtige, sein Vater?“ —, und wenn der Alte mit seinem Bericht zu Ende ist und die Geige wieder aufnimmt, um sein Lied zu spielen, empfiehlt er sich grußlos. „Endlich hatte ichs satt, stand auf, legte ein paar Silberstücke auf den nebenstehenden Tisch und ging...“ Man kann nicht gleichgültiger neugierig sein.

Es fällt nicht eben schwer, im armen Spielmann wie in diesem Erzähler Spiegelbilder Grillparzers zu sehen und auf Stellen aus der Selbstbiographie zu verweisen, die sich beinahe wörtlich in der Geschichte wiederholen. Damit hätte der Dichter eine Spaltung vollzogen, die er nicht müde wurde, an sich selbst wahrzunehmen. So schreibt er 1827 ins Tagebuch: „Er war zugleich Zuseher und Schauspieler. Aber der Zuseher konnte nicht Plan und Stoff des Stückes ändern, noch das Stück den Zuseher zum Mitspieler machen.“ Dann hätte er in Jakob seine kindlich unbewußte Künstlerschaft der strengen und ironischen Bewußtheit seiner nur allzu ausgeprägten kritischen Vernunft ausgesetzt. So wäre also auch *Der arme Spielmann* das Werk eines Zerrissenen, dessen seelischer Zwiespalt sich in der Brüchigkeit seiner Form verriete. Wir aber bewundern die Geschichte gerade um ihrer Einheitlichkeit willen, die um so erstaunlicher ist, als die Niederschrift schon 1831 begonnen und bis zum kupplerischen Gespräch des „Grieslers" mit seinem präsumtiven Schwiegersohn geführt, dann aber liegengelassen und erst 1842 wiederaufgenommen und zu Ende gebracht wurde. Es ist freilich eine sehr moderne Einheitlichkeit, die nicht in sich selbst gerundet ist, sondern, unwidersprüchlich Wort zu Wort und Absatz zu Absatz fügend, einem Schluß zustrebt, der mehr Fragen stellt, als er beantworten kann. Erzähler und Spielmann erscheinen dann als zwei deutlich voneinander abgesetzte Gestalten, die der Phantasie Grillparzers tiefer verpflichtet sind als dem Stoff seines Lebens. Dies ist unter anderem schon daraus zu ersehen, daß es dem „Schauspiel", das Jakob darbietet, zum Beschluß doch gelingt, den „Zuseher", nämlich den Erzähler, zum „Mitspieler" in der Geschichte zu machen.

Wie immer man dem Erzähler entgegentreten und ihn beurteilen mag, seine Funktion in der Geschichte ist klar: Er nimmt ihr alle Idyllik, ohne daß doch allzu merkliche Spuren einer persönlichen oder sozialen Satire merkbar würden. Das ätzende Auge des Chronisten, der sich eben hierdurch als echten Erzähler legitimiert, hält den absonderlichen Fall eines seltenen Exemplars Mensch bis ins Detail fest, zerlegt und verarbeitet ihn mit einem Minimum an subjektiver Deutung. Er läßt den armen Spielmann einfach reden; wie diese Rede aber wiedergegeben, angeordnet und gegliedert ist, rückt sie die Absurdität des beobachteten Gegenstands ins schärfste Licht. Da gibt es kein Mitleid und keine menschliche Wärme; der Bericht erfolgt mit der Neutralität einer wissenschaftlichen Dokumentation. Wenn der Erzähler als Dramatiker die gleiche Technik anwendet, dann ist er seiner Zeit um mindestens eine Generation voraus; selbst Henrik Ibsen kennt einen Realismus von solcher Schärfe nicht, und Gerhart Hauptmanns *Bahnwärter Thiel* erweist sich, am *Armen Spielmann* gemessen, als sentimental.

Und doch — diesen Dramatiker läßt sein „Stück", diesen Erzähler sein Thema, „sein" Spielmann, nicht los. Bald nach dem Besuch bei Jakob ist er auf Reisen gegangen: „Die neuen Bilder hatten die alten verdrängt, und mein Spielmann war so ziemlich vergessen." Er hatte ihn wohl „vergessen", aber doch nur „so ziemlich". Nach Wien zurückgekehrt, hört er vom Eisgang und der Überschwemmung in den Vorstädten. „Als aber die Wasser verlaufen und die Straßen gangbar geworden waren, beschloß ich, meinen Anteil an der in Gang gebrachten, zu unglaublichen Summen angewachsenen Kollekte persönlich an die mich zunächst angehende Adresse zu befördern." Ein distanzierter, geradezu kaltschnäuziger Satz! Und doch scheint er der erste Satz des Erzählers zu sein, der ein persönliches Interesse an dem Musikanten verrät. Der Spielmann „geht den Erzähler an", und zwar „zunächst". Die Kontribution hätte sich allenfalls auch auf anderem Wege zustellen lassen. Am Ende hat er, auch er ein „Einflußreicher, Mächtiger", die Kollekte selbst veranstaltet?

Ein ihm selbst unbewußter Impuls bewegt ihn, die Vorstadt aufzu-suchen. Was er findet, ist kein Volksfest mehr, sondern ein Reich des Todes. Schrecken regiert und wird mit einer gleichsam bebenden Ruhe aufgezeichnet, wie sie vor Grillparzer nur von Heinrich von Kleist beim Erzählen an den Tag gelegt wurde: „Als ich, dem Gedränge ausweichend, an ein zugelehntes Hoftor hintrat, gab dieses nach und zeigte im Torwege eine Reihe von Leichen, offenbar behufs der amtlichen Inspektion zusam-mengebracht und hingelegt; ja, im Innern der Gemächer waren noch hie und da, aufrechtstehend und an die Gitterfenster angekrallt, verunglückte Bewohner zu sehen, die..." Hier bricht der Erzähler ab, als reichte das Wort nicht hin, seine Erschütterung wiederzugeben.

Von diesem Hintergrund des Entsetzens hebt sich der Leichenzug des armen Spielmanns beinahe als ein Bild des Friedens ab. Eine Nachbarin kommt und berichtet von Jakobs Ende. Dabei muß der Erzähler erfahren, daß sein Interesse an dem Musikanten nicht einseitig gewesen sei: „Gehen Sie nur hinauf, er hat oft von Ihnen gesprochen. Die Madame ist auch oben. Wir haben ihn auf unsere Kosten begraben lassen wollen" (es waren diese Nachbarsleute, deren Steuerbücher der Alte gerettet hatte), „die Frau Fleischermeisterin gab es aber nicht zu."

Der Chronist findet die „Madame" am Kopfende des Sarges, in einem Alltagskleid, „aber mit schwarzem Halstuch und schwarzem Band auf der Haube. Es schien fast, als ob sie nie schön gewesen sein konnte". Wiederum verrät sich der Erzähler. Hat er etwa erwartet, die Heldin seiner Geschichte sei schön gewesen? Der Spielmann hatte ihn über das Äußere seiner Barbara nicht im Zweifel gelassen: „Das Mädchen galt bei meinen Kameraden nicht für schön. Sie fanden sie zu klein, wußten die Farbe ihrer Haare nicht zu bestimmen. Daß sie Katzenaugen habe, bestritten einige. Pockengruben aber gaben alle zu." Jakobs Liebe zu Barbara war nicht sinnlich gewesen; was er von dem Mädchen erwartete, war das Übersinnliche, sein Lied. Trotz allem Realismus hat sich der Erzähler mit seinem Sinn fürs Theatralische unter der „Grieslers"-Tochter offenbar eine jugendliche Liebhaberin vorgestellt; und nur ungern läßt sich seine Phantasie von der Wirklichkeit zur Ordnung rufen.

Barbara bewahrt übrigens während des ganzen Begräbnisses ihre Dignität, wie es einer „Madame" im Beisein ihrer Familie zukommt. Nur im letzten Augenblick, wenn schon die Erdschollen auf den Sarg geworfen werden, hält sie ihr Gebetbuch „nahe an die Augen". Nach Hause zurück-gekehrt, feilscht sie mit dem Leichenbesorger um die Kosten. Die ganze Bestattung war anständig, wohlgeordnet und nüchtern gewesen, so wie eben Kleinbürger in der Vorstadt ihre Toten beisetzen. „Der alte Spielmann war begraben."

Ist er es wirklich? Dem Erzähler jedenfalls läßt er keine Ruhe. Noch einmal treibt es ihn in die Vorstadt zurück. Er nimmt „zum Vorwande, daß [er] die Geige des Alten als Andenken zu besitzen" wünscht, und ist ehrlich genug, zuzugeben, daß sein Wunsch nichts ist als ein Vorwand. Was sollte auch dem berühmten Dramatiker „eine alte vielzersprungene Violine"? Ist er mit einem Mal sentimental geworden? Das Wort von der „psychologischen Neugierde" fällt. Wir glauben es ihm nicht mehr ganz. Hat ihn die Frau angezogen, und will er auch ihre Seele ergründen? Wittert er ein Geheimnis, das selbst seinem scharfen Blick verborgen geblieben ist? Oder ist es nicht vielmehr so, daß sich der kühl Betrachtende am Ende gedrängt fühlt, selbst in das Spiel vom armen Jakob einzutreten, daß er mit seinem Griff nach der Geige des Spielmanns eine Rolle übernimmt, ohne die das Stück unvollkommen wäre? Sosehr er dies zu verbergen wünscht, er zeigt Anteil und wird damit zur handelnden Figur. In der Tat liest sich der letzte Absatz der Erzählung als ein verschwiegenes Drama der Seelen.

Der stets Gelassene, nicht aus der Ruhe zu Bringende hat es sogar eilig. Nur „ein paar Tage" läßt er sich Zeit. Er wählt einen Sonntag, vermutlich, um den Fleischer und die Seinen privat sprechen zu können. Unwillkürlich breitet er damit eine gewisse Feierlichkeit über die Szene. Er findet die Familie „ohne Spur eines zurückgebliebenen besondern Eindrucks". In der Vorstadt wachsen offensichtlich keine großen Gefühle. „Doch hing die Geige mit einer Art Symmetrie geordnet neben dem Spiegel, einem Kruzifix gegenüber, an der Wand." Die Symbolkraft dieses Arrangements ist überzeugend. Der Spiegel, das Sinnbild des Narziß, deutet auf die Selbstbezogenheit, den Eigen-Sinn des toten Musikanten, der seinem Instrument nur Töne abzugewinnen vermochte, die für ihn allein Wohllaut und Fülle besaßen. Zugleich aber hängt die Fiedel auf gleicher Höhe wie das Kreuz ihr gegenüber. Der Abstand, der sich zwischen der Welt des Glaubens und dem Reich der Kunst aufgetan hat, wird im Raum offenbar. Die ganze Breite des Zimmers trennt die eine von dem anderen. Trotzdem wird die Ehrfurcht sichtbar, mit der die Fleischhauersgattin der Reliquie des Toten begegnet. Die Geige, scheint sie zu sagen, war dieses Menschen Kreuz. Darum hängt sie ihm auch „mit einer Art Symmetrie" gegenüber.

„Als ich mein Anliegen erklärte und einen verhältnismäßig hohen Preis anbot, schien der Mann nicht abgeneigt, ein vorteilhaftes Geschäft zu machen. Die Frau aber fuhr vom Stuhle empor und sagte: ‚Warum nicht gar! Die Geige gehört unserem Jakob, und auf ein paar Gulden mehr oder weniger kommt es uns nicht an!'" Dem Leichenbestatter gegenüber war es ihr darauf angekommen. „Dabei", fährt der Erzähler fort, „nahm sie das Instrument von der Wand, besah es von allen Seiten, blies den Staub herab und legte es in die Schublade, die sie, wie einen Raub befürchtend, heftig zustieß und abschloß. Ihr Gesicht war dabei von mir abgewandt, so daß ich nicht sehen konnte, was etwa darauf vorging." Mit seinem Tod ist der Spielmann „unser Jakob" geworden, wobei es gleichgültig bleibt, ob damit der Alte gemeint ist oder der Erstgeborene des Fleischers, der nun als einziger den Namen Jakob trägt und das Erbe des Musikanten, das Lied seiner Mutter, von ihm empfangen hat. Durch sein Abscheiden ist der arme Spielmann eingekehrt in jene Gemeinschaft, die er scheinbar gesucht hat und vor der er doch im entscheidenden Augenblick geflohen ist. Nichts könnte realistischer sein als die Geldgier des Fleischhauers und die Scham, mit der Barbara ihr Gesicht vor dem Erzähler verbirgt. Und dennoch ist die Geige nun, da das mißtönende Gekratze auf ihr für immer verklungen ist, zum Symbol geworden und als solches zum unveräußerlichen Besitz eines Menschen. Nun liegt das Symbol im Dunkel einer Schublade, und wir können uns auf Barbara verlassen: von nun an wird niemand an das Instrument herankommen. Dies, und nicht etwa der hymnische Selbstmord der Sappho, ist der Abschied der Kunst von der Wirklichkeit eines tiefer und tiefer ins Amusische abgleitenden Jahrhunderts; ihr Adieu und zugleich ihr Triumph.

Denn wer in einer Dichtung nicht nur die Worte, sondern auch das Ungesagte zu lesen versteht, wird merken, daß die Szene auch den Erzähler ergriffen hat. Er widerspricht Barbara nicht, er handelt nicht mit ihr, er kommentiert nicht. Er versteht und verstummt, wie er bei seinem Eintritt in die Vorstadt vor der Gewalt des Todes verstummt ist. Nun aber verschlägt ihm eine kleine Geste der Pietät, in der sich ein großes Gefühl gesammelt hat, die Rede. Schweigend akzeptiert er die schroffe Absage der Frau und wird mit diesem Schweigen zum Vertrauten Barbaras und zum Partner von Jakobs Spiel. Der „dramatische Dichter" verleugnet sich auch hier nicht. Mit leiser Hand zieht er den letzten Vorhang zu: „Mein letzter Blick traf die Frau. Sie hatte sich umgewendet, und die Tränen liefen ihr stromweise über die Backen." In diesen Tränen spiegelt sich die Klage einer Mutter um ihr Kind, einer Liebenden um die vertane und erst im Tod erwiderte Liebe und, vielleicht, die Trauer einer bürgerlichen Frau Fleischermeisterin um die Verlorenheit des Künstlers und der Kunst schon im bürgerlichen, neunzehnten, Jahrhundert.

Die Kunst des armen Spielmanns, seine Musik, ist ihm nur innen erklungen. Es war von ihr lediglich die Rede; wann immer sie Laut wurde, wurde sie zum Gekrächz. Und dennoch hat Jakobs Schöpfer bei allen Unebenheiten seiner Sprache und allen Brüchigkeiten seines Werks, trotz allen Zweifeln, Verzweiflungen und Ironien die alt-neue Musik zu guter Letzt mit seinen eigenen Ohren gehört. Er war ein geheimer Musiker, der Sprach- und Bühnenbilder schuf, so zwingend und so transparent wie kaum ein anderer zu seiner und in der Folgezeit, ein Dramatiker der Geste und der Stille, ein schüchterner Eroberer, unschuldig und verrucht zugleich, ein Untertan, der nach Freiheit dürstete und diese, als sie ihm wurde, dazu gebrauchte, ein Untertan zu bleiben, ein skeptischer Phantast, reich an kühnen Einfällen und leidenschaftlich durch sich selbst gehemmt, ein großer Zauberer und Träumer auf dem Theater und, als er sich selbst aus diesem verbannt hatte, ein armer Hofrat.

Der arme Hofrat aber kannte die Geheimnisse der Existenz, er leuchtete sie aus bis in die Tiefe und gab die Tiefe dennoch niemals preis. So erzählte er Mythen auf moderne Manier. Wie einer Versenkung entsteigen dem Abgrund seines Biedermeiers Gestalten, deren Land das weite Land der Seele ist. Was diese Gestalten sprechen, ist nicht immer Seelenton; was sie jedoch in stumme Spiele fassen, die Bilder, die sie stellen, die Konfigurationen, zu denen sie sich zusammenschließen, das ist vieldeutig, unergründlich und wie alles Rätselhafte eine dauernde Frage an die Gegenwart.

Grillparzers Kunst sieht uns noch immer mit geschlossenen Augen an.

Nachbemerkung

Wegen ihrer Zugänglichkeit liegt diesem Buch die vierbändige, von Peter Frank und Karl Pörnbacher besorgte Grillparzer-Ausgabe zugrunde (München: Hanser, 1960 ff.). Rechtschreibung und Zeichensetzung folgen dieser Edition. Wo die Hanser-Ausgabe nicht ausreichte, habe ich sie durch die monumentale zweiundvierzigbändige historisch-kritische Säkular-Ausgabe der Stadt Wien ergänzt (Hrsg. August Sauer und Reinhold Backmann; Wien: Gerlach & Wiedling, 1909; seit 1916: Schroll). Dazu kamen die sechs Bände von *Grillparzers Gesprächen und Charakteristiken seiner Persönlichkeit durch die Zeitgenossen* (Hrsg. August Sauer, Wien: Literarischer Verein, 1904 ff. = Schriften des Literarischen Vereins in Wien, Bd. 1, 3, 6, 12, 15 und 20). Auch hier wurde Orthographie und Interpunktion soweit wie möglich dem modernen Gebrauch angeglichen.

Selbst dort, wo ich keine Namen und Titel nennen konnte, weiß ich mich dem Korpus der Grillparzer-Sekundärliteratur verpflichtet. Sie ist nicht nur zum Verständnis des Dichters und seiner Zeit, sondern auch zum Thema des Verhältnisses Österreichs zu seinen Nachbarn und vor allem zu sich selber unerläßlich. Doch war es beschlossene Sache, daß Fachdiskussion dieses Buch sowenig wie möglich beschweren sollte. Der interessierte Leser findet meine Auseinandersetzung mit der Grillparzer-Forschung in den Vorarbeiten zu diesem Buch, insbesondere in der Skizze „Franz Grillparzer", *Deutsche Dichter des 19. Jahrhunderts. Ihr Leben und Werk* (Hrsg. Benno von Wiese; Berlin: Schmidt, 1969, Sn. 272—302), in meinem Essay „Der arme Hofrat", *Das Schweigen der Sirenen* (Stuttgart: Metzler, 1968, Sn. 142—159) und in meiner Studie *Franz Grillparzers „Der arme Spielmann"* (Stuttgart: Metzler, 1967) sowie in den folgenden austriazistischen Arbeiten:

„Der Turm und das Tier aus dem Abgrund. Zur Bildsprache der österreichischen Dichtung bei Grillparzer, Hofmannsthal und Kafka", *Grillparzer Forum Forchtenstein. Vorträge. Forschungen. Berichte* 1968 (Hrsg. Elisabeth Schmitz), Heidelberg: Stiehm, 1969, Sn. 24—42;
„Größe des Mittelmaßes: Franz Grillparzers Hero", *Festschrift für Helen Adolf* (Hrsg. Sheema Z. Buehne et al.), New York: Ungar, 1969, Sn. 209—235;
„Franz Grillparzers Spiel vom Fall: *Die Jüdin von Toledo*", *Zeitschrift für deutsche Philologie* 86 (1967), Sn. 383—399;

„Grillparzers Bruderzwist: Ein Vater-Sohn-Konflikt in Habsburg", *Festschrift für Bernhard Blume* (Hrsg. Egon Schwarz et al.), Göttingen: Vandenhoeck & Ruprecht, 1967, Sn. 173—194, und

„Verwirrung des Gefühls: Franz Grillparzers ‚Ein treuer Diener seines Herrn'", *Deutsche Vierteljahrsschrift* XXXIX (1956), Sn. 58—86.

Alle diese Arbeiten wurden mehr oder minder verändert, um sie in den Zusammenhang des Buches einzufügen.

Eine Liste bibliographischer Hinweise auf die im Text des Buches nicht oder nicht genügend identifizierten Zitate von und über Grillparzer findet sich im Anschluß an diese Nachbemerkung. Sie wird ergänzt durch ein Verzeichnis der in dem Buch genannten Autoren und Titel. Dieses Verzeichnis stellt eine durch den Arbeitsgang diktierte, also höchst subjektive Auswahl dar.

Ich bin davon überzeugt, daß die ersten Anregungen zu diesem Buch auf Kinderspiele rund um das Grillparzer-Denkmal im Wiener Volksgarten zurückgehen. Schulstunden im Wasa-Gymnasium und frühe Besuche von Grillparzer-Aufführungen im Burgtheater taten das ihre. Bewußt habe ich mich meinem Thema in einem Aufsatz „Die Verwandlung des armen Spielmanns" zugewendet, den Friedrich Torberg 1958 im Wiener *Forum* veröffentlichte. In dieser Skizze versuchte ich zu zeigen, daß der *Arme Spielmann* auf seine Weise in dem Handlungsreisenden aus Kafkas *Verwandlung* fortlebt, daß Jakobs Geist- und Seelenmusik zu jener „unbekannten Nahrung" sich verflüchtigt, an deren Mangel das Insekt Gregor Samsa zugrunde geht. Von allem Anfang an war also mein Grillparzer-Bild weniger historisch als nach seinen Folgen im zwanzigsten Jahrhundert orientiert. Der Epigone als Vorläufer.

In jenem Jahre 1958 war ich als Stipendiat der John Simon Guggenheim Memorial Foundation in Wien, um ein Buch über Franz Kafka zu schreiben. Mit der Ausarbeitung des Grillparzer-Manuskriptes habe ich dann in den Jahren 1966 bis 1967, wiederum als Guggenheim Foundation Fellow, in Freiburg i. Br. begonnen. Daher gilt mein erster Dank der Guggenheim-Stiftung und ihrem Präsidenten Gordon N. Ray, die mir durch ein zweimal erteiltes Stipendium meine Arbeit ermöglicht haben. Auch dem Humanities Research Fellowship Committee der Universität von Kalifornien in Berkeley weiß ich mich für ein Forschungsquartal zu Dank verpflichtet. Im letzten Stadium der Drucklegung hat mir die Society for the Humanities an der Cornell-Universität bedeutende Unterstützung angedeihen lassen. Auch weiß ich mich der Gesellschaft und ihrem Direktor Henry Guerlac für einen Beitrag zu einer Forschungsreise nach Wien zu Dank verpflichtet.

Zu der Veröffentlichung des Buches ist Hans Weigel Pate gestanden. Sein Verständnis und das seiner Kollegen Wolfgang Kraus und Reinhard Urbach wurde nur durch die Geduld aller Beteiligten übertroffen, die Geduld hinwiederum durch Hilfsbereitschaft. Meine Freunde in Berkeley, Marianne Bonwit, Andrew O. Jászi, Winfried Kudszus, Philip M. Palmer, Blake Lee Spahr und Hinrich C. Seeba, haben mich durch eingehende Kritik ermutigt; der Letztgenannte vor allem durch seine Befassung mit jenem Detail, in dem, nach einem Wort Gustave Flauberts, „der liebe Gott steckt". Michael T. Mann hat den „Fülle des Wohllauts"-Kapiteln seine besondere Aufmerksamkeit geschenkt. Käte Olschki ist mir beim Lesen der Korrekturen unentwegt zur Seite gestanden. Mit der Fülle seiner austriazistischen Kenntnisse und seiner umfassenden Sensitivität hat Eric A. Blackall zur letzten Fassung mancher Stelle Entscheidendes beigetragen. Schließlich danke ich den Mitgliedern meiner Seminare über „Franz Grillparzer und das österreichische Drama des neunzehnten Jahrhunderts", die ich in Berkeley und Cornell während der letzten zehn Jahre gegeben habe; der Niederschlag ihrer Arbeit ist in dieses Buch eingegangen und bleibt in ihm bewahrt.

Berkeley/Ithaca,
1. Dezember 1971.   H. P.

Bibliographische Hinweise

auf die im Text dieses Buches nicht oder nicht genügend identifizierten Zitate von oder über Grillparzer

Siglen:

HKS = Historisch-kritische Säkular-Ausgabe der Stadt Wien (Die römische Ziffer gibt die Abteilung, die arabische den Band an, in dem sich die betreffende Seite findet.)

HA = Hanser-Ausgabe

G = Grillparzers Gespräche und Charakteristiken seiner Persönlichkeit (Die Bandzahl ist die der Schriften des Literarischen Vereins in Wien.)

Die links von den Anmerkungen stehenden Ziffern beziehen sich auf die jeweilige Seite:

Der verfluchte Name

8: *„Wenn mein Zweites dich schreckt, ..."* „Als Antwort", *HA* I, S. 524
„Franz Serfikus ..." G 3, S. 5
„Heute wurde mir mein Sohn ..." Ebda.

9: *„Er besaß genug Stärke ..."* Bruchstück einer Selbstbiographie, *HA* IV, S. 10
„hypochondrischen Zurückgezogenheit ..." Tagebuch, Ende 1834/Anfang 1835, Ebda., S. 17
„eine Theater-Bibliothek ..." Selbstbiographie, Ebda., S. 34

10: *„am schwedischen Ofen stehend ..."* Ebda., S. 20
„Früher einen eigenen ..." Ebda.
„Mein Vater nahm scheinbar ..." Ebda., S. 29
„stehende Phrase ..." Ebda., S. 42
„schöngeistigen Hervorbringungen" Ebda.
„machte Gedichte, ..." Ebda.

11: *„Serafin Klodius"* Ebda., S. 732; S. 227
„In die Stadt zurückgekehrt ..." Selbstbiographie, S. 27

12: *„nach der Art ..."* Ebda., S. 91

13: *„schon ziemlich geläufig ..."* Tagebuch 1822, Ebda., S. 14
„Zu Anfang des zweiten Teils ..." Ebda., S. 14—15

14: *„Selbstmörder"* „Paganini. Adagio und Rondò auf der G-Saite" *HA* I, S. 184
„Diese Abneigung ..." Selbstbiographie, S. 52
„bei jeder Gelegenheit ..." Ebda.

15: *„Ich werde nur suchen, ..."* zitiert nach Hoff und Czermak, *Grillparzer. Versuch einer Pathographie*, S. 10
„Der Mensch scheint unverbesserlich ..." Tagebuch, September 1832, *HA* IV, S. 485
„Lieber Franz oder Mama ..." Ebda., S. 739—740

16: *„Franz, einen Aufschluß ..."* *HKS* III:1, S. 133
„emporgehobene Schulter" Selbstbiographie, S. 52
„Als ich von Demosthenes las, ..." Ebda., S. 35

17: *„Ich habe alles getrieben ..."* Ebda., S. 54
„Die Inspiration war mein Gott ..." Ebda.

„obgleich vortrefflich . . ." Selbst-
biographie, S. 77
„Um Gotteswillen, Franz, . . ."
Ebda.

61: „Das Ganze kann bestehn . . ."
G 2, S. 191

62: „um das Brett zu bohren . . ."
Selbstbiographie, S. 69
„Endlich wird Leben ein
Traum . . ." Ebda., S. 70

63: „demütigenden Gefühle" Ebda.,
S. 44

64: „bedeutende menschliche Grund-
lage" Ebda., S. 76
„Das Stück ist fertig . . ." Ebda.,
S. 72

65: „wußte nun nicht recht . . ."
Ebda., S. 75
„Ich selbst schade dem Verfas-
ser . . ." zitiert nach I. V. Morris,
"The 'Ahnfrau' Controversy",
Modern Language Review LXII
(1967), S. 284
„Ich habe die Ahnfrau . . ." HKS
I:4, S. 225—229

66: „daß man ein Dummkopf . . ."
Selbstbiographie, S. 72
„daß die Ahnfrau in ihrer gegenwärtigen Gestalt . . ." Tagebuch, 6. Mai 1817, HA IV, S. 270

67: „Die Unverständlichkeit, der
Unsinn . . ." Tagebuch 1825, HA
III, S. 305

74: „am Schnürchen hatte" Selbstbiographie, S. 40

79: „Die Einwirkung der Ahnfrau . . ." HA I, S. 1303

80: „Rausch des Beifalls, . . ." G 1,
S. 233

Der unfruchtbare Lorbeer: Sappho

81: „Mit welcher Empfindung . . ."
Tagebuch 1826, HA IV, S. 413
„Weiß Gott, . . ." Ebda., S. 405

82: „Meine Seele ist betrübt . . ."
Ebda., S. 422
das Ideal [m]einer Jugend . . ."
Selbstbiographie, S. 144

83: „daß ein österreichischer Dichter . . ." Ebda., S. 85

86: „Was man meiner Sappho . . ."
G 6, S. 310

90: „Unglaubliche Sensation" Selbstbiographie, S. 83

91: „daß Sappho, wie sie in der Tragödie erscheint, . . ." G 5, S. 167

92: „daß ältere oder reizlose
Frauen . . ." Ebda.

93: „Die Sappho muß um ein gut
Stück älter aussehen . . ." Ebda.,
S. 107
„gesättigten Ruhe" Brief an
Adolf Müllner, Ende Februar
oder Anfang März 1818, HA IV,
S. 742
„halb poetisch gestimmter, . . ."
G 5, S. 107

97: „so unschuldig, ja geistesarm . . ."
Brief an Adolf Müllner, a. a. O.,
S. 745

99: „dichterisches Verdienst" Critical
and Miscellaneous Essays, Bd. I,
S. 368—369
„der Versuchung nicht widerstehen . . ." Brief an Adolf Müllner,
a. a. O., S. 744

Ein „sicherer Grillparzer":
Frauen und andere Schwierigkeiten

101: „Ich wollte was schuldig sein"
Tagebuch, 16. September 1827,
HA IV, S. 432
„Es sind zwei Seelen in mir."
Tagebuch 1829, Ebda., S. 453

102: „Grillparzer war nicht hübsch . . ."
zitiert nach Caroline Pichler,

172: „Ja, ja, ja, lieber Kuh, ..." G 12,
S. 128
177: „Liebster Hannibal!" HA III,
S. 74
183: „Ich habe mich selbst ..." Ebda.,
S. 304—305

Verwirrung des Gefühls:
Ein treuer Diener seines Herrn

192: „Unselge Übereilung ..." HKS
I:3, S. 372
„Die Seele lasterhaft ..." HKS
I:18, S. 465
198: „der seine Leidenschaften als
Spielzeug ..." Tagebuch 1826,
HA IV, S. 396
202: „Mein Herz ist betrübt ..." Ta-
gebuch, Ende 1827, Ebda., S. 434.
Siehe auch Hinweis zu S. 82
„Unter zehn Schauspielern ..."
Ebda., S. 784—785
203: „eine klanglose Stimme ..."
Ebda.
„nur eine widerliche Wir-
kung ..." Ebda., S. 442
„gar keine Hindernisse ..."
Selbstbiographie, S. 153
204: „alleiniger Besitzer" Ebda.
„was dem Kaiser an diesem bis
zum Übermaß ..." Ebda., S. 154
„die mit der Kopiatur betrauten
Souffleure ..." Ebda.
„Auszeichnung hier erwarte nie,
..." HA I, S. 395 und 1241
„Wenn sie wüßten, ..." HA IV,
S. 442

Tragik des Mittelmaßes:
Des Meeres und der Liebe Wellen

210: „im Gleichgewichte ..." HA II,
S. 1246

„in Doppelschlägen ..." Des
Meeres und der Liebe Wellen
Ebda., S. 87
214: „Heros Vater ..." HKS I:19,
S. 198
215: „Die Lampe solls nicht sehn ..."
Siehe S. 111 = HA II, S. 1246
217: „Gemeinschaft eines Stammvaters ..." HKS I:19, S. 233
218: „Leander, unentwickelte Dumpfheit, ..." Ebda., S. 232
220: „Nie soll Hero darauf ein besonderes Gewicht ..." HA II, S. 1246
221: „In künft'ger Zeit ..." HKS
I:19, S. 441
222: „Die ersten 3 Akte ..." HA IV,
S. 466—467
223: „dramatische Steppe ..." zitiert
nach Franz Grillparzer, Sämtliche Werke (hrsg. August Sauer),
Bd. VII, 1892, S. 105
„soll ja auch zugleich einen großen Zeitverlauf ..." Tagebuch
1832, HA IV, S. 494
224: „Leitstern meines Wegs" HKS
I:19, S. 222
225: „Ursprünglich war dem Priester ..." Ebda., S. 233
226: „heiligen Sätze" „Huldigung für
Grillparzer", Gesammelte Werke, Bd. X, S. 427
„Priester keine moderne Humanität ..." Ebda.
228: „Wienerin" „Grillparzers politisches Vermächtnis" Prosa III,
S. 259
229: „Du Frühlingsgott ..." HKS
I:19, S. 235

Verdrängter Vormärz:
Der Traum ein Leben

231: „Sehen Sie ..." zitiert nach Richard Smekal, Ferdinand Raimund, S. 49

232: „als sfogo der üblen Laune..."
Tagebuch 1822, *HA* II, S. 1247

236: „Unbeschreiblich ist die Oekonomie..." „Die Bühne als
Traumbild", *Prosa* II, S. 75

238: „immer mehr und mehr die Farbe..." *HA* II, S. 1247

240: „Bei einem Verbrechen..." *HKS*
I:20, S. 100—101

241: „Es hat dem Herrn gefallen..."
HA III, S. 85

242: „Warst du mit dem vormärz-
lichen Zustande zufrieden?..."
HA IV, S. 204
„Ich ward Mitarbeiter..." *HA*
III, S. 87

248: „O die Zeit meines Lebens!..."
HA IV, S. 542

An der Grenze der Sprache:
Weh dem, der lügt!

252: „Die Geier in Schönbrunn..."
Tagebuch 1838, *HA* II, S. 1250
„ohne Durchsicht..." *HA* IV,
S. 964

254: „Die Streitszene..." zitiert nach
Karl Gladt (hrsg.) „Franz Grillparzers: Eigenhändiger Brief..."
*Jahrbuch der Grillparzer-Gesell-
schaft*, III/3, S. 29
„Auf das Wohl derer..." Bei
der Feier seines Geburtstags,
15. Jänner 1844, *HKS* I:12,
S. 149

257: „Es lügt der Mensch..." *HKS*
I:20, S. 288

264: „Der Schauspieler,..." *HA* II,
S. 1252
„Wie er auf der Bühne erscheint,
..." *G* 12, S. 237—238

265: „Weg der neuern Bildung" *HA*
I, S. 500

„O Gott! laß dich herbei..."
Ebda., S. 480
„so ziemlich" *HKS* II:9, S. 289
„roh, barbarisch, abscheulich..."
HA III, S. 70

268: „Von allen poetischen Formen..." „Über den gegenwärtigen Zustand der dramatischen
Kunst in Deutschland", *HA* III,
S. 688

269: „Grillparzer ... traut dem Publi-
kum..." *HKS* I:20, S. 201
„Lump, werd ein Jud..." „Fehl-
geburt", *HA* I, S. 440
„Sudelei" *HKS* I:20, S. 189
„Im Munde wie modrige Pilze"
Chandos-Brief, *Prosa* II, S. 13

Beamtensatire oder Menschwerdung
eines Königs?: *Esther*

271: „so eine Art Polonius" *HA* IV,
S. 971

272: „die Unterschrift" Esther *HA* II,
S. 526
„PRÄS. Wie alt sind Sie?" *HA*
III, S. 19

273: „Eitelkeit" *HA* II, S. 1264

275: „Im nächsten [fünften] Akt..."
HA IV, S. 981—982

276: „Als Hintergrund aller Intrigen..." *HA* II, S. 1264

277: „Der König hat das Vertrauen..." *HKS* I:21, S. 451

278: „Das Individuum..." *Aufzeichnungen*, S. 194

279: „muß sich gleich zu einer Entstellung..." *HA* IV, S. 982

280: „Eine Ähnlichkeit, ..." „Kran-
kenbesuche", *HA* I, S. 587

281: „die Esther und der Mardochai"
HA IV, S. 971

282: „Haman stellt nun dem Könige
vor,..." Ebda., S. 980

Götterdämmerung der Geschichte:
Ein Bruderzwist in Habsburg

Fülle des Wohllauts (Schluß):
Der arme Spielmann

Verzeichnis der in diesem Bande genannten
Autoren und Titel

Adler, Alfred, *Praxis und Theorie der Individualpsychologie. Vorträge zur Einführung in die Psychotherapie für Ärzte, Psychologen und Lehrer*, München: Bergmann ⁴1930.

Alker, Ernst, *Franz Grillparzer. Ein Kampf um Leben und Kunst*, Marburg a. d. Lahn: Braun, 1930.

Angelus Silesius — siehe Scheffler, Johannes.

Anschütz, Heinrich, *Erinnerungen aus dessen Leben und Wirken*, Wien: Sommer, 1866.

Bandet, Jean-Louis, „Grillparzers ‚Weh dem, der lügt‘“. In: *Das deutsche Lustspiel* I (Hrsg. Hans Steffen), Göttingen: Vandenhoeck, 1960, S. 144—165.

Bauer, Roger, *La Réalité Royaume de Dieu. Etudes sur l'originalité du théâtre Viennois dans la première moitié du XIXᵉ siècle*, München: Hueber, 1965.

Böck, Ludwig, und Wilhelm Englmann, *Grillparzers Selbstbiographie und Bildnisse*, Wien: Wiener Drucke, 1923.

Börne, Ludwig, „Grillparzer. Sappho“, *Kritische Schriften* (Hrsg. Edgar Schumacher), Zürich: Artemis, 1964, S. 120—129.

Brecht, Bertolt, *Gedichte 3* (1930—1933), Frankfurt a. M.: Suhrkamp, 1961.

Brecht, Bertolt, „Baal“. In: *Erste Stücke*, Berlin: Suhrkamp, 1953, S. 5—99.

Byron, George Gordon Noel, *Letters and Journals of Lord Byron: With Notices of His Life* (Hrsg. Thomas Moore), Bd. II, London: J. Murray, 1830.

Calderón de la Barca, Pedro, *La vida es sueño* (Hrsg. Albert E. Sloman), Manchester, University Press [1960].

Carlyle, Thomas, *Critical and Miscellaneous Essays*, Bd. I, New York: Scribners, 1899, S. 361—369.

Castle, Eduard, „‚Melusina‘ von Grillparzer“, *Jahrbuch der Gesellschaft für Wiener Theaterforschung 1944*, Wien: Wiener Verlag, 1944, S. 69—104.

Cohn, Caroline, *Karl Kraus*, Stuttgart: Metzler, 1966.

Commanville, Caroline, *Souvenirs sur Gustave Flaubert*, Paris: Ferroud, 1895.

Ebner-Eschenbach, Marie von, *Meine Erinnerungen an Grillparzer*, Wien: Bergland, 1955 (= Österreich-Reihe, Bd. 5).

Eckermann, Johann Peter, *Gespräche mit Goethe in den letzten Jahren seines Lebens* (Hrsg. Fritz Bergemann), Wiesbaden: Insel, 1955.

Eichendorff, Joseph von, *Werke und Schriften*, Bd. III (Hrsg. Gerhart Baumann), Stuttgart: Cotta, 1957 f.

Engelmann, Paul, *Letters from Ludwig Wittgenstein. With a Memoir*, Oxford: Blackwell, 1967.

Fontane, Theodor, *Causerien über Theater,* Zweiter Teil, München: Nymphenburger, 1964 (= Sämtliche Werke, Bd. XXII:2).

Freud, Sigmund, *Aus den Anfängen der Psychoanalyse. Briefe an Wilhelm Fließ. Abhandlungen und Notizen aus den Jahren 1887—1902,* Frankfurt 1962.

Freud, Sigmund, *Die Traumdeutung. Gesammelte Werke,* Bd. II/III, Frankfurt: Fischer, ³1961.

Freud, Sigmund, *Vorlesungen zur Einführung in die Psychoanalyse. Gesammelte Werke,* Bd. XI, Frankfurt: Fischer, ³1961.

Freud, Sigmund, „Das Unheimliche", *Gesammelte Werke,* Bd. XII, London: Imago, 1947, S. 227—268.

Freud, Sigmund, „Das Unbehagen in der Kultur", *Gesammelte Werke,* Bd. XIV, Frankfurt: Fischer, ³1963, S. 419—506.

Freud, Sigmund, „Die endliche und die unendliche Analyse", *Gesammelte Werke,* Bd. XVI, Frankfurt: Fischer, ²1961, S. 57—99.

Friedell, Egon, *Kulturgeschichte der Neuzeit,* München: Beck, ⁵⁴⁻⁷⁰1927—1931.

Fülleborn, Ulrich, *Das dramatische Geschehen im Werk Franz Grillparzers. Ein Beitrag zur Epochenbestimmung der deutschen Dichtung im 19. Jahrhundert,* München: Fink, 1966.

Fürst, Norbert, *Grillparzer auf der Bühne,* Wien: Manutius, 1958.

Gladt, Karl (Hrsg.), „Franz Grillparzer: Eigenhändiger Brief an Karl Albrecht Fichtner". In: *Jahrbuch der Grillparzer-Gesellschaft.* Dritte Folge/Dritter Band, Wien: Bergland, 1960, S. 28—30.

Glossy, Karl, „Grillparzers Beamtenlaufbahn". In: *Kleine Schriften,* Wien: Fromme, 1918, S. 137—154.

Glücksmann, Joseph, „Joseph Kainz im Dienste Grillparzers", *Jahrbuch der Grillparzer-Gesellschaft* XXXIII (1935), S. 66—85.

Goethe, Johann Wolfgang, „Torquato Tasso", *Werke,* Großherzogin Sophien-Ausgabe, Bd. X, Weimar: Böhlau, 1889.

Goethe, Johann Wolfgang, „Belagerung von Mainz", *Werke,* Großherzogin Sophien-Ausgabe, Bd. XXXIII, Weimar: Böhlau, 1898.

Goethe, Johann Wolfgang, „Maximen und Reflexionen über Literatur und Ethik", *Werke,* Großherzogin Sophien-Ausgabe, 2. Abteilung, Bd. XLII, Weimar: Böhlau, 1907.

Goethe, Johann Wolfgang, *Goethes Gespräche ohne die Gespräche mit Eckermann* (Hrsg. Flodoard von Biedermann), Wiesbaden: Insel, 1957.

Goethe, siehe auch Eckermann, Johann Peter.

Gundolf, Friedrich, „Franz Grillparzer", *Jahrbuch des Freien Deutschen Hochstifts,* Halle: Niemeyer, 1931, S. 9—93.

Heidelberger Jahrbücher, zitiert nach *Literarische Wochenschrift,* Bd. III, Nr. 51 (11. 6. 1819).

Helmensdorfer, Urs, *Grillparzers Bühnenkunst,* Bern: Francke, 1960.

Heer, Friedrich, *Land im Strom der Zeit. Österreich gestern, heute, morgen,* Wien: Herold, 1958.

Herzmanovsky-Orlando, *Lustspiele und Ballette* (Hrsg. Friedrich Torberg), München: Langen-Müller, 1960.

Hock, Erich, „Grillparzer. Libussa". In: *Das deutsche Drama vom Barock bis zur Gegenwart. Interpretationen* (Hrsg. Benno von Wiese), Bd. I, Düsseldorf: Bagel, 1958, S. 451—474.

Hoff, Hans, und Ida Cermak, *Grillparzer. Versuch einer Pathographie*, Wien: Bergland, 1961 (= Österreich-Reihe, Bd. 152/153).

Hofmannsthal, Hugo von, „Der Rosenkavalier", *Lustspiele I*, Stockholm: Bergmann-Fischer, 1947, S. 285—437.

Hofmannsthal, Hugo von, „Der Schwierige", *Lustspiele II*, Frankfurt: Fischer, 1954, S. 145—314.

Hofmannsthal, Hugo von, „Jupiter und Semele", *Dramen II*, Frankfurt: Fischer, 1954, S. 504—505.

Hofmannsthal, Hugo von, „Der Turm", *Dramen IV*, Frankfurt: Fischer, 1958, S. 7—208 (ältere Fassung); S. 321—463 (neuere Fassung).

Hofmannsthal, Hugo von, „Ein Brief" [„Chandos"-Brief], *Prosa II*, Frankfurt: Fischer, 1951, S. 7—22.

Hofmannsthal, Hugo von, „Des Meeres und der Liebe Wellen", Ebda., S. 31—35.

Hofmannsthal, Hugo von, „Die Bühne als Traumbild", Ebda., S. 75—80.

Hofmannsthal, Hugo von, „Preuße und Österreicher. Ein Schema", Ebda., S. 407—409.

Hofmannsthal, Hugo von, „Zur Krisis des Burgtheaters", Ebda., S. 416—428.

Hofmannsthal, Hugo von, „Rede auf Grillparzer. Gehalten bei der deutschen Grillparzer Gedenkfeier zu Hannover, den 7. Mai 1922", *Prosa IV*, Frankfurt: Fischer, 1955, S. 112—131.

Hofmannsthal, Hugo von, *Aufzeichnungen*, Frankfurt: Fischer, 1959.

Jeffers, Robinson, „Medea. Frei nach Euripides" (Übers. Eva Hesse). In: *Medea* (Hrsg. Joachim Schondorff), München: Langen-Müller, 1963.

Kafka, Franz, „Fragmente aus Heften und losen Blättern". In: *Hochzeitsvorbereitungen und andere Prosa aus dem Nachlaß* (Hrsg. Max Brod), Frankfurt: Fischer, 1953, S. 224—417.

Kafka, Franz, *Tagebücher 1910—1923* (Hrsg. Max Brod), Frankfurt 1951.

Kaiser, Joachim, *Grillparzers dramatischer Stil*, München: Hanser, 1961 (= Literatur als Kunst).

Kassner, Rudolf, „Grillparzer". In: *Der goldene Drachen. Gleichnis und Essay*, Erlenbach-Zürich: Rentsch, 1957, S. 200—212.

Kierkegaard, Søren, *Entweder/Oder*, Bd. I (Übers. Emanuel Hirsch), Düsseldorf: Diederichs, 1956.

Klarmann, Adolf D., "Psychological Motivation in Grillparzer's 'Sappho'", *Monatshefte für deutschen Unterricht* XL (1948), S. 271—278.

Klarmann, Adolf D., „Grillparzer und die Moderne", *Die Neue Rundschau* LXVII (1956), S. 137—152.

Kleist, Heinrich von, *Sämtliche Werke und Briefe*, 2 Bde. (Hrsg. Helmut Sembdner), München: Hanser, 1961.

Kohn, Caroline, *Karl Kraus*, Stuttgart: Metzler, 1966.

Kokoschka, Oskar, *Entwürfe für die Gesamtausstattung zu W. A. Mozarts Zauberflöte*, Salzburg: Welz, 1955.

Kommerell, Max, „Grillparzer. Ein Dichter der Treue". In: *Dichterische Welt-erfahrung*, Frankfurt: Klostermann, 1952, S. 7—23.

Kraus, Karl, *Beim Wort genommen* (Hrsg. Heinrich Fischer), München: Kösel, 1955.

Kraus, Karl, *Worte in Versen* (Hrsg. Heinrich Fischer), München: Kösel, 1959.

Kraus, Karl, *Die letzten Tage der Menschheit. Tragödie in fünf Akten mit Vorspiel und Epilog* (Hrsg. Heinrich Fischer), München: Kösel, 1957.

Kris, Ernst, „Zur Psychologie älterer Biographik", *Imago* XXI (1935), S. 320 bis 344.

Kürnberger, Ferdinand, „Grillparzers Lebensmaske". In: *Feuilletons* (Hrsg. Karl Riha), Frankfurt am Main: Insel, 1967 (= Sammlung Insel, 30).

Laube, Heinrich, „Nachwort zur ersten Auflage *[von Des Meeres und der Liebe Wellen]*", Grillparzer, Sämtliche Werke (Hrsg. August Sauer), Bd. VII, Stuttgart: Cotta [1892 f.], S. 104—108.

Lichtenberg, Georg Christoph, *Gedankenbücher* (Hrsg. Franz H. Mautner), Heidelberg: Stiehm, 1967.

Littrow-Bischoff, Auguste von, *Aus dem persönlichen Verkehre mit Franz Grillparzer*, Wien: Rosner, 1873.

Magris, Claudio, *Der Habsburgische Mythos in der österreichischen Literatur*, Salzburg: Müller, 1966.

Mann, Thomas, „Huldigung für Grillparzer. Zum 50. Todestag", *Gesammelte Werke*, Bd. X, S. 427.

Mann, Thomas, „Tonio Kröger", *Gesammelte Werke*, Bd. VIII, Frankfurt: Fischer, 1960, S. 271—338.

Mann, Thomas, „Freud und die Zukunft", *Gesammelte Werke*, Bd. IX, Frankfurt: Fischer, 1960, S. 478—501.

Mayer, Hans, *Richard Wagner in Selbstzeugnissen und Bilddokumenten*, Reinbek bei Hamburg: Rowohlt, 1959 [Rowohlts Monographien, Nr. 29].

Mell, Max, „Versuch über das Lebensgefühl in Grillparzers Dramen", *Jahrbuch der Grillparzer-Gesellschaft* XVIII (1908), S. 1—26.

Musil, Robert, *Der Mann ohne Eigenschaften*, Hamburg: Rowohlt, 1952.

Nadler, Josef, *Franz Grillparzer*, Wien: Bergland, 1952.

Naumann, Walter, *Franz Grillparzer. Das dichterische Werk*, Stuttgart: Kohl-hammer, ²1967.

Nestroy, Johann, „Judith und Holofernes", *Sämtliche Werke*, Bd. IV (Hrsg. Fritz Brukner und Otto Rommel), *Historisch-kritische Gesamtausgabe*, Wien: Schroll, 1925, S. 163—199.

Nestroy, Johann, „Einen Jux will er sich machen", Bd. XI, Wien: Schroll, 1928, S. 113—234.

Nestroy, Johann, „Der Zerrissene", Bd. XII, Wien: Schroll, 1929, S. 229—324.

Nenning, Günther, „Kritische Rückschau" [auf *Der Traum ein Leben*], *Neues Forum* XII (1966), S. 126—127.

Orel, Alfred, *Grillparzer und Beethoven*, Wien: Verlag für Wirtschaft und Kultur, 1941 (= Wiener Musikbücher, 2).

Ortega y Gasset, José, *Der Aufstand der Massen (La Rebelión de las masas)* (Übers. Helene Weyl), Stuttgart: Deutsche Verlagsanstalt, 1947.

Pannwitz, Rudolf, „Grillparzers historisch-politische Dramen", *Österreichische Rundschau* LVII (1918), S. 164—172, 212—217.

Paulsen, Wolfgang, „Der gute Bürger Jakob. Zur Satire in Grillparzers ,Armem Spielmann' ", *Colloquia Germanica* (1968), S. 272—298.

Pichler, Caroline, *Denkwürdigkeiten aus meinem Leben,* Bd. III, Wien: Pichler, 1844.

Polgar, Alfred, *Im Lauf der Zeit,* Hamburg: Rowohlt, 1954 (= rororo-Taschenbuch-Ausgabe, Nr. 107).

[Pückler-Muskau, Hermann Fürst von], *Briefe eines Verstorbenen. Ein fragmentarisches Tagebuch*... Stuttgart: Hallberger, ³1836.

Raimund, Ferdinand, *Sämtliche Werke,* München: Winkler, 1960.

Rank, Otto, *Das Inzest-Motiv in Dichtung und Sage,* Leipzig: Deuticke, 1926 (Erste Aufl. 1912), S. 533—555.

Reckzeh, Gerhart, *Grillparzer und die Slaven,* Weimar: Duncker, 1929 (= Forschungen zur neueren Literaturgeschichte LIX).

Redlich, Oswald, „Grillparzers Verhältnis zur Geschichte". In: *Grillparzer und die Wissenschaft,* Wien: Hartleben [1925], S. 23—44 (Österr. Bücherei, Nr. 1).

Reich, Emil, *Franz Grillparzers Dramen. Fünfzehn Vorlesungen,* Dresden: Pierson, 1894.

Reich, Emil, *Grillparzers dramatisches Werk,* Wien: Saturn, 1938.

Rilke, Rainer Maria, „Die Aufzeichnungen des Malte Laurids Brigge". In: *Sämtliche Werke,* Bd. VI, Frankfurt a. M.: 1966, S. 707—946.

Roth, Joseph, *Radetzkymarsch,* Berlin: Kiepenheuer, 1933.

Roth, Joseph: „Portraits: Grillparzer". In: *Werke III,* Köln: Kiepenheuer, 1956, S. 391—400.

Sauer, August, „Einleitung zur fünften Ausgabe", *Grillparzers sämtliche Werke,* Bd. I, Stuttgart: Cotta [1892].

Scheffler, Johannes (Angelus Silesius), *Cherubinischer Wandersmann,* Jena: Diederichs, ⁶⁻⁸1923.

Schiller, Friedrich, „Das Lied von der Glocke", *Werke,* Bd. I, S. 276. Stuttgart: Cotta, 1865.

Schikaneder, Emanuel, *Die Zauberflöte,* Stuttgart: Reclam, 1959 (= Universal-Bibliothek Nr. 2620).

Schlegel, August Wilhelm, *Sämtliche Werke* (Hrsg. Eduard Böcking), Bd. II, Leipzig: Weidmann, 1846.

Schneider, Reinhold, „Franz Grillparzer. ,Der letzte Dichter des alten Österreich' ", *Jahrbuch der Grillparzer-Gesellschaft,* III. Folge, Bd. III (1961), S. 7—27.

Schnitzler, Arthur, „Der junge Medardus", *Die dramatischen Werke,* Bd. II, Frankfurt: Fischer, 1962, S. 27—215.

Schnitzler, Arthur, „Der Schleier der Beatrice", *Die dramatischen Werke,* Bd. I, Frankfurt: Fischer, 1962, S. 553—679.

Schulmeister, Otto, *Die Zukunft Österreichs,* Wien: Molden, ³1967.

Seeba, Hinrich C., „Das Schicksal der Grillen und Parzen. Zu Grillparzers Ahnfrau", *Euphorion* 65 (1971), S. 132—161.

Sembdner, Helmut (Hrsg.), *Heinrich von Kleists Lebensspuren. Dokumente und Berichte der Zeitgenossen*, Bremen: Schünemann, 1957.

Sengle, Friedrich, „Grillparzer". In: *Das deutsche Geschichtsdrama. Geschichte eines Mythos*, Stuttgart: Metzler, 1952, S. 90—109.

Shakespeare, „The Tempest", *The Comedies*, London: Oxford University Press, 1911, S. 8—68.

Shakespeare, „Hamlet", *Dramatische Werke* (Übers. August Wilhelm von Schlegel und Ludwig Tieck), Bd. VI, Berlin: Reimer, ⁴1852, S. 1—169.

Shakespeare, „Macbeth", a. a. O., Bd. XII, Berlin: Reimer, 1840, S. 269—361.

Shaw, George Bernard (über Mozart), zitiert nach Joseph Kerman, *Opera as Drama*, New York: Knopf, 1956.

Smekal, Richard, *Ferdinand Raimund. Nach Aufzeichnungen und Briefen des Dichters und Berichten von Zeitgenossen*. Eingeleitet von Hugo Hofmannsthal (sic!), Wien: Wiener Literarische Anstalt, 1920.

Srbik, Heinrich Ritter von, *Metternich. Der Staatsmann und der Mensch*, Bd. II, München: Bruckmann, 1925.

Staiger, Emil, „Grillparzer. ‚König Ottokars Glück und Ende' ". In: *Meisterwerke deutscher Sprache aus dem neunzehnten Jahrhundert*, Zürich: Atlantis, ²1948, S. 165—187.

Staiger, Emil, „Rasende Weiber in der deutschen Tragödie des 18. Jahrhunderts". In: *Stilwandel. Studien zur Vorgeschichte der Goethezeit*, Zürich: Atlantis, 1963, S. 25—74.

Stekel, Wilhelm, *Dichtung und Neurose, Bausteine zur Psychologie des Künstlers und des Kunstwerkes*, Wiesbaden: Bergmann, 1909 (= Grenzfragen des Nerven- und Seelenlebens, Heft 65).

Sternberger, Dolf, „Politische Figuren und Maximen Grillparzers", *Merkur* (1963), S. 1142—1153.

Stiefel, Rudolf, *Grillparzers „Goldenes Vließ", Ein dichterisches Bekenntnis*, Bern: Francke, 1959 (= Basler Studien zur deutschen Sprache und Literatur, Heft 21).

Stifter, Adalbert, *Bunte Steine, Gesammelte Werke*, Bd. III, Wiesbaden: Insel, 1959.

Stifter, Adalbert, „Wiener Wetter", *Gesammelte Werke*, Bd. VI, Wiesbaden: Insel, 1959, S. 180—205.

Stifter, Adalbert, „Der arme Spielmann von Grillparzer", Ebda., S. 252—254.

Strauss, Richard, und Hugo von Hofmannsthal, *Briefwechsel. Gesamtausgabe* (Hrsg. Willi Schuh), Zürich: Atlantis, ³1964.

Strauss, Richard, Recollections and Reflections (Hrsg. Willi Schuh), London: Boosey & Hawkes, 1953.

Suchy, Viktor, „Franz Grillparzers ‚Melusina', Versuch einer stoff- und motivgeschichtlichen Interpretation unter tiefenpsychologischem Aspekt", *Jahrbuch der Grillparzer-Gesellschaft*, Dritte Folge, Siebenter Band, Wien, 1968, S. 61—135.

Tönz, Leo, „Grillparzers ‚Blanka von Kastilien' und Schillers ‚Don Carlos' ", *Grillparzer-Forum Forchtenstein* 1969, Wien: Böhlau, 1970, S. 65—84.

Torberg, Friedrich, *Das fünfte Rad am Thespiskarren. Theaterkritiken,* München: Langen-Müller, 1966.

Verdroß, Alfred, „Die politische Dichtung Grillparzer", *German Life & Letters,* N.S. XVIII (1964), S. 1—14.

von Matt, Peter, *Der Grundriß von Grillparzers Bühnenkunst,* Zürich: Atlantis, 1965 (= Zürcher Beiträge zur deutschen Literatur und Geistesgeschichte, Nr. 24).

Vordtriede, Werner, „Grillparzers Beitrag zum poetischen Nihilismus", *Trivium* IX (1951), S. 103—120.

Weigel, Hans, *Flucht vor der Größe. Beiträge zur Erkenntnis und Selbsterkenntnis Österreichs,* Wien: Wollzeilen Verlag, 1960, S. 101—139.

Weininger, Otto, *Geschlecht und Charakter,* Wien: Braumüller, [16]1917.

Wiegler, Paul, *Geschichte der deutschen Literatur,* Bd. II, Berlin: Ullstein, 1930.

Wiese, Benno von, *Die deutsche Tragödie von Lessing bis Hebbel,* Hamburg: Hoffmann und Campe, [3]1961.

Wittgenstein, Ludwig, *Tractatus Logico-philosophicus. Logisch-philosophische Abhandlung,* Frankfurt: Suhrkamp, 1963 (= Edition Suhrkamp 12).

Yeats, William Butler, „Responsibilities", *The Collected Poems of W. B. Yeats,* New York: Macmillan [4]1952, S. 97—125.

Zausmer, Otto, „Der Ludlamshöhle Glück und Ende", *Jahrbuch der Grillparzer-Gesellschaft* XXXIII (1933), S. 86—112.

Anonym:

—, „Zu Grillparzers ,Die Ruinen des Campo Vaccino in Rom'", *Jahrbuch der Grillparzer-Gesellschaft* XVIII (1908), S. 303—307.

Namenregister

Werkregister